Guckelsberger/Kronenberger

Grundzüge der Volkswirtschaftslehre

www.kiehl.de

Grundzüge der Volkswirtschaftslehre

5., aktualisierte Auflage

Von
Professor Dr. Ulli Guckelsberger und
Professor Dr. Stefan Kronenberger

kiehl

Zur Herstellung dieses Buches wurde chlor- und säurefrei gefertigtes Recyclingpapier, zur Umschlagkaschierung eine Folie verwendet, die bei der Entsorgung keine Schadstoffe entstehen läßt. Mit diesem Weg wollen wir einen aktiven Beitrag zum Schutz unserer Umwelt leisten.

ISBN 3 470 **47855 5** · 5., aktualisierte Auflage 2009

Druck und Bindung: Präzis-Druck GmbH, Karlsruhe

Vorwort zur fünften Auflage

Es ist spannend, wenngleich auch nicht unproblematisch, in Zeiten gewaltiger ökonomischer Verwerfungen die Neuauflage eines Lehrbuches zu verfassen. Vielfach hört man, angesichts der weltweiten Krise, das ökonomische Denken sei gescheitert und die Ökonomen hätten versagt. Es verwundert sicher niemanden, dass die Verfasser eines volkswirtschaftlichen Lehrbuches diese Auffassungen nicht teilen. Im Gegenteil sehen sie sich darin bestärkt, dass ökonomisches immer auch gesellschaftliches Denken ist und ethischer Fundierung bedarf, weshalb gerade auch der dogmenhistorische Teil des Lehrbuches seine Berechtigung hat.

Die immer wieder kehrenden ökonomischen Krisen zeigen überdies, dass langfristig verlässliche Rahmenbedingungen nötig sind, in deren Regelwerk Wirtschaften funktioniert. Ein weiteres wird überdeutlich in der aktuellen Situation: Die Weltwirtschaft ist derart ineinander verwoben, dass wirtschaftliche Krisen sehr schnell alle betreffen. Wenngleich erste Anzeichen dem entgegen stehen, hoffen die Verfasser, dass die Politik die richtigen Lehren aus der „Weltwirtschaftskrise" von 1929 ziehen und dem Hang zu protektionistischen Maßnahmen, die die Probleme für alle nur verschlimmern, widerstehen. Genau so wichtig ist es, die internationalen Regeln, den Anforderungen an die globalisierte Welt anzupassen.

Insbesondere das fünfte und sechste Kapitel bieten reichlich Gelegenheit, die aktuellen wirtschaftspolitischen Herausforderungen zu diskutieren. Das Lehrbuch hat sich bewährt, weshalb es bis auf Aktualisierungen weitgehend unverändert blieb.

Ein besonderer Dank geht an unsere Studierenden, die durch ihre lebhaften Diskussionen mit den Verfassern in den Lehrveranstaltungen einige Optimierungen veranlassen . Ebenso bedanken wir uns bei dem Kiehl-Verlag, vertreten durch den Lektor, Herrn Kurz, für die nun bereits über ein Jahrzehnt andauernde vertrauensvolle Zusammenarbeit.

Ludwigshafen, im Juli 2009 *Die Autoren*

Vorwort zur ersten Auflage

Das vorliegende Lehr- und Übungsbuch bereitet den Stoff der Volkswirtschaftslehre speziell für Studierende an Fachhochschulen und Universitäten mit betriebswirtschaftlicher Ausrichtung auf. Diese Absicht bestimmt weitgehend die Auswahl des Stoffes und die Art der Darstellung. Volkswirtschaftslehre stellt für angehende Betriebswirte ein 'Nebenfach' dar, wenn auch – wie die Autoren glauben – ein sehr wichtiges. Die Beschäftigung mit diesem Fach soll den angehenden Betriebswirten zum einen bestimmte wirtschaftliche Denkweisen in einer Stringenz nahe bringen, wie dies in der Betriebswirtschaft nicht immer der Fall ist (Beispiel: Opportunitätskosten), zum anderen beschäftigt sich die Volkswirtschaftslehre mit dem vom Unternehmen nicht direkt zu beeinflussenden Umfeld im allgemeinen, das die Nebenbedingungen unternehmerischer Entscheidungsfindung ausmacht (Beispiel: Geldpolitik als Grundlage unternehmerischer Finanzierungsentscheidungen).

Ziel des Buches ist es vorrangig, elementare Einsichten in volkswirtschaftliche Tatbestände und deren Zusammenhänge zu vermitteln. Dabei werden Modelle nicht in letzter Akribie, sondern teilweise bewusst vereinfacht, holzschnitzartig dargestellt. Unser Ziel ist es eben nicht, erstklassige Volkswirte auszubilden, sondern mitzuhelfen, das volkswirtschaftliche Verständnis der Betriebswirte als eine der Grundlagen unternehmerischen Denkens zu schärfen.

Unter diesem Aspekt wurde im wesentlichen die verbale Vermittlung des Stoffes, unterstützt durch eine Vielzahl von Graphiken, bevorzugt. Allerdings lässt sich häufig ssdie formal-mathematische Beschreibung von Zusammenhängen nicht vermeiden. Es kommen aber nur solche mathematische Methoden zum Einsatz, deren Kenntnis bei jedem Studierenden vorausgesetzt werden können und müssen. An einigen Stellen werden Ergebnisse sowohl mathematisch als auch weniger formal (graphisch oder verbal) hergeleitet. Darüber hinaus enthält das Buch neben Lern- und Wiederholungsfragen einen Anhang mit Übungsaufgaben und ihren Lösungen, deren Bearbeitung zum besseren Verständnis der zugrunde liegenden volkswirtschaftlichen Fragestellungen beiträgt.

Ein weiteres Anliegen des Buches ist es, die Studierenden mit wissenschaftlicher Hypothesenbildung vertraut zu machen. Sie sollen verstehen, dass volkswirtschaftliche Hypothesen keine letztendlich gesicherten Wahrheiten darstellen, sondern lediglich Versuche sind, der Wahrheit näher zu kommen. Dies gilt natürlich auch in der Betriebswirtschaft (man denke nur an die in den letzten Jahren kolportierten „management by...“-Philosophien).

Das Buch basiert in weiten Teilen auf Vorlesungen, die die Autoren an der Fachhochschule Ludwigshafen mit der vorstehend beschriebenen Intention anbieten. Hierbei mussten teilweise Kompromisse geschlossen und Kürzungen vorgenommen werden, gleichwohl haben die Autoren sich bemüht, immer so vorzugehen, dass das Verständnis des Stoffes erhalten bleibt.

Der Stoffumfang beinhaltet im wesentlichen die traditionelle Mikro- und Makroökonomie ergänzt durch ein Kapitel zu den Grundzügen der Dogmengeschichte. Insbesondere das letzte Kapitel soll dem interessierten Leser helfen, die Volkswirtschaftslehre in einen größeren sozialhistorischen Rahmen einzuordnen und zeigen, dass unser scheinbar so modernes Denken zum Teil auf jahrhundertealten Traditionen der abendländischen Philosophie beruht.

Besonders danken möchten wir Frau Dietzer und Herrn Hemberger für ihre Unterstützung bei der Anfertigung der Druckvorlagen sowie Herrn Kurz für seine vertrauensvolle und stets geduldige Zusammenarbeit.

Ludwigshafen, im Sommer 1997 *Verfasser und Verlag*

Inhaltsverzeichnis

Abbildungsverzeichnis

Tabellenverzeichnis

Symbolverzeichnis

ε	Angebotselastizität
η	Nachfrageelastizität
π_X	Preis des Faktors X
A	Produktionsfaktor Arbeit, Arbeitsmenge
A^s	Arbeitsangebot
A^d	Arbeitsnachfrage
BIP	Bruttoinlandsprodukt
BIP_F	Bruttoinlandsprodukt zu Faktorkosten
BIP_M	Bruttoinlandsprodukt zu Marktpreisen
c	Marginale Konsumquote
C_H	Konsumausgaben der privaten Haushalte
C_{St}	Konsumausgaben des Staates
cet. par.	ceteris paribus
D	Abschreibungen
dk	Devisenkurs
DK	Durchschnittskosten
E	Ertrag
EL	Erlös (Umsatz)
FDK	Fixe Durchschnittskosten
Ex	Exporte
G	Gewinn
GE_X	Grenzertrag des Faktors X
GEL	Grenzerlös
GG	Grenzgewinn
GK	Grenzkosten
i	Marktzins
I	Investition, Indifferenzkurve, Isoquante
I^b	Bruttoinvestitionen
I^n	Nettoinvestitionen
Im	Importe
K	Produktionsfaktor Kapital, Kosten
L	Geldnachfrage (Liquidität)
L_T	Geldnachfrage aus dem Transaktionsmotiv
L_S	Geldnachfrage aus dem Spekulationsmotiv
M	Geldmenge

m	Marginale Importquote
mrq	Mindestreservesatz
NIP_F	Nettoinlandsprodukt zu Faktorkosten
NIP_M	Nettoinlandsprodukt zu Marktpreisen
p	Güterpreis
p_A	Preis des Gutes A
p_H	Höchstpreis
p_M	Mindestpreis
p_{max}	Prohibitivpreis
P	Preisniveau
PPS	Purchasing Power Standard
q	Gütermenge
q_A	Menge des Gutes A
q_S	Sättigungsmenge
r	interner Zins, Inflationsrate
s	Marginale Sparquote, Subventionsbetrag pro Stück
S	Sparen, Subventionsbetrag
S_A	Sparen des Auslands
S_H	Sparen der Haushalte
S_{St}	Sparen des Staates
S_U	Sparen der Unternehmen
t	Marginale Abgabenquote Steuersatz
T	Steuerbetrag
T^{dir}	Einkommens- und Vermögensabgaben
T_H^{dir}	Einkommens- und Vermögensabgaben der Haushalte
T_U^{dir}	Einkommens- und Vermögensabgaben der Unternehmen
T^{ind}	Produktions- und Importabgaben
VDK	Variable Durchschnittskosten
w	Lohnsatz
wk	Wechselkurs
Y	Volkseinkommen, Einkommen, Wertschöpfungsgröße
Y^d	gesamtwirtschaftliche Nachfrage
Y^s	gesamtwirtschaftliches Angebot
Y^v	verfügbares Einkommen der privaten Haushalte
Y_H^U	Faktoreinkommen der Haushalte von den Unternehmen
Z_H	Transferzahlungen an die Haushalte
Z_U	Transferzahlungen an Unternehmen (Subventionen)

1. Grundlagen

1.1 Volkswirtschaftliche Grundbegriffe

Wir alle kennen die schöne Geschichte vom Schlaraffenland, in dem alle Güter, die Menschen benötigen, im Überfluss vorhanden sind; die gebratenen Tauben fliegen einem in den Mund und der Wein fließt in Strömen. Es gibt keine ökonomischen Probleme. Leider sieht die Wirklichkeit anders aus. Güter sind im allgemeinen nicht im Überfluss vorhanden, und es bedarf mehr oder minder großer Mühen, sie bereit zu stellen.

Die *Volkswirtschaftslehre* (VWL) ist die *wissenschaftliche Lehre von der Bereitstellung, Verteilung und Verwendung knapper Güter*. Unter Gütern verstehen wir materielle oder immaterielle Dinge, die menschliche Bedürfnisse befriedigen können. Menschen haben zunächst *Grundbedürfnisse*, z. B. den Wunsch nach Nahrung, Kleidung und Wohnung. Ein Blick auf die Obdachlosen in den Industrieländern, von der Situation in den meisten Entwicklungsländern ganz zu schweigen, zeigt, dass die Erfüllung oder Befriedigung dieser Grundbedürfnisse nicht selbstverständlich ist. Sind die Grundbedürfnisse erst einmal befriedigt, entstehen weitere, *höhere Bedürfnisse*, z. B. kulturelle Wünsche oder das Verlangen nach besserer Qualität der die Grundbedürfnisse befriedigenden Güter oder der Wunsch, einen Menschen auf den Mond und zurück zu bringen. Wie das letzte Beispiel zeigt, können nicht nur Individuen, sondern auch Gesellschaften Bedürfnisse haben, die in demokratischen Systemen durch Mehrheitsmeinung artikuliert werden (sollten). Güter stiften mit ihrer Bedürfnisbefriedigung einen *Nutzen.*[1] Dieser liegt ganz elementar darin, zunächst das Überleben zu ermöglichen und darüber hinaus das Wohlbefinden zu steigern.

Im Schlaraffenland stehen alle Güter jedermann frei zur Verfügung. In der realen Welt findet man solche **freien Güter** kaum. Sonnenenergie und Meerwasser sind Beispiele hierfür. Fast alle Güter sind **knappe Güter**, was nichts anderes bedeutet, als dass keine ausreichende Menge zur Verfügung steht, alle Bedürfnisse bis zur Sättigung zu befriedigen. Güter sind nicht a priori frei oder knapp, ihre Zuordnung zu einer dieser Kategorien kann sich im Zeitablauf ändern. Ein Beispiel hierfür ist Süßwasser, das in den Anfangszeiten menschlicher Zivilisation ein freies Gut war, heute aber im allgemeinen – aus welchen Gründen auch immer – ein knappes Gut ist. Die Zunahme der Luftverschmutzung zeigt, dass auch saubere Luft nicht unendlich verfügbar ist. Umweltauflagen zur Abgasentgiftung können bereits als Preis für die Nutzung der Luft angesehen werden. Insofern verliert auch die Luft mehr und mehr den Charakter des freien Gutes.

Das Besondere an knappen gegenüber freien Gütern ist, dass man mit ihnen *wirtschaften,* d. h. planvoll haushalten muss. Diese Güter werden deshalb auch **wirtschaftliche** oder **ökonomische** Güter genannt. Man muss Ressourcen einsetzen, um die Güter bereitstellen zu können. Solche Ressourcen sind beispielsweise menschliche Arbeitskraft, Kapital oder Rohstoffe. Die knappen Ressourcen sind im allgemeinen für alternative Zwecke einsetzbar. Besonders deutlich sehen wir das an der für einen Menschen verfügbaren Zeit. Setzt man also knappe Ressourcen für einen bestimmten Zweck ein, so stehen sie für einen anderen Zweck nicht mehr voll zur Verfügung.

---

[1] Die genauere Beschäftigung mit dem Nutzen erfolgt in Kapitel 3.

Der Verbrauch der Ressourcen verursacht *Kosten*, die in dem entgangenen Nutzen einer alternativen Verwendung des Gutes liegen. Diese Kosten nennt der Volkswirt **Opportunitätskosten**. Man beachte, dass dieses Kostenkonzept zunächst nichts mit einer Bewertung in Euro und Cent zu tun hat, sondern in realen Größen gemessen wird.

Betrachten wir hierzu ein einfaches Beispiel. Man hat am Wochenende endlich einmal fünf Stunden Zeit. Man könnte, was man sich schon lange vorgenommen hat, den Keller streichen oder, angesichts des guten Wetters, eine Radtour unternehmen. Entscheidet man sich etwa für den Kelleranstrich, so entstehen Opportunitätskosten in Höhe des entgangenen Nutzens, den die Radtour beschert hätte und umgekehrt. Dieses Beispiel zeigt deutlich einen weiteren wichtigen Aspekt der Knappheit. Sie zwingt Menschen ständig, Entscheidungen über den Einsatz knapper Ressourcen zu treffen.

Die notwendigen Entscheidungen werden häufig unter das Rationalitätspostulat gestellt, d. h. es soll nicht willkürlich entschieden werden, sondern die Entscheidung über die Verwendung knapper Ressourcen soll so gefällt werden, dass ein möglichst hoher Nutzen realisiert wird. Dieses Prinzip, das als **ökonomisches Prinzip** bekannt ist, besagt, dass entweder

– *ein gegebenes Ziel mit minimalem Mitteleinsatz erreicht werden soll* (Sparsamkeits- bzw. Minimierungsvariante)

oder

– *mit gegebenen Mitteln ein möglichst hohes Ziel erreicht werden soll* (Ergiebigkeits- oder Maximierungsvariante).

Die manchmal laienhaft vorgetragene Version des ökonomischen Prinzips, „ein möglichst großes Ziel mit möglichst geringen Mitteleinsatz erreichen", ist unsinnig. Man kann nur eine Zielfunktion unter einer Nebenbedingung, nicht aber gleichzeitig zwei voneinander abhängige Zielfunktionen optimieren. Wenn ein Unternehmer seine Produktionskosten minimieren will, so tut er das am besten, indem er die Produktion aufgibt, was natürlich eine sinnlose Forderung ist – er möchte ja produzieren! Also, muss die Forderung lauten, unter Erreichung eines vorgegebenen Produktionszieles die Produktionskosten zu minimieren. Andersherum wird ein rational handelnder Unternehmer versuchen, die gegebenen Ressourcen so einzusetzen, dass sie einen möglichst hohen Ertrag hervorbringen.[2] Aber möglichst viel, mit möglichst geringen Kosten zu erzeugen, das ist eine unmögliche Forderung.

Das Problem der effizienten Aufteilung vorhandener Ressourcen auf unterschiedliche Verwendungen bezeichnet man in der Ökonomie als das **Allokationsproblem.**[3] Es handelt sich um eines der zentralen Probleme der Wirtschaftstheorie. In einer engeren Abgrenzung versteht man das Allokationsproblem als das Problem der effizienten Zuordnung von Produktionsfaktoren[4] auf ihre Verwendung.

Wie jede Wissenschaft hat auch die Volkswirtschaftslehre ihre eigene Sprache. Wer Volkswirtschaftslehre lernen will, muss zunächst das Vokabular dieser Sprache lernen. Es wurde bereits angemerkt, dass Güter materiell oder immateriell sein können. Man unterteilt sie in **Sachgüter**, **Dienstleistungen** und **Rechte**. Sachgüter sind beispielsweise ein Lastkraftwagen oder eine Tüte Milch. Ein Beispiel für eine Dienstleistung ist der Haarschnitt beim Friseur oder die

---

[2] Will man mehr als ein Gut produzieren, so bedarf diese Formulierung der Präzisierung, da man nicht einfach Äpfel und Birnen addieren kann. Diese Präzisierung erfolgt später in Kapitel 3.

[3] allocare lat. zuweisen.

[4] Zum Begriff des Produktionsfaktors siehe Kapitel 3.

Überweisung, die eine Bank in unserem Auftrag durchführt. Ein Recht kann etwa ein Patent oder eine Lizenz sein.

In einer anderen Abgrenzung unterscheidet man Güter nach ihrer Verwendung in Investitionsgüter[5] und Konsumgüter und letztere in **Gebrauchsgüter** und **Verbrauchsgüter**. **Investitionsgüter** sind z. B. in Unternehmungen eingesetzte Maschinen und Anlagen. Konsumgüter sind Güter, die von Haushalten verbraucht werden. Gebrauchsgüter haben einen langfristigen Charakter (z. B. Autos oder Möbel), sie geben einen Nutzenstrom ab. Verbrauchsgüter sind dagegen im allgemeinen für den raschen Verzehr bestimmt (z. B. Nahrungsmittel) und werden im Moment des Konsums vernichtet.

Die Bereitstellung von Gütern nennt man **Produktion** (synonym: Herstellung, Erzeugung). Nachdem die Güter produziert sind, müssen sie verteilt und damit einer Verwendung zugeführt werden.

Die Volkswirtschaftslehre hat es letztendlich mit dem *Verhalten von Menschen* bei der Beantwortung der Frage zu tun, was, in welchen Mengen, wie, für wen produziert werden soll. Dieses Problem stellt sich in jeder Wirtschafts- oder Gesellschaftsordnung. Die Ordnungen unterscheiden sich durch verschiedene Antworten auf diese Grundfragen.

Die Akteure, die wirtschaftliche Entscheidungen treffen, nennen wir **Wirtschaftssubjekte**. Wirtschaftssubjekte können Einzelpersonen sein, es können aber auch Gruppen von Individuen sein, z. B. Mehrpersonenhaushalte, Unternehmen oder der Staat. Obgleich wir Wirtschaftssubjekte damit als natürliche oder juristische Personen definiert haben, sind es letztlich aber immer natürliche Personen, die Entscheidungen treffen.

1.2 Erkenntnisobjekt Volkswirtschaft

Wo kann die Volkswirtschaftslehre wissenschaftssystematisch eingeordnet werden und welches sind ihre wichtigsten Methoden? Der folgende Abschnitt soll keine Einführung in die Wissenschaftstheorie darstellen, sondern nur eine kurze Antwort auf die voran stehend gestellte Frage geben und vielleicht den einen oder anderen Leser dazu anregen, einmal zu einem Buch über Wissenschaftstheorie zu greifen.

Man kann eine grundsätzliche Unterteilung in *Geistes-* und *Realwissenschaften* (synonym: Erfahrungswissenschaften; empirische Wissenschaften) vornehmen. Während sich Geisteswissenschaften, wie z. B. die Mathematik, mit gedachten Objekten beschäftigen, ist Gegenstand der realwissenschaftlichen Betrachtung die tatsächliche Welt, die aus realen Objekten besteht.[6] Die *Naturwissenschaften* versuchen, Gesetze über diese realen Objekte, die vom Menschen unabhängig sind, aufzustellen.[7] Die *Sozialwissenschaften* beschäftigen sich dagegen mit menschlichen Verhaltensweisen. Hierzu zählt selbstverständlich auch die *Volkswirt-*

[5] Investitionsgüter werden in Kapitel 2, ihre makroökonomische Bedeutung in Kapitel 5 genauer behandelt.

[6] Wir ergreifen die Position des hypothetischen Realismus und nehmen an, dass es eine reale Welt gibt, deren Strukturen wir erkennen können. Den Zugang zur realen Welt haben wir durch unsere Sinnesorgane und unser Gehirn. Letztlich sind also die realen Objekte Gegenstände unseres Denkens. Es bedarf also schon sehr feinsinniger Unterscheidungen, um *gedachte* Objekte, z. B. komplexe Zahlen, von *realen* Objekten, z. B. Planeten, unterscheiden zu können.

[7] Die Objekte und die sie regierenden Gesetze mögen vom Menschen unabhängig sein, die Erkenntnis über die Objekte ist es selbstverständlich nicht.

schaftslehre, da sie es, wie wir im vorherigen Abschnitt gesehen haben, eben mit dem menschlichen Verhalten in einem bestimmten Bereich zu tun hat.

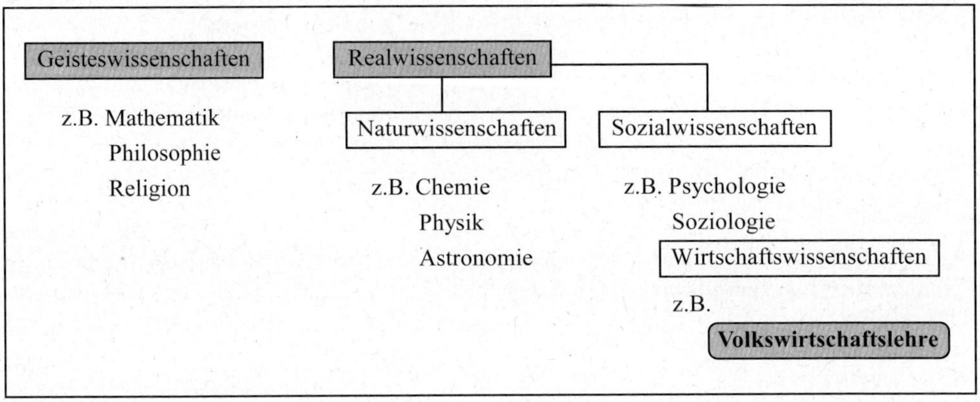

Abb. 1.1: Wissenschaftssystematische Einordnung der Volkswirtschaftslehre

Wie allgemein in den Realwissenschaften, versucht man auch in der Volkswirtschaftslehre Aussagen zu gewinnen, unter welchen Bedingungen ein bestimmtes Ereignis eintreffen wird. Man begnügt sich also nicht damit, die realen Vorgänge zu beschreiben und schöne Namen dafür zu erfinden, sondern versucht *Wirkungszusammenhänge* zu erklären. Den vermuteten Zusammenhang zwischen einer beobachtbaren Bedingung und dem daraus folgenden beobachtbaren Ereignis nennt man **Hypothese.**[8] Die Aufgabe des Wissenschaftlers besteht darin, Hypothesen aufzustellen und zu überprüfen. Erweist sich eine Hypothese als schwach oder unzutreffend, so ist sie zu verwerfen und durch eine bessere zu ersetzen.[9]

Wissenschaftliche Hypothesen müssen für jedermann nachvollziehbar und überprüfbar sein. Die Aussage: „Die in der Bundesrepublik Deutschland realisierte Einkommensverteilung ist ungerecht“ ist keine wissenschaftliche Aussage sondern ein **subjektives Werturteil** (eine sogenannte *normative* Aussage). Die Aussage: „Bei gegebenem autonomem Konsum und konstanter Grenzneigung zum Konsum sinkt die durchschnittliche Konsumquote mit zunehmendem Einkommen“ ist dagegen eine wissenschaftliche, weil objektiv nachprüfbare Aussage.

Hypothesen können sich auf technische Zusammenhänge beziehen, man spricht dann von *technischen Hypothesen*. Ein Beispiel hierfür sind Produktionsfunktionen, die einen formalen Zusammenhang zwischen Einsatzfaktoren und dem Ertrag herstellen. Damit beschäftigt sich vor allem das dritte Kapitel. Von größerer Bedeutung sind die *Verhaltenshypothesen*, die Aussagen zu menschlichen Verhaltensweisen in ökonomischen Zusammenhängen machen, wie eine Konsumfunktion, welche die Höhe des Konsums eines Haushalts in Abhängigkeit von seinem Einkommen oder anderen Einflussgrößen beschreibt. Hypothesen, die als gesichert angesehen werden, nennt man **Theorien.**[10] Akzeptiert man eine bestimmte Theorie, so kann man aus willkürlich gesetzten Randbedingungen ein Ereignis vorhersagen. Solche Vorhersagen heißen **Prognose**. Kennt man beispielsweise die Konsumfunktion eines Haushalts, sein

---

[8] *υποθεσις* (hypothesis) gr. Annahme, Vermutung

[9] Dieses sog. Falsifikationsprinzip ist das Paradigma des von dem österreichisch-englischen Philosophen KARL POPPER (1902-1994) begründeten kritischen Rationalismus.

[10] Wir wollen hier nicht auf die wissenschaftstheoretischen Überlegungen eingehen, ob sich auf die reale Welt beziehende Hypothesen, die allgemeine Sätze beinhalten, überhaupt jemals gesichert sein können.

Einkommen und die ggf. anderen wichtigen Einflussgrößen, so kann man die Höhe seines Konsums vorhersagen. Jeder Student sollte sich vom ersten Tag seines Studiums an darüber im klaren sein, dass er keine unumstößlichen Wahrheiten lernt, sondern Theorien und Hypothesen vermittelt bekommt, die morgen schon hinfällig sein können.[11]

Der Zusammenhang zwischen quantifizierbaren Größen kann in Form mathematischer Gleichungen erfasst werden. Wir unterscheiden folgende Typen von Gleichungen:

Reaktionsgleichungen

- Verhaltensgleichungen
- Technische Gleichungen
- Institutionelle Gleichungen

Identitätsgleichungen

- Definitionsgleichungen
- Tautologien
- Gleichgewichtsbedingungen

Eine **Verhaltensgleichung** versucht das hypothetische Verhalten von Wirtschaftssubjekten zu erfassen. Beispielsweise gibt die *Konsumfunktion* $C = C^{aut} + c \cdot Y$ den vermuteten Zusammenhang zwischen dem Konsum einer Volkswirtschaft (C) und dem Volkseinkommen (Y) in einer Periode wieder.

Eine **technische Gleichung** beschreibt, wie der Name sagt, technische Zusammenhänge. Ein Beispiel hierfür ist eine *Produktionsfunktion* $q = f(x,y,z)$, wobei q das mengenmäßige Ergebnis der Produktion, den sog. *Ertrag,* darstellt, während x, y und z die Mengen an Ressourcen (*Produktionsfaktoren*) sind, die man einsetzen muss, um q zu erzeugen.

Institutionelle Gleichungen beschreiben die Auswirkungen staatlicher Vorschriften, z. B. in Form einer *Steuerfunktion* $T = T(Y)$. Die Steuern T werden als eine Funktion des Volkseinkommens Y erklärt.

Im Gegensatz zu Reaktionsgleichungen geben **Identitätsgleichungen** keine Erklärungsansätze, sondern beschreiben nur Übereinstimmungen.

In **Definitionsgleichungen** wird ein neuer Begriff auf bekannte Begriffe zurückgeführt.[12] Betrachten wir ein Beispiel. In der gesamtwirtschaftlichen **ex post** Betrachtung beschreibt man buchhalterisch, was im Laufe einer Periode in einer Volkswirtschaft geschehen ist, so wie in

---

[11] Zu diesem Thema empfehlen wir besonders die Lektüre des letzten Kapitels!

[12] Das Definieren von Begriffen ist eine problematische Angelegenheit. Der Versuch, Begriffe durch andere Begriffe erklären zu wollen führt auf das von dem deutschen Philosophen HANS ALBERT so genannte Münchhausen-Trilemma:
- *infiniter Regress*: Auf der Suche nach Begriffen muss man immer eine Stufe weitergehen und kommt nie an ein Ende;
- *logischer Zirkel*: Man kommt wieder auf Begriffe, die sich bereits vorher als definitionsbedürftig erwiesen haben;
- *Abbruch* der Definitionskette an einem willkürlichen Punkt.

Den letzteren Weg beschreitet z. B. die mathematische Axiomatik.

einem Unternehmen eine Gewinn- und Verlustrechnung oder eine Bilanz auch nur eine Vergangenheitsrechnung darstellt und erst der Interpretation und Erklärung bedarf.

Stellen wir uns eine einfache Volkswirtschaft vor, in der es nur Unternehmen und Haushalte gibt. Die Unternehmen empfangen von den Haushalten die Produktionsfaktoren und leisten dafür an die Haushalte Faktorentgelte, auch **Faktoreinkommen** (im folgenden: Einkommen) genannt. Dieses Einkommen entsteht grundsätzlich nur durch die Produktion von Gütern. Wir wollen der Einfachheit unterstellen, dass das Einkommen Y in voller Höhe den Haushalten zufließt. Die Haushalte verwenden das Einkommen zumindest teilweise zum Kauf von Gütern. Diesen Erwerb von Gütern zum Ge- oder Verbrauch nennt man **Konsum**. *Jedes* von einem Unternehmen an einen Haushalt verkaufte Gut ist ein **Konsumgut**. Alle anderen Güter sind **Investitionsgüter**. Wir *definieren*:

$$I = Y - C \tag{1.1}$$

Dabei ist völlig gleichgültig, ob diese Güter als Investitionsgüter *geplant* sind oder ob es sich um *ungeplante* Lagerinvestitionen aufgrund mangelnder Absatzmöglichkeiten handelt.

Halten wir fest: Das Einkommen (Y) wird geschaffen durch die Erzeugung von Konsum- und Investitionsgütern (C, I), also gilt:

$$Y = C + I \tag{1.2}$$

Die Haushalte geben einen Teil des ihnen zufließenden Einkommens Y für Konsumgüter aus, sie tätigen also Konsumgüterkäufe in Höhe von C. Der nicht konsumierte Rest des Einkommens heißt **Ersparnis**. Wir bezeichnen die Ersparnis mit S und *definieren*:

$$S = Y - C \tag{1.3}$$

Dann gilt unmittelbar:

$$Y = C + S \tag{1.4}$$

Da Y in (1.2) und (1.4) jeweils nach Definition identisch ist, gleiches gilt für C, folgt also, dass *ex post die Ersparnis und die Investition gleich sein müssen*:

$$I = S \tag{1.5}$$

Es handelt sich bei (1.5) um eine **Tautologie**, eine zwangsweise Identität, während die Gleichungen (1.1) bis (1.4) Definitionsgleichungen darstellen.

Eine völlig andere Sicht erhält man bei der **ex ante** Betrachtung. Hier versucht man aufgrund von Verhaltenshypothesen das Zustandekommen gewisser ökonomischer Zustände zu *erklären*. So kann die ex ante Betrachtung auch herangezogen werden, um zu erklären, was ex post geschehen ist.

Wir erklären das Konsumverhalten der Haushalte als von der Einkommenshöhe abhängig:

$$C = C(Y) \tag{1.6}$$

Da S = Y – C gilt, ist auch die *geplante Ersparnis* von Y abhängig! Somit gilt:

$$S = S(Y) \tag{1.7}$$

Die Höhe der geplanten Investitionen sei vom Zins i abhängig, also:

$$I = I(i) \tag{1.8}$$

Können wir nun erwarten, dass die *geplanten Investitionen* und die *geplante Ersparnis* übereinstimmen? Da die Planung der Investitionen in den Unternehmungen und die Planung der

Ersparnis in den Haushalten aufgrund völlig unterschiedlicher Größen, nämlich Zins und Einkommen, erfolgt, muss die Frage wohl verneint werden.

Da aber bei *a priori Übereinstimmung der Planungsgrößen* eben keine *Reibungsverluste* durch das Zustandekommen *ungeplanter* Größen auftreten, nennen wir diese Übereinstimmung ein **Gleichgewicht**. Die **Gleichgewichtsbedingung** lautet also:

$$I(i) = S(Y) \tag{1.9}$$

Formal scheint (1.9) die gleiche Beziehung wie (1.5) zu sein. Inhaltlich steht aber etwas völlig anderes dahinter. In der ex post Betrachtung handelt es sich um eine Tautologie, in der ex ante Betrachtung um eine Gleichgewichtsbedingung.[13]

Wie wir bereits gesehen haben, können bestimmte ökonomische Variablen von anderen Variablen abhängig sein. So nimmt man, wie auch oben geschehen, häufig an, dass die von Unternehmen geplanten Investitionen eine Funktion des Marktzinses sind. Von anderen möglichen Einflussgrößen (z. B. Auslastungsgrad, Konjunkturlage, Ertragslage usw.) abstrahiert man und unterstellt, dass sie unverändert bleiben. Dies ist ein in den Wirtschaftswissenschaften häufig angewandter Trick, die sog. *ceteris paribus*[14] Klausel. Man betrachtet also nur eine Einflussgröße und hält gedanklich alle anderen konstant!

Wie andere Wissenschaften auch, arbeitet die Volkswirtschaftslehre mit *Modellen,*[15] d. h. mit vereinfachten Abstraktionen der Realität, die eine Beschränkung auf Wesentliches darstellen. Häufig hört man von „Praktikern" den Einwand, Modelle seien doch viel zu einfach und somit ungeeignet, Aussagen über die Wirklichkeit zu machen. Dies ist allerdings der schlechteste Einwand, den man gegen Modelle vorbringen kann. Eben wegen der nicht fassbaren Komplexität der Realität arbeitet man ja mit Modellen. Man kann ggf. die Struktur eines Modells als unpassend zur Beschreibung der Realität kritisieren, aber nicht die Tatsache, dass ein Modell abstrahiert![16]

Es gibt verschiedene methodische Kunstgriffe, die man zum Bau eines wirtschaftswissenschaftlichen Modells benutzt. Da es unmöglich ist, die exakten Beziehungen zwischen Millionen von einzelnen Wirtschaftssubjekten zu analysieren, bedient man sich der **Aggregation**, also der Zusammenfassung. Man bündelt Wirtschaftssubjekte nach bestimmten Kriterien zu sog. **Sektoren** (Wirtschaftsbereichen).[17] So bildet man etwa den Sektor der Unternehmen oder den Sektor aller privaten Haushalte und analysiert dann die Beziehungen zwischen den Sektoren. Das Gegenstück hierzu ist die Konzentration auf ein einzelnes Wirtschaftssubjekt unter Vernachlässigung von Rückwirkungen seiner Handlungen auf andere Wirtschaftssubjekte. Auch diese Sichtweise trifft man in den Wirtschaftswissenschaften an.

Modelle werden häufig mit Hilfe der Mathematik beschrieben. Der Vorteil der mathematischen Darstellung gegenüber der rein verbalen liegt in der Quantifizierung von Modellen, die

---

[13] Streng genommen sind Gleichgewichtsbedingungen Definitionsgleichungen. Man behandelt sie aber wegen ihrer großen Bedeutung gesondert.

[14] lat.: unter sonst gleichen Bedingungen.

[15] Man denke z. B. an das berühmte Bohrsche Atommodell.

[16] Den aufmerksamen Studierenden wird im Laufe ihres Studiums nicht entgehen, dass auch die Betriebswirtschaftslehre mit Modellen arbeitet.

[17] Dies wird in Kapitel 2 vertieft.

eine exakte Beschreibung des Zusammenhangs zwischen Variablen verlangt. Die Aussage: „Der Konsum ist eine Funktion des Einkommens“ ist wesentlich allgemeiner (und damit schwerer zu widerlegen) als etwa die quantifizierte Aussage:

$$C = 1000 + 0{,}8Y \tag{1.10}$$

Ein Modell setzt sich aus mindestens einer Gleichung, mit wenigstens einer erklärten und einer erklärenden Variablen zusammen. Die Auswahl „glatter“ Funktionen, also insbesondere stetiger oder differenzierbarer Funktionen, stellt ebenfalls eine vereinfachende Abstraktion dar. Genau so muss man auch die häufige Nutzung linearer Funktionen verstehen.

Eine Modellvariable heißt **endogen**, wenn sie im Modell erklärt wird, sie also in wenigstens einer Gleichung erklärte Variable ist. Ist dies nicht der Fall, so heißt die Variable **exogen**. Um einem häufigen Irrtum vorzubeugen, exogene Variable müssen nicht konstant sein! Konstant und variabel ist ein völlig anderes Begriffspaar.

Eine Modellgleichung heißt **statisch**, wenn alle Variablen der Gleichung sich auf die gleiche Periode oder den gleichen Zeitpunkt beziehen.[18] Sind alle Gleichungen eines Modells statisch, so heißt das Modell statisch. Eine Modellgleichung heißt **dynamisch**, wenn wenigstens zwei Variablen sich auf unterschiedliche Zeiträume oder -punkte beziehen. Ein Modell heißt dynamisch, wenn es wenigstens eine dynamische Gleichung enthält.

Ein einfaches Beispiel für eine dynamische Beziehung ist die von dem amerikanischen Ökonomen T.M. BROWN aufgestellte *habit-persistence*-Hypothese:

$$C_t = C^{aut} + a \cdot C_{t-1} + b \cdot Y_t \tag{1.11}$$

Der Konsum der laufenden Periode (C_t) hängt ab vom Konsum der Vorperiode (C_{t-1}) und dem Einkommen der laufenden Periode (Y_t). Haushalte orientieren den laufenden Konsum also zunächst an dem erreichten Konsumniveau, berücksichtigen allerdings auch ihr Einkommen.

An dieser Stelle ist noch ein Wort zur traditionellen Einteilung der Volkswirtschaftslehre in *Mikro-* und *Makroökonomie* angebracht. Während sich die Mikroökonomie vorwiegend mit der Verhaltensweise einzelner Wirtschaftssubjekte beschäftigt, analysiert man in der Makroökonomie das Verhalten der Sektoren zueinander. Wechselwirkungen zwischen Wirtschaftssubjekten des gleichen Sektors oder anderer Sektoren bleiben dabei im allgemeinen in der Mikroökonomie unberücksichtigt. In der Makroökonomie werden dagegen nur die aggregierten Verhaltensweisen der Sektoren analysiert.

Als einen Nachteil der Wirtschaftswissenschaften gegenüber dem Naturwissenschaften könnte man ansehen, dass sie keine kontrollierten Experimente erlauben. Der Physiker kann z. B. den gleichen Versuch unter weitgehend kontrollierbaren Randbedingungen immer wieder ablaufen lassen, eine Möglichkeit, die dem Volkswirt fast ausnahmslos verschlossen ist.[19] Dieser Mangel hat manche Volkswirte zu der Überzeugung gebracht, dass es in der VWL überhaupt keine allgemein gültigen Gesetze gibt und dass jeder Zustand eine raum-zeitliche Einmaligkeit hat.[20] Wir wollen auf diese wissenschaftstheoretischen Grundfragen nicht weiter eingehen.

---

[18] Je nachdem ob es sich um Strom- oder Bestandsgrößen handelt.

[19] Es sei allerdings darauf hingewiesen, dass es seit einiger Zeit Ansätze einer *experimentellen Mikroökonomik* gibt.

[20] Auch in den Naturwissenschaften ist die Universalität der Naturgesetze übrigens nicht mehr unumstritten.

Braucht ein Betriebswirt Volkswirtschaftslehre? Die Antwort auf diese Frage ist nach Ansicht der Autoren ein klares „ja“. Abgesehen vom Fall der Robinson-Wirtschaft[21] ist in einer Marktwirtschaft jedes Wirtschaftssubjekt, insbesondere ein Unternehmen, in eine Umwelt selbständig handelnder Akteure eingebunden. So wird für die Unternehmen eine Vielzahl von Randbedingungen gesetzt, die bei der Auswahl und Festlegung der Aktionsparameter[22] eines Unternehmens berücksichtigt werden müssen. Ein Unternehmen hat es mit Zulieferern, Wettbewerbern und Abnehmern im In- und Ausland zu tun. Ein Unternehmen kommuniziert mit seiner Umwelt auf Beschaffungs-, Faktor- und Absatzmärkten und ist somit einem ständigen Strom von Signalen ausgesetzt, die Reaktionen oder vorausschauend Aktionen provozieren. Ein Unternehmen kann mithin als kybernetisches System verstanden werden, dem bestimmte Aktionsparameter zur Verfügung stehen, mit denen es versucht, den Ist- an den Sollzustand anzupassen. Bestimmte Parameter kann ein Unternehmen dabei nicht beeinflussen, es muss sie als gegeben akzeptieren.

An erster Stelle wären hier die Rechtsordnung und die Wirtschaftsverfassung zu nennen, die den rechtlichen Rahmen, also sozusagen die Spielregeln vorgeben, innerhalb dessen sich ein Unternehmen bewegen darf. So ist es z. B. deutschen Unternehmen nicht ohne weiteres erlaubt, Waffen oder sonstige militärisch sensible Güter in Krisengebiete zu liefern. Bei der Einstellung und Entlassung von Arbeitskräften gibt es vielfältige Vorschriften des Arbeitsrechts zu beachten, und im Umgang mit Kunden, Lieferanten oder Konkurrenten sind bestimmte Regeln, beispielsweise gesetzliche Wettbewerbsvorschriften, einzuhalten. Auch das Ausland setzt Rahmenbedingungen, die vom einzelnen Wirtschaftssubjekt legal nicht umgangen werden können.

Betrachten wir die Bedeutung des ökonomischen Rahmens kurz am Beispiel einer Investitionsentscheidung in einem Unternehmen. Eine wichtige Determinante einer solchen Entscheidung ist die erwartete Zinsentwicklung. Welches sind eigentlich die Determinanten der Zinsentwicklung und wie kann man rational eine bestimmte Zinserwartung begründen? Inwieweit hängt die Entwicklung der Kapitalmarktzinsen beispielsweise von der Geldpolitik ab und welche konkrete Auswirkung haben bestimmte geldpolitische Entscheidungen? Absatzentwicklungen und die davon abhängigen Erlöse bestimmen ebenfalls über die Rentabilität einer Investition. Welches sind die Bestimmungsgrößen der Nachfrage und wie kann man sie prognostizieren? Welche Strukturänderungen sind gegebenenfalls zu erwarten? Wie werden in Zukunft die relevanten Beschaffungsmärkte und die von ihnen abhängigen Kosten aussehen? Fragen über Fragen, deren Beantwortung unter anderem Verständnis für volkswirtschaftliche Zusammenhänge voraussetzt.

Auch die Möglichkeit, volkswirtschaftlich relevante Fragen durch externe Experten beantworten zu lassen, entbindet nicht von der Verantwortung, die Güte einer in Auftrag gegebenen Marktstudie beispielsweise einschätzen zu können

Neben den oben angedeuteten Gründen gibt es noch einen weiteren Grund für Betriebswirte, sich mit Volkswirtschaftslehre zu beschäftigen. Akademische Ausbildung hat etwas mit Bildung allgemein zu tun. Man sollte in der Lage sein, über den Tellerrand des eigenen Fachgebietes hinausblicken zu können. Allein die Fähigkeit, das wirtschaftspolitische Tagesgeschehen besser

---

[21] Daniel Defoes berühmter Roman „Robinson Crusoe“ kann durchaus als Ökonomiebuch gelesen werden, in dem der Übergang von einer Selbstversorger- zu einer kleinen Tauschwirtschaft, man kann auch sagen von einer Allokations- zu einer Verteilungswirtschaft vollzogen wird.

[22] Unter Aktionsparametern verstehen wir solche Größen, die ein Unternehmen frei setzen kann.

verstehen und selber kommentieren zu können, sollte schon Anreiz genug sein, sich der Herausforderung zu stellen, volkswirtschaftliche Zusammenhänge verstehen zu lernen.

1.3 Wirtschaftsordnung als Teil der Gesellschaftsordnung

1.3.1 Ökonomische Grundfragen

Wirtschaften ist notwendig, weil die Güter zur Befriedigung der Bedürfnisse der Menschen, gemessen an ihren Wünschen, selbst in den hochentwickelten Volkswirtschaften relativ knapp sind. Dieser oftmals mühsame Umstand folgt aus der Tatsache, dass wir auch ökonomisch gesehen nicht in paradiesischen Zuständen, nicht im Schlaraffenland leben. Die heute in nahezu allen Winkeln der Erde vorherrschende Form des Wirtschaftens, die Spezialisierung und Arbeitsteilung, führt zur gegenseitigen Abhängigkeit der Menschen. Man sagt, der Mensch wirtschafte nicht isoliert, sondern gesellschaftlich. Dieses Zusammenwirken der Menschen bedarf der Ordnung, um das gemeinsam angestrebte Ziel der bestmöglichen Versorgung mit Gütern zu erreichen. Jede Gesellschaft muss sich, unabhängig von ihrer Größe und räumlichen Lage nun, im Hinblick auf dieses gemeinschaftliche Wirtschaften, über die Strukturen verständigen, die Antworten auf die ökonomischen Grundfragen liefern:

— WAS soll produziert werden?
— WIE soll produziert werden?
— FÜR WEN soll produziert werden?

Die erste ökonomische Grundfrage umfasst auch die Fragen nach der Menge, die produziert werden soll und von wem die Güter hergestellt werden sollen. Es ist die Frage nach der *Wirtschaftsstruktur,* z. B.:

— Sollen Konsumgüter oder militärische Ausrüstungsgüter produziert werden?
— Welche Konsumgüter (Nahrungsmittel oder Bekleidung, Kühlschränke oder Kraftfahrzeuge) sollen produziert werden?
— Sollen heute weniger Konsumgüter hergestellt werden, um stattdessen mehr Güter für zukünftige Produktionsmöglichkeiten bereit zu stellen oder mehr Ausbildung zu ermöglichen?

Die zweite ökonomische Grundfrage zielt auf die *Produktionstechnik* ab, wobei zu beachten ist, dass das als wirtschaftlich erkannte Verfahren nicht mit der physikalisch gesehen besten Technik übereinstimmen muss. Die Wirtschaftlichkeit eines Verfahrens wird von der ihm zuzuordnenden Relation zwischen Produktionsergebnis und -kosten und damit auch von den alternativen Verwendungsmöglichkeiten bestimmt. Die Einzelfragen lauten z. B.:

— Soll die Produktion rohstoffintensiv oder -extensiv, soll sie arbeits- oder kapitalintensiv erfolgen?
— Wie soll die Energie gewonnen werden, mit Hilfe von Kohleverfeuerung, Atomkraft oder der Nutzung der Sonne?
— Sollen möglichst umweltverträgliche Produktionsverfahren eingesetzt werden?

Mit der dritten ökonomischen Grundfrage ist die *Einkommens- und Vermögensverteilung* angesprochen, z. B.:

— Sollen die Güter, ohne Rücksicht auf den Produktionsbeitrag der einzelnen gleichmäßig allen Gesellschaftsmitgliedern zukommen oder sollen diejenigen, die einen größeren Beitrag erbringen, sich mehr leisten dürfen?

— Wird eine privilegierte Gruppe bevorzugt bedient?

Mit der ersten und zweiten ökonomischen Grundfrage ist das **Allokationsproblem (Zuordnungsproblem)** und mit der dritten das **Distributionsproblem (Verteilungsproblem)** angesprochen. Die Lösung dieses Allokations- und Verteilungsproblems stellt einen Wahlakt dar, dessen Zielsetzung es ist, mit den knappen Mitteln so zu wirtschaften, dass eine bestmögliche Versorgung erreicht wird. Wir müssen weiter die Interdependenz ökonomischer Grundfragen beachten. Antworten hinsichtlich der Wirtschaftsstruktur haben Auswirkungen auf die Produktionstechnik und die Nachfragestruktur (Verteilung).

Bezeichnet man die Gesamtheit der kulturellen, sozialen, politischen und wirtschaftlichen Regelungen und Beziehungen in einer Gesellschaft als *Gesellschaftsordnung,* so besteht die Aufgabe einer *Wirtschaftsordnung* als Teil der Gesellschaftsordnung darin, den Einsatz von Menschen und Maschinen sowie die Verteilung der Konsumgüter so zu gestalten, dass die relative Knappheit der Güter soweit wie möglich gemindert wird. Das Miteinander und Gegeneinander menschlichen Handelns kann dabei in sehr gegensätzlicher Weise geordnet werden.

Alle Regeln, Gesetze und Verhaltensweisen, die die wirtschaftliche Tätigkeit betreffen, schaffen eine bestimmte Wirtschaftsordnung. So groß die Anzahl der unterschiedlichen Regelungen und deren Auslegungen sowie die tatsächlichen Verhaltensweisen sind, so vielfältig sind die existierenden Wirtschaftsordnungen.[23] Um die polaren Grundformen, zwischen denen sich alle Wirtschaftsordnungen einordnen lassen, typisieren zu können, wollen wir bestimmte Regelungen, die für eine Wirtschaftsordnung von besonderer Bedeutung sind, näher beleuchten.

Diese *systembeeinflussenden Grundelemente* sind:

- **die Eigentumsordnung:** Wie sind die Eigentumsverhältnisse geregelt?
- **der Koordinationsmechanismus:** Wie werden die unterschiedlichen Pläne der Haushalte, der Unternehmen und des Staates aufeinander abgestimmt?
- **die Ordnungsfunktion des Staates:** Wie sind die ökonomischen Beziehungen zwischen den Individuen und dem Staat gestaltet?

1.3.2 Kollektivistischer Ansatz

Der kollektivistische Ansatz weist dem Individuum eine, gegenüber der Gesellschaft untergeordnete und dienende Rolle zu. Dogmenhistorisch beruht er weitgehend auf den marxistischen Thesen,[24] wonach zwischen den Eigentümern an Produktionsmitteln (Kapitalisten) und den eigentumslosen Arbeitern (Proletariern) ein grundlegender Gegensatz bestehe, der nur durch die Vergesellschaftung der Produktionsmittel beseitigt werden könne. Die Übertragung des

---

[23] Wir sehen im weiteren von einer in den Lehrbüchern häufig anzutreffenden begrifflichen Differenzierung ab, die zu folgenden Unterscheidungen führt:
- Wirtschaftssystem: Idealtypische Form einer Wirtschaft;
- Wirtschaftsordnung: Tatsächlich realisierte Ausprägung eines Wirtschaftssystems;
- Wirtschaftsverfassung: Konkrete juristische Ausgestaltung einer Volkswirtschaft.

kollektivistischen Ansatzes auf die Wirtschaft führt zu einer Zentralverwaltungswirtschaft, bei der die individuelle Entscheidungsfreiheit weitgehend aufgelöst ist. In der extremen Form reguliert und kontrolliert eine zentrale Planungsinstanz alle Wirtschaftstätigkeiten (zentrale Koordinierung). Das Modell der „reinen Zentralverwaltungswirtschaft“ weist hinsichtlich der Grundelemente folgende Inhalte auf:

- **Eigentumsordnung:**

  Das Eigentum an Produktionsmitteln befindet sich grundsätzlich in der Hand der Gesellschaft, die durch den Staat oder eine organisierte Gruppe (z. B. Kommunistische Partei) verkörpert wird. Die Notwendigkeit hierzu ergibt sich aus den oben angesprochenen gesellschaftstheoretischen Grundlagen.

- **Koordinationsmechanismus:**

  In einer Zentralverwaltungswirtschaft wird die Wirtschaft zentral geplant und koordiniert (Einplanwirtschaft). Der Wirtschaftsprozess wird durch eine Plankommission gelenkt, was zur Folge hat, dass die Wirtschaftsteilnehmer keine selbständigen Entscheidungsträger sind, sondern Befehlsempfänger, die die Planauflagen zu erfüllen haben.

  Die Abstimmung von Bedarf und Produktion erfolgt durch die Planbehörde. Als Planungsinstrument benutzt sie Mengenbilanzen, in denen die Produktionsziele entsprechend dem, wie auch immer bestimmten Bedarf festgelegt sind. Wir wollen dies an einem einfachen Beispiel verdeutlichen:

  Der geschätzte Jahresbedarf an Blech für die Produktion von Kraftfahrzeugen, Schiffen, militärischen Ausrüstungsgütern und sonstigen Verwendungen betrage 80 Mengeneinheiten (ME). Als Anfangsbestand seien noch 5 ME in den Lagern vorhanden. Da keine Importe zu erwarten sind, liegt das inländische Produktionsziel bei 75 ME Blech. Hierfür seien beim gegenwärtigen Stand der eingesetzten Technik neben einer bestimmten Menge an Arbeits- und Maschineneinsatz 75 ME Stahl erforderlich. Stahl werde außerdem in der Größenordnung von 35 ME für andere Verwendungszwecke benötigt. Die Inlandsproduktion an Stahl wird einschließlich der Lagerbestände auf 100 ME prognostiziert. Durch Importe können weitere 5 ME zur Bedarfsdeckung herangezogen werden. Gleichwohl zeigt die Mengenbilanz für Stahl eine Fehlmenge von 5 ME, die von der Planbehörde entweder durch höhere Produktionsanforderungen, eine größere Importmenge oder durch Bedarfsabweisung beseitigt werden muss. Die Mengenpläne haben folgende Gestalt:

Tab. 1.1: Mengenbilanzen

Mengenplan für „Blech“			
Aufkommen (ME)		Verwendung (ME)	
		Autos:	10
Lagerbestand:	5	Schiffe:	20
Produktionsziel:	75	milit. Ausrüst.:	30
		sonstige Verw.:	20
	80		80

Mengenplan für „Stahl“			
Aufkommen (ME)		Verwendung (ME)	
Lagerbestand:	15		
inl. Produktion:	85	Blechproduktion:	75
Import:	5	sonstige Verw.:	35
Fehlmenge	**5**		
	110		110

In einer Zentralverwaltungswirtschaft muss für jedes Gut ein Mengenplan, der alle Verflechtungen erfasst, sowie ein Produktionsplan aufgestellt werden. Der Knappheitsgrad eines Gutes wird durch die Höhe der Fehlmenge in der Mengenbilanz angezeigt. Die Erfüllung der Pläne wird kontrolliert und mit positiven oder negativen Sanktionen belegt.

---

[24] Siehe Kapitel 7.

- **Ordnungsfunktion des Staates:**

  Der Grundsatz der Planerfüllung erfordert die weitgehende Unterordnung der Wirtschaftsteilnehmer unter die staatlichen Planvorgaben (Subordinationsprinzip). An die Stelle der wirtschaftlichen Entscheidungsfreiheit tritt der Dirigismus der Planbehörde, die z. B. durch die „Allmacht der Partei" repräsentiert wird. Damit entscheidet eine Gruppe zentral über die Wirtschaftsstruktur sowie die Einkommens- und Vermögensverteilung. Sie entscheidet auch über die eingesetzten Produktionsverfahren und bestimmt letztlich die Entwicklungsperspektiven der Volkswirtschaft.

Die **grundlegenden Probleme einer Zentralverwaltungswirtschaft** liegen in

- den systemimmanent falschen Bedarfs- und Produktionsangaben,
- den demotivierenden Impulsen und der Verschwendung von Ressourcen sowie in
- der Starrheit der Pläne.

- **Fehlerhafte Bedarfs- und Produktionsangaben:**

  Der Bedarf der privaten und öffentlichen Wirtschaftssubjekte an Gütern muss erfasst werden. Dies könnte durch Befragung geschehen, wobei die Angaben tendenziell zu hoch sein werden, weil die Konsumenten bei Fehlen von realistischen Preisen stets sehr große Mengen verlangen und die Erfahrungen bei früheren Bedarfsmeldungen zu „Vorsichtszuschlägen" führen. Wird der Bedarf dagegen zentral vorgegeben, liegt die Gefahr nahe, dass an den „wirklichen" Bedürfnissen der Menschen vorbeigeplant wird. Es ist Machtarroganz, anderen Menschen vorzuschreiben, welche Bedürfnisse sie haben sollen.

  Werden auf der anderen Seite die Produzenten aufgefordert, ihre Produktionsmöglichkeiten anzugeben, werden sie tendenziell untertreiben. Da die Zentrale den Erfolg weniger an hohen Planziffern als an plan- bzw. überplanmäßiger Erfüllung misst, geben sie geringere Mengen an, weil deren Erfüllung eher möglich ist. Darüber hinaus führen die Erfahrungen mit früheren Überforderungen bei zusätzlichen Produktionsanweisungen zu „Vorsichtsabschlägen".

  Die Planbehörde wird also bei der Ermittlung von Bedarf und Kapazität aus verständlichem Eigeninteresse der Wirtschaftsteilnehmer systematisch fehlinformiert. Legt sie die Planzahlen zentral fest, läuft sie Gefahr, am Bedarf und den tatsächlichen Produktionsmöglichkeiten vorbei zu planen.

- **Demotivierende Impulse und Verschwendung von Ressourcen:**

  Die fehlerhaften, individuell durchaus rationalen Angaben haben zur Folge, dass die Aufgabe der Planbehörde um so größer ist, durch Konsumrationierungen Bedarf abzuweisen und durch Produktionsvorgaben zusätzliche Güter- und Leistungsmengen abzufordern, um so die Versorgungslücken zu schließen. Die Konzentration auf das Ziel Planerfüllung führt außerdem zur Verschwendung von Ressourcen, weil keine Anreize zum wirtschaftlichen Umgang bestehen, zumindest, wenn das Plansoll erreicht ist oder vergleichsweise leicht erreicht werden kann.

- **Starrheit der Pläne:**

  Eine weitere Schwachstelle der Zentralverwaltungswirtschaft liegt in der Starrheit der zeitlich gebundenen Pläne. Zunächst ist es, wenn überhaupt möglich, sehr zeitaufwendig, die Pläne für alle Güter einer Volkswirtschaft aufzustellen und in ihren Verzweigungen aufeinander abzustimmen. Hinzu kommt der große Aufwand, der nötig ist, wenn ein unvorhergesehenes Ereignis zur Revision der vielfältig interdependenten Pläne zwingt. Außerdem sind alle Beteiligten eher interessiert, an herkömmlichen Produktionsverfahren und Arbeitsweisen festzuhalten, als neue einzuführen.

Die Probleme der Zentralverwaltungswirtschaft wären weniger gravierend, wenn alle Mitglieder der Gesellschaft uneigennützig handelten und nur am kollektiven Erfolg interessiert wären. Deshalb waren bisher alle realen Versuche, zentral verwaltete Wirtschaftssysteme zum Erfolg zu verhelfen, mit dem gesellschaftlichen Ziel verbunden, die Menschen zu einer „sozialistischen Gesinnung" umzuerziehen.

1.3.3 Individualistischer Ansatz

Dem individualistischen Ansatz liegt das Ideal der Freiheit des einzelnen Menschen gegenüber anderen und der Gesellschaft zugrunde. Seine geistigen Wurzeln liegen im Liberalismus,[25] dessen Ursprünge in der Hinwendung des Humanismus auf den diesseitigen Menschen und der Aufklärung liegen. Die Übertragung des individualistischen Ansatzes auf die Wirtschaft bedeutet, den einzelnen Wirtschaftssubjekten ihre Entscheidungsfreiheiten zu belassen, obwohl sie durch Spezialisierung und Arbeitsteilung allseitig wirtschaftlich voneinander abhängig sind. Dies führt zu einer marktwirtschaftlichen Ordnung, einer dezentralen Koordinierung der Pläne der Wirtschaftssubjekte. Die Respektierung der individuellen Freiheit führt nicht nur zur bestmöglichen Entfaltung des Menschen, sondern insgesamt auch zu einer Entwicklung der Gesellschaft, die sich anderen Strukturen bisher als überlegen erwiesen hat. Wichtige Prinzipien des marktwirtschaftlichen Modells sind die individuelle Freiheit und Selbständigkeit, weshalb eine möglichst weitgehende Verwirklichung der persönlichen Freiheit in *allen* Lebensbereichen gefordert wird.

- **Eigentumsordnung:**

  Die Produktionsmittel gehören privaten Eigentümern und sind frei handelbar. Die Möglichkeit, privaten Besitz zu erwerben, gewährt dem Einzelnen persönliche Unabhängigkeit und wirtschaftliche Entfaltungsmöglichkeit. Gleichzeitig ist sie Antriebskraft für seinen Leistungswillen und Motor des technischen und wirtschaftlichen Fortschritts. Unabhängigkeit und Handlungsfreiheit sind aber nur dann gewährleistet, wenn das Eigentum breit gestreut ist und Machtzusammenballungen verhindert werden.

- **Koordinationsmechanismus:**

  Die Haushalte stellen ihre Einkaufspläne und die Unternehmen ihre Produktionspläne selbständig und unabhängig voneinander auf (Mehrplanwirtschaft). Dabei wollen die Unternehmer ihre Güter möglichst teuer verkaufen und die Haushalte möglichst billig einkaufen. Die zunächst ungleichen Preisvorstellungen der Anbieter und Nachfrager werden durch den Marktpreismechanismus ausgeglichen. Eine erste Vorstellung, wie sich die unterschiedlichen Wünsche hinsichtlich der Mengen und Preise angleichen, lässt sich mittels des „Cobweb-Modells" (Spinnennetz-Modell) einfach erläutern und illustrieren.

  In der Ausgangssituation herrsche Gleichgewicht auf dem Markt für das Gut A, d. h. Angebot und Nachfrage sind beim Preis p_A^0 in Übereinstimmung und es wird die Menge q_A^0 gehandelt. Es werden folgende Annahmen getroffen:

---

[25] Siehe Kapitel 7.

– Das Güterangebot reagiert wegen der notwendigen Produktionsumstellungen nicht sofort, sondern zeitverzögert (time lag) auf Änderungen der Marktdaten, hier des Preises für das Gut. Es gilt:

$$q^{A}_{A,t} = f(p_{A,t-1}) \text{ mit } \frac{df}{dp_{A,t-1}} > 0$$

$q^{A}_{A,t}$ ... Angebot des Gutes A in der Periode t

$p_{A,t-1}$ ... Preis des Gutes A in der Periode t-1 (Vorperiode)

Vereinfacht lässt sich das Angebotsverhalten als eine lineare Kurve (A) mit positiver Steigung darstellen.

– Die Nachfrager reagieren sofort, d. h. noch in derselben Periode auf den sich einstellenden Preis, es gilt:

$$q^{N}_{A,t} = f(p_{A,t}) \text{ mit } \frac{df}{dp_{A,t}} < 0$$

$q^{N}_{A,t}$ ... Nachfrage nach Gut A in der Periode t

$p_{A,t}$ ... Preis des Gutes A in der Periode t

Die Nachfragekurve (N) kann ebenfalls als eine lineare Kurve mit negativer Steigung aufgefasst werden.

Wie bildet sich nun ein neues Gleichgewicht, wenn die Nachfrage steigt, z. B.
– weil das Gut jetzt höher eingeschätzt wird oder
– weil das Einkommen der privaten Haushalte gestiegen ist?

Die Nachfragesteigerung, d. h. der Sachverhalt, dass die Wirtschaftssubjekte nun bei jeder angebotenen Menge des Gutes einen höheren Preis zu zahlen bereit sind, kann durch eine Lageveränderung der Nachfragekurve, nämlich durch Rechtsverschiebung abgebildet werden.[26]

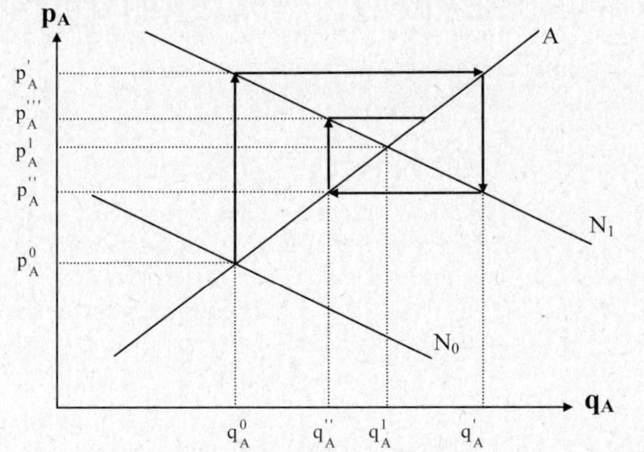

Abb. 1.2: Cobweb-Modell

[26] Zur grafischen Darstellung der Angebots- und Nachfragefunktionen vgl. Kapitel 4.

Der Anpassungsprozess kann wie folgt veranschaulicht werden:

- bei zunächst unveränderter Angebotsmenge (q_A^0) sind die Nachfrager bereit, den Preis $p_A^{'}$ zu zahlen;
- da auf dem Markt der Preis $p_A^{'}$ zu erzielen ist, erhöhen die Anbieter ihre Produktionsmenge auf $q_A^{'}$;
- diese Angebotsmenge sind die Nachfrager aber nur bereit zum Preis $p_A^{''}$ abzunehmen;
- beim Preis $p_A^{''}$ wiederum werden die Anbieter ihre Produktionsmenge auf $q_A^{''}$ einschränken;
- usw.

Diese Anpassungsprozesse setzen sich über mehrere Perioden fort, bis der neue Gleichgewichtspreis p_A^1 gefunden ist, bei dem die Pläne der Anbieter und Nachfrager wieder übereinstimmen.[27]

Das sehr vereinfachende Modell zeigt außerdem, dass die Preise verschiedene, miteinander verknüpfte Funktionen erfüllen. Es sind dies:

- *die Ausgleichs- oder Markträumungsfunktion:*
  Angebot und Nachfrage kommen auf den verschiedenen Märkten über die Reaktionen auf Preisveränderungen zum Ausgleich. Man sagt dann auch, der Markt sei geräumt.
- *die Informationsfunktion:*
  Der Preis informiert Anbieter und Nachfrager über die Knappheit der Güter. Den Anbietern des Gutes zeigt er an, ob es sich lohnt, die Produktion auszudehnen bzw. aufzunehmen oder einzuschränken bzw. zu stoppen. Den Nachfragern signalisieren die veränderten Preise, ob das Gut nun begehrter oder weniger begehrt ist. Die Ursachen für Preisveränderungen können von den Nachfragern und/oder den Anbietern ausgehen.
- *die Sanktionsfunktion:*
  Die erforderlichen Anpassungen der Anbieter und Nachfrager an die veränderten Marktdaten erfolgen, weil die Preise auch eine Sanktionsfunktion ausüben. Nachfrager, die einen gestiegenen Preis nicht bezahlen wollen, werden vom Konsum dieses Gutes ausgeschlossen. Auf der anderen Seite werden Anbieter, die sehr schnell auf höhere Preise reagieren können, mit zusätzlichen Gewinnen belohnt.

- **Ordnungsfunktion des Staates:**

Im Modell der reinen Marktwirtschaft werden dem Staat lediglich die Aufgaben zugewiesen, die Grundrechte einer freien Wirtschaft (Vertragsfreiheit, Gewerbefreiheit, freie Wahl des Arbeitsplatzes) zu garantieren und den Kollektivbedarf (z. B. Rechtspflege, innere und äußere Sicherheit) zu decken. Diese Forderung nach größtmöglicher Zurückhaltung des Staates ließ FERDINAND LASSALLE[28] von der „Nachtwächteridee“ des Staates sprechen, ei-

[27] In unserem Beispiel stellt sich ein neues Marktgleichgewicht ein; es liegt also ein konvergierender Prozess vor. Ist die absolute Höhe der Steigung der Nachfragekurve größer als die absolute Steigung der Angebotskurve, dann haben wir ein divergierendes (explodierendes) Modell, in dem sich kein neues Marktgleichgewicht einstellt. Wenn die Wirtschaftssubjekte die Regeln des Marktes mit der Zeit lernen, kann ein anfänglich divergierender Prozess in einen konvergierenden übergehen. Ein indifferentes System, das sich quasi im Kreise dreht, entsteht, wenn die absolute Steigung der Nachfrage- und Angebotskurven gleich sind. Da dieses Phänomen erstmals auf dem Markt für Schweinefleisch untersucht wurde, nennt man es *Schweinezyklus*.

[28] FERDINAND LASSALLE (1825 -1864) war einer der Begründer der deutschen sozialdemokratischen Bewegung.

ne karikierende Kennzeichnung, die gleichwohl auch heute noch zur Diskreditierung marktwirtschaftlicher Ordnungen herangezogen wird.

Es ist leicht einsichtig, dass in der Realität Phänomene vorliegen, die eine ausschließliche Marktkoordination

- behindern (Marktmängel),
- unmöglich machen (Kollektivgüter) bzw. aus bestimmten Gründen eine unentgeltliche staatliche Bereitstellung nahe legen (öffentliche Güter) oder
- das Marktergebnis als nicht wünschenswert erscheinen lassen (meritorische / demeritorische Güter).

- **Marktmängel:**
  - **Ungleiche Einkommens- und Vermögensverteilung**

    Weil die Tatbestände, die bei einer Marktkoordination zum Einkommens- und Vermögenserwerb führen, nämlich Geschicklichkeit, Intelligenz, ererbtes Vermögen, Durchsetzungsvermögen u.ä. ungleich verteilt sind, wäre die zwangsläufige Folge einer reinen Marktkoordination eine ungleiche Einkommens- und Vermögensverteilung. Diese Verteilungssituation besitzt dann sogar die Tendenz zur Verstärkung, denn wer ein niedriges Einkommen erzielt, kann weniger für seine Ausbildung tun und kein Vermögen bilden (überspitzt formuliert: Arme würden immer ärmer, Reiche immer reicher).

  - **Machtkonzentration und Wettbewerbsbeschränkung**

    Die vom Markt selbst „produzierte" Konzentration von Einkommen und Vermögen würde schließlich negativ auf die Märkte und den Marktpreismechanismus selbst zurückwirken, weil auf der Anbieterseite Machtpositionen entstünden, die es ermöglichten, Konkurrenten auszuschalten und überhöhte Preise zu verlangen. Die Preise verlören ihre wichtige Funktion, Knappheiten anzuzeigen. In einer solchen Situation sind die Gewinne keine Belohnung für die Tüchtigkeit des Unternehmers, sondern für dessen Fähigkeit, seine ererbte Vermögensposition als Macht einsetzen zu können.

  - **Konjunkturschwankungen**

    Geschichtliche Erfahrungen zeigen, dass in marktwirtschaftlichen Systemen periodisch wiederkehrende Wirtschaftskrisen mehr oder minder dramatischen Ausmaßes zu beobachten sind. In der vernetzten globalisierten Welt sind diese zumeist nicht mehr regional begrenzt. Sie zeigen sich in vermehrten Konkursen, großer Arbeitslosigkeit oder hohen Inflationsraten. Im Modell der reinen Marktwirtschaft ist kein Platz für eine wie auch immer ausgestaltete stabilisierungspolitische Aufgabe des Staates; obgleich die geschichtliche Erfahrung lehrt, dass es Situationen gibt, in denen nur noch der Staat als letzter Anker zu greifen scheint.

  - **Externe Effekte**

    Die marktwirtschaftliche Steuerung stößt ebenfalls an Grenzen, wo die Folgen wirtschaftlicher Entscheidungen nicht nur die Entscheidungsträger selbst, sondern auch andere Wirtschaftssubjekte treffen. Wir sprechen hier von externen Effekten. Obgleich ebenso externe Erträge vorstellbar sind, interessieren uns insbesondere die negativen Folgen, die externen Kosten.

Ein Unternehmen wägt im Regelfall nur die ihm zufallenden internen Kosten wirtschaftlicher Entscheidungen ab. Bei der Herstellung und Bereitstellung von Gütern werden teilweise auch Güter in Anspruch genommen, deren Nutzung in der einzelwirtschaftlichen Rentabilitätsrechnung nicht berücksichtigt wird, z. B. Luft in Form von Luftverschmutzung oder Lärmbeeinträchtigungen. Manches Mal haben die Betroffenen die Möglichkeit, sich für diese externen Kosten entschädigen zu lassen, beispielsweise durch Erstattung von Lärmschutzmaßnahmen. Oft ist aber eine solche „Internalisierung" der externen Kosten nicht möglich, weil die Verursacher nicht einwandfrei feststellbar sind oder sie nicht zu Ausgleichszahlungen veranlasst werden können oder deren Höhe nicht einvernehmlich festgelegt werden kann. In der Folge werden Güter mit hohen externen Kosten in zu großem Umfang bereitgestellt werden, weil ein Teil ihrer Kosten, nämlich die externen Kosten im Unternehmenskalkül keine Rolle spielen. Was diese Güter angeht, fallen dann einzelwirtschaftliches und gesamtwirtschaftliches Produktionsoptimum auseinander. Um gesamtwirtschaftliche Fehlsteuerungen zu vermeiden, müssten die Unternehmen, soweit möglich durch Vorgaben dazu gebracht werden, diese externen Kosten bei ihrer Entscheidung zu berücksichtigen. Dies ist eine ökonomische Begründung für staatliche Umweltpolitik. Damit bleibt aber immer noch die Frage, wie die Umweltpolitik ausgestaltet wird. Denkbar sind Ge- und Verbote wie auch steuerliche Anreize oder sog. Umweltzertifikate.

Die vorgenannten Mängel der Marktkoordination, die ungleiche Einkommens- und Vermögensverteilung, die daraus resultierenden Wettbewerbsbeschränkungen, die Konjunkturschwankungen und die externen Effekte könnten grundsätzlich durch staatliche Eingriffe korrigiert werden. Ein staatlicher Eingriff in das Marktgeschehen erscheint aber nur dann gerechtfertigt, wenn er auch tatsächlich geeignet ist, ein besseres Ergebnis zu erzielen.

- **Kollektivgüter und Öffentliche Güter:**

Allgemein können Güter mit Hilfe der Kriterien Ausschließbarkeit bzw. Nichtausschließbarkeit vom Konsum und Rivalität bzw. Nichtrivalität im Konsum charakterisiert werden. **Nichtausschließbarkeit vom Konsum** bedeutet, dass ein Gut mit dieser Eigenschaft von allen Mitgliedern einer Gruppe oder der Gesellschaft gleichermaßen genutzt werden kann, z. B. innere und äußere Sicherheit. Der „Schutzschirm der NATO" oder die Vertragssicherheit, die durch ein funktionierendes Rechtssystem gewährleistet wird, kommt allen Bürgern zugute. Ein anderes Beispiel liefert die Errichtung eines Deiches, der alle Anwohner schützt. Würde man die Bereitstellung solcher Güter der privaten Initiative überlassen, würden die meisten potenziellen Nutzer darauf vertrauen, dass andere dieses Gut dringlicher benötigen und sie umsonst mitkonsumieren könnten (free-rider- oder Trittbrettfahrer-Problem). Wenn die Konsumenten von der Nutzung eines Gutes nicht oder nur zu sehr hohen Kosten ausgeschlossen werden können, besteht für sie keine Notwendigkeit einen Preis für dieses Gut zu entrichten. Dieses individuell rationale Verhalten führt bei einer marktmäßigen Bereitstellung zwangsläufig zu einer Unterversorgung mit solchen Gütern, die wir **Kollektivgüter** nennen wollen.

Nichtrivalität im Konsum bedeutet, dass das gleiche Gut von mehreren oder allen Individuen zur selben Zeit konsumiert werden kann, ohne dass die Qualität des Konsums des einzelnen beeinträchtigt wird. Dies gilt beispielsweise auch für Straßen, sofern ihre Kapazitätsgrenze nicht erreicht ist. In diesem Fall gehen die zusätzlichen Kosten der Nutzung gegen null. Es ist dann egal, ob 20 oder 40 Autos stündlich auf ihnen fahren. Aus diesem Grunde besteht in diesem Fall keine wirtschaftliche Notwendigkeit, selbst wenn es technisch möglich wäre, einen weiteren Autofahrer von der Nutzung der Straße auszuschließen. Güter, bei denen Nichtrivalität im Konsum vorliegt, nennen wir **öffentliche Güter.**[29]

		Marktausschluss	
		möglich (Individualgut)	**nicht möglich** (Kollektivgut)
Rivalität im Konsum	**vorhanden** (Privates Gut)	private Individualgüter	private Kollektivgüter
	nicht vorhanden (Öffentliches Gut)	öffentliche Individualgüter	öffentliche Kollektivgüter

Abb. 1.3: Marktausschluss und Rivalität

Bei **privaten Individualgütern,**[30] meist nur private Güter genannt, z. B. Brot, Fahrräder, Computer, ist ein Ausschluss vom Konsum über den Preis möglich und die Rivalität im Konsum gegeben. Sie können ohne Einschränkungen über den Markt bereitgestellt werden.

Für **Kollektivgüter** gilt dagegen, dass ein Ausschluss vom Konsum nicht oder nur schwer möglich ist und deshalb eine marktmäßige Bereitstellung nicht realisierbar ist. Sollen Güter mit dieser Eigenschaft angeboten werden, muss der Staat[31] tätig werden. Für Private wäre eine Bereitstellung nicht rentabel, da solche Güter keine Chance zur Amortisation der Kosten bieten. Beispiel für ein **privates Kollektivgut,** also ein Gut, bei dem Rivalität im Konsum vorhanden, aber ein Ausschluss nicht realisiert ist, sind in Deutschland die Straßen, wobei die Rivalität immer dann gegeben ist, wenn deren Kapazitätsgrenzen erreicht sind.

Wenn bei Gütern keine Rivalität im Konsum besteht, ist ein Ausschluss, selbst wenn er technisch möglich wäre, volkswirtschaftlich wenig sinnvoll, denn Nichtrivalität bedeutet ja gerade, dass dem Nutzen der Inanspruchnahme keine nennenswerten Kosten der Beanspruchung gegenüberstehen. Gleichwohl können auch Güter mit diesen Eigenschaften unter Anwendung des marktmäßigen Ausschlussprinzips durch private Anbieter bereitgestellt werden. Beispiele für solche **öffentlichen Individualgüter** sind Musicalaufführungen oder Pay-TV. Das Ausschlussprinzip hilft die kaufkräftigen Präferenzen aufzudecken. Die privatwirtschaftliche Bereitstellung dieser öffentlichen Güter steht als Alternative zumeist dann zur Verfügung, wenn die Kosten des Ausschlusses vergleichsweise niedrig sind.

Wir können zusammenfassend festhalten, dass Güter mit der Kollektivguteigenschaft, wenn ihre Notwendigkeit bejaht wird, vom Staat angeboten werden müssen, während öffentliche Güter im Sinne unserer Definition, staatlich bereitgestellt werden können.

Neben den privaten Individualgütern und einer Vielzahl von Mischgütern, für die das eine und/oder andere Kriterium mehr oder minder stark zutrifft, gibt es als Gegenpol auch **öffentliche Kollektivgüter**, z. B. die Landesverteidigung oder das Gut Rechtssicherheit.

- **Meritorische Güter (demeritorische Güter)**

Meritorische Güter sind solche, die zwar prinzipiell durch den Markt koordiniert werden könnten, deren Marktergebnis aber von den staatlichen Entscheidungsträgern als un-

[29] Der Begriff des „öffentlichen Gutes" wird häufig auch in dem Sinne verwendet, dass damit alle staatlich angebotenen Güter bezeichnet werden.

[30] Man könnte sie auch „individuelle private Güter" nennen.

[31] An die Stelle des Staates könnte auch eine größere Gruppe (Kollektiv) treten, z. B. Werbegemeinschaft einer Stadt, die die Weihnachtsbeleuchtung bereitstellt.

befriedigend empfunden wird, z. B. Gesundheitsvorsorge und Bildung. Der Staat greift hier korrigierend ein, weil er sonst eine Unterversorgung mit diesen Gütern befürchtet. Die staatliche Beeinflussung weist häufig Zwangscharakter auf.

Bei den demeritorischen Güter dagegen, z. B. Drogen, Alkohol und Tabak, fiele das Marktergebnis ohne staatliche Einflußnahme zu hoch aus. Hier greift der Staat ein, um den Verbrauch nach unten zu korrigieren.

Marktwirtschaftlich organisierte Wirtschaftssysteme sind gänzlich ohne staatliche Einflussnahme nicht funktionsfähig. Im Gegensatz zu Zentralverwaltungswirtschaften sind sie aber leistungsstark und flexibel. Sie basieren auf einem realistischen Menschenbild, welches auf die Erkenntnis setzt, dass die stärkste Motivation aus dem Bestreben kommt, seinen eigenen Vorteil und Nutzen zu mehren. Die ökonomischen Grundfreiheiten werden dabei nicht der ungegängelten Selbstbestimmung der Menschen wegen gefordert, sondern weil sie gesamtwirtschaftlich und gesellschaftlich von Vorteil sind. So waren und sind es gerade auch die elementaren moralischen Fragen, die die Ökonomen seit ADAM SMITH[32] stark beschäftigen.

Die „reine Zentralverwaltungswirtschaft" und die „reine Marktwirtschaft" sind Denkmodelle, die zur Hervorhebung der Charakteristika von Wirtschaftssystemen dienen. Reale Wirtschaftsordnungen sind Mischformen, bei denen die charakteristischen Züge des einen oder anderen Systems überwiegen.

[32] Siehe Kapitel 7.

1.4 Wirtschaftsordnung in Deutschland

1.4.1 Konzeption der Sozialen Marktwirtschaft

Der Grundgedanke der Sozialen Marktwirtschaft besteht darin, das Prinzip der Freiheit auf dem Markt mit dem des sozialen Ausgleichs zu verbinden. Die wirtschaftliche Koordination erfolgt primär über die Märkte. Die Leistungsfähigkeit der Marktkoordination wird also genutzt, gleichzeitig greift der Staat aber korrigierend ein, sobald der Marktprozess sozial unerwünschte oder als ungerecht empfundene Ergebnisse hervorbringt. Im Gegensatz zu planwirtschaftlichen Systemen, in denen die Subordination (Unterordnung) Richtschnur des Handelns ist, ist ein Grundelement der Sozialen Marktwirtschaft das Subsidiaritätsprinzip.[33]

Die theoretischen Grundlagen der Sozialen Marktwirtschaft lieferte der sogenannte „Ordoliberalismus der Freiburger Schule" (WALTER EUCKEN 1891-1950; FRANZ BÖHM 1895-1977; WILHELM RÖPKE 1899-1966; FRIEDRICH AUGUST VON HAYEK 1899-1992).

Die Konzeption der Sozialen Marktwirtschaft lässt sich durch folgende vier Gestaltungselemente charakterisieren:[34]

- **Wettbewerbsordnung:**
  Marktwirtschaftlicher Wettbewerb gilt als ordnungspolitische Basis. Er ist Grundlage des dynamischen Prozesses, der wirtschaftliches Wachstum und technischen Fortschritt sichert. Gleichzeitig verhindert ein funktionierender Wettbewerb durch Konkurrenz und Konsumentenwahl private Machtzusammenballungen. Der Staat muss aber Wettbewerbsregeln schaffen und deren Einhaltung kontrollieren.

- **Sozialstaatsprinzip:**
  Durch eine wirksame Wettbewerbspolitik und andere verteilungspolitische Maßnahmen sollen marktmachtbedingte Einkommensverzerrungen vermieden werden. Der Markt ist allerdings nicht in der Lage, alle sozialen Probleme zu lösen, weshalb sich der Staat im Rahmen seiner Sozialpolitik der sozialen Sicherung (Risikoausgleich auf Gegenseitigkeit) und dem sozialen Ausgleich (Solidarität mit den Schwachen) annehmen soll.

- **Konjunkturpolitische Verantwortung:**
  Die Beeinflussung des Konjunkturverlaufs soll eher zurückhaltend ausgeübt werden, wobei der Stabilität der Währung als Grundlage für die Funktionsfähigkeit der Märkte Vorrang eingeräumt wird. Allerdings erleben wir gerade am Ende der ersten Dekade des 21. Jahrhunderts ökonomische Verwerfungen in der Finanzwelt wie in der Realwirtschaft, in welcher der Staat als Rettungsanker wie selbstverständlich instrumentalisiert wird.

---

[33] Die Anwendung des Subsidiaritätsprinzips bedeutet, dass in allen Lebenskreisen der Hilfe zur Selbsthilfe der Vorrang vor der Unterstützung und dem Individuum Vorrang vor dem Kollektiv eingeräumt wird. Auch die Lösung sozialer und ökonomischer Probleme soll auf möglichst niedriger Ebene erfolgen. Dem Staat kommt eine dienende, keine fordernde Rolle zu.

[34] Vgl. Hardes, H.D.; Krol, G.-J.; Rahmeyer, F. und Schmid, A.: Volkswirtschaftslehre – problemorientiert, 20. Auflage, Tübingen 1999, S.19ff.

- **Prinzip der Marktkonformität:**

  Für alle Maßnahmen des Staates hat das Kriterium der Marktkonformität zu gelten, d. h. die Marktprozesse, insbesondere die Marktpreisbildung, sollen durch die staatlichen Einflussnahmen in ihrer Funktionsfähigkeit nicht direkt gestört werden.

Die Konzeption der Sozialen Marktwirtschaft ist ein wirtschafts- und gesellschaftspolitisches Leitbild. Sie ist keineswegs raum- und zeitunabhängig, sondern wird auch von den gesellschaftlichen Entwicklungen mitbestimmt. So ist heute der ökologische Aspekt ohne jeden Zweifel integraler Bestandteil dieser Konzeption.

1.4.2 Ordnungspolitischer Rahmen

Die konkrete Ausgestaltung der Wirtschaftsordnung in der Bundesrepublik Deutschland ist sehr eng mit den Namen LUDWIG ERHARD[35] und ALFRED MÜLLER-ARMACK[36] verbunden. Beide trugen wesentlich dazu bei, das System der Sozialen Marktwirtschaft nach 1948 in Westdeutschland zu etablieren.

Im Grundgesetz ist zwar keine bestimmte Wirtschaftsordnung verankert, gleichwohl ist es wirtschaftspolitisch nicht als neutral anzusehen. Die politisch-juristische Ordnung und die Wirtschaftsordnung einer Gesellschaft bedingen einander. Bereits für die klassischen Ökonomen stand fest, dass politische und wirtschaftliche Freiheit untrennbar miteinander verbunden sind.

Zum einen enthält das Grundgesetz in seinem Grundrechtekatalog Bestimmungen (Art. 2, 9, 11, 12, 14(1) GG), die in einer Zentralverwaltungswirtschaft nicht realisiert werden könnten; dazu zählen insbesondere

- das Recht auf freie Entfaltung der Persönlichkeit,
- die Koalitionsfreiheit,
- das Recht auf Freizügigkeit,
- die Berufsfreiheit und
- das Recht auf Privateigentum.

Zum anderen beinhaltet es Verpflichtungen (Art. 14(2), (3), 15, 20(1), 28(1), 109(2) GG), die mit einer ausschließlich am Marktinteresse orientierten Wirtschaftsordnung nicht vereinbar sind; das sind

- die Sozialpflichtigkeit des Eigentums,
- das Recht zur Enteignung zugunsten des Allgemeinwohls,
- die Bezeichnung der Bundesrepublik Deutschland als ein Sozialstaat und
- die Verpflichtung, wonach Bund und Länder „bei ihrer Haushaltswirtschaft den Erfordernissen des gesamtwirtschaftlichen Gleichgewichtes Rechnung zu tragen" haben.

---

[35] LUDWIG ERHARD (1897-1977) war kurz nach dem zweiten Weltkrieg bayerischer Wirtschaftsminister (1945-1946) und Direktor der Wirtschaftsverwaltung des Vereinigten Wirtschaftsgebietes (1948-1949). In dieser Funktion erklärte er am Tag der Währungsreform (20.06.1948) das Ende der Zwangswirtschaft. Von 1949 bis 1963 war er Bundeswirtschaftsminister, was ihm den Ruf als „Vater des Wirtschaftswunders" einbrachte. Seine Kanzlerschaft von 1963 bis 1966 stand unter keinem guten Stern.

[36] ALFRED MÜLLER-ARMACK (1901-1978) prägte den Begriff der „Sozialen Marktwirtschaft" und formulierte ihre theoretischen Grundlagen. Er gilt als enger Weggefährte Ludwig Erhards. Als Professor für Volkswirtschaftslehre (seit 1934) lehrte er ab 1950 in Köln. Von 1958 bis 1963 war er Staatssekretär im Bundeswirtschaftsministerium.

In Anlehnung an die oben beschriebenen vier Gestaltungselemente wollen wir kurz die zentralen Ansatzpunkte der „Sozialen Marktwirtschaft" beleuchten.

- **Wettbewerbsordnung:**

Marktwirtschaftlicher Wettbewerb ist ein zentraler Bestandteil der Wirtschaftsordnung der Bundesrepublik. Das Wettbewerbsprinzip kann allerdings nur innerhalb eines staatlichen Ordnungsrahmens funktionieren. Die wichtigsten rechtlichen Grundlagen der nationalen Wettbewerbspolitik bilden das „Gesetz gegen Wettbewerbsbeschränkungen" (GWB), dessen zentralen Instrumente generelle Verbote und die Missbrauchskontrolle sind und das „Gesetz gegen den unlauteren Wettbewerb" (UWG). Im Zuge der Internationalisierung der Märkte kommt der Wettbewerbspolitik allerdings zunehmend eine europäische Dimension zu.

- **Arbeits- und Sozialordnung:**

Die wichtigsten Bereiche der Arbeits- und Sozialordnung der Bundesrepublik Deutschland sind

- die Tarifautonomie und die Mitbestimmungsrechte der Arbeitnehmer sowie
- das System der sozialen Sicherung mit seinen Eckpfeilern Rentenversicherung, gesetzliche Krankenversicherung, Arbeitslosenversicherung, gesetzliche Unfallversicherung und Pflegeversicherung.

Alle Personen in sozialen Notlagen, die keine Ansprüche im Rahmen des Sozialversicherungssystems geltend machen können, haben seit Inkrafttreten des Bundessozialhilfegesetzes (1961) bei Bedürftigkeit einen Rechtsanspruch auf Sozialhilfe. Die gesetzlichen Bestimmungen zur Sozialordnung sind in den Sozialgesetzbüchern enthalten.

- **Konjunkturpolitik:**

In den 60er Jahren setzte sich in der Bundesrepublik auf der Grundlage der keynesianischen Theorie[37] zunehmend die Auffassung durch, dass der Staat auch für eine Stabilisierung des Wirtschaftsprozesses zu sorgen habe. Vor diesem Hintergrund wurde 1967 das „Gesetz zur Förderung der Stabilität und des Wachstums" (StWG) verabschiedet, das den Staat zu einer aktiven Stabilisierungspolitik verpflichtet. In § 1 StWG steht:

„Bund und Länder haben bei ihren wirtschafts- und finanzpolitischen Maßnahmen die Erfordernisse des gesamtwirtschaftlichen Gleichgewichts zu beachten. Die Maßnahmen sind so zu treffen, dass sie im Rahmen der marktwirtschaftlichen Ordnung gleichzeitig zur ***Stabilität des Preisniveaus*** (Hervorhebung der Verf.), *zu einem* ***hohen Beschäftigungsstand*** *und* ***außenwirtschaftlichen Gleichgewicht*** *bei* ***stetigem und angemessenem Wirtschaftswachstum*** *beitragen."*

[37] Siehe Kapitel 5.

- **Internationale Wirtschaftsbeziehungen:**

  Binnen- und außenwirtschaftliche Ordnung stehen miteinander in einer engen wechselseitigen Beziehung. Das außenwirtschaftliche Pendant einer marktwirtschaftlich orientierten Wirtschaftsordnung ist der internationale Freihandel. Der Grundsatz der Freiheit im Außenhandel ist für die Bundesrepublik Deutschland im § 1 Abs. 1 des Außenwirtschaftsgesetzes (AWG) verankert. Er lautet:

  „Der Waren-, Dienstleistungs-, Kapital-, Zahlungs- und sonstige Wirtschaftsverkehr mit fremden Wirtschaftsgebieten sowie der Verkehr mit Auslandswerten und Gold zwischen Gebietsansässigen ist grundsätzlich frei."

1.5 Grundlagen der Wirtschaftspolitik in Deutschland

1.5.1 Systematik der Wirtschaftspolitik

Unter Wirtschaftspolitik verstehen wir alle staatlichen Maßnahmen zur bewussten und zielgerichteten Gestaltung des Wirtschaftsgeschehens. Die Wirtschaftspolitik kann man weiter in die **Ordnungs-,** die **Prozess-,** die **Strukturpolitik** und die **Verteilungspolitik**[38] unterteilen.

- **Ordnungspolitik:**

  Ordnungspolitik ist darauf ausgerichtet, eine gewünschte Wirtschaftsordnung zu verwirklichen oder eine gültige Wirtschaftsordnung zu sichern und auszubauen. Für die Bundesrepublik Deutschland heißt das, die Soziale Marktwirtschaft zu sichern und weiterzuentwickeln. Ordnungspolitische Maßnahmen definieren einen Rahmen. Sie finden ihren Niederschlag in einer Reihe von Gesetzen, z. B. dem Gesetz gegen Wettbewerbsbeschränkungen (GWB), dem Gesetz zur Förderung der Stabilität und des Wachstums der Wirtschaft (StWG) und dem Außenwirtschaftsgesetz (AWG).

- **Prozesspolitik:**

  Prozesspolitik (synonym: Ablaufpolitik) nennt man alle Bestrebungen, Handlungen und Maßnahmen, die darauf abzielen, den Ablauf des Wirtschaftsgeschehens in einem Gebiet oder Bereich zu beeinflussen oder unmittelbar festzulegen. Zur Prozesspolitik gehören alle Maßnahmen zur Steuerung des Wirtschaftsgeschehens, z. B. fiskalpolitische Aktivitäten zur Konjunktursteuerung oder konkrete steuerpolitische sowie wachstumspolitische Maßnahmen.

- **Strukturpolitik:**

  Unter Strukturpolitik versteht man allgemein die Summe aller Maßnahmen zur gezielten Beeinflussung der regionalen und sektoralen Wirtschaftsstruktur eines Landes, z. B. die Förderung der Industrieansiedlung in wenig entwickelten Regionen oder die Unterstützung der Landwirtschaft.

[38] In der Literatur werden die Struktur- und Verteilungspolitik häufig auch unter dem einen oder dem anderen Begriff zusammengefasst.

- **Verteilungspolitik:**

  Zur Verteilungspolitik zählen wir alle Maßnahmen zur Korrektur der primären Einkommensverteilung, die sich als Ergebnis der Marktkoordination einstellen würde, z. B. durch Einkommensentzug auf dem Weg der Besteuerung und Zuteilung von Transferleistungen oder durch Naturalleistungen im Sinne meritorischer Güter (Bildung, Gesundheit).

Praktische Wirtschaftspolitik setzt Zielvorgaben und Vermutungen über ökonomische Wirkungszusammenhänge zwischen den Zielen und Mitteln voraus. Darüber hinaus ist zu beachten, dass das Wirtschaftsgeschehen einer Volkswirtschaft nicht nur durch die offiziellen Träger der Wirtschaftspolitik geprägt, sondern auch durch eine Reihe anderer Institutionen beeinflusst wird.

1.5.2 Träger der Wirtschaftspolitik

Träger der Wirtschaftspolitik sind generell alle staatlich beauftragten Institutionen, die Entscheidungen treffen und dadurch maßgeblichen Einfluss auf die Gestaltung der Wirtschaftsordnung, den Wirtschaftsablauf und die Wirtschaftsstruktur ausüben. Um einen besseren Überblick zu gewinnen unterscheiden wir staatliche und internationale Organisationen als Träger der Wirtschaftspolitik.

- **Nationale Träger der Wirtschaftspolitik:**

  In der Sozialen Marktwirtschaft wird dem Staat und hier in erster Linie den Gebietskörperschaften (Bund, Länder und Gemeinden) eine besondere Verantwortung für die Wirtschaft zugewiesen. Hierbei kommt dem Bund insbesondere auch bei der Konjunktursteuerung eine herausragende Position zu, obwohl rund zwei Drittel des gesamten öffentlichen Investitionsvolumens durch die Haushalte der Gemeinden fließen. Die verschiedenen staatlichen Ebenen bedienen sich häufig auch der Sondervermögen oder abhängigen, aber privatrechtlich organisierter Unternehmen, um wirtschaftspolitische Maßnahmen durchzuführen, z. B. zinsgünstige Kredite zu vergeben.

- **Internationale Organisationen als Träger der Wirtschaftspolitik:**

  Die internationalen Organisationen kann man einteilen in Organisationen,
  - die das wirtschaftspolitische Handeln der beteiligten Ländern koordinieren und überwachen. Daneben sind diese Organisationen zumeist auch beratend tätig, z. B. die OECD (Organization for Economic Cooperation and Development) und solche,
  - denen Teilbereiche der nationalen Wirtschaftspolitik übertragen wurden bzw. werden, z. B. die Europäische Union (EU) oder die Europäische Zentralbank (EZB).

Neben den „offiziellen" Trägern der Wirtschaftspolitik (Entscheidungsträger) gibt es auch nicht-staatliche Institutionen mit mehr oder minder großem wirtschaftspolitischen Einfluss (Einflussträger). Hierzu zählen private Interessenverbände und politische Parteien.

- **Private Interessenverbände:**

  Private Interessenverbände sind organisatorische Zusammenschlüsse von Wirtschaftssubjekten zur Wahrnehmung gleicher Interessen. Besondere Bedeutung haben die sogenannten **Marktverbände**, die direkt in den Marktprozess eingreifen können, wie die Gewerkschaften und Arbeitgeberverbände.

Die Einflussnahme sonstiger Verbände auf die staatliche Wirtschaftspolitik erfolgt entweder direkt durch Beeinflussung des parlamentarischen Entscheidungsprozesses oder indirekt durch Einwirkung auf die öffentliche Meinung.

- **Politische Parteien:**

  Die politischen Parteien haben im Gegensatz zu den Verbänden Verfassungsrang (Art. 21 GG). Sie üben in den parlamentarischen Gremien und durch außerparlamentarische Bemühungen Einfluss auf die jeweilige wirtschaftspolitische Konzeption der Regierung aus.

1.5.3 Ziele und Instrumente der Wirtschaftspolitik

Ein Ziel der Wirtschaftspolitik ist allgemein ein Sollzustand, der mit wirtschaftspolitischen Maßnahmen angestrebt wird. Je nach Kriterium kann man eine Reihe von Zielarten unterscheiden:

zeitlicher Horizont:	→	Nah- und Fernziele
sachliche Priorität:	→	Haupt- und Nebenziele
Zielumfang:	→	generelle und spezielle Ziele
Skalierung:	→	quantitative und qualitative Ziele

Als **Instrument** der Wirtschaftspolitik kann grundsätzlich jedes Mittel angesehen werden, welches geeignet erscheint, das wirtschaftliche Geschehen zielgerichtet zu beeinflussen. Die Vielfalt des wirtschaftspolitischen Instrumentariums reicht dabei von Appellen (z. B. als Ergebnis eines der viele „Runden Tische“) über steuer- und subventionspolitische Lenkungsversuche bis hin zu direkten, mit staatlichen Haushaltsmittel vorgenommenen Einflussnahmen.

Die Hauptziele der Wirtschaftspolitik in der Bundesrepublik Deutschland sind im bereits oben zitierten § 1 des Gesetzes zur Förderung der Stabilität und des Wachstums der Wirtschaft (StWG) verankert. In diesem Paragraphen werden vier Hauptziele für den Bund und die Länder genannt, die allesamt qualitativ formuliert sind. Die Quantifizierung der Ziele erfolgt im Jahreswirtschaftsbericht, den die Bundesregierung veröffentlicht. Die Ziele sind im einzelnen:

- Stabilität des Preisniveaus,
- hoher Beschäftigungsstand,
- außenwirtschaftliches Gleichgewicht und
- stetiges und angemessenes Wirtschaftswachstum.

Der Gesetzgeber hat die Idealvorstellung, dass die vier Ziele des Stabilitätsgesetzes gleichzeitig voll und ganz erfüllt werden sollten, was aber nur sehr schwer möglich scheint, weshalb man im Zusammenhang mit diesen wirtschaftspolitischen Zielen auch vom „**magischen Viereck**“ spricht. Diese wirtschaftspolitischen Ziele sind kein Selbstzweck. Sie gründen auf Grundwerten, wie Freiheit, Gerechtigkeit, Sicherheit und Fortschritt.

- **Preisniveaustabilität:**

  Der Wert des Geldes wird daran gemessen, welche Gütermengen man mit einer bestimmten Geldsumme kaufen kann. Wenn der Durchschnitt aller Preise, das Preisniveau, steigt, dann sinkt die Kaufkraft entsprechend. In diesem Fall spricht man von **Inflation**. Die Messung der Inflation stellt eine große Herausforderung dar, weil sie ja die Preisveränderungen aufgrund von Qualitätsänderungen und veränderter Knappheiten von den allgemeinen Preisniveauveränderungen unterscheiden soll.[39]

Warum ist Inflation schädlich für eine Volkswirtschaft? Inflation schädigt alle Besitzer nominaler Forderungen, sie vernichtet Finanzvermögen (vgl. Abb. 1.4). Bezieher von Kontrakteinkommen oder Transferzahlungen können die durch Inflation entstehenden Verluste des Realwertes ihres Einkommens nur ausgleichen, wenn sie über Marktmacht (z. B. starke Gewerkschaften) verfügen. Aber selbst dann sind Anpassungen nur mit Zeitverzögerung möglich. Die schwachen Marktteilnehmer (Rentner, BaföG-Bezieher) haben dagegen kaum Möglichkeiten, einen Inflationsausgleich durchzusetzen. Ferner kann Inflation das Gefüge der relativen Preise zerstören und falsche Signale für die Güterproduktion setzen. In Deutschland sind im vorigen Jahrhundert zweimal Vermögen und Existenzen durch Inflation zerstört worden. Dies erklärt, warum die deutsche Politik, vielleicht noch schärfer als andere, die Inflationsbekämpfung als ihre Hauptzielsetzung ansieht.

Eine gemessene Inflationsrate von null, die streng genommen als Erreichen der Preisniveaustabilität angesehen werden könnte, ist auch theoretisch, u.a. wegen der Messprobleme nicht wünschenswert, weshalb bereits bei einer Steigerung des Verbraucherpreisindex von etwa 1 v.H von Preisniveaustabilität gesprochen werden kann.

Es sei angemerkt, dass auch eine Deflation schädlich für eine Volkswirtschaft sein kann. So kann deflationärer Druck auf die Unternehmen rasch zu Beschäftigungsabbau und somit Arbeitslosigkeit führen.

Um die Wirkung einer Inflation zu verdeutlichen haben wir in Abbildung 1.4 für drei durchschnittliche Inflationsraten r den Verfall des Realwertes W eines Geldbetrages aufgezeichnet. Bereits eine 2%ige Inflation senkt den Realwert einer Anlage nach 30 Jahren auf 55% des Ursprungswertes. Bei einer 10%igen Geldentwertung bleiben nicht einmal 5% des ursprünglichen Wertes erhalten. Denkt man an Lebensversicherungen oder sonstige Maßnahmen der Altersvorsorge, so sind dreißig Jahre durchaus keine übermäßig lange Laufzeit.

---

[39] Vgl. Deutsche Bundesbank: Probleme der Inflationsmessung. In: Monatsbericht Mai 1998, S. 53-66 sowie Elbel, G.: Zur Einführung Harmonisierter Verbraucherpreisindizes in Europa. In: Wirtschaft und Statistik, 3/1997, S. 187-191.

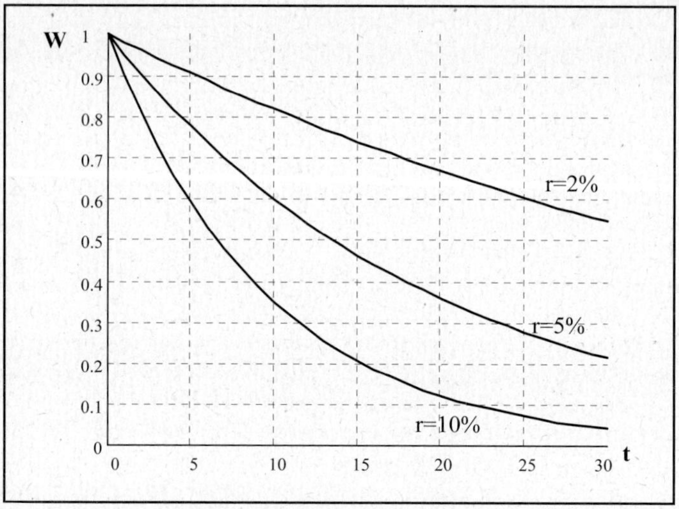

Abb. 1.4: Inflationswirkung

- **Hoher Beschäftigungsstand:**

Obgleich die Zielerreichung, d. h. eine niedrige Arbeitslosenquote seit den siebziger Jahren als verfehlt einzustufen ist, wird das Ziel des hohen Beschäftigungsstandes meist als zentraler Ansatz wirtschaftspolitischer Bemühungen artikuliert. Zum einen dient die Beschäftigung und das damit erzielbare Faktoreinkommen der individuellen Selbstverwirklichung, zum anderen ist zumindest in der derzeitigen Ausgestaltung die Finanzierung eines Großteils des sozialen Sicherungssystems (z. B. Renten- und Arbeitslosenversicherung) sehr stark von der Beschäftigungssituation abhängig.

- **Außenwirtschaftliches Gleichgewicht:**

Das Ziel des außenwirtschaftlichen Gleichgewichts wird in bezug auf die anderen wirtschaftspolitischen Zielen definiert, wenn es als eine Situation beschrieben wird, bei der die internationalen Wirtschaftsbeziehungen die Preisniveaustabilität, das Wirtschaftswachstum und die Beschäftigungssituation im Inland nicht beeinträchtigt. Bei dieser Interpretation kommt sofort der Gedanke auf, die Außenbeziehungen könnten zur Unterstützung binnenwirtschaftlicher Ziele eingesetzt werden, z. B. Exportförderung zur Stärkung des Wachstums und Besserung der Arbeitsmarktsituation.[40] Aber gerade die Erfahrungen der Weltwirtschaftskrise Anfang der 30er Jahre des 20. Jahrhunderts haben gelehrt, dass ein solches Vorgehen Reaktionen der anderen am internationalen Handel beteiligten Länder provoziert und einen protektionistischen Wettlauf in Gang setzen kann, bei dem sich alle als Verlierer wiederfinden. Außenwirtschaftliches Gleichgewicht bedeutet aus unserer Sicht nicht nur gleichgewichtige Handelsströme zwischen den Industrieländern, sondern auch Einbeziehung der wenig bzw. unterentwickelten Ländern, indem ihnen Entwicklungsperspektiven eröffnet werden. Diese Forderung kann man ethisch im Sinne eines Gerechtigkeitspostulates oder ökonomisch begründen. Zum einen müssen diese Volkswirtschaften Devisen erwirtschaften, um die Güter der Industrienationen kaufen zu können, zum anderen werden die Kosten, die Wanderungsbewegungen aufzuhalten enorm steigen, wenn es nicht gelingt die ärmeren Länder ökonomisch fortzuentwickeln.

[40] Eine solche merkantilistische (vgl. Kapitel 7) Politik, die man auch als „beggar my neighbour-policy" bezeichnet, läuft auf einen Export der Arbeitslosigkeit hinaus.

Als Indikator für das außenwirtschaftliche Gleichgewicht dient eine ausgeglichen Leistungsbilanz oder ein Anteil des Außenbeitrags[41] von etwa 1-2 v.H am Bruttoinlandsprodukt.

- **Stetiges und angemessenes Wirtschaftswachstum:**

  Als Indikator für Wirtschaftswachstum wird gemeinhin die Veränderungsrate des realen Bruttoinlandsproduktes[42] angeführt. Wirtschaftliches Wachstum

  – sichert oder steigert das Arbeitsplatzangebot,
  – erleichtert die Umverteilung von Einkommen und Vermögen und
  – bildet die Voraussetzung für einen höheren Lebensstandard.

  Angemessen könnte in diesem Zusammenhang eine Wachstumsrate genannt werden, welche die Zunahme der Arbeitsproduktivität, die in etwa bei 2 v.H. liegt, übersteigt. Vielfach wird das Argument vorgebracht, dass Wachstum negative ökologische Folgen habe, weshalb die Angemessenheit im Hinblick auf seine Umweltverträglichkeit zu definieren sei. Ebenso kann Wirtschaftswachstum, insbesondere wenn es sehr hoch ausfällt, wegen der damit verbundenen Nachfragesteigerung das Ziel der Preisniveaustabilität gefährden.

  Abschließend können wir festhalten, dass gesellschaftliche Spannungen wegen Beschäftigungsproblemen und Verteilungskonflikten vor allem in Zeiten geringeren Wachstums auftreten, weil sie in solchen Situationen offensichtlich werden.

Häufig wird eine Erweiterung des "magischen Vierecks" gefordert und hier insbesondere die Zielvorstellung einer gerechten Einkommens- und Vermögensverteilung sowie der Erhaltung bzw. Wiederherstellung der natürlichen Lebensgrundlagen genannt. Die Ziele des "magischen Vierecks" sind sowohl qualitativ als auch quantitativ verhältnismäßig eindeutig bestimmbar. Für die genannten Erweiterungen gilt dies nicht. Die Quantifizierung der wirtschaftspolitischen Ziele erfolgt in den kurz- und mittelfristigen Zielprojektionen der Bundesregierung.

---

41 Saldo der Handels- und Dienstleistungsbilanz. Vgl. auch Kapitel 2.
42 Nähere Erläuterungen zum Bruttoinlandsprodukt siehe unter Kapitel 2.

Kontrollfragen zum 1. Kapitel

1. Was besagt das „ökonomische Prinzip“?
2. Was unterscheidet freie von ökonomischen Gütern?
3. Zählt die Volkswirtschaftslehre zu den Geisteswissenschaften?
4. Welche Typen von Identitätsgleichungen kennt man?
5. Was versteht man unter Aggregation?
6. Was ist unter einer endogenen Modellvariablen zu verstehen?
7. Nennen Sie den Unterschied zwischen statischen und dynamischen Gleichungen!
8. Wie lauten die ökonomischen Grundfragen jeder Volkswirtschaft und auf welche konkreten Sachverhalte beziehen sie sich?
9. Welches sind die systembeeinflussenden Grundelemente, mit denen wir Wirtschaftsordnungen charakterisieren?
10. Warum ist eine marktmäßige Bereitstellung bei Kollektivgütern nicht möglich?
11. Was sind Öffentliche Güter?
12. Weshalb ist das mengenmäßige Ergebnis einer rein marktmäßigen Versorgung mit Gütern, die externe Kosten verursachen, zu hoch?
13. Welche konkrete Ausgestaltung der Wirtschaftsordnung sieht das Grundgesetz vor?
14. Welcher Unterschied besteht zwischen Ordnungs- und Prozesspolitik?
15. Was versteht man unter dem „magischen Viereck“?
16. Warum ist Inflation für eine Volkswirtschaft schädlich?
17. Was ist ein angemessenes Wirtschaftswachstum?
18. Wie messen wir das Ziel „hoher Beschäftigungsstand“?
19. Was bedeutet das Ziel „außenwirtschaftliches Gleichgewicht“?
20. Welche Erweiterungen des magischen Vierecks werden häufig genannt?

2. Kreislaufanalyse und gesamtwirtschaftliches Rechnungswesen

Die Kreislaufdarstellung des Wirtschaftsprozesses bildet die konzeptionelle Grundlage für das gesamtwirtschaftliche Rechnungswesen, in dessen Rahmen das Bruttoinlandsprodukt nach seiner Entstehung, Verwendung und Verteilung sowie einige abgeleiteten Begriffe definiert werden. Auf den Definitionen der Kreiskaufanalyse baut die Volkswirtschaftliche Gesamtrechnung auf, die im zweiten Abschnitt präsentiert wird. Eine wesentliche Ergänzung des gesamtwirtschaftlichen Rechnungswesens stellt die Zahlungsbilanz dar, die dann im Anschluß an die VGR präsentiert wird.

2.1 Kreislaufanalyse

2.1.1 Grundgedanken

Der Leibarzt Ludwigs XV., FRANCOIS QUESNAY (1694-1774),[1] zu seiner Zeit bekannt durch ein theoretisches Werk über den Aderlass, machte als erster den Versuch, den Zusammenhang wirtschaftlicher Größen darzustellen. Wohl angeregt durch die vorangegangene Entdeckung des Blutkreislaufes im menschlichen Körper, entwarf er 1758 sein berühmtes „Tableau Economique". Es ist ein Schema der Güter- und Geldströme, die zwischen einzelnen Bereichen der Volkswirtschaft hin und her fließen.

Das ***„Tableau Economique"*** ist das erste Bild eines wirtschaftlichen Kreislaufs, der sich zwischen drei Gesellschaftsklassen vollzieht,

- der produktiven Klasse („*classe productive*") der Landwirte und Pächter, die den Boden bearbeiten,
- der Klasse der Grundbesitzer („*classe des proprietaires*"), die den Boden zur Verfügung stellen und
- der Klasse der Händler und Handwerker („*classe stérile*"), welche die von der Natur hervorgebrachten Güter umarbeiten oder an- und verkaufen.

QUESNAY gliederte also die Gesamtwirtschaft in einige wenige übersichtliche Sektoren, zwischen denen in einer Wirtschaftsperiode (z. B. ein Jahr) ganz bestimmte Mengen- und Wertströme fließen. Den Versuch, wie hier bei QUESNAY, den Wirtschaftsprozess zu ordnen und seine Interdependenzen übersichtlich darzustellen, nennt man **Kreislaufanalyse**. QUESNAY hat uns auch vorexerziert, wie man an das Problem der Erfassung und Darstellung von Kreisläufen herangeht:

1. Einteilung der Volkswirtschaft in wenige übersichtliche Sektoren, in denen Wirtschaftssubjekte mit ähnlichem ökonomischen Verhalten zusammengefasst sind (Aggregation).
2. Analyse der Beziehungen zwischen diesen Sektoren.
3. Darstellung dieser Beziehungen in Form von Grafiken, Konten, Tabellen oder Gleichungen.

[1] Siehe auch Kapitel 7.

Die Kreislaufanalyse fußt nicht auf einer Theorie, sie bezieht sich vielmehr auf Definitionen, die es ermöglichen, die Einkommens- und Güterströme einer Volkswirtschaft in einer Periode zu erfassen. Auf diese Weise werden die Ströme im nachhinein (ex-post) festgestellt. Wir sollten uns immer darüber im klaren sein, dass die Kreislaufanalyse die Ströme und die Höhe der Wertschöpfung nicht im voraus (ex-ante) bestimmen kann. Sie hält, wenn sie mit Daten gefüllt ist, die ökonomischen Geschehnisse nur statistisch fest.

2.1.2 Unternehmen und Haushalte – Zwei-Sektoren-Modell

Um einen ersten Eindruck vom Zusammenspiel der Wirtschaftssubjekte in einer Volkswirtschaft zu gewinnen, betrachten wir zunächst eine einfache Kreislaufdarstellung. In dieser Wirtschaft unterscheiden wir die Gruppe der Produktionseinheiten (Sektor Unternehmen) von der Gruppe der Konsumeinheiten (Sektor Haushalte). Staatliche Aktivitäten werden in diesem Modell des Wirtschaftsgeschehens ebenso vernachlässigt wie ökonomische Beziehungen zum Ausland. Weiterhin wollen wir zunächst von Vermögensbildung absehen, d. h. die ökonomische Aktivität „Vermögen bilden" oder „sparen" wird außer Acht gelassen. Dies hat zur Folge, dass in dieser Wirtschaft die Unternehmen nicht investieren. Wir sprechen deshalb insgesamt auch von einer **geschlossenen stationären Wirtschaft ohne staatliche Aktivitäten.**

Unter diesen Annahmen können wir die wirtschaftlichen Beziehungen zwischen den Sektoren Unternehmen und Haushalte wie folgt veranschaulichen:

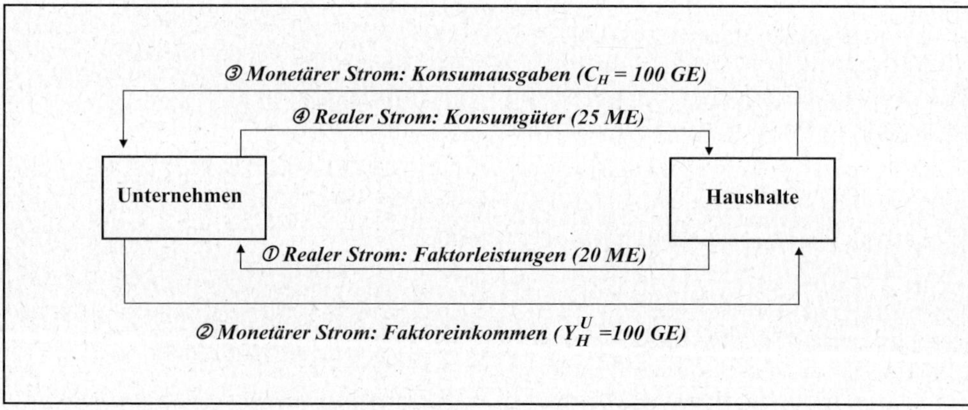

Abb. 2.1: Geschlossene stationäre Wirtschaft ohne staatliche Aktivität

In der bildhaften Darstellung erkennen wir zwei Kreisläufe:

- ***den Güterkreislauf, die realen Ströme ① und ④:*** Die Haushalte stellen den Unternehmen Faktorleistungen, z. B. in Form von Arbeitskraft zur Verfügung (20 ME) und die Unternehmen liefern an die Haushalte die von ihnen produzierten Güter (25 ME).
- ***den Geldkreislauf, die monetären Ströme ② und ③:*** Die Unternehmen zahlen an die Haushalte Einkommen (Y = 100 GE), die das Geld in Form von Konsumausgaben (C_H = 100 GE) wieder an die Unternehmen zurückgeben. Dieser Geldkreislauf wird auch als Einkommenskreislauf bezeichnet.

Beide Kreisläufe sind entgegengerichtet aber gleichwertig im Sinne einer logischen Äquivalenz, so dass einer von ihnen zur Vereinfachung aus der Betrachtung ausgeklammert werden kann. Der Kreislauf einer geschlossenen stationären Wirtschaft ohne staatliche Aktivität kann dann wie folgt veranschaulicht werden:

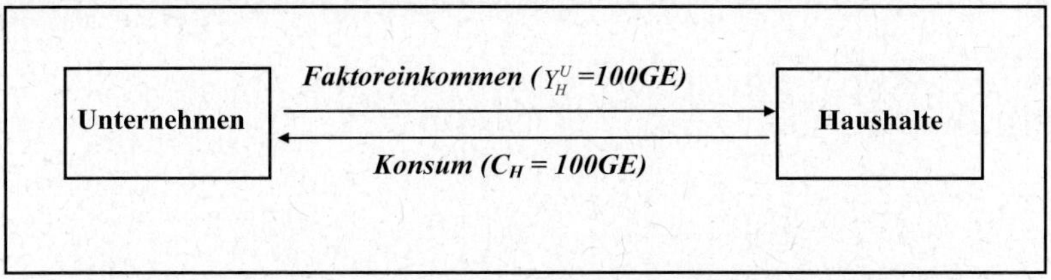

Abb. 2.2: Geldkreislauf der geschlossenen stationären Wirtschaft ohne staatliche Aktivität

Das Faktoreinkommen, das in dieser Wirtschaft entstanden ist (Y_H^U = 100 GE), ist das Entgelt für Faktorleistungen, die von den Haushalten zur Verfügung gestellt und von den Unternehmen in der Produktion eingesetzt werden. An dieser Stelle wollen wir auf einen ökonomischen Grundtatbestand aufmerksam machen, der in Verteilungsdiskussionen häufig verloren zu gehen scheint, nämlich den, *dass jedes Einkommen, das im Wirtschaftskreislauf neu entsteht, einen Produktionsprozess voraussetzt.*

An diesem einfachen Modell zeigt sich das bereits von QUESNAY erkannte **Kreislaufaxiom:**

Die Summe der einen Sektor verlassenden Ströme muss wertmäßig gleich der Summe der einem Sektor zufließenden Ströme sein.

Wir erweitern nun die Analyse, indem wir Vermögensveränderungen einbeziehen. Haushalte geben ihr Einkommen nicht nur für den Kauf von Konsumgütern aus, sie können auch sparen, d. h. Vermögen bilden. Diesen Teil des Einkommens, den sie nicht zu Konsumzwecken verausgaben, nennen wir **Sparen der Haushalte (S_H).** Die Einkommensverwendung der Haushalte wird also aufgeteilt in Konsumausgaben und Sparen. Da durch das Sparen Güternachfrage entfällt, können die Unternehmer nicht alle ihrer produzierten Güter absetzen. Es verbleiben Güter im Produktionsbereich, im Sektor Unternehmen. Diese nicht in den Bereich der Haushalte gelangten Güter bezeichnet man in der Kreislaufanalyse als **Investition.** Dabei kann es sich einmal um **Vorratsveränderungen**, also um die Erweiterung oder Rückführung von Läger handeln, zum anderen können sie als Betriebsmittel genutzt werden. Eine solche Investition bezeichnen wir als **Anlageinvestition**. Die Summe aus Anlageinvestitionen und Vorratsveränderungen nennen wir **Bruttoinvestitionen (I^b).**

Produktionsanlagen stellen Vermögenswerte dar, die bei ihrer Nutzung einem wertmindernden Verschleiß unterliegen. Diesem Sachverhalt trägt man durch Berücksichtigung der **Abschreibungen (D)** auf das Anlagevermögen Rechnung. Die Abschreibungen bilden dabei die Differenz zwischen **Brutto- (I^b)** und **Nettoinvestitionen (I^n)**. Wird lediglich in Höhe der Abschreibungen investiert, so sind die Nettoinvestitionen Null, d. h. es wird nur eine Ersatzbeschaffung vorgenommen. Eine Vermögenszunahme findet statt, wenn positive Nettoinvestitionen vorliegen. Bruttoinvestitionen bis zur Höhe der Abschreibungen nennt man auch **Reinvestitionen (I^r)**. Die Investitionsbegriffe werden also im Hinblick auf ihre Vermögenswirkung abgegrenzt. Die folgende schematische Darstellung verdeutlicht die Zusammenhänge:

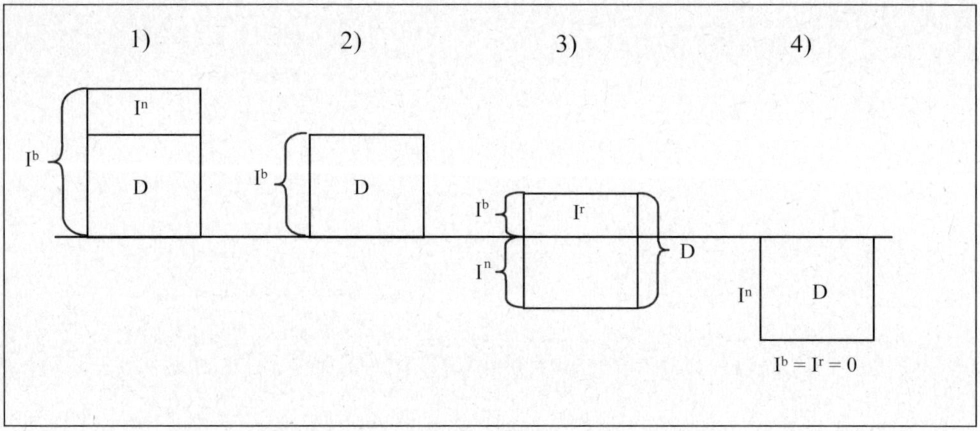

Abb. 2.3: Investitionsbegriffe

Fall 1): Die Bruttoinvestitionen übersteigen die Abschreibungen, es wird in Höhe der Nettoinvestitionen zusätzliches Vermögen gebildet.

Fall 2): Es werden Investitionen in Höhe der Abschreibungen getätigt, d. h. es wird nur reinvestiert, die Nettoinvestitionen sind Null. Der Vermögensbestand bleibt unverändert.

Fall 3): Nur ein Teil der Abschreibungen wird ersetzt, die Bruttoinvestitionen sind kleiner als die Abschreibungen und die Nettoinvestitionen sind negativ. Hier findet ein Vermögensabbau statt.

Fall 4): Die Bruttoinvestitionen sinken auf Null, es findet ein Vermögensabbau in Höhe der Abschreibungen statt.

Wir wollen uns nun wieder der Kreislaufanalyse einer geschlossenen Wirtschaft ohne staatliche Aktivität zuwenden. Im bisher betrachteten Modell fließen alle Einkommen aus dem Produktionsprozess den Haushalten zu. In diesen Faktoreinkommen sind auch die ausgeschütteten Unternehmergewinne enthalten. Von ihrem Einkommen wollen die Haushalte nun aber nur einen Teil für den Konsum (C_H) ausgeben, z. B. 80 GE. Der Rest (20 GE) wird für die Vermögensbildung abgezweigt und damit dem bisherigen Einkommenskreislauf entzogen. Die Unternehmer können somit nur produzierte Güter im Wert von 80 Geldeinheiten an die Haushalte absetzen.

Im Feld „Vermögensänderung", das im Gegensatz zu den institutionell abgegrenzten Sektoren von der Funktion her definiert ist, repräsentieren die zufließenden Ströme die Vermögensbildung, die abfließenden Ströme die Vermögensverwendung. Neben dem Sparen der Haushalte (S_H) stellen auch die unverteilten Gewinne der Unternehmen, die das Sparen **der Unternehmen (S_U)** abbilden und die **Abschreibungen (D)** einen monetären Strom zum Feld „Vermögensänderung" dar. Sie sind eine Quelle der Investitionsfinanzierung.

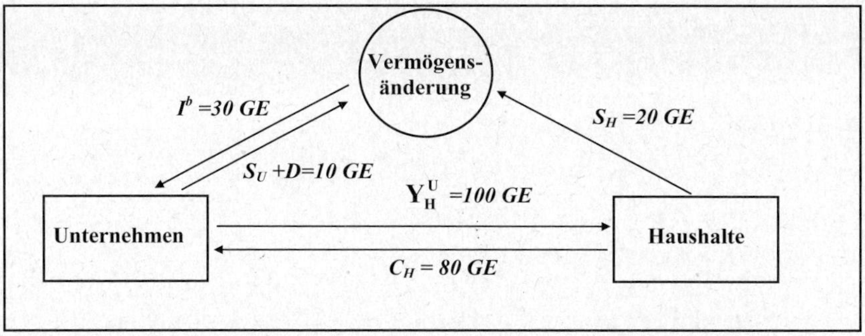

Abb. 2.4: Geschlossene Wirtschaft ohne staatliche Aktivität

Erklärung der Symbole:

Y_H^U	Faktoreinkommen der Haushalte aus dem Sektor Unternehmen (Löhne und Gehälter, ausgeschüttete Gewinne, Zinsen u.ä.)
C_H	Konsumausgaben der privaten Haushalte
S_H	Sparen der privaten Haushalte
S_U	Sparen der Unternehmen (unverteilte Gewinne)
I^b	Bruttoinvestitionen
D	Abschreibungen

In dem Feld „Vermögensänderung“ können wir nun das Sparen der Haushalte (S_H), d. h. das von ihnen nicht für Konsumgüter ausgegebene Einkommen den Bruttoinvestitionen (I^b) und dem Sparen der Unternehmen (S_U) sowie den Abschreibungen (D) gegenüberstellen. Wir sehen, dass die Summe des Sparens der Wirtschaft ($S_H + S_U$) gleich den Nettoinvestitionen ($I^n = I^b - D$) ist.

Bereits an dieser Stelle können wir erkennen, wie ein „Ungleichgewicht“ in der Wirtschaft entsteht. Dann nämlich, wenn die Unternehmen der oben dargestellten Wirtschaft z. B. planen, nicht neu zu investieren, d. h. sie wollen alle ihre Produkte an die Haushalte als Konsumgüter verkaufen und die Haushalte dagegen in dieser Periode 20 GE sparen wollen. In dieser Konstellation stimmen die geplanten Produktions- bzw. Absatzwünsche und die geplante Nachfrage nicht überein oder anders ausgedrückt, die geplanten Ersparnisse entsprechen nicht den geplanten Investitionen. Die Unternehmen müssen Produkte auf Lager nehmen. Sie werden zu ungeplanten Investitionen gezwungen. Die geplanten Entscheidungen der Unternehmen und Haushalte stimmen nicht überein. Durch die ungeplanten Investitionen der Unternehmen werden die tatsächlichen Ersparnisse und Investitionen für das Ende der Periode in Übereinstimmung gebracht, aber nur dadurch, dass die Unternehmen zu einer nicht beabsichtigten Investition (d. h. Lageraufbau) in Höhe von 20 GE gezwungen werden.

Ein „Ungleichgewicht“ entsteht auch, wenn die Unternehmen bei Abschreibungen in Höhe von 5 GE und der geplanten Ausschüttung sämtlicher Gewinne, z. B. im Werte von 30 GE brutto zu investieren wünschen und die privaten Haushalte lediglich im Umfang von 20 GE sparen wollen. Dies bedeutet dann, dass die Haushalte Konsumgüter im Werte von 80 GE zu kaufen wünschen, während die Unternehmen für die Konsumnachfrage nur im Wert von 75 GE produzieren. Die Haushalte werden, falls die Unternehmen nicht kurzfristig Lagerbestände abbauen können (ungeplante Desinvestitionen), zu ungeplantem Sparen gezwungen. Sie müssen sich auf Lieferfristen einrichten. Denkbar wären in diesem Fall auch Preissteigerungen, die letztendlich zu ungeplanten Unternehmensgewinnen und damit zu ungeplantem Sparen bei den Unternehmen führen. Durch diese ungeplante Ersparnisbildung in Höhe von 5 GE werden die Nettoinvestitionen und die gesamtwirtschaftliche Ersparnis für das Periodenende in Übereinstimmung gebracht. Man muss also gut zwischen *geplanten* (ex-ante) und *realisierten* (ex-post) Größen unterscheiden.[2]

2.1.3 Staatliche Aktivitäten in der Volkswirtschaft – Drei-Sektoren-Modell

In jeder Volkswirtschaft wird ein mehr oder minder großer Teil der wirtschaftlichen Tätigkeit durch die öffentlichen Haushalte bestimmt. Die ökonomischen Aufgaben des Staates wurden zumindest teilweise bereits im ersten Kapitel erörtert. Im Kreislaufschema tritt nun der Staat in seiner Gesamtheit in sehr unterschiedlichen Formen auf:

- Er entzieht den Haushalten durch **Sozialversicherungsbeiträge**[3] sowie **Einkommens- und Vermögensabgaben,** in der früher geltenden Terminologie direkte Steuern genannt (z. B. Lohnsteuer) – beide Größen fassen wir zusammen und belegen sie mit dem Symbol $\mathbf{T_H^{dir}}$ – Einkommen. Gleichzeitig gibt er ihnen durch **Transferzahlungen** $(\mathbf{Z_H})$[4] zusätzliches Einkommen. Des weiteren zahlt er Haushalten **Einkommen als Entlohnung für ihre Faktorleistung** $(\mathbf{Y_H^{St}})$[5].

- Er verlangt von den Unternehmen die Abführung von **Produktions- und Importabgaben,** früher indirekte Steuern genannt ($\mathbf{T_U^{ind}}$, z.B Mehrwertsteuer) sowie **Einkommens- und Vermögenssteuern** ($\mathbf{T_U^{dir}}$, z. B. Körperschaftsteuer) und gewährt ihnen **Subventionszahlungen** $(\mathbf{Z_U})$. Die Größe Produktions- und Importabgaben abzüglich Subventionen wird als **Nettoproduktionsabgaben** bezeichnet. Darüber hinaus kauft er von den Unternehmen **Güter am Markt (G).**

- Die Ausgaben und Einnahmen des Staates werden im Allgemeinen nicht übereinstimmen. Den Saldo nennen wir **Sparen des Staates** $(\mathbf{S_{St}})$. Wenn die Ausgaben die Einnahmen überwiegen, ist die staatliche Ersparnis negativ, d. h. der Staat nimmt durch Kreditaufnahme die Vermögensbildung in Anspruch.[6]

---

[2] Die ex ante Analyse ist Gegenstand des 5. Kapitels.

[3] Z.B gesetzliche Kranken- und Rentenversicherung.

[4] Z. B. Rentenzahlung, Wohngeld, Sozialhilfe.

[5] Z. B. Gehälter an die Bediensteten, Zinszahlungen u.ä..

[6] Ein negativer Finanzierungssaldo des Sektors Staat darf nicht mit der Nettokreditaufnahme der Gebietskörperschaften (Bund, Länder und Gemeinden) verwechselt werden. Zum Sektor Staat zählen auch die Sozialversicherungen, weshalb der Finanzierungssaldo in der Vergangenheit trotz Defiziten der Gebietskörperschaften auch oft positive Werte annahm.

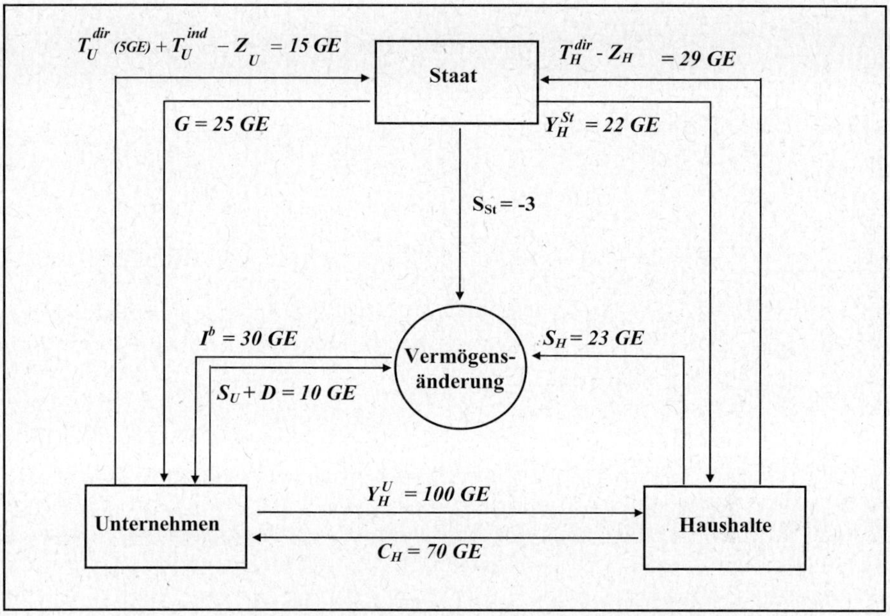

Abb. 2.5: Geschlossene Wirtschaft mit staatlicher Aktivität

Erklärung weiterer Symbole:

Y_H^{St}	Faktoreinkommen der Haushalte vom Sektor Staat (Löhne und Gehälter, Beamtenpensionen, Zinsen u.ä.)
T_H^{dir} - Z_H	Einkommens- und Vermögensabgaben einschließlich Sozialversicherungsbeiträge der Haushalte an den Staat abzüglich der vom Staat an sie geleisteten Transferzahlungen
$T_U^{dir} + (T_U^{ind} - Z_U)$	Einkommens- und Vermögensabgaben zuzüglich Nettoproduktionsabgaben der Unternehmen an den Staat
G	Güterkäufe des Staates am Markt
S_{St}	Sparen des Staates

Die grafische Darstellung des Wirtschaftskreislaufes wollen wir nun in eine Kontendarstellung überführen. Auf der Soll-Seite der Konten werden alle aus dem Sektor bzw. der Vermögensänderung hinausfließenden Ströme (Ausgaben) und auf der Haben-Seite alle hineinfließenden Ströme (Einnahmen) erfasst. Damit werden alle Ströme zweimal aufgeführt. Diese Darstellung zeigt uns auf einen Blick, dass der Kreislauf geschlossen ist, d. h. die wertmäßige Summe der hinein fließenden Ströme ist bei jedem Sektor und bei der Vermögensbildung gleich der wertmäßigen Summe der heraus fließenden Ströme.

S	Unternehmen		H
Y_H^U	100	C_H	70
T_U^{dir}	5	I^b	30
$T_U^{ind} - Z_U$	10	G	25
$S_U + D$	10		
	125		125

S	Haushalte		H
C_H	70	Y_H^U	100
$T_H^{dir} - Z_H$	29	Y_H^{St}	22
S_H	23		
	122		122

S	Staat		H
G	25	$T_H^{dir} - Z_H$	29
Y_H^{St}	22	T_U^{dir}	5
S_{St}	-3	$T_U^{ind} - Z_U$	10
	44		44

S	Vermögensänderung		H
I^b	30	S_H	23
		$S_U + D$	10
		S_{St}	-3
	30		30

Im Vorgriff auf die Volkswirtschaftlichen Gesamtrechnungen (VGR) wollen wir den Begriff des Bruttoinlandsproduktes (BIP) illustrieren. Das, was in der oben dargestellten Modellwirtschaft an Gütern wertmäßig geschaffen wurde, nennen wir Bruttoinlandsprodukt. Je nachdem, wie wir den Wert der Güter messen, erhalten wir das Bruttoinlandsprodukt zu Marktpreisen oder das zu Faktorkosten:

- Messen wir den Wert der produzierten Güter der Wirtschaft durch die Höhe des Einkommens, das die Wirtschaftssubjekte für ihre Faktorleistungen, mit denen sie die Produktion dieser Güter ermöglichten, beziehen, dann erhalten wir das ***Bruttoinlandsprodukt zu Faktorkosten.***

$$\mathbf{BIP_F = Y_H^U + Y_H^{St} + S_U + D + T_U^{dir} = 100\ GE + 22\ GE + 10\ GE + 5\ GE = 137\ GE}$$

- Messen wir den Wert der Güter zu den Entgelten, die die Haushalte bzw. die Unternehmen für den Erwerb der Güter „am Markt“ zahlen, erhalten wir das ***Bruttoinlandsprodukt zu Marktpreisen***. Bei staatlichen Gütern besteht die Besonderheit, dass sie in aller Regel ohne Marktentgelt den Bürgern zur Verfügung gestellt werden. Sie werden daher zu den Herstellungskosten (=Faktorkosten) bewertet und erfasst. Der Wert der „staatlichen Produktion“ ergibt sich demnach in unserem Beispiel aus den Güterkäufen des Staates (G) und den von ihm gezahlten Faktorentgelten (Y_H^{St}). Beide Größen fassen wir zusammen und nennen sie **Konsumausgaben des Staates (C_{St}).**

$$\mathbf{BIP_M = C_H + C_{St} + I^b = 70\ GE + 47\ GE + 30\ GE = 147\ GE}$$

- Den Übergang vom Bruttoinlandsprodukt zu Marktpreisen zu dem zu Faktorkosten markieren die Nettoproduktionsabgaben. Sie weisen die Faktorkosten insoweit es sich um Produktions- und Importabgaben handelt zu hoch und in bezug auf die Subventionen zu niedrig aus.

$$\mathbf{BIP_F = BIP_M - (T_U^{ind} - Z_U) = 147\ GE - 10\ GE = 137\ GE}$$

2.1.4 Einbeziehung des Auslands – Vier-Sektoren Modell

Integriert man die ökonomischen Außenbeziehungen einer Volkswirtschaft in das Kreislaufmodell, so sind die Einnahmen- und Ausgabenströme, die durch die **Exporte (Ex)** und **Importe (Im)** ausgelöst werden, zu berücksichtigen.[7] Bei den Exporten fließt ein realer Güterstrom vom In- an das Ausland, während der monetäre Strom in umgekehrter Richtung fließt. Für die Importe gelten die analogen Überlegungen.

Vernachlässigt man der Einfachheit halber Transferleistungen zwischen In- und Ausland, so hat man mit der Differenz zwischen Exporten und Importen den sogenannten **Außenbeitrag**. Ein negativer Außenbeitrag, also die Importe überwiegen die Exporte, stellt das **Sparen des Auslands (S_A)** dar, also einen Strom vom Sektor Ausland zum Feld Vermögensänderung. In Höhe der Differenz werden Forderungen des Auslands an das Inland begründet. In der Tat bildet das Ausland Vermögen im Inland, also Ersparnis. Selbstverständlich ist der umgekehrte Fall (negative Ersparnis des Auslands) genauso denkbar und möglich.

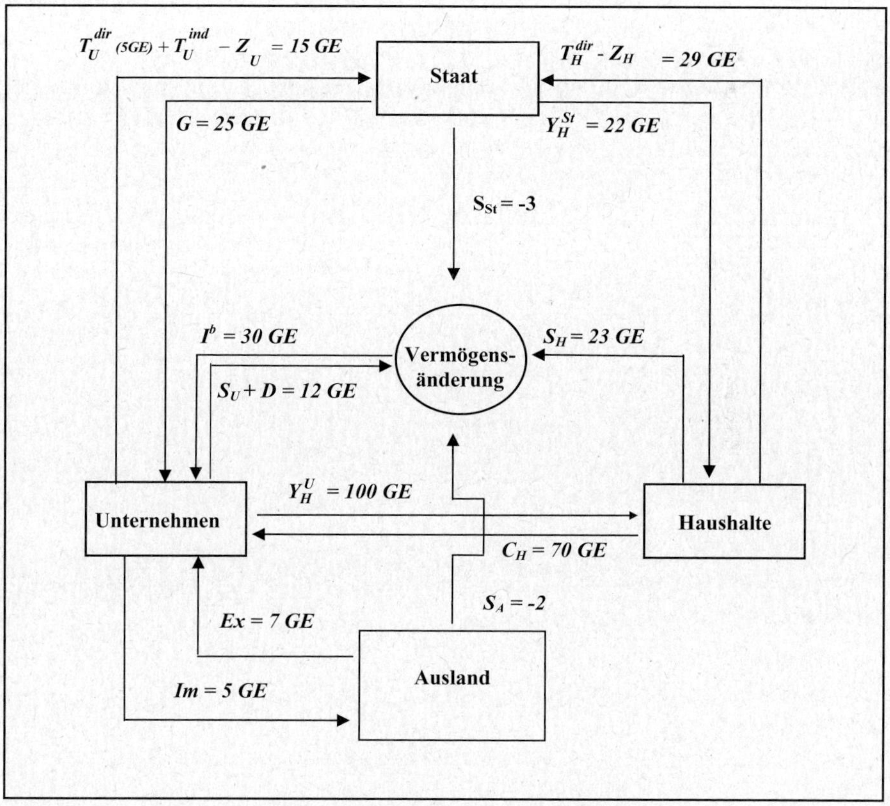

Abb. 2.6: Offene Wirtschaft mit staatlicher Aktivität

7 Zur genaueren Analyse siehe Kapital 6.

2.2 Kontensystem der Volkswirtschaftlichen Gesamtrechnungen

2.2.1 Grundlagen

Aufgabe eines gesamtwirtschaftlichen Rechnungswesens ist es, die Ergebnisse des abgelaufenen Wirtschaftsprozesses einer Volkswirtschaft zahlenmäßig zu ermitteln. Kernstück des gesamtwirtschaftlichen Rechnungswesens sind die Volkswirtschaftlichen Gesamtrechnungen (VGR), in denen **Entstehung, Verteilung** und **Verwendung** des Bruttoinlandsprodukts buchhalterisch erfasst werden. Daneben werden Ergänzungsrechnungen, wie die Input-Output-Rechnung, die Finanzierungsrechnung und die Vermögensrechnung durchgeführt. Die quantitative Erfassung des Wirtschaftsprozesses liefert eine Fülle von Daten und bildet eine wesentliche Grundlage für sein Verständnis und seine Beeinflussung. Darüber hinaus sind die Daten Grundlage internationaler Ländervergleiche und häufig die Basis für Entgeltzahlungen bei internationalen Organisationen.

Im Kontensystem der VGR wird für jeden Sektor und jede wirtschaftliche Aktivität ein Konto geführt, auf dem auf der Sollseite die abfließenden monetären Ströme und auf der Habenseite die zufließenden monetären Ströme verbucht werden. Will man die Stromgrößen in einem Gleichungssystem darstellen, werden alle Positionen der Sollseite eines Kontos mit allen Positionen der Habenseite gleichgesetzt.

Sektoren / Aktivitäten	Unternehmen	Staat	private Haushalte	Gesamtwirtschaft
Produktion		Produktionskonten		Nationales Produktionskonto
Einkommensverwendung		Einkommenskonten		Nationales Einkommenskonto
Vermögensbildung		Vermögensveränderungskonten		Nationales Vermögensänderungskonto
Kreditaufnahme/-gewährung		Kreditänderungskonten		Nationales Kreditänderungskonto
Auslandsbeziehungen		Zusammengefasstes Konto der übrigen Welt		Zusammengefasstes Konto der übrigen Welt

Quelle: Hübl, L.: Wirtschaftskreislauf und Gesamtwirtschaftliches Rechnungswesen. In: D. Bender u.a., Vahlens Kompendium der Wirtschaftstheorie und Wirtschaftspolitik, 7. Auflage, München 1999, S.53-94, S.65.

Abb. 2.7: Sektoren und Aktivitäten der VGR

Stellt man die möglichen ökonomischen Aktivitäten und die abgegrenzten Sektoren einander gegenüber, ergibt sich das in Abbildung 2.7 dargestellte Schema. Das Ausland wird dabei nicht als eigener Sektor geführt, sondern alle Transaktionen von Inländern mit Ausländern werden auf einem einzigen Konto, dem „Zusammengefassten Konto der übrigen Welt", gebucht.

2.2.2 Konsolidierte Konten

Von besonderer Bedeutung für uns ist das Produktionskonto, welches wir für die Produktionsunternehmen näher betrachten wollen. Dabei zeigen wir zunächst die Grundstruktur der Produktionskonten von zwei Unternehmen, um den Konsolidierungseffekt bei der Zusammenführung zum Produktionskontos des Sektors „Unternehmen" aufzuzeigen.

Produktionskonto des Unternehmens A	
1. Käufe von Vorleistungen – von Unternehmen B – aus dem Ausland – vom Staat – von privaten Haushalten	1. Verkäufe von Vorleistungen und Konsumgüter an Haushalte 2. Verkäufe von Vorleistungen und Investitionsgütern an den Staat 3. Verkäufe von Gütern an das Ausland
2. Nettoproduktionsabgaben	4. Verkäufe von Vorleistungen an Unternehmen B
3. Abschreibungen	5. Verkäufe von Investitionsgüter an Unternehmen B
4. Faktorentgelte	Selbsterstellte Anlagen Vorratsveränderungen

Produktionskonto des Unternehmens B	
1. Käufe von Vorleistungen – von Unternehmen A – aus dem Ausland – vom Staat – von privaten Haushalten	1. Verkäufe von Vorleistungen und Konsumgüter an Haushalte 2. Verkäufe von Vorleistungen und Investitionsgütern an den Staat 3. Verkäufe von Gütern an das Ausland
2. Nettoproduktionsabgaben	4. Verkäufe von Vorleistungen an Unternehmen A
3. Abschreibungen	5. Verkäufe von Investitionsgüter an Unternehmen A
4. Faktorentgelte	Selbsterstellte Anlagen Vorrats-Veränderungen

Abb. 2.8: Produktionskonten zweier Unternehmen

Bei der Konsolidierung der Produktionskonten der Unternehmen werden die Vorleistungsbeziehungen zwischen diesen eliminiert. Auf der rechten Seite verbleiben noch die Güter, die Endproduktcharakter haben, d. h. der Versorgung der Endverbraucher dienen oder in die Vermögensrechnung einfließen und damit längerfristige Investitionen darstellen. Die wertmäßige Summe des Produktionskontos nennen wir **Produktionswert.** In den Produktionskonten der Sektoren Staat und private Haushalte, die wir hier nicht explizit aufzeigen, werden große Teile des Produktionswertes durch Addition der Aufwandspositionen ermittelt, da sie Nichtmarktproduktion sind. Subtrahiert man von dem Produktionswert die Vorleistungen, erhält man die **Bruttowertschöpfung** des Sektors. Vermindert man die Bruttowertschöpfung um die Abschreibungen gelangt man zur **Nettowertschöpfung.**[8]

[8] Die Wertschöpfungsgrößen kann man zu Marktpreisen bewerten, was bedeutet, dass sie einschließlich der Nettoproduktionsabgaben ausgewiesen sind oder ohne diese ausweisen, dann werden sie Faktorkosten bewertet.

	Konsolidiertes Produktionskonto der Unternehmen		
	1. Käufe von Vorleistungen – aus dem Ausland – vom Staat – von priv. Haushalten	1. Verkäufe von Vorleistungen und Konsumgüter an priv. Haushalte	Produktionswert
	2. Nettogütersteuern	2. Verkäufe von Vorleistungen und Investitionsgütern an den Staat	
Bruttowertschöpfung	3. Abschreibungen	3. Verkäufe von Gütern an das Ausland	
Nettowertschöpfung	4. Beitrag zum NIP_F – Löhne und Gehälter – Zinsen – Verteilte Gewinne – unverteilte Gewinne	4. – Verkäufe von Investitionsgüter an inländische Unternehmen – Selbsterstellte Anlagen – Vorratsveränderungen	

Abb. 2.9: Konsolidiertes Produktionskonto der Unternehmen

Konsolidiert man die Aktivitätskonten der Sektoren, so erhält man die nationalen Produktions-, Einkommens-, Vermögensveränderungs- und Finanzierungskonten (vgl. Abb. 2.7 und 2.10). Das nationale Kreditänderungskonto enthält nach der Konsolidierung lediglich die Änderung der Nettoposition gegenüber dem Ausland, die auf der Habenseite des Auslandskontos aufgeführt wird.

Das nationale Produktionskonto enthält als Ergebnis der Zusammenfassung die gesamtwirtschaftliche Produktionstätigkeit. Die Aggregation erfolgt über einzelne Wirtschaftssubjekte (z. B. Unternehmen) zu sektoralen und schließlich dem nationalen Konto. Bei dieser Konsolidierung heben sich die Beziehungen zwischen den Einheiten derselben Ebene, mit Ausnahme derjenigen, die Endproduktcharakter besitzen (Verkäufe von Investitionsgüter), gegenseitig auf.

Bei der Konsolidierung der Einkommenskonten heben sich die Position direkte Steuern, die die Haushalte und Unternehmen entrichten und der Staat erhält ebenso gegenseitig auf, wie die Transferzahlungen, die der Staat an die Haushalte leistet.

Im konsolidierten Vermögensveränderungskonto stehen auf der Sollseite die Bruttoinvestitionen und auf der Habenseite die Abschreibungen, die gesamtwirtschaftlichen Ersparnisse und die Änderung der Nettoposition gegenüber dem Ausland, auch Sparen des Auslands genannt.

Nationales Produktionskonto

Abschreibungen	**D**	Privater Konsum	C_H
Nettogütersteuern	$(T_U^{ind} - Z_U)$	Staatl. Konsum	C_{St}
		Bruttoinvestitionen	I^b
Netto-inlandsprodukt	NIP_F	Außenbeitrag	**(Ex–Im)**

Nationales Einkommenskonto

Nettotransferzahlungen an das Ausland	Z_A	Netto-inlandsprodukt	NIP_F
Privater Konsum	C_H		
Staatl. Konsum	C_{St}	Nettoproduktions-abgaben	$(T_U^{ind} - Z_U)$
Gesamtwirtschaft-liches Sparen	$S_H + S_U + S_{St}$		

Nationales Vermögensveränderungskonto

		Abschreibungen	**D**
		Gesamtwirtschaft-liches Sparen	$S_H + S_U + S_{St}$
Bruttoinvestitionen	I^b	Änderung der Netto-position gegenüber dem Ausland (= Sparen des Auslands)	$S_A = (Im - Ex) + Z_A$

Zusammengefaßtes Konto der übrigen Welt

Exporte	**Ex**	Importe	**Im**
Änderung der Nettoposition	S_A	Nettotransfers an das Ausland	Z_A

Abb. 2.10: Konsolidierte Aktivitätskonten

2.2.3 Inlandsprodukt und Nationaleinkommen

Die Habenseite des Nationalen Produktionskontos gibt den Wert des Bruttoinlandsproduktes zu Marktpreisen **(BIP_M)** an. Das Bruttoinlandsprodukt zu Marktpreisen bildet damit den Gegenwert der in einer Periode netto erzeugten Güter. Zusammen mit den importierten Gütern **(Im)** können sie für den privaten Konsum **(C_H)**, den staatlichen Konsum **(C_{St})** sowie die privaten und staatlichen Bruttoinvestitionen **(I^b)** verwendet oder exportiert **(Ex)** werden. In aller Regel werden die Exporte und Importe zum sogenannten Außenbeitrag **(Ex-Im)** saldiert.

$$BIP_M = C_H + C_{St} + I^b + (Ex - Im) \qquad (2.1)$$

Subtrahiert man auf beiden Seiten der Gleichung die Abschreibungen **(D)**, dann erhält man auf der linken Seite das Nettoinlandsprodukt zu Marktpreisen **(NIP_M)** und auf der rechten Seite stehen statt der Bruttoinvestitionen die Nettoinvestitionen **(I^n)**.

$$NIP_M = C_H + C_{St} + I^n + (Ex - Im) \qquad (2.2)$$

Das **Nettoinlandsprodukt zu Faktorkosten (NIP_F)** erhält man, indem man vom Nettoinlandsprodukt zu Marktpreisen die Nettoproduktionsabgaben **($T_U^{ind} - Z_U$)** subtrahiert, denn dieser Größe steht keine Faktorleistung gegenüber.[9] Das Nettoinlandsprodukt zu Faktorkosten. repräsentiert das gesamte Einkommen, das die Wirtschaftssubjekte als Faktorentgelt erhalten.

$$\mathbf{NIP_F = NIP_M - (T_U^{ind} - Z_U)} \tag{2.3}$$

Die Einkommenskonten zeigen für jeden Sektor auf der Habenseite den Zufluss an Einkommen und auf der Sollseite die Verwendung des Einkommens. Nach der Konsolidierung enthält das nationale Einkommenskonto auf der Habenseite als Zufluss an Einkommen das Nettoinlandsprodukt zu Marktpreisen **[$NIP_M = NIP_F + (T_U^{ind} - Z_U)$]**, welches für den privaten Konsum **(C_H)**, den staatlichen Konsum **(C_{St})**, die gesamtwirtschaftliche Ersparnis **($S_H + S_U + S_{St}$)** und die Nettotransferzahlungen an das Ausland **(Z_A)** verwendet wird.

$$\mathbf{NIP_M = C_H + C_{St} + S_H + S_U + S_{St} + Z_A} \tag{2.4}$$

Aus der Gleichung (2.2), die man auch gemeinsam mit der Gleichung (2.1) die Verwendungsgleichungen des Inlandsproduktes nennt und aus der Gleichung (2.4) folgt durch Gleichsetzung:

$$\mathbf{I^n + (Ex - Im) = S_H + S_U + S_{St} + Z_A} \tag{2.5}$$

Dieser Zusammenhang besagt, dass in einer Volkswirtschaft ex post stets die Nettoinvestition zuzüglich des Außenbeitrags gleich der Summe der gesamtwirtschaftlichen Ersparnis und den Nettotransferzahlungen an das Ausland sind. Unter Berücksichtigung von $S_A = Im - Ex + Z_A$ ergibt sich die ex-post Gleichheit von Nettoinvestitionen und Ersparnis.

$$\mathbf{I^n = S_H + S_U + S_{St} + S_A} \tag{2.6}$$

Neben der Abgrenzung nach Marktpreisen und Faktorkosten gibt es eine weitere wichtige Unterscheidung bei der Erfassung der wirtschaftlichen Tätigkeit in einer Volkswirtschaft. Man unterscheidet zwischen **Inlands- und Inländerkonzept.**

Beim *Inlandskonzept* fragt man, welche Faktoreinkommen im *Inland* erbracht worden sind. Dieses Konzept führt also zu den Größen **Brutto- oder Nettoinlandsprodukt (BIP oder NIP).** Beim *Inländerkonzept* dagegen fragt man, welche Faktoreinkommen *Inländern*[10] zugeflossen sind. Dieses Konzept führt zum **Nationaleinkommen.** Während das Inlandsprodukt als Produktionsindikator angesehen werden kann, ist das Nationaleinkommen ein Einkommensindikator.

Erwirtschaftet BP Deutschland einen Gewinn (Teil der Nettowertschöpfung) und transferiert diesen nach England zur Mutter, so ist dieser Gewinn Teil des deutschen Inlandsproduktes (er ist ja in Deutschland erwirtschaftet worden) aber Teil des britischen Nationaleinkommens (er stellt nämlich ein Faktoreinkommen einer in England ansässigen Gesellschaft dar). Analog verhält es sich mit den Grenzgängern, die z. B. ihren ständigen Lebensmittelpunkt in Deutschland haben, aber Ihren Arbeitsplatz im Ausland. Ihre Tätigkeit und somit ihr Faktorentgelt zählt zum ausländischen Inlandsprodukt und zum inländischen Nationaleinkommen. Die

[9] Die Belastung mit Produktionsabgaben führt nämlich zu einer künstlichen Verteuerung der Güter, während die Subventionierung zu einer preislichen Entlastung führt. Die VGR kennen_auch die ‚sonstigen Produktionsabgaben', welche aufgrund der Produktionstätigkeit, aber unabhängig von Menge oder Wert der produzierten oder verkauften Güter (z.B. Grundsteuer) erhoben werden.

[10] Inländer im Sinne der VGR sind alle Wirtschaftssubjekte, die ihren ständigen Sitz (Lebensmittelpunkt) im Inland haben. Die Staatsangehörigkeit ist irrelevant.

Gastarbeiter, die im Inland arbeiten, gelten in den VGR als Inländer. Allgemein gilt der folgende Zusammenhang zwischen beiden Konzepten:

Inlandsprodukt
– Faktoreinkommen, die im Inland entstanden sind, aber an ausländische Wirtschaftssubjekte gezahlt werden
+ Faktoreinkommen, die im Ausland entstanden sind, aber an inländische Wirtschaftssubjekte gezahlt werden
= **Nationaleinkommen**

Das Nettonationaleinkommen zu Faktorkosten wird auch als **Volkseinkommen (Y)** bezeichnet.

Die Beziehung (2.6) hat zunächst rein saldenmechanisch interessante Konsequenzen. Was passiert, wenn der Staat einen Kredit aufnimmt, S_{St} also negativ ist? Es gibt drei Möglichkeiten, die Gleichheit zu erhalten:

(1) Die Nettoinvestitionen gehen zurück, staatliche Nachfrage verdrängt private Investitionen. Dieses Phänomen wird als *Crowding Out* bezeichnet.

(2) Die Privaten sind bereit, ihr Sparen zu erhöhen. Öffentlicher Konsum verdrängt privaten.

(3) Das Sparen des Auslands erhöht sich. Dies bedeutet nach dem oben gesagten eine Passivierung der Leistungsbilanz. Neben das staatliche Haushaltsdefizit tritt ein Leistungsbilanzdefizit. Man spricht hier von einem *Zwillingsdefizit* oder *twin deficit*.[11]

2.2.4 Nominales und reales Inlandsprodukt

Die Höhe des Inlandsproduktes hängt von zwei Größen ab, die bei einer vergleichenden Betrachtung berücksichtigt werden müssen, nämlich den Gütermengen, die in der Periode hergestellt wurden und den Preisen, zu denen sie bewertet werden.

Wir reden vom **nominalen Inlandsprodukt**, wenn die Gütermengen zu laufenden Preisen bewertet werden, d. h. die Gütermengen des Jahres 2009 zu Preisen von 2009 und die Gütermengen des Jahres 2010 zu Preisen von 2010 angesetzt werden.

Wenn man die rein mengenmäßige, also die reale Entwicklung des Inlandsproduktes betrachten will, so müssen preisbedingte Veränderungen berichtigt werden, denn eine im Vergleich zum Vorjahr höhere nominale Größe kann zum Teil auf höhere Preise zurückzuführen sein. Im Extremfall sind sogar die Mengen unverändert geblieben und nur deren Preise gestiegen.

Reales (preisbereinigtes) Inlandsprodukt nennen wir die Kennzahl, bei der die Gütermengen eines Jahres zu Preisen des Vorjahres[12] bewertet werden. Das reale Inlandsprodukt gibt dann die rein güterwirtschaftliche Entwicklung an, Preiseinflüsse sind ausgeschaltet.

---

[11] Ein solches Zwillingsdefizit verzeichneten etwa die USA in und nach der Ära Reagan sowie erneut unter George W. Bush und Deutschland kurzzeitig nach der Wiedervereinigung.

[12] Mit der Revision der Volkswirtschaftlichen Gesamtrechnungen (VGR) 2005 wurde die Deflationierung mit Preisen eines festen Basisjahres durch die jährlich wechselnde Vorjahrespreisbasis ersetzt. Vgl. Braakmann, A.; Hartmann, N.; Räth, N.; Strohm, W. et al.: Revision der Volkswirtschaftlichen Gesamtrechnungen 2005 für den Zeitraum 1991 bis 2004. In: Wirtschaft und Statistik, 5/2005 S.425-463, S. 429ff

2.2.5 Zahlenwerte für Deutschland

Die statistische Erfassung erfuhr 1999 eine grundlegende Veränderung. Das eigenständige deutsche System wurde durch das **Europäische System Volkswirtschaftlicher Gesamtrechnungen (ESVG 1995)** ersetzt[13], was zwar die Vergleichbarkeit der Zahlen in der langen Zeitreihe erschwert, den internationalen Vergleich aber erleichtert.

In 2005 wurde eine umfassenden Revision der VGR vorgestellt, mit der u.a. die Einführung der Vorjahrespreisbasis sowie die Neuregelungen bei der Berechnung und Verteilung der „unterstellten Bankgebühr" (FISIM – Financial Intermediation Services Indirectly Measured) auf die Verwendungsarten verbunden ist.

Das Ergebnis der wirtschaftlichen Aktivitäten einer Volkswirtschaft in einer Periode lässt sich, wie auch oben angedeutet, aus unterschiedlichen Blickrichtungen betrachten. Die VGR unter-

I. ENTSTEHUNGSRECHNUNG:	II. VERWENDUNGSRECHNUNG
Produktionswert der Bereiche - Vorleistungen = Bruttowertschöpfung + Gütersteuern - Gütersubventionen	Konsumausgaben + Bruttoinvestitionen + Außenbeitrag

= **BRUTTOINLANDSPRODUKT (BIP)**

\+ Saldo der Primäreinkommen mit der übrigen Welt

= **BRUTTONATIONALEINKOMMEN (BNE)**

\- Abschreibungen

III. VERTEILUNGSRECHNUNG

= **Nettonationaleinkommen**

\- Produktions- und Importabgaben an den Staat
\+ Subventionen vom Staat

= **VOLKSEINKOMMEN**

\- Unternehmens- und Vermögenseinkommen (Inländer)
= Arbeitnehmerentgelt (Inländer)

Abb. 2.11: Überblick über die Entstehungs-, Verwendungs- und Verteilungsrechnung[14]

[13] Vgl. Bleses, P.; Hartmann, N. und Strohm, W.: Revision der Volkswirtschaftlichen Gesamtrechnungen 1999 – Anlass, Konzeptänderungen und neue Begriffe. In: Wirtschaft und Statistik, 4/99, S. 257-281 sowie Statistisches Bundesamt.: Volkswirtschaftliche Gesamtrechnungen. Inlandsprodukt nach ESVG 1995 – Methoden und Grundlagen- Wiesbaden, Dezember 2002, S. 17 ff.

[14] Vgl. Statistisches Bundesamt: Volkswirtschaftliche Gesamtrechnungen. Wichtige Zusammenhänge im Überblick, Wiesbaden März 2002, S.9 sowie Statistisches Bundesamt.: Volkswirtschaftliche Gesamtrechnungen. Inlandsprodukt nach ESVG 1995 – Methoden und Grundlagen- Wiesbaden, Dezember 2002, S. 17 ff.

scheiden die Entstehungs-, Verwendungs- und Verteilungsrechnung. Zusätzlich veröffentlicht das Statistische Bundesamt die sogenannten Standardtabellen mit weiteren Informationen.

- **Entstehungsrechnung:**

Die Aufgabe der Entstehungsrechnung ist es, die Beiträge der einzelnen Wirtschaftseinheiten zum Produktionsergebnis der Volkswirtschaft zu erfassen, d. h. die wirtschaftliche Leistung von der Produktionsseite her darzustellen. Die früher in den deutschen VGR übliche Trennung der Wirtschaftsbereiche in die Sektoren Unternehmen, Staat und Private Organisationen ist mit der Einführung der ESVG 1995 entfallen.[15] Die aktuelle Wirtschaftszweigklassifikation, die für die Europäische Gemeinschaft verbindlich festgelegt ist, folgt der sog. WZ 2003.[16] In den Veröffentlichungen des Statistischen Bundesamtes werden sechs Hauptwirtschaftsbereiche unterschieden.

Für jeden Bereich wird die Bruttowertschöpfung ermittelt, die addiert um den Saldo aus den „Gütersteuern abzüglich Gütersubventionen"[17] das Bruttoinlandsprodukt ergibt.

	Bruttowertschöpfung der Bereiche
	Land- und Forstwirtschaft, Fischerei
+	Produzierendes Gewerbe ohne Baugewerbe
+	Baugewerbe
+	Handel, Gastgewerbe und Verkehr
+	Finanzierung, Vermietung und Unternehmensdienstleister
+	Öffentliche und private Dienstleister
=	**Bruttowertschöpfung**
+	Gütersteuern abzüglich Gütersubventionen
=	**Bruttoinlandsprodukt (BIP)**

Abb. 2.12: Entstehungsrechnung der VGR

[15] Vgl. Statistisches Bundesamt.: Volkswirtschaftliche Gesamtrechnungen. Inlandsprodukt nach ESVG 1995 – Methoden und Grundlagen- Wiesbaden, Dezember 2002, S. 32

[16] Statistisches Bundesamt: Klassifikationen der Wirtschaftszweige, Ausgabe 2003 (WZ 2003), Wiesbaden 2002

[17] Gütersteuern oder –subventionen sind solche finanzielle Transaktionen, die mengen- oder wertabhängig von den produzierten Gütern sind und insoweit auch unmittelbar in die Disposition der Produzenten eingehen können. Die Produktionswerte werden i.d.R. zu Preisen bewertet, die ein Produzent je Einheit eines Gutes erhält, ohne die auf die Güter zu zahlende Steuer (Gütersteuer) aber zuzüglich der empfangenen Gütersubventionen. Das Statistische Bundesamt bezeichnet diese Preise als Herstellungspreise, deshalb muss beim Übergang von der „Bruttowertschöpfung zu Herstellungspreisen" zum „Bruttoinlandsprodukt zu Marktpreisen" der Saldo der Gütersteuern abzüglich der Gütersubventionen addiert werden. Ohne Korrektur wären diese, früher indirekte Steuern genannte Position, nicht im Bruttoinlandsprodukt enthalten. Vgl. Fußnote 9

***Tab.2.1: Entstehung des Bruttoinlandsproduktes in jeweiligen Preisen*[1)]**

	1991		2000		2004		2005		2006		2007		2008	
	Mrd. €	Anteil [2)]	Mrd. €	Anteil [2)]	Mrd. €	Anteil [2)]	Mrd. €	Anteil [2)]	Mrd. €	Anteil [2)]	Mrd. €	Anteil [2)]	Mrd. €	Anteil [2)]
Bruttowertschöpfung der Bereiche														
Land- und Forstwirtschaft, Fischerei	**19,16**	***1,3***	**23,46**	***1,1***	**21,90**	***1,0***	**17,29**	***0,8***	**17,86**	***0,87***	**20,02**	***0,8***	**19,57**	***0,8***
+ **Produzierendes Gewerbe ohne Baugewerbe**	**426,53**	***27,8***	**465,34**	***22,6***	**501,55**	***22,7***	**510,51**	***22,8***	**538,84**	***23,2***	**572,12**	***23,6***	**579,96**	***23,3***
+ **Baugewerbe**	**83,51**	***5,4***	**96,21**	***4,7***	**83,26**	***3,87***	**80,16**	***3,6***	**80,35**	***3,5***	**87,15**	***3,6***	**93,82**	***3,8***
+ **Handel, Gastgewerbe und Verkehr**	**249,37**	***16,3***	**337,27**	***16,4***	**353,41**	***16,0***	**357,86**	***16,0***	**374,60**	***16,1***	**382,41**	***15,8***	**399,83**	***16,0***
+ **Finanzierung, Vermietung und Unternehmens-dienstleister**	**324,54**	***21,2***	**510,94**	***24,8***	**581,02**	***26,3***	**596,12**	***26,6***	**616,41**	***26,6***	**634,82**	***26,2***	**655,04**	***26,3***
+ **Öffentliche und private Dienstleister**	**289,57**	***18,9***	**422,98**	***20,5***	**457,22**	***20,7***	**462,95**	***20,6***	**465,24**	***20,0***	**474,69**	***19,6***	**486,90**	***19,5***
= Bruttowertschöpfung	**1.392,68**	***90,8***	**1.856,20**	***90,0***	**1.998,36**	***90,4***	**2.024,89**	***90,3***	**2.093,30**	***90,2***	**2.171,21**	***89,6***	**2.235,12**	***89,7***
+ **Gütersteuern abzgl. Gütersubventionen**	141,92	*9,2*	206,30	*10,0*	212,54	*9,6*	218,31	*9,7*	228,20	*9,8*	251,69	*10,4*	256,88	*10,3*
= Bruttoinlandsprodukt (BIP)	**1.534,60**	***100,0***	**2.062,50**	***100,0***	**2.210,90**	***100,0***	**2.243,20**	***100,0***	**2.321,50**	***100,0***	**2.422,90**	***100,0***	**2.492,00**	***100,0***

1) Die Ergebnisse sind nach dem „Europäischen System Volkswirtschaftlicher Gesamtrechnungen (ESVG) 1995“ dargestellt. Stand: März 2009

2) Jeweilige Werte in v.H. des BIP.

Quelle: www.destatis.de

- **Verwendungsrechnung:**

Die Verwendungsrechnung basiert auf der Überlegung, dass die in einer Volkswirtschaft produzierten Güter **(BIP)** zuzüglich der importierten Güter **(Im)** für den privaten Konsum **(C_H)**, den staatlichen Konsum **(C_{St})**, die Bruttoinvestitionen **(I^b)** und den Export **(Ex)** verwendet werden können. Sie setzt also an der letzten Verwendung von Gütern an. In den aktuellen Veröffentlichungen des Statistischen Bundesamtes weist sie folgende Untergliederung auf:

Private Konsumausgaben
+Konsumausgaben des Staates
+Bruttoinvestitionen
- Bruttoanlageinvestitionen
- Vorratsveränderungen einschl. Nettozugang an Wertsachen

=inländische Verwendung
+Außenbeitrag
- Exporte
- Importe

= BRUTTOINLANDSPRODUKT (BIP)

Abb. 2.13: Verwendungsrechnung der VGR

Tab.2.1: Entstehung des Bruttoinlandsproduktes in jeweiligen Preisen[1)]

	1991		2000		2004		2005		2006		2007		2008	
	Mrd. €	Anteil [2)]	Mrd. €	Anteil [2)]	Mrd. €	Anteil [2)]	Mrd. €	Anteil [2)]	Mrd. €	Anteil [2)]	Mrd. €	Anteil [2)]	Mrd. €	Anteil [2)]
Bruttowertschöpfung der Bereiche **Land- und Forstwirtschaft, Fischerei**	**19,16**	***1,3***	**23,46**	***1,1***	**21,90**	***1,0***	**17,29**	***0,8***	**17,86**	***0,87***	**20,02**	***0,8***	**19,57**	***0,8***
+ **Produzierendes Gewerbe ohne Baugewerbe**	**426,53**	***27,8***	**465,34**	***22,6***	**501,55**	***22,7***	**510,51**	***22,8***	**538,84**	***23,2***	**572,12**	***23,6***	**579,96**	***23,3***
+ **Baugewerbe**	**83,51**	***5,4***	**96,21**	***4,7***	**83,26**	***3,87***	**80,16**	***3,6***	**80,35**	***3,5***	**87,15**	***3,6***	**93,82**	***3,8***
+ **Handel, Gastgewerbe und Verkehr**	**249,37**	***16,3***	**337,27**	***16,4***	**353,41**	***16,0***	**357,86**	***16,0***	**374,60**	***16,1***	**382,41**	***15,8***	**399,83**	***16,0***
+ **Finanzierung, Vermietung und Unternehmensdienstleister**	**324,54**	***21,2***	**510,94**	***24,8***	**581,02**	***26,3***	**596,12**	***26,6***	**616,41**	***26,6***	**634,82**	***26,2***	**655,04**	***26,3***
+ **Öffentliche und private Dienstleister**	**289,57**	***18,9***	**422,98**	***20,5***	**457,22**	***20,7***	**462,95**	***20,6***	**465,24**	***20,0***	**474,69**	***19,6***	**486,90**	***19,5***
= **Bruttowertschöpfung**	**1.392,68**	***90,8***	**1.856,20**	***90,0***	**1.998,36**	***90,4***	**2.024,89**	***90,3***	**2.093,30**	***90,2***	**2.171,21**	***89,6***	**2.235,12**	***89,7***
+ **Gütersteuern abzgl. Gütersubventionen**	141,92	*9,2*	206,30	*10,0*	212,54	*9,6*	218,31	*9,7*	228,20	*9,8*	251,69	*10,4*	256,88	*10,3*
= **Bruttoinlandsprodukt (BIP)**	**1.534,60**	***100,0***	**2.062,50**	***100,0***	**2.210,90**	***100,0***	**2.243,20**	***100,0***	**2.321,50**	***100,0***	**2.422,90**	***100,0***	**2.492,00**	***100,0***

1) Die Ergebnisse sind nach dem „Europäischen System Volkswirtschaftlicher Gesamtrechnungen (ESVG) 1995" dargestellt. Stand: März 2009

2) Jeweilige Werte in v.H. des BIP.

Quelle: www.destatis.de

- **Verteilungsrechnung:**

Das Inlandsprodukt kann aufgrund der definitorischen Kreislaufzusammenhänge auch von der Seite der verteilten Einkommen her betrachtet werden. Zentrale Größe ist das **Volkseinkommen,** das auch weiterhin in den deutschen VGR berechnet und dargestellt wird, obgleich es im ESVG 1995 nicht ausgewiesen wird. Subtrahiert man vom Bruttoinlandsprodukt den Saldo der Primäreinkommen mit der übrigen Welt[18] erhält man das Bruttonationaleinkommen, abzüglich der Abschreibungen das **Nettonationaleinkommen**, das der Summe der Primäreinkommen der inländischen Sektoren entspricht. Subtrahiert man von dieser Größe die vom Staat empfangene Produktions- und Importabgaben abzüglich der vom Staat gezahlten Subventionen erhält man das **Volkseinkommen**, welches mit der Summe der Erwerbs- und Vermögenseinkommen, die die inländischen Wirtschaftseinheiten in einer Periode empfangen haben, gleichzusetzen ist. Das Volkseinkommen wird unterteilt in das **Arbeitnehmerentgelt**[19] und dem als Saldo zwischen beiden Größen berechneten **Unternehmens- und Vermögenseinkommen**[20]**.** Den Anteil des Arbeitnehmerentgeltes am Volkseinkommen nennt man auch gesamtwirtschaftliche **Lohnquote**, bei deren Interpretation aber stets beachtet werden muss, dass sie die funktionale Einkommensverteilung beschreibt.

Arbeitnehmerentgelt

\+ **Unternehmens- und Vermögenseinkommen**

= **Volkseinkommen**

\+ Produktions- und Importabgaben abzüglich Subventionen

= **Nettonationaleinkommen (Primäreinkommen)**

\+ Saldo der Primäreinkommen an die übrige Welt

\+ Abschreibungen

= **BRUTTOINLANDSPRODUKT (BIP)**

Abb. 2.14: Verteilungsrechnung der VGR

[18] Summe der an die übrige Welt geleisteten Primäreinkommen (Arbeitnehmerentgelt, Vermögenseinkommen, Subventionen) abzüglich der von der übrigen Welt empfangenen Primäreinkommen (Arbeitnehmerentgelt, Vermögenseinkommen, Produktions- und Importabgaben).

[19] Früher: Einkommen aus unselbständiger Arbeit.

[20] Früher: Einkommen aus unternehmerischer Tätigkeit und Vermögen.

Tab: 2.3: Verteilung des Volkseinkommens in jeweiligen Preisen[1)]

	1991		2000		2004		2005		2006		2007		2008	
	Mrd. €	Anteil[2)]	Mrd. €	Anteil[2)]	Mrd. €	Anteil[2)]	Mrd. €	Anteil[2)]	Mrd. €	Anteil[2)]	Mrd. €	Anteil[2)]	Mrd. €	Anteil[2)]
Arbeitnehmerentgelt	**847,01**	**71,0**	**1.100,06**	**72,2**	**1.137,13**	**68,0**	**1.130,07**	**66,6**	**1.149,46**	**65,1**	**1.183,55**	**64,8**	**1.225,84**	**65,2**
+ **Unternehmens- und Vermögenseinkommen**	**345,56**	**29,0**	**424,37**	**27,8**	**535,17**	**32,0**	**566,66**	**33,4**	**616,10**	**34,9**	**643,52**	**35,2**	**654,32**	**34,8**
= **Volkseinkommen**	**1.192,57**	**100,0**	**1.524,43**	**100,0**	**1.672,30**	**100,0**	**1.696,73**	**100,0**	**1.765,56**	**100,0**	**1.827,07**	**100,0**	**1.880,16**	**100,0**
+ Produktions- und Importabgaben abzgl. Subventionen	134,55		210,25		231,53		238,23		253,75		278,37		285,32	
= **Nettonationaleinkommen (Primäreinkommen)**	**1.327,12**		**1.734,68**		**1.903,83**		**1.934,96**		**2.019,31**		**2.105,44**		**2.165,48**	
+ Saldo der Primäreinkommen an die übrige Welt [3)]	-6,95		19,34		-21,18		-27,62		-40,94		-41,29		-36,60	
+ Abschreibungen	214,43		308,48		328,25		335,86		343,13		358,75		363,12	
= Bruttoinlandsprodukt (BIP)	**1.534,60**		**2.062,50**		**2.210,90**		**2.243,20**		**2.321,50**		**2.422,90**		**2.492,00**	

1) Die Ergebnisse sind nach dem „Europäischen System Volkswirtschaftlicher Gesamtrechnungen (ESVG) 1995“ dargestellt. Stand: März 2009

2) Jeweilige Werte in v.H. des Volkseinkommens.

3) Primäreinkommen aus der übrigen Welt abzüglich Primäreinkommen an die übrige Welt

Quelle: www.destatis.de

- **Nominales und Reales (preisbereinigtes) Bruttoinlandsprodukt:**

  Sowohl bei der Beurteilung des Wirtschaftswachstums als auch bei internationalen Vergleichen richtet sich das Augenmerk auf die Veränderungen des realen Bruttoinlandsproduktes. Die Methode der Festpreisbasis hatte in Deutschland eine lange Tradition, führte aber dazu, dass die relativen Preise des Basisjahres für die Folgejahre immer weniger und für eine Rückrechnung fast keine Relevanz besaßen. Diese Darstellung der realen Entwicklung, so ein Kritikpunkt, „führe zu eher hypothetischen Ergebnissen und statistischen Artefakten“.[21]

Tab. 2.4: Nominales und reales Bruttoinlandsprodukt[1)]

	in jeweiligen Preisen		Vorjahrespreisbasis	
	Mrd. €	W´rate [2)]	Mrd. €	W´rate [2)]
1991	1.534,60	-	1.760,55	-
1992	1.646,62	7,3	1.799,74	2,2
1993	1.694,37	2,9	1.785,30	-0,8
1994	1.780,78	5,1	1.832,74	2,7
1995	1.848,45	3,8	1.867,39	1,9
1996	1.876,18	1,5	1.885,95	1,0
1997	1.915,58	2,1	1.919,98	1,8
1998	1.965,38	2,6	1.958,96	2,0
1999	2.012,00	2,4	1.998,36	2,0
2000	2.062,50	2,5	2.062,50	3,2
2001	2.113,16	2,5	2.088,08	1,2
2002	2.143,18	1,4	2.088,08	0,0
2003	2.163,80	1,0	2.083,54	-0,2
2004	2.210,90	2,2	2.108,70	1,2
2005	2.243,20	1,5	2.124,99	0,8
2006	2.321,50	3,5	2.187,90	3,0
2007	2.422,90	4,4	2.241,73	2,5
2008	2.492,00	2,9	2.270,81	1,3

1) Stand: März 2009

2) Veränderungen gegenüber dem Vorjahreswert.

Quelle: www.destatis.de

21 Statistisches Bundesamt: Veröffentlichung zur Sitzung des Fachausschusses Volkswirtschaftliche Gesamtrechnungen am 26. November 2003. TOP 2.1.1: Einführung der Vorjahrespreisbasis, S.4

2.2.6 Wertschöpfungsgrößen als Wohlstandsindikator

Wertschöpfungsgrößen dienen häufig als Indikatoren für zeitliche, regionale und internationale Vergleiche von Wohlstand und Wirtschaftsleistung einer Volkswirtschaft. Im **Zeitvergleich** ist die Entwicklung dieser Größen ein wichtiger Maßstab für die Konjunkturpolitik oder die Geldpolitik der Zentralbank. Im **internationalen Vergleich** sind sie Indikatoren für die wirtschaftliche Leistungsfähigkeit verschiedener Länder und dienen häufig als Basis für die Berechnung von Entgeltzahlungen an internationale und supranationale Organisationen.

Soll die wirtschaftliche Entwicklung im Zeitvergleich oder im regionalen bzw. internationalen Vergleich untersucht werden, so taucht die Frage auf, welche Bezugsgröße hierzu heranzuziehen ist. Soll die nominale oder reale, die absolute oder die pro-Kopf-Größe als Vergleichsmaßstab dienen?

Für den Zeitvergleich ist die Ausschaltung der Preiseinflüsse zweckmäßig, da dann die Wertveränderungen der Größen mit ihren Mengenveränderungen identisch ist. Deshalb sind in diesem Fall die realen Kennziffern eindeutig vorzuziehen.

Bei internationalen oder auch regionalen Vergleichen müssen darüber hinaus die unterschiedlichen Bevölkerungszahlen der Vergleichsobjekte beachtet werden. Dies geschieht durch die Betrachtung der pro-Kopf-Größen.

Es gibt einige Sachverhalte, die uns davon abhalten, das Inlandsprodukt als einen umfassenden Wohlstandsindikator für eine Volkswirtschaft anzusehen. Dessen ungeachtet bilden es und seine abgeleiteten Größen als ein Ergebnis der Volkswirtschaftlichen Gesamtrechnungen wichtige Indikatoren für die wirtschaftliche Leistungsfähigkeit der betrachteten Volkswirtschaft, zumal die Erfassungsmethoden und -konzepte, zumindest in Europa einander angeglichen sind.

Die Mängel, die man dem Inlandsproduktkonzept im Hinblick auf seine Eignung als Wohlstandsindikator entgegenhält, lassen sich in drei Gruppen zusammenfassen:

- **Erfassung marktgerichteter Tätigkeiten:**

  Bei der Ermittlung des Inlandsprodukts werden im wesentlichen nur die marktgerichteten Wirtschaftsprozesse erfasst. Ein großer Teil der wirtschaftlichen Tätigkeiten, die den Wohlstand mitprägen, bleiben unberücksichtigt. Dazu gehören die Arbeiten im Haushalt (Erziehungs- und Versorgungsarbeiten) und die Eigenreparaturen. Ebenso können Tätigkeiten, die keinen Eingang in die Statistik finden (z. B. Schwarzarbeit, Nachbarschaftshilfe), nicht berücksichtigt werden, obgleich sie die Wohlstandssituation einer Gesellschaft nicht unwesentlich beeinflussen.

- **Keine Berücksichtigung der Umweltabnutzung:**

  Umweltschädigungen werden nicht als wohlstandsmindernd, z. B. über außerordentliche Abschreibungen registriert. Im Gegenteil die Beseitigung von Umweltschäden fließt, sofern sie nicht unentgeltlich erfolgt, über die dabei geschaffenen Einkommen in das Inlandsprodukt ein. Die Wiederherstellung des ‘Status quo ante’ führt also zu einer Erhöhung dieses Wertmaßstabs.

- **Konzeptionelle Mängel:**

  Andere wohlstandsrelevante Faktoren, wie
  - die Einkommens- und Vermögensverteilung,
  - die gesellschaftlichen Bedingungen der Produktion,
  - die Freizeitmöglichkeiten,
  - die Gesundheitsvorsorge,
  - die Kriminalität oder
  - die Bildung

  können aus konzeptionellen Gründen im Inlandsprodukt nicht erfasst werden. Es gab und gibt immer wieder Bemühungen im Rahmen der sog. „Sozialindikatorenforschung" solche Sachverhalte zu erfassen und zu einem „Wohlfahrtsmaß" zu aggregieren.

Tab. 2.5: Internationaler Vergleich des Bruttoinlandsproduktes pro Kopf in PPS[1)]

Länder	1995 BIP pro Kopf in PPS	2000 BIP pro Kopf in PPS	2001 BIP pro Kopf in PPS	2002 BIP pro Kopf in PPS	2003 BIP pro Kopf in PPS	2004 BIP pro Kopf in PPS	2005 BIP pro Kopf in PPS	2006 BIP pro Kopf in PPS	2007 BIP pro Kopf in PPS
Deutschland	**18.900**	**22.600**	**23.100**	**23.600**	**24.200**	**25.200**	**26.300**	**27.400**	**28.600**
Belgien	18.900	24.000	24.400	25.600	25.500	26.100	26.900	28.000	29.400
Dänemark	19.300	25.100	25.300	26.300	25.700	27.200	27.800	29.100	29.900
Finnland	15.800	22.300	22.900	23.600	23.400	25.200	25.700	27.100	28.800
Frankreich	17.000	22.000	22.900	23.700	23.200	23.800	24.900	25.900	27.200
Griechenland	12.300	16.000	17.100	18.500	19.100	20.400	20.900	22.200	23.600
Großbritannien	16.600	22.700	23.700	24.700	25.200	26.700	27.400	28.400	29.700
Irland	15.000	24.900	26.200	28.200	29.100	30.700	32.400	34.800	37.400
Italien	17.700	22.300	23.300	22.900	22.900	23.100	23.600	24.500	25.200
Luxemburg	32.600	46.400	46.300	49.200	51.300	54.900	57.100	63.100	66.300
Niederlande	18.100	25.600	26.400	27.300	26.800	28.000	29.400	30.900	32.600
Österreich	19.700	25.000	24.700	25.800	26.300	27.400	28.100	29.400	30.800
Portugal	11.000	14.900	15.300	15.800	15.900	16.200	17.300	18.000	19.000
Schweden	18.400	24.100	24.000	24.800	25.400	27.000	27.100	28.700	30.400
Spanien	13.400	18.500	19.400	20.600	20.900	21.900	22.900	24.600	26.200
Estland		8.500	9.100	10.200	11.300	12.400	13.700	15.400	16.900
Lettland		7.000	7.700	8.400	9.000	9.900	10.900	12.400	14.400
Litauen		7.500	8.200	9.000	10.200	10.900	11.900	13.100	14.800
Malta		15.900	15.400	16.300	16.200	16.700	17.600	18.200	19.300
Polen		9.200	9.400	9.900	10.100	11.000	11.500	12.400	13.300
Slowakei		9.500	10.400	11.100	11.500	12.400	13.500	15.000	16.700
Slowenien		15.200	15.800	16.800	17.300	18.700	19.600	20.700	22.200
Tschech. Republik		13.000	13.900	14.400	15.200	16.300	17.100	18.300	20.000
Ungarn		10.700	11.600	12.600	13.100	13.700	14.200	15.000	15.600
Zypern		16.900	18.000	18.300	18.400	19.600	20.400	21.300	22.600
Bulgarien		5.300	5.800	6.300	6.700	7.300	7.800	8.600	9.300
Rumänien		4.900	5.400	6.000	6.500	7.400	7.900	9.100	
Estland		8.500	9.100	10.200	11.300	12.400	13.700	15.400	16.900
Kroatien						12.200	12.900	14.000	15.400
Mazedonien		5.100	5.000	5.100	5.300	5.800	6.400	6.900	
Europäische Union EU15[2)]	**17.000**	**22.000**	**22.700**	**23.400**	**23.600**	**24.500**	**25.400**	**26.500**	**27.800**
Europäische Union EU25[3)]	**15.400**	**20.000**	**20.700**	**21.400**	**21.600**	**22.600**	**23.400**	**24.600**	**25.800**
Europäische Union EU27[4)]	**14.700**	**19.100**	**19.800**	**20.500**	**20.700**	**21.600**	**22.500**	**23.600**	**24.900**
Eurozone	**17.200**	**21.900**	**22.500**	**23.100**	**23.200**	**23.900**	**24.900**	**26.000**	**27.300**
Japan	**18.900**	**22.300**	**22.500**	**22.900**	**23.200**	**24.500**	**25.400**	**26.600**	**27.900**
USA	**23.300**	**30.300**	**30.500**	**31.100**	**31.900**	**33.500**	**35.100**	**36.700**	**38.000**

1) Bruttoinlandsprodukt zu Marktpreisen in Mrd. € ausgedrückt in PPS (*purchasing power standards* - Kaufkraftstandards) pro Einwohner.

2) EU15 Europäische Union mit folgenden Ländern: Deutschland, Belgien, Finnland, Frankreich, Griechenland, Großbritannien, Irland, Italien, Luxemburg, Niederlande, Österreich, Portugal, Schweden, Spanien

3) EU25 Europäische Union mit folgenden Ländern: EU15 zuzüglich Estland, Lettland, Litauen, Malta, Polen, Slowakei, Slowenien, Tschechische Republik, Ungarn und Zypern

4) EU27 Europäische Union mit folgenden Ländern: EU25 zuzüglich Bulgarien und Rumänien

Quelle: www.eu-datashop.de

2.2.7 Ergänzungsrechnungen

Wie bereits oben angedeutet sind neben den Volkswirtschaftlichen Gesamtrechnungen weitere Ergänzungsrechnungen Bestandteil des gesamtwirtschaftlichen Rechnungswesens:

- **Input – Output – Rechnung:**

  Input-Output-Tabellen liefern Informationen über die Vorleistungsverflechtung der verschiedenen Produktionsbereiche und dienen als Grundlage der Input-Output-Analyse. Damit wird der Einfluss von Veränderungen einzelner Endnachfragekomponenten auf die dafür erforderlichen Vorleistungslieferungen ermittelt und die Auswirkungen von Nachfrageverschiebungen auf die Produktion anderer Bereiche abzuschätzen versucht. Die Input-Output-Rechnung ist eine Stromgrößenrechnung.

- **Vermögensrechnung:**

  Die Vermögensrechnung informiert über die Höhe und Zusammensetzung des Vermögens. Sie ist im Gegensatz zu den Volkswirtschaftlichen Gesamtrechnungen eine *Bestandsrechnung*. In einer Vermögensrechnung werden die bewerteten Vermögensobjekte (Aktiva) den Verbindlichkeiten (Passiva) zu einem bestimmten Zeitpunkt gegenübergestellt.

Sachvermögen	**Verbindlichkeiten**
Forderungen	**Reinvermögen**

Abb. 2.15: Grundschema einer Vermögensrechnung

  Die Aktiva, die auch als **Bruttovermögen** bezeichnet werden, unterteilt man in **Sachvermögen** und **Forderungen**. Die Differenz zwischen Bruttovermögen und Verbindlichkeiten ist das **Reinvermögen**. Subtrahiert man von den Forderungen einer Wirtschaftseinheit seine Verbindlichkeiten, so erhält man sein **Geldvermögen**. Damit ergibt sich das Reinvermögen auch als Sachvermögen plus Geldvermögen. Probleme ergeben sich aus der Abgrenzung der Vermögensobjekte und der Verbindlichkeiten sowie bei ihrer Bewertung.

  In Deutschland gibt es keine vollständige amtliche Aufstellung des Vermögens der Volkswirtschaft. Das Statistische Bundesamt ermittelt das reproduzierbare Sachvermögen. Dazu zählen das Anlage- und Vorratsvermögen der Unternehmen sowie Teile des Anlagevermögens des Staates und der privaten Organisationen ohne Erwerbscharakter. Die Deutsche Bundesbank ermittelt die Nettoposition der einzelnen Sektoren und der Bundesrepublik gegenüber dem Ausland. Dabei werden die Forderungen und Verbindlichkeiten nach dem Grad ihrer Liquiditätsnähe geordnet.

- **Finanzierungsrechnung:**

  Die Finanzierungsrechnung, die von der Deutschen Bundesbank durchgeführt wird, gibt Einblick in die sektorale Sachvermögensbildung und Ersparnis, in die Finanzierungs- und Anlagegewohnheiten der Sektoren und in die Finanzierungsverflechtung der Sektoren.

2.3 Zahlungsbilanz

2.3.1 Vorbemerkungen

Unter einer Zahlungsbilanz versteht man die ex post – Erfassung aller wirtschaftlichen Vorgänge zwischen In- und Ausland in einer bestimmten Periode. Es handelt sich also um eine Stromgrößenrechnung, so dass der Begriff Zahlungs*bilanz* eigentlich nicht korrekt ist, da man unter einer Bilanz normalerweise eine Bestandsgrößenrechnung versteht. Die Zahlungsbilanz kann als eine Erweiterung der Volkswirtschaftlichen Gesamtrechnungen aufgefasst werden. Sie wirft einen detaillierteren Blick auf wirtschaftliche Vorgänge zwischen dem In- und Ausland. Wichtig für das Verständnis der Zahlungsbilanz sind die Begriffe In- und Ausländer. **Inländer** im Sinne der Zahlungsbilanzstatistik ist jedes Wirtschaftssubjekt, dessen wirtschaftliche Aktivität überwiegend im Inland konzentriert ist. In diesem Sinne ist eine in Deutschland ansässige und produzierende Tochter eines ausländischen Unternehmens Inländer. **Ausländer** ist danach jeder, der nicht Inländer ist. Die Staatsangehörigkeit ist also in diesem Zusammenhang irrelevant, was zählt ist der Ort in dem der Schwerpunkt der wirtschaftlichen Aktivität liegt. Ausgenommen von dieser Regel sind ausländische diplomatische Vertreter und Angehörige fremder, im Inland stationierter Streitkräfte.

Die Zahlungsbilanz ist eine Wertrechnung[22] zu Marktpreisen und wird normalerweise in heimischer Währung aufgestellt. Dabei werden bestimmte Konten definiert, auf denen die o. g. Vorgänge nach dem System der doppelten Buchführung verbucht werden. Als Aktivbuchungen erfolgen Transaktionen die zu Zahlungseingängen im Inland führen können. Passivisch werden dagegen alle Vorgänge gebucht, die aus Sicht des Inlands zu Zahlungsausgängen führen.[23]

Einen formalen Rahmen zum Aufstellen von Zahlungsbilanzen gibt der IWF vor, jedoch sind jedem Land nationale Besonderheiten vorbehalten. Auch die Deutsche Bundesbank, die in Deutschland Trägerin der Zahlungsbilanzstatistik ist, orientiert sich im wesentlichen an diesen Vorgaben. Die folgenden Definitionen bilden weitgehend die Gepflogenheiten der Deutschen Bundesbank ab.[24]

Zunächst wird die Zahlungsbilanz in vier Hauptgruppen unterteilt, die *Leistungsbilanz*, die *Bilanz der Vermögensübertragungen*, die *Kapitalverkehrsbilanz* und die *Veränderungen*[25] *der Währungsreserven.*

2.3.2 Leistungsbilanz

Die **Leistungsbilanz,** auch Bilanz der laufenden Posten genannt, setzt sich aus vier Einzelbilanzen zusammen, nämlich der Handelsbilanz, der Dienstleistungsbilanz, der Bilanz der Erwerbs- und Vermögenseinkommen und der Bilanz der laufenden Übertragungen.

[22] Ein Wert ist das Produkt aus einer Mengen- und einer Preiskomponente.

[23] Da Stromgrößen erfasst werden, wäre es besser von kreditorischen (Aktiv) und debitorischen (Passiv) Buchungen zu sprechen.

[24] Deutsche Bundesbank: Änderungen in der Systematik der Zahlungsbilanz, Monatsbericht März 1995, S.33ff. Dies.: Erläuterungen zu den Leistungspositionen der Zahlungsbilanz, Statistische Sonderveröffentlichung 7, September 2001. Dies.: Zahlungsbilanzstatistik, Statistisches Beiheft zum Monatsbericht, Reihe 3, Dezember 1999

[25] In der Literatur wird diese Teilbilanz auch Gold- und Devisenbilanz genannt.

Die **Handelsbilanz** erfasst den Handel mit materiellen Gütern (Waren), man spricht deshalb manchmal vom *sichtbaren Handel*. Auf der Aktivseite werden die **Exporte (Ausfuhren)** und auf der Passivseite die **Importe (Einfuhren)** erfasst. Deutsche Hersteller exportieren beispielsweise Straßenfahrzeuge in die USA, auf der anderen Seite importiert Deutschland gleichzeitig Straßenfahrzeuge aus Japan. Die Handelsbilanz erfasst also alle deutschen Warenlieferungen in das und aus dem Ausland. Importe werden häufig mit ihren cif-Werten[26] und die Exporte mit fob-Werten[27] angesetzt.

Die Erfassung des Warenhandels ist nicht so unproblematisch, wie es die obigen Zeilen nahe legen, weil es verschiedene Abgrenzungen des Warenhandels gibt. Handel erfolgt nicht immer so, dass ein Gut sofort an den Binnenhandel oder den Endverbraucher geliefert wird. Häufig ist eine Lagerhaltung in einem Freihafenlager oder einem Zolllager zwischengeschaltet. Solche Läger gelten nicht als Zollgebiet und damit ist die Einfuhr auf diese Läger zollfrei, bis über die endgültige Bestimmung der Waren entschieden wird und sie ggf. aus dem Lager in das Zollgebiet eingeführt werden. Unter **Spezialhandel** erfasst man alle direkten Ein- und Ausfuhren in bzw. aus dem Zollgebiet sowie die Einfuhr aus Freiläger. Die Einfuhrstatistik führt auch solche Waren auf, die nur zur aktiven Veredelung in das Zollgebiet eingeführt werden und anschließend zum Reexport bestimmt sind, sowie Waren die zur passiven Lohnveredelung ins Ausland geliefert werden und zum anschließenden Reimport bestimmt sind. Der **Generalhandel** dagegen erfasst neben dem Spezialhandel auch die Einfuhr auf Lager (im obigen Sinne) sowie die Ausfuhr aus Lager. Die **Durchfuhr** (Transithandel), also der Transport aus dem Ausland durch das inländische Zollgebiet ins Ausland wird gesondert aufgeführt.

Die **Dienstleistungsbilanz** erfasst den Handel mit Dienstleistungen, also nicht-materiellen Gütern, z. B. Transportleistungen, Leistungen der Telekommunikation oder Gebühren für Patente, Lizenzen und Software. Der grenzüberschreitende Reiseverkehr wird ebenfalls hier verbucht. Verbringen Deutsche ihren Urlaub im Ausland, so ist dies aus heimischer Sicht ein Import von Dienstleistungen. Machen dagegen japanische Urlauber die Tour „See Germany in three Days" so exportiert Deutschland Dienstleistungen. In dieser Teilbilanz werden auch Leistungen im Zusammenhang mit dem Transithandel erfasst.

Auf der **Bilanz der Erwerbs- und Vermögenseinkommen** werden grenzüberschreitende Faktorentgelte verbucht. Wenn also die deutsche Tochter eines ausländischen Unternehmens Gewinne ins Ausland transferiert, so wird dies passivisch verbucht, da Mittel aus dem Inland abfließen. Bekommt ein deutscher Grenzgänger dagegen seinen Lohn beispielsweise aus Holland überwiesen, so erfolgt die Buchung auf der Aktivseite.

Die **Bilanz der laufenden Übertragungen** erfasst alle gegebenen oder empfangenen Leistungen, die ohne Gegenleistung erfolgen und keine Vermögensübertragungen darstellen. Für die Abgrenzung zwischen laufenden und Vermögensübertragungen ist entscheidend, dass *eine* der beteiligten Seiten eine einmalige Leistung als vermögenswirksam ansieht. Die Bilanz der laufenden Übertragungen soll nur Leistungsströme erfassen, die Einkommen und Verbrauch berühren. Aktivisch werden die empfangenen und passivisch die gegebenen Leistungen verbucht. Insbesondere werden hier alle Beiträge an internationale sowie empfangene Leistungen von internationalen Organisationen (UNO, NATO, EU usw.) erfasst. Auch Versicherungsbei-

[26] *Cost, insurance, freight* (cif): Neben dem reinen Warenwert sind auch die Kosten für Transport und Versicherung sowie mögliche Ausfuhrabgaben im cif – Wert enthalten. Sie stellen den Warenwert an der Zollgrenze des Einfuhrlandes dar.

[27] *Free on board* (fob): Dies ist der Warenwert an der Zollgrenze des Ausfuhrlandes.

träge und -leistungen (mit Ausnahme von Lebensversicherungen) werden in diese Bilanz eingestellt.

Hat man auf allen Teilbilanzen im Laufe einer Periode, z. B. eines Jahres, alle Vorgänge gebucht, so kann man dieses Konto abschließen. Dabei wird im allgemeinen ein Saldo entstehen. Der Saldo kann auf der Passivseite (Exportüberschuss) oder auf der Aktivseite (Importüberschuss) stehen. Die Summe der Salden der oben besprochenen vier Teilbilanzen bilden gemeinsam den Saldo der Leistungsbilanz. Man spricht von einer *aktiven* Leistungsbilanz, wenn die Summe aller Exporte[28] die Summe der Importe übersteigt. Im umgekehrten Fall ist die Leistungsbilanz *passiv*. Der Fall einer *ausgeglichenen* Leistungsbilanz liegt vor, wenn Exporte und Importe übereinstimmen.

Handelsbilanz		**Dienstleistungsbilanz**		**Erwerbs- und Vermögenseinkommen**		**Laufende Übertragungen**	
Ausfuhr von Waren	Einfuhr von Waren	Einnahmen aus Dienstl.-export	Ausgaben für Dienstl.-import	Erwerbs- und Verm.eink. aus dem Ausland	Erwerbs- und Verm.eink. an das Ausland	Leistungen vom Ausland	Leistungen an das Ausland

Abb. 2.16: Teilbilanzen der Leistungsbilanz

2.3.3 Sonstige Teilbilanzen

- **Bilanz der Vermögensübertragungen:**

  Eine weitere Teilbilanz, die der der laufenden Übertragungen ähnelt, erfasst die **Vermögensübertragungen** zwischen In- und Ausland. Liefert Deutschland beispielsweise eine Maschine unentgeltlich im Rahmen der Entwicklungshilfe an ein Land der dritten Welt, so erfolgt hier passivisch die Gegenbuchung zur aktivischen Erfassung des Exports der Maschine in der Handelsbilanz. Ferner werden hier z. B. Schuldenerlasse, Erbschaften, Schenkungen, Erbschafts- und Schenkungssteuern, einmalige Zuschüsse sowie Vermögensmitnahmen von Aus- und Einwanderern erfasst. Lebensversicherungsbeiträge und -leistungen werden als Vermögensübertragungen angesehen und ebenfalls hier verbucht.

Bilanz der Vermögensübertragungen	
Leistungen vom Ausland	Leistungen an das Ausland

Abb. 2.17: Bilanz der Vermögensübertragungen

[28] Unter Exporte subsumieren wir alle Buchungen, die in einer der vier Bilanzen auf der Aktivseite stehen. Analoges gilt für die Importe.

- **Kapitalverkehrsbilanz:**

In vielen Fällen entsteht mit dem Export einer Ware entweder eine *Forderung* an das Ausland oder eine *Verbindlichkeit* gegenüber dem Ausland nimmt ab. Entsprechend wird mit einem Import in der Regel die Abnahme einer Forderung oder die Zunahme einer Verbindlichkeit verbunden sein. Andere Möglichkeiten sind

- der unentgeltliche Warenexport, dessen Gegenbuchung auf der Bilanz der Vermögensübertragungen erfolgt oder
- der sog. *Tauschhandel* (englisch: barter trade), bei dem die Gegenbuchung zum Export eines Gutes ebenfalls in der Handelsbilanz als Güterimport auf der Passivseite erfolgt.

Änderungen von Forderungen oder Verbindlichkeiten gegenüber dem Ausland, an deren Entstehung die inländische Zentralbank nicht unmittelbar beteiligt ist, werden in der **Kapitalverkehrsbilanz**[29] verbucht. Sie enthält die Direktinvestitionen, den grenzüberschreitenden Wertpapierhandel sowie internationalen Kreditverkehr, der in lang- und kurzfristig[30] unterteilt wird. Unter Direktinvestitionen erfasst man Betriebsstättengründungen von Inländern im Ausland bzw. von Ausländern im Inland sowie den entsprechenden Erwerb von Kapitalbeteiligungen, die, im Gegensatz zur reinen Finanzinvestition, der unmittelbaren Kontrolle unternehmerischer Tätigkeit dienen.

Selbstverständlich entstehen Forderungen und Verbindlichkeiten gegenüber dem Ausland nicht nur aus dem Güterhandel. Sie haben teilweise den Charakter eigenständiger Transaktionen. Beispielsweise werden Vermögensaktiva im Ausland erworben, um die eigene Vermögensstruktur zu diversifizieren, um unternehmerisch im Ausland direkt präsent zu sein oder in der Hoffnung, Spekulationsgewinne zu realisieren. In den Industrieländern haben diese autonomen Kapitalbewegungen mittlerweile den leistungsbilanzinduzierten Kapitalbewegungen deutlich den Rang abgelaufen.

In der Kapitalverkehrsbilanz werden auf der Aktivseite alle Zunahmen von Verbindlichkeiten und Abnahmen von Forderungen von Inländern gegenüber dem Ausland erfasst, mit Ausnahme solcher Verbindlichkeiten und Forderungen, bei denen die inländische Zentralbank Schuldner bzw. Gläubiger ist. Auf der Passivseite werden entsprechend Abnahme von Verbindlichkeiten bzw. die Zunahme von Forderungen gebucht. Bei den aktivisch gebuchten Vorgängen spricht man von **Kapitalimport**, bei den passivisch verbuchten von **Kapitalexport**. Wir hatten oben gesehen, dass in der Leistungsbilanz Exporte aktivisch und Importe passivisch gebucht werden. In der Kapitalbilanz scheint es genau umgekehrt zu sein. Dies ist aber nicht der Fall! Man kann nämlich den Kapitalimport (Zunahme der Auslandsverbindlichkeit) als den Export eines Forderungsrechts an das Ausland und entsprechend den Kapitalexport (Zunahme der Forderungen an das Ausland) als den Import eines Forderungsrechtes an das Ausland interpretieren.[31] Übersteigen die Kapitalexporte die Kapitalimporte so spricht man von einem **Nettokapitalexport** (Saldo auf der Aktivseite der Kapitalverkehrsbilanz). Die umgekehrte Situation ist ein **Nettokapitalimport** (Saldo auf der Passivseite der Kapitalverkehrsbilanz).

[29] Häufig spricht man kürzer von der Kapitalbilanz; man beachte, dass es sich hier nicht um Bestände an Forderungen oder Verbindlichkeiten sondern deren Änderungen handelt.

[30] Unter kurzfristig wird eine Laufzeit von höchstens einem Jahr verstanden.

[31] Die Verbuchung von Forderungsabnahmen und Verbindlichkeitsabnahmen als Kapitalimport bzw. Kapitalexport ist willkürlich; man könnte diese Buchungen genauso gut mit negativem Vorzeichen auf der jeweils zutreffenden Bilanzseite vornehmen.

Kapitalverkehrsbilanz	
Zunahme von Verbindlichkeiten bzw. Abnahme von Forderungen	Zunahme von Forderungen bzw. Abnahme von Verbindlichkeiten
– Direktinvestitionen	– Direktinvestitionen
– Wertpapiere	– Wertpapiere
– Kredite	– Kredite

Abb. 2.18: Kapitalverkehrsbilanz

- **Bilanz der Veränderung der Währungsreserven:**

Wie werden nun Transaktionen verbucht, an denen die inländische Zentralbank, in Deutschland also die Deutsche Bundesbank, unmittelbar beteiligt ist? Für solche Transaktionen ist ein eigene Bilanz, nämlich die der **Veränderungen der Währungsreserven** eingerichtet. Diese gesonderte Erfassung ist in ihrer geldtheoretischen Bedeutung begründet. Auslandsforderungen und -verbindlichkeiten können geldpolitisch relevant sein, so dass sie ein ganz besonderes Augenmerk verdienen.[32]

Bilanz der Veränderung der Währungsreserven	
Zunahme von Verbindlichkeiten bzw. Abnahme von Forderungen	Zunahme von Forderungen bzw. Abnahme von Verbindlichkeiten

Abb. 2.19: Bilanz der Veränderung der Währungsreserven

Genauso wie die Teilbilanzen der Leistungsbilanz werden auch die Kapitalverkehrsbilanz sowie die Bilanz der Veränderung der Währungsreserven nach Abschluss eines Rechnungsjahres einen Saldo aufweisen, auf dessen Bedeutung wir später zu sprechen kommen.

In der Theorie gibt es zu jeder Buchung eine Gegenbuchung. In der Praxis ist dies allerdings nicht immer der Fall. Wenn z. B. ein Deutscher im Euro-Währungsgebiet Bargeld in Frankreich einzahlt, so meldet die französische Bank eine Zunahme ihrer Auslandverbindlichkeiten, was letztendlich als Kapitalexport in die deutsche Zahlungsbilanz einfließt. Eine unmittelbare Gegenbuchung ist aber nicht auszumachen (Kapitalimport, Reiseverkehr, Kapitaltransfer, laufende Übertragung). Aus diesem Grund hat die Deutsche Bundesbank ein Konto **Restposten** eingerichtet, auf dem solche nicht zuzuordnenden Vorgänge gegengebucht werden.

[32] Vgl. hierzu Kapitel 5.

2.3.4 Zahlungsbilanz für Deutschland

Aufbauend auf dem vorherigen Abschnitt wollen wir einen Blick auf die Zahlungsbilanz der Bundesrepublik Deutschland werfen.

Welches sind die Hauptkomponenten der einzelnen Aktiv- und Passivposten?[33] Bei den Ausfuhren dominieren Erzeugnisse des Investitionsgütergewerbes, also Straßenfahrzeuge, Maschinen, Anlagen usw. Auch auf der Einfuhrseite haben industrielle Fertigerzeugnisse den größten Anteil an allen Einfuhren. In regionaler Sicht wickelt die Bundesrepublik über die Hälfte ihres gesamten Außenhandels im Binnenhandel mit den EU-Staaten ab.

Der größte Posten bei den Dienstleistungseinnahmen Deutschlands stammt aus Transportleistungen. Auf der Passivseite stehen Reiseverkehrsausgaben an erster Stelle, gefolgt von Ausgaben für Transportleistungen.

Die aus dem Ausland bezogenen Faktoreinkommen sind fast nur Vermögenseinkünfte, vorrangig Kreditzinsen. Auch auf der Gegenseite dominieren die Vermögenseinkünfte, im wesentlichen Kreditzinsen und Zinszahlungen für festverzinsliche Wertpapiere.

Empfangene laufende Übertragungen sind überwiegend öffentliche Übertragungen[34] zu über einem Drittel von der EU. Die an das Ausland geleisteten Transfers sind ebenfalls zu zwei Drittel öffentliche Leistungen, hier insbesondere Zahlungen an die EU.

Tab. 2.6: Zahlungsbilanz der Bundesrepublik Deutschland 2008 (in Mrd. Euro)

Handelsbilanz		**Dienstleistungsbilanz**		**Bilanz der Erw.- und Verm.eink.**		**Bilanz der lfd. Übertragungen**	
992,54	814,04	169,97	182,80	245,17	200,43	19,56	52,64
	178,50	**12,83**			**44,74**	**33,08**	

Leistungsbilanz	
	Saldo: 164,85

Inkl. „Ergänzungen zum Warenverkehr"
(-12,48)

Bilanz der Verm.übertr.		**Kapitalverkehrsbilanz**		**Saldo der Bilanz der Änd. d. Währungsres.**		**Saldo d. statist. nicht aufgliederb. Transaktionen**	
3,28	3,37	38,21	239,57				
0,09		**201,36**		**2,01**			**38,61**

Quelle: Deutsche Bundesbank: Zahlungsbilanzstatistik, Statistisches Beiheft, März 2009http: //www.bundesbank.de/download/volkswirtschaft/zahlungsbilanzstatistik/2009/zahlungsbilanzstatistik032009.pdf

[33] Für weitere Details sei auf die einschlägigen Veröffentlichungen der Deutschen Bundesbank verwiesen.

[34] Entscheidend für die Abgrenzung als öffentliche Übertragung ist die beteiligte inländische Stelle.

Deutsche Nettokapitalanlagen im Ausland waren vor allem Wertpapieranlagen und Direktinvestitionen. Bei der Kapitaleinfuhr dominiert die Kreditaufnahme im Ausland, hier wiederum im wesentlichen die kurzfristige Kreditaufnahme.

Die Veränderung der Währungsreserven enthält den Saldo aus Nettoaktivaveränderungen und Nettopassivaveränderungen der Deutschen Bundesbank gegenüber dem Ausland.

Nach Definition wird in der Zahlungsbilanz jeder relevante Vorgang doppelt verbucht. Hiernach muss also die Zahlungsbilanz insgesamt zwangsläufig ausgeglichen sein. Einem Überschuss in der Leistungsbilanz muss beispielsweise – unter Vernachlässigung der Vermögensübertragungen – ein Defizit in der Kapitalverkehrsbilanz oder eine Abnahme der Währungsreserven gegenüberstehen. Der buchhalterische Ausgleich kann also mit dem Begriff *Zahlungsbilanzausgleich* nicht gemeint sein. Man spricht von einer ausgeglichenen Zahlungsbilanz oder besser von einem **Zahlungsbilanzgleichgewicht**, wenn sich die Höhe der Währungsreserven nicht ändert. Ein Überschuss in der Leistungsbilanz müsste also demnach einen Kapitalexport in gleicher Höhe nach sich ziehen. Ist der Saldo aus Leistungsbilanz und Kapitalverkehrsbilanz positiv, fließen also netto dem Inland mehr Mittel zu als aus dem Inland in das Ausland abfließen, so spricht man von einer positiven Zahlungsbilanz oder einem **Zahlungsbilanzüberschuss**. Entsprechend ist das **Zahlungsbilanzdefizit** zu definieren. Ein Zahlungsbilanzüberschuss ist also mit einer gleich hohen Zunahme der Nettoauslandsposition (Nettozunahme der Forderungen größer als die Nettozunahme der Verbindlichkeiten) der Zentralbank verknüpft, ein Zahlungsbilanzdefizit mit einer entsprechenden Abnahme der Nettoauslandsposition (Nettozunahme der Verbindlichkeiten größer als die Nettozunahme der Forderungen).

Kontrollfragen zum 2. Kapitel

1. Welche Gesellschaftsklassen unterschied Francoise Quesnay in seinem „Tableau Economique"?
2. Wie geht man das Problem der Erfassung und Darstellung von Wirtschaftskreisläufen an?
3. Erläutern Sie den Kreislauf einer geschlossenen Volkswirtschaft ohne staatliche Aktivitäten!
4. Wie nennen wir die Summe aus Anlageinvestitionen und Vorratsveränderungen?
5. Welcher Unterschied besteht zwischen Brutto- und Nettoinvestitionen?
6. Was wird in der Kreislaufanalyse im Feld „Vermögensänderung" erfasst?
7. Mit welchen Aktivitäten wird der Staat in der Kreislaufanalyse berücksichtigt?
8. Wie wird der Wert der staatlichen Produktion erfasst?
9. Welche Sektoren und Aktivitäten werden in der grundlegenden Darstellung der VGR unterschieden?
10. Geben Sie die einzelnen Positionen des Produktionskontos eines Produktionsunternehmens an!
11. Beschreiben Sie die Passivseite des Nationalen Produktionskontos in Form einer Gleichung!
12. Erklären Sie die ex-post-Identität von Nettoinvestition und Ersparnis?
13. Beschreiben Sie den Unterschied zwischen BIP_M und BIP_F!
14. Erläutern Sie den Unterschied zwischen Inlandsprodukt und Nationaleinkommen!
15. Wie sind die Entstehungs-, Verwendungs- und Verteilungsrechnung der VGR aufgebaut?
16. Erläutern Sie den Unterschied zwischen nominaler und realer Betrachtung!
17. Warum ist das BIP nur bedingt als Wohlstandsindikator geeignet?
18. Was versteht man unter einer Leistungsbilanz?
19. Welche Vorgänge erfasst man in der Kapitalverkehrsbilanz?
20. Besorgen Sie sich das Beiheft „Zahlungsbilanzstatistik" zum Monatsbericht der Deutschen Bundesbank und schreiben Sie die aktuellen Zahlen gemäß Tab.2.6. heraus!
21. Was versteht man unter dem Zahlungsbilanzgleichgewicht?

3. Neoklassische Unternehmens- und Haushaltstheorie

Neben den privaten Haushalten und dem Staat hatten wir bereits die Unternehmungen als eigenständige Wirtschaftssubjekte definiert. Die ökonomische Funktion einer Unternehmung besteht in der Bereitstellung von Gütern, die in der Regel auf Märkten, also an Orten, wo sich Anbieter und Nachfrager treffen, abgesetzt werden. Haushalte bieten Faktorleistungen an und fragen Konsumgütern nach.

3.1 Produktionstheorie

In diesem Abschnitt werden zunächst die technischen Grundlagen der Produktion, also die Zusammenhänge zwischen Produktionsmengen und Faktoreinsatzmengen beschrieben. Bei dieser Untersuchung geht es ausschließlich um reale Zusammenhänge. Erst bei der anschließenden Betrachtung von Kostenfunktionen kommt die monetäre Komponente in Form der Preise ins Spiel. Nachdem die technischen Zusammenhänge geklärt sind, geht es um die Frage, unter welchen Bedingungen ein Unternehmen eine bestimmte Zielsetzung, nämlich die Maximierung seines Gewinns realisiert. Schließlich werden unter diesem Paradigma Aussagen zur Faktorentlohnung gemacht.

3.1.1 Grundbegriffe

Den Begriff des ökonomischen Gutes haben wir bereits eingeführt. Im folgenden soll geklärt werden, wie Güter (synonym: Produkte, Erzeugnisse) entstehen. Die **Produktion** (synonym: Herstellung, Erzeugung) von Gütern besteht in der Kombination oder teilweisen Umwandlung vorhandener Güter, der **Produktionsfaktoren**. Diesen Umwandlungsprozess nennt man **Produktionsprozess**.

In *gesamtwirtschaftlicher* Betrachtung unterscheidet man die elementaren Produktionsfaktoren Arbeit, Boden und Kapital. Unter **Arbeit** verstehen wir jede Form menschlicher Arbeit. Unter **Boden** fasst man alle natürlichen Gegebenheiten zusammen, wie Grundstücke, Bodenschätze, Gewässer, Klima, natürliche Fauna und Flora. Unter **Kapital** versteht man den Bestand an sachlichen Produktionsmitteln, die in der Produktion eingesetzt werden, wie etwa Maschinen, Gebäude, künstliche Verkehrswege oder Zuchtvieh. Kapitalgüter sind selber Ergebnis eines Produktionsprozesses. Vom Kapital im hier gebrauchten Sinne, dem sog. **Realkapital** (synonym: Sachkapital) muss das **Finanz**- bzw. **Geldkapital**[1] unterschieden werden. Darunter versteht man den Bestand an finanziellen Mitteln, der in Sachkapital umgesetzt wird bzw. umgesetzt werden kann. Geldkapital ist kein Produktionsfaktor.

Bei dem obigen Ansatz ist nur die Wertschöpfung einer gesamten Volkswirtschaft unter Vernachlässigung der Vorleistungen relevant. Jedwede Produktion lässt sich als Kombination mehr oder minder großer Anteile dieser Produktionsfaktoren erklären.

---

[1] Zur Unterscheidung zwischen Geld und Geldkapital vgl. Abschnitt 5.5.

In der *einzelwirtschaftlichen* Betrachtung unterscheidet man dagegen die Produktionsfaktoren:

- **dispositive Tätigkeit** (leitende Tätigkeit im Unternehmen)
- **ausführende Arbeit** (alle auf die Herstellung des Produkts gerichtete menschliche Tätigkeiten ohne die dispositive)
- **Betriebsmittel** (Grundstücke, Gebäude, Maschinen, Werkzeuge)
- **Werkstoffe** (Roh-, Hilfs- und Betriebsstoffe)

Werkstoffe unterscheiden sich von den *Betriebsmitteln* grundsätzlich dadurch, dass sie während des Produktionsprozesses ihre eigenständige Existenz aufgeben, während Betriebsmittel nur eine Leistung abgeben aber, von produktionsbedingtem Verschleiß abgesehen, erhalten bleiben. *Rohstoffe* sind wesentliche Grundstoffe, die in das Produkt eingehen. Sie werden entweder in *Urproduktion* gewonnen, also im Bergbau sowie der Land-, Forst- und Fischereiwirtschaft (beispielsweise Rohöl, Holz, Erze, tierisches Fleisch, tierische Felle und Häute) oder es handelt sich um auf einer Vorstufe erzeugten Produktionsmittel (z.B. Bleche in der Automobilproduktion). *Hilfsstoffe* sind geringwertige Güter, die in der Regel in das Produkt eingehen (z.B. Schrauben, Schweißmaterial oder sonstige Kleinteile in der Automobilherstellung). *Betriebsstoffe* werden im Produktionsprozess verbraucht, ohne in das Produkt einzugehen (z.B. Erdgas zur Gewinnung von Prozesswärme). Im Folgenden arbeiten wir in der einzelwirtschaftlichen Betrachtung mit den betriebswirtschaftlichen Faktorbegriffen.

Das physische Ergebnis der Produktion nennt man **Ertrag** (synonym: Ausbringungsmenge oder Output). Der Ertrag ist also eine Menge, kein Wert![2] Die Einheiten, in denen der Ertrag gemessen wird, können Stück sein (z.B. Automobile), Gewicht (z.B. dz Getreide) oder Volumen (z.B. m^3 Sand). Der Ertrag ist selbstverständlich periodenabhängig, er ist eine *Stromgröße*. Den Zusammenhang zwischen der Ausbringungsmenge in einer bestimmten Zeitspanne und dem dafür technisch notwendigen Faktoreinsatz beschreibt man formal durch eine **Produktionsfunktion**.

Eine solche Produktionsfunktion könnte sein:

Weizenmenge = f(Saatgut, Arbeit, Boden, Dünger, Regen, Sonnenschein...)

Wie man sieht, wirken an der Produktion ggf. **freie Faktoren** mit, im Beispiel etwa Regen oder Sonnenschein. Die freien Faktoren haben den Vorteil, einen Preis von Null zu haben. Insbesondere in der Landwirtschaft ist ihr Nachteil, dass sie im allg. unkontrollierbar sind. In einer Trockenperiode muss mangelnder Regen durch künstliche Bewässerung ersetzt werden. Regnet es zuviel, fehlt Sonnenschein und die Temperaturen sind ggf. für das Wachstum des Weizens unzureichend und die Ernte fällt schlecht aus.

---

[2] Unter einem Wert verstehen wir das Produkt aus einer Mengen- und einer Preiskomponente.

3.1.2 Produktionsfunktionen

Im folgenden unterstellen wir eine Einproduktunternehmung. Den Ertrag einer Periode bezeichnen wir mit q (q für Quantität). Zur Herstellung des Gutes seien n Produktionsfaktoren X_1, X_2, ..., X_n nötig.[3] Die Faktoreinsatzmengen seien mit x_1, x_2,..., x_n bezeichnet. Ist f das Symbol für die mathematische Darstellung der Produktionsfunktion, dann gilt:[4]

$$q = f(x_1,x_2,...,x_n) \tag{3.1}$$

Die Produktionsfunktion beschreibt mathematisch den Zusammenhang zwischen dem Ertrag einer Periode und dem zur Erzeugung des Ertrages notwendigen Faktoreinsatz, wobei die Produktionsfaktoren im Sinne des ökonomischen Prinzips effizient eingesetzt werden sollen. Jeder Faktorkombination wird also der maximal mögliche Ertrag zugeordnet. Fassen wir zusammen:

Eine Produktionsfunktion ist eine Relation, die periodenbezogen jeder Faktorkombination den technisch maximal möglichen Ertrag zuordnet.

Um die Analyse einfach zu gestalten und vor allem einer grafischen Darstellung zugänglich zu machen, beschränken wir uns im folgenden auf *zwei* Produktionsfaktoren, die wir mit X bzw. Y und ihre Mengen mit x bzw. y bezeichnen. Ein einfaches Beispiel für eine Produktionsfunktion ist die Cobb-Douglas-Funktion:[5]

$$q = \alpha x^{\delta} y^{1-\delta} \qquad (0 < \delta < 1,\ 0 < \alpha) \tag{3.2}$$

α ist der sog. Niveau- oder Skalierungsparameter. Man unterstellt, dass sowohl die Faktoren als auch der Ertrag beliebig teilbar sind.[6] Beschreibt diese Funktion den technischen Zusammenhang zwischen Ertrag und Faktoreinsatzmengen, so sieht man sofort, dass verschiedene Faktorkombinationen den gleichen Ertrag hervorbringen können. Man kann also von einem Faktor weniger und statt dessen vom anderen Faktor dergestalt mehr einsetzen, dass der Ertrag unverändert bleibt. Produktionsfaktoren mit dieser Eigenschaft nennt man **substituierbar**. Bedingen Faktoren einander, so heißen sie **komplementär**. Bei einer Cobb-Douglas-Funktion kann, wie das Beispiel zeigt, mit einem Faktor alleine nichts produziert werden. Also sind die Faktoren im obigen Sinne nicht nur substituierbar, sondern auch komplementär. Wir wollen dies am numerisch spezifizierten Beispiel einer Cobb-Douglas-Funktion studieren:

$$q = 10 \cdot x^{0,6} y^{0,4}$$

Die Tabelle 3.1 zeigt einige Erträge in Abhängigkeit von bestimmten Faktorkombinationen, wobei wir uns auf wenige, ganzzahlige Faktormengen beschränken wollen.

---

3 Hierzu können auch freie Güter, z.B. Luft gehören.

4 Auf eine Zeitindizierung wird verzichtet; die Produktionsperiode sei fest und bekannt.

5 Benannt nach den amerikanischen Ökonomen C.W. COBB und P.H. DOUGLAS, die diese Funktion 1928 in einem Aufsatz vorstellten.

6 Mathematisch werden Produktionsfunktion im allgemeinen als stetige Funktion $f:[0,\infty[^2 \rightarrow \mathrm{IR}$ definiert.

Tab. 3.1: Ausgewählte Werte der Cobb-Douglas-Produktionsfunktion $q=10x^{0,6}y^{0,4}$

x/y	1	2	3	4	5	6	7	8
1	10,0	13,2	15,5	17,4	19,0	20,5	21,8	**23,0**
2	15,2	20,0	23,5	26,4	28,9	31,0	33,0	34,8
3	19,3	25,5	30,0	33,7	36,8	39,6	42,1	44,4
4	**23,0**	30,3	35,7	40,0	43,7	47,0	***50,0***	52,8
5	26,3	34,7	40,8	45,7	***50,0***	53,8	57,3	60,3

Die Kombinationen (x,y) = (1,8) und (x,y) = (4,1) bringen z.B. den gleichen Ertrag q = 23 hervor. Ebenso liefern die beiden Kombinationen (x,y) = (4,7) und (x,y) = (5,5) jeweils den Ertrag q = 50. Offensichtlich kann man Produktionsfaktoren gegeneinander austauschen und trotzdem den gleichen Ertrag hervorbringen. Die Faktoren sind also substituierbar. Wir werden uns im Folgenden vorrangig mit Produktionsfunktionen beschäftigen, die eine solche Substitution von Produktionsfaktoren zulassen. Um die Zusammenhänge zwischen den Faktoren zu verdeutlichen, stellen wir sie grafisch dar.

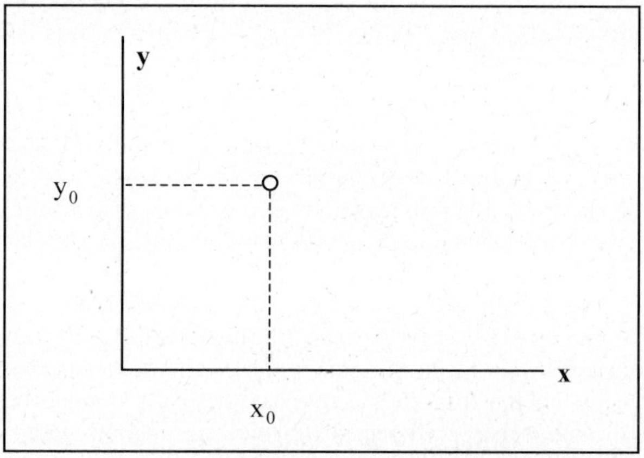

Abb. 3.1: Faktor-Koordinatensystem

Die Abbildung 3.1 zeigt das zweidimensionale Faktor-Koordinatensystem. Jede Faktorkombination, oben etwa die Kombination (x_0,y_0), lässt sich als einen Punkt in diesem Koordinatensystem darstellen. Jeder Kombination der Faktoren ist gemäß der oben beschriebenen Produktionsfunktion $q = f(x,y)$ eindeutig eine Ertragsmenge $q_0 = f(x_0,y_0)$ zugeordnet. Um dies grafisch darzustellen, müssen wir eine dritte Koordinatenachse einführen, also eine dreidimensionale Darstellung wählen. Dieses Koordinatensystem nennen wir Produktionsfunktions-Koordinatensystem.

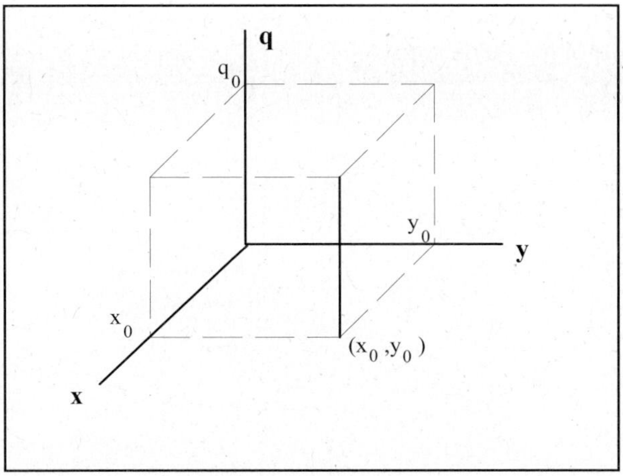

Abb. 3.2: Produktionsfunktions–Koordinatensystem

In der Abbildung 3.2 ordnen wir der Faktorkombination (x_0,y_0) den Ertrag $q_0 = f(x_0,y_0)$ zu. Dieser Wert wird auf der q-Achse (Ertragsachse) abgetragen. Konstruiert man dies für alle denkbaren Faktorkombinationen (x,y), so erhält man als Graph der Produktionsfunktion das **Ertragsgebirge**. In der Abbildung 3.3 ist das Ertragsgebirge der Funktion $q = 10 \cdot x^{0,6} y^{0,4}$ dargestellt.

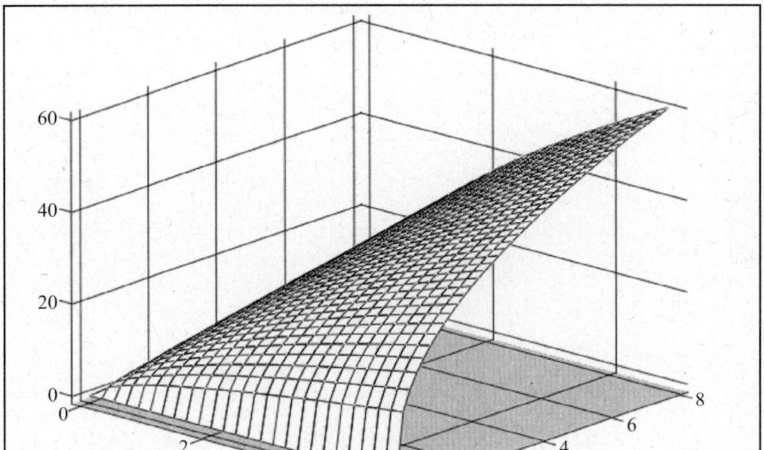

Abb.: 3.3 Ertragsgebirge

Um komplizierte dreidimensionale Darstellungen zu vermeiden, greift man zu einem Trick, der auch in der Geographie angewandt wird. Auf einer zweidimensionalen Landkarte beschreibt man die Topographie des Geländes durch sog. Höhenlinien. Eine Höhenlinie beschreibt alle Punkte des Geländes, welche die gleiche Höhe über NN haben.

In der Abbildung 3.4 tragen wir das Ertragsniveau $q_0 = 40$ ab. Die dunkle Linie auf dem Ertragsgebirge gibt den horizontalen Schnitt durch das Ertragsgebirge für das Ertragsniveau $q_0 = 40$ an. Alle Faktorkombinationen (x,y), die senkrecht unterhalb dieser Linie liegen, bringen den gleichen Ertrag, nämlich $q = 40$ hervor. Man projiziert nun diese Linie senkrecht nach unten auf die x-y-Ebene. Die so entstehende Ortslinie der Faktorkombinationen, die alle den Ertrag q = 40 hervorbringen, heißt **Isoquante**.

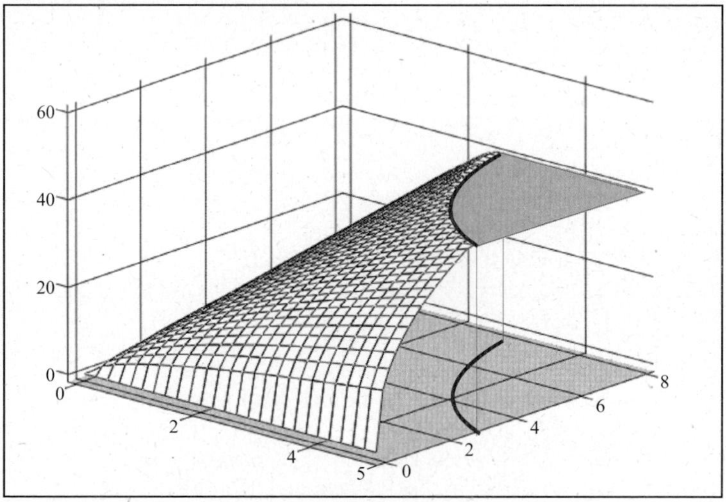

Abb. 3.4: Isoquantenkonstruktion

Bestimmt man die Isoquanten für beliebige Ertragsniveaus, so erhält man eine **Isoquantenschar**. In der Abbildung 3.5 wird eine Isoquantenschar für die Funktion $q = 10 \cdot x^{0,6}y^{0,4}$ dargestellt.

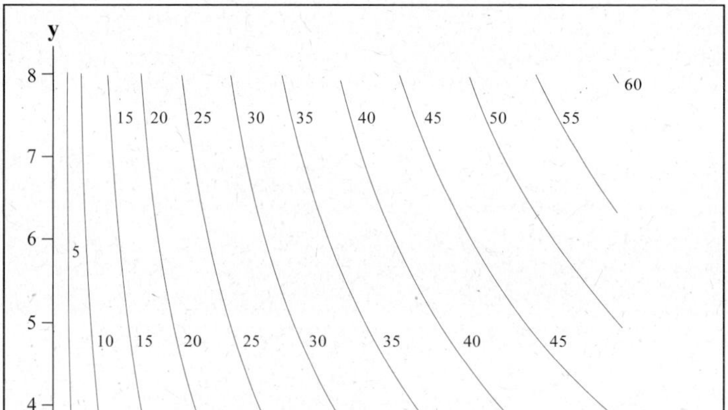

Abb. 3.5: Isoquantenschar der Produktionsfunktion $q=10x^{0,6}y^{0,4}$

Aus der Konstruktion der Isoquanten wird sofort klar, dass

- sie sich niemals schneiden können und
- eine Isoquante ein um so höheres Produktionsniveau repräsentiert, je weiter sie vom Ursprung entfernt ist.

Dabei gilt die zweite Aussage nur in dem Bereich, in dem das Ertragsgebirge steigt. Dies stellt aber insofern keine wesentliche Einschränkung dar, als nur dieser Bereich ökonomisch von Interesse ist.

Produktionsfunktionen, deren Isoquantenschar der in Abbildung 3.5 dargestellten ähnelt, bezeichnet man als **neoklassische Produktionsfunktionen**. Sie zeichnen sich durch sowohl begrenzte Substituierbarkeit als auch begrenzte Komplementarität der Faktoren aus.

Bei gegebenem Produktionsniveau q_0 kann man nun die Produktionsfunktion nach einer Variablen - etwa y - auflösen und die Isoquante als mathematische Funktion $y = g(x \mid q_0)$ angeben. Wählen wir in unserer Beispielfunktion etwa $q_0 = 40$, so gilt:

$$40 = 10 \cdot x^{0,6} y^{0,4} \Rightarrow 4 = x^{0,6} y^{0,4} \Rightarrow y = \frac{32}{\sqrt{x^3}}$$

Aus dieser Funktion kann man sofort berechnen, wie viel Einheiten des Faktors Y eingesetzt werden müssen, um bei einer gegeben Anzahl von Faktoreinheiten des Faktors X genau 40 Einheiten des Produktes herzustellen. Weitere Eigenschaften leiten wir weiter unten her.

Stellen wir uns nun vor, X sei der Faktor Arbeit, den wir in geleisteten Stunden messen. Nehmen wir an, es werden 4 Arbeitsstunden geleistet und es werden 4 Einheiten des anderen Faktors eingesetzt. Dann beträgt die Produktion genau $q_0 = 40$ Einheiten. Was passiert, wenn unter sonst gleichen Bedingungen der Arbeitseinsatz um eine Stunde erhöht wird? Eine einfache Rechnung liefert das Ergebnis:

$$q = f(x = 5, y = 4) = 10 \cdot 5^{0,6} \cdot 4^{0,4} = 45,73$$

Der zusätzliche Ertrag einer weiteren Arbeitsstunde ist also gleich 5,73 Gütereinheiten.

Erhöhen wir statt um eine volle nur um eine halbe Stunde, so erhalten wir:

$$q = f(x=4,5; y=4) = 10 \cdot 4,5^{0,6} \cdot 4^{0,4} = 42,93$$

Beziehen wir die Zunahme des Ertrags auf die Zunahme der Arbeit, so erhalten wir:

$$\frac{\Delta q}{\Delta x} = \frac{2,93}{0,5} = 5,86$$

Das Verhältnis $\frac{\Delta q}{\Delta x}$ ist aus der Mathematik als Differenzenquotient bekannt. Lassen wir in diesem Ausdruck Δx immer kleiner werden (mathematisch: gegen Null streben), so konvergiert der Differenzenquotient gegen den Differentialquotienten. Berücksichtigen wir, dass die Produktionsfunktion eine Funktion in zwei Veränderlichen ist, so erhalten wir die *partielle Ableitung* der Funktion f nach x:

$$\lim_{\Delta x \to 0} \frac{\Delta q}{\Delta x} = \frac{\partial q}{\partial x} = f_x(x, y) \qquad (3.3)$$

Die partielle Ableitung einer (differenzierbaren) Produktionsfunktion nach einem Faktor nennen wir den ***Grenzertrag*** *(synonym: Grenzproduktivität) des Faktors.*

Die obige partielle Ableitung gibt also den Grenzertrag des Faktors X an, den wir im folgenden mit GE_x bezeichnen wollen. In unserem Beispiel erhalten wir:

$$GE_x = \frac{\partial f}{\partial x}(x,y) = f_x(x,y) = \alpha\delta\left(\frac{y}{x}\right)^{1-\delta} = 6\left(\frac{y}{x}\right)^{0,4} \tag{3.4}$$

Analog erhalten wir den Grenzertrag des Faktors y:

$$GE_y = \frac{\partial f}{\partial y}(x,y) = f_y(x,y) = \alpha(1-\delta)\left(\frac{x}{y}\right)^{\delta} = 4\left(\frac{x}{y}\right)^{0,6} \tag{3.5}$$

Mathematisch weniger exakt – aber sehr anschaulich – können wir den Grenzertrag eines Faktors als den Zusatzertrag der letzten eingesetzten Faktoreinheit unter sonst gleichen Bedingungen interpretieren.

Mit Hilfe des so definierten Grenzertrags können wir eine Ertragsänderung, die durch die Änderung des Einsatzes eines Faktors ausgelöst wird berechnen. Es gilt nämlich:

$$dq = f_x(x,y)\cdot dx \quad \text{bzw. } dq = f_y(x,y)\cdot dy \tag{3.6}$$

Dabei bezeichnen dx bzw. dy infinitesimal kleine Veränderungen der Faktormengen x bzw. y. Die Ausdrücke $f_x(x,y)\cdot dx$ bzw. $f_y(x,y)\cdot dy$ nennt man jeweils das **Grenzprodukt** des Faktors X bzw. Y. Setzt man anstelle der infinitesimal kleinen Veränderungen endliche Zu- oder Abnahmen Δx bzw. Δy ein, so gilt die Beziehung (3.6) nur noch näherungsweise:

$$\Delta q \approx f_x(x,y)\cdot \Delta x \quad \text{bzw. } \Delta q \approx f_y(x,y)\cdot \Delta y \tag{3.7}$$

Die Abbildung 3.6 verdeutlicht den Zusammenhang.

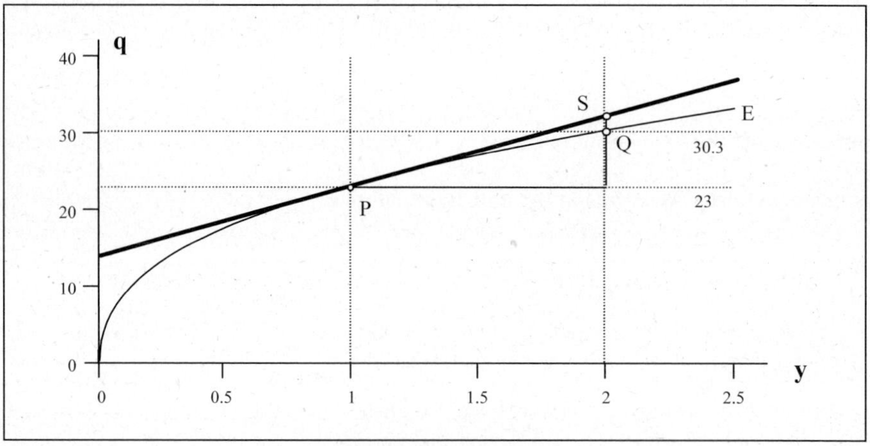

Abb. 3.6: Grenzertrag

Die Funktion $q = E(y|x_0) = f(x_0,y)$, die den Ertrag in Abhängigkeit *einer* Faktormenge (hier: y) bei gegebener Menge des anderen Faktors zeigt, heißt **Ertragsfunktion**.

Die Abbildung 3.6 zeigt die Ertragsfunktion $q = E(4|y)$. Es gilt $q = E(4|1) = 23{,}0$. Erhöht man den Einsatz des Faktors Y um eine Einheit auf $y = 2$, so steigt der Ertrag um $\Delta q = 7{,}3$ auf $q = 30{,}3$. Der Grenzertrag der letzten eingesetzten Y-Einheit ist also gleich 7,3. Berechnen wir den Grenzertrag exakt im Punkt P als partielle Ableitung der Produktionsfunktion nach y, so erhalten wir:

$$GE_y = \frac{\partial f}{\partial y}(4{,}1) = 4\left(\frac{4}{1}\right)^{0{,}6} = 9{,}2 \quad \text{und} \quad dq = \frac{\partial f}{\partial y}(4{,}1) \cdot dy = 9{,}2 \cdot 1 = 9{,}2$$

GE_y ist geometrisch nichts anderes, als der Anstieg der Tangente im Punkt P. Da die Kurve E konvex gekrümmt ist, liegt der Punkt S, dessen Ordinate $q+\Delta q = 23{,}0+9{,}2 = 32{,}2$ beträgt, über dem tatsächlichen Produktionswert 30,3 (Punkt Q). Für kleine Werte Δq ist der Fehler, der so gemacht wird, allerdings vernachlässigbar.

Will man ausgehend von einer bestimmten Faktorkombination (x_0,y_0) beide Faktoreinsätze um infinitesimale Mengen dx und dy verändern, so ergibt sich das **totale Grenzprodukt:**

$$dq = f_x(x_0,y_0)\cdot dx + f_y(x_0,y_0)\cdot dy \tag{3.8}$$

Für kleine endliche Änderungen Δx und Δy gilt auch hier näherungsweise

$$\Delta q \approx f_x(x_0,y_0)\cdot \Delta x + f_y(x_0,y_0)\cdot \Delta y \tag{3.9}$$

Im Begriff des Grenzertrags begegnet uns zum ersten mal die typische Denkweise der neoklassischen Theorie, bei der nicht mehr Gesamtgrößen, sondern marginale Veränderungen von Größen und deren Zusammenhänge betrachtet werden.[7]

Vom eben behandelten Grenzertrag gut zu unterscheiden ist der **Durchschnittsertrag** (DE). Er ist der durchschnittlich pro eingesetzter Einheit eines Faktors erzeugte Ertrag, also:

$$DE_x = \frac{q}{x} \quad \text{und} \quad DE_y = \frac{q}{y} \tag{3.10}$$

Im Falle einer Cobb-Douglas-Funktion erhält man:

$$\frac{q}{x} = \alpha\left(\frac{y}{x}\right)^{1-\delta} \quad \text{und} \quad \frac{q}{y} = \alpha\left(\frac{x}{y}\right)^{\delta} \tag{3.11}$$

Wie wir gesehen haben, kann man den Grenzertrag geometrisch als Steigung der Ertragsfunktion interpretieren. Wie kann man den Durchschnittsertrag geometrisch darstellen? Wir greifen hierzu wieder auf unser Beispiel zurück.

[7] Siehe Kapitel 7.

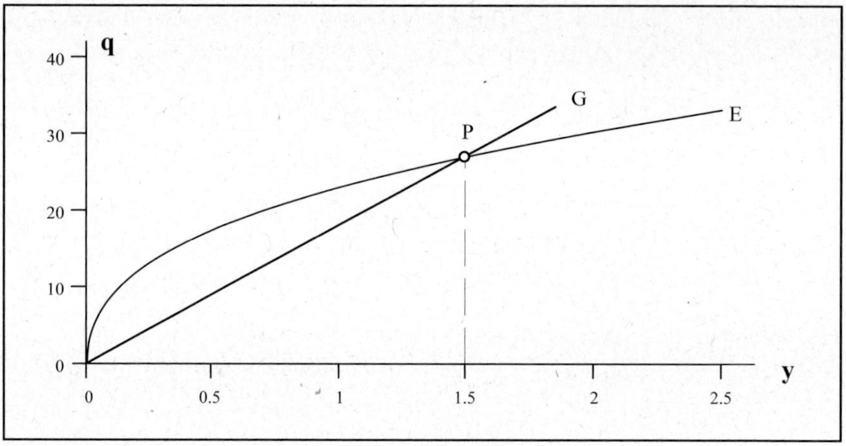

Abb. 3.7: ***Durchschnittsertrag***

Wir wollen wissen, wie groß der Durchschnittsertrag im Punkt P, also bei einer Einsatzmenge von y = 1,5 ist. Der Ertrag ist für diese Faktoreinsatzmenge $q = 10 \cdot 4^{0,6} 1,5^{0,4} = 27,0$ (vgl. Abbildung 3.7). Der Durchschnittsertrag des Faktors Y ist an dieser Stelle also gleich 18. Der Quotient aus q und y ist aber nichts anderes, als die Steigung der Geraden G aus dem Ursprung durch den Punkt P. Also lässt sich geometrisch der Durchschnittsertrag für jeden Punkt auf der Ertragskurve ermitteln, indem man einen Fahrstrahl aus dem Ursprung durch den fraglichen Punkt legt und dessen Steigung misst. Dieses Verfahren ist nicht besonders gut geeignet, um tatsächlich Werte zu bestimmen aber es ist hervorragend geeignet, Durchschnitts- und Grenzertrag unmittelbar miteinander vergleichen zu können oder Veränderungen des Durchschnittsertrages leicht angeben zu können.

Die bisher betrachtete Cobb-Douglas-Funktion ist durch beschränkte Substituierbarkeit der Produktionsfaktoren gekennzeichnet. Wir wollen nun die folgenden Fragen beantworten:

- Wie sehen die Isoquanten einer Produktionsfunktion mit vollständig substituierbaren Faktoren aus?
- Welcher Gestalt sind die Isoquanten einer Produktionsfunktion, deren Faktoren nicht substituierbar sind?

Es leuchtet unmittelbar ein, dass bei **vollständiger Substituierbarkeit** der Faktoren (etwa Holz und Kunststoff in der Möbelindustrie) die Isoquanten die Koordinatenachsen berühren müssen (Abbildung 3.8).

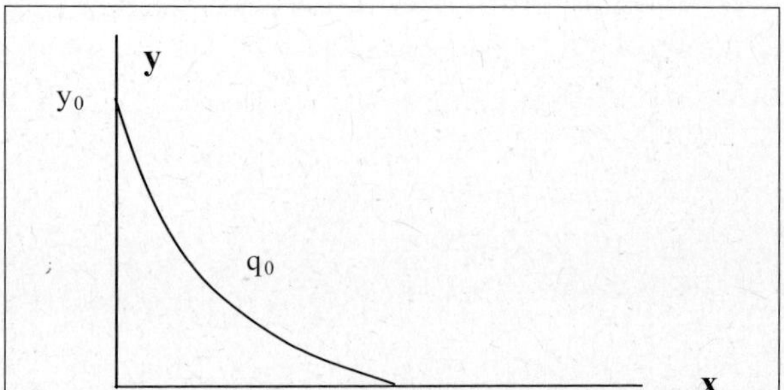

Abb. 3.8: ***Vollständige Substituierbarkeit***

Die Menge q_0 kann mit jeder auf der entsprechenden Isoquante liegenden Faktorkombination erzeugt werden, also speziell auch mit den Kombinationen $(x_0,0)$ oder $(0,y_0)$.

Sollte nur ein Faktor vollständig durch einen anderen ersetzbar sein (etwa Stahl und Aluminium im Automobilbau), so berühren die Isoquante nur die Achse *desjenigen* Faktors, der *nicht* vollständig substituierbar ist. Berührt eine Isoquante beispielsweise nur die x-Achse, so bedeutet dies, dass man zwar den Faktor Y vollständig durch den Faktor X ersetzen kann aber nicht umgekehrt.

Nehmen wir nun an, die Faktoren seien überhaupt nicht substituierbar, sondern stehen in einem **vollständig komplementären** Verhältnis, beispielsweise Arbeiter und Schaufeln, mit dem Produktionsziel einen Graben auszuheben. In diesem Falle gibt es jeweils nur ein sinnvolles Verhältnis der Faktorkombination, nämlich eine Schaufel pro Arbeiter. Natürlich kann man einen Arbeiter mit zwei Schaufeln ausstatten, dies wird den Ertrag aber nicht erhöhen. Stattet man umgekehrt zwei Arbeiter mit einer Schaufel aus, so kann jeweils nur einer schaufeln.[8] Jede Faktorausstattung, die von der Regel genau eine Schaufel je Arbeiter abweicht, ist nicht effizient und stellt einen Verstoß gegen das ökonomische Prinzip dar. Produktionsfunktionen, die diesen Zustand beschreiben, nennt man limitational oder nach dem Wissenschaftler, der sie in die Wirtschaftswissenschaften eingeführt hat, **Leontief-Produktionsfunktionen.**[9]

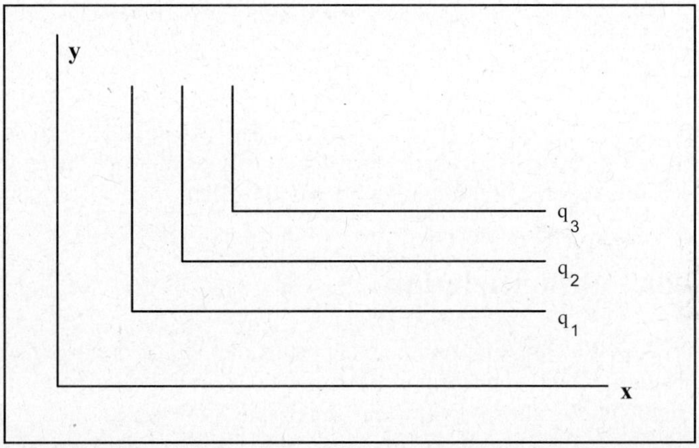

Abb. 3.9: Isoquantenschema einer Leontief-Produktionsfunktion

Jede Isoquante besteht hier aus zwei senkrecht aufeinander stehenden, parallel zu den Achsen laufenden Strahlen, die von einem gemeinsamen Punkt ausgehen. Dieser gemeinsame Punkt der beiden Äste repräsentiert jeweils die einzige sinnvolle Faktorkombination. Jede hiervon abweichende Kombination ist, wie bereits betont, eine Verschwendung von Ressourcen.

---

8 Natürlich könnte man argumentieren, dass die Arbeiter in diesem Falle sich jeweils nach einer gewissen Zeit ablösen können und so der Ertrag nach acht Stunden höher sein wird, als wenn einer alleine acht Stunden arbeitet, doch wäre diese Vorgehensweise nicht effizient.

9 WASSILY LEONTIEF (1906 – 1999), amerikanischer Ökonom russischer Abstammung, erhielt 1973 für seine umfangreichen Arbeiten den Nobelpreis für Wirtschaftswissenschaften.

Betrachten wir die Ertragsfunktion einer Leontief-Produktionsfunktion (Abbildung 3.10). Die Produktion kann erhöht werden, bis der Engpassfaktor (der konstant gegebene Faktor) ausgeschöpft ist. Danach ist eine weitere Steigerung des Ertrags unmöglich.

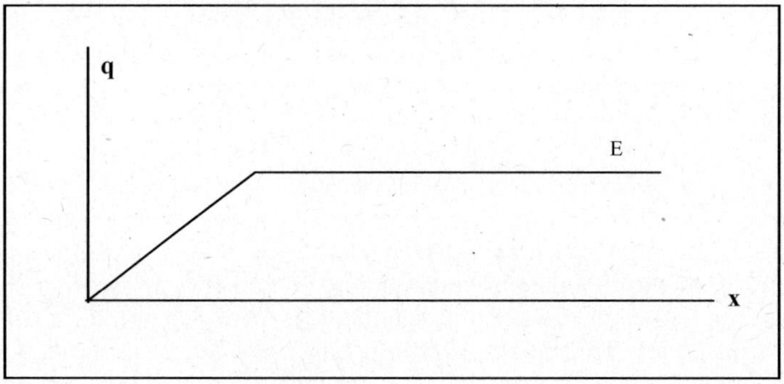

Abb. 3.10: Ertragsfunktion der Leontief-Produktionsfunktion

Ob Produktionsfaktoren in einem komplementären oder substituierbaren Verhältnis stehen, ist nicht zuletzt eine Frage der *Produktionsperiode*. Grundsätzlich kann man davon ausgehen, dass mit zunehmender Länge der Periode die Substituierbarkeit von Faktoren zunimmt. In sehr kurzfristiger Betrachtung sind Produktionsprozesse i.allg. festgelegt und Faktorsubstitutionen nicht möglich.[10]

Nachdem wir nun grundlegende Begriffe wie Produktionsfunktion, Isoquante, Substituierbarkeit oder Komplementarität kennen gelernt haben, wollen wir uns dem Problem der **Faktorvariation** zuwenden. In einem Isoquantenschema gibt es vier möglich Arten der Faktorvariation, die wir in den folgenden Abschnitten untersuchen wollen.

3.1.3 Partielle Faktorvariation

Unter einer **partiellen Faktorvariation** versteht man die Veränderung einer Faktoreinsatzmenge unter Konstanthaltung aller übrigen Faktormengen. In unserem Zwei-Faktoren-Modell soll Y als der variable und X als der Faktor mit fester Einsatzmenge betrachtet werden.

[10] Auch kurzfristig kann Substituierbarkeit vorliegen. Denken wir beispielsweise an einen Prozesswärmeofen, der mit verschiedenen Energieträgern, etwa Gas, Heizöl oder Kohle gefahren werden kann.

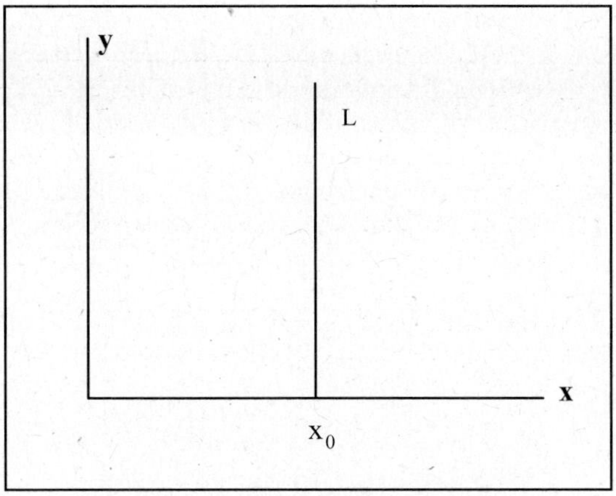

Abb. 3.11: Partielle Faktorvariation

In Abbildung 3.11 ist die partielle Faktorvariation dargestellt. Die Menge des Faktors X bleibt mit x_0 konstant, während y jeden nichtnegativen Wert annehmen kann. Die Menge aller möglichen Faktorkombinationen ist dann durch die zur Ordinate parallel verlaufende Linie L gekennzeichnet.

Wie verhält sich der Ertrag, wenn wir alle Faktorkombinationen auf der Linie L von unten nach oben, also mit zunehmenden y-Werten, durchlaufen? Wir betrachten also Erträge gemäß der Produktionsfunktion $q = f(x_0,y)$. Dies ist die bereits bekannte **Ertragsfunktion**.

Betrachten wir eine Ertragsfunktion wieder am Beispiel der Cobb-Douglas-Funktion:

$$q = 10 \cdot x^{0,6}y^{0,4}$$

Wir setzen beispielsweise $x_0 = 4$. Dann ist $q = 10 \cdot 4^{0,6}y^{0,4} = 23 \cdot y^{0,4}$. Die Abbildung 3.12 zeigt diesen Zusammenhang, der uns bereits aus der Abbildung 3.6 bekannt ist, noch einmal.

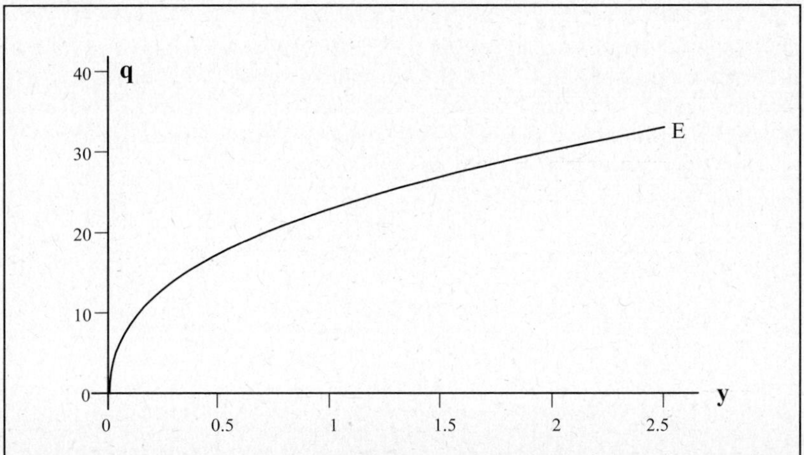

Abb. 3.12: Ertragsfunktion $q = 23 \cdot y^{0,4}$

Die Kurve E beschreibt die Veränderung der Ertragsmenge q bei zunehmendem Faktoreinsatz y und gegebenem Faktoreinsatz $x_0 = 4$. Man nennt diese Kurve **Ertragskurve**. Sie ist die grafische Darstellung der oben definierten Ertragsfunktion. Die Ertragskurve wächst, aber die Zuwachsraten werden immer kleiner. Wie ist der Verlauf dieser Kurve zu interpretieren? Aus dem im vorangehenden Abschnitt gesagten wissen wir, dass die Steigung der Kurve den Grenzertrag des Faktors Y angibt. Offensichtlich ist der Grenzertrag immer positiv, nimmt aber mit zunehmendem Einsatz des Faktors ab. Die Erklärung dieses Phänomens liegt in der Komplementarität der Faktoren.

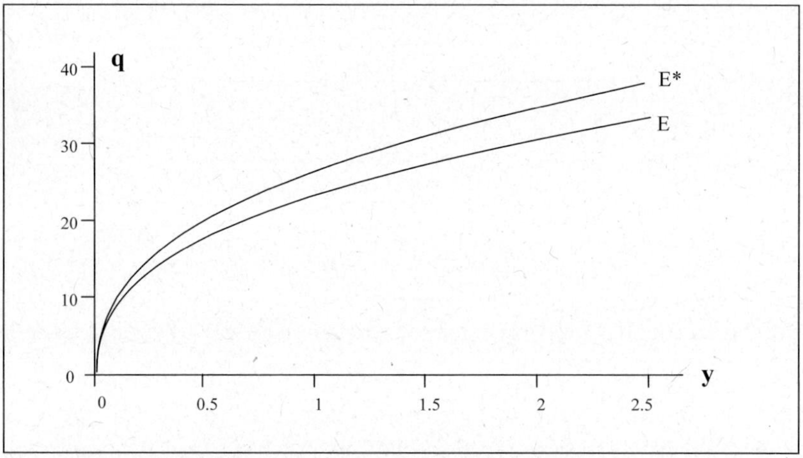

Abb. 3.13: Ertragskurve bei Erhöhung des konstanten Faktors

Zunächst soll noch die Frage geklärt werden, welchen Einfluss eine Erhöhung des konstanten Faktors auf die Ertragskurve hat. Ist der Grenzertrag des konstanten Faktors X positiv, so wird der Gesamtertrag bei jeder Einsatzmenge y steigen, die Ertragskurve wird gestreckt. Die Abbildung 3.13 zeigt die Auswirkung einer Erhöhung von x = 4 um eine Einheit auf x = 5. Die Ertragskurve E wird auf E* gestreckt.

Einen anderen Verlauf der Ertragskurve als im Falle der Cobb-Douglas-Funktion beschreibt das **klassische Ertragsgesetz.** In diesem auf den französischen Ökonomen JAQUES TURGOT[11] zurückgehenden Gesetz, wirkt sich ein Anstieg des variablen Faktors derart aus, dass zunächst steigende, dann fallende und schließlich sogar negative Grenzerträge realisiert werden. Die Grafik in Abbildung 3.14 verdeutlicht den Zusammenhang.

[11] Siehe Abschnitt 7.4

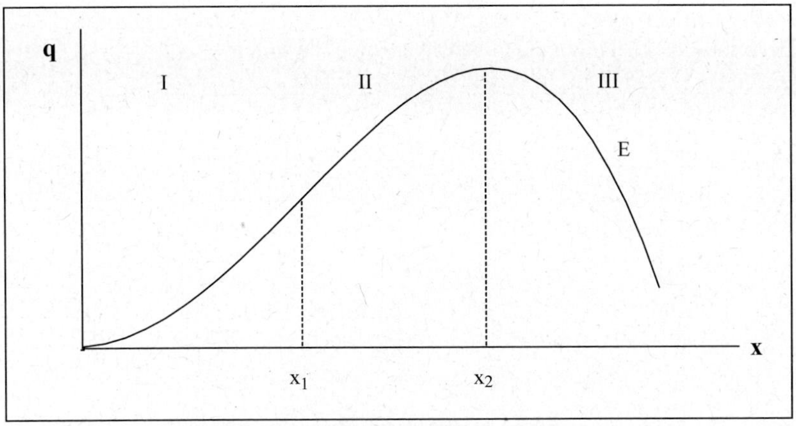

Abb. 3.14: Klassisches Ertragsgesetz

Im Bereich I zwischen 0 und x_1 ist der Grenzertrag des Faktors X positiv und zunehmend, d.h. jede zusätzlich eingesetzte Einheit des Faktors X liefert einen höheren Ertragszuwachs als die vorherige. Steigt die Einsatzmenge von X über x_1 hinaus in den Bereich II, sind die Ertragszuwächse zwar noch positiv, aber abnehmend. Bei x_2 schließlich ist der Ertragszuwachs gleich Null, der Gesamtertrag hat hier sein Maximum. Wird der Einsatz des Faktors noch weiter gesteigert, werden die Ertragszuwächse im Bereich III negativ, der Gesamtertrag nimmt ab. Dieser dritte Bereich ist *ökonomisch irrelevant*, da ein Einsatz von X hier einen klaren Verstoß gegen das ökonomische Prinzip darstellt. Der gleiche Ertrag kann nämlich bereits mit einem geringeren Einsatz des Faktors X erzeugt werden.

Man kann sich diesen Verlauf der Ertragsfunktion an einem einfachen Beispiel aus der Landwirtschaft verdeutlichen. Wählen wir als variablen Faktor X Dünger. Alle anderen Faktoren, Boden, Saatgut, Arbeitskraft, Tier- oder Maschineneinsatz, seien mit konstanten Einsatzmengen vorhanden. In diesem Fall würde die Funktion übrigens nicht wie in der Zeichnung im Ursprung starten, da auch ohne Dünger bereits ein Ertrag erwirtschaftet werden kann. Dies ist aber nicht das Wesentliche. Setzt man nun Dünger ein, so werden zunächst, mit jeder dem Boden zusätzlich zugeführten Düngereinheit, größere Ertragszuwächse erreicht. Ab einer bestimmten Menge Düngers können die Erträge durch zusätzlichen Düngereinsatz zwar weiter gesteigert werden, die Ertragszuwächse nehmen aber ab. Schließlich wird ein Punkt erreicht, an dem eine Überdüngung eintritt und die Ertragszuwächse negativ werden, d.h. jede weitere dem Boden zugeführte Düngereinheit senkt den Gesamtertrag.

Mathematisch kann der obige Sachverhalt wie folgt ausgedrückt werden:

Für $x \in [0, x_1[$ ist $f_x(x,y_0) > 0$ und $f_{xx}(x,y_0) > 0$.
Für $x \in]x_1, x_2[$ ist $f_x(x,y_0) > 0$ und $f_{xx}(x,y_0) < 0$.
Für $x > x_2$ wird schließlich $f_x(x,y_0) < 0$.

In $x = x_1$ hat E den Wendepunkt $[f_{xx}(x_1,y_0) = 0]$. Bei $x = x_2$, wo die Ertragszuwächse ihr Vorzeichen wechseln, nimmt E, wie bereits angemerkt, ihr Maximum an $[f_x(x_2,y_0) = 0]$.

Wir fragen nun, bei welchem Einsatz von X am günstigsten produziert wird. Es liegt nahe, den Punkt zu wählen, in dem der Durchschnittsertrag von X am höchsten ist, in dem also bei gegebener Menge von Y der geringste Einsatz von X pro Ertragseinheit benötigt wird. Diesen

Punkt können wir nun mit Hilfe des in Abschnitt 3.1.2 beschriebenen geometrischen Verfahrens zur Bestimmung des Durchschnittsertrages leicht herleiten.

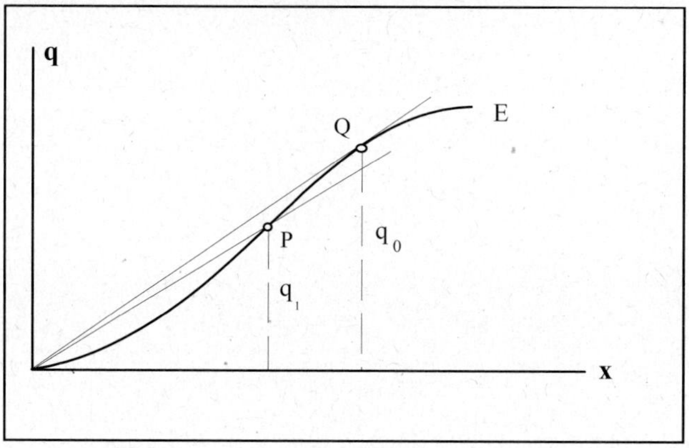

Abb. 3.15: Maximaler Durchschnittsertrag

Betrachtet man etwa in Abbildung 3.15 den Durchschnittsertrag im Punkt P, so sieht man sofort, dass dieser nicht maximal ist. Bewegt man sich auf der Ertragskurve von P aus noch weiter nach rechts, so nimmt die Steigung des Fahrstrahls zu, bis zu dem Punkt, an dem der Fahrstrahl zur Tangente an die Ertragskurve wird. Nach diesem Punkt nimmt der Durchschnittsertrag wieder ab.

Diese gerade gewonnene Erkenntnis kann man als Merksatz formulieren:

Bei Gültigkeit des klassischen Ertragsgesetzes schneidet die Grenzertragskurve die Durchschnittsertragskurve in deren Maximum.

Die Abbildung 3.16 verdeutlicht den Zusammenhang.

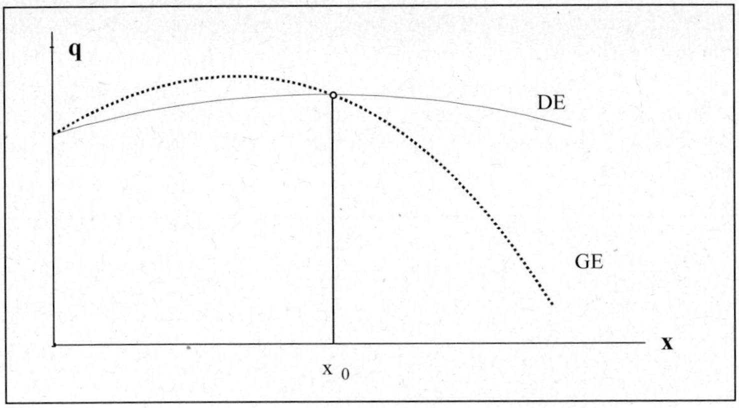

Abb. 3.16: Grenzertrag und Durchschnittsertrag

In der Abbildung 3.16 ist die weitere Eigenschaft abzulesen, dass beide Kurven für x = 0 den gleichen Wert annehmen. Wird der Einsatz des Faktors X von 0 auf 1 erhöht, so ist $q_1 = f(1,y_0)$, während für x = 0 der Ertrag den Wert q = 0 annimmt. Also sind sowohl der Durchschnittsertrag als auch der Grenzertrag gleich q_1.[12]

Betrachten wir abschließend das Ertragsgesetz an einem einfachen Zahlenbeispiel. In der ersten Spalte der Tabelle 3.2 wird die Einsatzmenge des variablen Faktors angegeben, wobei nur ganzzahlige Schritte berücksichtigt werden. Die Einsatzmengen anderer Faktoren seien als konstant gegeben. Die zweite Spalte zeigt den jeweils zugehörigen Ertrag, die dritte und vierte Spalte den Grenz- und Durchschnittsertrag (bei einer Einsatzmenge von Null gibt es hierfür natürlich keine Werte). Die Grenzerträge nehmen zu und erreichen bei x = 5 das Maximum. Darüber hinaus sind sie noch positiv aber abnehmend, bis schließlich bei x = 11 Faktoreinheiten der Grenzertrag Null wird.

Unterstellt man beliebige Teilbarkeit der Größen in Tabelle 3.2, so nimmt der Durchschnittsertrag bei einem x-Wert zwischen 6 und 7 sein Maximum an und ist dann gleich dem Grenzertrag. Der Durchschnittsertrag muss dort einen Wert zwischen 4,1 und 5 erreichen.

Tab. 3.2: Ertragsgesetz

x	**0**	**1**	**2**	**3**	**4**	**5**	**6**	**7**	**8**	**9**	**10**	**11**
q	0	2	5	9	14	20	25	29	32	34	35	35
GE	-	2	3	4	5	6	5	4	3	2	1	0
DE	-	2,0	2,5	3,0	3,5	4,0	4,2	4,1	4,0	3,8	3,5	3,3

[12] Mathematisch kann man diese Eigenschaft für differenzierbare Produktionsfunktionen leicht mit der Regel von L´HOSPITAL zeigen; man setze die Zählerfunktion gleich $q = f(x, y_0)$ und die Nennerfunktion gleich x.

3.1.4 Isoquante Faktorvariation

In diesem Abschnitt wollen wir der Frage nachgehen, welche ökonomische Bedeutung sich hinter der Krümmung einer Isoquante verbirgt. Wir wollen uns dazu im folgenden grundsätzlich auf den Bereich der Faktorkombinationen beschränken, in dem beide Faktoren *positive Grenzerträge* aufweisen. Zusätzlich wollen wir unterstellen, dass ihre Grenzerträge mit vermehrtem Faktoreinsatz abnehmen. Wir unterstellen also im Prinzip die Verhältnisse einer neoklassischen Funktion.

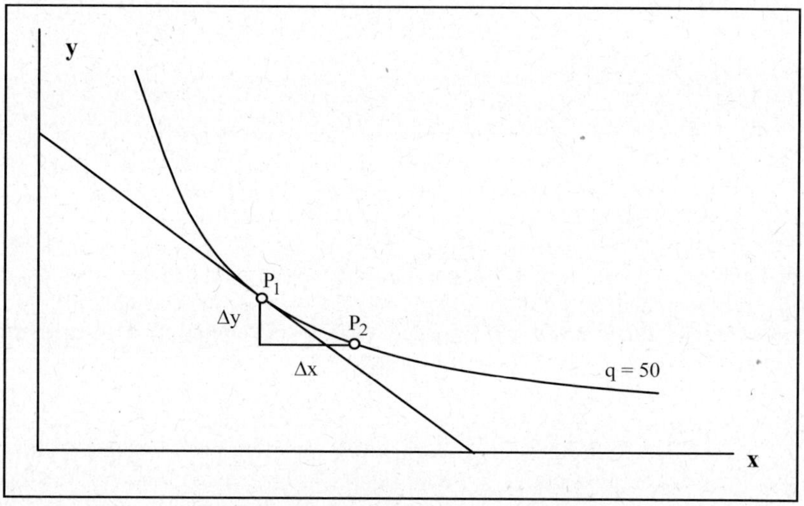

Abb. 3.17: Steigung einer Isoquante

Betrachten wir die Abbildung 3.17, in der wir wieder auf unsere Beispielfunktion zurückgreifen. Im Punkt P_2 ist der Ertrag genauso hoch wie in P_1, nämlich 50 Gütereinheiten. Reduziert man nun ausgehend von P_1 den Einsatz von Y um Δy, so muss der Einsatz des Faktors X um Δx erhöht werden, um den Ertrag konstant zu halten. Das Verhältnis $\frac{\Delta y}{\Delta x}$ nennen wir die **Substitutionsrate**. Die Substitutionsrate nimmt einen negativen Wert an, da der *Zunahme* des einen eine *Abnahme* des anderen Faktors gegenübersteht.

Verringern wir nun Δx, lassen wir mathematisch ausgedrückt $\Delta\xi$ gegen Null streben, so strebt auch $\Delta\psi$ gegen Null und der Ausdruck $\frac{\Delta y}{\Delta x}$, der wiederum nicht anderes als ein Differenzenquotient ist, strebt gegen den Differentialquotient $\frac{dy}{dx}$. Geometrisch ist dies die Steigung der Isoquante im Punkt P_1. Diesen Wert nennen wir die **Grenzrate der Substitution** und bezeichnen sie mit GRS, also:

$$GRS = \frac{dy}{dx} \tag{3.12}$$

Der Wert der GRS gibt Auskunft darüber, in welchem Verhältnis zwei substituierbare Faktoren an einer Stelle ausgetauscht werden müssen, wenn man den Ertrag konstant halten möchte.

In unserer Beispielfunktion gilt im Punkt P_1:

$$q = f(x = 4; y = 7) = 10 \cdot 4^{0,6} 7^{0,4} = 50$$

Für die Isoquante q = 50 gilt allgemein:

$$50 = 10 \cdot x^{0,6} y^{0,4}$$

Löst man diesen Ausdruck nach y auf, so erhält man die Funktion:

$$y = 5^{\frac{1}{0,4}} x^{-\frac{0,6}{0,4}} = \frac{5^{2,5}}{\sqrt{x^3}}$$

Für die erste Ableitung von y nach x , also für die GRS, gilt dann:

$$GRS = \frac{dy}{dx} = -1,5 \cdot 5^{2,5} \cdot \frac{1}{\sqrt{x^5}}$$

Für x = 4 erhält man eine GRS von -2,62. Setzt man also x = 4 Einheiten von X ein und verringert den Einsatz nun um Δx, wobei das Ertragsniveau gehalten werden soll, so muss der Einsatz von Y um $\Delta y = 2{,}62 \cdot \Delta x$ Einheiten erhöht werden. Analog resultiert bei einer Erhöhung des Einsatzes von X eine entsprechende Verringerung von Y. Dies gilt natürlich nur für sehr kleine Werte von Δx in der Umgebung von P_1.

Mit steigendem Einsatz von X nimmt die Grenzrate der Substitution zu.[13] Mit anderen Worten, je mehr vom Faktor X bereits eingesetzt wird, um so weniger kann die Einsatzmenge von Y bei einer isoquanten Faktorvariation verringert werden, wenn die Menge des Faktors X jeweils um die gleiche Zunahme Δx erhöht werden soll.

Um zu überlegen, was sich letztlich hinter der Grenzrate der Substitution verbirgt, greifen wir auf die Abbildung 3.17 zurück. Reduziert man ausgehend von P_1 den Einsatz von Y um dy, so verringert sich der Ertrag um $GE_y(P_1) \cdot dy$. Der Faktor X muss dann um einen Betrag dx erhöht werden, der gemäß des lokalen Grenzertrags von X gerade ausreicht, um den Ertragsrückgang zu kompensieren, also muss gelten:

$$GE_y(P_1) \cdot dy = - GE_x(P_1) \cdot dx \quad (3.13)$$ [14]

Daraus folgt unmittelbar:

$$GRS = \frac{dy}{dx} = -\frac{GE_X}{GE_Y} = -\frac{f_x(x,y)}{f_y(x,y)} \quad (3.14)$$

Die Grenzrate der Substitution ist also gleich dem negativen Verhältnis der Grenzerträge der Faktoren.

Damit lässt sich die Grenzrate der Substitution für die Cobb-Douglas-Funktion einfach berechnen:

$$GRS = -\frac{\delta}{1-\delta} \cdot \frac{y}{x} \quad (3.15)$$

Die Grenzrate der Substitution hängt also bei dieser Funktion wesentlich vom Parameter δ und der Faktorintensität ab. Verdeutlichen wir uns den Zusammenhang (3.14) an einem Zah-

---

[13] Man beachte das Vorzeichen der GRS!

[14] Das Minuszeichen ist nötig, da dx und dy entgegengesetztes Vorzeichen aufweisen, der Grenzertrag aber jeweils positiv ist.

lenbeispiel mit der Produktionsfunktion $f(x,y) = 10x^{0,6}\,y^{0,4}$. Wir betrachten wieder die Faktorkombination x = 4 und y = 7. Die Grenzerträge der Faktoren hatten wir oben bereits berechnet. Man erhält dann für die GRS:

$$GRS = -\frac{f_x(4,7)}{f_y(4,7)} = -\frac{7,51}{2,86} = -2,625$$

Das gleiche Ergebnis erhält man, wenn man die Werte unmittelbar in (3.15) einsetzt:

$$GRS = -\frac{0,6}{0,4} \cdot \frac{7}{4} = -\frac{21}{8} = -2,625$$

Will man also an der Stelle (x,y) = (4,7) unter Beibehaltung des Ertrags den Einsatz von Y um Δy verringern, so muss der Einsatz von X um $\Delta x = 0,381\Delta y$ erhöht werden (0,381 ist der Kehrwert von 2,625). Wird also Y etwa um 0,2 Einheiten verringert, so muss X um annähernd 0,76 Einheiten erhöht werden. Die obige Beziehung ist nur bei sehr kleinen Änderungen (streng genommen bei infinitesimal kleinen) gültig, ansonsten gilt sie nur näherungsweise.

3.1.5 Isokline Faktorvariation

Bei der isoklinen Faktorvariation bleibt die Grenzrate der Substitution konstant (vgl. Abb. 3.18). Beim Übergang von der dem Punkt P_1 entsprechenden Faktorkombination zu der dem Punkt P_2 entsprechenden Kombination ändert sich der Tangentenanstieg, also die Grenzrate der Substitution, nicht (die Tangenten verlaufen parallel). Diese Faktorvariation wird später bei der Herleitung der Kostenkurve eine Rolle spielen.

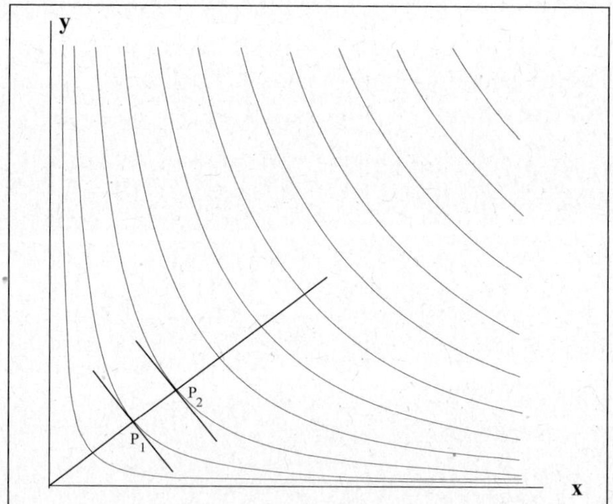

Abb. 3.18: Isokline Faktorvariation

3.1.6 Proportionale Faktorvariation

Bei dieser Art der Faktorvariation werden die Faktoren unter Beibehaltung ihres Einsatzverhältnisses x/y, der sog. **Faktorintensität**, variiert.

Für die Gruppe der neoklassischen Produktionsfunktionen sind die isokline und die proportionale Faktorvariation identisch. Der Übergang vom Punkt P_1 zum Punkt P_2 in der Abbildung 3.18 stellt nämlich auch eine proportionale Faktorvariation dar. Beide Punkte liegen auf einem Fahrstrahl aus dem Ursprung, d.h. die Faktorintensität ist konstant (s. hierzu die Gleichung (3.15)).

Eine Ertragsänderung, die als Reaktion auf eine proportionale Faktorvariation eintritt, nennt man **Skalenertrag** (*economies of scale*) oder **Niveaugrenzprodukt**. Man unterscheidet:

- **Konstante Skalenerträge**

  Eine proportionale Zunahme beider Faktoren um den Faktor r führt zu einer Ertragssteigerung um das r-fache. Eine Verdoppelung beider Faktoreinsatzmengen erbringt also den doppelten Ertrag.

- **Abnehmende (fallende) Skalenerträge:**

  Eine proportionale Zunahme beider Faktoren um den Faktor r führt zu einer Ertragssteigerung um weniger als das r-fache. Mit der Verdoppelung beider Faktoreinsatzmengen wird also *weniger* als der doppelte Ertrag erreicht oder bei einer Halbierung beider Faktoreinsatzmengen verbleibt *mehr* als der halbe Ertrag.

- **Zunehmende (steigende) Skalenerträge:**

  Eine proportionale Zunahme beider Faktoren um den Faktor r führt zu einer Ertragssteigerung um mehr als das r-fache. Bei einer Verdoppelung beider Faktoreinsatzmengen wird *mehr* als der doppelte Ertrag erzielt oder die Halbierung beider Faktoreinsatzmengen führt zu *weniger* als der halben Ertragsmenge.

Stellen wir uns einen Motor vor, der mit den Produktionsfaktoren Benzin und Luft betrieben wird und nehmen an, das Benzin-Luft-Gemisch habe ein konstantes Verhältnis, etwa λ=1,1.[15] Eine Leistungskurve (L) könnte dann wie in Abbildung 3.19 dargestellt aussehen.

Zunächst wird nur eine geringe Menge des Luft-Kraftstoff-Gemischs verbrannt. Das Ergebnis ist eine relativ niedrige Leistung. Steigert man nun die Zufuhr des Gemischs unter Beibehaltung des Verhältnisses zwischen der Luft und dem Benzin, so steigt die Motorleistung zunächst überproportional. Ab einer bestimmten Menge nimmt die Leistung dann bei einer weiteren Zunahme des Luft-Benzin-Gemischs nur noch unterproportional zu, bis sie ein Maximum erreicht.

Bis zum Wendepunkt W nimmt die Leistung mit zunehmender Luft-Benzin-Zufuhr (steigende Drehzahl) zu, es liegen steigende Skalenerträge vor. Danach nehmen die Skalenerträge ab. Der Drehzahlbereich, in dem die Leistung wieder abfällt, soll hier nicht interessieren.

Man beachte, dass die in der Abbildung 3.19 gezeigte Kurve im Prinzip wie die in der Abbildung 3.14 dargestellte Ertragskurve aussieht, sie aber unter völlig anderen Prämissen entsteht!

---

[15] Das Verhältnis λ=1 bedeutet 14,8 kg Luft auf 1 kg Treibstoff.

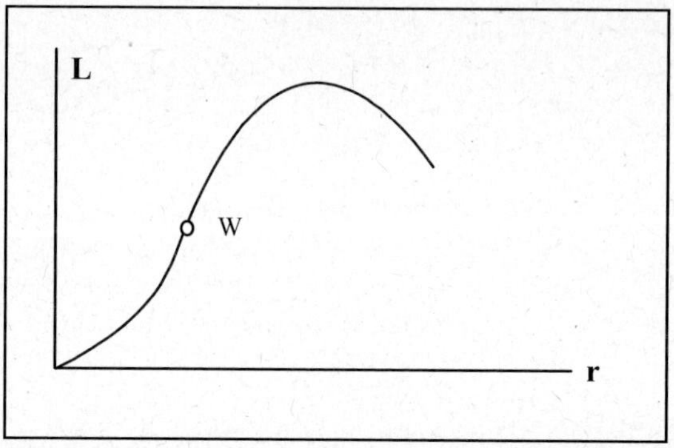

Abb. 3.19: Skalenerträge – Technisches Beispiel

Wir werden nun die verschiedenen Typen von Skalenerträgen anhand einer **allgemeinen Cobb-Douglas-Funktion** $q = f(x,y) = \alpha x^{\delta} y^{\vartheta}$ $(0 < \delta, \vartheta < 1)$ klassifizieren. Ist $\vartheta + \delta = 1$, also $\vartheta = 1 - \delta$, so haben wir die bislang betrachtete Funktion.

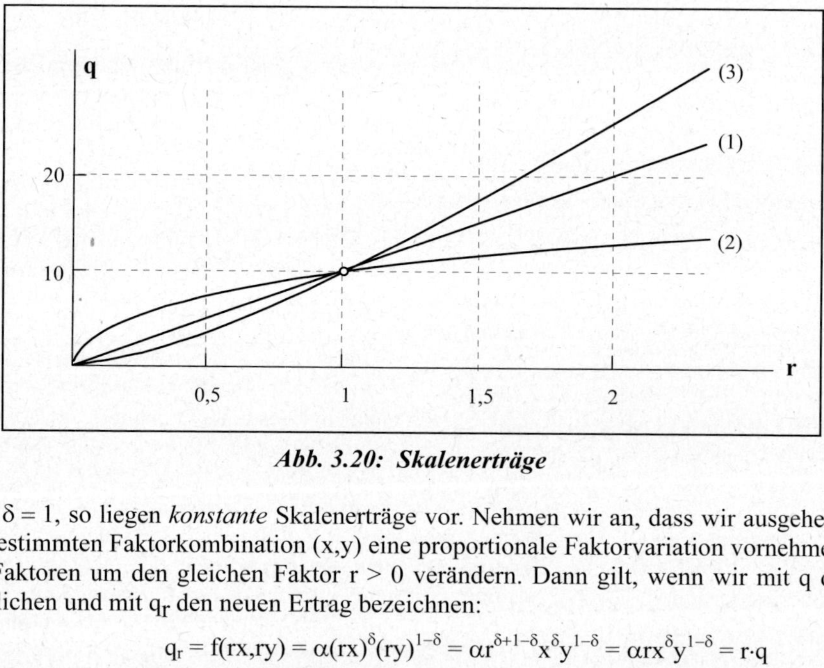

Abb. 3.20: Skalenerträge

Ist $\vartheta + \delta = 1$, so liegen *konstante* Skalenerträge vor. Nehmen wir an, dass wir ausgehend von einer bestimmten Faktorkombination (x,y) eine proportionale Faktorvariation vornehmen, d.h. beide Faktoren um den gleichen Faktor $r > 0$ verändern. Dann gilt, wenn wir mit q den ursprünglichen und mit q_r den neuen Ertrag bezeichnen:

$$q_r = f(rx,ry) = \alpha(rx)^{\delta}(ry)^{1-\delta} = \alpha r^{\delta+1-\delta} x^{\delta} y^{1-\delta} = \alpha r x^{\delta} y^{1-\delta} = r \cdot q \qquad (3.16)$$

Dies entspricht dem Fall (1) in Abbildung 3.21. Ausgehend von einer willkürlich gewählten Faktorkombination $x = 1$, $y = 1$ sehen wir dort, dass eine Verdoppelung (Verdreifachung) beider Faktoren zu einer Verdoppelung (Verdreifachung) des Ertrags von 10 auf 20 (30) Gütereinheiten führt. Bewegt man sich nun entlang dem Fahrstrahl vom Ursprung weg, so zeigt die Kurve (1) in der Abbildung 3.20, wie sich der Ertrag bei der proportionalen Faktorvariation ändert.

Ist $\vartheta + \delta < 1$, so liegt der Fall *abnehmender* Skalenerträge vor. Es gilt nämlich:

$$q_r = f(rx,ry) = \alpha(rx)^{\delta}(ry)^{\vartheta} = r^{\delta+\vartheta} \alpha x^{\delta} y^{\vartheta} = r^{\delta+\vartheta} q < rq \quad (r > 0) \qquad (3.17)$$

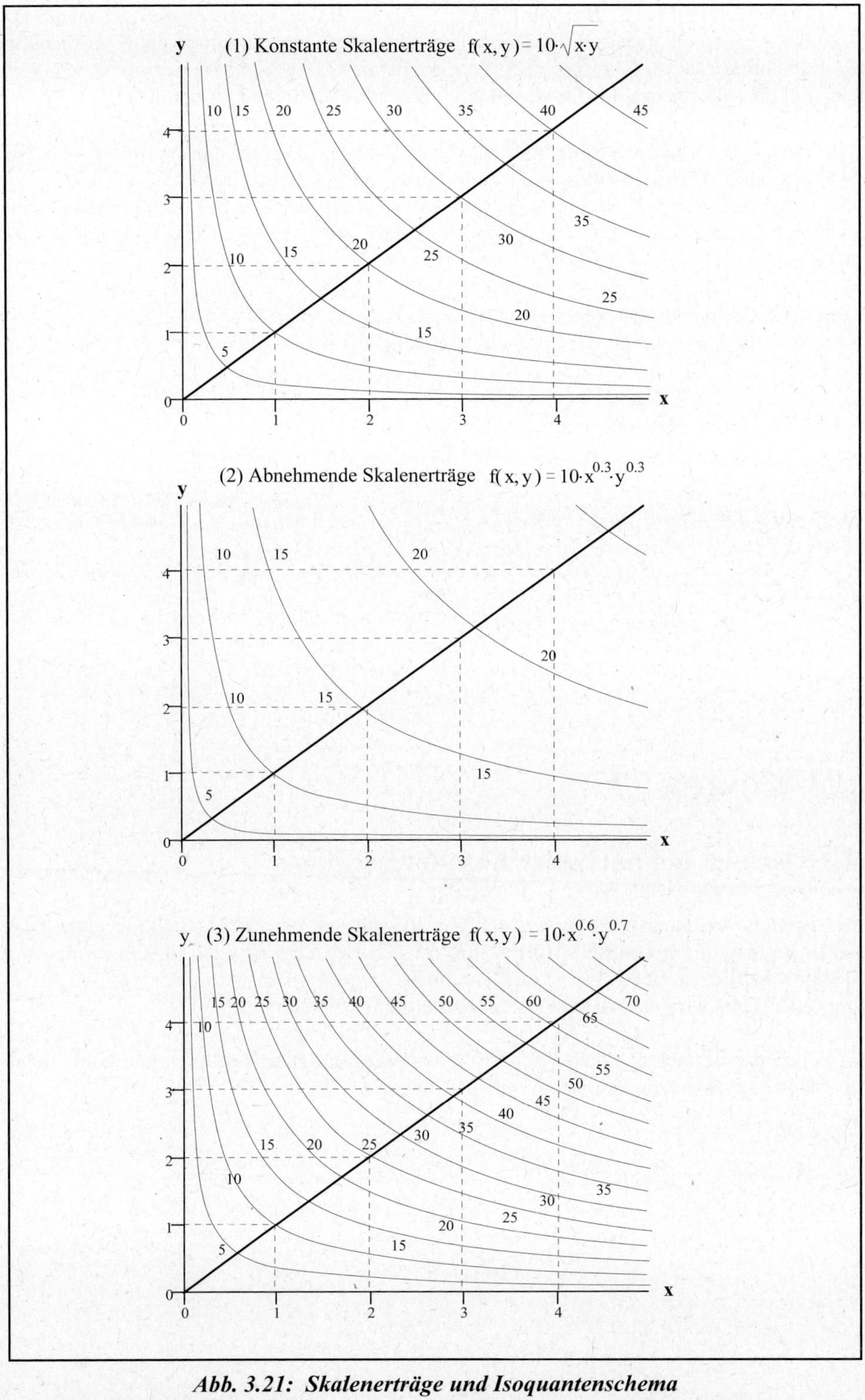

Abb. 3.21: Skalenerträge und Isoquantenschema

Ein Blick auf den Fall (2) in den Abbildungen 3.20 und 3.21 verdeutlicht, was geschieht. Die Dichte der Isoquanten nimmt mit zunehmender Entfernung vom Ursprung ab. Eine Verdoppelung des Faktoreinsatzes führt also nicht zum doppelten Ertrag, sondern zu einer geringeren Zunahme. Entsprechendes gilt für alle anderen Skalierungsfaktoren größer als eins.

Für $\vartheta + \delta > 1$ kann man ebenso zeigen, dass *zunehmende* Skalenerträge vorliegen. Ein Blick auf den dritten Fall in Abbildung 3.21 zeigt, dass nun die Isoquantendichte mit größer werdender Entfernung vom Ursprung zunimmt. Als Resultat erhält man eine überproportionale Zunahme des Ertrags als Folge einer proportionalen Faktorvariation (Kurve (3) in der Abbildung 3.20).

Die bei der Cobb-Douglas-Funktion gerade genutzte Eigenschaft, dass $f(\lambda x,\lambda y) = \lambda^{\varepsilon} f(x,y)$ gilt, nennt man Homogenität der Funktion. Genauer sagt man, die Funktion sei homogen vom Grad ε.

Mit den in diesem Abschnitt eingeführten Begriffen können wir nun exakt definieren, was unter einer neoklassischen Produktionsfunktion zu verstehen ist.

> *Eine Produktionsfunktion heißt* ***neoklassisch****, wenn beide Faktoren von Anfang an positive, abnehmende Grenzerträge aufweisen und sie außerdem homogen ist.*

3.2 Kosten

3.2.1 Kosten bei partieller Faktorvariation

Unter **Kosten** verstehen wir den Verzehr von Ressourcen bei der Herstellung eines Gutes. Eine Bewertung in monetären Größen, wie in der Betriebswirtschaft üblich, wird in der volkswirtschaftlichen Betrachtung zunächst nicht vorgenommen. Auch der Verbrauch freier Güter (etwa Luft) wird also vorerst als ein Kostenfaktor betrachtet.

Wir wollen die Betrachtung mit einer partiellen Faktorvariation beginnen und dann auf den Fall einer proportionalen Faktorvariation ausdehnen.

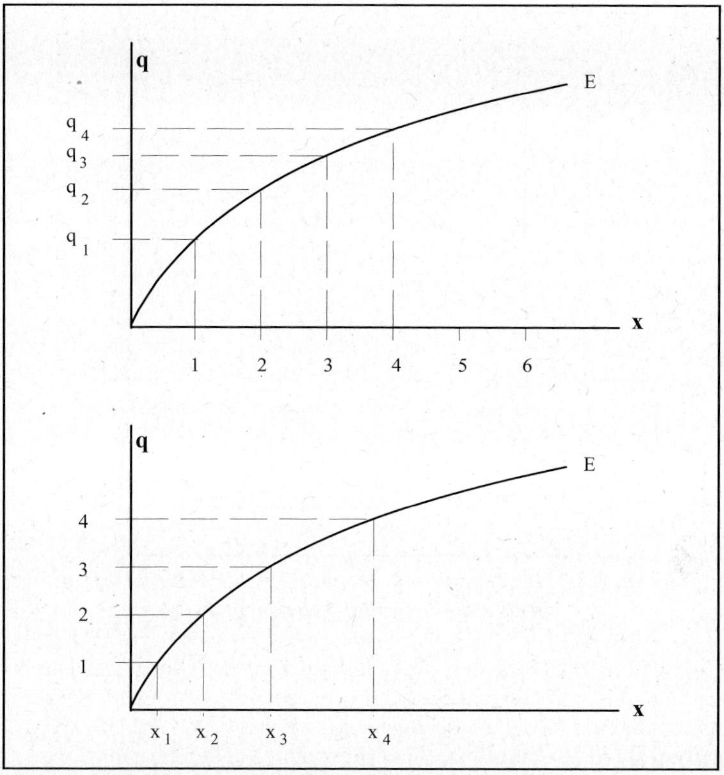

Abb. 3.22: Ertrags- und Kostenbetrachtung bei partieller Faktorvariation und abnehmenden Ertragszuwächsen

Die hier zugrunde liegende Fragestellung lautet: *Welche Menge des Faktors X muss man einsetzen, um bei gegebener Ausstattung mit anderen Faktoren eine bestimmte Ausbringungsmenge q bereitstellen zu können?* Wie wir sehen werden, hängt die Kostenentwicklung dabei im Wesentlichen von der Art der Ertragsfunktion ab.

Wir unterstellen zunächst eine Ertragsfunktion mit abnehmenden Grenzerträgen (Abbildung 3.22). Vermehrt man den Einsatz des variablen Faktors X bei gegebener Faktoreinsatzmengen des Faktors Y, so nimmt von mal zu mal der zusätzliche Ertrag ab.

Betrachtet man umgekehrt den Fall, bei dem der Ertrag in gleichen Stufen (hier Einheiten) erhöht wird, so sieht man, dass jeweils größere Zunahmen des variablen Faktors X notwendig sind, um die zusätzliche Gütermenge zu erzeugen. Die obige Problemstellung wird also einfach umgedreht. Man erhält dann als Kostenfunktion $x = K(q) = f^{-1}(q|y_0)$, wobei f^{-1} die Umkehrfunktion der Ertragsfunktion ist. Die Funktion K(q) stellt also **variable**, **reale** Kosten dar. Variabel nennt man die Kosten, weil ihre Höhe – nämlich der Bedarf an Einheiten des Produktionsfaktors X – mit der Ausbringungsmenge variiert. Real sind sie, weil man die notwendige Faktor*menge* und keinen *Wert* misst. Mathematisch erhält man die Kostenfunktion durch Spiegelung der Ertragsfunktion an der ersten Winkelhalbierenden.[16] Die sich ergebende Kostenfunktion ist in Abbildung 3.23 dargestellt.

[16] Es ist allgemein aus der Analysis bekannt, dass der Graph einer Umkehrfunktion $y = f^{-1}(x)$ sich als Spiegelung des Graphen der Funktion $y = f(x)$ an der ersten Winkelhalbierenden (45°-Linie) ergibt.

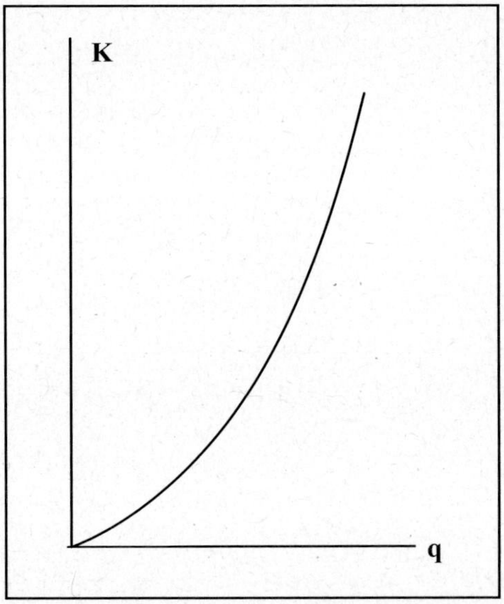

Abb. 3.23: Kostenfunktion bei partieller Faktorvariation und abnehmenden Ertragszuwächsen

Die Funktion steigt mit zunehmenden Veränderungen von q. Diese Tatsache bringt nur zum Ausdruck, dass eine zusätzliche Ertragsmenge eines zusätzlichen Faktoreinsatzes bedarf. Entscheidend ist hier aber die Zunahme der **Kostenzuwächse**. Das Verhältnis von Kostenzunahme und Ertragszunahme bei einer marginalen Ertragsveränderung nennt man **Grenzkosten**. Die Grenzkosten sind also gegeben durch die erste Ableitung der Kostenfunktion nach dem Ertrag:

$$GK(q) = K'(q) = \frac{dK(q)}{dq} \tag{3.18}$$

Verändert man die Produktion um eine kleine Menge Δq, so gilt also näherungsweise $\Delta K = K'(q) \cdot \Delta q$.

Auch hier können wir, mathematisch ungenau aber anschaulich, die Grenzkosten als die zusätzlich durch die Erzeugung der letzten Gütereinheit verursachten Kosten interpretieren.

Betrachten wir ein Zahlenbeispiel. Wir gehen aus von der uns bereits bekannten Cobb-Douglas-Funktion $q = f(x,y) = 10x^{0,6}y^{0,4}$. Seien vom Faktor Y die Menge $y = 5$ Einheiten gegeben, dann gilt $q = f(x|y = 5) = 19x^{0,6}$. Wir fragen nun, wie viele Einheiten von X man einsetzen muss, um eine bestimmte Menge q des Gutes zu erzeugen. Allgemein gilt:

$$x = K(q) = f^{-1}(q \mid y_0) = \left(\frac{q}{19}\right)^{\frac{1}{0,6}} = \left(\frac{q}{19}\right)^{\frac{5}{3}}$$

Für q = 10 erhält man:

$$x = K(10) = f^{-1}(10 \mid y_0 = 5) = \left(\frac{10}{19}\right)^{\frac{1}{0,6}} = \left(\frac{10}{19}\right)^{\frac{5}{3}} = 0{,}34$$

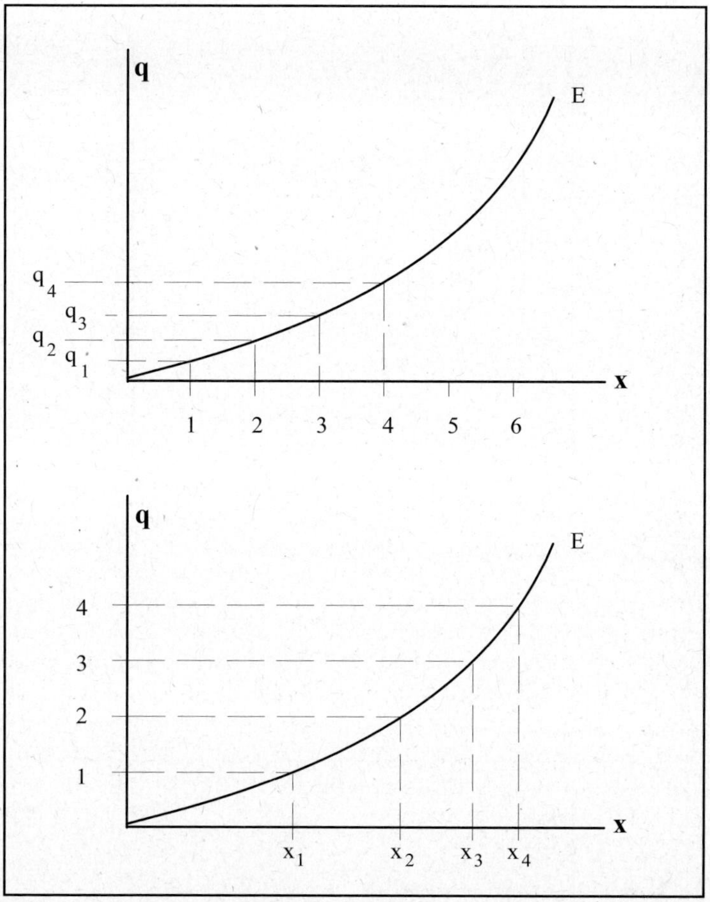

Abb. 3.24: Ertrags- und Kostenbetrachtung bei partieller Faktorvariation und zunehmenden Ertragszuwächsen

Analog können die Kosten für jede andere Menge q berechnet werden. Die Grenzkosten sind hier gegeben durch:

$$K'(q) = \frac{5}{57}\left(\frac{q}{19}\right)^{\frac{2}{3}}$$

Entsprechende Überlegungen kann man anstellen, wenn die Ertragszuwächse mit steigendem Faktoreinsatz nicht ab- sondern zunehmen (Abbildung 3.24).

Bei dieser Ertragsfunktion steigen bei konstanter Zunahme des variablen Faktors X die Erträge in zunehmenden Schritten an. Hieraus folgt, dass bei gleichmäßiger Zunahme des Ertrags immer kleinere Mengen des variablen Faktors zusätzlich eingesetzt werden müssen, um die gewünschte Ertragssteigerung zu erzielen. Mit anderen Worten sind die Grenzkosten hier abnehmend. Die zugehörige Kostenfunktion ist in Abbildung 3.25 dargestellt.

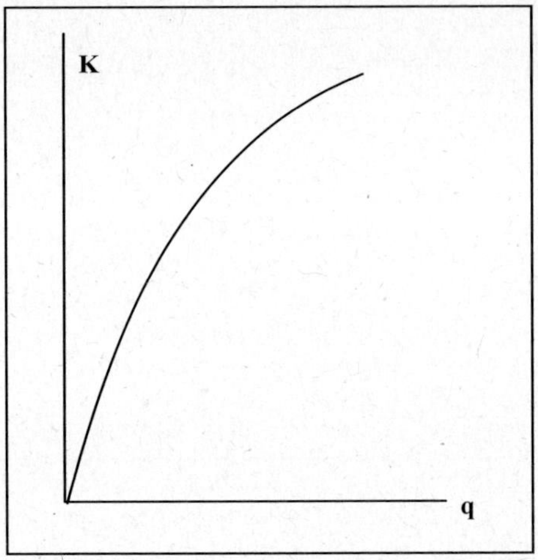

Abb. 3.25: Kostenfunktion bei partieller Faktorvariation und zunehmenden Ertragszuwächsen

Nach diesen Überlegungen sind wir nun in der Lage, die Kostenfunktion einer dem klassischen Ertragsgesetz (Abb. 3.14) gehorchenden Produktionsfunktion anzugeben. Beim klassischen Ertragsgesetz liegen zunächst zu- und dann abnehmende Ertragszuwächse vor. Hieraus leitet sich die in Abbildung 3.26 dargestellte Kostenfunktion ab.

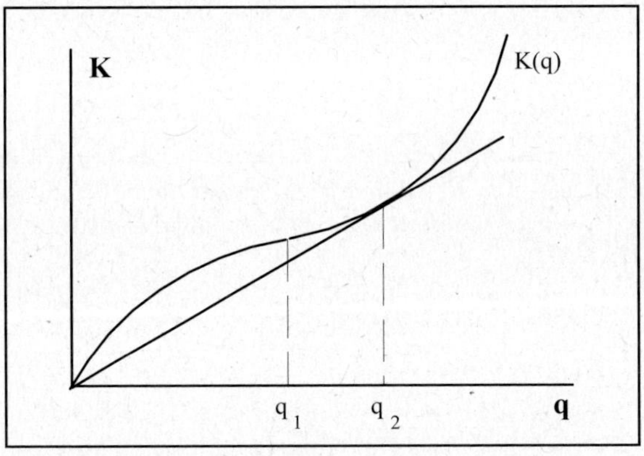

Abb. 3.26: Kostenfunktion nach dem Ertragsgesetz

Die Kosten steigen permanent an. Dem Bereich $[0,x_1]$ zunehmender Grenzerträge in Abbildung 3.14 entspricht in Abbildung 3.26 der Bereich $[0,q_1]$ abnehmender Grenzkosten. Dem zweiten Bereich $[x_1,x_2]$ abnehmender Ertragszuwächse entspricht hier der Bereich zunehmender Grenzkosten rechts von q_1 (in q_1 hat die Kostenfunktion ihren Wendepunkt).

Als **Durchschnittskosten** (synonym: Stückkosten) bezeichnet man die Kosten pro Ausbringungseinheit, m.a.W. die Menge des Faktors X, die pro Ertragseinheit eingesetzt werden muss, also den Quotient:

$$DK(q) = \frac{K(q)}{q} \tag{3.19}$$

Geometrisch erhält man die Durchschnittskosten einer bestimmten Ausbringungsmenge q_0, als Anstieg des Fahrstrahls aus dem Ursprung durch den Punkt $(q_0,K(q_0))$. Die geringsten Durchschnittskosten entstehen dann für die Ausbringungsmenge q_2, da der Fahrstrahl hier den geringst möglichen Anstieg aufweist. In diesem Punkt ist der Fahrstrahl gleichzeitig Tangente an der Kostenkurve, die Durchschnittskosten entsprechen also genau den Grenzkosten. Es gilt somit:

Die Grenzkostenkurve einer ertragsgesetzlichen Kostenfunktion schneidet die Durchschnittskostenkurve in deren Minimum.

Die Grafik in Abbildung 3.27 verdeutlicht diesen Zusammenhang:

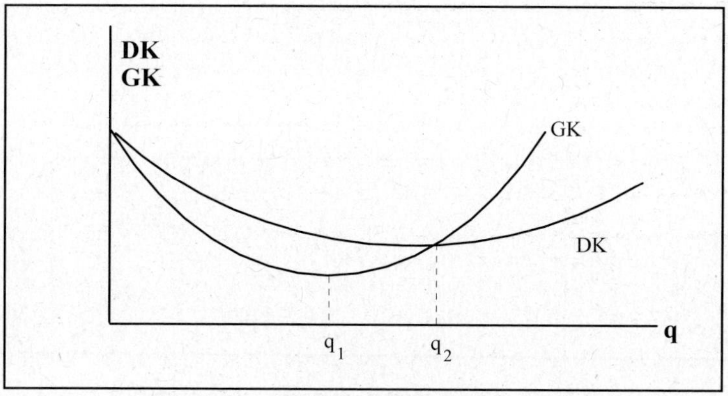

Abb. 3.27: Durchschnitts- und Grenzkosten

Die reale Kostenbetrachtung hat den Nachteil, dass man nicht *einen* Betrag für die Gesamtkosten angeben kann. Neben dem variablen Faktor X werden andere Faktoren (in unserer Zwei-Faktoren-Welt ein weiterer Produktionsfaktor) eingesetzt, deren Einsatzmenge wir als konstant unterstellt haben. Nun kann man aber nicht einfach die Mengen verschiedener Faktoren addieren.[17] Um die Gesamtkosten unter Berücksichtigung des Einsatzes aller Faktoren ermitteln zu können, werden Faktoren mit ihren **Faktorpreisen** bewertet. Den Faktorpreis definieren wir als die Menge an Währungseinheiten, die für eine Einheit des Produktionsfaktors bezahlt werden muss. Das Produkt aus Einsatzmenge eines Faktors mit dem Faktorpreis ergibt dann den Wert der eingesetzten Faktormenge, ausgedrückt in Geldeinheiten. *Freie* Faktoren finden jetzt keine Beachtung mehr, da ihr Preis und damit auch ihr Wert gleich Null ist. Es sei zudem unterstellt, dass der einzelne Hersteller keinen Einfluss auf die Faktorpreise hat, die Faktorpreise somit fest gegeben sind.

[17] Jedes Kind lernt bereits, dass Äpfel und Birnen nicht addiert werden können.

Beschränken wir uns im folgenden wieder auf nur zwei Einsatzfaktoren, wobei X der variable und Y der fixe Faktor ist, d.h. der Faktor, dessen Einsatzmenge y_0 als gegeben angesehen wird. Mit π_x und π_y bezeichnen wir die zugehörigen Faktorpreise. Dann ergibt sich mit $q = f(x,y_0)$ für die **Gesamtkosten:**

$$K(q) = \pi_y \cdot y_0 + \pi_x \cdot x = \pi_y \cdot y_0 + \pi_x \cdot f^{-1}(q|y_0) \tag{3.20}$$

Dabei ist x die bei gegebener Menge y_0 notwendige Menge des Faktors X, um die Gütermenge q zu produzieren. Da y_0 konstant ist, also von der Ausbringungsmenge q nicht abhängt, nennt man den Kostenbestandteil $\pi_y \cdot y_0$ die **Fixkosten**. Wir wollen sie im folgenden mit K_f bezeichnen. Die Fixkosten sind nichtnegativ.

Der Kostenanteil $\pi_x \cdot x$ stellt die von der Ausbringungsmenge abhängigen Kosten, die sog. **variablen Kosten** dar. Diese Kosten wollen wir allgemein mit $K_v(q)$ bezeichnen.

Die Gesamtkostenfunktion lässt sich dann wie folgt schreiben:

$$K(q) = K_f + K_v(q) \tag{3.21}$$

Die Gesamtkosten setzen sich somit aus fixen und variablen Kosten zusammen. Fassen wir zusammen:

Variable Kosten sind die von der Ausbringungsmenge abhängigen Kosten. Fixe Kosten sind die von der Ausbringungsmenge unabhängigen Kosten. Die Gesamtkosten sind die Summe aus variablen und fixen Kosten.

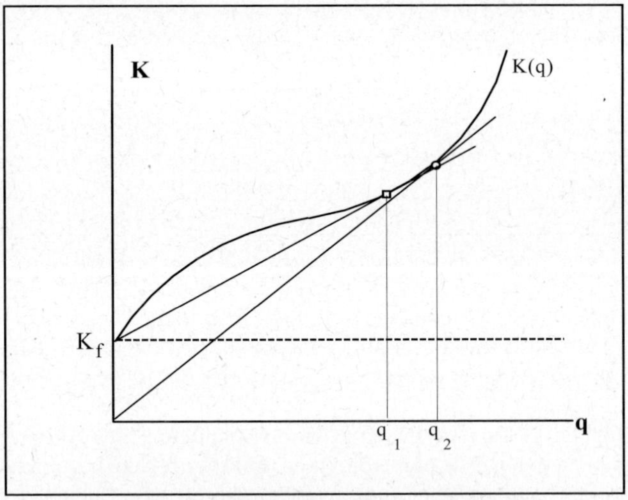

Abb. 3.28: Ertragsgesetzliche Kostenkurve

Wie ändert sich die Abbildung 3.26 beim Übergang von realen zu monetären Gesamtkosten? Die Bewertung des Faktors X mit seinem (konstanten) Preis bewirkt nur eine Umskalierung der Ordinate. Die Addition der Fixkosten bewirkt eine Verschiebung der Kostenkurve nach oben (s. Abb. 3.28).

Auch die Durchschnittskosten gliedern sich in **variable** (VDK) und **fixe Durchschnittskosten** (FDK), also:

$$\frac{K(q)}{q} = \frac{K_f}{q} + \frac{K_v(q)}{q} \tag{3.22}$$

Die fixen Kosten pro Stück nehmen mit zunehmender Ausbringungsmenge ab.[18] Diese Eigenschaft der fixen Durchschnittskosten nennt man **Fixkostendegression**.

Die Ausbringungsmenge, die mit minimalen Durchschnittskosten erzeugt werden kann, nennen wir das **Betriebsoptimum**. Die Durchschnittskosten K(q)/q lassen sich in einem beliebigen Punkt auf der Kurve ermitteln, indem man einen Fahrstrahl aus dem Ursprung durch den fraglichen Punkt legt. Der Quotient aus dem Ordinaten- und dem Abszissenwert ist nichts anderes als der Tangens des Steigungswinkels des Fahrstrahls. Je steiler der Fahrstrahl verläuft, um so höher sind die durchschnittlichen Kosten. Die geringsten Durchschnittskosten werden also offenbar in dem Punkt auf der Kostenkurve realisiert, in dem der Fahrstrahl zur Tangente an die Kurve wird. In der Abbildung 3.28 erhält man dann bei q_2 die Produktionsmenge mit den geringsten Durchschnittskosten, mit anderen Worten das Betriebsoptimum.

Beschränkt man die Betrachtung auf die variablen Durchschnittskosten, so ergibt sich das Minimum der variablen Durchschnittskosten bei q_1.[19] Diese Menge heißt **Betriebsminimum**. Die Konstruktion erfolgt wie die des Betriebsoptimums. Man muss lediglich die Fixkosten vernachlässigen, d.h. der Fahrstrahl startet nicht im Ursprung, sondern im Punkt K_f auf der Ordinate.

Es sei an dieser Stelle angemerkt, dass das Betriebsoptimum für den einzelnen Anbieter i.allg. nicht die günstigste Ausbringungsmenge darstellt. Es handelt sich eher um eine gesamtwirtschaftliche Betrachtung. Würden alle Unternehmen einer Branche oder einer Volkswirtschaft im jeweiligen Betriebsoptimum produzieren, so würde die gesamte Branche bzw. Volkswirtschaft bei gegebener Angebotsstruktur zu minimalen Durchschnittskosten erzeugen. Später werden wir sehen, dass es ein Spezialfall ist, wenn der einzelne gewinnmaximierende Unternehmer genau die Menge des Betriebsoptimums anbietet. Auch auf die Bedeutung des Betriebsminimums für den einzelnen gewinnmaximierenden Anbieter wird später eingegangen.

Ertragsgesetzliche Kostenkurven können mathematisch durch Polynome dritten Grades beschrieben werden. Betrachten wir ein Beispiel:

$$K(q) = 1000 + 40q - 0{,}56q^2 + 0{,}0035q^3$$

Die Fixkosten sind $K_f = 1000$; die variablen Kosten sind $K_v(q) = 40q - 0{,}56q^2 + 0{,}0035q^3$. Für die Grenzkosten gilt dann:

$$GK(q) = 40 - 1{,}12q + 0{,}0105q^2$$

Die Durchschnittskosten sind gegeben mit:

$$DK(q) = \frac{1000}{q} + 40 - 0{,}56q + 0{,}0035q^2$$

[18] Die Kurve der fixen Durchschnittskosten ist eine Hyperbel.

[19] Wieder sind die variablen Durchschnittskosten dort gleich den Grenzkosten und es gilt, dass die Grenzkostenkurve die Kurve der variablen Stückkosten in deren Minimum schneidet.

Der Term 1000/q stellt die durchschnittlichen Fixkosten dar, die Summe der restlichen drei Terme gibt die variablen Durchschnittskosten an.

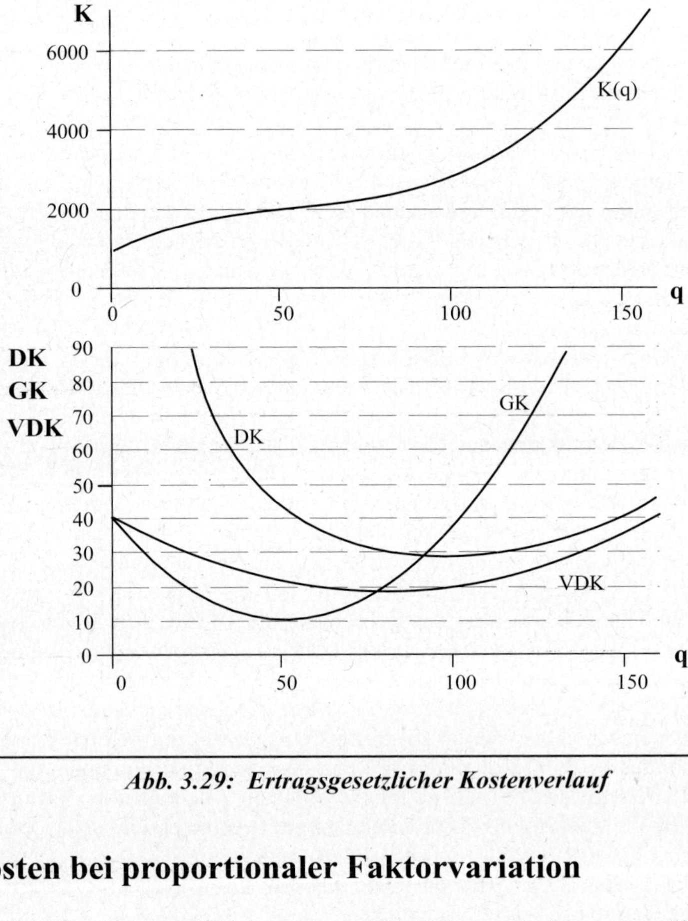

Abb. 3.29: Ertragsgesetzlicher Kostenverlauf

3.2.2 Kosten bei proportionaler Faktorvariation

Im vorhergehenden Abschnitt haben wir partielle Faktorvariation unterstellt. Im folgenden soll gezeigt werden, wie sich die Produktionskosten bei proportionaler Faktorvariation ändern. Hierbei wird, wie schon im vorigen Abschnitt, unterstellt, dass die Faktorpreise konstant sind, also nicht von der Faktornachfrage des einzelnen Güterherstellers abhängen.

Eigentlich müsste die Überschrift dieses Abschnitts lauten: „Kosten bei isokliner Faktorvariation". Bei einer großen Klasse von Produktionsfunktionen, z.B. bei allen neoklassischen Produktionsfunktionen, stimmt allerdings die proportionale Faktorvariation mit der isoklinen überein.[20] Des leichteren Verständnisses wegen behandeln wir deshalb die proportionale Faktorvariation. Sämtliche Ergebnisse lassen sich dann sofort übertragen.

[20] Bei neoklassischen Produktionsfunktionen folgt dies unmittelbar aus der Homogenität der Funktion (s. 3.1.6).

Die Art der Kostenfunktion, die sich bei einer proportionalen Faktorvariation ergibt, hängt von den *Skalenerträgen* ab (vgl. Abschnitt 3.1.6). Wir wollen uns im folgenden auf drei Typen von Kostenfunktionen beschränken. Die unterschiedlichen Kostenverläufe werden insbesondere bei der Analyse der Gewinnmaximierung eine wichtige Rolle spielen.

- **Lineare Kostenfunktion:**

Unter den oben getroffenen Voraussetzungen ergibt sich bei konstanten Skalenerträgen ein linearer Kostenverlauf, also:

$$K(q) = K_f + k \cdot q \tag{3.23}$$

Dabei bezeichnet K_f die Fixkosten und k den Proportionalitätsfaktor, der die variablen Kosten bei Veränderung der Ausbringungsmenge beschreibt. Will man bei konstanten Skalenerträgen den Ertrag auf das r-fache eines gegebenen Wertes ausdehnen, so muss man das r-fache der Faktoren einsetzen, d.h. die variablen Kosten steigen ebenfalls um das r-fache.

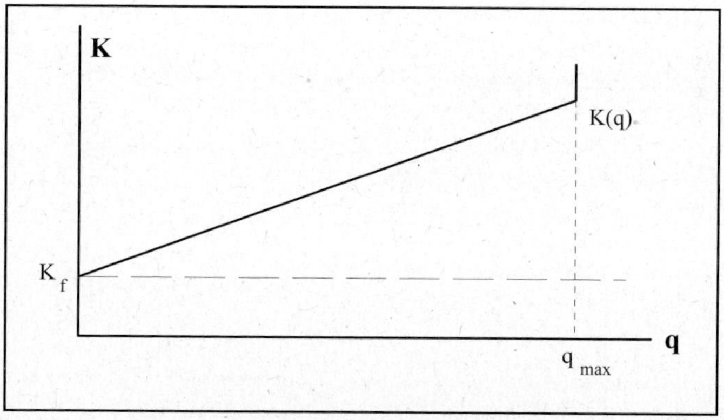

Abb. 3.30: Lineare Kostenfunktion

Mit q_{max} bezeichnen wir die **Kapazitätsgrenze**, d.h. die in der zugrundeliegenden Produktionsperiode maximal mögliche Ausbringungsmenge.[21] Es kann sich hierbei um eine *technische* Kapazitätsgrenze in dem Sinne handeln, dass eine weitere Erhöhung des Ertrags cet. par. unmöglich ist (wie in Abbildung 3.30). Die Kapazitätsgrenze kann aber auch ökonomisch bedingt sein, dergestalt, dass eine Ausdehnung der Produktion zwar technisch möglich, aber nur zu steigenden Grenzkosten realisierbar und daher der Bereich rechts von der Kapazitätsgrenze, wie wir noch sehen werden, für den Gewinnmaximierer ökonomisch irrelevant ist.

Der Proportionalitätsfaktor k gibt hier sowohl die Grenzkosten als auch die variablen Durchschnittskosten an. Erhöht man nämlich die Ausbringungsmenge um eine Einheit, so erhöhen sich die Kosten um k, also bezeichnet k die Grenzkosten. Die variablen Kosten sind gegeben durch k·q, also bezeichnet k auch die variablen Durchschnittskosten.

Ein Beispiel für eine lineare Kostenfunktion findet sich im nächsten Abschnitt.

---

21 Selbstverständlich kann durch Betriebsgrößenanpassung die Kapazitätsgrenze nach rechts verschoben werden. Dabei könnte sich allerdings der Typ der Produktions- und damit ggf. der Kostenfunktion ändern.

- **Quadratische Kostenfunktion:**

  Diese Kostenfunktion lässt sich durch die folgende Funktion beschreiben:

$$K(q) = K_f + a \cdot q^b \quad (a > 0, b > 1) \tag{3.24}$$

  Die Grenzkosten sind dann gegeben durch:

$$GK(q) = a \cdot b \cdot q^{b-1} \tag{3.25}$$

  Die variablen Durchschnittskosten werden abgebildet durch:

$$VDK(q) = a \cdot q^{b-1} \tag{3.26}$$

  Für die Durchschnittskosten gilt:

$$DK(q) = \frac{K_f}{q} + a \cdot q^{b-1} \tag{3.27}$$

  Der Begriff quadratische Kostenfunktion soll nur zum Ausdruck bringen, dass es sich um einen dem aufsteigenden Ast einer quadratischen Parabel *ähnlichen* Funktionstyp handelt. Entscheidend ist der Anstieg der Grenzkosten im gesamten relevanten Bereich. Hinter diesem Kostenverlauf verbergen sich *abnehmende Skalenerträge*. Will man den Ertrag, ausgehend von einem bestimmten Wert, auf das r-fache erhöhen, so muss man bei abnehmenden Skalenerträge mehr als das r-fache der Faktoren einsetzen. Dementsprechend steigen die variablen Kosten überproportional an.

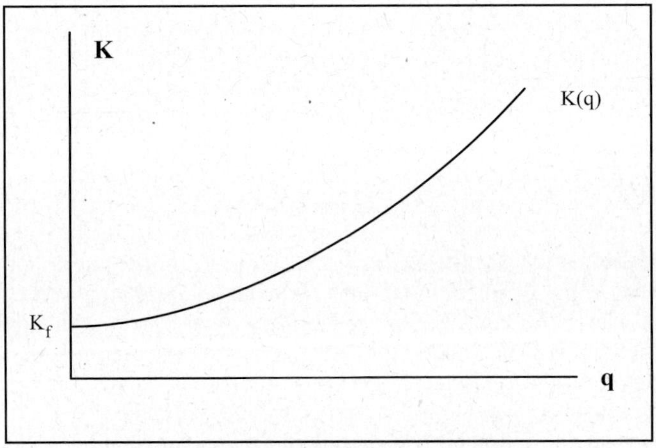

Abb. 3.31: Quadratische Kostenfunktion

- **Ertragsgesetzliche Kostenfunktion:**

  Dieser Kostenverlauf entspricht genau dem in Abschnitt 3.2.1 behandelten, obwohl die Voraussetzung hier eine proportionale Faktorvariation und damit eine gänzlich andere als oben ist. Dieser Kostenverlauf resultiert aus zwei unterschiedlichen Bereichen von Skalenerträgen. Im ersten Bereich hat man zunehmende Skalenerträge und damit fallende Grenzkosten, im zweiten Bereich hat man abnehmende Skalenerträge und damit steigende Grenzkosten. Man kann sich dies ähnlich wie im Fall der quadratischen Kostenkurve verdeutlichen. Alle Ergebnisse aus 3.2.1 lassen sich sofort übertragen.

3.3 Gewinnmaximale Faktorkombination

3.3.1 Erlös und Gewinn

Nachdem in den vorausgehenden Abschnitten die technischen Grundlagen der Produktion beschrieben sowie die Kostenfunktionen eingeführt wurden, soll als nächstes die Frage beantwortet werden, welche der vielen technisch möglichen Faktorkombinationen zur Erstellung einer bestimmten Ertragsmenge ein Unternehmer auswählt. Dabei betrachten wir nur den Fall, dass seine Produktionstechnik einer neoklassischen Produktionsfunktion folgt.[22] Als Unternehmensziel unterstellen wir die *Gewinnmaximierung*.

Um den Begriff Gewinn definieren zu können, benötigen wir zuerst den Begriff des Erlöses (synonym: Umsatz). Sei p der *Güterpreis*, d.h. die für eine abgesetzte Gütereinheit am Markt erzielbare Menge an Währungseinheiten. Der **Erlös** ist das Produkt aus abgesetzter Menge und dem Güterpreis, also $EL(q) = p \cdot q$.[23] Hierbei ist es zunächst belanglos, ob der Preis konstant ist oder von der Absatzmenge des einzelnen Anbieters abhängt. Der **Gewinn** ist die Differenz aus dem Erlös und den zur Herstellung der Absatzmenge nötigen Gesamtkosten, also:

$$G(q) = EL(q) - K(q) \tag{3.28}$$

Der Gewinn kann selbstverständlich negativ werden, man spricht dann von einem **Verlust**. Ähnlich wie bei den Kosten kann man auch beim Erlös den Grenzerlös und den Durchschnittserlös definieren. Der **Grenzerlös** (GEL) ist der für eine abgesetzte Gütereinheit zusätzlich erbrachte Erlös. Bei einer differenzierbaren Erlösfunktion ist der Grenzerlös also die erste Ableitung der Erlösfunktion nach der Menge:

$$GEL(q) = EL'(q) \tag{3.29}$$

Der **Durchschnittserlös** (DEL) ist der Quotient aus Erlös und Absatzmenge, also:

$$DEL(q) = \frac{EL(q)}{q} \tag{3.30}$$

Ist der Preis *fest vorgegeben*, durch das Verhalten des Unternehmens also nicht zu beeinflussen, so sind sowohl Grenz- als auch Durchschnittserlös gleich dem Preis.

Selbstverständlich kann man die gleiche Betrachtung für den Gewinn vornehmen. Der **Grenzgewinn** (GG) einer Gütereinheit ist der zusätzlich Gewinn, der aus dem Absatz dieser Gütereinheit resultiert. Es gilt natürlich $GG(q) = GEL(q) - GK(q)$. Der Grenzgewinn kann negativ, null oder positiv sein. Der **Durchschnittsgewinn** (DG) ist der Gewinn pro abgesetzter Gütereinheit.

---

[22] Der Fall der Leontief-Produktionsfunktion ist trivial, da es hier zu jeder Ertragsmenge nur eine Faktorkombination gibt, die keine Verschwendung darstellt.

[23] Zur Unterscheidung vom Ertrag sei der Erlös mit EL abgekürzt. Man beachte, dass der Ertrag eine Menge, der Erlös dagegen ein Wert ist!

Die Begriffe sollen an einem Beispiel verdeutlicht werden (vgl. Abb. 3.32). Wir unterstellen, dass ein Unternehmen mit folgender Kostenfunktion arbeitet:

$$K(q) = 1000 + 40q - 0{,}56q^2 + 0{,}0035q^3$$

Der Marktpreis sei konstant p = 40. Dann gilt für die Erlösfunktion EL(q) = 40q und für die Gewinnfunktion:

$$G(q) = 40q - 1000 - 40q + 0{,}56q^2 - 0{,}0035q^3 = -1000 + 0{,}56q^2 - 0{,}0035q^3$$

Die Tabelle 3.3 zeigt für ausgewählte Ausbringungsmengen die zugehörigen Kosten, Durchschnittskosten, Erlöse sowie Gewinne und Durchschnittsgewinn.

Tab. 3.3: Kosten, Erlös und Gewinn

q	0	30	51,26	100	146,73	200
K(q)	1.000,0	1.790,5	2.050,4	2.900,0	5.869,3	14.600,0
EL(q)	0,0	1.200,0	2.050,4	4.000,0	5.869,2	8.000,0
G(q)	-1.000,0	-590,5	0,0	1.100,0	-0,1	-6.600,0
DK(q)	-	59,7	40,0	29,0	40,0	73,0
DG(q)	-	-19,7	0,0	11,0	0,0	-33,0

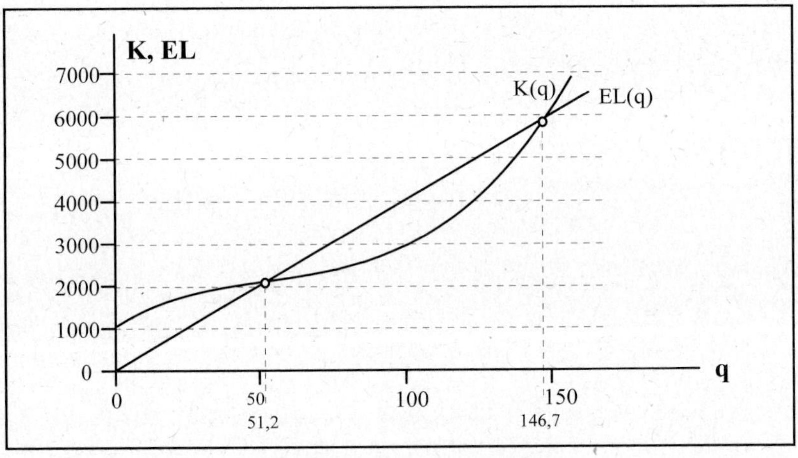

Abb. 3.32: Erlös und Kosten

Bei einer Absatzmenge $q < q_1 = 51{,}2$ liegen die Kosten über den Erlösen, es entsteht ein Verlust. Bei $q_1 = 51{,}2$ sind Kosten und Erlös gleich, der Gewinn schlägt vom negativen in den positiven Bereich um. Diese Absatzmenge nennt man **Gewinnschwelle** (break-even-point). Für $q > q_1$ und $q < q_2 = 146{,}7$ entsteht ein Gewinn, die Erlöse übersteigen die Kosten. Wird der Absatz über diesen Punkt hinaus weiter ausgedehnt, entsteht wieder ein Verlust. Die von der Erlös- und der Kostenkurve zwischen q_1 und q_2 eingeschlossene Fläche nennt man **Gewinnlinse**.

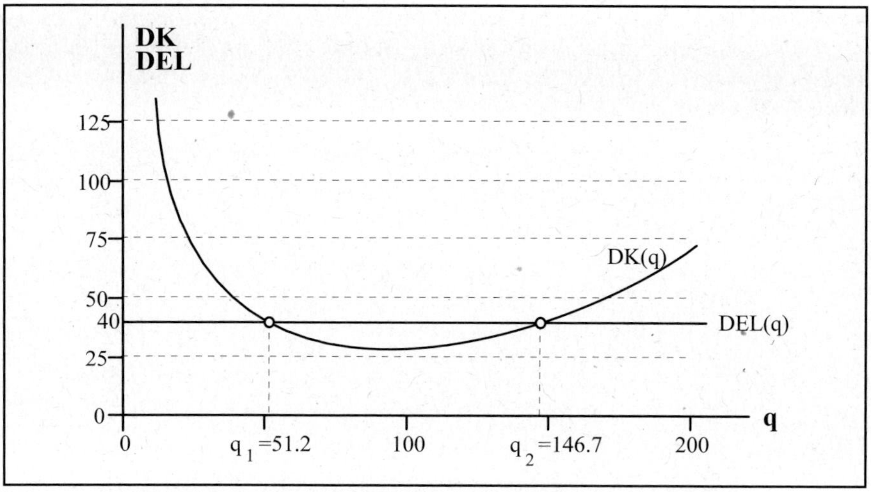

Abb. 3.33: Durchschnittskosten und Durchschnittserlös

Zum gleichen Ergebnis kommt man, wenn man statt der Gesamtgrößen die Durchschnittsgrößen betrachtet (vgl. Abbildung 3.33). Links von der Gewinnschwelle sind die Stückkosten höher als der Preis, mit jeder abgesetzten Gütereinheit macht man Verlust. Zwischen q_1 und q_2 sind die Durchschnittskosten geringer als der Preis, es wird ein Gewinn erzielt. Rechts von der Gewinnlinse (die in Abbildung 3.33 natürlich eine andere Form annimmt) bewegt man sich wieder im Verlustbereich.

Es sei nun unterstellt, ein Unternehmen verfüge über ein Kostenbudget $K = K_0$. Welche Faktorkombinationen können mit diesem Budget realisiert werden? Wieder wollen wir beliebige Teilbarkeit der Faktoren unterstellen. Bezeichnen π_x und π_y die Faktorpreise und nimmt man an, das Kostenbudget werde voll ausgeschöpft, so muss gelten:

$$K_0 = K_f + \pi_x \cdot x + \pi_y \cdot y \tag{3.31}$$

Die Auflösung dieser Gleichung nach y liefert:

$$y = -\frac{\pi_x}{\pi_y} \cdot x + \frac{K_0 - K_f}{\pi_y} \tag{3.32}$$

Geometrisch beschreibt diese Gleichung eine Gerade mit Anstieg $-\frac{\pi_x}{\pi_y}$ (negatives Faktorpreisverhältnis) und Ordinatenabschnitt $\frac{K_0 - K_f}{\pi_y}$. Die Kurve heißt **Iso-Kostenlinie** oder Iso-Kostengerade.

Die Iso-Kostenlinie ist die Ortslinie aller Faktorkombinationen, die bei gegebenen Faktorpreisen mit einem gegebenen Kostenbudget realisiert werden können.

Wie wir später sehen werden, sind es vor allem die variablen Kosten $K_v = K_0 - K_f$, die bei der Kostenminimierung relevant sind. Fixkosten fallen in der betrachteten Periode auf jeden Fall an und können kurzfristig nicht verändert werden. Sie sind irrelevant bezüglich der Auswahl der Faktorkombination, für welche die Kosten minimiert werden. Selbstverständlich sind sie aber mitverantwortlich für die letztlich realisierte Höhe des Gewinns. Wir werden sie deshalb vernachlässigen und das Kostenbudget K_0 als Budget für die variablen Kosten interpretieren. Betrachten wir die Iso-Kostenlinie I in der x-y-Ebene:

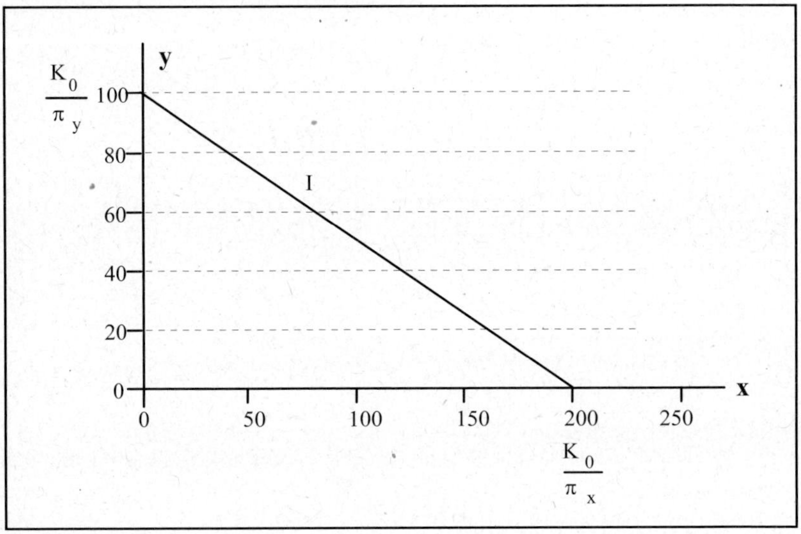

Abb. 3.34: Iso-Kostenlinie

Die Achsenabschnitte der Geraden lassen sich leicht interpretieren. Die Iso-Kostenlinie berührt die x-Achse im Punkt $\left(\frac{K_0}{\pi_x},0\right)$. Vom Faktor Y wird hier also nichts eingesetzt. Wie viel kann dann von X eingesetzt werden? Selbstverständlich die Menge, die sich als Quotient aus dem Kostenbudget und dem Faktorpreis ergibt, nämlich $\frac{K_0}{\pi_x}$. Analog erklärt sich der Punkt $\frac{K_0}{\pi_y}$ auf der y-Achse.

Betrachten wir ein Zahlenbeispiel mit $K_0 = 1.000$ GE und den Faktorpreisen $\pi_x = 5$ GE und $\pi_y = 10$ GE (siehe Abbildung 3.34). Man kann dann maximal 200 Mengeneinheiten von X oder 100 Mengeneinheiten von Y einsetzen. Hierdurch sind die Achsenabschnitte festgelegt. Reduziert man nun bei einer beliebigen Faktorkombination auf der Iso-Kostenlinie den Einsatz von X um eine Einheit, so werden 5 Geldeinheiten freigesetzt. Da der Preis von Y aber 10 Geldeinheiten beträgt, kann man also bei voller Ausschöpfung des Budgets nur eine halbe zusätzliche Einheit von Y einsetzen. Der Anstieg der Geraden beträgt demnach $-^1/_2$, er ist gleich dem negativen Faktorpreisverhältnis.

Wie verändert sich die Iso-Kostenlinie, bei Änderung des Kostenbudgets oder der Faktorpreise? Eine *Veränderung des Budgets* bewirkt unter sonst gleichen Bedingungen eine *Verschiebung* der Iso-Kostengeraden. Erhöht sich das Budget kommt es zu einer Parallelverschiebung nach rechts (oder oben). Verringert sich das Budget dagegen, tritt eine entsprechende Parallelverschiebung nach links (bzw. unten) ein. Dies geht unmittelbar aus Gleichung (3.32) hervor.

Verändert sich cet. par. ein *Faktorpreis*, so *dreht* sich die Gerade. Nehmen wir an, der Faktorpreis π_x steigt. Als Folge nimmt die Steigung der Geraden zu, wobei der Ordinatenschnittpunkt unverändert bleibt (weder das Budget noch der Preis von y haben sich geändert!), der Abszissenschnittpunkt K_0/π_x wandert dagegen in Richtung Ursprung. Ähnliche Überlegungen kann man für jeden anderen Fall anstellen. Verändern sich etwa beide Preise in gleichem Ausmaß und gleicher Richtung (beide Faktoren werden z.B. 10% teurer), so bleibt das Faktorpreisverhältnis unverändert. Der Effekt der nun eintritt entspricht einer Budgetvariation (eine 10%-ige Verteuerung beider Faktoren wirkt wie eine 10%-ige Budgetverringerung). Es kommt zu einer entsprechenden Parallelverschiebung der Geraden nach links.

3.3.2 Minimalkostenkombination

Ein Unternehmen produziere mit einer neoklassischen Produktionsfunktion. Ziel sei es, eine bestimmte Gütermenge q_0 zu produzieren. Technisch gibt es dann die Möglichkeit, jede Faktorkombination auf der das Ertragsniveau q_0 repräsentierenden Isoquante zu realisieren. Welche Faktorkombination wird das Unternehmen unter der *Prämisse der Gewinnmaximierung* tatsächlich wählen?

In diesem Abschnitt soll wieder grundsätzlich unterstellt werden, dass das gegebene Unternehmen weder den Marktpreis p des von ihm erzeugten Produktes noch die Faktorpreise der von ihm eingesetzten Produktionsfaktoren durch sein Verhalten beeinflussen kann.[24]

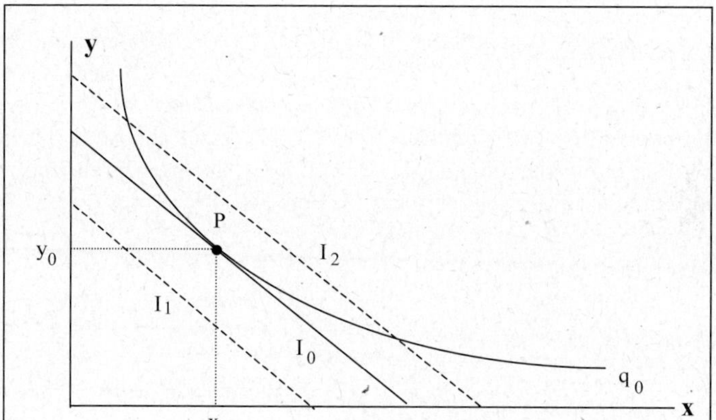

Abb. 3.35: Minimalkostenkombination

Die gewünschte Menge q_0 kann zu einem bestimmten Preis p_0 abgesetzt werden.[25] Der Erlös ist dann $EL(q_0) = p_0 \cdot q_0$. Bei diesem Erlös wird der Gewinn genau dann maximiert, wenn die Kosten minimiert werden. Es gilt also die Faktorkombination (x_0,y_0) auf der Isoquante des Niveaus q_0 zu finden, bei der die Kosten am geringsten sind. Wählt man das der Iso-Kosten

24 In der Terminologie des Kapitels 4 unterstellen wir also vollständige Konkurrenz auf allen Märkten. Auch unter Aufgabe dieser Voraussetzung lassen sich entsprechende, wenn auch kompliziertere Ergebnisse herleiten.

25 Hierbei ist es unerheblich, ob der Preis von der Absatzmenge abhängt oder nicht.

Linie I_1 entsprechende Kostenbudget, so kann mit keiner dieser Budgetrestriktion genügenden Faktorkombination das gewünschte Ertragsniveau erreicht werden. Erhöht man das Kostenbudget etwa auf das durch I_2 repräsentierte Niveau, dann stellt dies offensichtlich eine Verschwendung dar. Die gewünschte Isoquante ließe sich nämlich bereits mit geringerem Budget (Iso-Kostenlinien links von I_2) erreichen. Das Optimum ist offensichtlich mit dem Kostenbudget erreicht, dessen Iso-Kostenlinie tangential an die gewünschte Isoquante zu liegen kommt, d.h. es gibt genau einen gemeinsamen Punkt der Isoquante mit der Iso-Kostenlinie. Das Budget ist dann gerade hoch genug, um das angestrebte Ertragsniveau zu erreichen und es gibt keine weiter links liegende Iso-Kostenlinie, also kein geringeres Budget, mit der geforderten Eigenschaft. In der Abbildung 3.35 ist I_0 die gesuchte Iso-Kostenlinie und die Faktorkombination (x_0,y_0) die kostenminimale. Der zugehörige Punkt P trägt die Bezeichnung **Minimalkostenkombination**.

Die Minimalkostenkombination zeichnet sich durch einen bestimmten Zusammenhang zwischen der GRS und den Faktorpreisen aus. Da die Iso-Kostenlinie eine Tangente an der Isoquante ist, muss ihre Steigung im Berührpunkt gleich der Steigung der Isoquante sein, d.h. das negative Faktorpreisverhältnis muss gleich der GRS sein. Wir haben gesehen, dass die GRS dem negativen Verhältnis der Grenzerträge entspricht (vgl. Formel (3.14)). Unter der Zielsetzung der Gewinnmaximierung müssen also die Faktoren so eingesetzt werden, dass das Verhältnis der Grenzerträge gleich dem Verhältnis der Faktorpreise ist.

Ein gewinnmaximierendes Unternehmen kombiniert die Faktoren so, dass gilt:

$$\frac{\pi_x}{\pi_y} = \frac{f_x(x,y)}{f_y(x,y)} \tag{3.33}$$

Um die Gültigkeit von (3.33) nachzuweisen, gehen wir von der Gewinnfunktion des Unternehmers aus. Wir fassen den Erlös und die Kosten, und damit auch den Gewinn, jeweils als eine Funktion der Faktoreinsatzmengen x und y auf. Sei p der Güterpreis und π_x und π_y seien, wie oben definiert, die Faktorpreise. Dann gilt für den Gewinn:

$$G(x,y) = p \cdot f(x,y) - (\pi_x x + \pi_y y)$$

Dabei soll mit dem Faktoreinsatz (x,y) die angestrebte Menge q_0 erzeugt werden:

$$q_0 = f(x,y)$$

Die Gewinnfunktion wird partiell nach den Faktoreinsatzmengen x und y differenziert und die Ableitungen werden jeweils gleich null gesetzt:

$$\frac{\partial G(x,y)}{\partial x} = p \cdot f_x(x,y) - \pi_x = 0 \Rightarrow p \cdot f_x(x,y) = \pi_x \quad \text{oder} \quad f_x(x,y) = \frac{\pi_x}{p}$$

$$\frac{\partial G(x,y)}{\partial y} = p \cdot f_y(x,y) - \pi_y = 0 \Rightarrow p \cdot f_y(x,y) = \pi_y \quad \text{oder} \quad f_y(x,y) = \frac{\pi_y}{p}$$

Den Ausdruck $p \cdot f_x(x,y)$, also den mit dem Güterpreis bewerteten Grenzertrag des Faktors X, nennt man ***Wertgrenzprodukt*** des Faktors X. Entsprechend ist das Wertgrenzprodukt des Faktors Y definiert.

Ein gewinnmaximierender Unternehmer setzt die Faktoren so ein, dass ihr Wertgrenzprodukt den gegebenen Faktorpreisen entspricht. Die jeweils letzte eingesetzte Faktoreinheit muss also wertmäßig gerade so viel erzeugen, wie es ihrer eigenen Entlohnung entspricht.

Äquivalent hierzu sind die Aussagen, die in den jeweils rechts stehenden Termen enthalten sind. Den Quotient aus Faktorpreis und Güterpreis nennt man den ***realen Faktorpreis***. Er gibt den Gegenwert einer Faktoreinheit in Gütereinheiten ausgedrückt an. Kostet die Arbeitsstunde 20,- € und beträgt der Güterpreis 40,- €, so hat die Arbeitsstunde den Gegenwert einer halben Gütereinheit. *Im Gewinnmaximum muss der Grenzertrag der Faktoren also genau ihrer Realentlohnung entsprechen, d.h. die jeweils letzte eingesetzte Faktoreinheit muss sich gerade selbst verdienen.*

Aus diesen Beziehungen folgt nun unmittelbar das Verhältnis (3.33).

Wie wirkt sich eine Faktorpreisänderung auf die Minimalkostenkombination aus?

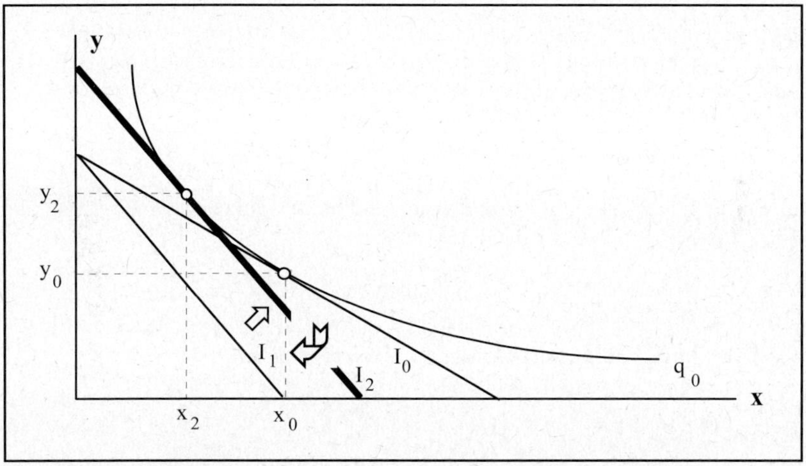

Abb. 3.36: Wirkung einer Faktorpreisanhebung

Es soll die durch die Isoquante q_0 repräsentierte Menge produziert werden. Ausgehend von einer bestimmten Faktorpreiskonstellation realisiert der Unternehmer die Minimalkostenkombination (x_0,y_0). Es komme nun cet. par. zu einer Verteuerung von X. Die Iso-Kostenlinie I_0 dreht sich dann um ihren Ordinatenabschnitt nach links auf I_1. Bei dem gegebenem Budget lässt sich das Produktionsziel dann nicht mehr realisieren. Das Budget muss also aufgestockt werden, bis I_2 als neue Iso-Kostenlinie tangential an der Isoquante zu liegen kommt und in (x_2,y_2) eine neue Minimalkostenkombination realisiert wird. Aus der Faktorpreisänderung resultieren also zwei Effekte:

- **Kosteneffekt**: Die Produktion der gleichen Gütermenge ist teurer geworden.
- **Substitutionseffekt**: Der relativ teurer gewordene Faktor X wird teilweise durch den Faktor Y substituiert.

Dieses einfache Modell bietet auch die Grundlage der Erklärung, warum bei über den Produktivitätsfortschritten liegenden Lohnerhöhungen längerfristig der Faktor menschliche Arbeit durch Kapital substituiert wird.

3.3.3 Minimalkostenkombination und Kostenfunktion

Mit Hilfe des Modells der Minimalkostenkombination kann die unter der Prämisse der proportionalen Faktorvariation hergeleitete Kostenfunktion neu interpretiert werden.

Unter der Zielsetzung der Gewinnmaximierung wird in einem Unternehmen zu jeder vorgegebenen Produktionsmenge die Minimalkostenkombination realisiert. Soll nun cet. par. die Ausbringungsmenge geändert werden, so geht man zu einer neuen Minimalkostenkombination auf einer anderen Isoquante über, d.h. man führt eine *isokline Faktorvariation* durch. Bei gegebenen Faktorpreisen muss nämlich das Verhältnis der Grenzerträge, also der Anstieg der jeweiligen Isoquante, konstant bleiben.

Die Kostenfunktion ist somit nichts anderes als die Menge aller Kombinationen von Erträgen q und den zugehörigen (variablen) Minimalkosten bei gegebenen Faktorpreisen. Man braucht also nur noch die Fixkosten zu addieren. Ändern sich die Faktorpreise, ändert sich selbstverständlich auch die Kostenfunktion. Welchen Typ von Kostenfunktion wir erhalten ist, wie wir gesehen haben, eine Frage der Skalenerträge.

Betrachten wir beispielsweise ein Unternehmen, dessen Produktionstechnik durch eine Cobb-Douglas-Funktion beschrieben werden kann, etwa:

$$q = 10x^{0,6}y^{0,4}$$

Ziel sei es, eine Menge von $q_0 = 10$ Einheiten herzustellen. Die Faktorpreise seien $\pi_x = 3$ und $\pi_y = 2$. Es gilt also, unter Berücksichtigung der Nebenbedingung

$$10 = 10x^{0,6}y^{0,4}$$

die Zielfunktion Kosten

$$K(x,y) = 20 + 3 \cdot x + 2 \cdot y$$

zu minimieren. Wir werden sehen, was bereits oben angedeutet worden war, dass die Fixkosten $K_f = 20$ keinen Einfluss auf die Minimalkostenkombination haben, da sie beim Ableiten verschwinden. Sie haben Einfluss auf die Höhe eines eventuell zu erzielenden Gewinns, nicht aber auf die Mengenkombination, an der der Gewinn maximal ist.

Die Aufgabe kann, wie oben allgemein gezeigt wurde, mit Hilfe der Lagrange-Methode gelöst werden. Einfacher ist hier aber der folgende (nicht immer mögliche) Weg. Mit Hilfe der Nebenbedingung kann y als eine Funktion in x beschrieben und in die Zielfunktion eingesetzt werden. Man erhält:

$$10 = 10x^{0,6}y^{0,4} \Rightarrow y^{0,4} = x^{-0,6} \Rightarrow y = x^{-\frac{0,6}{0,4}} = \frac{1}{\sqrt{x^3}}$$

Dies in die Zielfunktion eingesetzt liefert:

$$K(x) = 20 + 3x + \frac{2}{\sqrt{x^3}}$$

Bildung der ersten Ableitung und Nullsetzen derselben liefert die Lösung $x_0 = 1$.

Aus der vorstehenden Herleitung, wonach der Zusammenhang $y = \frac{1}{\sqrt{x^3}}$ gilt, folgt dann $y_0 = 1$. Durch Einsetzen in (3.33) unter Berücksichtigung von (3.14) überzeugt man sich, dass für diese Kombination in der Tat die GRS gleich dem negativen Faktorpreisverhältnis ist.

Die Minimalkosten betragen dann $K(1,1) = 20 + 1 \cdot 3 + 1 \cdot 2 = 25$.

Soll nun der Ertrag cet. par. verdoppelt werden, so führt dies bei der angenommenen Produktionsfunktion zu einer Verdoppelung der Faktoreinsätze. Die neue Minimalkostenkombination ist also $(x_1,y_1) = (2,2)$ und die Kosten steigen auf $K(2,2) = 30$.

Fassen wir zusammen: Bei gegebenen Faktorpreisen wird zur Erzeugung der Menge $q = 10$ die Faktorkombination $(x,y) = (1,1)$ eingesetzt (Punkt P_1 in Abbildung 3.37 I). Es entstehen variable Kosten in Höhe von 5 Geldeinheiten. Addiert man die Fixkosten in Höhe von 20, so sind die Gesamtkosten gleich 25. Man muss also Mindestkosten in dieser Höhe aufwenden, wenn man cet. par. die Menge $q = 10$ erzeugen will. Diese Kombination $(q,K(q)) = (10,25)$ tragen wir in der Abbildung 3.37 II ein (Punkt Q_1).

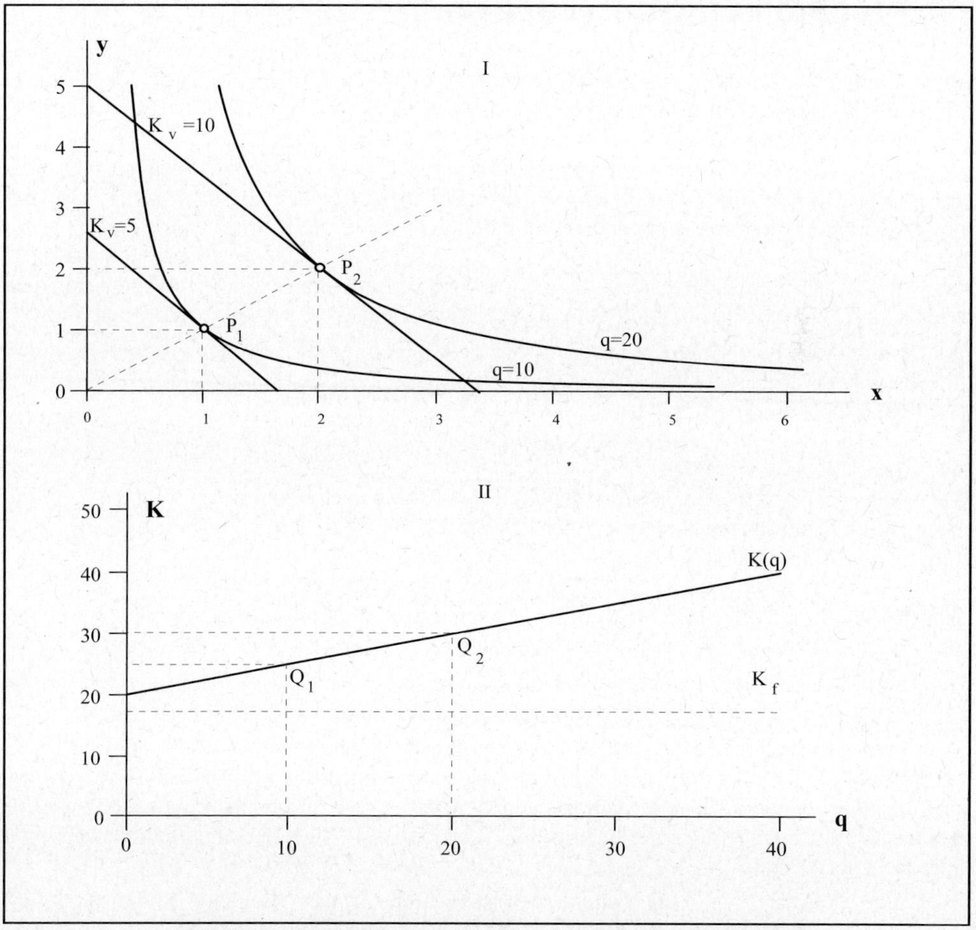

Abb. 3.37: Minimalkostenkombination und Kostenfunktion

Soll der Ertrag verdoppelt werden, so erhält man mit (x,y) = (2,2) eine neue Minimalkostenkombination. Die variablen Kosten betragen dort K_v = 10 Geldeinheiten. Die Gesamtkosten sind dann gleich 30 Geldeinheiten. Auch diese Kombination (q,K(q)) = (20,30) wird in der Abbildung 3.37 II abgetragen (Punkt Q_2).

Gedanklich kann man diese Konstruktion für alle Ausbringungsmengen q durchspielen. Jeder Menge werden also die Minimalkosten zugeordnet. Man erhält dann die in Abbildung 3.37 II eingezeichnete Kostenfunktion. Natürlich könnte jede Menge auch zu höheren Kosten produziert werden. Dies wäre allerdings ein Verstoß gegen das ökonomische Prinzip. Zu geringeren Kosten kann keine Menge hergestellt werden, es sei denn die Fixkosten oder ein Faktorpreis sinken.

Der lineare Kostenverlauf ergibt sich hier aus der Tatsache, dass die Funktion $q = 10x^{0,6}y^{0,4}$ konstante Skalenerträge aufweist. Die Kostenfunktion in Abbildung 3.37 II lautet:

$$K(q) = 20 + 0{,}5 \cdot q$$

3.4 Mehrproduktunternehmung

Die bisherige Beschränkung auf nur ein Erzeugnis soll nun aufgehoben werden. Der Einfachheit halber betrachten wir ein Unternehmen, das zwei Produkte herstellt. Die Ergebnisse lassen sich aber selbstverständlich auf Unternehmen übertragen, die mehr als zwei Erzeugnisse produzieren. Der wesentliche Vorteil in der Beschränkung auf zwei Güter liegt in der einfachen grafischen Darstellbarkeit. Auch hier unterstellen wir wieder, dass die Güter- und Faktorpreise für das Unternehmen gegeben und von ihm nicht zu beeinflussen sind.

Das Unternehmen produziere zwei Güter A und B, die beide um die gleichen Produktionsfaktoren X und Y konkurrieren. Die Faktorausstattung sei gegeben, wobei die maximal zur Verfügung stehenden Faktormengen mit $\bar{x}$ und $\bar{y}$ angenommen werden. Die technischen Produktionszusammenhänge seien durch zwei Produktionsfunktionen beschrieben:

$$q_A = f(x,y) \quad \text{und} \quad q_B = g(x,y)$$

Wie erfolgt der effiziente Einsatz der Produktionsfaktoren? Auch hier ist die Frage der technischen Effizienz zu unterscheiden von der Frage nach der Realisierung eines Unternehmungsziels, etwa der Gewinnmaximierung.

Zunächst kann man angeben, welche Menge von A bzw. B hergestellt werden können, wenn alle verfügbaren Faktoren ausschließlich zur Herstellung jeweils eines Gutes eingesetzt würden. Diese Mengen bezeichnen wir mit $q_{A,max}$ bzw. $q_{B,max}$. Es gilt also $q_{A,max} = f(\bar{x}, \bar{y})$ bzw. $q_{B,max} = g(\bar{x}, \bar{y})$. Nun wird das Unternehmen im allgemeinen nicht nur ein Gut, sondern beide Güter erzeugen wollen. Sei $q_{A,0} < q_{A,max}$ die gewünschte Menge des Gutes A. Die vorhandenen Produktionsfaktoren werden offensichtlich genau dann effizient im Sinne des ökonomischen Prinzips eingesetzt, wenn man bei gegebener Menge $q_{A,0}$ die Ausbringungsmenge von B maximiert. Die Frage nach der technischen Effizienz stellt sich also als Maximierung unter einer Nebenbedingung:

$$q_B = g(x,y) \rightarrow \max \qquad \text{unter} \quad q_A = f(\bar{x} - x, \bar{y} - y) \tag{3.34}$$

Das Ergebnis dieser Optimierungsaufgabe ist die sog. **Transformationskurve** (synonym: Produktionsmöglichkeitskurve), die in der Abbildung 3.38 dargestellt ist.

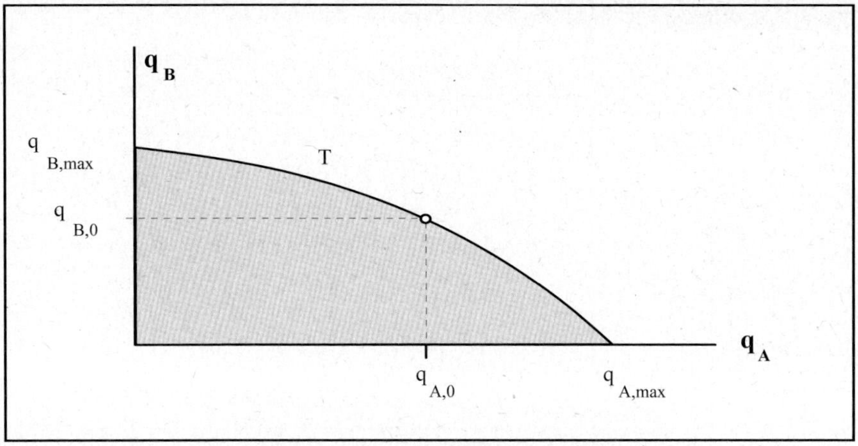

Abb. 3.38: Transformationskurve

Eine Transformationskurve ist die Ortslinie aller Güterkombinationen, die bei vollständigem und effizientem Einsatz der gegebenen Faktormengen hergestellt werden können.

Bei gegebener Faktorausstattung lassen sich nur die Gütermengenkombinationen realisieren, die in der von den Achsen und der Transformationskurve T eingeschlossenen Fläche, dem sog. **Produktionsmöglichkeitsblock**, liegen. Punkte unterhalb von T sind suboptimal und stellen eine Verschwendung von Ressourcen dar. Soll etwa die Menge $q_{A,0}$ realisiert werden, so ist $q_{B,0}$ die zugehörige maximal von B herstellbare Menge.

Mengen außerhalb des Produktionsmöglichkeitsblocks sind bei gegebener Technik und Faktorausstattung nicht erreichbar. Will man eine außerhalb des Blocks liegende Güterkombination realisieren, so müssen bei gegebener Produktionstechnik die Faktormengen erhöht werden, oder es muss technischer Fortschritt realisiert werden, der die Kurve T vom Ursprung weg nach außen verschiebt.

Unterstellt man beliebige Teilbarkeit der Faktoren und der Güter so lässt sich technisch effizient jeder Punkt *auf* der Transformationskurve realisieren. Ohne auf die Herleitung einzugehen[26] sei nur angemerkt, welche Folgerung sich daraus für den Einsatz der Faktoren ergibt. Beide Faktoren werden in der Erzeugung der Güter so eingesetzt, dass das Verhältnis der Grenzerträge in der Erzeugung beider Güter gleich ist, es muss also gelten:

$$\frac{f_x(x,y)}{f_y(x,y)} = \frac{g_x(\bar{x}-x, \bar{y}-y)}{g_y(\bar{x}-x, \bar{y}-y)}. \tag{3.35}$$

[26] Mathematisch kann man die Bedingung aus (3.35) mit Hilfe der Lagrange-Methode herleiten.

Wenn wir von zwei allgemeinen Cobb-Douglas-Produktionsfunktionen der Gestalt

$$q_A = f(x,y) = x^{0,5}y^{0,45} \text{ und } q_B = g(x,y) = x^{0,2}y^{0,6}$$

und folgenden verfügbaren Faktormengen $\bar{x} = 500$ und $\bar{y} = 700$ ausgehen, dann hat die Transformationskurve folgende Gestalt:

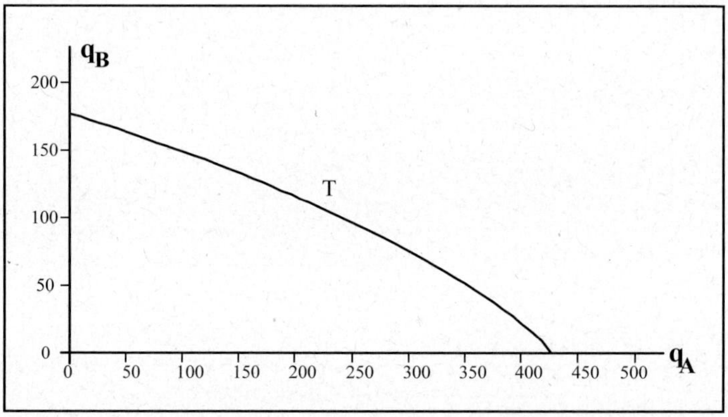

Abb. 3.39: Transformationskurve zweier Cobb-Douglas-Funktionen

Wie ist der Verlauf der Transformationskurve T zu interpretieren, welche Bedeutung hat insbesondere ihre Steigung?

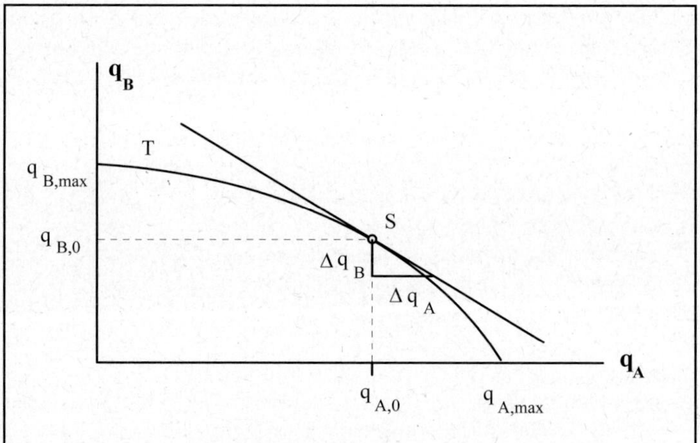

Abb. 3.40: Steigung der Transformationskurve

Gehen wir von der Güterkombination ($q_{A,0}$, $q_{B,0}$) aus (Punkt S in Abbildung 3.40) und unterstellen, der Ertrag von A soll um Δq_A Einheiten erhöht werden. Dann muss, da die Faktoren nach Voraussetzung voll ausgelastet sind, auf die Produktion einer gewissen Menge des Gutes B, etwa Δq_B, verzichtet werden. Dieser Verzicht ist nichts anderes, als die Höhe der **Opportunitätskosten** der Erzeugung von A, nämlich der Quotient $\Delta q_B/\Delta q_A$. Die Opportunitätskosten der Herstellung von A geben also den Preis für die Erzeugung einer Einheit von Gut A in Mengeneinheiten von B ausgedrückt an. Beträgt der Wert beispielsweise -3, so bedeutet dies, um eine zusätzliche Einheit von A herzustellen, muss auf die Produktion von 3 Einheiten von B verzichtet werden. Lässt man nun Δq_A gegen Null streben, so strebt der Quotient $\Delta q_B / \Delta q_A$

gegen den Differentialquotient, also gegen die Tangentensteigung im Punkt S, und ist somit mathematisch nichts anderes als die erste Ableitung von T nach q_A an der Stelle $q_{A,0}$. Mit anderen Worten: die Steigung der Transformationskurve T gibt die Höhe der marginalen Opportunitätskosten der Herstellung des Gutes A an. Der in Abbildung 3.40 gezeigte zum Ursprung konkave Verlauf der Kurve bringt zum Ausdruck, dass die Opportunitätskosten der Erzeugung von A mit zunehmender Ausbringung von A steigen. Selbstverständlich ist auch der Fall konstanter Opportunitätskosten denkbar; die Transformationskurve ist dann eine Gerade zwischen $q_{A,max}$ und $q_{B,max}$. Halten wir fest:

Die Steigung der Transformationskurve gibt die Höhe der marginalen Opportunitätskosten der Herstellung von Gut A ausgedrückt in Einheiten des Gutes B an.

Diese Opportunitätskosten bezeichnet man als **Grenzrate der Transformation** (kurz GRT):

$$\text{mit} \quad q_B = T(q_A) \quad \text{folgt also} \quad GRT = \frac{dq_B}{dq_A} = T'(q_A)$$

Welche der technisch unbegrenzten Möglichkeiten wird ein gewinnmaximierender Unternehmer realisieren? Wie nicht anders zu erwarten, spielen die Güterpreise hierbei eine entscheidende Rolle. Die Preise beider Güter p_A und p_B seien gegeben und vom Unternehmer durch sein Angebotsverhalten nicht zu beeinflussen. Der Gewinn in Abhängigkeit von q_A und q_B ist dann:

$$G(q_A,q_B) = EL(q_A,q_B) - K(q_A,q_B) \tag{3.36}$$

Da die Faktorausstattung und die Faktorpreise als gegeben unterstellt werden, sind die Kosten auf der gesamten Transformationskurve gleich, hängen also nicht von der Güterkombination (q_A,q_B) ab. Somit wird der größtmögliche Gewinn erzielt, wenn der Erlös maximal wird. Es gilt also folgende Aufgabe zu lösen:

$$EL(q_A,q_B) = p_A \cdot q_A + p_B \cdot q_B \rightarrow \max \quad \text{unter } q_B = T(q_A) \tag{3.37}$$

Die Nebenbedingung $q_B = T(q_A)$ bringt zum Ausdruck, dass die optimale Güterkombination auf der Transformationskurve T liegen soll. Damit verbleibt die Lösung der Maximierungsaufgabe zu finden:

$$EL(q_A) = p_A \cdot q_A + p_B \cdot T(q_A) \rightarrow \max \tag{3.38}$$

Ableitung der Funktion und Nullsetzen derselben liefert die Maximierungsbedingung:

$$GRT = -\frac{p_A}{p_B} \tag{3.39}$$

Bei gegebenen Güterpreisen wird der gewinnmaximierende Unternehmer die Güterkombination herstellen, bei der das negative Güterpreisverhältnis den Opportunitätskosten der Güterproduktion, also der GRT entspricht.

Seien $p_A = 6$ € und $p_B = 2$ €, also $p_A/p_B = 3$ und die GRT = -2. Unter Verzicht auf 2 Einheiten von B kann also eine zusätzliche Einheit von A erzeugt werden. Dem Umsatzrückgang von 4 € durch den Verzicht auf die zwei Einheiten von B steht ein zusätzlicher Umsatz von 6 € für die zusätzliche Einheit von A gegenüber. Es lohnt sich also, die Produktion von A zu Lasten der von B auszudehnen.

Ist umgekehrt die GRT = -4, so lohnt es sich, die Produktion von A zugunsten der Produktion von B einzuschränken. Dem Umsatzrückgang von 6 € bei Verzicht auf eine Einheit von A steht nämlich ein zusätzlicher Umsatz von 8 € durch die Erzeugung vier weiterer Einheiten von B gegenüber. Das Optimum ist also erreicht, wenn sich absolut gesehen die Preise wie die Opportunitätskosten verhalten.

Auch grafisch kann man sich diesen Sachverhalt leicht verdeutlichen (vgl. Abbildung 3.41). Hierzu betrachtet man die Erlösfunktion:

$$EL(q_A,q_B) = p_A \cdot q_A + p_B \cdot q_B \tag{3.40}$$

Die Auflösung nach q_B ergibt:

$$q_B = -\frac{p_A}{p_B} \cdot q_A + \frac{EL}{p_B} \tag{3.41}$$

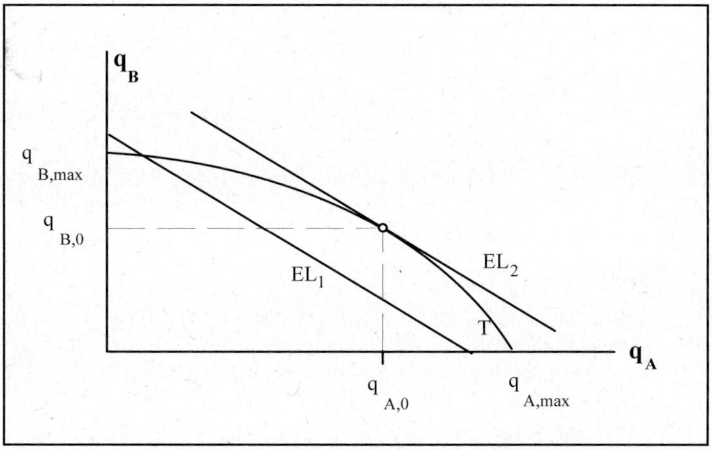

Abb. 3.41: Gewinnmaximierung der Zweiproduktunternehmung

Bei gegebenen Preisen und gegebenem Erlös ist die Erlösgerade dann die Ortslinie aller Güterkombinationen, die den gleichen Erlös erbringen. EL_1 in Abbildung 3.41 ist eine solche Erlösgerade. Da eine Rechtsverschiebung der Erlösgeraden einen höheren Erlös bedeutet, ist mit EL_1 bei gegebener Transformationskurve T noch nicht der maximal erzielbare Erlös gegeben. Die Erlöskurve kann so weit nach rechts verschoben werden, bis sie zur Tangente an der Transformationskurve zu liegen kommt (EL_2). Da im Berührungspunkt die Steigung der Transformationskurve gleich der Steigung der Erlösgeraden sein muss, gilt (3.39), denn die Steigung der Erlösgeraden ist gleich dem negativen Güterpreisverhältnis.

Bei der Betrachtung der Produktionsverhältnisse einer Unternehmung dürfte die Produktionsmöglichkeitskurve mit einer konstanten Grenzrate der Transformation der vorherrschende Typ sein. Konkav zum Ursprung verlaufende Transformationskurven entstehen dagegen bei Betrachtung des gesamten Angebots zweier Güter, welche von mehreren Anbietern, die nicht alle mit der gleichen GRT arbeiten, bereitgestellt werden. Nehmen wir an, ein Unternehmen erzeugt die beiden Güter A und B in drei Betriebsabteilungen mit unterschiedlichen Technologien. In der ersten sei die GRT = -1,5 [B/A], in der zweiten gelte GRT = -1 [B/A] und in der dritten sei die GRT = -0,5 [B/A]. In allen drei Betriebsabteilung ist die Grenzrate der Transformation jeweils konstant. Man muss in der ersten auf 1,5 Einheiten von Gut B, in der zweiten auf eine und in der dritten auf eine halbe Einheit von B verzichten, um eine weitere Einheit von Gut A zu erzeugen.

Wie sieht die Transformationskurve des Gesamtunternehmens (aggregierte Transformationskurve) aus? Selbstverständlich wird man Gut A zunächst in der Betriebsabteilung herstellen, in der man die geringsten Opportunitätskosten hat, also in der dritten. Erst wenn die Kapazität dort ausgelastet ist, erfolgt die Produktion in der zweiten und hierauf in der ersten Betriebsabteilung. Die Abbildung 3.42 verdeutlicht den Zusammenhang.

Die aggregierte Transformationskurve setzt sich somit aus den drei einzelnen Transformationskurven zusammen. Man beginnt auf der Ordinate an dem Punkt, welcher der aggregierten Kapazität aller drei Betriebsabteilungen zur Herstellung von Gut B entspricht. Dort wird die Transformationskurve der dritten Betriebsabteilung eingezeichnet. Am rechten unteren Endpunkt dieser Kurve fügt man die Transformationskurve der zweiten Betriebsabteilung und an deren Endpunkt schließlich die der dritten an.

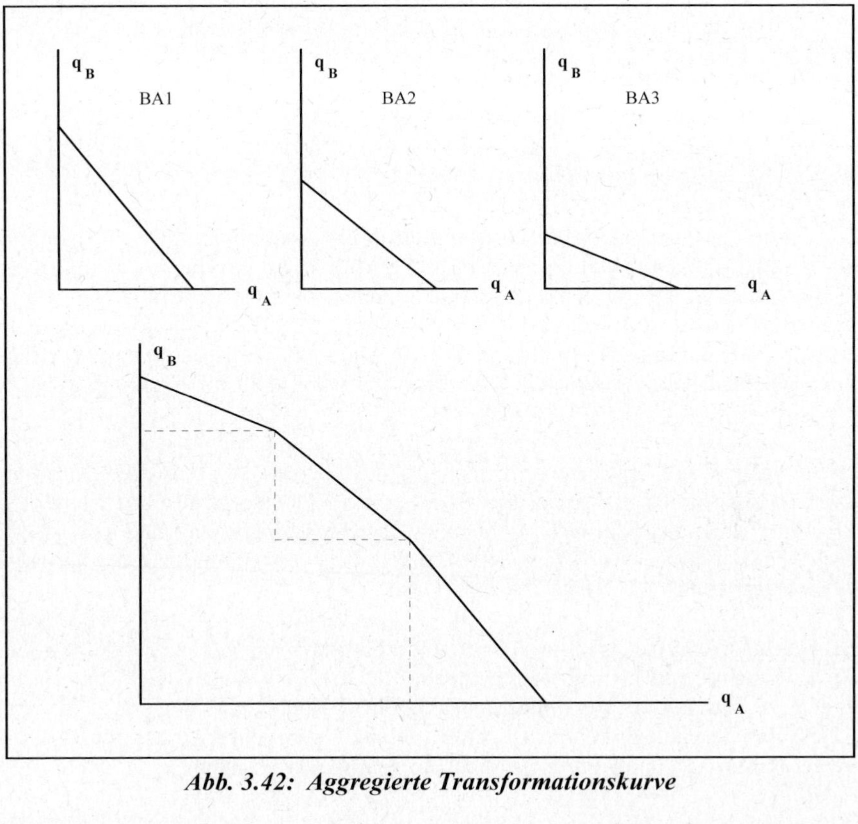

Abb. 3.42: Aggregierte Transformationskurve

Wie man leicht überlegt, wird das Erlösmaximum in der Abbildung 3.42 im allgemeinen auf einer Ecke des Produktionsmöglichkeitsblocks liegen, es sei denn, das Preisverhältnis stimmt mit den Opportunitätskosten in einer Betriebsabteilung überein. In diesem Fall kann jeder Punkt auf dem entsprechenden Teilstück des Simplex[27] als gewinnmaximale Produktionskombination gewählt werden. Auch bei Vorliegen limitationaler Produktionsverhältnisse entstehen Transformationskurven der obigen Gestalt.[28]

---

27 Eine geschlossene, stückweise durch Geraden begrenzte Figur nennt man in der Mathematik einen Simplex. Den meisten Studierenden dürfte der Begriff durch die Lineare Optimierung vertraut sein.

28 Siehe hierzu die Aufgabe 9 zum Kapitel 3 im Übungsteil des Buches.

3.5 Nutzenüberlegungen und Konsumentscheidungen

In diesem Abschnitt betrachten wir das ökonomische Verhalten der privaten Haushalte, deren Versorgung mit Gütern das eigentliche Ziel jeder Wirtschaftstätigkeit ist.

3.5.1 Ökonomische Charakterisierung privater Haushalte

Die privaten Haushalte stehen als Transaktionspartner in vielfältiger Weise mit anderen Wirtschaftssubjekten in Verbindung. Sie

- sind Nachfrager nach Konsumgütern und Anbieter von Faktorleistungen, sie
- leisten Zahlungen an öffentliche Haushalte (z.B. Steuern, Sozialversicherungsbeiträge) und empfangen von diesen Zahlungen (z.B. Wohngeld, Renten) und sie
- disponieren über Vermögensobjekte.

Die Vielzahl der privaten Haushalte kann man nach ökonomischen und nicht-ökonomischen Merkmalen unterscheiden. Wichtige ökonomische Merkmale sind die Art der Einkommensquelle sowie die Höhe des Einkommens. Zu den nicht-ökonomischen Einteilungskriterien für die privaten Haushalte zählen das Alter und die Zahl ihrer Mitglieder sowie der Familienstand, das Bildungsniveau u.ä. Diese und weitere Merkmale beeinflussen die Wirtschaftstätigkeit privater Haushalte und können somit zur Erklärung und Vorhersage ihres Verhaltens dienen.

Bei unserer Analyse wollen wir von einem Haushalt ausgehen, dem bestimmte Ziele und Verhaltensweisen zugesprochen werden, die als typisch für die Mehrzahl der Haushalte gelten. Das ökonomische Handeln dieses typischen privaten Haushalts bezieht sich auf Entscheidungen über seine Einkommenserzielung, seine Einkommensverwendung und die Vermögensanlage.

Diese Einzelentscheidungen sind in aller Regel nicht unabhängig voneinander. So kann der Wunsch nach mehr Konsum zum Mehrangebot von Arbeitsleistung führen, um ein höheres Einkommen zu erzielen oder er mündet in die Entscheidung, die Ersparnis zu verringern, womit die Vermögensanlage berührt ist. Im Mittelpunkt der weiteren Ausführungen steht die Analyse der Nachfrage- und Konsumentscheidungen privater Haushalte.

3.5.2 Sättigungsgesetz

Die Mitglieder eines jeden Haushalts haben Bedürfnisse, die sie durch den Ver- und Gebrauch von Gütern befriedigen.[29] Weil wir nun nicht im Schlaraffenland leben, d.h. nicht alle unsere Bedürfnisse zu jeder Zeit und vollständig befriedigen können, müssen wir aus dem vielfältigen Güterangebot eine Auswahl treffen. Diesem Wahlakt, den wir alle ständig und zumeist gewohnheitsmäßig vollziehen, legen wir unsere Präferenzen zugrunde. Mit den Gütern be-

[29] Vgl. auch Kapitel 1.

friedigen wir als Mitglieder von Haushalten unsere Bedürfnisse, wobei jede Befriedigung so aufgefasst werden kann, dass dabei der Nutzen aus dem Konsum des Gutes im Bewusstsein des Konsumenten registriert wird. Die Haushalte können die Güter also hinsichtlich der Nutzenstiftung miteinander vergleichen. Der Nutzen, den wir alle aus dem Ge- und Verbrauch der Güter ziehen oder ziehen können, ist allerdings nicht direkt messbar, weshalb uns das Nutzenkonzept nur als abstraktes Erklärungsmuster dient. Der Nutzen ist ein analytisches Hilfsmittel, mit dem wir erklären, wie rationale Konsumenten ihre begrenzten Mittel auf die einzelnen Verwendungsarten aufteilen.

Das ökonomische Hauptproblem bei der Konsumentscheidung des privaten Haushalts haben wir oben schon kurz gestreift. Es geht um die Frage, nach welchen Gesichtspunkten er die Güter hinsichtlich ihrer Art und Mengen auswählt. Wir wollen dabei von folgender generellen Verhaltenshypothese ausgehen:

Der rationale Konsument verhält sich als Nutzenmaximierer, d.h. er möchte einen möglichst großen Nutzen aus dem Konsum von Gütern ziehen.

Der Nutzen ist nun aber eine subjektive Größe, die aus dem individuellen Empfinden beim Konsum eines Gutes resultiert. Trotzdem ist vielfach der Versuch unternommen worden, grundsätzliche Aussagen zum Wert eines Gutes zu machen[30], den ein Wirtschaftssubjekt ihm beimisst. HERMANN HEINRICH GOSSEN (1810-1858) untersuchte in seinem Hauptwerk „Entwicklung der Gesetze des menschlichen Verkehrs und der daraus fließenden Regeln für menschliches Handeln", dessen 1. Auflage im Jahre 1854 erschienen ist, diese Zusammenhänge. Er geht dabei von der Verhaltensannahme aus, jeder Mensch richte sein wirtschaftliches Handeln so ein, dass die Summe seiner Lebensgenüsse am größten wird.

Hinsichtlich des *Nutzenzuwachses* beim Ge- oder Verbrauch eines Gutes gehen wir allgemein von folgender Arbeitshypothese aus:

Der Nutzen, den der Konsument aus dem Konsum einer zusätzlichen Mengeneinheit eines Gutes unter sonst gleichen Bedingungen zieht, nimmt mit steigendem Gesamtverbrauch des Gutes zunächst mit abnehmenden Raten zu, der Nutzenzuwachs wird dann null und schließlich sogar negativ.

Den Nutzenzuwachs (ΔN), der aus dem Konsum zusätzlicher Mengeneinheiten eines Gutes (Δq) resultiert, nennt man auch *Grenznutzen* (GN oder $\Delta N/\Delta q$) dieser Mengeneinheiten.[31] Betrachtet man infinitesimal kleine Veränderungen der Konsummenge (Δq), kann man den Grenznutzen als die Steigung der Nutzenkurve an dieser Stelle auffassen. Die grafische Darstellung der oben aufgestellten Hypothese über den Nutzenzuwachs kann durch folgende Nutzen- und Grenznutzenverläufe dargestellt werden:

[30] Vgl. Kapitel 7.

[31] Während in der Produktionstheorie exakt zwischen Grenzertrag und Grenzprodukt unterschieden wird, hat sich in der Haushaltstheorie eine Terminologie ausgebildet, die diese saubere Trennung nicht immer beachtet und undifferenziert von Grenznutzen spricht.

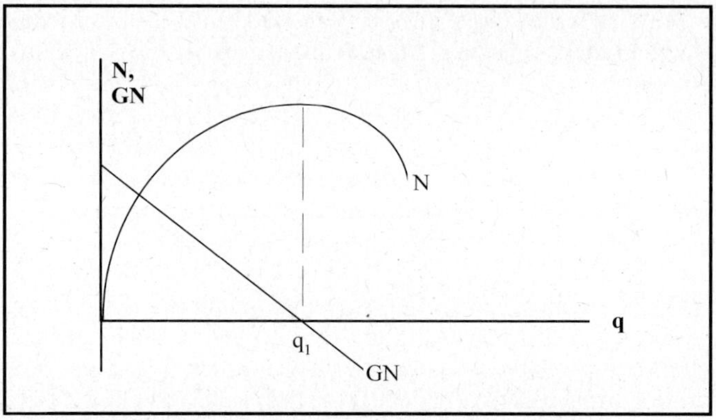

Abb. 3.43: Nutzen- und Grenznutzenkurve

Für die einzelnen Teilbereiche der Nutzenfunktion gilt:

- **$q \in [0,q_1[$:** Der Gesamtnutzen steigt beim Konsum weiterer Gütereinheiten und zwar in der Weise, dass die erste konsumierte Gütereinheit den größten Nutzenzuwachs bringt und jede zusätzlich konsumierte Einheit dem Konsumenten einen geringeren Nutzenzuwachs verschafft als die Einheit zuvor, d.h. der Grenznutzen ist positiv und abnehmend.

- **$q = q_1$:** Bei der Konsummenge q_1 ist der Gesamtnutzen am höchsten. Ein Nutzenzuwachs ist nicht mehr möglich, d.h. der Grenznutzen ist an der Stelle $q = q_1$ Null. Mathematisch ausgedrückt ist die Steigung der Nutzenkurve an dieser Stelle gleich Null.

- **$q > q_1$:** Der Gesamtnutzen sinkt, wenn weitere Einheiten des Gutes konsumiert werden, d.h. der Grenznutzen ist negativ. Es macht also keinen Sinn oder, anders ausgedrückt, es ist nicht rational, über die Menge q_1 hinaus weitere Einheiten des Gutes zu konsumieren. Jede Konsummenge rechts von q_1 widerspricht dem ökonomischen Prinzip, denn das gleiche Nutzenniveau kann auch durch eine geringere Gütermenge (Mitteleinsatz) erreicht werden.

Die allgemeine Hypothese über den Nutzenverlauf scheint vernünftig, denn bei dem Ge- oder Verbrauch eines jeden Gutes wird man wohl sagen, dass die erste Einheit den größten Nutzen stiftet und weitere Verbrauchsmengen immer geringer werdende Grenznutzen aufweisen. Schließlich ist auch eine Schwelle denkbar, ab der der Grenznutzen sogar negativ wird. Wenn z.B. ein dreiköpfiger Haushalt bereits über drei Autos verfügt und eines als Reserve vorhanden ist, dann nimmt ein weiteres Gefährt nur noch Platz weg, hat also negativen Grenznutzen. Ähnliches gilt auch für jedes noch so begehrte Kleidungsstück, welches ab einer gewissen Stückzahl nur noch Schrankkapazitäten in Anspruch nimmt.

Wir alle haben schon einmal den Satz gehört oder selbst gebraucht, dass das erste Glas eines Getränkes am besten schmecke. Er ist Ausdruck dieser allgemeinen Erscheinung im menschlichen Verhalten, die im Nutzenkalkül ausgedrückt lautet: Bei zunehmender Befriedigung eines Bedürfnisses nimmt der Nutzenzuwachs eines Gutes, hier ein Glas irgendeines Getränkes, ab. Diesen Sachverhalt können wir auch mit folgendem Beispiel beschreiben: Ein Wanderer, der hungrig eine abgelegene, bewirtschaftete Hütte erreicht und in seinem Rucksack nur noch eine Kanne Tee hat, wird den ersten Teller Suppe, die ihm der Hüttenwirt verkauft, mit dem größten Genuss essen. Je mehr er isst, um so mehr wird jedoch sein Genuss abnehmen, bis er schließlich gesättigt ist. Aus diesem Grund wäre er auch bereit, für den ersten gefüllten

Teller einen höheren Preis zu zahlen. Angenommen, der Hüttenwirt nutze die Lage des Wanderers aus, dann wäre folgende Situation denkbar:

Für den ersten Teller Suppe ist der Wanderer bereit, 8,- € zu zahlen, für den zweiten 6,- €, und für den dritten will er nur noch 4,50 € bezahlen. Sollte ihm der Wirt noch einen Teller, etwa zum Preis von 3,- € anbieten, so würde der Wanderer trotzdem ablehnen, da er nach dem Verzehr von drei Tellern Suppe bereits so weit gesättigt ist, dass ihm der Verzehr eines weiteren Tellers Suppe zu diesem Preis keine adäquate Nutzensteigerung verschafft.

Der Wanderer wird also, wenn er drei Teller Suppe zur Verfügung hat, den Nutzen des ersten Tellers wesentlich höher einschätzen als den des dritten.

Im weiteren Verlauf wollen wir den Bereich negativer Grenznutzen nicht mehr in die Analyse einbeziehen, weil ein Konsum in diesem Bereich, wie bereits ausgeführt dem fundamentalen Prinzip allen Wirtschaftens, dem ökonomischen Prinzip widerspricht. Der ökonomisch sinnvolle Bereich der Nutzenfunktion setzt positive Grenznutzen voraus. Die daraus resultierende Hypothese über den Nutzenverlauf nennt man das *Gesetz vom abnehmenden Grenznutzen* oder **erstes Gossen'sches Gesetz**. Es besagt:

Bei steigendem Verbrauch eines Gutes nimmt der Gesamtnutzen aus dem Verbrauch zu, aber beim Konsum zusätzlicher Einheiten desselben Gutes steigt der Nutzen mit immer geringeren Zuwachsraten an.

Das Gesetz vom abnehmenden Grenznutzen gibt auch eine Erklärung für die Wertschätzung, die wir einem Gütervorrat beimessen. Je geringer die zur Verfügung stehende Gütermenge ist, um so höher wird sie cet. par. in ihrem Wert eingeschätzt. Verwendet man den Begriff des Grenznutzens, so kann man sagen, dass der Grenznutzen der letzten zur Verfügung stehenden Einheit eines Gutes mit sinkendem Gütervorrat zunimmt oder umgekehrt bei steigender Gütermenge abnimmt. Mit dem Grenznutzenkonzept konnte man damit auch das sog. Wertparadoxon auflösen.[32]

3.5.3 Optimaler Konsumplan

Wenn alle Konsumgüter uneingeschränkt zur Verfügung stünden, wäre die Konsumentscheidung eines Haushaltes einfach. Sie lautete dann: Jedes gewünschte Gut wird bis zu der Menge konsumiert, bei der die Sättigungsgrenze (Grenznutzen gleich Null) erreicht ist. Da wir aber, wie schon mehrfach gesagt, nicht im Schlaraffenland leben, müssen wir wirtschaften oder anders ausgedrückt, wir müssen auswählen, welche Bedürfnisse uns wichtig und welche weniger wichtig sind. Dies bedeutet, dass jedermann bei einer rationalen Entscheidung die Befriedigung, die er aus dem Konsum eines Gutes zieht mit der, die ihm aus dem Konsum eines anderen Gutes erwächst, vergleicht. Haushalte stellen also den Nutzen, den sie aus dem Konsum einzelner Güter ziehen, einander gegenüber. Beachten muss der Haushalt dabei, dass er nur über begrenzte Mittel (Einkommen und Zeit) verfügt.

Als Nutzenmaximierer versucht der Haushalt, sich die Menge an Gütern für die Befriedigung seiner Bedürfnisse zu verschaffen, die bei seinen gegebenen Möglichkeiten den höchsten Gesamtnutzen verspricht. Wenn wir davon ausgehen, dass er zunächst mit dem Konsum des für

[32] Vgl. Kapitel 7.

ihn wichtigsten Gutes beginnt, so wird der Haushalt dann aufhören, dieses Gut nachzufragen, wenn der Grenznutzen einer weiteren Einheit dieses Gutes für ihn soweit gesunken ist, dass die erste Einheit des nächst wichtigen Gutes in der Nutzenschätzung gleichwertig ist. Begrenzt werden seine Möglichkeiten der Bedürfnisbefriedigung, wie bereits erwähnt, durch sein Einkommen. Es entscheidet über die Menge an Gütern, die er insgesamt kaufen kann, und damit auch über das für ihn erreichbare Nutzenmaximum.

Bei der formalen Beschreibung der Nutzenüberlegungen beschränken wir uns analog zur Produktionstheorie auf zwei Güter A und B, deren Mengen wir mit q_A und q_B bezeichnen.. In einer allgemeinen algebraischen Schreibweise ist der gesamte Nutzen (N), der dem Haushalt aus dem Konsum von Gütern zufließt, eine Funktion der Mengen q_A und q_B. Die formale Darstellung der **Nutzenfunktion** ist:

$$N = f(q_A, q_B) \tag{3.42}$$

Der Haushalt muss jedoch, wie auch im Anwendungsbeispiel deutlich wurde, berücksichtigen, dass ihm nur ein begrenztes Einkommen zur Verfügung steht, welches er für den Kauf von Konsumgütern ausgeben oder sparen kann. Das für die Konsumgüter insgesamt zur Verfügung stehende Budget, also die Größe Gesamteinkommen abzüglich Ersparnis[33], wollen wir mit dem Symbol[34] Y belegen. Bezeichnen wir die Preise der n Konsumgüter mit p_A und p_B, dann erhalten wir folgende **Budgetgleichung:**

$$Y = p_A q_A + p_B q_B \tag{3.43}$$

Der Haushalt sieht sich den Marktpreisen p_A und p_B gegenüber, die er akzeptieren muss. Seine Instrumentvariablen sind die Mengen, mit denen er sich an die Preise anpasst. Man sagt, er verhalte sich als Mengenanpasser oder Preisnehmer.

Der Haushalt möchte seinen Gesamtnutzen (N) maximieren, muss dabei aber die in seiner Budgetgleichung gegebene Beschränkung (Y) beachten. Er hat also das ökonomische Standardproblem der Maximierung einer Variablen unter einer Nebenbedingung zu lösen, welches sich auf das ökonomische Prinzip in der Ausprägung, mit gegebenen Mitteln einen maximalen Nutzen zu erreichen, zurückführen lässt. Die mathematische Lösung dieses Problems erhalten wir über die Lagrange-Funktion:

Nutzenfunktion:	$N = f(q_A, q_B) \to \max!$
Nebenbedingung:	$Y = p_A q_A + p_B q_B$
Lagrange-Funktion:	$L(q_A, q_B) = f(q_A, q_B) + \lambda(Y - p_A q_A - p_B q_B)$

Dies führt auf die Bedingung

$$\frac{\frac{\partial f}{\partial q_A}(q_A^0, q_B^0)}{p_A} = \frac{\frac{\partial f}{\partial q_B}(q_A^0, q_B^0)}{p_B} = \lambda$$

oder (3.44)

---

[33] Wir wollen hier von Einkommens- und Vermögensabgaben und sonstigen unfreiwilligen und freiwilligen Transferzahlungen absehen.

[34] Das Symbol Y verwenden wir für Gesamteinkommensgrößen und wie im aktuellen Fall für das Konsumbudget. Es besteht kein Unterschied zwischen beiden, wenn die Ersparnis Null ist und die Annahme der vorherigen Fußnote gilt. Des weiteren stellen relative Einkommensänderungen auch gleichzeitig eine relativ gleich große Veränderung des Konsumbudgets dar, wenn wir unterstellen, dass die Sparneigung unverändert bleibt.

$$\frac{GN_A(q_A^0)}{p_A} = \frac{GN_B(q_B^0)}{p_B} = \lambda,$$

wobei λ den Grenznutzen der Gütermenge, die mit der letzten Einkommenseinheit gekauft wird, darstellt.

Die allgemeine Regel für ein Haushaltsoptimum, d.h. für die Güter-Mengen-Kombination, die das Nutzenmaximum eines Haushalts darstellt, lautet:

> *Ein Haushalt maximiert dann seinen Gesamtnutzen, wenn der Grenznutzen einer Geldeinheit für sämtliche Güter gleich groß ist oder anders ausgedrückt, wenn sich die Grenznutzen der Güter zueinander verhalten wie ihre Preise.*

Wenn ein Haushalt seine Konsumentscheidungen nach dieser Regel ausrichtet, gibt es keine mit seinem Konsumbudget realisierbare Einheit irgendeines Gutes außerhalb seines Konsumplanes, die einen größeren Grenznutzen hat. Diese Regel ist auch unter dem Namen *Gesetz vom Ausgleich der Grenznutzen* oder **zweites Gossensches Gesetz** bekannt.

Im Folgenden beschränken wir uns auf den Fall zweier Güter. Marginales Denken wäre dann wie folgt anzuwenden: Gilt

$$\frac{GN(q_A^0)}{p_A} > \frac{GN(q_B^0)}{p_B},$$

dann kann der Gesamtnutzen bei gegebenem Budget und gegebenen Güterpreisen durch Umverteilung gesteigert werden, indem von q_B weniger und von q_A mehr konsumiert wird.

Im Haushaltsoptimum verhalten sich die Grenznutzen je zweier Güter so zueinander wie ihre Preise, denn

$$\text{aus} \quad \frac{GN(q_A^0)}{p_A^0} = \frac{GN(q_B^0)}{p_B^0} \quad \text{folgt} \quad \frac{GN(q_A^0)}{GN(q_B^0)} = \frac{p_A^0}{p_B^0}. \tag{3.45}$$

Die bisherigen Überlegungen führen uns zu zwei Erkenntnissen über die Gesamtnachfrage nach Gütern in Abhängigkeit vom Preis des Gutes und vom Einkommen des Wirtschaftssubjektes:

- Erhöht sich cet. par. der Preis des Gutes A, dann ist die Optimierungsbedingung (3.45) nicht mehr erfüllt. Algebraisch betrachtet kann sie nur dadurch wieder erfüllt werden, dass der durch die Preiserhöhung kleiner gewordene Quotient $GN(q_A)/p_A$ erhöht wird. Da der Preis ein Datum, d.h. eine nicht vom einzelnen Konsumenten beeinflussbare Größe ist, kann dies nur durch eine Erhöhung des Grenznutzens des Gutes erreicht werden. Dies aber ist gemäß unserer bisherigen Überlegungen nur mit einer Reduzierung der Konsummenge dieses Gutes möglich. Für den Fall einer Preissenkung kann man analog argumentieren.

  Damit haben wir aus dem allgemeinen Nutzenkalkül die für uns nicht gerade überraschende Erkenntnis abgeleitet:

  > *Ein Haushalt fragt von einem Gut bei gegebenen Preisen aller anderen Güter um so weniger nach, je höher der Preis des Gutes ist.*

- Ebenso wenig überraschend ist die Schlussfolgerung, dass ein Haushalt seinen Gesamtnutzen bei gegebenen Preisen erhöhen kann, wenn er den Gesamtbetrag seiner Konsumausgaben erhöht. Dies gilt allerdings nur, solange der Haushalt sich in bezug auf alle Güter im Bereich positiver Grenznutzen befindet. Wir können also festhalten:

> *Die Nachfrage eines privaten Haushalts nach Gütern ist cet. par. um so größer, je höher bei gegebenen Preisen sein Einkommen ist.*

Die vereinfachende Annahme, der Haushalt konsumiere nur zwei Güter A und B, ermöglicht neben der algebraischen auch die grafische Analyse des Nutzenkalküls. Die allgemeine Nutzenfunktion lautet dann:

$$N = f(q_A, q_B)$$

Für die folgende Analyse setzen wir weiterhin voraus:

- Die Gütermengen sind beliebig teilbar.
- Die Güter sind substituierbar, der Konsument will aber mindestens eine, u.U. nur sehr kleine Einheit eines jeden Gutes konsumieren, d.h. die Güter sind nicht völlig substituierbar.
- Wir betrachten nur den ökonomisch sinnvollen Bereich der Nutzenfunktion (positiver, aber abnehmender Grenznutzen).

Aus der Substituierbarkeit und der beliebigen Teilbarkeit der Güter folgt, dass es eine Vielzahl von Gütermengenkombinationen (q_A,q_B) gibt, die für den Haushalt den gleichen Nutzen stiften. Diese Konsumpunkte unterschiedlicher Mengenkombinationen wollen wir grafisch in einem Koordinatensystem (Abb. 3.44) abbilden, bei dem auf der Abszisse die Menge des Gutes A und auf der Ordinate die Menge des Gutes B abgetragen wird.

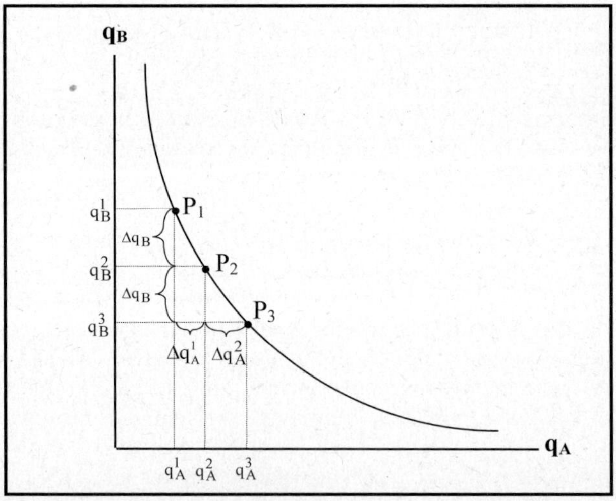

Abb. 3.44: Konstruktion einer Indifferenzkurve

Nehmen wir an, der Haushalt realisiere eine bestimmte Mengenkombination (q_A^1, q_B^1), welcher der Nutzen $N_1 = f(q_A^1, q_B^1)$ zugeordnet werden kann. Wir wollen nun bei Aufrechterhaltung des Nutzenniveaus N_1 die Menge des Gutes B um Δq_B auf q_B^2 reduzieren. Dies erfordert zwangsläufig einen Mehreinsatz von Gut A um Δq_A^1 auf q_A^2. Eine weitere Operation derselben Art, also eine Reduzierung der Menge des Gutes B um Δq_B auf q_B^3 bedingt unter der Voraussetzung, dass das Nutzenniveau weiterhin konstant bleiben soll, eine Erhöhung der Menge des Gutes A um Δq_A^2. Weil wir für den Bereich abnehmenden Grenznutzens argumentieren, muss die Ausweitung des Konsums um Δq_A^2 größer sein als die Erhöhung von q_A^1 auf q_A^2. Diese Vorgehensweise können wir nun für sehr viele kleine Veränderungen der Konsummenge des Gutes B durchführen und erhalten so eine negativ geneigte konvexe Kurve, welche unterschiedliche Gütermengenkombinationen repräsentiert, die allesamt dem Haushalt das gleiche Nutzenniveau verschaffen. Eine solche Kurve nennen wir ***Indifferenzkurve***. Sie kann für jedes beliebige Nutzenniveau konstruiert werden, so dass wir uns eine Schar von Indifferenzkurven vorstellen können.[35]

Die Steigung der Indifferenzkurve gibt an, welche Mengen wir zusätzlich von dem einem Gut konsumieren wollen, wenn wir auf eine Einheit des anderen verzichten, um das gleiche Nutzenniveau wie vorher zu realisieren.

Den Quotienten $\frac{\Delta q_B}{\Delta q_A}$ *nennen wir* ***Substitutionsrate***. *Den Grenzübergang* $\frac{dq_B}{dq_A}$ *bezeichnen wir als* ***Grenzrate der Substitution (GRS)***.

Der Wert der Substitutionsrate bzw. der Grenzrate der Substitution ist, wie aus Abbildung 3.44 leicht zu sehen ist, in jedem Punkt der Indifferenzkurve verschieden.

Ein Haushalt realisiere nun mit dem Güterbündel (q_A^0, q_B^0) das Nutzenniveau N_0 (Abb. 3.45), welches durch die Indifferenzkurve I_0 repräsentiert wird. Wenn er nun die Menge des Gutes B unverändert bei q_B^0 lässt, aber mehr von Gut A konsumiert, z.B. q_A^1, dann wird er, weil wir von positiven Grenznutzen ausgehen, mit dieser Gütermengenkombination (q_A^1, q_B^0) ein höheres Nutzenniveau (N_1) erreichen. Analog führt eine Verringerung der Konsummenge des Gutes A, z.B. auf q_A^2, bei Konstanz der Konsummenge des Gutes B, zu einem niedrigeren Nutzenniveau. Damit haben wir gezeigt, dass Indifferenzkurven, die näher am Ursprung liegen, ein niedrigeres Nutzenniveau repräsentieren, oder anders ausgedrückt, je weiter eine Indifferenzkurve vom Ursprung weg platziert ist, um so höher ist cet. par. das Nutzenniveau, das durch sie abgebildet wird.

[35] Man beachte, dass das der obigen Konstruktion zugrunde liegende Marginalprinzip schon bei der Herleitung der Isoquante angewandt wurde. Überhaupt gibt es in der formalen Behandlung große Ähnlichkeit zwischen der Unternehmens- und Haushaltstheorie.

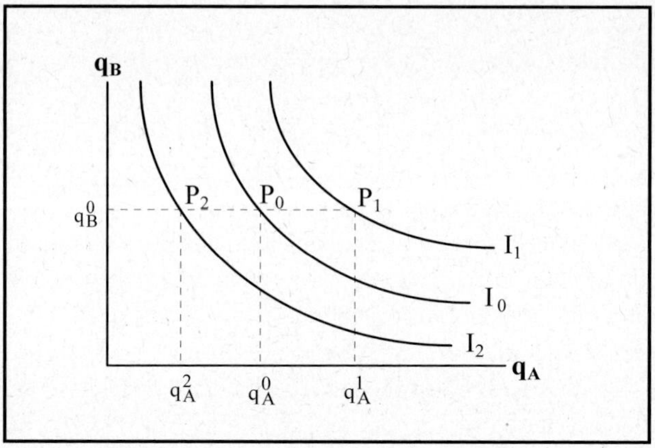

Abb. 3.45: Indifferenzkurvenschar

Das ökonomische Problem des Haushalts besteht darin, seinen Nutzen bei einem gegebenen Einkommen (Konsumbudget) zu maximieren. Im Zwei-Güter-Fall hat die Budgetgleichung folgende Gestalt:

$$Y = p_A \cdot q_A + p_B \cdot q_B \qquad (3.46)$$

Grafisch kann diese Nebenbedingung durch die Budgetgerade (Abb. 3.46) abgebildet werden:

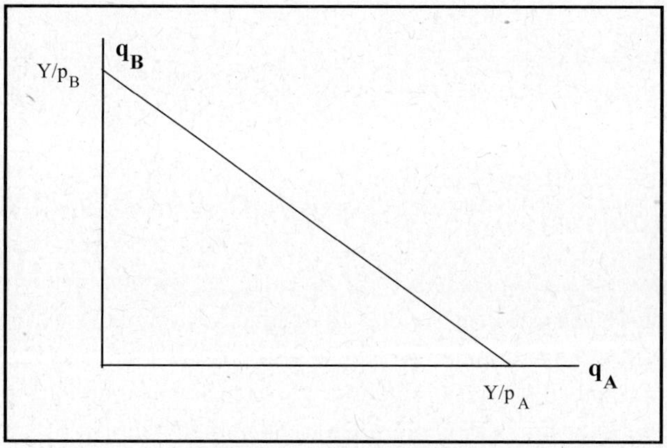

Abb. 3.46: Budgetgerade

Wenn wir nun Indifferenzkurven und Budgetgeraden grafisch zusammenbringen, dann wird das Haushaltsoptimum offensichtlich durch den Tangentialpunkt einer Indifferenzkurve mit der Budgetgeraden bestimmt, weil dies ein Punkt ist, bei dem der Haushalt mit seinen Mitteln (Einkommen, Konsumbudget) das höchstmögliche Ergebnis (Nutzenniveau) realisiert.

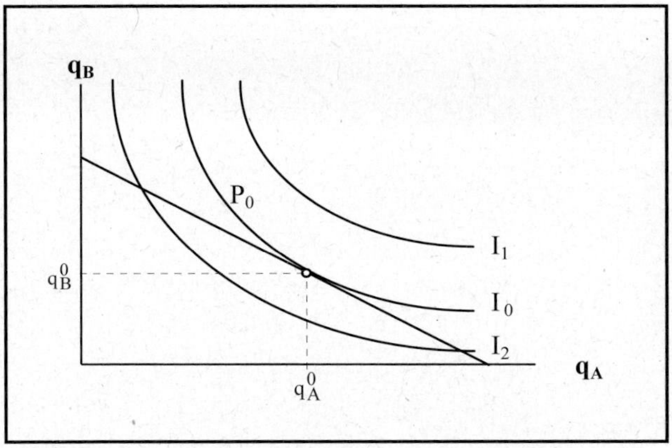

Abb. 3.47: Haushaltsoptimum im Zwei-Güter-Fall

Der Haushalt hat sein Optimum dann verwirklicht, wenn er die dem Punkt P_0 entsprechende Kombination wählt. Er hat dann seine durch die Lage der Indifferenzkurven ausgedrückten Bedürfnisse optimal mit seinen Möglichkeiten, die durch sein Einkommen (Lage der Budgetgeraden) und die Preise (Steigung der Budgetgeraden) bestimmt sind, in Einklang gebracht.

Aus den allgemeinen Überlegungen zur Nutzenfunktion

$$N = f(q_A, q_B) \text{ mit } \frac{\partial N}{\partial q_A} > 0 \text{ und } \frac{\partial N}{\partial q_B} > 0$$

folgt für die Steigung einer Indifferenzkurve:[36]

$$\frac{dq_B}{dq_A} = -\frac{\partial N / \partial q_A}{\partial N / \partial q_B} \tag{3.47}$$

Es ist somit für den Zwei-Güter-Fall auch algebraisch nachgewiesen, dass die Indifferenzkurven negative Steigungen aufweisen. Diese Steigung ist nichts anderes als die oben eingeführte Grenzrate der Substitution (GRS).

[36] Wir bilden das totale Differential der Nutzenfunktion: $dN = \frac{\partial N}{\partial q_A} dq_A + \frac{\partial N}{\partial q_B} dq_B$

Da die Indifferenzkurve der geometrische Ort verschiedener Gütermengenkombinationen ist, die dem Haushalt den gleichen Nutzen stiften, gilt auf einer Indifferenzkurve: $dN = 0$. Dies führt unmittelbar zur Gleichung (3.47).

Für die Budgetgerade gilt:

$$Y = p_A \cdot q_A + p_B \cdot q_B$$

Analog zu oben ergibt sich für die Steigung der Budgetgeraden:[37]

$$\frac{dq_B}{dq_A} = -\frac{p_A}{p_B} \tag{3.48}$$

Aus der grafischen Darstellung in Abbildung 3.47 wissen wir, dass im Haushaltsoptimum die Steigung der Budgetgeraden gleich der Steigung der Indifferenzkurve ist. Mithin gilt also:

$$GRS = \frac{dq_B}{dq_A} = -\frac{GN_A}{GN_B} = -\frac{p_A}{p_B} \tag{3.49}$$

Ein Haushalt besitzt im Zwei-Güter-Fall bei gegebenem Einkommen einen optimalen Konsumplan bei derjenigen Mengenkombination, bei der die Grenzrate der Substitution der beiden Güter gleich ihrem negativen reziproken Preisverhältnis ist. Das Preisverhältnis wiederum entspricht im Optimum dem Verhältnis der Grenznutzen der Güter.

3.6 Preis- und Einkommensänderungen

Aus dem Indifferenzkurvensystem können wir mit Hilfe des oben gezeigten Instrumentariums die Verhaltensänderungen eines typischen Haushalts auf Preis- und Einkommensänderungen ableiten.

3.6.1 Einzelwirtschaftliche Nachfragekurve

Preisänderungen können grafisch als Drehung der Budgetgeraden interpretiert werden, wobei eine Verteuerung des Gutes B als eine Drehung nach links um den Punkt C auf der Abszisse und eine Verteuerung des Gutes A als eine Drehung nach links um den Punkt D auf der Ordinate dargestellt werden kann (Abb. 3.48). Die Verbilligung eines Gutes kann analog durch eine Rechtsdrehung der Budgetgeraden veranschaulicht werden.

---

37 Totales Differential: $dY = p_A \cdot dq_A + p_B \cdot dq_B$
Auf einer Budgetgeraden gilt: $dY = 0$. Hieraus folgt unmittelbar Gleichung (3.48).

Einfacher sieht man dies noch, wenn man die Budgetgleichung nach q_B auflöst $q_B = \frac{Y}{p_B} - \frac{p_A}{p_B} \cdot q_A$. Die Gleichung (3.48) ist nichts anderes als die erste Ableitung nach q_A.

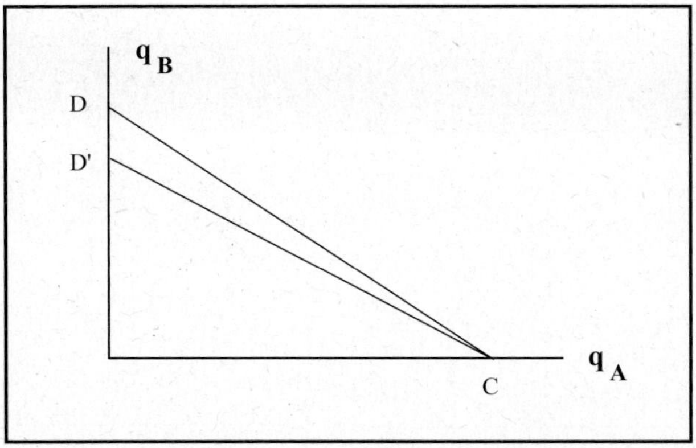

Abb. 3.48: Veränderung der Budgetgeraden bei Preisänderungen

Die Budgetgerade CD repräsentiert bei gegebenem Einkommen (Y) und gegebenem Preis des Gutes A (p_A) den Preis p_B^0 für das Gut B, während die Budgetgeraden CD' den gestiegenen Güterpreis p_B^1 veranschaulicht.

In Abbildung 3.49(a) ist eine Indifferenzkurvenschar wiedergegeben, aus der zunächst I_0 (Indifferenzkurve, die das Nutzenniveau N_0 repräsentiert) betrachtet wird. Bei der Lage der Budgetgerade AB, wählt der Haushalt die dem Punkt P_0 entsprechende q_A,q_B-Kombination. Überträgt man nun die dazugehörige Menge des Gutes B aus dem q_A,q_B-Koordinatensystem in das q_B,p_B-Diagramm rechts, erhält man dort den Punkt P_0', der angibt, welche Mengen q_B der Haushalt beim Preis von p_B^0 bei gegebenem Preis p_A und gegebenem Einkommen Y zu kaufen wünscht. Steigt der Preis p_B bei Konstanz von p_A und Y auf p_B^1, dann kann dies durch Drehung der Budgetgeraden in die Lage AB' veranschaulicht werden. Der Haushalt wird nun die Mengenkombination wählen, die auf der Budgetgeraden liegt und ihm die größtmögliche Bedürfnisbefriedigung verschafft. Das ist jetzt der Punkt P_1, in dem die Indifferenzkurve I_1, sie repräsentiert das niedrigere Nutzenniveau N_1, die neue Budgetgerade tangiert. Überträgt man auch diese Preis-Mengen-Kombination in das rechte Koordinatensystem, erhält man dort den Punkt P_1'. Die Konstruktion des dritten Punktes P_2' verläuft analog. Variiert man nun den Preis des Gutes p_B stufenlos über einen größeren Bereich, so erhält man die im Preis-Mengen-Diagramm (Abb. 3.49(b)) dargestellte Kurve. Sie ist eine individuelle, eine *einzelwirtschaftliche Nachfragekurve* und gibt an, welche Mengen von Gut B der Haushalt bei unterschiedlichen Preisen (p_B) zu kaufen wünscht. Die Nachfragekurve ist die grafische Darstellung der bereits früher abgeleiteten Hypothese, wonach ein Haushalt von einem Gut bei gegebenen Preisen aller anderen Güter und gegebenem Einkommen um so weniger kauft, je höher sein Preis ist.

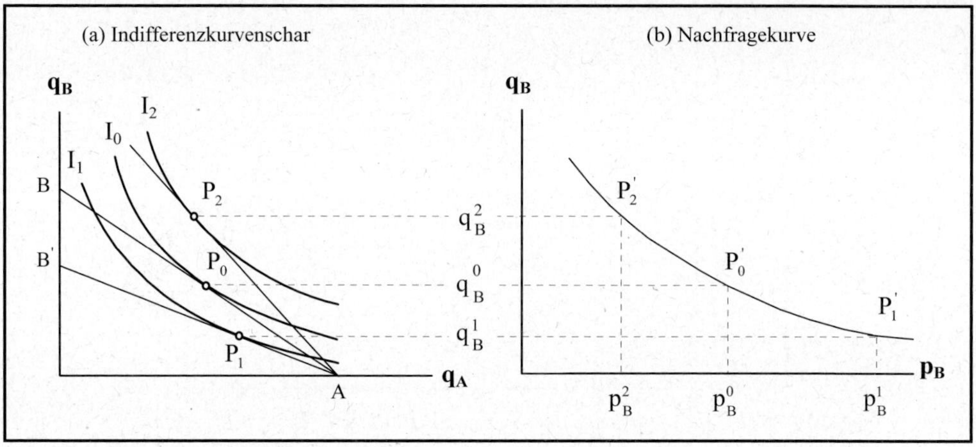

Abb. 3.49: Indifferenzkurvenschar und Nachfragekurve eines Haushalts

3.6.2 Partielle Konsumkurve

Änderungen des für den Konsum zur Verfügung stehenden Budgets (Einkommensänderungen)[38] können grafisch als Parallelverschiebung der Budgetgeraden dargestellt werden.

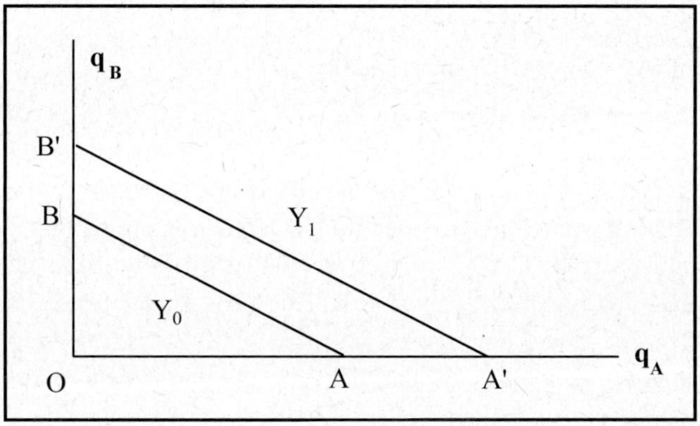

Abb. 3.50: Veränderung der Budgetgeraden bei Einkommensänderungen

Eine Erhöhung des Einkommens von Y_0 auf Y_1 kann bei gegebenen Güterpreisen als Parallelverschiebung vom Ursprung weg illustriert werden. Für die Abszissen- und Ordinatenabschnitte gilt:

$$0B = Y_0/p_B \quad \text{und} \quad 0B' = Y_1/p_B \quad \text{mit } Y_1 > Y_0$$

$$0A = Y_0/p_A \quad \text{und} \quad 0A' = Y_1/p_A \quad \text{mit } Y_1 > Y_0$$

Entsprechend kann eine Einkommensreduktion durch Parallelverschiebung der Budgetgeraden zum Ursprung hin veranschaulicht werden. In ihren Wirkungen und ihrer grafischen Gestaltung gleichbedeutend mit einer Einkommenserhöhung ist eine gleich große relative Verbil-

38 Exakt betrachtet führen Einkommensänderungen nur unter sonst gleichen Bedingungen zu Änderungen des Konsumbudgets.

ligung bzw. gleichbedeutend zur Einkommensreduktion ist eine gleich große relative Verteuerung beider Güterpreise.

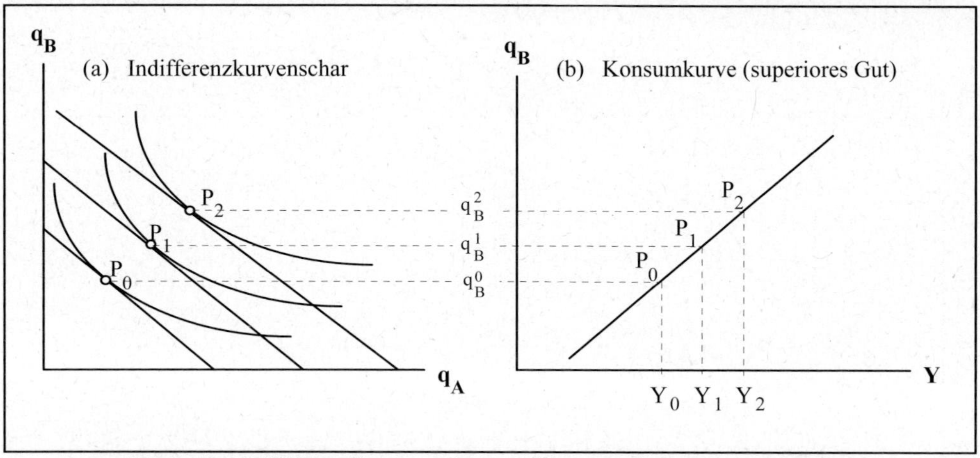

Abb. 3.51: Indifferenzkurvenschar und Konsumkurve eines Haushalts

Verbindet man die zu verschiedenen Einkommensniveaus gehörenden Haushaltsoptima, also die Punkte P_0, P_1 und P_2 usw., erhält man den *Einkommensexpansionspfad* als eine Reaktion des Haushalts auf Einkommensänderungen. Überträgt man die den Punkten entsprechenden Nachfragemengen des Gutes B in ein q_B,Y-Koordinatensystem (Abb. 3.51(b)) erhält man die Konsumkurve des Gutes B, die den Zusammenhang zwischen dem Einkommen und der nachgefragten Menge des Gutes bei gegebenen Güterpreisen angibt. Entsprechend ließe sich die Konsumkurve für das Gut A ableiten. Man spricht auch von einer *partiellen Konsumfunktion.*[39] Sie stellt den grafischen Zusammenhang, der bereits oben eingeführten Hypothese dar, wonach die Konsumausgaben eines privaten Haushalts für ein Gut um so größer sind, je höher bei gegebenen Preisen sein Einkommen ist.

Der Zusammenhang zwischen dem Konsum eines Gutes und dem Einkommen des Haushalts kann in Abhängigkeit von der Art des Gutes noch präziser beschrieben werden. Die Art oder Beschaffenheit des Gutes wird durch die unterschiedliche Lage der Indifferenzkurven abgebildet. Sie ist Ausdruck der zugrunde liegenden Präferenzstruktur (Nutzenfunktion) und damit der speziellen Wertschätzung, die der Haushalt dem Gut entgegenbringt. Man unterscheidet:

- **Superiore Güter:**

  Der Konsum des Gutes B nimmt bei steigendem Einkommen relativ stärker zu als das Einkommen, d.h. Gut B ist in der Einschätzung des Haushalts superior, z.B. Luxusgüter. Zur grafischen Darstellung[40] siehe Abbildung 3.51.

[39] Ihre grafische Darstellungen werden auch nach dem deutschen Statistiker ERNST ENGEL (1821-1896) Engel-Kurven genannt.

[40] Die Konsumkurve eines superioren Gutes weist einen positiven Abszissenabschnitt und positive Steigung auf, d.h. das Gut wird erst ab einem bestimmten Einkommen in den Konsumplan des Haushalts aufgenommen.

- **Relativ inferiore Güter:**

  Der Konsum des Gutes B nimmt mit steigendem Einkommen zu, wobei die relative Mengenänderung geringer ausfällt als die sie verursachende relative Änderung des Einkommens, z.B. Wohnungsnutzung, viele Textilien, die meisten Nahrungsmittel (vgl. Abb.3.52).[41]

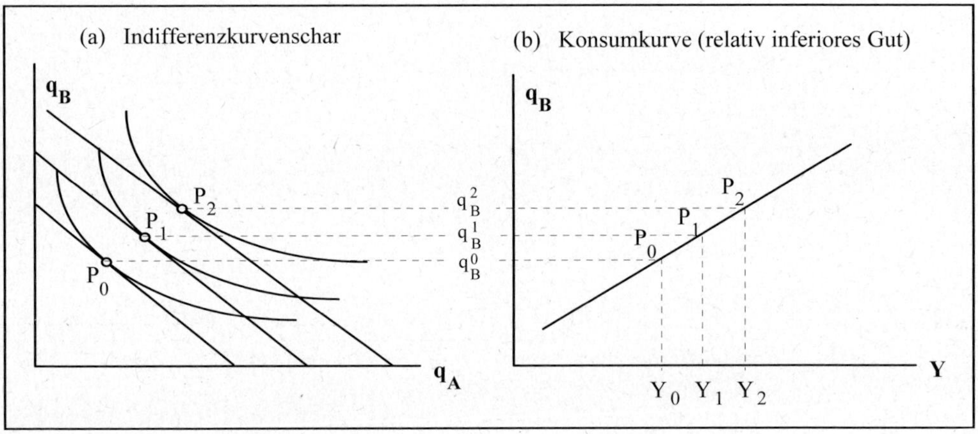

Abb. 3.52: Konsumkurve eines relativ inferioren Gutes

- **Absolut inferiore Güter:**

  Der Konsum des Gutes B geht mit steigendem Einkommen absolut zurück, z.B. Salz oder Kartoffeln. Ein solches Verhalten ist zu beobachten, wenn mit steigendem Einkommen andere Produkte die bisher konsumierten verdrängen (vgl. Abb. 3.53).[42]

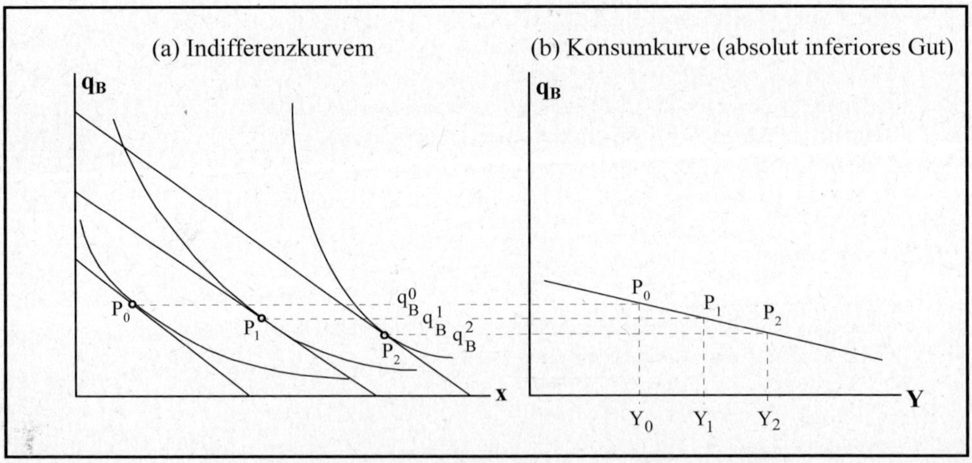

Abb. 3.53: Konsumkurve eines absolut inferioren Gutes

---

41 Die Konsumkurve eines relativ inferioren Gutes besitzt einen positiven Ordinatenabschnitt und positive Steigung.

42 Die Konsumkurve eines absolut inferioren Gutes hat negative Steigung.

3.6.3 Substitutions- und Nutzeneffekt

Preisänderungen führen, wie wir oben festgehalten haben, zu Änderungen des Haushaltsoptimums und zwar in der Weise, dass normalerweise von dem teurer gewordenen Gut weniger nachgefragt wird. Die Preisänderung eines Gutes hat aber auch Auswirkung auf die reale Kaufkraft des Haushalts, d.h. bei gegebenem Einkommen und Preisen des anderen Gutes wird das realisierbare Gütermengenbündel kleiner. Es ist nun zu untersuchen, wie beide Effekte auf den Konsumplan des Haushalts einwirken.

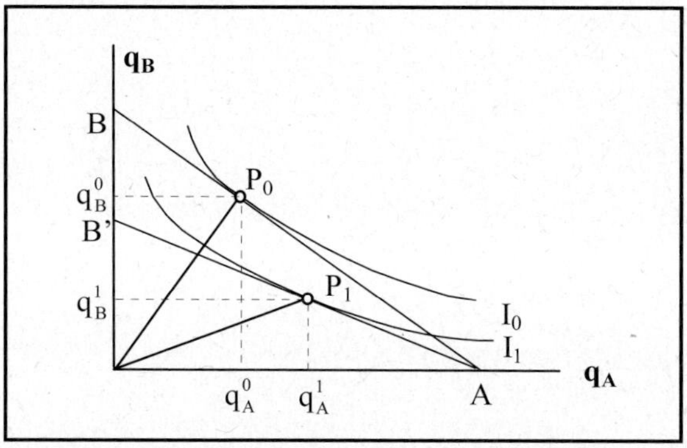

Abb. 3.54: Gesamteffekt einer Preiserhöhung

Steigt der Preis eines Gutes, dann kann mit dem gleich bleibenden Nominaleinkommen insgesamt aber nur noch ein kleineres Güterbündel gekauft werden. Man sagt, das *Realeinkommen* des Haushalts habe sich verringert, oder der Haushalt habe eine Einbuße an Kaufkraft erlitten. Die neue Konsumgüterkombination P_1 liegt in jedem Fall auf einer Indifferenzkurve, die einen niedrigeren Nutzenwert (= reale Kaufkraft) repräsentiert. Wenn aber Preisänderungen, wie oben skizziert, auch das Realeinkommen des Haushalts ändern, dann lässt sich seine Reaktion in zwei Teilreaktionen zerlegen und zwar in den

- **Substitutionseffekt**, der den Haushalt veranlasst, weniger von dem teureren und dafür mehr von dem anderen Gut zu kaufen und den
- **Einkommenseffekt**, der, sofern das Gut nicht absolut inferior ist, dazu führt, dass von beiden Gütern wegen des Kaufkraftverlustes weniger konsumiert wird.

Die Zerlegung in den Substitutions- und Einkommenseffekt ist zwar theoretisch geboten, aber weil Indifferenzkurven empirisch nicht nachweisbar sind, kaum von praktischem Nutzen. Wir halten fest, dass das Nutzenniveau, welches die Haushalte nach einer Preiserhöhung erreichen können, niedriger ist als in der Ausgangslage und nennen diesen Effekt **Nutzeneffekt.**

Einwände gegen diese Art der Haushaltstheorie richten sich zum einen gegen die Vorstellung, jeder Haushalt könnte zu jeder Zeit eine eindeutige und widerspruchsfreie Präferenzordnung für alle Güter, die er nachzufragen wünscht, aufstellen, zumal er bei der Bewertung von Gütern durch die sich u.U. rasch wandelnden Einflüsse aus seinem gesellschaftlichen Umfeld beeinflusst wird. Überdies sind Nutzengrößen nicht messbar und auch nicht interpersonell zu vergleichen. Zum anderen wird die Nutzentheorie als überflüssig angesehen, weil weder Präferenzordnungen noch konkrete Indifferenzkurvenfelder beobachtbar sind und damit diese Ableitungen keine speziellen Prognosen ermöglichen.

Trotz dieser Einwände ist unserer Meinung nach die Nutzentheorie ein wichtiges Betätigungsfeld, liefert sie uns doch die Grundlage für die Einschätzung des Wertes von Gütern und für das Verständnis auch außergewöhnlicher Nachfragereaktionen der Haushalte.

3.7 Bestimmungsgrößen der individuellen Nachfrage

Im allgemeinen unterstellen wir, dass die Nachfrage eines Haushalts nach einem Gut abhängt,

- vom Preis des Gutes selbst,
- vom Preis anderer Güter sowie
- vom Einkommen und damit von seinem für den Konsum zur Verfügung stehenden Budget.

Im Zwei-Güter-Fall hat die allgemeine Nachfragefunktion eines Haushalts das Aussehen:

$$q_A = f(p_A, p_B, Y) \qquad (3.50)$$

Im folgenden werden wir nun in ceteris-paribus-Betrachtungen die einzelnen Einflussfaktoren auf die Nachfrage analysieren.

3.7.1 Preiselastizität der Nachfrage

Wir untersuchen die Nachfrage nach einem Gut in Abhängigkeit von seinem Preis. Es gilt also:

$$q_A = f(p_A) \qquad (3.51)$$

Diese Nachfragekurve des Haushaltes für Gut A gibt an, welche Mengen des Gutes der Haushalt bei unterschiedlichen Preisen und konstantem Einfluss aller sonstigen das Kaufverhalten beeinflussenden Variablen zu kaufen wünscht. Noch spezieller kann man von einer linearen Nachfragekurve ausgehen. Ihre allgemeine Form lautet:

$$q_A = a - b \cdot p_A \qquad \text{mit} \qquad a > 0, b > 0 \qquad (3.52)$$

In dieser speziellen Nachfragekurve gibt der Parameter a als Schnittpunkt der Geraden mit der Mengenachse die *Sättigungsmenge* q_S an, d.h. die Menge des Gutes, die der Haushalt selbst bei einem Preis von Null maximal nachfragen will. Der Quotient a/b gibt als Schnittpunkt der Geraden mit der Preisachse den *Prohibitivpreis* p_{max} an, das ist der Preis, ab dem die nachgefragte Menge nach dem Gut Null wird. Wir können dann die Funktion (3.52) wie folgt schreiben:

$$q_A = q_S - \frac{q_S}{p_{max}} \cdot p_A \qquad (3.53)$$

Eine numerisch spezifizierte Variante der Nachfragefunktion sei z.B.:

$$q_A = 15 - 2p_A$$

Sie besitzt folgende Funktionswerte:

p_A	0	1	2	3	4	5	6	7	7,5
q_A	15	13	11	9	7	5	3	1	0

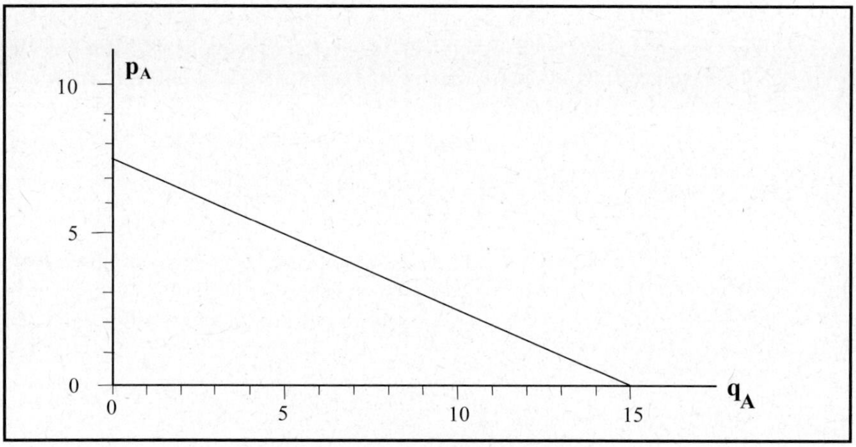

Abb. 3.55: Nachfragefunktion

Die Elastizität,[43] mit der man nun die Reaktion des Haushalts, für den die spezielle Nachfragekurve gilt, auf eine relative Preisänderung messen kann, ist wie folgt definiert:

$$\eta_{q_A}(p_A) = \frac{\Delta q_A / q_A}{\Delta p_A / p_A} = \frac{\Delta q_A}{\Delta p_A} \cdot \frac{p_A}{q_A} \qquad (3.54)$$

Die **Preiselastizität** der Nachfrage ist im Normalfall negativ, da eine Preisänderung eine gegenläufige Mengenänderung nach sich zieht.

Wir wollen uns zunächst zwei Teilbereiche der Nachfragereaktion (vgl. Abbildung 3.56) anschauen. Zum einen sinke der Preis von 6 auf 5, was zu einem Anstieg der nachgefragten Menge von 3 auf 5 führt. Zum anderen gehe der Preis von 3 auf 2 zurück, worauf die Nachfrage von 9 auf 11 steigt.

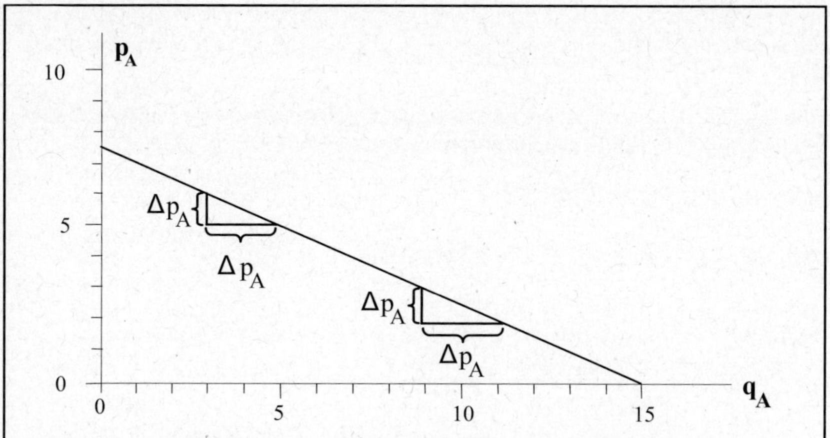

Abb. 3.56: Elastizitäten der Nachfragefunktion

[43] Zur Berechnung und Bedeutung der Elastizitätsfunktion verweisen wir auf die einschlägigen mathematischen Lehrbücher.

Die absoluten Preis- und Mengenänderungen sind in beiden Fällen gleich groß, aber die relativen Änderungen unterscheiden sich erheblich. Im ersten Beispiel ruft eine Senkung des Preises um 16,7 v.H. eine Mengenreaktion von 66,7 v.H. hervor, während im zweiten Fall eine Preissenkung um 33,3 v.H. die nachgefragte Menge nur um 22,2 v.H. zunehmen lässt. Die Berechnung der numerischen Werte der Elastizitäten ergibt daher:

$$\eta^1_{q_A}(p_A) = \frac{2/3}{-1/6} = -4 \qquad \eta^2_{q_A}(p_A) = \frac{2/9}{-1/3} = -\frac{2}{3}$$

Wie wir sehen, nimmt die Elastizitätsfunktion entlang der linearen Nachfragefunktion unterschiedliche Werte an. Wenn wir nun die Nachfragefunktion als stetig und differenzierbar voraussetzen, kann man in der Definition der Preiselastizität (3.54) den Differenzenquotienten durch den Differentialquotienten ersetzen:

$$\eta_{q_A}(p_A) = \frac{dq_A}{dp_A} \cdot \frac{p_A}{q_A} \tag{3.55}$$

Für die allgemeine lineare Nachfragefunktion (3.53) nimmt der Differentialquotient (die Steigung der Funktion) im gesamten Funktionsbereich den Wert -b an. Der Quotient p_A/q_A besitzt dagegen an jeder Stelle der Funktion einen anderen positiven Wert. Wir fragen nun: An welcher Stelle der allgemeinen linearen Funktion ist die Preiselastizität gleich -1? Wo gilt also folgender Zusammenhang:

$$\eta_{q_A}(p_A) = \frac{dq_A}{dp_A} \cdot \frac{p_A}{q_A} = -1 \tag{3.56}$$

Die grafische Veranschaulichung[44] sowie die rechnerische Ermittlung[45] der Elastizität zeigt uns sofort, dass die Preiselastizität den Wert -1 bei der halben Sättigungsmenge ($q_A = q_S/2$) und dem halben Prohibitivpreis ($p_A = p_{max}/2$) annimmt. Für die dazwischen liegenden Bereiche gilt:

- Im Wertebereich $0 < p_A < p_{max}/2$, wenn also der Preis des Gutes größer als null, aber kleiner als der halbe Prohibitivpreis ist, führt eine Preiserhöhung (bzw. -senkung) zu einer relativ geringeren Senkung (bzw. Erhöhung) der nachgefragten Menge. Die Elastizität liegt zwischen null und minus eins. Man sagt auch, die Nachfrage reagiere *unelastisch*.
- Im Bereich $p_{max}/2 < p_A < p_{max}$ liegt der Wert der Elastizität zwischen minus eins und minus unendlich. Der Haushalt reagiert hier auf eine Preisänderung mit einer gegenläufigen und prozentual größeren Mengenänderung. Man sagt, die Nachfrage sei *elastisch*.

---

44 Die Elastizität einer Funktion $y = f(x)$ kann in Punkt P grafisch bestimmt werden. Es gilt:

$$\eta_y(x) = \frac{\text{Strecke vom Punkt P zur Ordinate}}{\text{Strecke vom Punkt P zur Abszisse}}.$$

45 $\varepsilon_{q_A}(p_A) = \frac{dq_A}{dp_A} \cdot \frac{p_A}{q_A} = -1$. Unter Berücksichtigung von $\frac{dq_A}{dp_A} = -\frac{q_S}{p_{max}}$ folgt hieraus $p_A = \frac{p_{max}}{q_S} \cdot q_A$. Dies eingesetzt in die Nachfragefunktion liefert: $q_A = \frac{q_S}{2}$

Die grafische Bestimmung des Wertes der Elastizität zeigt uns auch, dass die Elastizität bei der halben Sättigungsmenge -1 sein muss, da an dieser Stelle, die Nachfragekurve in zwei gleich große Strecken zerteilt wird.

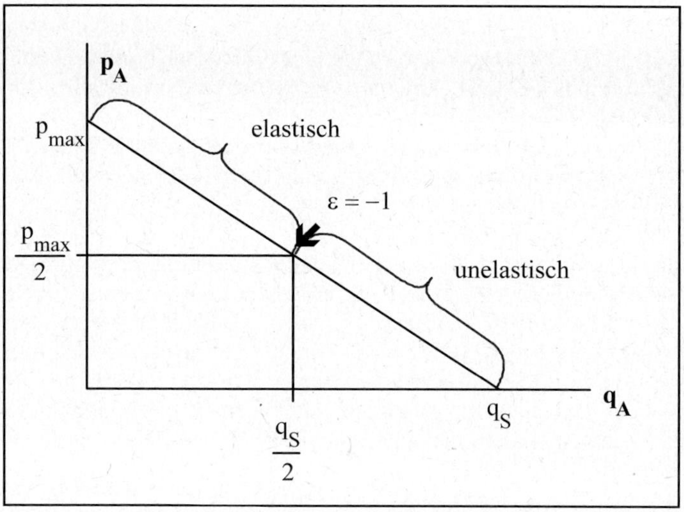

Abb. 3.57: Elastizitätsbereiche einer linearen Nachfragefunktion

Unsere Überlegungen zeigen zunächst, dass die konkrete Angabe über die Größe einer Preiselastizität ohne Nennung des Gültigkeitsbereiches, d.h. des dazugehörigen Preises, unsinnig ist. Zu beachten ist weiterhin, dass Angaben über eine Elastizität die strikte Geltung der ceteris-paribus-Klausel voraussetzen. Die Elastizität gibt eine strenge Ursache-Wirkungs-Beziehung wieder, deshalb müssen alle sonstigen Erklärungsvariablen für die nachgefragte Menge als konstant betrachtet werden oder sich gegenseitig aufheben.[46]

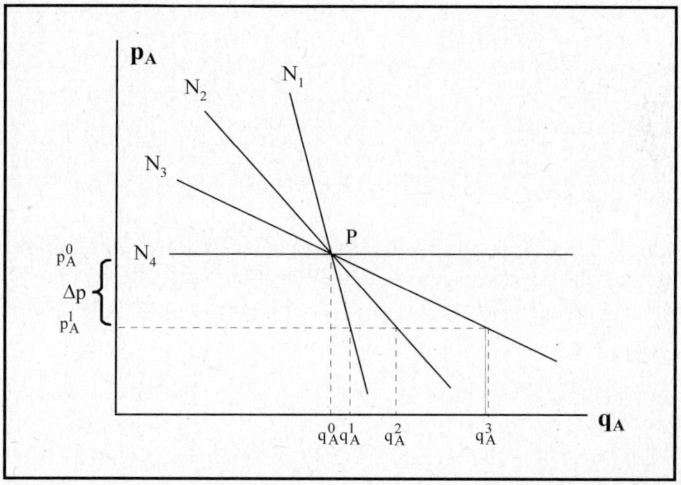

Abb. 3.58: Lineare Nachfragekurven mit unterschiedlicher Steigung

Je flacher eine Nachfragekurve durch einen bestimmten Punkt, z.B. Punkt P in Abbildung 3.58 verläuft, desto elastischer reagiert die Nachfrage in diesem Punkt.

46 Bei der Bestimmung des Wertes der Elastizitätsfunktion durch das Streckenverhältnis müssen wir berücksichtigen, dass bei Nachfragekurven im allgemeinen die abhängige Variable (q_A) auf der Abszisse und die unabhängige Variable (p_A) auf der Ordinate abgetragen wird.

Bei gegebener Preissenkung von p_A^0 um Δp_A auf p_A^1 ist die Mengenreaktion (Δq_A) um so größer, je flacher die Nachfragekurve verläuft. Die Elastizität nimmt damit immer größere Werte an. Den Extremfall bildet die Lage N_4. Hier führt eine infinitesimal kleine Preisänderung zu einer beliebig großen Mengenänderung, die Elastizität ist minus unendlich, die Nachfrage völlig elastisch, und der Preis bestimmt nicht mehr die gekaufte Menge. Umgekehrt gilt: Je steiler die Nachfragekurve in einem Punkt verläuft, um so weniger elastisch ist die Nachfrage bei diesem Preis.

Die Höhe der Preiselastizität eines Gutes bei einem bestimmten Preis wird, wie Untersuchungen belegen, von vielen Faktoren beeinflusst, z.B. ob es leicht zu substituieren ist und wie groß der Anteil der Konsumausgaben dieses Gutes am Budget ist. Güter, die in bestimmten Bereichen sehr preisunelastisch, vielleicht sogar völlig unelastisch reagieren, sind beispielsweise lebensnotwendige Güter oder auch im Gegensatz hierzu geringpreisliche Güter, wie z.B. Backpulver oder Streichhölzer. Völlig elastische Nachfrage können wir nur da beobachten, wo fixierte Preise existieren, die nicht unterschritten werden dürfen, z.B. auf dem Arbeitsmarkt oder möglicherweise bei Devisenkontrollen.

Die Abschätzung der Preiselastizität eines Gutes liefert dem Anbieter Hinweise auf seinen Preisgestaltungsspielraum und ist wichtig zur Schätzung des Steueraufkommens, wenn der Preis eines Gutes durch die Steuer beeinflusst wird.

3.7.2 Kreuzpreiselastizität

Die Nachfrage nach dem Gut A hängt u.U. auch von der Nachfrage nach anderen gewünschten Gütern des Haushalts, im Zwei-Güter-Fall von der Nachfrage nach Gut B ab. Die Messung der gegenseitigen Nachfrageabhängigkeit zweier Güter erfolgt mit Hilfe der *Kreuzpreiselastizität*. Sie ist definiert als relative Veränderung der Nachfragemenge nach einem Gut A aufgrund einer sie verursachenden relativen Preisänderung des Gutes B:

$$\eta_{q_A}(p_B) = \frac{\Delta q_A / q_A}{\Delta p_B / p_B} = \frac{\Delta q_A}{\Delta p_B} \cdot \frac{p_B}{q_A} \quad \text{oder mit } \Delta p_B \to 0^{47} \quad \eta_{q_A}(p_B) = \frac{dq_A}{dp_B} \cdot \frac{p_B}{q_A} \tag{3.57}$$

Die Kreuzpreiselastizität gibt damit an, wie die Nachfrage nach einem Gut direkt auf die Änderung des Preises eines anderen Gutes reagiert. Wir unterstellen, dass beide Güter nicht absolut inferior sind. Wir unterscheiden dann drei Arten von paarweisen Güterbeziehungen:

- **Substituierbare Güter:**

  Sind die Güter A und B substituierbar, wie z.B. Butter und Margarine, Erdgas und Heizöl oder Brief und Telefonanruf, dann führt die Erhöhung des Preises p_B zu einem Rückgang der Nachfrage nach Gut B und damit zu einer verstärkten Nachfrage nach dem Substitutionsgut A und umgekehrt. Für die Kreuzpreiselastizität gilt:

$$\eta_{q_A}(p_B) > 0 \tag{3.58}$$

[47] Differenzierbarkeit vorausgesetzt.

- **Komplementäre Güter:**

  Komplementäre Güter sind dadurch gekennzeichnet, dass die Preissteigerung eines Gutes auch zu einer Nachfragesenkung des anderen Gutes führt. Sie ergänzen einander und wirken in der Befriedigung eines Bedürfnisses zusammen. Beispiele hierfür sind Kfz und Benzin, Fotoapparat und Filme oder Pfeifentabak und Pfeife. Die Kreuzpreiselastizität dieser Güter ist negativ:

$$\eta_{q_A}(p_B) < 0 \tag{3.59}$$

- **Unabhängige Güter:**

  Schließlich ist der Fall denkbar, dass die Nachfrage nach einem Gut vom Preis eines anderen Gutes nicht berührt wird. Es handelt sich dann um zwei voneinander unabhängigen Güter, z.B. Bleistifte und Fahrräder oder Blumen und Benzin. Ihre Kreuzpreiselastizität ist gleich null:

$$\eta_{q_A}(p_B) = 0 \tag{3.60}$$

3.7.3 Einkommenselastizität

Die Abhängigkeit der Nachfrage nach Gut A vom Einkommen des Haushalts $q_A = f(Y)$ bei konstantem Einfluss der Preise wird durch die Einkommenselastizität der Nachfrage $\eta_{q_A}(Y)$ angegeben. Sie misst die relative Änderung der Konsumausgaben des Haushalts für Gut A ($\Delta q_A/q_A$) bezogen auf die sie verursachende relative Änderung seines Einkommens ($\Delta Y/Y$):

$$\eta_{q_A}(Y) = \frac{\Delta q_A/q_A}{\Delta Y/Y} = \frac{\Delta q_A}{\Delta Y}\cdot\frac{Y}{q_A} \quad \text{bzw. mit } \Delta Y \to 0^{48} \quad \eta_{q_A}(Y) = \frac{dq_A}{dY}\cdot\frac{Y}{q_A} \tag{3.61}$$

Mit Hilfe der Einkommenselastizität der Konsumausgaben für ein Gut können wir die bereits oben vorgenommene Einteilung in superiore, relativ inferiore und absolut inferiore Güter präzisieren:

- **Superiores Gut:**

  Wenn das Gut J für einen Haushalt superior ist, bedeutet dies, dass die relative Veränderung der Konsumausgaben dieses Haushalts bei diesem Gut größer ist als die sie bewirkende relative Veränderung seines Einkommens, d.h. wenn das Einkommen um 10 % steigt, bewirkt dies eine Zunahme der Konsumausgaben für dieses Gut um mehr als 10 %. Die Einkommenselastizität nimmt mithin einen Wert größer als Eins an:

$$\eta_{q_J}(Y) \geq 1 \tag{3.62}$$

- **Relativ inferiores Gut:**

  Ist das Gut K für einen Haushalt relativ inferior, dann bewirkt eine Einkommensänderung eine in dieselbe Richtung gehende aber geringere relative Änderung der Konsumausgaben dieses Gutes, d.h. wenn das Einkommen um 10 % steigt nehmen die Konsum-

[48] Unter der üblichen Differenzierbarkeitsvoraussetzung

ausgaben dieses Gutes zu, aber um weniger als 10 %. Die Einkommenselastizität nimmt demzufolge einen Wert zwischen null und eins an:

$$0 \leq \eta_{q_K}(Y) < 1 \tag{3.63}$$

- **Absolut inferiores Gut:**

  Das Gut L sei für den Haushalt absolut inferior. Eine Einkommensänderung bewirkt in diesem Fall eine gegenläufige Veränderung seiner Konsumausgaben. Wenn das Einkommen des Haushalts steigt, sinken demnach die Ausgaben für den Konsum dieses Gutes und umgekehrt. Die Einkommenselastizität ist also negativ:

$$\eta_{q_L}(Y) < 0 \tag{3.64}$$

3.8 Bildung relativer Preise in einem Zwei-Güter-Modell

In den voran stehenden Abschnitten wurde gezeigt, welche Güterkombination ein gewinnmaximierender Zweiproduktunternehmer in einer Zwei-Güter-Welt anbietet und welche ein nutzenmaximierender Haushalt nachfragt. In beiden Modellen stellte sich das Verhältnis der Güterpreise als eine entscheidende Größe der jeweiligen Optimallösung heraus.

Im folgenden soll von *aggregierten* Kurven ausgegangen werden. Eine Transformationskurve wird nicht mehr als Produktionsmöglichkeitskurve eines einzelnen Unternehmens, sondern die gemeinsame Kurve aller Unternehmer, die die fraglichen Güter erzeugen, angesehen. Ein Indifferenzkurvenschema soll nicht mehr die Präferenzen eines einzelnen Haushalts, sondern die einer gesamten Gruppe von Nachfragern repräsentieren. Man nennt diese aggregierten Kurven auch ***gesellschaftliche*** Transformations- bzw. Indifferenzkurve.

Es soll dann gezeigt werden, wie sich aus der Unternehmens- und der Haushaltstheorie abgeleitet ein reales Preisverhältnis zwischen zwei Gütern A und B (z.B. Investitionsgüter und Konsumgüter) bestimmt. Es wird sowohl auf der Anbieter als auch auf der Nachfrageseite funktionierender Wettbewerb unterstellt.

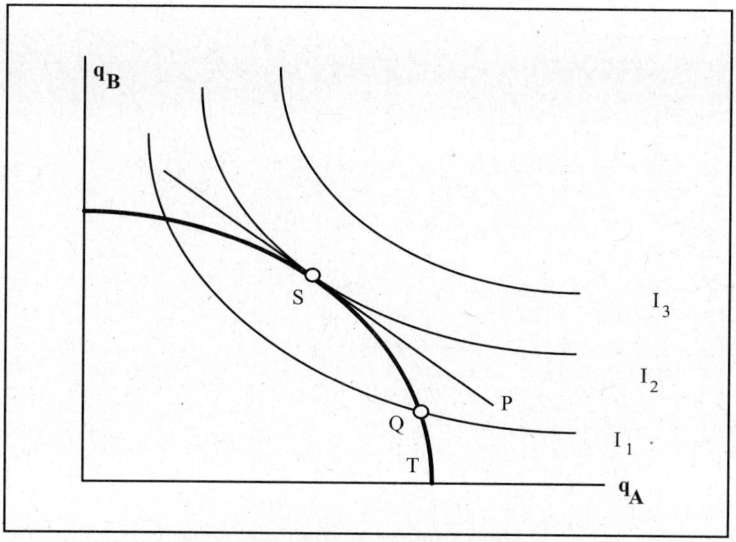

Abb. 3.59: Bildung relativer Preise

T sei die aggregierte Transformationskurve und I_1, I_2 und I_3 bezeichnen drei gesellschaftliche Indifferenzkurven. Nehmen wir zunächst an, auf der Transformationskurve sei der Punkt Q realisiert. Dieser Punkt entspricht aber angesichts der Präferenzen der Nachfrager nicht dem gesellschaftlichen Kosummaximum, welches unter den gegebenen Produktionsmöglichkeiten erreicht werden könnte. Erreichbar wäre nämlich die Indifferenzkurve I_2, während I_3 unerreichbar ist. Im Vergleich zu durch den Punkt Q repräsentierten Angebotsmengen fragen die Konsumenten mehr von B und weniger von A nach. Die Unternehmer werden ihr Angebot – Wettbewerb vorausgesetzt – anpassen. Ein Gleichgewicht wird dann im Punkt S erreicht und dort gilt die Bedingung:

$$\text{GRT} = \text{GRS} = -\frac{p_A}{p_B} \tag{3.65}$$

Das Gleichgewicht ist also in dem Punkt gegeben, in dem eine Indifferenzkurve die Transformationskurve tangiert. Beide Kurven haben dort die gleiche Steigung, d.h. die Grenzrate der Transformation entspricht der Grenzrate der Substitution. Und dieser Werte entspricht dem negativen Verhältnis der beiden Güterpreise.

Sei beispielsweise A das Gut Umweltschutz und B der gesamtwirtschaftliche Konsum. Dann ist das gesellschaftliche Optimum genau dann erreicht, wenn die Opportunitätskosten des Umweltschutzes, ausgedrückt in nicht produzierten Konsumeinheiten, genau so hoch sind, wie die Bereitschaft der Konsumenten, zugunsten einer Einheit Umweltschutz, auf Konsumgüter zu verzichten.

Kontrollfragen zum 3. Kapitel

1. Nennen und definieren Sie die volkswirtschaftlichen Produktionsfaktoren und die zugeordneten Faktoreinkommen!

2. Was ist der Unterschied zwischen Ertrag und Erlös?

3. Erklären Sie, was man unter der Komplementarität von Produktionsfaktoren versteht!

4. Was versteht man in der Produktionstheorie unter der Grenzrate der Substitution (inhaltlich - nicht mathematisch)? Was bedeutet für eine bestimmte Faktorkombination (x_0, y_0), dass die GRS = -3 ist?

5. Was versteht man unter einer Gewinnlinse?

6. Vollziehen Sie das Beispiel aus Abschnitt 3.3.3 in Einzelschritten nach (wer hierbei Schwierigkeiten hat, sollte die einschlägige Mathematik wiederholen)!

7. Warum ist die Kostenfunktion in Abbildung 3.37 II linear?

8. Was versteht man unter einer Transformationskurve?

9. Wie kann man die Steigung der Transformationskurve ökonomisch interpretieren?

10. Worauf beziehen sich die ökonomischen Entscheidungen eines typischen privaten Haushalts?

11. Von welcher generellen Verhaltenshypothese gehen wir bei der Analyse der Konsumentscheidungen eines privaten Haushalts aus?

12. Welche Gestalt hat eine allgemeine Nutzenfunktion. Erläutern Sie die grafische Darstellung anhand des Grenznutzenverlaufs!

13. Wie lautet das erste Gossensche Gesetz?

14. Wieso erlaubt das Grenznutzenkonzept die Auflösung des Wertparadoxon?

15. Was besagt das zweite Gossensche Gesetz?

16. Erläutern Sie auf der Grundlage allgemeiner Nutzenüberlegungen den Zusammenhang zwischen dem Preis eines Gutes und der Nachfrage nach diesem Gut!

17. Was ist eine Indifferenzkurve?

18. Erläutern Sie die grafische Herleitung des Haushaltsoptimums im Zwei-Güter-Fall!

19. Wie lautet die algebraische Lösung des Haushaltsoptimums im Zwei-Güter-Fall?

20. Welche Auswirkungen haben Einkommens- und Güterpreisveränderungen auf die Lage der Budgetgeraden?

21. Konstruieren Sie eine einzelwirtschaftliche Nachfragekurve!

22. Welchen Zusammenhang stellt eine partielle Konsumkurve her?

23. Was verstehen wir unter superioren, relativ inferioren und absolut inferioren Gütern?

24. Welche Effekte zieht die Preiserhöhung eines Gutes unter sonst gleichen Bedingungen nach sich?

25. Erläutern Sie die Einflussfaktoren der Nachfrage eines Haushalts im Zwei-Güter-Fall!

26. Definieren Sie die Preiselastizität der Nachfrage!

27. Zeigen Sie an einer Zeichnung die Elastizitätsbereiche der linearen Nachfragefunktion!

28. Bestimmen Sie exakt den Punkt einer linearen Nachfragefunktion, in dem die Elastizitätsfunktion den Wert -1 annimmt!

29. Mit welcher Elastizitätsfunktion beschreiben wir die paarweisen Güterbeziehungen?

30. Welche Werte nimmt die Einkommenselastizität der Nachfrage bei superioren und bei relativ inferioren Gütern an?

31. Geben Sie die Abbildung 3.59 für den Fall einer linearen Transformationskurve an!

4. Preis- und Wettbewerbstheorie

Verschiedentlich war bereits von Marktpreisen die Rede. Im folgenden Kapitel wird dieser Begriff präzisiert. Es wird erklärt, wie die Preisbildung auf verschiedenen Marktformen abläuft. Dabei wird durch das ganze Kapitel, von gesondert erwähnten Ausnahmen abgesehen, Gewinnmaximierung als Unternehmensziel und Nutzenmaximierung als Ziel der Haushalte unterstellt.

4.1 Marktformen

Ein **Markt** ist der ökonomische Ort des Tausches. Unter *ökonomischem Ort* soll hier nur abstrakt die Tatsache verstanden werden, dass es jemanden gibt, der ein Gut anbietet, wir sprechen dann von einem **Anbieter**, oder ein Gut nachfragt, wir sprechen dann von einem **Nachfrager**. Ein Tausch kann erst zustande kommen, wenn beide Marktseiten, Anbieter und Nachfrager, vorhanden sind. Der Tausch muss nicht auf einem räumlichen Ort vonstatten gehen, wie z.B. bei einem Wochenmarkt, auf dem landwirtschaftliche Erzeugnisse gehandelt werden. Die Marktteilnehmer können räumlich weit getrennt sein, so schließt z.B. ein Devisenhändler in Frankfurt ein Geschäft mit einem Kollegen in New York zeitgleich elektronisch ab.

Der Tausch ist selbstverständlich nicht an die Existenz von Geld gebunden. Man kann auch nichtgeldliche Güter[1] tauschen, man spricht dann von **Naturaltausch** (engl. *barter trade*). Am häufigsten trifft man in der modernen Marktwirtschaft allerdings den **Kauf** an, den Tausch Ware gegen Geld. Des weiteren wollen wir den Begriff Markt einschränken auf den Tausch *eines* Gutes. In diesem Sinne wäre also der gute alte Wochenmarkt eine Zusammenfassung vieler Einzelmärkte.

Eine erste wichtige Klassifizierung teilt Märkte nach der qualitativen Beschaffenheit in *vollkommene* und *unvollkommene* Märkte ein. Wir nennen einen Markt **vollkommen**, wenn folgende Eigenschaften erfüllt sind:

- Das Produkt ist *homogen*, d.h. alle von dem besagten Produkt angebotenen Einheiten unterscheiden sich nicht voneinander, sie sind völlig identisch bzgl. Qualität, Aufmachung etc.
- Es gibt seitens der Anbieter oder Nachfrager keine persönlichen Präferenzen bezüglich der Marktgegenseite.
- Der Markt ist ein räumlicher Punktmarkt, d.h. kein Marktteilnehmer hat gegenüber einem anderen einen räumlichen Vor- oder Nachteil.
- Der Markt ist ein zeitlicher Punktmarkt, d.h. kein Marktteilnehmer hat gegenüber einem anderen einen zeitlichen Vor- oder Nachteil.
- Alle Marktteilnehmer verfügen über vollständige Marktinformationen (Markttransparenz).

JEVONS[2] wies nach, dass es auf einem so definierten Markt nur einen Preis für ein Gut geben kann (***Jevons´ Law of Indifference***). Ein Markt, der nicht vollkommen ist, bei dem also eine

---

[1] Es sei noch einmal daran erinnert, dass Güter auch Dienstleistungen sein können, also nicht nur Sachgüter.

[2] WILLIAM STANLEY JEVONS (1835 - 1882), englischer Ökonom, war einer der Begründer der neoklassischen Schule (vgl. Kapitel 7).

der fünf Voraussetzungen verletzt ist, heißt **unvollkommener Markt**. Ist nur die letzte Bedingung (vollständige Information aller Marktteilnehmer) nicht erfüllt, so spricht man von einem **temporär unvollkommenen Markt**. Bei Gültigkeit der anderen Bedingungen wird sich vollständige Information über kurz oder lang einstellen.

Betrachtet man die doch recht restriktiv erscheinenden Abgrenzungskriterien des vollkommenen Marktes, so stellt sich die Frage, ob es in der Realität solche Märkte überhaupt gibt. Am ehesten dürften *Börsen* (Wertpapierbörsen, Devisenbörsen, Warenbörsen) dem Modell des vollkommenen Marktes nahe kommen. Unter der Voraussetzung homogener Güter, entsprechen auch Internetmärkte weitgehend diesem Referenzmodell.

Ein weiteres wichtiges Abgrenzungskriterium für Märkte, mit dem wir uns beschäftigen wollen, ist die *Wettbewerbsintensität*, die anhand der Anzahl der Marktteilnehmer gemessen werden soll. Die folgende Tabelle gibt eine Übersicht über die Marktformen, oder auch *Wettbewerbsformen*, die wir in bezug auf dieses Kriterium unterscheiden wollen.

Tab. 4.1: Wettbewerbsformen

Nachfrager / Anbieter	**einer**	**wenige**	**viele**
einer	bilaterales Monopol	beschränktes Monopol	Monopol
wenige	beschränktes Monopson	bilaterales Oligopol	Oligopol
viele	Monopson	Oligopson	Polypol

Je nach Anzahl der Teilnehmer auf beiden Marktseiten können wir also nach der obigen Definition neun Wettbewerbsformen unterscheiden. Die Zahl erhöht sich auf 17, wenn man bedenkt, dass zumindest theoretisch, mit Ausnahme des bilateralen Monopols, jede der o.g. Formen als vollkommener oder unvollkommener Markt bestehen kann.

Was bedeutet nun eigentlich *viele* oder *wenige*? Das entscheidende Abgrenzungskriterium ist, ob der einzelne Marktteilnehmer Einfluss auf die Preisgestaltung nehmen kann oder nicht. Kann der einzelne dies, so sprechen wir von wenigen Marktteilnehmern. Kann ein einzelner dies nicht, so haben wir einen Markt mit vielen Marktteilnehmern.

Im folgenden wollen wir Beispiele für die neun Wettbewerbsformen geben, wobei wir offen lassen, ob es sich um vollkommene oder unvollkommene Märkte handelt.

Ein *bilaterales Monopol*[3] liegt in der Bundesrepublik Deutschland in vielen Regionen und Branchen bei Tarifverhandlungen vor. Tarife werden kollektiv abgeschlossen, mit Vertretern der Arbeitnehmer auf der einen und Vertretern der Arbeitgeber auf der anderen Seite.

Ein Beispiel für ein *beschränktes Monopol* lag bei der Versteigerung der UMTS-Lizenzen durch den Bund im Jahr 2000 vor.

Ein *Monopol* ist das Geldangebotsmonopol der Europäischen Zentralbank, im Euro-Währungsgebiet die einzige Institution, die legal Zentralbankgeld bereitstellen darf. Ein inte-

[3] gr. *μόνος* (monos)- einzig, alleine; gr. *πωλεω* (poleo) – verkaufen.

ressantes Monopol war auch das *Zündholzmonopol*,[4] das in Deutschland zwischen 1930 und 1983 Gültigkeit hatte.

Ein *beschränktes Monopson*[5] ist der Inlandsmarkt für Kriegswaffen. Ohne Sondergenehmigung des Bundes dürfen nur die Bundeswehr, die Länder- und die Bundespolizei Kriegswaffen erwerben.[6]

Ein *bilaterales Oligopol*[7] liegt auf dem Markt für Großfeuerungsanlagen[8] vor. Es gibt nur wenige Unternehmen des Maschinenbaus, die solche Anlagen erzeugen und auf der anderen Seite nur wenige große Abnehmer, wie etwa Elektrizitätsversorgungsunternehmen.

Ein *Oligopol* ist auf dem Markt für Automobile gegeben. Wenigen Anbietern stehen hier sehr viele Nachfrager gegenüber.

Ein *Monopson* liegt etwa vor, wenn eine Zuckerfabrik regional der einzige Abnehmer von Zuckerrüben ist und viele kleine Landwirte in der Umgebung Zuckerrüben anbauen, so etwa im hessischen Wetteraukreis, wo 200 Rübenbauern ihre Ernte an eine Fabrik in Groß-Gerau liefern (Handelsblatt 19.10.2005).

Ähnlich gelagert ist der Fall des *Oligopsons*. Die Automobil-Zuliefer-Industrie ist teilweise oligopsonistisch strukturiert.

Ein Beispiel für das *Polypol*[9] kann der Lebensmittel-Einzelhandel einer Großstadt sein.

Aus den obigen Beispielen wird bereits erkennbar, dass die Zuordnung einer bestimmten Wettbewerbsform auf einen Markt nicht unproblematisch ist. Als erstes muss man den *relevanten Markt* abgrenzen. Diese Abgrenzung betrifft das Produkt, den Raum (regionaler Markt, nationaler Markt, Weltmarkt) und ggf. auch eine Zeitkomponente. Marktformen unterliegen dynamischen Wandel; im Laufe seines Lebenszyklus kann der Markt für ein Gut verschiedene Wettbewerbsformen durchlaufen.

Wir werden uns im folgenden mit den Marktformen Polypol, Monopol und Oligopol befassen. Die Beschäftigung mit diesen Modellen ist notwendig, um modernere Ansätze der Wettbewerbstheorie und -politik zu verstehen. Ziel wird es dabei sein, unter der Annahme der Gewinnmaximierung, die Preis- und Mengenbildung auf den Märkten zu verstehen.

---

4 1930 richtete das Deutsche Reich dem schwedischen Zündholzkonzern STAB im Gegenzug für eine Anleihe über 125 Mio US$ das Zündholzmonopol ein.

5 gr. *οψωνεω* (opsoneo) – kaufen

6 Art. 26 (2) GG sowie §§ 2, 15 KWKG (Kriegswaffenkontrollgesetz)

7 gr. *όλϊγος* (oligos) – wenig

8 Großfeuerungsanlagen sind thermische Kraftwerke mit einer Leistung von über 50 MW.

9 gr. *πολϋς* (polys) – viel

4.2 Polypol auf dem vollkommenen Markt

Das Polypol auf dem vollkommenen Markt, die sog. **vollständige Konkurrenz**, galt als das Paradigma der klassischen Wettbewerbstheorie. Nach JEVONS kann es auf diesem Markt nur einen Preis geben. Dieser Preis sei p_0. Sowohl Anbieter als auch Nachfrager sind **Mengenanpasser** (price taker), da sie einzeln nicht in der Lage sind, den Marktpreis zu beeinflussen (natürlich können das alle oder zumindest viele Marktakteure tun, wenn sie ihr Verhalten *gemeinsam* ändern!). Der Preis ist also für die Teilnehmer auf diesem Markt ein *Datum*, er ist kein *Aktionsparameter*, d.h. keine von ihnen zu beeinflussende Größe.

Wie verhält sich nun der einzelne Anbieter um seinen Gewinn zu maximieren. Eine entscheidende Rolle beim Verhalten des einzelnen Anbieters spielt seine Kostenfunktion.

4.2.1 Individuelles Angebot bei linearer Kostenfunktion

Unterstellen wir zunächst, ein Anbieter unter vollständiger Konkurrenz arbeite mit einer Produktionstechnik, die zu einer linearen Kostenfunktion führt. Diese laute:

$$K(q) = K_f + k \cdot q \tag{4.1}$$

Die Kapazitätsgrenze sei q_{max}. Da der Marktpreis mit p_0 fest gegeben ist, lautet die Erlösfunktion:

$$EL(q) = p_0 \cdot q \tag{4.2}$$

Die Abbildung 4.1 verdeutlicht den Sachverhalt.

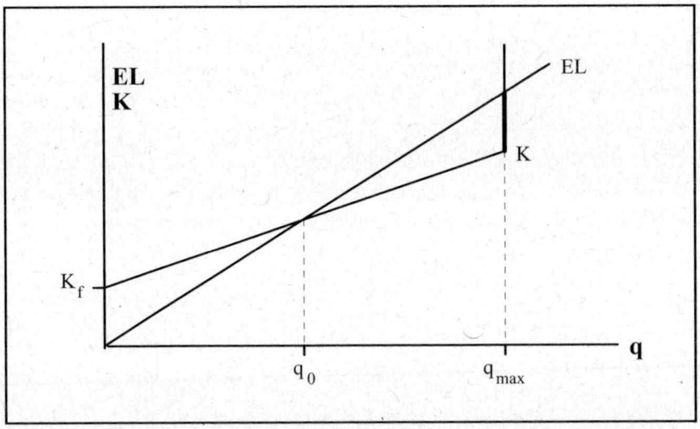

Abb. 4.1: Gewinnmaximierung bei linearer Kostenfunktion

Links von der Menge q_0 sind die Erlöse kleiner als die Kosten, beim Absatz einer Menge zwischen 0 und q_0 würde der Anbieter also einen Verlust machen. Bei q_0 liegt die **Gewinnschwelle** (*break-even-point*). Rechts davon werden Gewinne verzeichnet. Der Gewinn wird um so größer, je höher die Angebotsmenge q ist. Der maximale Gewinn wird bei $q = q_{max}$ gemacht. Er ist gleich dem senkrechten Abstand zwischen Erlös- und Kostenkurve über q_{max}.

Wir halten fest:

Ein unter den Bedingungen der vollständigen Konkurrenz operierender Anbieter, dessen Kostenfunktion linear ist, maximiert seinen Gewinn, wenn er seine Angebotsmenge bis zur Kapazitätsgrenze ausweitet.

In der Abbildung 4.1 hatten wir stillschweigend den Preis so hoch angenommen, dass die Gewinnschwelle innerhalb der Kapazität erreicht wird. Wie hoch muss der Preis sein, damit dies bei gegebener Kostenfunktion der Fall ist? Er muss mindestens so hoch sein, dass die Erlöskurve die Kostenkurve in q_{max} zumindest berührt, der Preis, der ja den Stückerlös angibt, muss also mindestens gleich den Durchschnittskosten an der Kapazitätsgrenze sein. Einen Anbieter, der sein Angebot in dem vorstehend beschriebenen Sinne gerade noch aufrecht halten kann, nennt man **Grenzanbieter**.

Mathematische Herleitung: Für $q = q_{max}$ *muss gelten,* $p \cdot q_{max} \geq K_f + k \cdot q_{max}$.

Daraus folgt: $p \geq k + K_f / q_{max}$.

Ist $p = k$, d.h. verläuft die Erlöskurve parallel zur Kostenkurve, so werden zwar die variablen Kosten voll gedeckt aber nicht mehr die Fixkosten. Hier ist kurzfristig ein Angebot noch möglich. Verläuft die Erlöskurve noch flacher, d.h. ist der Preis $p < k$, so muss das Angebot eingestellt werden, da aus dem Erlös nicht einmal mehr die variablen Kosten (Löhne, Material) gezahlt werden können.

Aus der obigen Überlegung kann die *individuelle Angebotskurve* abgleitet werden. Die **individuelle Angebotskurve** ist die Kurve, die einem bestimmten, gegebenen Marktpreis - der nach Voraussetzung vom einzelnen Unternehmen nicht zu beeinflussen ist - die Angebotsmenge zuweist. Beschränken wir die Betrachtung auf die längere Frist (volle Kostendeckung), so ergibt sich die in der Abbildung 4.2 dargestellte Angebotskurve.

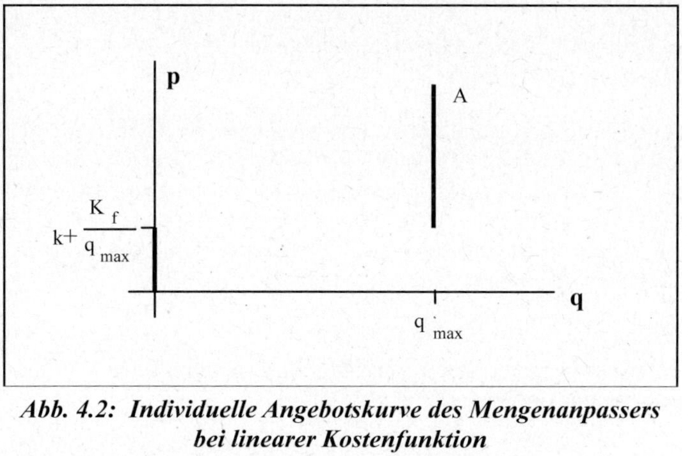

Abb. 4.2: Individuelle Angebotskurve des Mengenanpassers bei linearer Kostenfunktion

Unterhalb des Preises von $p = k + K_f / q_{max}$ erfolgt kein Angebot. Sobald der kritische Preis erreicht wird, steigt das Angebot auf q_{max}. Oberhalb des kritischen Preises ist das Angebot völlig unelastisch, eine Preisänderung hat dort keine Auswirkung auf die Angebotsmenge.

Betrachten wir uns ein numerisches Beispiel. Für einen Einproduktunternehmer gelte die folgende Kostenfunktion:

$$K(q) = 2.400 + 5q$$

Der Erlös pro Stück sei p = 8 Geldeinheiten (GE), die Erlösfunktion lautet dann EL(q) = 8q. Die Kapazitätsgrenze liege bei 2.500 Stück.

Um die Gewinnschwelle zu ermitteln, müssen die Funktionen gleich gesetzt werden:

$$2.400 + 5q = 8q \Rightarrow q = 800.$$

Bei einer Produktionsmenge von 800 Gütereinheiten wird die Verlustzone verlassen. Werden mehr als 800 Gütereinheiten erzeugt, wird ein Gewinn gemacht:

$$G(q) = EL(q)\text{-}K(q) = 8q - 2.400 - 5q = 3q - 2.400.$$

Der maximale Gewinn wird an der Kapazitätsgrenze mit G(2.500)= 5.100 GE erzielt. Der Mindestpreis, der auf dem Markt gelten muss, um verlustfrei zu produzieren, ist $p_{min} = 5{,}96$ GE.

4.2.2 Allgemeine Gewinnmaximierungsstrategie

Das besondere an dem oben behandelten Fall ist die Tatsache, dass beide gewinnbestimmenden Funktionen, die Erlös- und die Kostenfunktion und damit auch die Gewinnfunktion, linear sind.[10] Im folgenden soll vorausgesetzt werden, dass die Gewinnfunktion nichtlinear ist. Dann kann zur Bestimmung der gewinnmaximalen Ausbringungsmenge das übliche Instrumentarium der Analysis eingesetzt werden.

Die Gewinnfunktion ergibt sich als Differenz der Erlös- und der Kostenfunktion, also:

$$G(q) = EL(q)\text{-}K(q) \tag{4.3}$$

Die notwendige Bedingung für ein Gewinnmaximum lautet:

$$G'(q) = EL'(q) - K'(q) = 0 \tag{4.4}$$

Die erste Ableitung der Kostenfunktion ist uns bereits als die Grenzkostenfunktion bekannt. Die erste Ableitung der Erlösfunktion nennt man **Grenzerlösfunktion**. In einer anschaulichen Interpretation ist der Grenzerlös einer Gütereinheit der zusätzliche Erlös, der aus dem Absatz dieser Einheit resultiert. Wir wollen die Grenzerlöse im folgenden mit GEL[11] bezeichnen. Berücksichtigen wir nun, dass im allgemeinen Preis und Menge voneinander abhängen und schreiben wir den Preis als eine Funktion der Menge, so ergibt sich:

$$GEL(q) = \left(p(q)\cdot q\right)' = p'(q)\cdot q + p(q) \tag{4.5}$$

Zusammen mit der notwendigen Bedingung ist die Forderung G''(q) < 0 hinreichend für die Existenz eines Gewinnmaximums. Also muss gelten:

$$G''(q) = EL''(q) - K''(q) < 0 \Rightarrow EL''(q) < K''(q) \tag{4.6}$$

Die Grenzkosten müssen also rascher ansteigen als der Grenzerlös.

---

10 Eine lineare Funktion nimmt ihre Extrema immer auf den Rändern des beschränkten Definitionsbereiches an.

11 Im Gegensatz zum Grenzertrag (vgl. Abschnitt 3.1.2), der eine physische Größe darstellt, ist der Grenzerlös eine monetäre Größe.

Die erste Ableitung der Gewinnfunktion heißt **Grenzgewinnfunktion**. In der anschaulichen Interpretation ist der Grenzgewinn einer Gütereinheit der aus dem Absatz dieser Einheit zusätzlich resultierende Gewinn.

Aus (4.4) folgt unmittelbar die allgemeine **Gewinnmaximierungsbedingung**, die sog. **Grenzkostenregel**:

> ***Grenzkosten gleich Grenzerlös:***
>
> $GK(q) = GEL(q)$

Ökonomisch steht hinter dieser Gewinnmaximierungsstrategie die folgende Überlegung. Sind die Grenzkosten kleiner als der Grenzerlös, so lohnt sich die Ausdehnung des Angebots, da mit einer zusätzlichen Gütereinheit ein positiver Grenzgewinn erzielt und der Gesamtgewinn vergrößert wird. Sind dagegen die Grenzkosten höher als der Grenzerlös, so lohnt es sich nicht mehr, das Angebot auszudehnen. Im Gegenteil, eine Reduktion des Angebots könnte negative Grenzgewinne (= Grenzverluste) vermeiden. Die optimale Angebotsmenge ist also genau dann erreicht, wenn der Grenzgewinn Null wird, d.h. Grenzerlöse und Grenzkosten übereinstimmen.

4.2.3 Individuelles Angebot bei ertragsgesetzlicher Kostenfunktion

Unterstellen wir nun statt einer linearen Kostenkurve einen ertragsgesetzlichen Kostenverlauf,[12] so muss die Gewinnmaximierungsstrategie aus Abschnitt 4.2.2 angewandt werden. Der Anbieter sucht also die Ausbringungsmenge q_0, bei der seine Grenzkosten und sein Grenzerlös identisch sind. Nun betrachten wir einen Anbieter unter den Bedingungen der vollständigen Konkurrenz. Für diesen ist der Preis ein Datum, also völlig unabhängig von seiner Angebotsmenge. Der Grenzerlös ist nichts anderes als der Marktpreis p_0 [vgl. (4.5) mit $p(q) = p_0$]. Die Gewinnmaximierungsbedingung lautet also speziell:

> ***Grenzkosten gleich Marktpreis:***
>
> $GK(q) = p_0$

Da der Grenzerlös in diesem Fall konstant ist, gilt $GEL''(q) = 0$. Die hinreichende Bedingung reduziert sich damit auf die Forderung, dass die Lösung im Bereich steigender Grenzkosten liegen muss ($GK''(q) > 0$).

Die Abbildung 4.3 verdeutlicht den Zusammenhang an einem Beispiel. Der Marktpreis sei 40 Geldeinheiten, die Erlöskurve also:

$$EL(q) = 40q$$

Die Kostenfunktion sei gegeben mit:

$$K(q) = 0{,}0035q^3 - 0{,}56q^2 + 40q + 1.000$$

12 Das Ergebnis lässt sich sofort auf andere nichtlineare Kostenkurven, z.B. eine quadratische, übertragen.

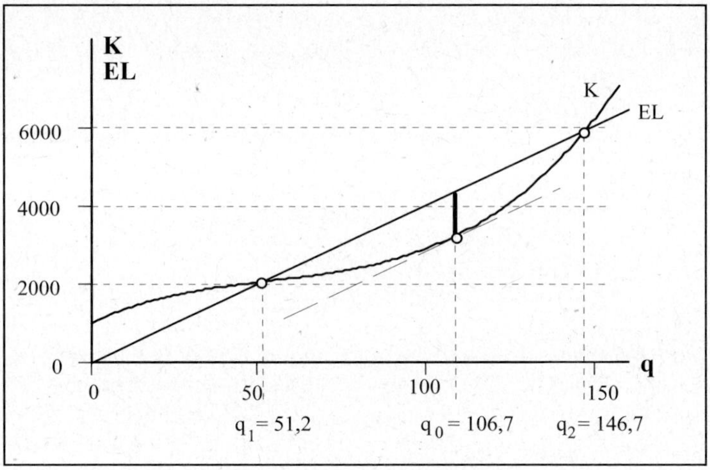

Abb. 4.3: Gewinnmaximierung bei ertragsgesetzlicher Kostenfunktion - Gesamtkostenbetrachtung

Bei einer Ausbringungsmenge $q < 51{,}2$ übersteigen die Kosten den Erlös, es wird ein Verlust gemacht. Die Ausbringungsmenge q_1, bei der man beginnt, einen Gewinn zu erzielen, ist die bekannte Gewinnschwelle. Bei der Ausbringungsmenge q_2 schlägt der Gewinn wieder in einen Verlust um. Die Fläche, die zwischen q_1 und q_2 von der Kosten- und der Erlöskurve eingeschlossen wird, nennt man **Gewinnlinse**.[13]

Die gewinnmaximale Angebotsmenge ist gegeben, wenn der Grenzerlös und die Grenzkosten übereinstimmen. Da der Grenzerlös (hier also der Marktpreis) geometrisch der Steigung der Erlösfunktion entspricht und die Grenzkosten geometrisch die Steigung der Kostenfunktion sind, muss also die Menge q_0 gesucht werden, bei der beide Kurven die gleiche Steigung haben. Man erreicht dies einfach durch eine Parallelverschiebung der Erlöskurve, bis sie zur Tangente an die Kostenkurve wird (gestrichelte Linie in Abbildung 4.3).

Zu jeder Ausbringungsmenge wird der Gewinn geometrisch durch den senkrechten Abstand zwischen der Erlös- und der Kostenkurve angegeben. Der maximale Gewinn ist also geometrisch nichts anderes als der senkrechte Abstand zwischen den besagten Kurven über der Menge q_0. Fassen wir zusammen:

Ein Unternehmen, das unter den Bedingungen der vollständigen Konkurrenz mit einer Kostenfunktion vom ertragsgesetzlichen Typ operiert, maximiert seinen Gewinn, wenn die Angebotsmenge bis zu dem Punkt ausgedehnt wird, bei dem die Grenzkosten gleich dem gegebenen Güterpreis sind.

---

[13] Die Endpunkte der Gewinnlinse ermittelt man durch Gleichsetzen der Kosten- mit der Erlösfunktion. Im vorliegenden Beispiel muss dann eine Gleichung dritten Grades gelöst werden. Solche Lösungen sind algebraisch sehr aufwendig und werden häufig - so auch hier - nur durch numerische Iterationsverfahren gelöst.

Mathematische Herleitung im Beispiel: Betrachten wir die Kostenfunktion:

$$K(q) = 0{,}0035q^3 - 0{,}56q^2 + 40q + 1000$$

Die Grenzkostenfunktion lautet:

$$GK(q) = 0{,}0105q^2 - 1{,}12q + 40$$

Die Grenzkosten müssen gleich dem mit 40 Geldeinheiten angegeben Preis sein. Also gilt:

$$40 = 0{,}0105q^2 - 1{,}12q + 40$$

Es gibt zwei Lösungen für q, nämlich $q_1 = 0$ *und* $q_2 = 106{,}7$. *Die Lösung* $q = 0$ *kommt nicht in Frage; die zweite Lösung liegt im Bereich steigender Grenzkosten, es gilt* $GK(106{,}7) > 0$, *sie ist also die gesuchte Optimallösung.*
Der Gesamtgewinn ist dann gleich $G(106{,}7) = 106{,}7 \cdot 40 - K(106{,}7) = 1124$ *Geldeinheiten.*

Untersuchen wir den Sachverhalt aus Abbildung 4.3 mit Hilfe von Grenz- und Durchschnittswerten (Abb. 4.4).

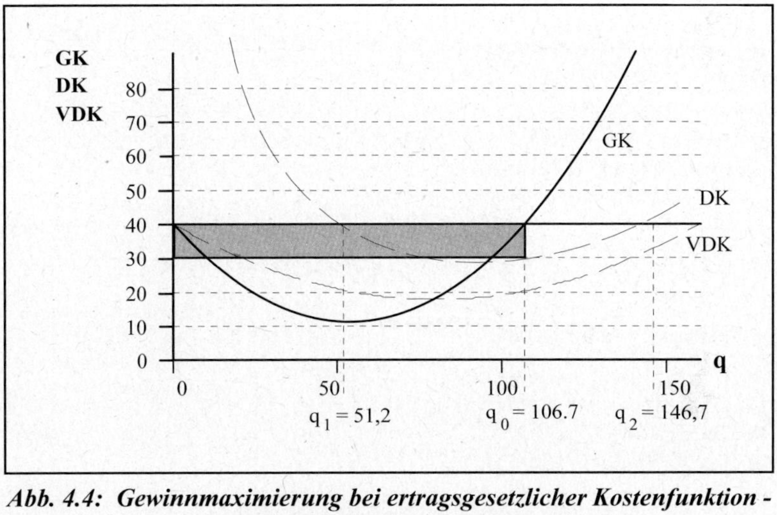

Abb. 4.4: Gewinnmaximierung bei ertragsgesetzlicher Kostenfunktion - Einzelkostenbetrachtung

Die Preislinie ($p_0 = 40$) schneidet die Grenzkostenkurve in $q_0 = 106{,}7$. Der Gesamtgewinn wird nun geometrisch durch das graue Rechteck beschrieben, nämlich als Produkt aus Stückgewinn (Stückerlös p_0 minus Durchschnittskosten $DK(q_0)$) und abgesetzter Menge q_0.

Wie reagiert der Unternehmer auf eine (von ihm als einzelnen nicht zu beeinflussende) Preisänderung?[14] Nehmen wir an, der Preis steige auf $p = 50$ Geldeinheiten. Die Menge würde durch Ausdehnung des Angebots an die neue Situation angepasst, genauer, die Menge wird soweit ausgedehnt, bis die Grenzkostenkurve die neue Preislinie $p = 50$ schneidet. Entsprechend würde bei einer Preissenkung die Menge zurückgenommen.

[14] Ursächlich für solche Preisänderungen können beispielsweise das Auftreten neuer Wettbewerber (Importe) oder eine Verschiebung der Nachfragekurve sein.

Wie weit kann der Preis sinken, ohne dass der Unternehmer einen Verlust macht? Ein Blick auf die Abbildung 4.4 lehrt uns, dass der Preis das Minimum der Durchschnittskosten nicht unterschreiten darf. Entspricht der Preis genau dem Minimum der Durchschnittskosten, so schrumpft der Gewinn auf Null. Der gewinnmaximale Punkt ist dann (und nur dann) identisch mit dem Betriebsoptimum! Ein Produzent, der in dieser Situation anbietet, ist ein **Grenzanbieter**.[15]

Was ist die Folge, wenn der Preis noch weiter fällt? Zunächst erfolgt selbstverständlich wieder eine Mengenanpassung nach unten. Liegt der Preis unter dem Minimum der Durchschnittskosten, aber noch über dem Minimum der variablen Durchschnittskosten, so kann die Produktion kurzfristig aufrechterhalten werden. Alle variablen Kosten sind gedeckt, für die Fixkosten erfolgt allerdings nur noch eine Teildeckung. Fällt der Preis schließlich unter das Minimum der variablen Durchschnittskosten, so muss das Unternehmen die Produktion einstellen, da nicht einmal mehr die variablen Kosten gedeckt sind. Der zweite kritische Punkt ist also das Betriebsminimum. Das Minimum der variablen Stückkosten stellt also die kurzfristige Preisuntergrenze dar. Auf diese kurzfristige Betrachtung gehen wir im folgenden nicht weiter ein.

Fassen wir zusammen:

Liegt der Marktpreis unter dem Minimum der Durchschnittskosten (Betriebsoptimum), so erfolgt längerfristig kein Angebot. Bei höheren Preisen entspricht die Angebotsmenge der Menge, bei der die Grenzkosten gleich dem Preis sind. Der rechts vom Betriebsoptimum liegende, aufsteigende Ast der Grenzkostenkurve ist also nichts anderes als die längerfristige individuelle Angebotskurve dieses Unternehmers.

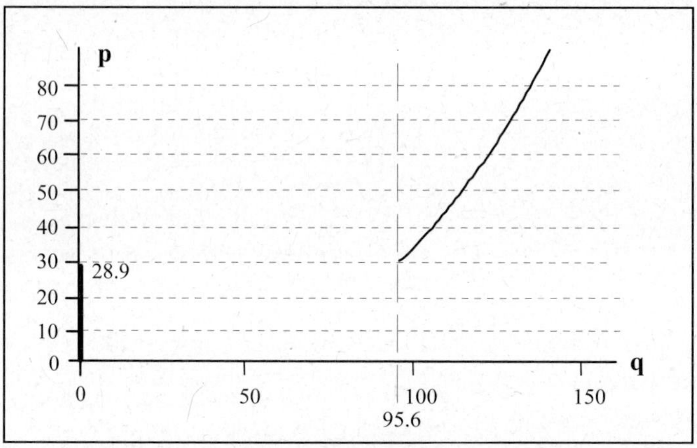

Abb. 4.5: Längerfristige individuelle Angebotskurve des Mengenanpassers bei ertragsgesetzlichem Kostenverlauf

Der wesentliche Unterschied zur individuellen Angebotskurve bei linearem Kostenverlauf ist, dass das Angebot oberhalb des Schwellenpreises endlich elastisch ist, mit steigendem (fallendem) Preis nimmt das Angebot zu (ab). In unserem Beispiel liegt das Betriebsoptimum bei

[15] Vgl. Abschnitt 4.2.1.

q = 95,6.[16] Das Minimum der Durchschnittskosten beträgt an dieser Stelle DK_{min} = 28,9. Dieser Wert entspricht somit der längerfristigen Preisuntergrenze.

4.3 Marshall-Diagramm

4.3.1 Aggregierte Angebots- und Nachfragekurven

Auf dem Markt für ein Gut mögen nun die Bedingungen der vollständigen Konkurrenz gelten. Die vielen Anbieter auf dem Markt weisen alle individuelle Angebotskurven die in den Abbildungen 4.2 bzw. 4.5 gezeigten Verläufe und die individuellen Nachfragekurven die in der Abbildung 3.49 (Abschnitt 3.6.1)[17] gezeigte Form auf.

Wie sieht dann die *aggregierte Angebotskurve* auf dem Markt für das Gut aus? Man addiert zu jedem vorgegebenen Preis alle Angebotsmengen, die sich aufgrund des Verhaltens der einzelnen Anbieter ergeben. Der Einfachheit halber unterstellt man, dass die aggregierte Angebotskurve eine Gerade ist. Die Angebotskurve verläuft dann von links unten nach rechts oben, d.h. mit steigendem Preis nimmt das Angebot auf dem Markt zu. Eine solche Angebotskurve ist in Abbildung 4.6 dargestellt. Wir vernachlässigen in dieser Darstellung die Tatsache. dass es eine Gesamtkapazitätsgrenze aller Anbieter gibt und gehen in den folgenden Analysen davon aus, dass sie keine Angebotsbeschränkung darstellt.

Nach den Erkenntnissen des vorherigen Abschnitts kann die aggregierte Angebotskurve auch als aggregierte Grenzkostenkurve aller Anbieter interpretiert werden. Man spricht deshalb auch von einem Angebot nach der **Grenzkostenregel**.

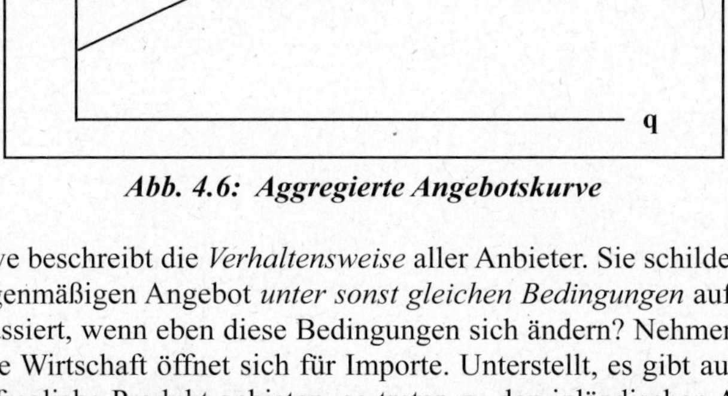

Abb. 4.6: Aggregierte Angebotskurve

Die Angebotskurve beschreibt die *Verhaltensweise* aller Anbieter. Sie schildert, wie die Anbieter mit dem mengenmäßigen Angebot *unter sonst gleichen Bedingungen* auf Preisänderungen reagieren. Was passiert, wenn eben diese Bedingungen sich ändern? Nehmen wir an, eine bislang abgeschottete Wirtschaft öffnet sich für Importe. Unterstellt, es gibt ausländische Unternehmen, die das fragliche Produkt anbieten, so treten zu den inländischen Anbietern die aus-

[16] Das Betriebsoptimum kann entweder als Minimum der Durchschnittskostenkurve oder als Schnittpunkt der Grenzkosten- und der Durchschnittskostenkurve ermittelt werden.

[17] Wir schließen also im folgenden den Fall absolut inferiorer Güter aus.

ländischen hinzu. Zu jedem gegebenen Preis erhöht sich die Angebotsmenge, die *Angebotskurve verschiebt sich nach rechts*. Man muss also gut unterscheiden zwischen *Bewegungen auf der Kurve*, die eine Verhaltensweise unter der ceteris-paribus-Klausel beschreiben und *Bewegungen der Kurve selbst*, die die Änderung relevanter Rahmenbedingungen anzeigt.

Aus Abschnitt 3.6 ist bekannt, dass die typische individuelle Nachfragekurve einen von links oben nach rechts unten fallenden Verlauf zeigt (vgl. Abbildung 3.49). Die Nachfrage reagiert normalerweise negativ elastisch auf Preisvariationen. Dies gilt dann auch für die *aggregierte* Kurve aller Nachfrager auf einem Markt (Abbildung 4.7), bei der wir der Einfachheit halber ebenfalls Linearität unterstellen. Der Punkt p_{max} ist der sog. *Prohibitivpreis*, zu diesem Preis bricht die Nachfrage zusammen; q_S ist die *Sättigungsmenge*, d.h. die Menge die maximal abgesetzt werden kann, selbst wenn das Gut verschenkt wird (Preis p = 0).

Formal hat die Nachfragekurve die Gestalt:

$$q(p) = a - b \cdot p \tag{4.7}$$

Wie im Abschnitt 3.7.1 können die Parameter ökonomisch interpretiert werden. Der Abszissenabschnitt ist gleich der Sättigungsmenge, also gilt:

$$a = q_S \tag{4.8}$$

Der Anstiegsparameter b ergibt sich als Quotient aus dem Abszissen- und dem Ordinatenabschnitt, also:

$$b = \frac{q_S}{p_{max}} \tag{4.9}$$

Somit kann die Nachfragefunktion auch in folgender Form geschrieben werden:

$$q(p) = q_S - \frac{q_S}{p_{max}} \cdot p \tag{4.10}$$

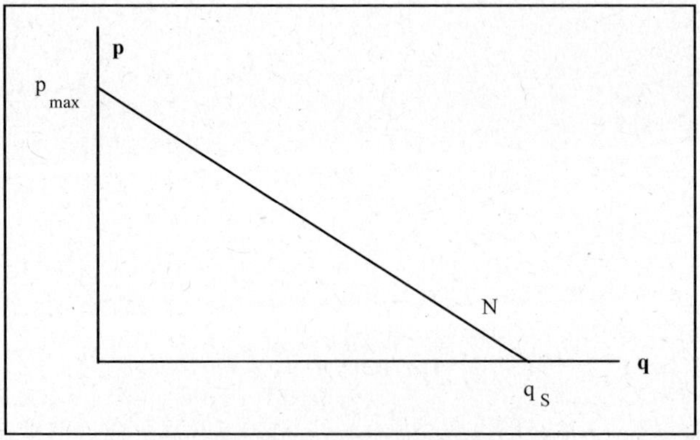

Abb. 4.7: Aggregierte Nachfragekurve

Fasst man nun beide Kurven in einer Grafik zusammen, so erhält man das sog. **Marshall-Diagramm**[18] (Preis-Mengen-Diagramm).

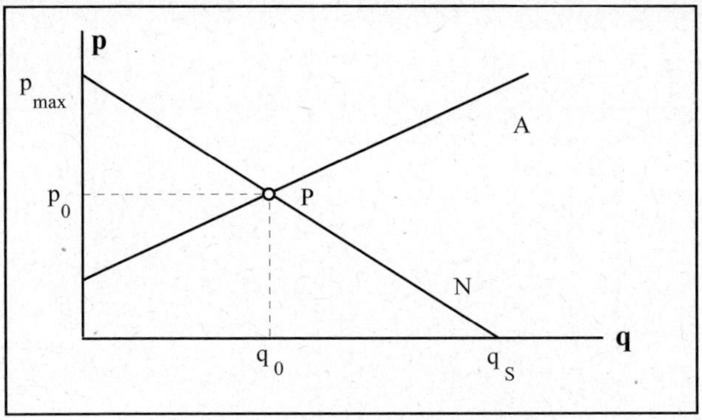

Abb. 4.8: Marshall-Diagramm

Unter normalen Verhältnissen werden sich Angebots- und Nachfragekurve in einem Punkt schneiden. Diesen Punkt (Punkt P in Abbildung 4.8) nennt man das **Marktgleichgewicht**. Zum **Gleichgewichtspreis** p_0 wird die Menge q_0, die sog. **Gleichgewichtsmenge**, sowohl angeboten als auch nachgefragt. Man nennt p_0 deshalb auch den markträumenden Preis. Zu einem über dem Gleichgewichtspreis liegenden Preis ist die Angebotsmenge größer als die Nachfragemenge, es kommt zu einem **Überangebot** (synonym: Angebotsüberhang, Nachfragedefizit). Zu einem niedrigeren Preis als p_0 übersteigt die Nachfrage das Angebot, es kommt zu **Übernachfrage** (synonym: Nachfrageüberhang, Angebotsdefizit).

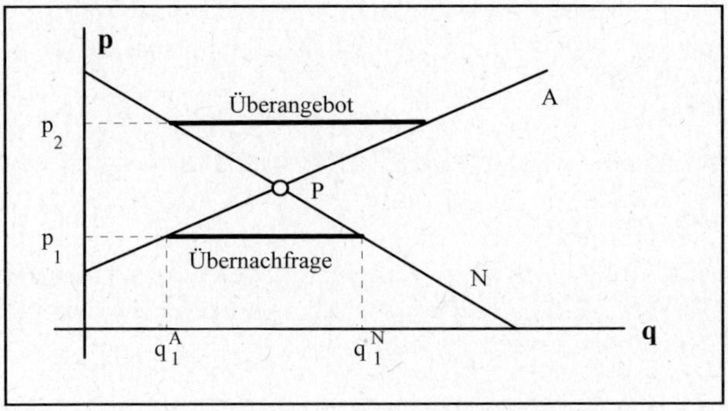

Abb. 4.9: Angebots- und Nachfrageüberhang

Zum Preis p_1 wird die Menge q_1^N nachgefragt aber nur die Menge q_1^A angeboten. In der Höhe von $q_1^N - q_1^A$ herrscht Übernachfrage. Die Nachfrager stehen im Wettbewerb und werden sich nun gegenseitig im Preis überbieten. Mit steigendem Preis sind die Unternehmer gemäß der aggregierten Angebotskurve bereit, das Angebot auszudehnen. Der Preisanstieg kommt zum Stillstand sobald das Gleichgewicht erreicht ist. Analog wäre der Fall des Überangebots beim Preis p_2 zu behandeln.

---

[18] Der englische Nationalökonom ALFRED MARSHALL (1842 - 1924) verknüpfte die objektivistische Wertlehre der Klassik mit der subjektivistischen Grenznutzenschule der Neoklassik (siehe Kapitel 7).

Wie reagiert das Gleichgewicht auf Störungen der ceteris-paribus-Bedingung? Aus dem oben Gesagten wissen wir, dass solche Änderungen Verschiebungen der Angebots- bzw. Nachfragekurve nach sich ziehen. Greifen wir den oben behandelten Fall einer Vergrößerung der Angebotsmenge durch Importe auf, was eine Rechtsverschiebung der Angebotskurve bewirkt. Auf das Nachfrageverhalten hat dies keinen Einfluss.

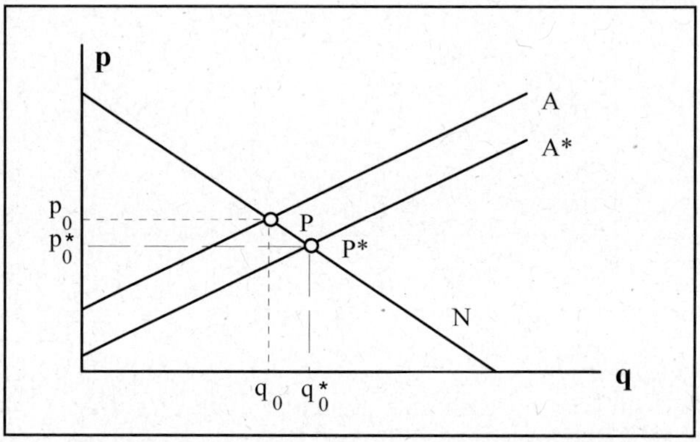

Abb. 4.10: Veränderung des Angebotsverhaltens

Die Verhaltensänderung der Anbieter drückt sich in der Abbildung 4.10 in einer Verschiebung der Kurve A auf A* aus. Das neue Gleichgewicht liegt dann im Punkt P*, bei einem niedrigeren Preis als p_0 und einer höheren Gleichgewichtsmenge. Diese Analyse ist komparativ statischer Natur, d.h. wir vergleichen zwei Zustände miteinander, nämlich das alte und das neue Gleichgewicht. Ob bei einer Störung des alten Gleichgewichts der neue Gleichgewichtspunkt tatsächlich erreicht wird, hängt von bestimmten Voraussetzungen ab, die zu analysieren Gegenstand der dynamischen, von uns nicht weiter behandelten Analyse ist.

4.3.2 Konsumenten- und Produzentenrente

Unter einer **Rente** versteht man in der Ökonomie allgemein ein leistungsfreies Einkommen. Von der Ausnahme des völlig elastischen Verhaltens abgesehen entstehen sowohl für Anbieter als auch Nachfrager beim Marktgeschehen Renten. Verdeutlichen wir uns dies zunächst an einer individuellen Nachfragekurve eines Haushalts.

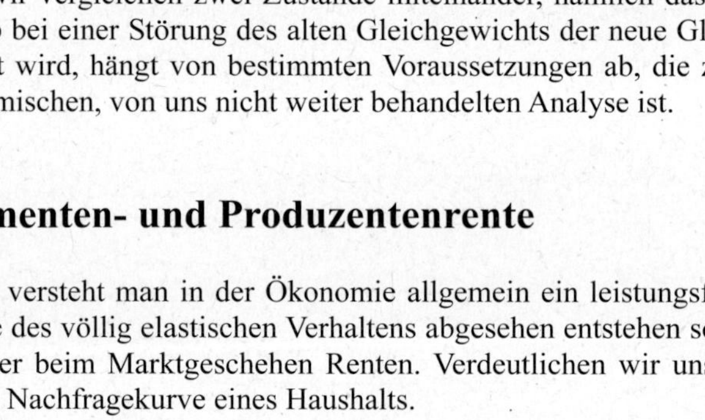

Abb. 4.11: Konsumentenrente

Zum Preis p_1 wäre der Konsument bereit, die Menge q_1 abzunehmen. Tatsächlich zahlt er aber nur den Marktpreis p_0, so dass für ihn eine Rente[19] in Höhe $(p_1 - p_0) \cdot q_1$ entsteht. Zum Preis p_2 wäre er bereit, die Menge q_2 abzunehmen. Dann ergibt sich eine zusätzliche Rente von $(p_2 - p_0) \cdot (q_2 - q_1)$. Schließlich entsteht noch eine Rente in Höhe von $(p_3 - p_0) \cdot (q_3 - q_2)$. Die Menge q_4 ist der Konsument bei gegebenem Marktpreis nicht bereit abzunehmen.

Die gesamte so entstehende Rente bezeichnet man als **Konsumentenrente**. Sie entspricht der in Abbildung 4.11 zwischen der Preisgeraden p_0 und der individuellen Nachfragekurve grau gekennzeichnete Fläche.

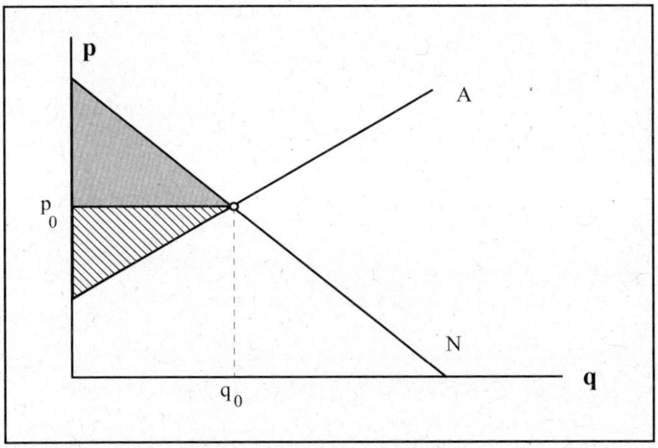

Abb. 4.12: Konsumenten- und Produzentenrente

Überträgt man dies auf *alle* Nachfrager, so ergibt sich die in der Abbildung 4.12 grau markierte Dreiecksfläche oberhalb der Preisgeraden p_0. Analog leitet man die Produzentenrente her, die sich aus der Tatsache ergibt, dass Produzenten bereit wären, bereits zu einem unter dem Marktpreis liegenden Preis eine bestimmte Menge anzubieten. Die Höhe der gesamten Produzentenrente ist in Abbildung 4.12 durch die schraffierte Fläche unterhalb der Preisgeraden p_0 gegeben.

4.3.3 Angebots- und Nachfrageelastizitäten

Der Begriff der Elastizität ist aus Abschnitt 3.7 bekannt. Im folgenden interessieren wir uns für die Bedeutung der Elastizitäten von Angebot und Nachfrage im Zusammenhang mit dem Marktgleichgewicht. Es sei darauf hingewiesen, dass in der grafischen Darstellung des Zusammenhangs zwischen der abhängigen Größe (Menge) und der unabhängigen Größe (Preis) gegenüber der gewohnten mathematischen Darstellung die Achsen vertauscht sind. Die unabhängige Größe wird auf der Ordinate, die abhängige dagegen auf der Abszisse abgetragen. Dies muss bei der grafischen Herleitung der Elastizität berücksichtigt werden.

[19] Die Rente besteht hier in der ersparten Ausgabe, das heißt in dem Einkommen, das der Konsument bereit gewesen wäre herzugeben, wenn er einen Preis entsprechend seiner Präferenz hätte zahlen müssen.

Bisher wurde in diesem Abschnitt normal elastisches Verhalten unterstellt, d.h. mit steigendem Preis nimmt das Angebot zu und die Nachfrage ab. Bei fallendem Preis erfolgt entsprechend die umgekehrte Reaktion.

Ähnlich wie die in Abschnitt 3.7.1 dargestellten Grenzfälle völlig elastischen oder völlig unelastischen Nachfrageverhaltens können solche extremen Verläufe auch für Angebotskurven angenommen werden. Also verläuft eine völlig unelastische (elastische) Angebotskurve senkrecht (waagrecht) im Preis-Mengen-Diagramm.

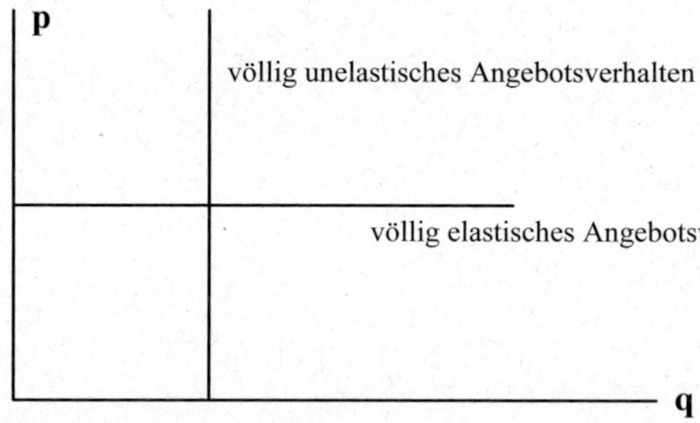

Abb. 4.13: Grenzfälle elastischen Angebotsverhaltens

Völlig elastisches Angebotsverhalten liegt beispielsweise bei einem Konzertanbieter vor, der alle Karten zum gleichen Preis anbietet.[20] Völlig unelastisches Verhalten findet man etwa beim Angebot von Kuppelprodukten[21], deren Marktpreis keinen Einfluss auf die angebotene Menge hat oder wenn das Angebot die aggregierte Kapazitätsgrenze erreicht.

Welcher Zusammenhang besteht nun zwischen Angebots- und Nachfrageelastizitäten und den Steigungen der entsprechenden Geraden?

Seien mit $q^N = a + b \cdot p$ $(b < 0)$ und $q^A = c + d \cdot p$ $(d > 0)$ die Gleichungen für lineare Nachfrage- bzw. Angebotskurven gegeben. q bezeichne wie üblich die Menge, p den Preis. Für die Elastizitäten gilt dann:

$$\eta_q(p) = \frac{q'^N(p) \cdot p}{q^N(p)} = \frac{bp}{a + bp} \qquad (4.11.a)$$

$$\varepsilon_q(p) = \frac{q'^A(p) \cdot p}{q^A(p)} = \frac{dp}{c + dp} \qquad (4.11b)$$

---

20 Eine völlig andere Frage ist, wie sich der Anbieter verhält, wenn er nach einer gewissen Zeit merkt, dass er die gewünschte Menge an Karten zum von ihm gesetzten Preis nicht absetzen kann.

21 Kuppelprodukte sind Produkte, die bei der Herstellung eines Gutes (Hauptprodukt), technisch bedingt, als Nebenprodukt entstehen. Zum Beispiel fällt im Destillationsprozess der petrochemischen Industrie technisch bedingt bei der Erzeugung von Vergaserkraftstoffen schweres Heizöl an. Dieses Nebenprodukt wird fast ausschließlich von der Industrie als Energieträger zur Erzeugung von Prozesswärme nachgefragt und steht dort in Konkurrenz zu anderen Energieträgern (Erdgas, Koks). Die Nachfrage der Industrie bestimmt dann im wesentlichen den Preis des schweren Heizöls.

Im Gleichgewicht gilt nun neben dem einheitlichen Marktpreis p_0 auch $q^A(p_0) = q^N(p_0)$, d.h. die Nenner in (4.11a) und (4.11b) stimmen überein. Dann folgt:

$$\frac{\eta_q(p_0)}{\varepsilon_q(p_0)} = \frac{b \cdot p_0}{d \cdot p_0} = \frac{b}{d} \tag{4.12}$$

Die Elastizitäten verhalten sich also zueinander wie das Verhältnis der Steigungen der Kurven.

Im Gleichgewicht kann dann das Verhältnis von Angebots- und Nachfrageelastizitäten sofort aus dem Vergleich der Steigungen der entsprechenden Geraden abgelesen werden. Die jeweils steiler verlaufende Gerade (aus Sicht der Mengenachse) zeigt, dass die entsprechende Marktseite weniger elastisch reagiert.

4.4 Staatliche Beeinflussung des Marktgeschehens

Der Staat kann auf vielfältige Art und Weise in das Marktgeschehen eingreifen, zum Beispiel kann er Steuern erheben, Mengen beschränken,[22] Höchst- oder Mindestpreise setzen oder Subventionen gewähren. Einige dieser Eingriffe wollen wir im folgenden analysieren, wobei die Erörterung dieser grundsätzlichen Möglichkeiten nicht bedeutet, dass es sich immer um marktkonforme Maßnahmen handelt (vgl. Abschnitt 1.4.1).

4.4.1 Staatliche Preissetzung

Den politisch Verantwortlichen erscheint der Marktpreis p_0 zu hoch (Abbildung 4.14). Die wirtschaftspolitischen Entscheidungsträger beschließen einen Höchstpreis p_H zu verordnen. Was ist die Folge?

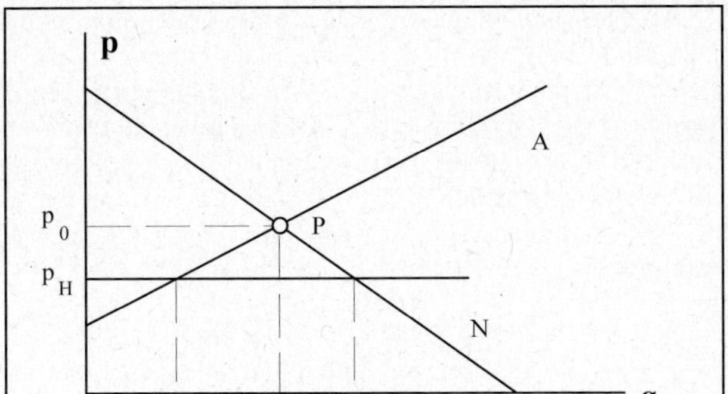

Abb. 4.14: Staatliche Höchstpreissetzung

[22] Dies geschieht etwa bei Mengenkontingentierungen im Außenhandel.

Bei gegebenen Verhaltensweisen der Anbieter und Nachfrager wird zum Preis p_H die Menge q^A angeboten und die Menge q^N nachgefragt, so dass ein *Nachfrageüberschuss* in Höhe von $q^N - q^A$ entsteht. Die Versorgung erfolgt ohne regulierende Eingriffe nach dem Windhundverfahren: "Wer zuerst kommt, mahlt zuerst". Nur ein Teil der Nachfrage kann befriedigt werden. Da es viele Abnehmer gibt, die bereit sind, einen höheren Preis für das Gut zu zahlen, sind diejenigen, die in den Genuss des knapper gewordenen Gutes gekommen sind, versucht, das Gut zu einem höheren Preis weiter zu verkaufen. Es entsteht ein Schwarzmarkt, auf dem das staatliche Höchstpreisgebot unterlaufen wird. Um diesem unerwünschten Treiben ein Ende zu setzen, gibt der Staat Bezugsscheine aus und flankiert seine Preissetzung durch strafrechtliche Maßnahmen. Er verwaltet also den Mangel und kriminalisiert Bürger, die sich letztendlich nur marktwirtschaftlich vernünftig verhalten.

Fragen wir, wie sich die Höchstpreissetzung auf die Konsumenten- und Produzentenrente auswirkt.

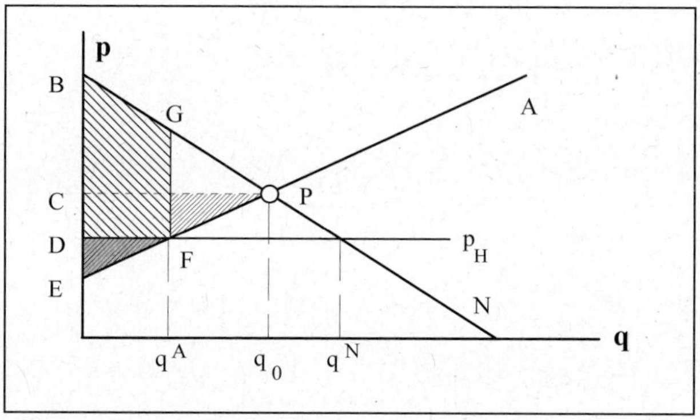

Abb. 4.15: Staatliche Höchstpreissetzung - Wohlfahrtswirkung

Bei freier Marktgestaltung ist die Konsumentenrente gleich dem Dreieck BCP und die Produzentenrente gleich dem Dreieck CEP in der Abbildung 4.15. Die Höchstpreissetzung bewirkt ein Schrumpfen der Angebotsmenge auf q^A. Als Konsumentenrente ergibt sich das Trapez BDFG. Diejenigen Konsumenten, die in den Genuss des nun verknappten Gutes kommen, realisieren eine erheblich größere Rente als zuvor. Wie sich die Rente *insgesamt* ändert, hängt vom Verlauf der Angebots- und Nachfragekurven sowie dem Höchstpreis ab. Entscheidend ist aber, dass nur ein Teil der Verbraucher in den Genuss der höheren Rente kommt. Die Produzentenrente wird auf jeden Fall deutlich von CPE auf DEF schrumpfen. Ebenso vermindert sich die Summe aus beiden Renten (von BEP auf BEFG). Dies kann als gesellschaftlicher Wohlfahrtsverlust interpretiert werden.

Die Höchstpreissetzung, eine marktwirtschaftlich nicht konforme Maßnahme, führt also zu höchst unerwünschten Begleiterscheinungen und nicht zum angegebenen Ziel. Sinnvoller wäre es, das Angebot zu fördern, z.B. durch Kostenentlastungen bei den Anbietern. Geeignete Maßnahmen können Subventionen, Steuersenkungen, allgemeine Abgabenentlastung oder Beseitigung überflüssiger bürokratischer Vorschriften sein. Auch aktive Wettbewerbsförderung (z.B. Erleichterung von Importen bei räumlich flexiblen Gütern) kann zum Ziel führen. Der Vorteil dieser Maßnahmen ist vor allem, dass sie im Sinne einer effizienten Problemlösung marktwirtschaftlich konform sind.

Der zweite Fall von Staatseingriffen, den wir behandeln wollen, ist die staatliche Mindestpreissetzung.

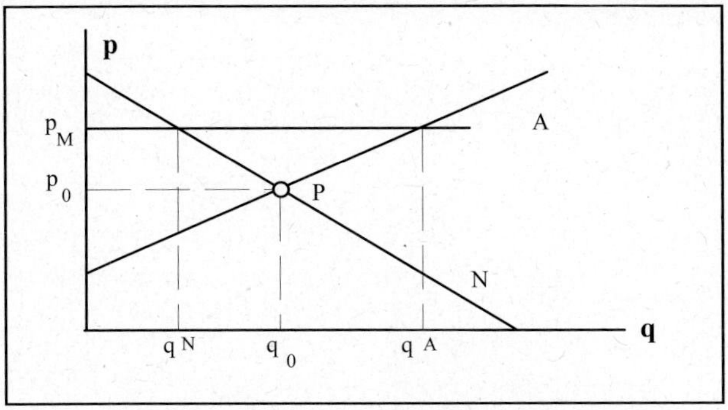

Abb. 4.16: Staatliche Mindestpreissetzung

Um die Angebotsmenge zu erhöhen setzt der Staat einen Mindestpreis p_M fest. Bei gegebenen Verhaltensweisen Menge q^A angeboten und die Menge q^N nachgefragt. Es kommt zu einem *Überangebot* in Höhe von $q^A - q^N$ (vgl. Abb. 4.16). Der Wettbewerbsdruck der Anbieter würde normalerweise eine Preissenkung erzwingen. Wie kann der Staat dies verhindern? Dem Überangebot muss entsprechende Nachfrage gegenüber gestellt werden. Da der Staat die Nachfrager in einer freiheitlichen Gesellschaft im allgemeinen nicht zur Nachfrage zwingen kann,[23] muss er selbst als Nachfrager auftreten.

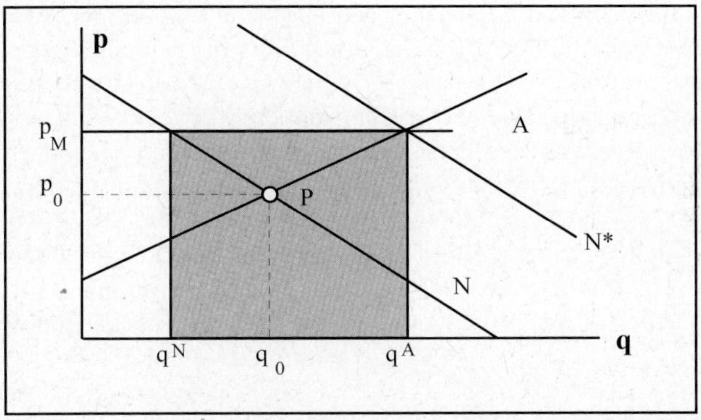

Abb. 4.17: Staatliche Mindestpreissetzung – Konsequenzen

Der Staat nimmt also das Überschussangebot $q^A - q^N$ zum garantierten Mindestpreis p_M ab, es entstehen Aufwendungen in Höhe des grauen Rechtecks (Abb. 4.17). Was tut der Staat mit den Überschüssen? Er wird sie ggf. lagern oder versuchen, sie mit Verlust wieder abzustoßen. Im ersten Fall entstehen Lagerkosten, im zweiten Fall muss immer noch der Verlust getragen werden. Letztlich wird der Steuerzahler diese Maßnahme finanzieren.

---

[23] Natürlich zwingt der Staat seine Bürger teilweise zum Konsum. Dies gilt insbesondere für bestimmte meritorische Güter, z.B. Grundschulbildung. Hiervon zu unterscheiden ist der Fall, in dem der Staat Anforderungen an bestimmte Produkte stellt, z.B. dass vergaserkraftstoffbetriebene Personenkraftwagen nur noch mit katalytischer Abgasentgiftung vertrieben werden dürfen.

Ein Beispiel für Höchst- und Mindestpreise findet sich in der EU-Agrarpolitik, die in der folgenden Graphik am Beispiel der Getreidepreise verdeutlicht sei.

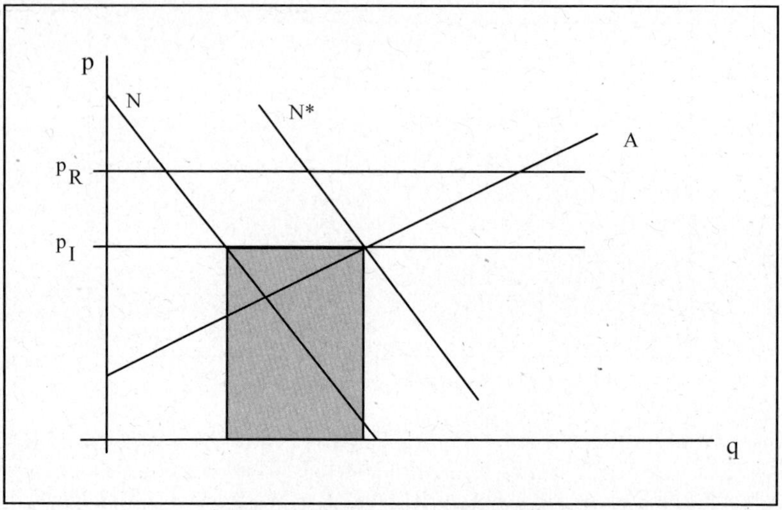

Abb. 4.18: EU-Agrarpreispolitik

Die EU ist aus einer Reihe von Gründen bemüht, den Binnenmarktpreis für bestimmte Agrargüter auf einem Niveau über dem Weltmarktpreis zu halten. Der angestrebte Preis ist der **Richtpreis** p_R. Sollte der Binnenpreis signifikant unter dieses Niveau fallen. nämlich unter den **Interventionspreises** p_I, so ist die Interventionsstelle verpflichtet, zur Preisstabilisierung so viel von dem Gut aufzukaufen, dass der Marktpreis nicht mehr unter dem Interventionspreis liegt. Der Interventionspreis ist also der garantierte **Mindestpreis**. Diese Garantiekäufe verschieben die Nachfragekurve auf N*. Es entsteht ein Subventionsbedarf in Höhe des grauen Rechtecks. Die aufgekauften Überschüsse werden gelagert (Lagerkosten) und je nach Marktlage zum Weltmarktpreis weiterverkauft oder vernichtet (Vernichtungskosten).

Steigt der Preis dagegen über den Richtpreis, so wird der Markt für Drittanbieter geöffnet. Der Richtpreis ist also ein **Höchstpreis**, der nicht überschritten werden sollt. Das System wird auch außenwirtschaftlich abgesichert, worauf hier aber nicht eingegangen werden soll.

Für andere landwirtschaftliche Produkte gelten ähnlich Systeme. Allerdings bemüht sich die EU seit Einführung der Milchquoten 1984die exorbitanten Kosten des Systems zu bremsen. Insbesondere mit der 1997 verkündeten Agenda 2000 wurden stufenweise Reduzierungen der Interventionspreise bzw. Reduzierung der Quoten beschlossen. An die Stelle der Interventionen treten mehr und mehr direkte Einkommensbeihilfen an die Landwirte bzw. Öko- und Stillegungsprämien, in der Absicht das Überangebot an Agrargütern zu reduzieren.

> Wie man sieht, sind staatlich verordnete Mindest- und Höchstpreise nicht marktkonform. Sie ziehen jeweils auch eine staatliche Einflußnahme auf die Mengen nach sich. Die Funktion der Preise, Knappheiten anzuzeigen, wird außer Kraft gesetzt. Egal aus welcher Motivation heraus die Preissetzung geschieht, schafft die Maßnahme mehr Probleme als sie löst.

4.4.2 Erhebung einer Verbrauchsteuer

Der dritte Fall eines staatlichen Eingriffs in das Marktgeschehen, mit dem wir uns befassen wollen, ist die Erhebung einer *Verbrauchsteuer*. Man unterscheidet hier *Mengensteuern* (in der Bundesrepublik Deutschland z.B. die Mineralölsteuer) und *Wertsteuern* (z.B. Mehrwertsteuer).

Unterstellen wir, der Staat erhebe eine Mengensteuer auf ein Produkt. Die Zielsetzung kann rein fiskalischer Natur sein, d.h. der Staat will Einnahmen erzielen. Es kann aber auch sein, dass der Staat die Steuer als Lenkungsinstrument einsetzten will (z.B. sollen Energiesteuern [Ökosteuern] den Energieverbrauch einschränken).

Verbrauchsteuern sollen, wie der Name schon nahe legt, vom Verbraucher eines Gutes getragen werden. Für die korrekte Abführung an den Staat ist allerdings der Anbieter der Ware verantwortlich. Er wird also versuchen, den Steuerbetrag pro Einheit, bezeichnen wir ihn mit t (z.B. t Cent pro Liter Benzin), auf seinen Preis aufzuschlagen.

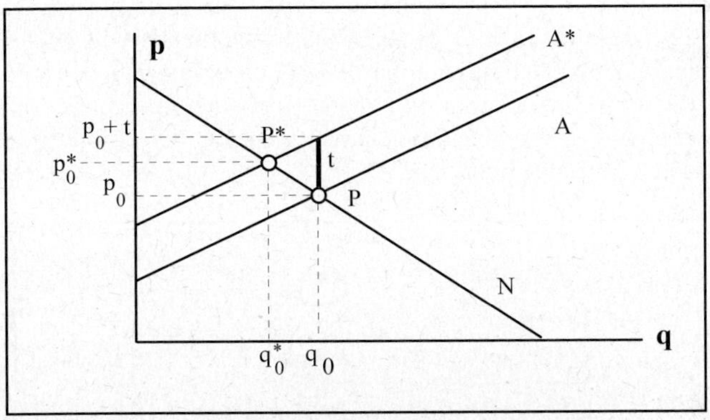

Abb. 4.19: Erhebung einer Mengensteuer

In der Ausgangslage sei auf dem Markt das Gleichgewicht P gegeben. Der Staat erhebt nun die Steuer t. Die Anbieter versuchen, die Steuer auf die Verbraucher zu überwälzen, wollen also eine bestimmte Menge nur zu einem um t höheren Preis absetzen. Die Angebotskurve verschiebt sich um t Einheiten nach oben auf A*. Das neue Gleichgewicht liegt im Punkt P^*. Der neue Gleichgewichtspreis p_0^* liegt unter dem Preis $p_0 + t$, d.h. eine volle Überwälzung des Preises auf die Nachfrager ist nicht gelungen! Zum Preis $p_0 + t$ kommt es nämlich zu einem Überangebot, so dass der Wettbewerb der Anbieter zu einer Reduktion des Preises führt. Als Folge geht das Angebot zurück und es kann sich ein neues Gleichgewicht bei höherem Preis und verringerter Menge einstellen.

Wie hoch ist die nun die Steuereinnahme des Staates und wer muss die Steuerbelastung tragen?

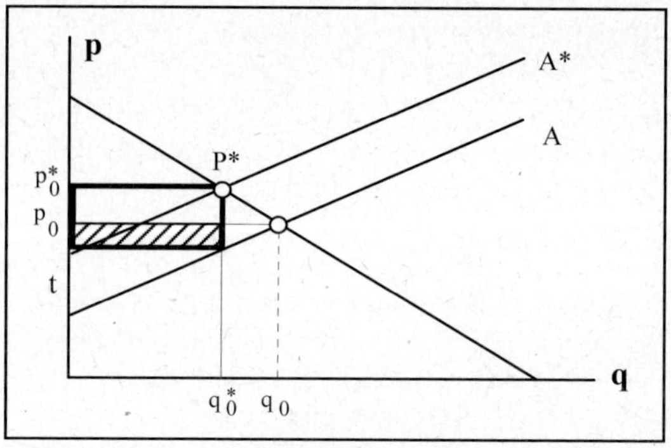

Abb. 4.20: Steuereinnahme und –belastung

Das neue Gleichgewicht liegt im Punkt (p_0^*, q_0^*). Die Anbieter müssen von ihrem Bruttoerlös $EL = p_0^* \cdot q_0^*$ den Betrag $t \cdot q_0^*$ an den Staat abführen. Als Nettoerlös bleibt dann $(p_0^* - t) \cdot q_0^*$. Das stark umrahmte Rechteck in Abbildung 4.20 gibt die Steuereinnahmen des Staates an. Dieser schöpft teilweise sowohl die ursprünglichen Konsumenten- als auch Produzentenrente ab. Die Nachfrager müssen jetzt einen höheren als den ursprünglichen Gleichgewichtspreis zahlen, während die Anbieter einen geringeren als den ursprünglichen Gleichgewichtspreis erlösen. Der schraffierte Teil der Steuereinnahmen wird aus der Produzentenrente geschöpft, der andere Teil aus der Konsumentenrente.

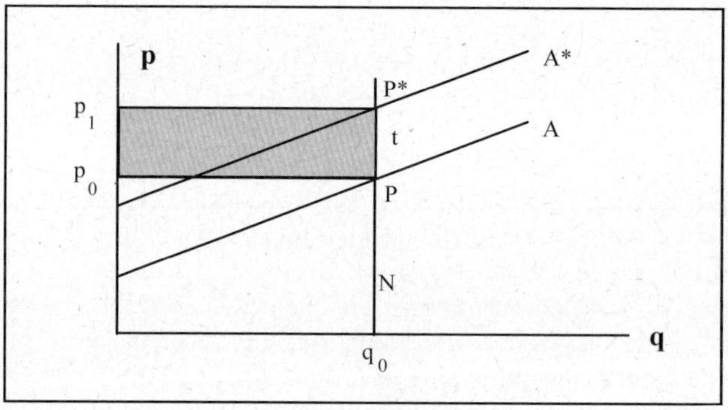

Abb. 4.21: Steuerbelastung bei völlig unelastischer Nachfrage

In der Abbildung 4.19 müssen Anbieter und Nachfrager die Steuerbelastung zu etwa gleichen Teilen tragen. Wovon hängt die Verteilung der Belastung ab? Um diese Frage zu beantworten, ändern wir zunächst, damit das Ergebnis besonders deutlich wird, die Voraussetzung. Wir unterstellen, die Nachfrage nach dem Gut sei völlig unelastisch[24] während sich am Angebotsverhalten nichts ändern soll. Abbildung 4.21 zeigt die geänderte Situation.

Wie man sieht, ändert sich in diesem Fall für die Anbieter nichts. Ihr Erlös ist vor und nach Einführung der Steuer $EL = q_0 \cdot p_0$. Für die Verbraucher erhöht sich der Preis dagegen von p_0

---

[24] Die Nachfrage nach Energie ist z.B. kurzfristig sehr unelastisch; ein anders Beispiel für ein solches Nachfrageverhalten wäre die Nachfrage nach einem für eine bestimmte Patientengruppe lebenswichtigen Medikament.

auf $p_0 + t$. Die Unternehmer können die Steuer voll auf die Verbraucher überwälzen, die Nachfrager tragen somit die volle Steuerlast.
Aufgrund dieses Ergebnisses schließen wir jetzt auf den Zusammenhang:

Bei Einführung einer Mengensteuer trägt die Marktseite den größeren Teil der Steuerlast, in Form einer Renteneinbuße, die weniger elastisch reagiert.

Das kann, wie eben gesehen, sogar so weit führen, dass eine Gruppe die gesamte Steuerlast tragen muss. Dies ist der Fall, wenn eine Marktseite *völlig unelastisch* reagiert (sie trägt dann die gesamte Steuerlast).

Betrachten wir ein Beispiel für den Fall normal elastischen Angebots- und Nachfrageverhaltens. Es seien die folgende Nachfrage- und Angebotsfunktion gegeben:

$$q^N = 300 - {}^1/_2 p$$

$$q^A = -60 + p.$$

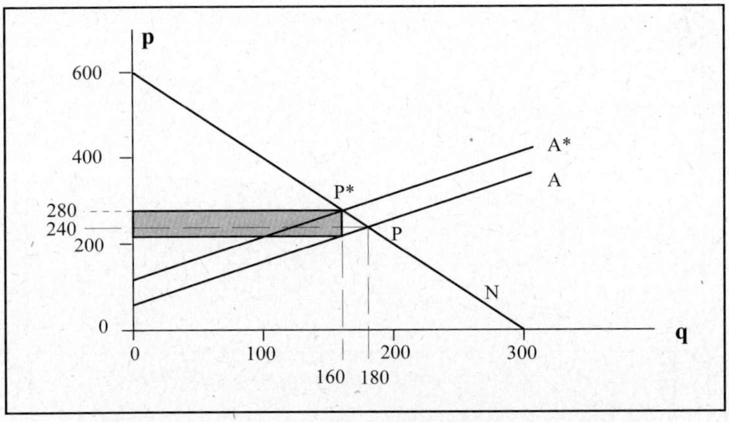

Abb. 4.22: Erhebung einer Mengensteuer – Beispiel

Ohne Staatseingriff liegt das Marktgleichgewicht bei Punkt P ($p_0 = 240$; $q_0 = 180$). Es wird eine Mengensteuer in Höhe von t = 60 Geldeinheiten (GE) pro Gütereinheit erhoben. In dem Versuch, die Steuer zu überwälzen, verschiebt sich die Angebotskurve um t = 60 von A ($p = 60 + q^A$) auf A* ($p = 120 + q^A$). Das neue Gleichgewicht liegt im Punkt ($p_0^* = 280, q_0^* = 160$). Die Steuereinnahme des Staates beträgt dann 60 · 160 = 9.600 GE. Vom Bruttoerlös der Unternehmen in Höhe von 280 · 160 = 44.800 GE müssen eben jene 9.600 GE an den Staat abgeführt werden, so dass netto 35.200 GE übrig bleiben. Der Erlös hat sich gegenüber dem ursprünglichen (43.200 GE) also um 8.000 GE verringert.

Da die Anbieter sich deutlich elastischer verhalten als die Nachfrager tragen sie einen vergleichsweise geringeren Teil der Steuerlast. Der Staat schöpft aus der Konsumentenrente 40 · 160 = 6.400 GE ab, also zwei Drittel der Gesamteinnahme. Das restliche Drittel tragen die Unternehmer (*Vorsicht: die Rentenabschöpfung darf nicht mit der Nettoerlöseinbuße verwechselt werden*!).

Nun verhalten sich die Elastizitäten im Gleichgewicht zueinander wie die Steigungen der Angebots- und Nachfragekurven (vgl. Abschnitt 4.3.3). Das Verhältnis ist im Beispiel 2:1 (Nachfrageelastizität zur Angebotselastizität). Im gleichen Verhältnis müssen die Nachfrager und Anbieter anteilig die Steuerlast tragen.

4.4.3 Subventionen

Das ökonomische Gegenstück zur Steuer ist die Subvention. Die Subvention kann sich auf die Menge oder den Wert eines Produkts beziehen. Wir wollen nur den einfacheren Fall einer Mengensubvention unterstellen, bei der der Staat pro Stück den Subventionsbetrag s gewährt. Der Staat kann entweder die Hersteller (Anbieter) oder die Konsumenten (Nachfrager) des fraglichen Produkts subventionieren.

Betrachten wir zuerst den Fall der Anbietersubvention.

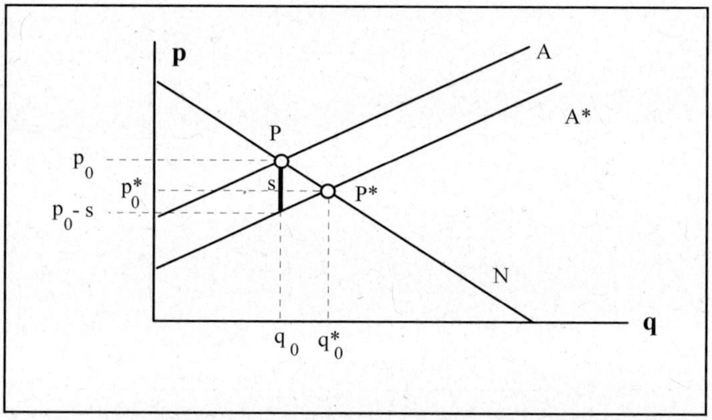

Abb. 4.23: Subventionierung der Anbieter

Ausgehend vom Gleichgewicht im Punkt P (Abbildung 4.23) drückt sich die Wirkung der Subvention geometrisch darin aus, dass die Angebotskurve A sich um s nach unten auf A* verschiebt. Die Anbieter sind nämlich nun bereit, eine bestimmte Menge zu dem um den Subventionsbetrag verringerten Preis p_0 - s auf den Markt zu bringen. Da die Nachfrager auf die Preissenkung elastisch reagieren, sinkt der neue Marktpreis aber nicht auf p_0 - s sondern auf p_0^* und die Absatzmenge erhöht sich. Der staatliche Subventionsbedarf ist $S = s \cdot q_0^*$.

Unterstellen wir nun, dass die Nachfrager subventioniert werden. Die Subvention verändert ihr Verhalten insoweit, als sie nun bereit sind, für eine bestimmte Menge den um s erhöhten Preis zu zahlen. Die Nachfragekurve verschiebt sich von N auf N* (Abbildung 4.24).

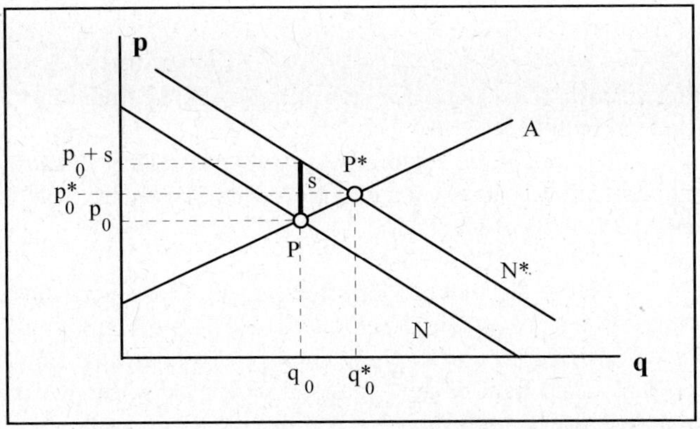

Abb. 4.24: Subventionierung der Nachfrager

Vom Marktpreis abgesehen ist das Ergebnis letztlich das gleiche wie bei der Anbietersubventionierung. Es stellt sich die gleiche Menge q_0^* bei einem *höheren* Marktpreis ein. Die Gesamterlöse für die Anbieter sind nämlich $p_0^* \cdot q_0^*$. Auch die von den Nachfragern selbst zu tragenden Aufwendungen in Höhe von $q_0^* \cdot (p_0^* - s)$ stimmen überein, denn wieder übernimmt der Staat $S = s \cdot q_0^*$. Der staatliche Subventionsbedarf ist also in beiden Fällen identisch.

4.5 Monopol

Bisher haben wir die Verhaltensweise des gewinnmaximierenden Mengenanpassers analysiert. Beim Monopolisten auf einem vollkommenen Markt, dessen Verhalten wir nun studieren wollen, liegt eine völlig andere Ausgangssituation vor. Der Monopolist kann als einziger Anbieter auf dem Markt sowohl Preis, als auch Menge als Aktionsparameter betrachten. Es sind grundsätzlich drei Fälle möglich:

- Der Monopolist wählt den Preis als Aktionsparameter (*Preisfixierung*). Dieses Verhalten ist der Normalfall.
- Der Monopolist wählt die Menge als Aktionsparameter (*Mengenfixierung).* Ein typisches Beispiel hierfür ist eine Auktion, etwa die Versteigerung von *slots* durch eine Flughafengesellschaft.
- Der Monopolist wählt Preis und Menge als Aktionsparameter (*Optionsfixierung).* Ein Beispiel hierfür ist der *Mengentender*[25] im Rahmen der Offenmarktpolitik der Europäischen Zentralbank.

[25] Beim Mengentender setzt die EZB im Rahmen eines Wertpapierpensionsgeschäfts (vgl. Kapitel 5.6) sowohl den Zins als auch die Menge an Zentralbankgeld fest.

4.5.1 Cournotscher Punkt

Wir wollen im folgenden untersuchen, wie sich der gewinnmaximierende Preisfixierer verhält. Da wir einen vollkommenen Markt betrachten, was die vollständige Markttransparenz einschließt, kennt der Monopolist die Nachfragekurve.[26] Diese Kurve sagt ihm, welche Menge er zu einem bestimmten Preis absetzen kann. Man nennt die Kurve aus Sicht des Anbieters deshalb auch **Preis-Absatz-Funktion** (PAF).

Wenn die nachgefragte Menge auf einem Markt preisabhängig ist, wird die Erlösfunktion des Monopolisten nichtlinear sein. Damit ist die Voraussetzung der allgemeinen Gewinnmaximierungsstrategie, die wir zu Beginn des Kapitels erörtert haben, erfüllt. Der Monopolist muss also den Preis bestimmen, zu dem er die Menge absetzen kann, für welche die Bedingung Grenzerlös gleich Grenzkosten erfüllt ist.

Wir unterstellen zur Vereinfachung der grafischen Analyse eine lineare Preis-Absatz-Funktion und überlegen zunächst, wie die Grenzerlöskurve des Anbieters aussieht. Wir greifen dabei auf die Nachfragefunktion (4.10) zurück. Um den Erlös als eine Funktion der Menge darstellen zu können, muss (4.10) nach p aufgelöst werden. Man erhält:

$$p(q) = p_{max} - \frac{p_{max}}{q_S} \cdot q \tag{4.13}$$

Das Produkt aus dem Preis und der Menge liefert den Erlös:

$$EL(q) = p(q) \cdot q = \left(p_{max} - \frac{p_{max}}{q_S} \cdot q \right) \cdot q = p_{max} \cdot q - \frac{p_{max}}{q_S} \cdot q^2 \tag{4.14}$$

Die Erlöskurve ist also eine nach unten geöffnete Parabel, die die Mengenachse in $q = 0$ und der Sättigungsmenge $q = q_S$ schneidet. Der Grenzerlös ist die erste Ableitung der Erlösfunktion, also:

$$GEL(q) = p_{max} - 2\frac{p_{max}}{q_S} \cdot q \tag{4.15}$$

Diese Funktion unterscheidet sich von der Preis-Absatz-Funktion nur durch den doppelten Anstieg.

[26] In der Praxis gewinnt man solche Informationen etwa durch Marktuntersuchungen (Marktforschung).

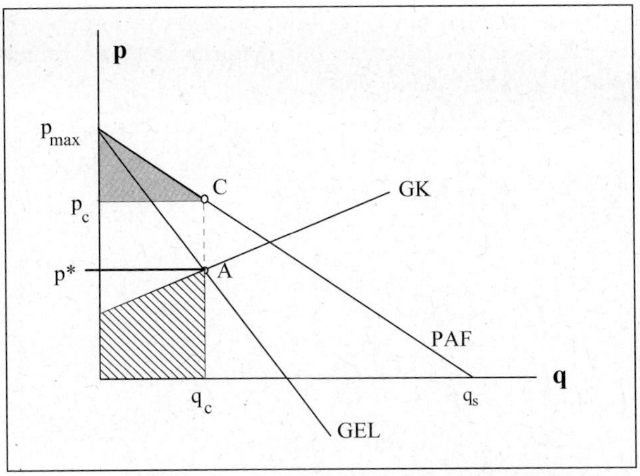

Abb. 4.25: Gewinnmaximierung des Monopolisten

Die Gewinnmaximierungsbedingung lautet GEL = GK. Fällt man von dem entsprechenden Schnittpunkt in Abbildung 4.25 das Lot auf die Mengenachse, so erhält man mit q_C die gewinnmaximale Absatzmenge. Um den zugehörigen Preis zu ermitteln, zu dem diese Menge abgesetzt werden kann, geht man senkrecht nach oben bis zur Preis-Absatz-Funktion und fällt vom Punkt C das Lot auf die Preisachse. Der Punkt C heißt **Cournotscher Punkt**,[27] p_C ist der Cournotsche Preis. Der Cournotsche Punkt ist also der geometrische Ort des gewinnmaximalen Preises und der zu diesem Preis absetzbaren Menge.

Die Form der Grenzkostenkurve ist dabei, wie bereits gesagt, nicht von Bedeutung, d.h. im Gegensatz zum Polypolisten spielt es hier nicht die entscheidende Rolle ob der Anbieter mit einer linearen oder nichtlinearen Kostenfunktion operiert. Da die Grenzkosten nie negativ sein können (allenfalls sind Grenzkosten von Null denkbar) kann der Cournotsche Punkt nie im unelastischen Bereich der Preis-Absatz-Funktion liegen.

Die Höhe des Gewinns kann man in der Abbildung 4.25 nicht ohne weiteres ablesen, da keine Fixkosten bzw. Durchschnittskosten eingetragen sind. Der Erlös ist gleich $p_C \cdot q_C$, die variablen Kosten sind gleich der schraffierten Fläche unterhalb der Grenzkosten und oberhalb der Mengenachse zwischen $q = 0$ und $q = q_C$. Die Differenz dieser beiden Flächen ergibt den Deckungsbeitrag, der bei einer Einproduktunternehmung ja nichts anderes ist als die Differenz zwischen Erlös und variablen Kosten.

Gemäß der Grenzkostenregel würde die Menge q_C zum Preis p* verkauft. Der Monopolist verkauft sie jedoch zum höheren Preis p_C, wodurch ihm eine zusätzliche Rente in Höhe des Rechtecks p^*ACp_C zufließt, die **Monopolrente** genannt wird.

4.5.2 Vergleich Monopol und Polypol

Häufig wird argumentiert, das Polypol sei aus Sicht der Verbraucher die günstigere Lösung, da bei dieser Marktform eine höhere Menge zu einem geringeren Preis angeboten würde. Die-

---

[27] Die oben gezeigte Analyse des Monopols geht auf den französischen Mathematiker und Volkswirt ANTOINE AUGUSTIN COURNOT (1801 - 1877) zurück.

se Aussage gilt im wesentlichen nur unter der Prämisse, dass die aggregierte Grenzkostenkurve der Polypolisten, die ja nichts anderes ist als deren aggregierte Angebotskurve, mit der Grenzkostenkurve eines Monopolisten identisch ist.

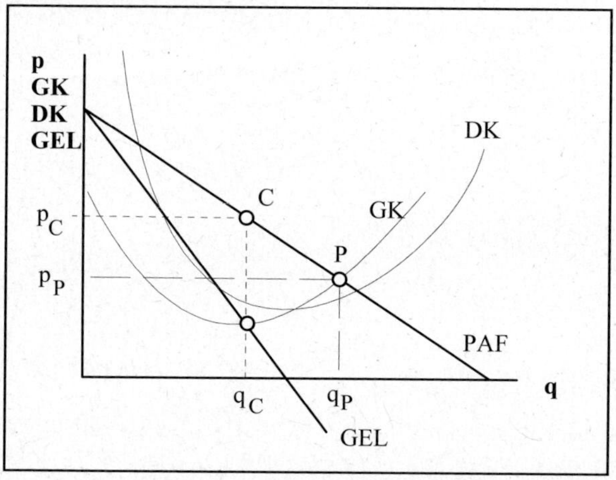

Abb. 4.26: Monopol und Polypol

Bezeichne GK in Abbildung 4.27 sowohl die Grenzkostenkurve des Monopolisten als auch die aggregierte Angebotskurve aller Polypolisten, die alternativ den Markt bedienen. Der Monopolist würde dann zum Preis p_C die Menge q_C absetzen. Bei der polypolistischen Lösung dagegen würde die Menge q_P zum Preis p_P abgesetzt, in der Tat aus Sicht der Nachfrager die günstigere Lösung.

Auch wenn ordnungspolitisch, mit dem Ziel einer hohen Konsumentenrente, Wettbewerbsmarktformen im allgemeinen in marktwirtschaftliche orientierten Gesellschaften vorgezogen werden, müssen sie bei Einbeziehung anderer Ziele nicht optimal sein. Das Problem der Weltmeere ist ein Beispiel hierfür. Der Wettbewerb führt angesichts geringer Grenzkosten der Fischerei durch Überfischung zur Vernichtung von Fischarten. Gäbe es hier Gebietsmonopole, so würde schon das wirtschaftliche Gewinnstreben der Monopolisten dafür sorgen, dass Fischpopulationen nur so weit ausgefischt würden, dass der Erhalt der Bestände und damit der Art wahrscheinlicher wäre. Hier liegt also ein Konflikt zwischen der ordnungspolitischen und der ökologischen Zielsetzung vor, der durchaus zugunsten von Monopolen sprechen könnte.

Vor allem unter einem dynamischen Aspekt, d.h. der zeitlichen Veränderung von Märkten, kann das Monopol dem Polypol überlegen sein. Es ist falsch, das Monopol als solches zu verteufeln. Wichtig ist, dass der Staat die Rahmenbedingungen so setzt, dass ein Monopolist den Marktzutritt potentieller Wettbewerber nicht unterbinden kann. Wenn ein innovatives Unternehmen technischen Fortschritt realisiert und mit einem neuen Produkt auf den Markt kommt, so hat es zunächst eine Monopolstellung und erhält entsprechend eine Monopolrente. Wettbewerber treten dann als Nachahmer in den Markt ein, es kommt zu einem Aufholprozess, wodurch die Monopolrente schmelzen wird. Aber alleine die Aussicht auf eine zeitlich limitierte Monopolrente wird Unternehmen erneut dazu treiben, Innovationen durchzusetzen.[28] In der vollständigen Konkurrenz fehlt dieser Anreiz, weshalb diese Marktform den Spitznamen *Schlafmützenkonkurrenz* erhielt.

---

[28] Diese Aussicht auf temporäre Monopolgewinne wird sogar durch das Patentwesen geschützt.

4.5.3 Natürliche Monopole

Die obige Analyse galt unter der Voraussetzung, dass die Grenzkostenkurve die Durchschnittskostenkurve links von der Preis-Absatz-Funktion schneidet, so dass Polypolisten überhaupt in der Lage sind, verlustfrei anbieten zu können. Sollten die Durchschnittkosten im relevanten Bereich links von der Nachfragekurve aber nur fallen, so kann ein polypolistisches Angebot überhaupt nicht zustande kommen.

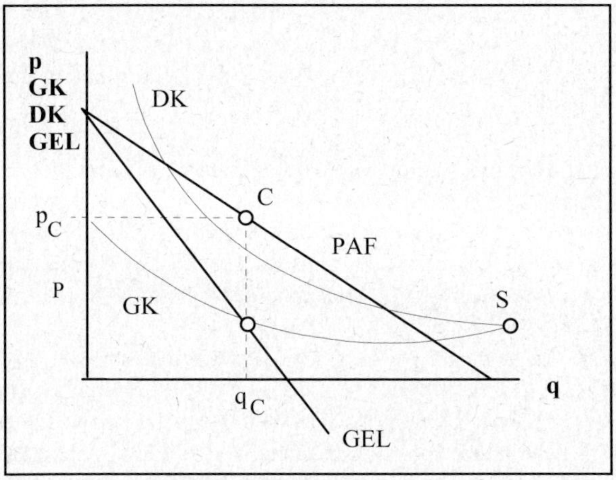

Abb. 4.27: Natürliches Monopol

Bei einer solchen Marktsituation spricht man von einem **natürlichen Monopol**. Der Monopolist ist in der Lage bei Realisierung des Cournotschen Punktes Gewinne zu erzielen. Polypolistischer Wettbewerb könnte hier überhaupt nicht entstehen.

Die Ursache einer solchen Konstellation liegt in

- Unteilbarkeiten der Produktion, die zu Subadditivität der Kosten führen,
- hohen versunkenen Kosten oder
- einer Kombination aus beiden.

Unteilbarkeiten können technisch oder organisatorisch begründet sein. So kann die Herstellung eines Produkts mit Maschinenfertigungsabläufen mit hoher Produktionstiefe verknüpft sein, die Herstellung von bestimmten Gütern ist mit aufwendigen Labors verbunden, es sind bestimmte Mindesteinsatzmengen erforderlich oder hohe Marktmacht auf der Beschaffungsseite führt zu stark sinkenden Beschaffungskosten.

Eine wesentliche Konsequenz aus Unteilbarkeiten sind subadditive Kosten, d.h. ein einzelner Anbieter kann aufgrund starker Fixkostendegression (*economies of scale* oder *economies of scope*) eine bestimmte Menge wesentlich günstiger anbieten, als zwei oder mehr Anbieter, es gilt also, wenn q_1 und q_2 Produktionsmengen eines Gutes sind:

$$K(q_1 + q_2) < K(q_1) + K(q_2)$$

Man spricht von versunkenen Kosten oder Kostenirreversibilität, wenn Kosten des Markteintritts bei einem Marktaustritt verloren sind. Kauft ein Spediteur einen zusätzlichen LKW und stellt fest, dass er das Marktpotential falsch eingeschätzt hat, so kann er den LKW veräußern oder verpachten und zumindest einen Teil seiner Kosten wieder hereinholen. Legt ein Eisenbahnunternehmen Schienen und stellt fest, dass die Strecke nicht rentabel betrieben werden kann, so sind die Fixkosten für die Verlegung der Gleise unwiederbringlich verloren, da selbst eine Verschrottung sich nur bei extrem hohen Schrottpreisen lohnen würde.

Gerade im Bereich von Netzen, Telefonnetzen, Elektrizitätsnetzen oder Schienennetzen, finden sich häufig natürliche Monopole. Hier liegt die Ursache für die Bildung von Gebietsmonopolen im Bereich der Elektrizitätsversorgung oder der Monopolstellung der früheren Bundespost im Festnetzbereich.

Die Konsequenz hoher Fixkosten kann ein Verlauf der Durchschnittskosten sein, wie er in Abbildung 4.27 dargestellt ist. Haben solche Fixkosten auch noch den Charakter versunkener Kosten, so hat man ein natürliches Monopol. Die Drohung des Monopolisten, den Preis zu senken, wird potentielle Wettbewerber davon abhalten, in den Markt einzudringen. Es gibt aber nicht nur den Wettbewerb **im** Markt, sondern auch den Wettbewerb **um den** Markt.

So ist die Bahn, wenn sie auch ein Monopol im schienengebundenen Personen- und Güterverkehr besitzt, durchaus Wettbewerb durch andere Verkehrssysteme ausgesetzt. Die Entwicklung der Mobiltelefonie hat die Monopolsituation des Festnetzanbieters Telecom nachhaltig erschüttert. Auch Marktwachstum kann ein natürliches Monopol beseitigen. Man verlagere in Abbildung 4.27 die Nachfragekurve so weit nach rechts, dass der Schnittpunkt der Grenz- mit der Durchschnittskostenkurve (S) links von ihr zu liegen kommt. In der neuen Situation ist dann ein Wettbewerbsangebot möglich.

Wie kann der Staat mit natürlichen Monopolen umgehen? Eine Zerschlagung, wie sie bei anderen Monopolen denkbar wäre, scheidet hier aus. Aus der Tatsache, dass Monopole im allgemeinen mit einer hohen Monopolrente und dem Verlust von Konsumentenrente verbunden sind, wird die Rechtfertigung staatlicher Eingriffe begründet.

Die weitestgehende Maßnahme ist die Verstaatlichung, wie sie 1875 durch die deutschen Länder bei den bis dahin privaten Eisenbahnen vorgenommen wurden. Die Existenz von Parallellinien, die vor der Reichsgründung 1871 politisch bedingt war, hatte zu ruinösem Wettbewerb geführt. Der Prozeß fand 1920 mit der Gründung der Reichsbahn seinen vorläufigen Abschluß. Die anhaltende Diskussion im Zusammenhang mit dem Börsengang der Bahn AG, ob mit oder ohne Netz, zeigt die Problematik.

Eine weiter Möglichkeit ist, den Erzeugungsbereich vom Verteilungsbereich zu trennen, das sog. *unbundling*. Dies ist das Modell, das der Europäischen Kommission im Zusammenhang mit der Neustrukturierung der europäischen Elektrizitätsmärkte vorschwebt. Die Marktmacht der Elektrizitätserzeuger würde damit deutlich verringert. Das Grundproblem, dass Netze ein natürliches Monopol darstellen, wird damit aber auch nicht gelöst.

Ein anderer Ansatz ist die Regulierung eines weiterhin privatwirtschaftlichen Unternehmens durch eine Behörde, so wie sie in Deutschland in Form der Bundesnetzagentur besteht. So können monopolistische Netzanbieter verpflichtet werden, ihre Netze anderen Anbietern zu vorgeschriebenen Preisen zu öffnen, Regeln wie sie auf den Strom- und Gasmärkten bereits gelten. Um die Konsumentenrente zu erhöhen, kann der Monopolist verpflichtet werden, zu Preisen nach der Grenzkostenregel oder der Durchschnittskostenregel anzubieten. Bei Anwendung der Grenzkostenregel müsste der Staat aber ggf. bereit sein, entstehende Verluste zu übernehmen. Statt dessen könnte der Preis sich an den Durchschnittkosten unter Einbeziehung eines angemessenen Gewinnaufschlags orientieren.

4.6 Oligopol

4.6.1 Oligopolmodelle

Das Oligopol unterscheidet sich grundsätzlich von Polypol und Monopol dadurch, dass der einzelne Anbieter die Verhaltensweise seiner Wettbewerber berücksichtigen und deshalb eine Strategie entwickeln muss. Der Monopolist braucht dies mangels Wettbewerber nicht zu tun. Der Polypolist kann dies unter den Bedingungen der vollständigen Konkurrenz nicht tun, sein einziger Aktionsparameter ist die Menge.

Wir unterscheiden **homogene** und **heterogene** Oligopole. Diese Bezeichnungen setzen an ähnlichen Kriterien an, wie die oben verwendeten Begriffe *vollkommen* und *unvollkommen*. In einem homogenen Oligopol werden völlig gleichartige Güter angeboten (z.B. Telekommunikation), in heterogenen Oligopolen dagegen nur ähnliche aber ungleiche Güter (etwa Transportleistungen auf der Schiene oder auf der Straße).

Wir wollen uns auf das oligopolistische Modell mit nur zwei Anbietern, das sog. **Dyopol** beschränken und vier einfache Modelle betrachten. Zunächst haben die Dyopolisten grundsätzlich die Wahl, ob sie **konkurrieren** oder **kooperieren** wollen. In nichtkooperativen Modellen sind wiederum zwei Verhaltensweisen möglich:

- Ein Anbieter kann eine *Abhängigkeitsposition* einnehmen, d.h. er agiert autonom unter der Annahme einer unveränderten Verhaltensweise seines Wettbewerbers. Die Annahme kann sich auf das Mengen- oder das Preisverhalten beziehen. Ein Anbieter in der Abhängigkeitsposition kann unverändertes Mengenverhalten seines Wettbewerbers annehmen und auf dem ihm verbleibenden Restmarkt eine monopolistische Gewinnmaximierungsstrategie verfolgen (*autonome Mengenstrategie*) oder er akzeptiert das Preisverhalten seines Wettbewerbers und verhält sich wie ein polypolistischer Mengenanpasser.

- Ein Anbieter kann eine *Unabhängigkeitsposition* einnehmen; er versucht seinen Gewinn unter Berücksichtigung der Reaktion seines Wettbewerbers zu maximieren. Diese Vorgehensweise, bei der der Wettbewerber bewusst zu einer Mengen- oder Preisreaktion veranlasst wird, heißt *Überlegenheitsstrategie*.

Aus diesen Verhaltensweisen lassen sich mehrere nichtkooperative Modelle ableiten.

Wettb. 2 \ Wettb. 1		Abhängigkeitsposition (AP)		Unabhängigkeitsposition (UP)
		Mengenverhalten	Preisverhalten	
AP	MV	Cournot	-	von Stackelberg Mengenführerschaft
	PV	-	Bertrand	Preisführerschaft
UP		von Stackelberg	Preisführerschaft	Bowley Ruinöser Wettbewerb

Abb. 4.28 Oligopolformen

Im folgenden werden die in der obigen Übersicht genannten Modelle behandelt. Es handelt sich durchweg um *nichtkooperative* und *homogene* Dyopolmodelle. Darüber hinaus wird ein kooperatives Modell betrachtet.

4.6.2 Cournotsche Lösung

Bei dieser Lösung wird unterstellt, dass die beiden Wettbewerber W_1 und W_2 eine Abhängigkeitsposition einnehmen. Um die Sachlage möglichst einfach darzustellen, gehen wir davon aus, dass mit Grenzkosten von Null produziert wird, die einzigen Kosten die entstehen sind Fixkosten.[29] Nehmen wir an, zunächst sei W_1 als einziger Anbieter auf dem Markt. Er ist also Monopolist und wird, da seine Grenzkosten Null sind, zum Preis $\frac{1}{2}p_{max}$ die halbe Sättigungsmenge $\frac{1}{2}q_s$ anbieten (vgl. Abbildung 4.29[30]).

---

[29] Cournot nennt hier als Beispiel Heilquellen.

[30] Die Indizes in den nachfolgenden Abbildungen beziehen sich auf die Wettbewerber W_1 und W_2.

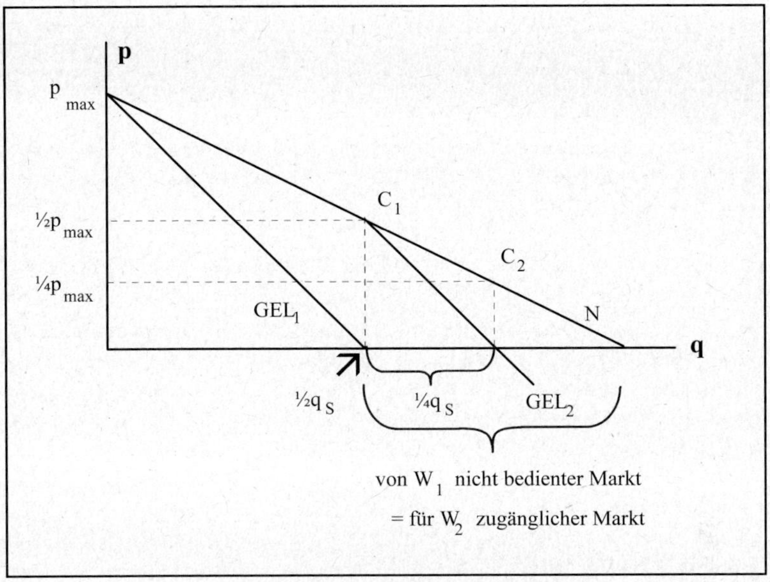

Abb. 4.29: Cournotsches Oligopol

Nun tritt der Anbieter W_2 auf den Markt. Eine Abhängigkeitsposition einnehmend, richtet er sich auf dem von W_1 nicht bedienten Restmarkt ein. Da auch er sich wie ein Monopolist verhält und annahmegemäß seine Grenzkosten Null sind, wird er zum Preis $\frac{1}{4}p_{max}$ die Menge $\frac{1}{4}q_s$ anbieten.

Nun wandert ein Teil der Kunden von W_1 ab und versucht natürlich das Gut bei W_2 zum halben Preis zu bekommen. Der für W_1 zugängliche Markt schrumpft damit auf ¾ des ursprünglichen Volumens (¼ der Gesamtabsatzmenge wird ja nun von W_2 bedient). Er muss also seinen Preis senken. Dies ermöglicht es W_2, seinen Preis anzuheben usw.

Es entsteht schließlich ein Gleichgewicht, bei dem beide Anbieter zum Preis $p = \frac{1}{3}p_{max}$ jeweils ein Drittel des Gesamtmarktes bedienen. Diese Lösung ist als *Cournotsche Zwei-Drittel-Lösung* bekannt.

Mathematische Lösung: Seien $q_{z,1}$ *und* $q_{z,2}$ *die jeweils zugänglichen Mengen.* $q_{r,1}$ *und* $q_{r,2}$ *mögen die tatsächlich abgesetzten Mengen bezeichnen.* q_S *sei wieder die Sättigungsmenge. Dann gilt* $q_{r,1} = \frac{1}{2}q_{z,1}$ und $q_{r,2} = \frac{1}{2}q_{z,2}$. Ferner gilt $q_{z,1} = q_S - q_{r,2}$ *und* $q_{z,2} = q_S - q_{r,1}$. *Also folgt* $q_{r,1} = \frac{1}{2}(q_S - q_{r,2})$ *und* $q_{r,2} = \frac{1}{2}(q_S - q_{r,1})$. *Auflösung dieses Gleichungssystems ergibt die Lösung* $q_{r,1} = q_{r,2} = \frac{1}{3}q_S$.

Selbstverständlich kann auf die einschränkende Voraussetzung der Grenzkosten von Null verzichtet werden. Es müssen nicht einmal für beide Anbieter gleiche Kostenverläufe unterstellt werden. Die Lösung, die sich dann ergibt, wird aber keine einfache Zwei-Drittel-Lösung mehr sein. Entscheidend ist nur die Grundidee, dass jeder Anbieter sich auf dem ihm verbleibenden Restmarkt wie ein Monopolist verhält.

4.6.3 Von Stackelbergsche Lösung (Mengenführerschaft)

Die auf HEINRICH VON STACKELBERG (1905 – 1946) zurückgehende Asymmetrielösung setzt voraus, dass ein Anbieter nach wie vor eine Abhängigkeitsposition, der andere aber eine Unabhängigkeitsposition einnimmt. Nehmen wir an, Anbieter W_1 versuche die Unabhängigkeitsposition einzunehmen und die Grenzkosten beider Anbieter seien wiederum mit Null angesetzt.

Da wir nach wie vor einen vollkommenen Markt unterstellen, weiß Anbieter W_1 wie sein Wettbewerber reagiert. Er wird also versuchen, seinem Wettbewerber W_2 den Preis aufzuzwingen, der seinen eigenen Gewinn maximiert. Bietet W_1 überhaupt nicht an, so wird W_2 zum Preis $\frac{1}{2}p_{max}$ die Menge $\frac{1}{2}q_s$ anbieten (vgl. Abschnitt 4.6.2). Bietet er zum Preis $\frac{1}{2}p_{max}$ die halbe Sättigungsmenge an, so wird W_2 seinen Preis auf $\frac{1}{4}p_{max}$ senken. Würde er schließlich den gesamten Markt bedienen und seine Waren verschenken, so würde W_2 aus dem Markt gedrängt. W_1 leitet nun eine neue Preis-Absatz-Funktion her, die nicht nur die Reaktion der Nachfrager sondern auch die Reaktion des Wettbewerbers W_2 berücksichtigt. Diese Funktion stellt einen Zusammenhang her zwischen der Angebotsmenge q_1 von W_1 und dem Preis p_2, den Wettbewerber W_2 dann nimmt. Ausgehend von dieser modifizierten Preis-Absatz-Funktion wird Anbieter W_1 sich jetzt wie ein Monopolist verhalten und seinen Gewinn maximieren. Er wird dann einen Preis festsetzen, den sein Wettbewerber nach Konstruktion der Preis-Absatz-Funktion automatisch übernehmen muss.

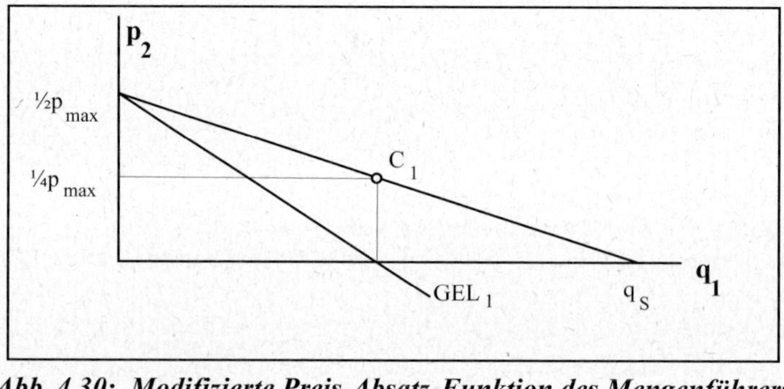

Abb. 4.30: Modifizierte Preis-Absatz-Funktion des Mengenführers

Unter den getroffenen Voraussetzungen wird also W_1 zum Preis $\frac{1}{4}p_{max}$ die halbe Sättigungsmenge anbieten und den Erlös $\frac{1}{4}p_{max} \cdot \frac{1}{2}q_S$, also $\frac{1}{8}p_{max} \cdot q_S$ erzielen. Im Modell der Cournotschen Zwei-Drittel-Lösung hätte er den Erlös $\frac{1}{9}p_{max} \cdot q_S$ erzielt. Da in beiden Fällen annahmegemäß nur (die gleichen) Fixkosten anfallen, kann er seinen Gewinn im Vergleich zur Cournot-Lösung tatsächlich erhöhen.

In dem hier vorliegenden Modell akzeptiert Anbieter W_2, dass der Anbieter W_1 den Preis durch seine Angebotsmenge bestimmt, weswegen dieses Modell auch das Modell der **Mengenführerschaft** genannt wird.

Selbstverständlich kann man sich auch bei der Behandlung der von Stackelbergschen Asymmetrielösung von der Voraussetzung der Grenzkosten von Null lösen.

4.6.4 Preisführerschaft

Auch das Modell der Preisführerschaft ist ein Asymmetriemodell. Es unterstellt aber eine andere Verhaltensweise des Anpassers. Während dieser bei der Mengenführerschaft eine autonome Mengenstrategie verfolgt, er sich auf seinem zugänglichen Markt also wie ein Monopolist verhält, ist er im Modell der Preisführerschaft ein *Mengenanpasser*.

Eine besondere Form der Preisführerschaft ist das **Teilmonopol**, eine Marktform mit einem großen und einigen kleinen Anbietern. Microsoft ist als der mit Abstand führende Anbieter von Betriebssystemen ein solcher Teilmonopolist.

Der Preisführer sei Wettbewerber W_1 und der Anpasser, dessen Kostenfunktion als linear unterstellt wird, sei Wettbewerber W_2. Letzterer wird dann sein Angebot immer bis an die Kapazitätsgrenze $q_{2,max}$ ausdehnen. Dies führt zu der in Abbildung 4.31 dargestellten völlig unelastischen Angebotsfunktion A_2.

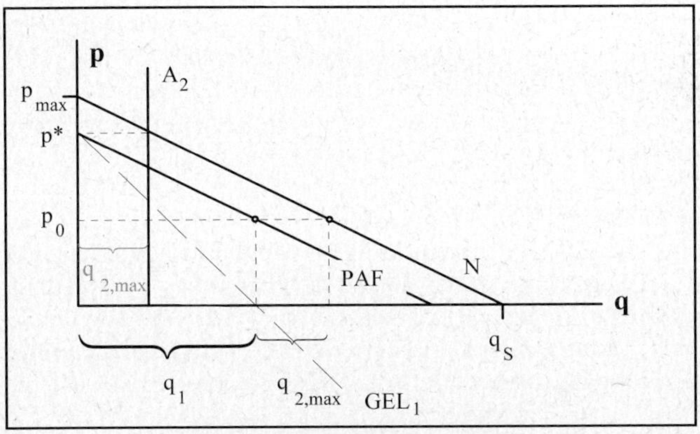

Abb. 4.31: Preisführerschaft

Der Höchstpreis, den der Preisführer nehmen kann, ist p*. Zu jedem von ihm verlangten höheren Preis kann sein Konkurrent nämlich den gesamten Markt zum Preis p* bedienen. Zu jedem Preis $p < p^*$ kann W_1 die Differenz aus der zu diesem Preis gemäß der Preis-Absatz-Funktion PAF absetzbaren Gesamtmenge und der Kapazität des Wettbewerbers W_2, also $q(p)-q_{2,max}$, absetzen. Seine individuelle Preis-Absatz-Funktion PAF ergibt sich somit durch Parallelverschiebung der Nachfragefunktion N um die Menge $q_{2,max}$ nach links.

Unterstellen wir der Einfachheit halber wieder Grenzkosten von Null, so wird der Preisführer zum Preis p_0 unter der Gewinnmaximierungsbedingung „Grenzkosten gleich Grenzerlös" die Menge q_1 absetzen und somit bei gegebener individueller Preis-Absatz-Funktion PAF seinen Gewinn maximieren. Sein Wettbewerber W_2 bedient dann die Restmenge q_2, die genau seiner Kapazitätsmenge $q_{2,max}$ entspricht.

Lohnt es sich in dieser Situation für den Wettbewerber W_2 einen anderen Preis als p_0 zu verlangen? Da er bereits an der Kapazitätsgrenze anbietet, bedeutet eine Preissenkung automatisch eine Erlös- und somit eine Gewinnminderung. Eine Preissenkung lohnt sich also nicht! Aber auch eine Preisanhebung ist für ihn nicht lohnend, da er dann nicht mehr seine Kapazitätsmenge absetzen könnte und somit kein Gewinnmaximierer mehr wäre.

In welcher Situation ist das Modell der Mengen- und wann das Modell der Preisführerschaft ein geeignetes Analyseinstrument? Bei Kapazitätsentscheidungen kann die Mengenführerschaft als relevantes Erklärungsmodell angenommen werden. Geht man dagegen von gegebenen Kapazitäten aus, so ist eher das Modell der Preisführerschaft anzuwenden.

4.6.5 Ruinöser Wettbewerb und Kooperation

Die in den Abschnitten zuvor behandelten Modelle sind formaler Natur. Anbieter, die die Abhängigkeitsposition einnehmen, verhalten sich passiv. Die Realität dürfte dagegen durch das Auftreten von Lerneffekte und aktivem Verhalten der Anbieter gekennzeichnet sein. Als grundsätzliche Verhaltensmuster kommen hier kooperatives und nicht kooperatives Verhalten in Frage.

Ist keiner der Anbieter bereit, die Abhängigkeitsposition einzunehmen, so kann es nach der Theorie von ARTHUR BOWLEY (1869 – 1957) zu scharfem Preiswettbewerb kommen mit dem Ziel, den Konkurrenten aus dem Markt zu drängen. In dieser Situation ist nicht mehr die Gewinnmaximierung das kurzfristige Unternehmensziel, sondern die *Ausweitung des Marktanteils*. Jeder Anbieter versucht, den Preis zu senken, in der Hoffnung, der eigene Deckungsbeitrag sei höher als der des Wettbewerbers. Dieses Bestreben kann zum Ruin zumindest eines Wettbewerbers führen.

Liefern sich beide Anbieter scharfen Preiswettbewerb, erleiden sie ggf. beide Verluste. Könnten sie sich dagegen darauf einigen, den Preis als Wettbewerbsinstrument auszuschalten, zu kooperieren und vielleicht sogar durch die Festsetzung eines Monopolpreises *gemeinsame* Gewinnmaximierung anzustreben, so könnten sie beide angemessene Gewinne erzielen. Der Wettbewerb könnte sich dann auf andere, nichtpreisliche Merkmale, wie Kundendienst, Qualität, Aufmachung, Werbung usw. verlagern. Diese Kooperationslösung geht auf EDWARD CHAMBERLAIN (1899 – 1967) zurück.

4.6.6 Grundlagen der Spieltheorie

Neben den oben beschriebenen neoklassischen Modellen findet heute mehr und mehr die Spieltheorie Anwendung zur Erklärung oligopolistischen Verhaltens. In diesem Abschnitt sollen einige wesentliche Grundzüge dieser Theorie vorgestellt werden.

Die Spieltheorie ist eine Theorie der *strategischen Spiele*. Ihre Begründung erfolgte 1944 durch JOHANN VON NEUMANN (1903 - 1957) und OSKAR MORGENSTERN (1902 - 1976).[31] Aufgabengebiet der Spieltheorie ist die Analyse menschlichen Verhaltens in strategischen Entscheidungssituationen.

Im Gegensatz zu den Glücksspielen, mit denen sich die Wahrscheinlichkeitstheorie beschäftigt, geht es hier um Spiele, deren Ergebnis einzig und alleine von den Entscheidungen der

[31] O. Morgenstern, J. von Neumann: Theory of Games and Economic Behaviour, Princeton 1944. Im Jahre 1994 wurden drei Ökonomen, JOHN HARSANYI (1920 -2000), JOHN NASH (*1928) und REINHARD SELTEN (*1930) für ihre spieltheoretischen Arbeiten mit dem Nobelpreis für Wirtschaftswissenschaften ausgezeichnet.

Spieler (mindestens zwei) abhängt. Dies schließt nicht aus, dass die Spieler ggf. zufällige Entscheidungen treffen können (*gemischte Strategien*).
Die Spieler stehen im *Wettbewerb* (sie verfolgen das gleiche Ziel). Damit gibt es Interessenskonflikte, die durch *Konkurrenz* oder *Kollusion* gelöst werden müssen. Jeder Spieler muss zur Lösung des Problems eine *Strategie* entwickeln.

Eine Strategie ist eine zielgerichtete Aktion, die in mehrstufigen Entscheidungen abläuft (Spielplan).

Wir gehen zunächst vom Modell eines Spieles mit *zwei Spielern* aus, die zwischen je *zwei Alternativen* entscheiden können. Das Spiel wir nur *einmal* gespielt. Die Spieler müssen sich *gleichzeitig* und unabhängig voneinander entscheiden. Das Ergebnis des Spieles läßt sich für jeden beteiligten Spieler in Form einer **Auszahlungsmatrix** angeben:

Tab. 4.2: Auszahlungsmatrix

		B	
		links	rechts
A	oben	a_1,b_1	a_2,b_2
	unten	a_3,b_3	a_4,b_4

Entscheidet sich der Spieler A für Strategie *oben* und B für *links*, so erhält A die Auszahlung a_1 und B eine in Höhe von b_1 usw. Die Auszahlungen können positiv, 0 oder negativ sein.

Betrachten wir hierzu ein berühmtes Beispiel, das sog. ***Gefangenendilemma***. Zwei Angeklagte, A und B, denen ein gemeinsames Verbrechen zur Last gelegt wird, werden einzeln und unabhängig voneinander verhört. Man nimmt ihnen die Möglichkeit der Absprache. Die Konsequenzen ihres Verhaltens sind ihnen bekannt:

- Leugnen beide, so werden sie aufgrund vager Indizien zu je einem Jahr Haft verurteilt.
- Gesteht einer, während der andere leugnet, wird der Geständige freigesprochen und der Leugnende zu sechs Jahren Haft verurteilt.
- Gestehen beide, so werden sie zu je zwei Jahren Haft verurteilt.

Die Auszahlungsmatrix (Tabelle 4.3) zeigt die Haftstrafen in Jahren (als negative Werte). Wie sollen sich die Gefangenen verhalten?

Tab. 4.3: Gefangenendilemma

		B	
		gestehen	leugnen
A	gestehen	-2, -2	0, -6
	leugnen	-6, 0	-1, -1

Die beste Lösung wäre natürlich für beide zu kooperieren und zu leugnen. Da die zwei sich nicht absprechen können und Angst vor der Aussage des anderen haben, werden sich wohl beide entscheiden, zu gestehen. Egal, wie nämlich die Entscheidung von B ausfällt, A steht sich mit gestehen immer besser:

- Leugnet B, so führt das Geständnis von A zum Freispruch.
- Gesteht B, so ist die Haftstrafe für A nur ein Drittel so lang wie bei Leugnen.

Man sagt, für A liege eine ***dominante Strategie*** vor. Entsprechendes gilt für B.

*Gibt es in einem Spiel für einen Spieler eine Alternative, die er jeder anderen vorzieht, egal wie sich sein Gegenspieler verhält, so liegt eine **dominante Strategie** vor.*

Könnten die Gefangenen kooperieren – eine Möglichkeit, die ausgeschlossen wurde - und würden sie sich einigen, hartnäckig zu leugnen, so kämen *beide* mir einer geringeren Haftzeit davon.

*Gibt es in einem nichtkooperativen Spiel eine Lösung, von der abzuweichen bei keinem Spieler Interesse besteht, so nennt man dies Lösung ein **Gleichgewicht**.*

Da es im Gefangenendilemma für beide Spieler eine dominante Strategie ("gestehen") gibt, ist die Lösung (gestehen, gestehen) ein Gleichgewicht. Dieses Beispiel lehrt erneut, dass ein Gleichgewicht nicht immer auch eine optimale Lösung darstellen muss.

Betrachten wir ein ökonomisches Beispiel für eine Gleichgewichtslösung im Dyopol. Stellen wir uns eine Mini-OPEC bestehend aus den Ländern Ölistan und Ölusien vor. Die Nachfragefunktion auf ihrem Markt lautet:

$$p = 600 - \frac{1}{2}q$$

Wir nehmen der Einfachheit halber an, die Anbieter können zu variablen Kosten von null produzieren. Die folgende Tabelle 4.4 zeigt die Erlöse als Auszahlungen in 1000 Geldeinheiten in Abhängigkeit von bestimmten Verkaufsmengen.

Tab. 4.4: Dyopol mit Gleichgewicht

		Ölistan		
	Mengen	500	400	300
Ölusien	500	50, 50	75, 60	100, 60
	400	60, 75	80, 80	100, 75
	300	60, 100	75, 100	90, 90

Wie man sich leicht überzeugt, ist die Menge 400 für beide Anbieter dominant.[32] Das vorliegende Beispiel beschreibt die Cournot-Gleichgewichtslösung eines Dyopols.

Kehren wir zur allgemeinen Darstellung zurück. Gilt in der Auszahlungsmatrix in Tabelle 4.2 $a_i + b_i = 0$ (i=1,2,3,4), so spricht man von einem **Nullsummenspiel**. Der Gewinn des einen Spielers ist immer gleich dem Verlust des anderen Spielers.

Einigen sich die Spieler darauf, eine gemeinsame Lösung zu finden, nennt man das ein **kooperatives Spiel**. Andernfalls liegt ein **nichtkooperatives Spiel** vor. Da im Gefangenendilemma die Möglichkeit der vorherigen Absprache ausgeschlossen wurde, handelt es sich um ein nichtkooperatives Spiel.

Ein Beispiel für ein *nichtkooperatives Nullsummenspiel* ist das bekannte Spiel *Stein- Schere-Papier*. Dieses Spiel, in dem es kein Gleichgewicht gibt, kann durch die folgende Auszahlungsmatrix beschrieben werden:

Tab. 4.5: Stein-Schere-Papier-Spiel

		B		
		Stein	Schere	Papier
A	Stein	0, 0	1, -1	-1, 1
	Schere	-1, 1	0, 0	1, -1
	Papier	1, -1	-1, 1	0, 0

In vielen Spielsituationen gibt es für keinen der Beteiligten eine dominante Strategie (z.B. im Stein-Schere-Papier-Spiel). Gibt es dann trotzdem so etwas wie ein Gleichgewicht? JOHN NASH (*1928) hat für solche Spiele eine schwächere Gleichgewichtsdefinition gefunden.

*Ein **Nash-Gleichgewicht** liegt vor, wenn in einem nicht-kooperativen Spiel bei jeweils gegebener Strategie des Gegners kein Spieler eine Veranlassung sieht, von seiner Strategie abzuweichen.*

Betrachten wir die folgende Auszahlungsmatrix:

Tab. 4.6: Nash-Gleichgewicht

		B	
		links	rechts
A	oben	3, 2	0, -2
	unten	2, 0	1, 2

32 Allerdings nicht *streng* dominant. Sind alle Auszahlungen der dominanten Strategie größer als die Auszahlungen der dominierten Strategie, so spricht man von *starker* oder *strenger* Dominanz. Gibt es dagegen gleiche Auszahlungen in der dominierten und der dominanten Strategie so spricht man von *schwacher* Dominanz.

Für keinen Spieler existiert eine dominante Strategie. Ein Nash-Gleichgewicht liegt aber bei der Strategie (*oben*, *links*) vor. Kein Spieler hat - bei gegebener Strategie des Gegners - ein Interesse daran, seine eigene Strategie in dieser Position zu ändern.

Entscheidet sich A für *oben*, so gibt es für B keinen Grund von der Strategie *links* abzuweichen. Umgekehrt hat bei gegebener Wahl von *links* durch B der Spieler A keinen Grund seine Strategie *oben* zu wechseln.

Man überzeugt sich leicht, dass (*unten*, *rechts*) ein weiteres Nash-Gleichgewicht ist. Spiele können also mehr als nur ein Nash-Gleichgewicht besitzen.

Selbstverständlich ist jedes sich aus dominanten Strategien ergebende Gleichgewicht auch ein Nash-Gleichgewicht. So ist z.B. die Entscheidung (gestehen, gestehen) im Gefangenendilemma ebenso wie die Gleichgewichtslösung in Tabelle 4.4 ein Nash-Gleichgewicht. Die Umkehrung gilt aber, wie man in Tabelle 4.6 sieht, nicht. Es gibt also Nash-Gleichgewichte ohne dominante Strategien.

Gibt es in einem Spiel immer ein Nash-Gleichgewicht? Die folgende Auszahlungsmatrix (Tabelle 4.7) widerlegt diese Vermutung.

Tab. 4.7: Spiel ohne Nash-Gleichgewicht

		B	
		links	rechts
A	oben	1, 2	4, -2
	unten	2, 0	1, 2

In jeder Paarung ist es für einen der beiden Spieler attraktiv, die Strategie zu wechseln.

Als Beispiel für ein Nash-Gleichgewicht betrachten wir die verschiedenen möglichen Entscheidungskombinationen zweier dyopolistischer Wettbewerber W_1 und W_2, wobei wir zwischen der Abhängigkeitsposition (A) und der Unabhängigkeitsposition (U) unterscheiden und die folgende Nachfragefunktion unterstellen:

$$p = 60 - \frac{1}{20} \cdot q$$

Wir gehen davon aus, dass beide Dyopolisten mit der gleichen Kostenfunktion arbeiten:

$$K(q) = 1000 + 30q$$

Dann ergeben sich die in der Tabelle 4.8 dargestellten Gewinnkombinationen.[33]

[33] Die Zahlen in der Tabelle errechnen sich aus dem unter dem jeweiligen Oligopolmodell gültigen Gewinnfunktionen der Anbieter, die sich aus der Nachfragefunktion und den Kostenfunktionen ergeben. Die entsprechenden Formeln für die Angebotsmengen sind im Anhang A2 angegeben.

Tab. 4.8: Nash-Gleichgewichte

		W_2	
		A	U
W_1	A	1000 | 1000	125 | 1250
	U	1250 | 125	-1000 | -1000

Versuchen beide eine Unabhängigkeitsposition einzunehmen, so kommt es zu einem Überangebot, welches nur durch Preissenkung abgesetzt werden kann und für beide zu einem gewinnlosen Zustand führt. Die Asymmetrielösungen (A,U) und (U,A) stellen Nash-Gleichgewichte dar.

Bisher wurde unterstellt, dass ein Spiel nur *einmal* gespielt wird und beide Spieler sich gleichzeitig entscheiden müssen. Die Voraussetzung der Einmaligkeit soll nun aufgehoben werden. Dabei wollen wir des weiteren unterstellen, dass das Spiel *beliebig oft* wiederholt werden kann.[34] Diese Variante ist besonders interessant bei Kooperationen (*kollusivem Verhalten*), da Fehlverhalten in der folgenden Runde ggf. durch den Hintergangenen sanktioniert werden kann.

Diese Spielsituation liegt bei einem auf unbestimmte Zeit geschlossenen Kartell vor. Jeder Spieler muss damit rechnen, in der folgenden Runde für mögliches Fehlverhalten bestraft zu werden.

Betrachten wir als Beispiel noch einmal die Situation, die wir aus der Tabelle 4.4 kennen.

Tab. 4.9: Kooperation

		Ölistan		
	Mengen	500	400	300
Ölusien	500	50, 50	75, 60	100, 60
	400	60, 75	80, 80	100, 75
	300	60, 100	75, 100	90, 90

Wenn sich die beiden Ölanbieter Ölistan und Ölusien einigen, statt der Gleichgewichtsmenge 400 anzubieten, jeweils nur eine Menge von 300 auf den Mark zu bringen, so könnten *beide* ihren Erlös erhöhen (Chamberlain-Lösung). Natürlich wäre es jetzt aber reizvoll, ohne Wissen des anderen, die eigene Menge auf 400 zu erhöhen. Ölusien könnte so seinen Erlös auf 100 steigern; der Erlös von Ölistan würde sinken. Sollte Ölistan den Betrug aber durchschauen, so wird es mit einer Anhebung seiner Angebotsmenge auf 400 reagieren, so dass sich beide im Vergleich zur Kooperationslösung wieder schlechter stehen.

[34] Spiele, bei denen von vornherein eine bestimmte Anzahl von Wiederholungen feststeht, sind letztlich wie einmalige Spiele zu behandeln.

Die Absprache könnte stabilisiert werden, wenn im Vertrag eine Klausel aufgenommen wird, nach der bei einmaligem Vertragsverstoß eines Teilnehmers zukünftig beide wieder die Menge 400 anbieten. In diesem Fall sind sich beide Kartellisten darüber im klaren, dass ein Vertragsbruch nur einen kurzfristigen Vorteil bringt und sich langfristig nicht auszahlt.

Diese Variante der Bestrafung ist ziemlich rigoros, da sie unumkehrbar ist. Eine versöhnliche ist die "Wie Du mir, so ich Dir"-Strategie. Die Spieler beginnen mit der Kooperationslösung und drohen sich gegenseitig an, im Falle des Abweichens von der Kooperation sich genau so wie der andere zu verhalten. Hebt Ölusien seine Menge also gegen die Absprache auf 400 Einheiten an, so zieht Ölistan in der nächsten Spielrunde nach. Senkt Ölusien dann die Angebotsmenge wieder, so senkt auch Ölistan seine Menge usw. Diese Strategie kennt also nicht nur die Bestrafung, sondern auch die Verzeihung.

Kooperationslösungen können sich aber auch bei gutem Willen der Kartellisten als *instabil* erweisen. Das obige Beispiel (Tabelle 4.9) beschreibt vereinfacht die Situation des Welt-Ölmarktes. So lange das OPEC-Kartell funktionierte, konnten *alle* Erdöl fördernden Staaten gute Gewinne machen. Als nicht-kooperationswillige Drittstaaten (z.B. Mexiko) auf den Mark kamen, konnten sie der OPEC Marktanteile wegnehmen. Die OPEC-Staaten mussten ebenfalls die Preise senken. Die Zahl der Spieler war so stark angestiegen, dass eine stabile Hochpreislösung nicht mehr möglich war.

Ein Spiel heißt **sequentiell**, wenn die Spieler nicht gleichzeitig, sondern Zug um Zug spielen müssen (können), eine Situation, wie wir sie auf Oligopolmärkten antreffen, auf denen ein Wettbewerber auf Aktionen seiner Konkurrenten reagieren kann.

Betrachten wir das folgende Beispiel, in welchem wir *rationales Verhalten* der Spieler dahingehend unterstellen, dass sie jeweils die Strategie wählen, die ihnen die größtmögliche Auszahlung garantiert. Wir unterstellen ferner vollständige Information.

Tab. 4.10: Sequentielles Spiel

		B	
		links	rechts
A	oben	2, 0	0, -2
	unten	3, 2	1, 3

Nehmen wir an, A muss als erster seine Entscheidung treffen und B folgt dann.

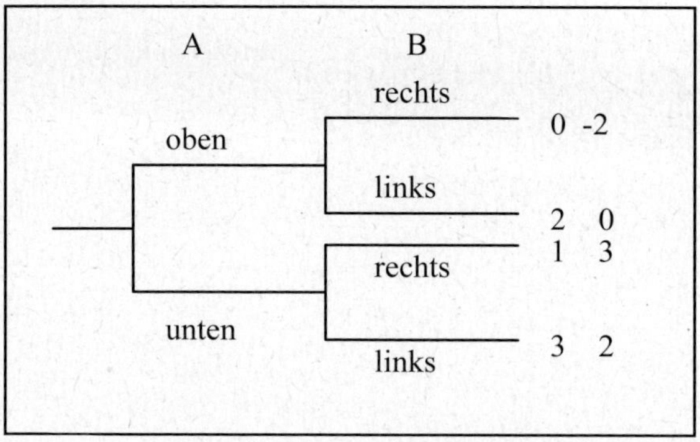

Abb. 4.32: Entscheidungsbaum 1

Für A ist offensichtlich *oben* die bessere Strategie, weil in diesem Fall ausgeschlossen werden kann, dass ein rational handelnder Spieler B die Strategie *rechts* wählt. Entscheidet A sich für *unten*, wird sich B für *rechts* entscheiden, so dass die Auszahlung von A geringer ist.

Muss B als erster seine Strategie festlegen, so wird er *rechts* wählen. A wird dann als rational handelnder Spieler *unten* wählen.

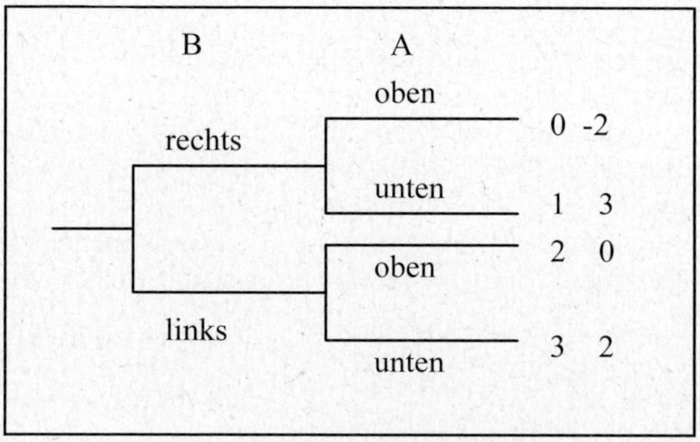

Abb. 4.33: Entscheidungsbaum 2

Diese Strategiekombination würde sich auch bei *gleichzeitiger* Wahl der Strategien ergeben. Unten ist für A eine dominante Strategie. In der Erwartung, dass sich A, das Ziel der eigenen Gewinnmaximierung verfolgend, für unten entscheidet, wird sich B dann für rechts entscheiden.

Nehmen wir nun an, A möchte B dazu bringen, die Strategie *links* zu wählen, weil dann sein eigener Gewinn auf jeden Fall größer wird. Er könnte dies erreichen, indem er B droht, bei der Strategie *rechts* selber die Strategie *oben* zu wählen. Sein Problem ist, wie glaubhaft er diese Drohung B gegenüber vermitteln kann. Er könnte seine Entscheidung beispielsweise einem unabhängigen Dritten mit klarer Handlungsanweisung übertragen und B hiervon in Kenntnis setzen.

Betrachten wir in dieser Interpretation die Auszahlungsmatrix aus Tabelle 4.10, wobei die Strategien jetzt wie folgt ökonomisch interpretiert werden sollen. A ist Anbieter auf einem Markt, zu dem B einen möglichen Eintritt plant. Den dort dargestellten Strategien weisen wir nun die folgenden Interpretationen zu:

oben	niedriger Preis	Entscheidung von A
unten	hoher Preis	
links	kein Markteintritt	Entscheidung von B
rechts	Markteintritt	

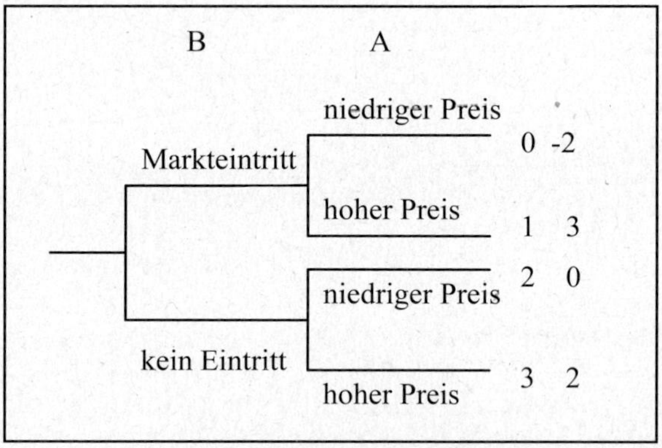

Abb. 4.34: Preisstrategie

B ist beispielsweise Zulieferer des Monopolisten A und profitiert von dessen Preisstrategie (hoher Preis). B erwägt nun, da er als Zulieferer über das technische Wissen verfügt, einen Eintritt in den Markt für das von A angebotene Endprodukt. Er verliert dann A als Kunden, erhofft sich aber - bei unveränderter Preisstrategie von A - einen höheren Gewinn. Dadurch bedingt, dass A bereits im Markt ist, hat dieser allerdings einen Kostenvorteil und kann den Preis unter das Minimum der Durchschnittskosten von B senken (niedriger Preis), so dass B einen Verlust macht. Mit dieser Strategie wird A drohen, um B vom Markteintritt fernzuhalten.

4.7 Monopolistische Konkurrenz

In Abschnitt 4.2 hatten wir uns mit der Marktform der vollständigen Konkurrenz, also dem Polypol auf einem vollkommenen Markt beschäftigt. Die Voraussetzung des vollkommenen Marktes soll nun aufgehoben werden. Das Polypol auf einem unvollkommenen Markt bezeichnet man auch als *monopolistische Konkurrenz*. In dem Begriff liegt ein scheinbarer Widerspruch, hatten wir doch das Monopol als eine Marktform definiert, in der es nur einen Anbieter und somit auf der Angebotsseite keinen Wettbewerb gibt. Da der Markt nun nicht mehr als vollkommen vorausgesetzt wird, gilt das Gesetz von der Unterschiedslosigkeit des Preises hier nicht mehr. Der einzelne Anbieter hat nun die Chance sich einen monopolistischen Spielraum zu schaffen. Er kann sein Produkt von den Waren seiner Wettbewerber durch Aufmachung, Qualität oder andere Merkmale abgrenzen. Weiter kann er versuchen, persönliche Beziehungen zu Kunden aufzubauen, so dass seine Kunden ihn präferieren, selbst wenn er einen höheren Preis als seine Wettbewerber verlangt und er kann sich einen zeitlichen oder räumlichen Vorteil zu verschaffen versuchen.

All diese Maßnahmen erlauben dem Anbieter, innerhalb eines gewissen Spielraums, einen von den Wettbewerbern abweichenden Preis zu verlangen. Diesen Abweichungen sind allerdings nach oben und unten Grenzen gesetzt. Ein Einzelhändler kann beispielsweise für eine Flasche Wein bestimmter Qualität nicht den doppelten Preis wie seine Konkurrenten verlangen, selbst bei ihm sehr wohl gesonnenen Kunden dürfte dann eine Schmerzgrenze überschritten sein. Er würde sehr schnell Kunden verlieren, die Nachfrage wird also ab einem bestimmten Preis sehr elastisch reagieren. Umgekehrt würde ein Anbieter, der die Preise der Konkurrenz signifikant unterschreitet die gesamte Nachfrage auf sich ziehen. Der Anbieter wäre aber kapazitätsmäßig überhaupt nicht in der Lage, die gesamte Nachfrage zu bedienen. Zwischen diesen Bereichen elastischer Nachfragereaktion gibt es aber einen Preisbereich, innerhalb dessen die Nachfrage relativ unelastisch reagiert.

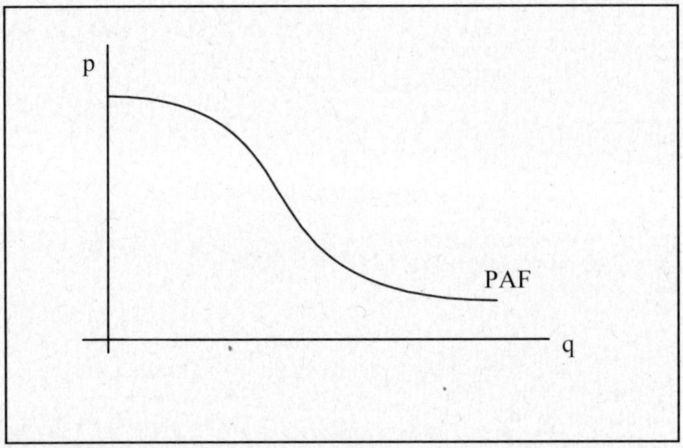

Abb. 4.35: Preis-Absatz-Funktion unter monopolistischer Konkurrenz

Anhang zum 4. Kapitel

Angebotsmengen in oligopolistischen Gleichgewichten

Mit den üblichen Bezeichnungen seien

$$K_1(q) = K_{f,1} + k_1 \cdot q \quad \text{und } K_2(q) = K_{f,2} + k_2 \cdot q$$

die Kostenfunktionen der Wettbewerber W_1 und W_2.

a) Cournotsche Lösung:

$$q_1 = \frac{1}{3} q_S - \frac{1}{3} \frac{q_S}{p_M} (k_1 - k_2) \quad \text{und} \quad q_2 = \frac{1}{3} q_S - \frac{1}{3} \frac{q_S}{p_M} (2k_2 - k_1)$$

b) Von Stackelbergsche Lösung:

W1 sei der Wettbewerber in der Unabhängigkeitsposition

$$q_1 = \frac{1}{2} q_S - \frac{1}{2} \frac{q_S}{p_M} (2k_1 - k_2) \quad \text{und} \quad q_2 = \frac{1}{4} q_S - \frac{1}{4} \frac{q_S}{p_M} (3k_2 - 2k_1)$$

c) Bowleysche Lösung:

$$q_1 = \frac{1}{2} q_S - \frac{1}{2} \frac{q_S}{p_M} (2k_1 - k_2) \quad \text{und} \quad q_2 = \frac{1}{2} q_S - \frac{1}{2} \frac{q_S}{p_M} (2k_2 - k_1)$$

Kontrollfragen zum 4. Kapitel

1. Was ist ein Markt?
2. Was versteht man unter einem vollkommenen Markt?
3. Definieren Sie die Marktformen Monopol, Oligopol und Polypol!
4. Was verstehen wir unter "vollständiger Konkurrenz"?
5. Wovon hängt bei einem Polypolisten auf einem vollkommenen Markt im wesentlichen die Gewinnmaximierungsstrategie ab?
6. Warum kommt bei dem Beispiel in Abschnitt 4.2.3 die Lösung $q = 0$ nicht in Frage? Argumentieren Sie ökonomisch und nicht mathematisch!
7. Was versteht man unter einem Marktgleichgewicht?
8. Erklären Sie den Begriff der Produzentenrente!
9. Wann spricht man von einem unelastischen Verhalten?
10. Welche Auswirkungen hat eine staatliche Höchstpreissetzung?
11. Wonach richtet sich die Aufteilung der Steuerlast auf Anbieter und Nachfrager bei Einführung einer Mengensteuer?
12. Was ist der Cournotsche Punkt?
13. Welche unterschiedlichen Verhaltensannahmen unterstellen wir bei Oligopolisten?
14. Womit beschäftigt sich die Spieltheorie?
15. Was versteht man unter einem Nullsummenspiel?
16. Wodurch unterscheiden sich sequentielle Spielen von solchen mit Wiederholung?
17. Wo liegt der Unterschied zwischen der Mengen- und der Preisführerschaft im Oligopol?

5. Makroökonomische Erklärungsansätze

5.1 Klassische Theorie

Wenn wir von *der* klassischen Wirtschaftstheorie sprechen, so ist dies nicht ganz korrekt, da es *die* klassische Wirtschaftstheorie eigentlich nicht gib. Es existiert eine Fülle nebeneinander stehender Theorieansätze, die man diesem Begriff subsumiert, auf die im einzelnen einzugehen hier nicht der Raum ist.[1] Es gibt aber einen theoretischen makroökonomischen Ansatz, den fast alle Klassiker als richtig angesehen haben, das Saysche Theorem.

5.1.1 Sayches Theorem

Auf eine knappe Formel gebracht besagt das **Saysche Theorem**, jedes Angebot schafft sich selbst seine Nachfrage. Die Begründung hierfür ist, dass niemand Güter anbietet, wenn er nicht auch Güter nachfragen möchte. Das gesamte durch Produktion entstandene Einkommen wird voll nachfragewirksam. Güter werden letztendlich immer mit anderen Gütern bezahlt. Die Aufteilung der Gesamtnachfrage in Konsum- und Investitionsgüternachfrage wird, wie weiter unten gezeigt wird, über den Zins gesteuert.

Sparen findet nur in verzinslicher Anlage statt und fließt somit in voller Höhe in den Kreislauf zurück. Begründet wird dies mit der Rolle des Geldes, wie sie die Klassische Theorie sieht. Danach ist Geld nur ein Schleier über der realen Wirtschaft, der zwar das Wirtschaften erleichtert, aber keinen direkten Einfluss auf das reale Wirtschaftsgeschehen hat, Geld wird ausschließlich in seiner Tauschmittelfunktion[2] betrachtet. Nach klassischer Lehrmeinung ist es nicht rational, Geld als Vermögensaktivum zu halten, da das liquide Halten von Geld mit den Opportunitätskosten eines entgangenen Zinseinkommens belastet ist.[3] Die Geldmenge bestimmt cet. par. lediglich das Preisniveau.

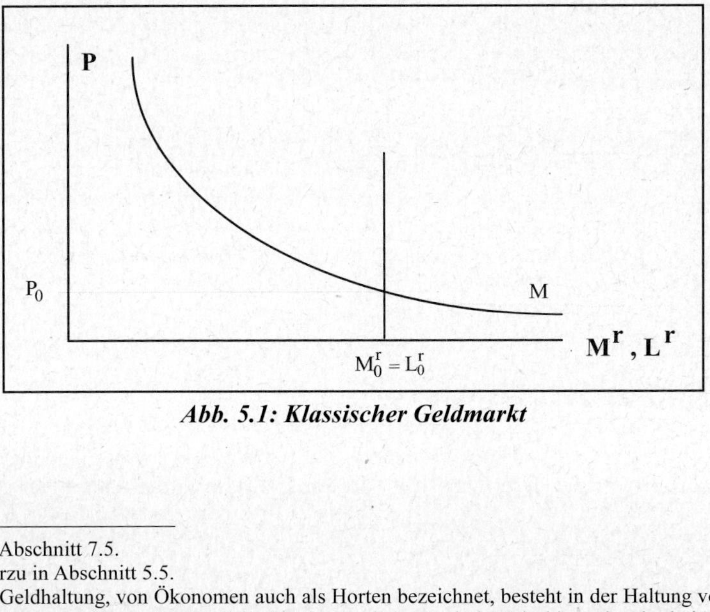

Abb. 5.1: Klassischer Geldmarkt

[1] Vgl. hierzu Abschnitt 7.5.
[2] Näheres hierzu in Abschnitt 5.5.
[3] Die liquide Geldhaltung, von Ökonomen auch als Horten bezeichnet, besteht in der Haltung von Bargeld und den Sichteinlagen, welche in der Regel als Girokonten bekannt sind. Mehr hierzu in Abschnitt 5.5.

Betrachten wir die Abbildung 5.1, welche die grundlegenden Zusammenhänge der klassischen Geldmarkttheorie darstellt.

Um das klassische Konzept verstehen zu können, müssen wir zwischen der *nominalen* Geldmenge M und der *realen* Geldmenge M^r unterscheiden. Die reale ist definiert als das Güteräquivalent der nominalen Geldmenge. Sie wird als Quotient aus der nominaler Geldmenge M und dem Durchschnittspreis P berechnet.

Nehmen wir beispielsweise an, eine Volkswirtschaft erzeuge $Y^r = 500$ Güter[4] zu einem Durchschnittspreis von P = 10 Geldeinheiten. Der Geldbestand der Volkswirtschaft sei M = 1000 Geldeinheiten. Wie viele *Güter*einheiten kann man dann mit 1000 *Geld*einheiten kaufen? Die Antwort lautet $\frac{M}{P} = \frac{1000}{10} = 100$. Die reale, also in Gütereinheiten gemessene Geldmenge beträgt somit $M^r = 100$. Bei gegebener Geldmenge M beschreibt der Quotient $M^r = \frac{M}{P}$ dann die in der Abbildung 5.1 dargestellte Hyperbel. Der Realwert der Geldmenge kann als **Kaufkraft** des Geldes interpretiert werden.

Auch die Geldnachfrage kann nominal (in Geldeinheiten) oder real (in Gütereinheiten) definiert werden. Die reale Geldnachfrage L^r wird als proportional zum realen Volkseinkommen unterstellt:

$$L^r = k \cdot Y^r \quad (5.1)$$

[5]

Die Wirtschaftssubjekte wollen den Gegenwert einer bestimmten Gütermenge, definiert als Anteil am realen Volkseinkommen einer Periode, als Geld halten, nämlich nur so viel, wie sie unbedingt zur Abwicklung laufender Transaktionen benötigen.

Wenn wir gemäß der klassischen Theorie davon ausgehen, dass die betrachtete Volkswirtschaft bei gegebenem Bestand an Produktionsfaktoren das Vollbeschäftigungseinkommen Y_0 realisiert, so ergibt sich hieraus die *reale* Geldnachfrage L_0.

Die zuständige Zentralbank stellt eine gewisse nominale Geldmenge M zur Verfügung. Der Realwert der Geldmenge ergibt sich wie oben beschrieben als Kurve M in der Abbildung 5.1. Die reale Geldnachfrage ist völlig preisunelastisch, d.h. sie verläuft als senkrechte Gerade.

Das Geldmarktgleichgewicht liegt im Schnittpunkt der Kurven L und M zu einem bestimmten Preisniveau P_0. Eine Ausdehnung der nominalen Geldmenge führt bei zunächst gegebenem Preisniveau zu einem höheren realen Geldangebot. In Abbildung 5.1 verschiebt sich die Kurve M nach rechts. Ein neues Gleichgewicht kann sich also nur bei einem höheren Preisniveau einstellen. Dabei unterstellten die meisten Klassiker, alle Preise erhöhten sich *absolut* gleichmäßig, so dass die *relativen* Preise unverändert bleiben. Mit anderen Worten heißt dies: jedes Volkseinkommen kann mit jeder Geldmenge finanziert werden, es ist alles nur eine Frage des Preisniveaus! Einen unmittelbaren Einfluss auf das *reale* Wirtschaftsgeschehen hat die Geldmenge nicht.

Am Gütermarkt wird im klassischen Modell andererseits der Zins (i) bestimmt. Ersparnisbildung (S) und Investitionen (I) sind nach dieser Lehrmeinung zinsabhängige Größen. Das Sparen ändert sich cet. par. gleichgerichtet mit dem Zins, die Investitionen reagieren gegenläufig

[4] Y^r bezeichnet das reale, d.h. in Gütereinheiten gemessene Volkseinkommen. Dieses Konzept entspricht dem klassischen Ansatz, in realen Größen zu denken.

[5] Siehe auch Abschnitt 5.5.2.

auf Zinsänderungen. Das Angebot von Sparkapital und die Nachfrage nach Investitionsmitteln bestimmen dann den Gleichgewichtszins. Diesen Sachverhalt verdeutlicht die Abbildung 5.2.

Der Zins i_0 ist der **Gleichgewichtszins**, der das Sparangebot und die Nachfrage nach Kapital für Investitionszwecke zum Ausgleich bringt. Sollte das Sparen, aus welchem Grund auch immer, cet. par. steigen (Rechtsverschiebung der Sparkurve), so wird der Wettbewerb der Kapitalanbieter so lange zu sinkenden Zinsen führen, bis ein neuer unter dem alten liegender Gleichgewichtszins erreicht wird. Durch das erhöhte Sparen wird ein Konsumausfall bewirkt, der durch höhere Investitionsgüternachfrage kompensiert wird. Es ändert sich nur die Zusammensetzung des Volkseinkommens, nicht dagegen seine Höhe.

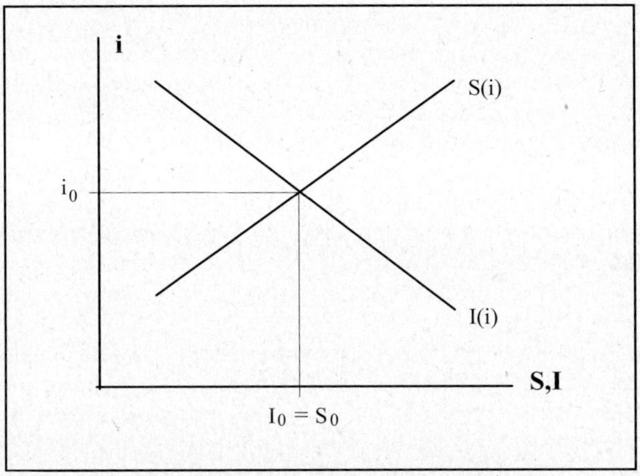

Abb. 5.2: Klassischer Gütermarkt

Wie wir sehen, sind in diesem Modell der Geld- und der Gütermarkt unverbundene Märkte. Man spricht von der *klassischen Dichotomie* (Zweiteilung). Dies ist eine der Hypothesen des klassischen Modells, die später von Keynes verworfen wird.

Wir haben in diesem Abschnitt bereits öfters über den Zins gesprochen. Es ist an dieser Stelle angebracht, das Zinsphänomen genauer zu erklären, denn vom Zins wird noch oft die Rede sein. Wir beschränken uns auf eine sehr stark vereinfachte Darstellung der Zinstheorie von EUGEN VON BÖHM-BAWERK,[6] der sog. **Agiotheorie**,[7] die man als erste moderne Zinstheorie ansehen kann und auf die sich auch einige jüngere Zinstheorien stützen.

Man kann den **Zins** als den Preis für die Überlassung von Liquidität definieren. Wieso wird hierfür überhaupt ein Preis verlangt? Dies lässt sich durch intertemporale Präferenzen erklären. Sofortiger Konsum stiftet uns höheren Nutzen als der gleiche Konsum in einer späteren Periode, etwa in einem Jahr. Den entgangenen Nutzen, den wir durch die Ersparnisbildung, also den Konsumverzicht, erleiden, kompensieren wir durch den Zins. Der Zins ermöglicht uns in Zukunft einen höheren Konsum, womit der Nutzenverlust ausgeglichen wird. Dies erklärt, *warum* ein Zins auf die Ausleihung von Liquidität genommen wird. Wieso ist der Ausleiher aber überhaupt in der Lage, den Zins zu zahlen?

---

[6] EUGEN VON BÖHM-BAWERK (1851-1914) war einer der Hauptvertreter der österreichischen Grenznutzenschule (vgl. Kap.7.7).

[7] Unter einem Agio (synonym: Aufgeld) versteht man den Betrag, um den der Kurs eines Wertpapiers den Nominalwert des Papiers übersteigt.

Das Sparen, also der nicht konsumierte Einkommensteil, wird investiert, und somit zur Bildung von Sachkapital verwendet. BÖHM-BAWERK nennt diesen Vorgang Umwegproduktion. Das neu geschaffene Kapital erhöht die Grenzproduktivität des Faktors Arbeit, es kann somit bei gegebener Arbeitsmenge ein höheres Einkommen erzeugt werden. Aus diesem Einkommenszuwachs, der sich nach neoklassischer Theorie auf beide Faktoren, Arbeit und Kapital aufteilt, kann der Zins dann entrichtet werden. So gesehen ist der Zins letztendlich ein reales und kein monetäres Phänomen.

5.1.2 Neoklassischer Arbeitsmarkt

Der Lohn als der Preis für Arbeit bildet sich im klassischen Modell, wie alle Marktpreise dieses Modells, nach dem Konkurrenzprinzip. Die Unternehmer stehen als Nachfrager nach Arbeit genauso im Wettbewerb wie die Anbieter von Arbeit. Gemäß der klassischen Lohnfondstheorie[8] führt dies zum sog. Subsistenzlohn als langfristigen Gleichgewichtslohn. Dieser Lohn, der gerade ausreicht, den Arbeitern das Überleben zu sichern, ist ein Vollbeschäftigungslohn. Nach klassischer Lehrmeinung wird eine nicht durch Staatseingriffe verzerrte Volkswirtschaft eine immanente Tendenz zur Vollbeschäftigung aufweisen. Zwar kann es kurzfristig zu Unterbeschäftigung kommen, etwa bei notwendigen Strukturanpassungen, aber eben nur kurzfristig! Dauerhafte Arbeitslosigkeit wäre nur bei permanent überhöhten Reallöhnen möglich. Dies ist aber durch das Wettbewerbsprinzip ausgeschlossen.

Das klassische wurde durch das **neoklassische Arbeitsmarktmodell** abgelöst, dessen theoretische Grundlage die in der Neoklassik allgemein angewandte Marginalanalyse ist. Das Arbeitsangebot resultiert aus Nutzenabwägungen der Haushalte, die Arbeitsnachfrage hängt von der Grenzproduktivität des Faktors Arbeit ab.

Haushalte haben die Wahl, ihre knappe Zeit mit Arbeit oder als Freizeit zu verbringen. Jede Stunde zusätzliche Freizeit verursacht Opportunitätskosten in Höhe eines entgangenen Lohnes. Gemäß seiner individuellen Nutzenpräferenzen und des gegebenen Marktlohnes wird sich ein Haushalt dann für eine bestimmte Aufteilung seines gesamten Zeitbudgets auf Arbeit und Freizeit entscheiden. Als normale Reaktion unterstellen wir, dass mit steigendem Lohn das Arbeitsangebot zunimmt. Dabei sind bestimmte gesellschaftliche Restriktionen zu berücksichtigen. Alle Industriegesellschaften haben staatlich oder tariflich festgelegte Mindestlöhne, die legal nicht oder nur in Ausnahmefällen unterschritten werden dürfen. Andererseits kann das Arbeitsangebot nicht beliebig ausgedehnt werden. Zum einen ist es eine Binsenwahrheit, dass ein Tag nur 24 Stunden hat, und jeder Mensch, der arbeitet, Erholungsphasen braucht. Auf der anderen Seite gibt es aber in vielen Staaten auf bestimmte Perioden festgelegte Höchstarbeitszeiten.[9] Was für das individuelle Arbeitsangebot gilt, kann auf das kollektive Arbeitsangebot übertragen werden. Die Addition aller individuellen Arbeitsangebotskurven führt zur aggregierten Arbeitsangebotsfunktion A^s (s *supply*). In diesem einfachen Modell wird nicht zwischen Arbeitsqualitäten unterschieden. Arbeit wird als *homogener Produktionsfaktor* betrachtet.

Um die Angelegenheit zu präzisieren, muss zwischen dem Reallohn und dem Nominallohn unterschieden werden. Dabei errechnet sich der Reallohn als Quotient aus dem Nominallohn und dem Preisniveau. Der Reallohn ist also ein Maß für die Kaufkraft des Nominallohnes. Unterliegen die Arbeitsanbieter der **Geldillusion**, glauben sie also an einen konstanten Wert

8 Vgl. Abschnitt 7.5.3.

9 In Deutschland wird dies im Arbeitszeitgesetz von 1994 geregelt, das z.B. eine werktägliche Höchstarbeitszeit von acht, in Ausnahmen, unter bestimmten Voraussetzungen, zehn Stunden vorschreibt.

des Geldes und erkennen nicht dessen Veränderungen, so orientieren sie ihr Angebot an Arbeit am Nominallohn. Sie verhalten sich dagegen **reallohnorientiert**, wenn sie Veränderung der Kaufkraft des Geldes in ihr Kalkül einbeziehen. In diesem Fall führt eine Veränderungen des Preisniveaus zu einer Verschiebung der Arbeitsangebotskurve. Betrachten wir hierzu die Abbildung 5.3.

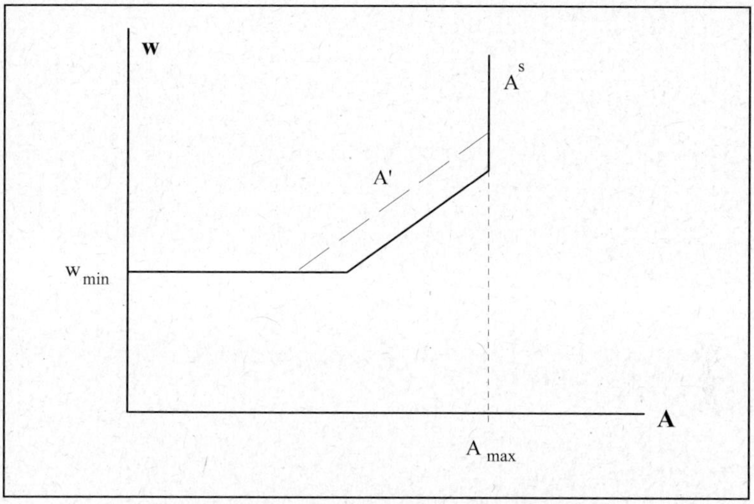

Abb. 5.3: Neoklassisches Arbeitsangebot

A bezeichnet die Arbeitsmenge und w den Nominallohnsatz. w_{min} ist der Mindestlohnsatz, der nicht unterschritten werden darf. A_{max} ist die Arbeitsmenge, die maximal in einer Periode bereitgestellt werden kann. Das Arbeitsangebot reagiert bis A_{max} elastisch auf den Lohn, im ersten Bereich sogar unendlich elastisch. Kommt es nun cet. par. zu einem Anstieg des Preisniveaus (Inflation), so werden die Arbeitsanbieter, wenn sie reallohnorientiert handeln, eine bestimmte Menge an Arbeit nur zu einem höheren Nominallohn anbieten. Der elastische Teil der Arbeitsangebotsfunktion verschiebt sich bei konstantem nominalen Mindestlohn nach links auf A'. Der Bereich des vollständig elastischen Arbeitsangebotes verkürzt sich und das maximale Arbeitsangebot wird erst bei einem höheren Nominallohn w erreicht. In der Abbildung 5.3 wurde unterstellt, dass der Mindestlohn unverändert bleibt. Sollte sich auch dieser erhöhen, so verschiebt sich die gesamte Arbeitsangebotskurve nach oben.

Wonach richtet sich nun die Nachfrage nach Arbeit eines gewinnmaximierenden Zweiproduktunternehmers?[10] Sei vereinfachend die Arbeit der einzige variable Faktor und sämtliche Faktorpreise, also auch der Lohn,[11] gegeben, dann kann der Gewinn als eine Funktion des Arbeitseinsatzes beschrieben werden:

$$G(A_1,A_2| x_1,x_2,...,x_n) = p_1 \cdot q_1 + p_2 \cdot q_2 - K(q_1,q_2) =$$

$$p_1 \cdot f(A_1 \mid x_1^{(1)},...,x_n^{(1)}) + p_2 \cdot g(A_2 \mid x_1^{(2)},...,x_n^{(2)}) - \left[w \cdot (A_1 + A_2) + K(x_1,...,x_n) \right] \tag{5.2}$$

A_1 und A_2 sind die zur Erzeugung der beiden Güter eingesetzten Arbeitsmengen; f und g sind die Produktionsfunktionen, die die jeweilige Technologie beschreiben; q_1 und q_2 sind die je-

---

10 Es sei darauf hingewiesen, dass dies eine unwesentliche Einschränkung ist. Die Überlegung kann sofort auf ein n-Produkt-Unternehmen übertragen werden.

11 Wieder unterstellen wir homogene Arbeit und sprechen von *dem* Lohn.

weils hergestellten und abgesetzten Gütermengen; $x_i^{(j)}$ bezeichnet die Einsatzmenge des Faktors i zur Erzeugung des Gutes j (i=1,...,n; j=1,2).

Der Gewinn $G(A_1,A_2| x_1,x_2,...,x_n)$ in (5.2) ist die Differenz des Gesamterlöses aus dem Absatz der beiden Güter und den Kosten ihrer Herstellung. Die Gewinnmaximierungsbedingung lautet dann:

$$\begin{aligned} \frac{\partial G}{\partial A_1} &= \frac{\partial f}{\partial A_1}(A_1 \mid x_1^{(1)},...,x_n^{(1)}) \cdot p_1 - w = 0 \\ \frac{\partial G}{\partial A_2} &= \frac{\partial g}{\partial A_1}(A_2 \mid x_1^{(2)},...,x_n^{(2)}) \cdot p_2 - w = 0 \end{aligned} \tag{5.3}$$

Aus 5.3 folgt dann sofort:

$$\begin{aligned} &\frac{\partial f}{\partial A_1}(A_1 \mid x_1^{(1)},...,x_n^{(1)}) \cdot p_1 = w \\ &\frac{\partial g}{\partial A_1}(A_2 \mid x_1^{(2)},...,x_n^{(2)}) \cdot p_2 = w \end{aligned} \tag{5.4}$$

Das in (5.4) jeweils links stehende Produkt aus dem Güterpreis und dem Grenzertrag der Arbeit ist das aus Kapitel 3 bekannte **Wertgrenzprodukt**. Der gewinnmaximierende Unternehmer dehnt die Nachfrage nach Arbeit für die Erzeugung jedes Gutes so weit aus, bis das Wertgrenzprodukt der Arbeit in der Herstellung dieses Gutes gleich dem Nominallohnsatz ist.

Überträgt man diesen Ansatz auf die aggregierten Größen, wobei der Güterpreis p allerdings durch das Preisniveau P ersetzt werden muss, und teilt man dann beide Seiten durch das Preisniveau P, so lautet die Gewinnmaximierungsbedingung:

$$GE_A = \frac{w}{P} \tag{5.5}$$

Die Nachfrage nach Arbeit wird so weit ausgedehnt, bis der Grenzertrag der Arbeit [GE(A)] gleich dem Reallohnsatz ist. Wie wir wissen, nimmt bei neoklassischen Produktionsfunktionen der Grenzertrag eines Faktors mit steigendem Faktoreinsatz ab. Daraus kann sofort geschlossen werden, dass mit steigendem Reallohn die Nachfrage nach Arbeit zurückgehen muss! Der Anstieg des Reallohns muss ja durch einen Anstieg des Grenzertrags der Arbeit kompensiert werden und dies bedingt eine Verringerung des Arbeitseinsatzes.

Die Arbeitsnachfrage ist bei gegebenem Preisniveau eine fallende Funktion des Nominallohns.

Bei Berücksichtigung der Arbeitsnachfragefunktion A^d (d *demand*) erhalten wir:

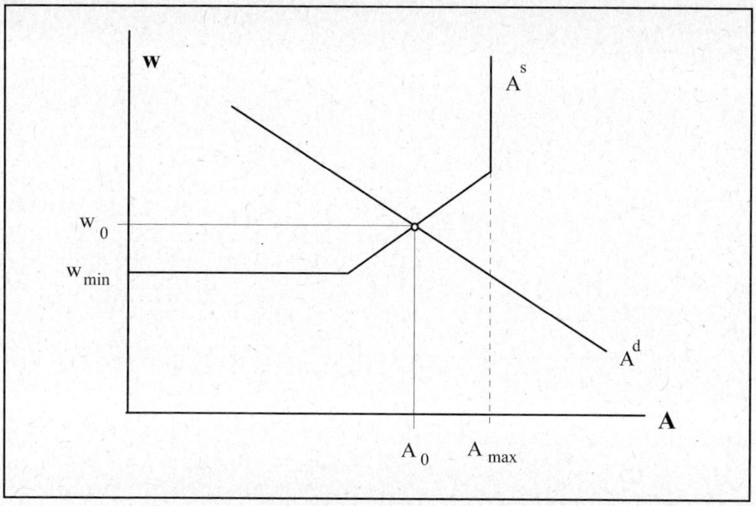

Abb. 5.4: Neoklassischer Arbeitsmarkt

Sehen wir das Preisniveau P zunächst als gegeben an, dann ist die Arbeitsnachfragekurve von links oben nach rechts unten fallend. Mit abnehmendem Nominallohn wird die Nachfrage nach Arbeit ausgedehnt und umgekehrt. Die Arbeitsangebots- und die Arbeitsnachfragekurve schneiden sich im Marktgleichgewicht und w_0 ist der Gleichgewichtslohn, zu dem der Markt geräumt ist.

Wie wirkt sich eine Änderung des Preisniveaus aus? Ein beispielsweise steigendes Preisniveau senkt cet. par. den Reallohn, so dass die Nachfrage nach Arbeit bei *gegebenem* Nominallohn steigt. In der Grafik wirkt sich dies als eine Rechtsverschiebung der Nachfragekurve aus. Die Auswirkungen dieser Rechtsverschiebung können unterschiedlich sein, abhängig davon, in welchem Bereich der Arbeitsangebotskurve sich die beiden Kurven schneiden. Liegen sowohl der alte als auch der neue Gleichgewichtspunkt im unendlich elastischen Bereich der Arbeitsangebotskurve, so wird die Arbeitsmenge bei konstantem Nominallohn steigen. Die Reallohneinbuße führt zu einem deutlichen Beschäftigungsanstieg.

Liegt der Schnittpunkt im endlich elastischen Bereich der Angebotskurve (Abb. 5.5), so werden sowohl der Lohn (von w_0 auf w_1) als auch die Arbeitsmenge (von A_0 auf A_1) steigen. Bei gegebenem Nominallohn wird es nämlich zunächst zu einer Übernachfrage am Arbeitsmarkt kommen. Die Unternehmen werden dann versuchen, sich durch höhere Lohnangebote gegenseitig Arbeitskräfte abzuwerben. Der Lohnanstieg verhindert allerdings eine volle Beschäftigungszunahme wie im vorherigen Fall.

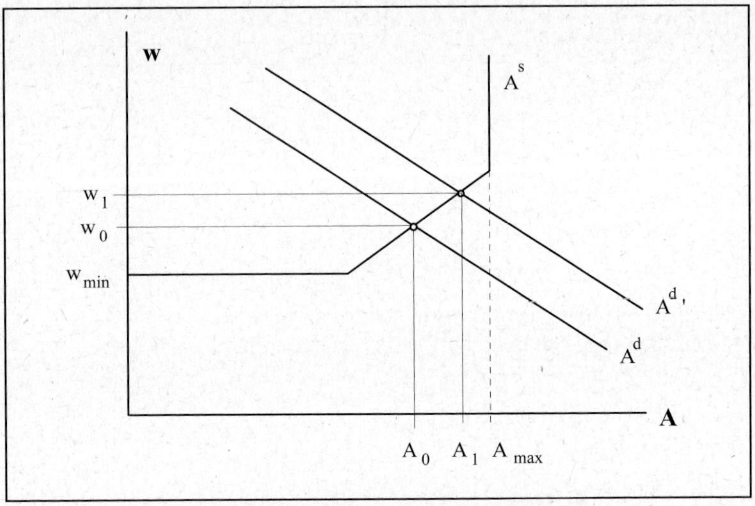

Abb. 5.5: Erhöhte Arbeitsnachfrage

Im dritten Fall schließlich - die Kurven schneiden sich im unelastischen Teil der Angebotskurve - ist das Ergebnis ein deutlicher Lohnanstieg ohne Mengeneffekt.

Bei diesen Überlegungen wurde eine mögliche Reaktion der Arbeitsanbieter vernachlässigt. Sollten diese auf einen Anstieg des Preisniveaus mit Lohnforderungen antworten, kommt es zu einer Verschiebung der Arbeitsangebotskurve nach oben. Dadurch würde der Mengeneffekt einer höheren Nachfrage nach Arbeit gedämpft und je nach Höhe der Lohnforderungen sogar überkompensiert.

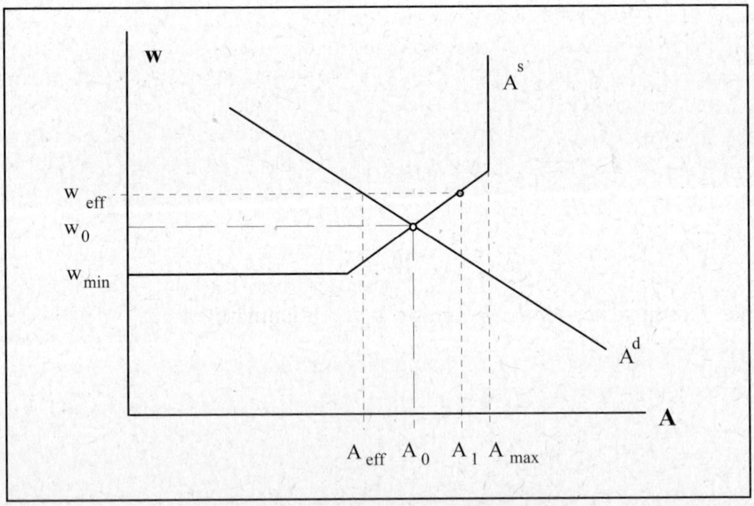

Abb. 5.6: Klassische Arbeitslosigkeit

Liegt der auf dem Markt tatsächlich gezahlte Lohn, der sog. Effektivlohn, w_{eff} über dem Gleichgewichtslohn (Abb. 5.6), so ist das Ergebnis Arbeitslosigkeit in dem Sinne, dass zu diesem Lohn mehr Arbeit angeboten als nachgefragt wird. Diese Form der Arbeitslosigkeit, deren Ursache ein zu hoher Reallohn ist, nennen wir **klassische Arbeitslosigkeit**. Man beachte, dass w_{eff} nichts anderes ist, als der aus der Marshall-Diagramm-Analyse) bekannte Mindestpreis (vgl. Abschnitt 4.4).

Klassische Arbeitslosigkeit ist die Folge eines zu hohen Reallohns.

Bei dem Marktlohn w_{eff} entsteht ein Überangebot an Arbeit, also Unterbeschäftigung, in Höhe A_1-A_{eff}. Nicht alle Arbeitsanbieter, die bereit wären, Arbeit zum Lohn w_{eff} anzubieten, bekommen Arbeit. Es kommt also zu *unfreiwilliger* Unterbeschäftigung. Ein solches, im Grunde marktwidriges Verhalten, kommt tatsächlich zustande, da die Arbeitsmärkte in den modernen Industriegesellschaften mehr oder weniger stark reglementiert sind. Dieses Verhalten ist *eine* der Ursachen der anhaltend hohen Arbeitslosigkeit in den Industrieländern.

5.1.3 Hyperinflation und Weltwirtschaftskrise

Die neoklassische Lehre, zu Anfang des 20. Jahrhunderts die herrschende Lehre in der industrialisierten Welt,[12] war in erster Linie eine mikroökonomische Theorie. Die makroökonomischen Überlegungen lehnten sich weitgehend an die der Klassik an. Obwohl die Erfahrungen der Industrialisierungsphase in der zweiten Hälfte des 19. Jahrhunderts die Existenz von Konjunkturkrisen deutlich gemacht hatten, wurde das Saysche Theorem von der Mehrheit der Ökonomen nach wie vor als richtig angesehen.

Im Gegensatz zur Hyperinflation in Deutschland von 1923,[13] welche die klassische Theorie gut erklären konnte, war sie nicht in der Lage, eine brauchbare Erklärung geschweige denn Lösung der Weltwirtschaftskrise von 1929 anzubieten. Der Glaube an die Selbstheilungskräfte der Märkte kam nachhaltig ins Wanken. Was war geschehen?

Nach dem ersten Weltkrieg gab es in allen Industrieländern einen hohen Nachholbedarf an Konsumgütern und insbesondere in dem durch Kriegsschäden gezeichneten Europa an Infrastrukturinvestitionen, der einen allgemeinen Wirtschaftsaufschwung auslöste. Die lebhafte Nachfrage wurde als dauerhaft angesehen und führte zu reger Investitionstätigkeit mit entsprechendem Ausbau der Produktionsmöglichkeiten. Hinzu kamen wesentliche Innovationen, etwa das Automobil, das Telefon und Kunstfasern, die neue Massenmärkte erschlossen.

In den USA, wo die Krise ihren Ausgang nahm, wurde der Aufschwung durch eine expansive Geldpolitik unterstützt. Aufgrund des rasch zunehmenden Angebots konnte die wachsende Nachfrage zunächst bei stabilen Preisen befriedigt werden. Steigende Gewinnerwartungen und niedrige Zinsen lösten einen Boom an den Aktienmärkten aus.[14] 1929 waren über ein Drittel aller vergebenen Kredite Forderungen an Börsenmakler und private Spekulanten.

Bereits Mitte der 20er Jahre zeigten sich erste Absatzprobleme in der Landwirtschaft. Betroffen waren vor allem Kanada, die USA und Argentinien. Diese Warnsignale wurden aber weitgehend ignoriert. Bedingt durch die hohe Kreditvergabe USA an die Kriegsgegner Deutsch-

12 Vgl. Abschnitt 7.7.

13 Sie war Ergebnis der Finanzierung der Kriegs- und Kriegsfolgekosten, die weitgehend über eine Ausdehnung der Geldmenge (direkte staatliche Kreditaufnahme bei der Zentralbank) erfolgte, da an eine Deckung durch zusätzliche Steuern nicht zu denken war. In der Phase der Hyperinflation kam es schließlich zu einem starken Anstieg der Umlaufgeschwindigkeit des Geldes. Die Folgen der Inflation waren Arbeitslosigkeit und eine Währungsreform (13. Oktober 1923 Einführung der Rentenmark und am 30. August 1924 Einführung der Reichsmark).

14 Spötter sprachen von einer Dienstmädchen-Hausse.

lands während des Weltkriegs waren die USA die größte Gläubigernation der Welt geworden. Der Rückfall der USA in die Isolationspolitik zu Beginn der 20er Jahren, begleitet von einer protektionistischen Zollpolitik, erschwerte den Schuldnerländern die Möglichkeit, durch Exporte in die USA die nötigen Devisen zur Begleichung ihrer Schulden zu verdienen. Die Folge waren weitere Kreditaufnahmen europäischer Länder in den USA.

Ende der 20er Jahre mehrten sich dann in den USA die Anzeichen für massive Überkapazitäten auch im industriellen Bereich, die eine Neubewertung des Anlagevermögens bedingten. Nur wenige Anleger erkannten aber die Zeichen der Zeit, die Mehrzahl setzte weiter auf einen boomenden Aktienmarkt. Am 29. Oktober 1929, dem berühmten "Schwarzen Freitag", kam es dann zu Panikverkäufen an der Börse, die eine länger andauernde Baisse auslösten. Binnen weniger Wochen fiel der Dow Jones Index um 50 Prozent. Wegen des hohen Anteils kreditfinanzierter Spekulation waren notleidende Kredite die Folge. Um eigene Konkurse abzuwenden sahen sich nun viele amerikanische Banken gezwungen, ihre an die europäischen Schuldner vergebenen Kredite zurückzufordern. Die Krise schwappte nach Europa über. Hauptproblem hierbei war der 1926 wieder eingeführte Goldstandard, d.h. die Deckung der Währungen durch Goldvorräte. Die Goldabflüsse führten zu Geldmengekompression und Deflation. In den USA wurden die Goldzuflüsse aufgrund gesetzlicher Vorschriften aber nicht monetarisiert, im Gegenteil, die Geldpolitik der USA wurde nach 1928 stark kontraktiv. Nicht zuletzt deshalb kam es in den USA 1930 zu einer Serie von Bankenzusammenbrüchen[15] Des weiteren wurde die Situation durch die protektionistische Politik der USA verschärft. Das Smoot-Hawley-Tariff-Act von 1930 hob die Durchschnittszölle für US-Importe von 26% auf über 50% an. Damit fehlten den europäischen Ländern die Möglichkeit, Devisen durch Exporte zu verdienen, um ihre amerikanischen Schulden zu bezahlen.

Die Zinszahlungen und die Tilgungsleistungen der Schuldnerländer führten zu defizitären Zahlungsbilanzen. Als vermeintliches Gegenmittel verfielen die Industrieländer in einen Protektionismuswettlauf (*beggar my neighbour policy*[16]) mit Abwertungen und Importzöllen, der zu einer Schrumpfung des Welthandelsvolumens zwischen 1929 und 1932 um 25% führte.

Auch in Deutschland führte diese Entwicklung zu Firmen- und Bankenzusammenbrüchen, wobei das ökonomische Problem hierzulande durch die hohen nach dem Versailler Vertrag zu leistenden Reparationszahlungen verschärft war. Die Zahl der Arbeitslosen stieg im Deutschen Reich bis Anfang der 30er Jahre auf 6 Millionen Menschen. Die gesamtwirtschaftliche Wertschöpfung schrumpfte von 1929 bis 1932 um über 40%. Die deutschen Ausfuhren betrugen 1933 nur noch 40% des Wertes von 1929. Die Bruttoanlageinvestitionen betrugen 1932 nur noch ein Drittel derer von 1929, die Nettoinvestitionen wurden negativ, das deutsche Produktivvermögen schrumpfte.

Die verheerenden politischen Folgen dieser ökonomischen Katastrophe sind bekannt. Wir werden, wenn wir die wirtschaftspolitischen Implikationen des keynesianischen Modells behandeln, auf die Fehler der Wirtschaftspolitik in Deutschland in dieser Zeit zurückkommen.

---

[15] Zwischen 1929 und 1933 sank die Geldmenge in den USA um ein Drittel.
[16] Vgl. Kapitel 6.

Die Tabelle 5.1 zeigt, wie schwerwiegend die Auswirkungen der Krise in einzelnen Ländern waren.

Tabelle 5.1: Arbeitslosigkeit in ausgewählten Industrieländern

	1930	1931	1932	1933	1934
Deutsches Reich	15,7	23,9	30,5	26,5	15,1
Frankreich	1,6	3,1	5,6	5,6	7,2
Großbritannien	12,0	12,8	13,3	10,8	9,5
Vereinigte Staaten	15,5	20,5	24,6	22,0	24,6

Angaben in %
Quelle: A. Stobbe: Gesamtwirtschaftliche Theorie, Berlin, Heidelberg, New York 1975.

5.1.4 Keynesianische Revolution

Die tiefe ökonomische Krise zu Anfang der 30er Jahre ließ Zweifel an der Gültigkeit der klassischen Wirtschaftstheorie und insbesondere des Sayschen Theorems aufkommen. Herausragender Kritiker war der englische Ökonom JOHN MAYNARD KEYNES (1883 - 1946), der mit seinem 1936 veröffentlichten Buch *The General Theory of Employment, Interest and Money* eine neue gesamtwirtschaftliche Lehre begründete. KEYNES versuchte nachzuweisen, dass das Saysche Theorem falsch sei. Er lieferte eine Erklärung für die Entstehung der Krise und setzte klare wirtschaftspolitische Vorgaben, sie zu beenden.

Die wichtigsten Kritikpunkte am Sayschen Theorem waren:

- Es kann ein durchaus rationales Verhalten sein, Geld zu horten, denn Geld ist nicht nur ein Tauschmittel, es ist ein echtes Vermögensaktivum.

- Die klassische Dichotomie, d.h. die Trennung von Geld- und Gütermarkt ist falsch. Geld- und Gütermarkt stehen in enger Beziehung zueinander und die klassische Sichtweise stellt nur einen Spezialfall dar. Geld ist nach Keynes eben nicht neutral für den Gütermarkt. Deshalb nennt er seine Theorie auch 'Allgemeine Theorie'.

- Die Voraussetzungen der Klassik bezüglich des funktionierenden Wettbewerbs auf allen Märkten sind längst nicht mehr gegeben. Auf den Gütermärkten verhindern Konzentrationstendenzen flexible Preisanpassungen (nach unten) und der Arbeitsmarkt ist seit der Zunahme der Stärke der Gewerkschaften kein reiner Wettbewerbsmarkt mehr.

Nicht das Angebot bestimmt die Nachfrage, sondern die effektive Nachfrage ist entscheidend für die Höhe des Angebots und damit die Nachfrage nach Arbeitskräften.[17] Keynes versucht nachzuweisen, dass eine Volkswirtschaft im Gleichgewicht sein kann und gleichzeitig auch längerfristig Unterbeschäftigung herrschen kann, d.h. die von der Klassik unterstellte immanente Tendenz zur Vollbeschäftigung ist nicht allgemein gültig.

---

[17] Diese Idee war durchaus nicht neu. Bereits Malthus hat sie in seiner Auseinandersetzung mit Ricardo vertreten. Vgl. hierzu Abschnitt 7.5.3.

Die keynesianische Theorie geht von grundlegend anderen Verhaltenshypothesen aus als die klassische. Außerdem finden veränderte gesellschaftliche Bedingungen Berücksichtigung. Die heute allgemein übliche Darstellung der keynesianischen Theorie orientiert sich vor allem an der von JOHN R. HICKS (1904-1989; Nobelpreis 1972) in einem Aufsatz 1937 vorgestellten Interpretation des keynesschen Werkes. Auch wir werden unsere einfache Darstellung des keynesianischen Modells hierauf stützen.

Der keynesianische Ansatz ist ein kurzfristig[18] orientiertes ex ante[19] Modell. Sein Anliegen ist deshalb auch die Konjunktur- und nicht - wie vorrangig in der Klassik - die Wachstumsanalyse. Das Modell ist ein Gleichgewichtsmodell, d.h. es werden auf allen betrachteten Märkten besondere Zustände als Gleichgewicht definiert und nach den Bedingungen gefragt, unter denen sich solch ein Gleichgewicht bildet. Das Modell ist komparativ statisch angelegt. Es werden nur Gleichgewichtszustände verglichen, ohne danach zu fragen, wie man von einem Gleichgewicht zu einem neuen Gleichgewicht kommt, ja ob sich ein neues Gleichgewicht bei Störung des alten überhaupt einstellt.[20]

Der kurzfristige Charakter des Modells zeigt sich insbesondere bei der Rolle der Investitionen.[21] Diese bewirken ökonomisch zweierlei. Durch die Produktion von Investitionsgütern wird Einkommen geschaffen, man spricht hier vom **Einkommenseffekt** der Investitionen. Netto-Investitionen (und nur diese betrachten wir hier) erhöhen aber auch den Kapitalbestand und damit die Produktionsmöglichkeiten. Dies ist der **Kapazitätseffekt** der Investitionen. Im keynesianischen Modell wird ausschließlich der Einkommenseffekt der Investitionen berücksichtigt. Dieser wirkt nämlich schon wenn die ersten Auszahlungen im Zusammenhang mit einer Investition, etwa im Rahmen von Planungsarbeiten, erfolgen. Der Kapazitätseffekt dagegen wirkt erst mit einer mehr oder weniger großen zeitlichen Verzögerung.[22]

Das Modell analysiert ähnlich wie die Klassik den Güter- und den Geldmarkt, unterscheidet sich aber von der Klassik vor allem durch die enge theoretische Verknüpfung der beiden Märkte. Hiermit ist auch unser Programm vorgegeben. Wir werden zunächst den Gütermarkt und den Geldmarkt betrachten. Dann werden beide Märkte zusammengeführt und Konsequenzen wirtschaftspolitischer Entscheidungen analysiert.

Wir beschränken uns auf die Darstellung des sog. IS-LM-Modells und klammern den Arbeitsmarkt und die Einbeziehung des Preisniveaus (diese Erweiterungen führen zum sog. Totalmodell) aus. Des weiteren fehlt in unserer Darstellung die explizite Einbeziehung des außenwirtschaftlichen Gleichgewichts, insbesondere die Bedeutung der internationalen Kapitalströme.[23] Die Betrachtung dieser Modellerweiterung würde den hier vorgegebenen Rahmen bei weitem sprengen und bleibt deshalb bewusst unberücksichtigt.

---

[18] Weder Keynes noch sein großer Exeget Hicks präzisieren "kurzfristig". Auch wir werden keinen Versuch unternehmen, dies zu tun.

[19] Der Begriff wurde im Kapitel 1 erläutert.

[20] Es gibt heute auch dynamische Modellansätze auf der Basis des Keynesschen Modells; wir werden hierauf nicht eingehen. Insbesondere sind diese Ansätze mathematisch sehr anspruchsvoll.

[21] Es sei an dieser Stelle darauf hingewiesen, dass zum Verständnis dieses und der folgenden Abschnitte gute Kenntnis der Kreislaufanalyse und der VGR hilfreich sind.

[22] Man verdeutliche sich dies am Beispiel eines Kraftwerksbaus. Bereits in der Planungsphase entstehen Einkommen, das Kraftwerk wird aber erst ca. 10 Jahre nach Beginn der Planung ans Netz gehen.

[23] Dies geschieht insbesondere in den in den 60er Jahren von MUNDELL und FLEMING aufgestellten Modellen.

5.2 Gesamtwirtschaftlicher Gütermarkt

Der erste Modellbaustein des keynesianischen Modells besteht aus dem gesamtwirtschaftlichen Gütermarkt. Hier steht dem geplanten Güterangebot Y^s (s *supply*) die geplante gesamtwirtschaftliche Güternachfrage Y^d (d *demand*) gegenüber. Es werden bestimmte Hypothesen über die Komponenten der gesamtwirtschaftlichen Nachfrage formuliert und dann nach den Bedingungen gefragt, unter denen ex ante die gesamtwirtschaftliche Nachfrage und das Angebot übereinstimmen, also ein Gleichgewicht auf dem Gütermarkt herrscht.

5.2.1 Güterwirtschaftliches Gleichgewicht

Das gesamtwirtschaftliche Angebot Y^s in einer bestimmten Periode, z.B. einem Jahr, besteht aus den im Unternehmenssektor produzierten Gütern. Aus Kapitel 2 wissen wir, dass in Höhe der Produktion Einkommen entsteht. Es sei nochmals betont: Einkommen entsteht durch Produktion und nichts anderes! Auch Einkommen, die Wirtschaftssubjekten durch Umverteilung (Schenkungen, Renten, Bafög) zufließen, sind zuvor durch Produktion als primäre Einkommen entstanden. Dieses Einkommen wird auf die Produktionsfaktoren verteilt und - zumindest teilweise - nachfragewirksam. Unter der Vernachlässigung Nettoproduktionsabgaben und der Abschreibungen kann Y^s als das Nettonationaleinkommen zu Faktorkosten, d.h. als Volkseinkommen interpretiert werden.

Die Güterproduktion erfolgt mittels des Einsatzes von Produktionsfaktoren. Die makroökonomischen Produktionsfaktoren, mit deren Hilfe ein Nationaleinkommen erstellt wird, sind Arbeit, Boden und Kapital. Den Faktor Boden wollen wir explizit nicht weiter betrachten. Soweit es sich dabei um ein knappes Gut handelt (Ackerboden) soll er unter das Kapital subsumieren. Boden als freies Gut (Klima) wird dagegen aus der ökonomischen Betrachtung ausgeschlossen. Da das keynesianische Modell, wie bereits erwähnt, kurzfristig angelegt ist und somit den Kapazitätseffekt von Investitionen vernachlässigt, kann der Kapitalstock als gegeben angesehen werden. Sei K_0 der in einer Volkswirtschaft gegebene Bestand an Realkapital dann bleibt als variabler Faktor die Arbeit. Mit A wollen wir die eingesetzte Arbeitsmenge - wie auch immer gemessen - bezeichnen. Das Produktionsergebnis Y^s kann dann als Ergebnis einer makroökonomischen Produktionsfunktion der Faktoren Arbeit und Kapital interpretiert werden:

$$Y^s = f(A, K_0) \tag{5.6}$$

Eine solche Produktionsfunktion kann etwa als Cobb-Douglas oder als eine andere neoklassische Funktion angenommen werden.[24]

In einer offenen Volkswirtschaft mit Staat setzt sich die gesamte Nachfrage aus der Konsumgüternachfrage der Haushalte, dem Staatskonsum, den Nettoinvestitionen und dem Außenbeitrag zusammen:

$$Y^d = C_H + C_{St} + I^n + (Ex\text{-}Im) \tag{5.7}$$

Da wir von Abschreibungen absehen, werden als Nachfragekomponente die Netto- und nicht die Bruttoinvestitionen betrachtet. Wir werden im folgenden über Planungen der Wirtschafts-

---

24 So erhält man auf der Basis von Quartalsdaten von 1991 bis 2008 für die Bundesrepublik Deutschland die folgende allgemeine Cobb-Douglas-Funktion: $Y = 0{,}105 \cdot K^{0{,}581} \cdot A^{0{,}853}$. Dabei ist Y das BIP zu MP in Mrd. Euro zu Preisen von 2005, K das Brutto-Anlagevermögen in Mrd. Euro zu Preisen von 2005 und A die Zahl der Erwerbstätigen ($r^2 = 0{,}974$; DW = 1,05; F = 1291 bei 69 FG). Die sich hier formal ergebenden steigenden Skalenerträge sind eine Folge des im Stützzeitraums realisierten technischen Fortschritts. Im Rahmen ökonometrischer Arbeiten werden solche Funktionen für Prognosen und Simulationsrechnungen verwendet.

subjekte reden, also ex ante Analyse betreiben. Deshalb benötigen wir Hypothesen über deren Verhaltensweisen, die die Höhe der einzelnen Nachfragekomponenten erklären. Die wichtigsten Nachfragehypothesen sind die bezüglich des Konsums der privaten Haushalte und der Investitionstätigkeit der Unternehmen.

Die Grundlage des keynesianischen Modells ist die Gleichgewichtsanalyse. Unter einem **güterwirtschaftlichen Gleichgewicht** verstehen wir die ex ante Gleichheit von Güterangebot (Produktion) und Güternachfrage. Mit anderen Worten:

Ein Gleichgewicht auf dem Gütermarkt liegt vor, wenn die geplante gesamtwirtschaftliche Güternachfrage mit dem geplanten gesamtwirtschaftlichen Güterangebot übereinstimmt.

Aus dem Kapitel über die Volkswirtschaftlichen Gesamtrechnungen[25] wissen wir, dass *ex post* beide Größen immer übereinstimmen müssen. Die Gleichheit wird im allgemeinen durch das Auftreten *ungeplanter* Größen zustande kommen. In einer dezentral organisierten Marktwirtschaft finden die Produktionsplanungen in Tausenden von Unternehmungen und die Nachfrageplanungen bei ebenfalls Tausenden (oder sogar Millionen) von Wirtschaftssubjekten (Haushalte, Staat, Unternehmen, Ausland) statt. Es leuchtet wohl unmittelbar ein, dass die Gleichgewichtsforderung durchaus keine Selbstverständlichkeit darstellt. Sie definiert allerdings einen erwünschten Zustand, insofern als das Fehlen ungeplanter Größen ökonomische Reibungsverluste durch Anpassungen vermeidet. Befindet sich eine Volkswirtschaft in einem Zustand, der kein Gleichgewicht darstellt - man spricht dann von einem **Ungleichgewicht** - so werden Reaktionen ausgelöst, die in Richtung auf ein neues Gleichgewicht zielen.

Im folgenden beschreiben wir die Gleichgewichtsbedingung einfach durch

$$Y^s = Y^d, \qquad (5.8)$$

wobei wir immer beachten, dass es sich hierbei um **geplante** Größen handelt.

5.2.2 Konsumhypothese

Einleitend sei nochmals darauf hingewiesen, dass wir im folgenden ausschließlich aggregierte Größen betrachten. Aus der Vielzahl von Konsumhypothesen, die im Laufe der letzten Jahrzehnte vorgestellt wurden, greifen wir eine sehr einfache heraus und bauen sie in das Modell ein. Es wird unterstellt, dass die Konsumgüternachfrage der Haushalte C_H eine lineare Funktion des verfügbaren Einkommens Y^v ist, also:

$$C_H = C^{aut} + c \cdot Y^v \qquad (5.9)$$

C^{aut} ist ein **autonomer**, d.h. von kurzfristigen Einkommensschwankungen unabhängiger Konsum.[26] Sollte sich das Volkseinkommen Y^s *dauerhaft* erhöhen (zumindest müssen die Wirtschaftssubjekte davon überzeugt sein) so kann sich auch C^{aut} dauerhaft erhöhen.

Die zweite Komponente der Konsumfunktion stellt den einkommensabhängigen oder, wie man auch sagt, **einkommensinduzierten** Teil des Konsums dar. Er hängt von kurzfristigen Schwankungen des Volkseinkommens ab. Nehmen wir an, dass das verfügbare Einkommen

---

[25] Vgl. Kapitel 2.

[26] Der autonome Konsum wird manchmal als der Konsum interpretiert, der auch getätigt würde, wenn dem Sektor der Haushalte kein Einkommen zuflösse. Diese Interpretation, die einzelwirtschaftlich durchaus plausibel ist, ist gesamtwirtschaftlich unsinnig. Ein Volkseinkommen von Null ist nicht vorstellbar.

sich um einen bestimmten Betrag ΔY^v verändert, dann ändert sich auch der Konsum, etwa um ΔC_H. Es gilt also:

$$C_H + \Delta C_H = C^{aut} + c \cdot (Y^v + \Delta Y^v)$$

Daraus folgt:

$$\Delta C_H = c \cdot \Delta Y^v \quad \text{oder} \quad \frac{\Delta C_H}{\Delta Y^v} = c \qquad (5.10)$$

Der Parameter c ist also nichts anderes als der relative Anteil einer Einkommensänderung der in eine gleichgerichtete Konsumänderung umgesetzt wird. Es wird angenommen, dass $0 \leq c \leq 1$ gilt. Bei $c = 0$ wäre der Konsum völlig einkommensunabhängig, bei $c = 1$ würde sich jede Einkommensveränderung voll in einer entsprechenden Änderung des Konsums auswirken. Den Parameter $c < 0$ anzunehmen, ist ökonomisch nicht überzeugend, denn dann würde eine Einkommenssteigerung zu einem Rückgang des Konsums führen. Nimmt man $c > 1$ an, würde eine bestimmte Einkommenserhöhung zu einer den Einkommensanstieg überschreitenden Konsumausweitung führen. Auch dies ist keine ökonomisch plausible Annahme. Man nennt c die **marginale Konsumneigung** oder **Grenzneigung zum Konsum**.[27]

Nehmen wir nun einen ökonomisch sinnvollen Wert für c zwischen null und eins, etwa $c = 0{,}7$ an, dann werden 70% eines zusätzlich erwirtschafteten Volkseinkommens für den Konsum verwendet. Unterstellen wir ferner $C^{aut} = 300$, dann verdeutlicht die Abbildung 5.7 diese Zusammenhänge.

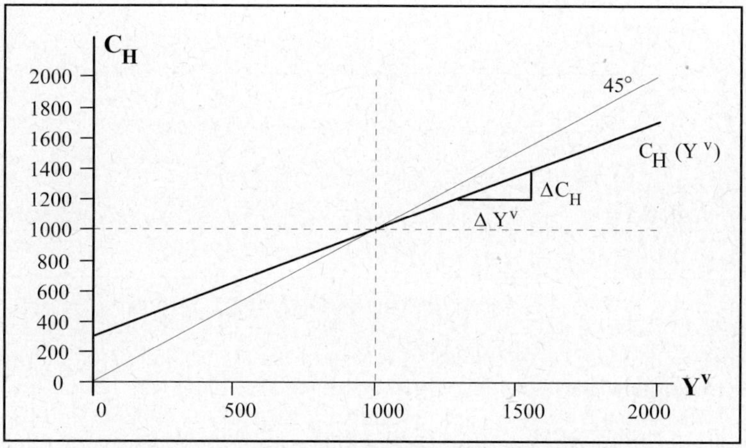

Abb. 5.7: Gesamtwirtschaftliche Konsumfunktion

Geometrisch gesehen ist die Konsumfunktion eine Gerade mit dem Anstieg c. Die 45°-Linie gibt die Gleichheit von Y^v und C_H an.[28] Um festzustellen, bei welcher Einkommenshöhe das gesamte Einkommen für Konsum verwendet wird, muss die Gleichung $C_H = Y^v$ gelöst werden, also $300 + 0{,}7Y^v = Y^v$. Die Lösung ist $Y^v = 1000$. Links davon übersteigt der Konsum das Einkommen und rechts von diesem Punkt ist der Konsum geringer als das Einkommen.

27 Keynes selber ging davon aus, dass die marginale Konsumneigung mit steigendem Einkommen abnimmt.
28 Wir unterstellen hierbei natürlich die gleiche Achsenskalierung.

Bewegungen auf der Kurve vermitteln cet. par. den unmittelbaren Zusammenhang zwischen der Höhe des Einkommens und der Höhe der Konsumausgaben. Ändert sich die Grenzneigung zum Konsum, so bewirkt dies eine Drehung der Konsumgeraden um der Ordinatenabschnitt. Ändert sich dagegen der autonome Konsum, dann verschiebt sich die Konsumgerade parallel.

Den Teil des Einkommens der Haushalte, der nicht konsumiert wird, nennt man **Sparen**. Die Sparfunktion ergibt sich einfach aus der Differenz $S_H = Y^v - C_H$. Aus der Konsumfunktion folgt damit sofort die Sparfunktion:

$$S_H = -C^{aut} + (1-c) \cdot Y^v \tag{5.11}$$

Den Koeffizienten (1-c) bezeichnet man auch mit s. Diese **marginale Sparquote (Grenzneigung zum Sparen)** gibt an, wieviel Prozent eines ***zusätzlichen*** Einkommens gespart werden (eine entsprechende Überlegung gilt bei einem Einkommensrückgang). In unserem numerischen Beispiel lautet die Sparfunktion:

$$S_H = -300 + 0{,}3 \cdot Y^v$$

Die 30% des zusätzlichen Volkseinkommens, die nicht konsumiert werden, werden gespart. Diese Sparfunktion wird in der Abbildung 5.8 dargestellt.

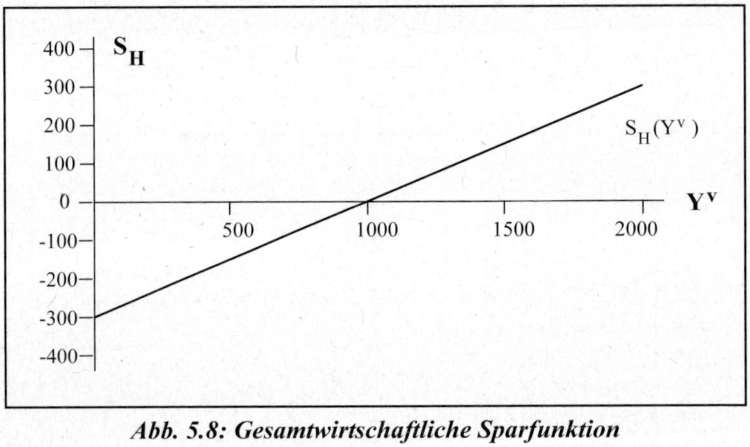

Abb. 5.8: Gesamtwirtschaftliche Sparfunktion

Bei einem Einkommen von $Y^v = 1000$ ist das Sparen der Haushalte gleich null (dort wird ja das gesamte Einkommen für Konsumzwecke ausgegeben). Links von diesem Einkommen ist es negativ, es wird **entspart**, d.h. es werden Aktiva (also vorher gebildete Ersparnisse) aufgelöst oder es werden Kredite aufgenommen (und damit Verbindlichkeiten eingegangen). Rechts vom Einkommen $Y^v = 1000$ ist das Sparen positiv, es werden neue Vermögensaktiva gebildet.

Für diese Funktion gilt im Prinzip das gleiche wie für die Konsumfunktion. Verändert sich cet. par. die marginale Konsumneigung so bedeutet das automatisch eine Änderung der Grenzneigung zum Sparen und damit eine entsprechende Drehung der Spargeraden um den Ordinatenschnittpunkt. Eine Veränderung des autonomen Konsums bedeutet dagegen eine Parallelverschiebung der Spargeraden.

Im Gegensatz zur klassischen ist die keynesianische Sparfunktion nicht zins-, sondern einkommensabhängig.

5.2.3 Investitionshypothese

Die Investitionen der Unternehmen werden, und hier ist der keynesianische Ansatz dem klassischen formal ähnlich, als vom Kapitalmarktzins i abhängig unterstellt.[29] Die **Investitionsfunktion** lautet:

$$I = I^{aut} + I(i) \tag{5.12}$$

Neben den zinsinduzierten gibt es also auch autonom bestimmte Investitionen. Damit beschreiben wir den Teil der Investitionen, der nicht vom Zins abhängt (z.B. um Zielsetzungen der langfristigen strategischen Planung zu realisieren).

Eine entscheidende Rolle bei der Frage, ob man investieren soll oder nicht, spielen die ***erwarteten*** Zahlungsüberschüsse aus einer Investition. Der Gegenwartswert solcher Zahlungen, den man durch eine ***Abzinsung*** (Diskontierung) berechnet, nimmt ab, je weiter in der Zukunft sie anfallen. Den Diskontierungsfaktor nennt Keynes die **Grenzleistungsfähigkeit des Kapitals**: "*...ich definiere die Grenzleistungsfähigkeit des Kapitals als jenem Diskontsatz gleich, der den gegenwärtigen Wert der Reihe von Jahresrenten, die aus dem Kapitalwert während seines Bestandes erwartet werden, genau gleich seinem Angebotspreis machen würde.*"[30]

Damit ist die Grenzleistungsfähigkeit des Kapitals also nichts anderes als der aus der Investitionsrechnung bekannte *interne Zins*. Seien E_i alle während der Laufzeit der Investition erwarteten Einzahlungen und A_i die entsprechenden Auszahlungen, dabei ist A_0 die Ausgabe für die Beschaffung des Investitionsgutes und natürlich $E_0 = 0$, dann gilt:

$$0 = -A_0 + \sum_{j=1}^{n} \frac{E_j - A_j}{(1+r)^j} = \sum_{j=0}^{n} \frac{E_j - A_j}{(1+r)^j} \tag{5.13}$$

Eine Investition gilt als lohnend, wenn der interne Zins r über dem Marktzins i liegt. Als alternative Verwendung von A_0 bietet sich der Erwerb eines festverzinslichen Wertpapiers an.[31] Der Effektivzins einer Finanzanlage ist der Zins, der den kumulierten Barwert sämtlicher Einzahlungen aus der Anlage gleich dem Kurswert der Anlage macht. Dieser Effektivzins ist hier nichts anderes als unser oben unterstellter Marktzins i.[32]

Je niedriger der Kapitalmarktzins cet. par. ist, desto mehr Unternehmen werden einen internen Zins über diesem erwirtschaften. Die geplante Investition ist lohnend und wird durchgeführt. Mit sinkendem Marktzins werden also die Netto-Investitionen zunehmen und umgekehrt. Mit anderen Worten, die Nettoinvestitionen werden so weit ausgedehnt, bis die erwartete Grenzleistungsfähigkeit des Kapitals mit dem Marktzins übereinstimmt.

Betrachten wir ein Zahlenbeispiel einer gesamtwirtschaftlichen Investitionsfunktion:

$$I^n = 85 + \frac{25}{i} \qquad (i > 0)$$

Dabei wird der Zinssatz als Zinsfuß geteilt durch Hundert geschrieben, d.h. ein Zins von 0,05 bedeutet 5%. Diese Funktion wird in der Abbildung 5.9 dargestellt.

[29] Im folgenden wird ein homogener Zins unterstellt. Es wird also nicht nach Fristigkeiten oder Anlageformen unterschieden.

[30] Keynes, J.M.: Allgemeine Theorie der Beschäftigung, des Zinses und des Geldes, 7. Auflage, Berlin 1994, S.114.

[31] Aus Vereinfachungsgründen nennt Keynes nur diese Form der Finanzinvestition.

[32] Da wir in unserem Modell nur einen Zins kennen, also insbesondere auch keinen Unterschied zwischen Soll- und Habenzinsen machen, kann die Überlegung sofort auf die Finanzierung einer Sachanlage mit Fremdkapital übertragen werden.

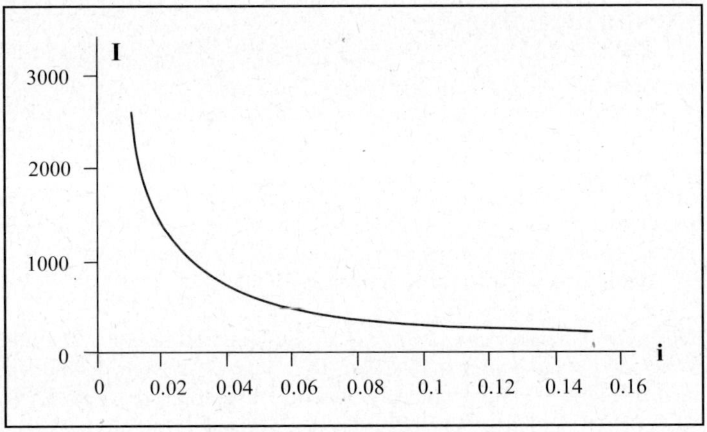

Abb. 5.9: Investitionsfunktion

Mit steigendem Marktzins nehmen cet. par. die Nettoinvestitionen ab. Ihre Gesamthöhe hängt ggf. auch von autonomen, d.h. nicht zinsinduzierten Investitionen ab. Sie stellen die Untergrenze der Investitionstätigkeit dar. Steigen diese, so verschiebt sich die Investitionskurve nach oben und umgekehrt. Die Kurve I(i) kann sich aber auch bei konstanten autonomen Investitionen verlagern. Steigen die Ertragserwartungen der Unternehmen, so nimmt allgemein die Rendite (Grenzleistungsfähigkeit des Kapitals) zu und die Kurve I(i) verschiebt sich nach oben.[33]

5.3 Multiplikatoranalyse

Der Kern des keynesianischen Gütermarktmodells ist die **Multiplikatoranalyse**, die davon geprägt ist, dass bestimmte Nachfragekomponenten als einkommensabhängig, andere als bezüglich des Einkommens autonom definiert werden. Die Multiplikatoranalyse bestimmt in ihrer *statischen* Form unter bestimmten Verhaltenshypothesen die Höhe des Gleichgewichtseinkommens in Abhängigkeit von autonomen Nachfragegrößen. In der *komparativ statischen* Form beantwortet die Multiplikatoranalyse die Frage, wie das Gleichgewichtseinkommen auf Änderungen der autonomen Nachfragekomponenten reagiert.

Die wesentlichen Züge der Analyse kann man bereits mit dem einfachen Modell einer geschlossenen Volkswirtschaft ohne Staat darstellen. Anschließend werden wir das Modell erweitern und sowohl den Staat als auch das Ausland in die Betrachtung aufnehmen. Gute Kenntnisse der in Kapitel 2 behandelten Volkswirtschaftlichen Gesamtrechnungen werden im folgenden vorausgesetzt.

5.3.1 Geschlossene Volkswirtschaft ohne Staat

Die gesamtwirtschaftliche Nachfrage setzt sich in diesem Modell aus der privaten Konsumgüternachfrage sowie der Nachfrage nach Nettoinvestitionen zusammen:

[33] Es ist zu beachten, dass alle hier vorgestellten Verhaltensfunktionen dem Charakter des keynesianischen Modells entsprechend kurzfristig sind.

$$Y^d = C_H + I^n \tag{5.14}$$

Wir wollen annehmen, dass das gesamte durch Produktion erzielte Einkommen den Haushalten zufließt, weshalb das *Volkseinkommen* mit dem *verfügbaren Einkommen* der Haushalte übereinstimmt. Dann gilt:

$$Y^s = C_H + S_H \tag{5.15}$$

Die Konsumhypothese lautet jetzt:

$$C_H = C^{aut} + c \cdot Y^s \tag{5.16}$$

Im güterwirtschaftlichen Gleichgewicht muss $Y^d = Y^s$ gelten. In Verbindung mit (5.14) und (5.15) folgt hieraus sofort:

$$I^n = S_H \tag{5.17}$$

Wir haben damit eine Bedingung gefunden, die zu der im Abschnitt 5.2.1 gegebenen Gleichgewichtsdefinition äquivalent ist:

Ein güterwirtschaftliches Gleichgewicht liegt genau dann vor, wenn das geplante Sparen der Haushalte mit den geplanten Netto-Investitionen der Unternehmen übereinstimmt.

Im folgenden unterstellen wir einen exogen gegebenen Marktzins i. Bezüglich des Einkommens sind die Investitionen eine autonome Größe.

Mit (5.14) bis (5.16) folgt:

$$Y^d = C^{aut} + cY^s + I^n$$

Im Gleichgewicht muss $Y^d = Y^s$ gelten. Für dieses Gleichgewichtseinkommen schreiben wir der Einfachheit halber Y. Dann folgt:

$$Y = C^{aut} + cY + I^n \Rightarrow (1\text{-}c)Y = C^{aut} + I^n$$

und

$$Y = \frac{1}{1-c}\left[C^{aut} + I^n\right] = \frac{1}{s}\left[C^{aut} + I^n\right] \tag{5.18}$$

Den Ausdruck $\frac{1}{1-c}$ oder $\frac{1}{s}$ nennt man den **Einkommensmultiplikator**. Er bestimmt in Abhängigkeit von autonomen Nachfragekomponenten die Höhe des Gleichgewichtseinkommens und misst die Stärke der Reaktion des Gleichgewichtseinkommens auf Änderungen solcher Komponenten. Greifen wir wieder auf unser Zahlenbeispiel zurück, wobei wir i = 0,05 annehmen. Dann gilt:

$$Y = \frac{1}{0{,}3}\left[300 + 85 + \frac{25}{0{,}05}\right] = 2950$$

Unter den angenommenen Verhaltenshypothesen beträgt das Gleichgewichtseinkommen also 2950 Geldeinheiten (GE). Verändert man nun die autonomen Investitionen um ΔI, so überlegt man leicht, dass folgende Beziehung gelten muss:

$$\Delta Y = \frac{1}{1-c}\Delta I^n \tag{5.19}$$

Steigen in unserem Beispiel die Investitionen um etwa 30 GE, so nimmt das Gleichgewichtseinkommen um 100 GE zu. Wir sehen: Ein Anstieg der autonomen Nachfragekomponente führt zu einer Zunahme des Volkseinkommens, der ein mehrfaches dieses autonomen Nachfrageanstiegs beträgt. Von besonderer Bedeutung ist in dieser Beziehung offensichtlich die marginale Konsumneigung c. Aus (5.18) überlegt man sofort, dass eine zunehmende marginale Konsumneigung c cet. par. zu einem höheren Gleichgewichtseinkommen führt und umgekehrt. Entsprechend ist die Bedeutung von c in der komparativ statischen Multiplikatorgleichung (5.19). Verdeutlichen wir uns die Zusammenhänge anhand der Abbildung 5.10.

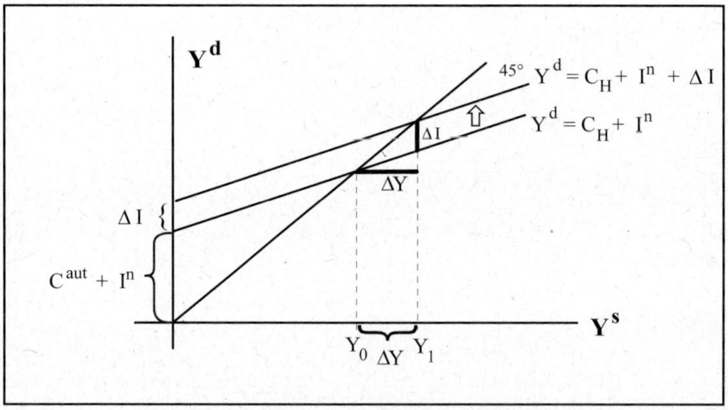

Abb. 5.10: Wirkung des Multiplikators

Die 45°-Linie kennzeichnet alle Punkte der Übereinstimmung von Y^s und Y^d (also alle möglichen Gleichgewichte auf dem Gütermarkt). Unterstellt man $0 < c < 1$, so muss die Y^d-Gerade die 45°-Linie schneiden. Das Lot von diesem Schnittpunkt auf die Y^s-Achse liefert dann das Gleichgewichtseinkommen Y_0. Erhöht sich nun cet. par. ein autonomer Nachfragebestandteil (in Abb. 5.10 erhöht sich I um ΔI), so verschiebt sich die Y^d-Gerade parallel nach oben, der Schnittpunkt mit der 45°-Linie verlagert sich nach rechts, das Gleichgewichtseinkommen steigt. Auch in der Abbildung ist sofort zu sehen, dass unter den getroffenen Annahmen der Anstieg des Gleichgewichtseinkommens ΔY größer ist als der Anstieg der autonome Nachfragekomponente ΔI.

Nimmt cet. par. die Grenzneigung zum Konsum c zu, so dreht sich die Y^d-Gerade um den Ordinatenabschnitt nach links. Wieder kommt es zu einem Anstieg des Gleichgewichtseinkommens.

Werfen wir noch einen Blick auf die allenfalls theoretisch interessanten Grenzfälle $c = 0$ und $c = 1$ (Abb. 5.11). Ist $c = 0$, so gibt es ausschließlich einkommensunabhängige Nachfragekomponenten. Die Nachfragekurve ist dann eine Parallele zur Abszisse (Y^s-Achse). Das Gleichgewichtseinkommen ist hier gleich $Y = C^{aut} + I^n$. Erhöhen sich nun die geplanten Investitionen um ΔI, so steigt das Volkseinkommen um eben diesen Betrag und die Zunahme geht voll in die Ersparnisbildung. Die Gleichheit von Investieren und Sparen ist hier ohne einen Anpassungsprozess garantiert. Ist dagegen $c = 1$, so verläuft die Y^d-Gerade oberhalb und parallel zur 45°-Linie. Es gibt keinen Schnittpunkt der Geraden und somit kein güterwirtschaftliches Gleichgewicht, die Nachfrage übersteigt permanent das Angebot um die autonomen Komponenten!

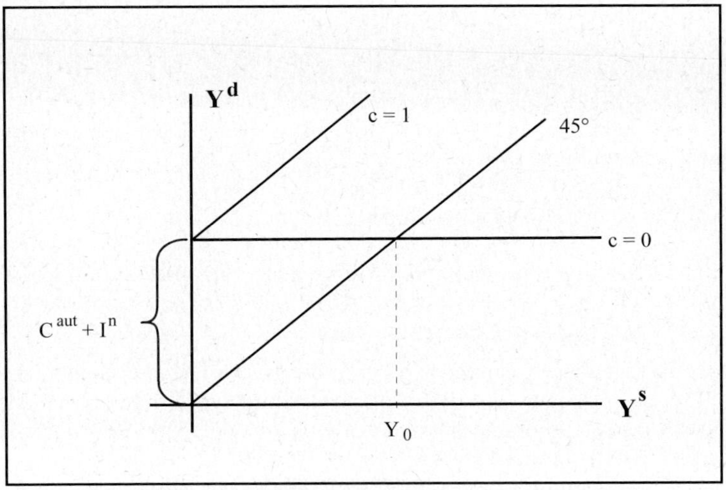

Abb. 5.11: Grenzfälle der marginalen Konsumquote

Ist das Volkseinkommen geringer als das Gleichgewichtseinkommen, so übersteigt die gesamtwirtschaftliche Nachfrage das Angebot (vgl. Einkommen Y_1^s in Abbildung 5.12).

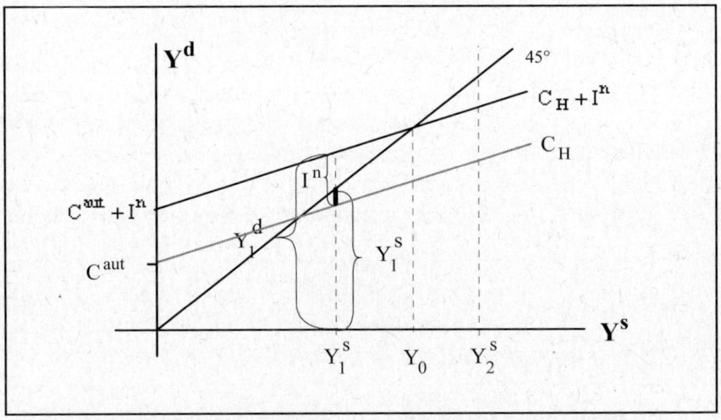

Abb. 5.12: Inflatorische und deflatorische Lücken

Das Einkommen Y_1^s fließt den Haushalten zu. Diese verwenden es für Konsum (Abstand vom Fußpunkt der Senkrechten in Y_1) oder sparen (dick gezeichnete Senkrechte oberhalb der Konsumlinie). Wie man sieht ist hier $S_H < I^n$.

Diesen Sachverhalt kann man sich auch wie folgt vergegenwärtigen. Es gilt

$$Y^d = C_H + I^n$$

$$Y^s = C_H + S_H$$

Die Gleichungen bringen zu Ausdruck, dass das Einkommen Y^s den Haushalten zufließt und von diesen für Konsumzwecke bzw. Vermögensbildung verwendet wird und dass die Nachfrage Y^d sich aus der geplanten Konsumgüternachfrage und der geplanten Investitionsgüternachfrage zusammensetzt.

Also gilt: $$\underbrace{Y^d - Y^s}_{>0} = I^n - S_H$$

Da die geplante Nachfrage das geplante Angebot übersteigt, ist die linke Seite in der Gleichung positiv, also muss auch die rechte Seite positiv sein. Das geplante Sparen ist geringer als die geplanten Investitionen.

In dieser Situation sind drei Lösungen möglich:

- Der Nachfrageüberhang führt, wenn freie Kapazitäten vorhanden sind und die Anbieter im Wettbewerb stehen, zu einer Ausdehnung der Produktion und damit zu einem höheren Volkseinkommen bis hin zum Gleichgewicht.
- Gibt es allerdings keine freien Kapazitäten mehr, so besteht die Gefahr, dass die Übernachfrage Preissteigerungen auslöst. Die Unternehmen werden versuchen, sich gegenseitig Arbeitskräfte durch die Zahlung höherer Löhne abzuwerben. Aufgrund des Nachfrageüberhangs können sie die gestiegenen Kosten über höhere Preise überwälzen. Es besteht die Gefahr der Entwicklung einer **Lohn-Preis Spirale** nach oben.
- Selbst bei nicht ausgelasteten Kapazitäten kann ein Nachfrageanstieg allerdings bei mangelhaftem Wettbewerb zu höheren Preisen führen. Da dies bei konstanten Kosten zu höheren Gewinnen (also Sparen der Unternehmen) führt, bezeichnet man diesen Prozess als **Zwangssparen**.

Einen Prozess allgemeiner Preissteigerung nennen wir bekanntlich **Inflation**. Das Vorliegen eines Ungleichgewichts, bei dem die gesamtwirtschaftliche Nachfrage das Angebot übersteigt, kann also, wie wir gesehen haben, zu Inflation führen, muss es aber nicht notwendigerweise! Diese Situation nennt man deshalb auch **inflatorische Lücke**. Im Gegensatz zum Expansionsprozess bei freien Kapazitäten, bei dem die Lücke real geschlossen wird, erfolgt beim Zwangssparen nur eine nominale Schließung der Lücke über Preisanhebungen.

> *Auf dem Gütermarkt liegt eine* ***inflatorische Lücke*** *vor, wenn die geplante gesamtwirtschaftliche Güternachfrage das geplante gesamtwirtschaftlichen Güterangebot übersteigt. Hiermit ist äquivalent, dass die geplanten Investitionen das geplante Sparen übersteigen.*

Liegt das Volkseinkommen rechts vom Gleichgewichtseinkommen (Einkommen Y_2^s)in Abbildung 5.12), so liegt ein Angebotsüberschuss vor. Ähnlich wie oben überlegt man leicht, dass in dieser Situation das geplante Sparen die geplanten Investitionen übersteigt.

In dieser Situation können zwei Fälle unterschieden werden:

- Es herrscht Wettbewerb und die Unternehmen müssen, um die Überproduktion abzubauen die Preise senken. Hierdurch steigen die Reallöhne und die Unternehmer werden den Faktor Arbeit entsprechende dem neoklassischen Paradigma abbauen. Dieser Prozeß hält an, bis ein neues Gleichgewicht erreicht ist.
- Liegt auf dem Gütermarkt mangelhafter Wettbewerb vor, so halten die Unternehmen Preise stabil, passen die Produktion der Nachfrage nach unten an und verringern die Beschäftigung entsprechend.

So oder so wird ein kontraktiver Prozeß ausgelöst und es entsteht Arbeitslosigkeit. Diese Situation nennt man auch **deflatorische Lücke**, weil sie zu einem allgemeinen Preisverfall (Deflation) führen kann.

Auf dem Gütermarkt liegt eine ***deflatorische Lücke*** *vor, wenn die geplante gesamtwirtschaftliche Güternachfrage kleiner ist als das geplante gesamtwirtschaftlichen Güterangebot. Hiermit ist äquivalent, dass das geplante Sparen die geplanten Investitionen übersteigt.*

Wie kann man sich nun das Zustandekommen der oben beschriebenen Multiplikatorwirkung erklären? Dazu zerlegen wir die Produktionsperiode gedanklich in viele aufeinander folgende Phasen und analysieren, was in jeder Phase passiert. Wir nehmen an, dass die Nachfrage sofort, das Angebot aber immer um eine Phase verzögert reagiert und illustrieren den Multiplikatorprozess anhand des oben eingeführten Zahlenbeispiels. Ausgehend von einem Gleichgewichtseinkommen in Höhe von 2950 GE nehmen wir an, dass die Investitionen um 30 GE zunehmen.

Tab. 5.2: Multiplikatorwirkung

Phase	Y^s	C	I^n	Y^d
0	2.950,0	2.365,0	585,0	2.950,0
1	2.950,0	2.365,0	615,0	2.980,0
2	2.980,0	2.386,0	615,0	3.001,0
3	3.001,0	2.400,7	615,0	3.015,7
4	3.015,7	2.411,0	615,0	3.026,0
5	3.026,0	2.418,2	615,0	3033,2
6	3.033,2	2.423,2	615,0	3.038,2
7	3.038,2	2.426,8	615,0	3.041,8
usw.				
∞	3.050,0	2.435,0	615,0	3.050,0

Der autonome Anstieg der Investitionen führt in der ersten Phase zunächst zu einer das Angebot übersteigenden Nachfrage von 2.980 GE. Unterstellt, es liegen freie Kapazitäten vor, passen die Unternehmen ihre Produktion an die gestiegene Nachfrage an. Das bedeutet aber nichts anderes als eine Zunahme des Volkseinkommens. In der zweiten Phase setzen die Haushalte das höhere Einkommen gemäß ihrer Konsumfunktion in eine erhöhte Konsumnachfrage um. Damit steigt die gesamtwirtschaftliche Nachfrage auf 3.001 GE usw.[34] Der expansive Prozess wird bei einem Volkseinkommen von 3.050 GE zur Ruhe kommen, denn bei dieser Einkommenshöhe entspricht das geplante Sparen den erhöhten Investitionen.

[34] Im Anhang wird gezeigt, dass sich das neue Gleichgewichtseinkommen als Grenzwert einer unendlichen geometrischen Reihe ergibt.

5.3.2 Offene Volkswirtschaft mit Staat

An den Grundüberlegungen ändert sich gegenüber dem vorherigen Abschnitt nichts, lediglich die gesamtwirtschaftliche Nachfrage wird etwas komplexer:

$$Y^d = C_H + C_{St} + I^n + (Ex\text{-}Im) \qquad (5.20)$$

- C_H Konsum der privaten Haushalte
- C_{St} Staatsverbrauch
- I^n gesamtwirtschaftliche Nettoinvestitionen
- Ex Exporte
- Im Importe
- Ex – Im Außenbeitrag

Unter Vernachlässigung der Nettoproduktionsabgaben und der Abschreibungen entspricht das reale Güterangebot dem Volkseinkommen, also dem Nettonationaleinkommen zu Faktorkosten. Die in einer Periode entstehenden Einkommen setzen sich aus den vom Staat und den Unternehmen an die privaten Haushalte gezahlten Faktoreinkommen Y_H sowie den nicht ausgeschütteten Gewinnen der Unternehmen S_U zusammen.

Im folgenden sollen alle Beziehungen, die in diesem Modell gelten, aufgelistet werden:

(1) $Y^d = C_H + C_{St} + I^n + (Ex - Im)$

(2) $C_H = C^{aut} + cY^v$

(2a) $Y^v = Y_H + Z_H - T_H^{dir}$

(2b) $Y_H = Y^s - S_U - T_U^{dir}$

(2b) in (2a) eingesetzt liefert

(2c) $Y^v = Y^s + Z_H - (S_U + T^{dir})$ mit $T^{dir} = T_H^{dir} + T_U^{dir}$

Die Abgaben an den Staat werden als vom Volkseinkommen abhängig betrachtet:

(2d) $T^{dir} = T^{aut} + tY^s$ $(0 < t < 1$; marginale Abgabenquote)

(2d) eingesetzt in (2c) und dies dann eingesetzt in (2) liefert:

(2e) $C_H = C^{aut} + cZ_H - cS_U - cT^{aut} + c(1\text{-}t)Y^s$

Die Staatsausgaben werden als exogene Größe betrachtet. Insbesondere sind sie damit bezüglich des Einkommens autonom:

(3) $C_{St} = C_{St}^{aut}$

Die Nettoinvestitionen sind zwar modellendogen, aber auch autonom bezüglich des Einkommens:

(4) $I^n = I^n(i)$

Auch die Exporte sind eine exogene Größe. Unsere Exporte sind ja die Importe anderer Länder, über deren Verhaltensweisen wir in unserem einfachen Modell keine Hypothesen aufstellen können:

(5) $Ex = Ex^{aut}$

Die Importe werden ebenfalls als eine lineare Funktion des Volkseinkommens angesehen:

(6) $Im = Im^{aut} + mY^s$ (0 < m < 1; marginale Importquote)

Die Gleichungen (1) bis (6) beschreiben nun das gesamte Modell. Das Einsetzen von (2) bis (6) in (1) liefert dann:

$$Y^d = C^{aut} - cT^{aut} + c(1\text{-}t)Y^s + cZ_H - cS_U + C_{St} + I^n + (Ex - Im^{aut} - m \cdot Y^s)$$

Durch Umstellung erhalten wir:

$$Y^d = C^{aut} - cT^{aut} + C_{St} + I^n + Ex - Im^{aut} + cZ_H - cS_U + [c(1\text{-}t)\text{-}m]Y^s$$

Im Gleichgewicht ist das geplante Güterangebot Y^s gleich der geplanten Güternachfrage Y^d. Setzen wir das Gleichgewichtsvolkseinkommen wieder gleich Y, so gilt:

$$[1\text{-}c(1\text{-}t)\text{+}m]Y = C^{aut} - cT^{aut} + C_{St} + I^n + cZ_H - cS_U + Ex - Im^{aut}$$

Die Division durch [1-c(1-t) + m] liefert:

$$Y = \frac{1}{1\text{-}c(1\text{-}t)\text{+}m}\left[C^{aut} + C_{St} + I^n + Ex + c \cdot Z_H - cS_U - c \cdot T^{aut} - Im^{aut}\right] \qquad (5.21)$$

Der Einkommensmultiplikator nimmt nun eine im Vergleich zu (5.18) kompliziertere Gestalt an und die Zahl der autonomen Einflussgrößen hat sich deutlich erhöht. Am Grundprinzip hat sich allerdings nichts geändert. Das Gleichgewichtseinkommen wird durch die autonomen Nachfragegrößen sowie die Höhe des Multiplikators bestimmt. Betrachten wir ein Zahlenbeispiel:

(a) Konsumfunktion: $C_H = 300 + 0{,}7 \cdot Y^v$ (c = 0,7)

(b) Abgabenfunktion: $T^{dir} = 200 + 0{,}2 \cdot Y^s$ (t = 0,2)

(c) Importfunktion $Im = 103 + 0{,}2 \cdot Y^s$ (m = 0,2)

(d) Exogene Größen: $C_{St} = 200$

$I^n = 585$

$Ex = 600$

$Z_H = 500$

$S_U = 0$

Setzen wir diese Größen in (5.21) ein, so erhalten wir:

$$Y = \frac{1}{1 - 0{,}7 \cdot (1 - 0{,}2) + 0{,}2}[300 + 200 + 585 + 600 + 0{,}7 \cdot 500 - 0{,}7 \cdot 200 - 103] = \frac{1792}{0{,}64} = 2.800$$

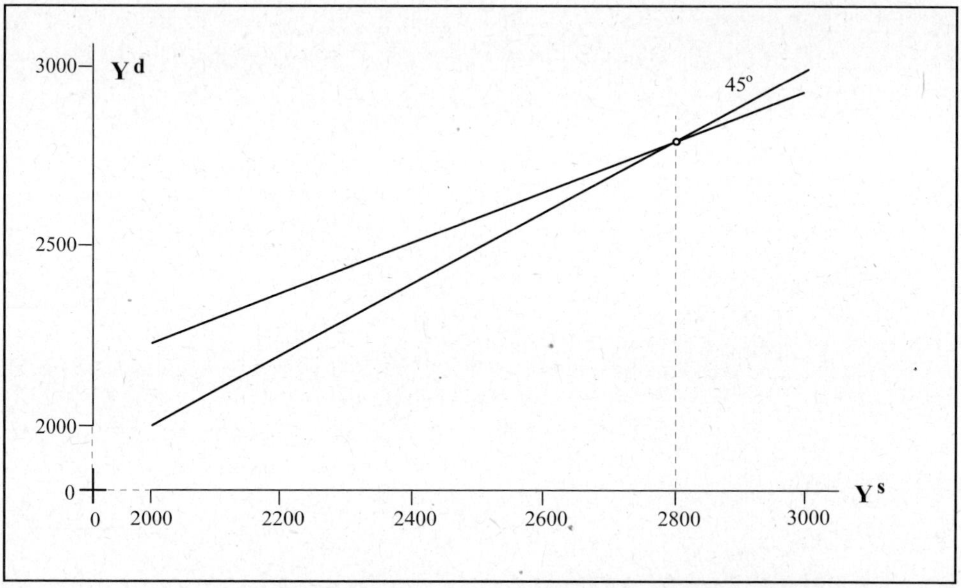

Abb. 5.13: Multiplikatormodell in der offenen Volkswirtschaft

Der Multiplikator wird nun gegenüber dem zuvor betrachteten erheblich kleiner, da zum einen den Haushalten wegen der Abschöpfung durch den Staat nur noch ein Teil des Volkseinkommens zufließt und zum anderen ein weiterer Teil des Volkseinkommens nicht im In-, sondern im Ausland nachfragewirksam wird.

Auch in diesem Modell können wieder alle Fälle einer autonomen Nachfrageveränderung in ihrer Wirkung auf das Gleichgewichtseinkommen analysiert werden. Bei dieser komparativ statischen Betrachtung wird der Multiplikator in Abhängigkeit von der auslösenden Größe benannt. So kennen wir einen Investitions-, einen Staatsausgaben- oder einen Exportmultiplikator. Wir werden hierauf später ausführlicher eingehen.

Alles was zuvor über die inflatorische und deflatorische Lücke gesagt wurde, behält seine Gültigkeit und braucht hier nicht wiederholt zu werden.

5.4 IS-Kurve

Bei der Multiplikatoranalyse findet der Zins nur als gegebene Größe Berücksichtigung. In der nun folgenden Darstellung kann man Zins und Einkommen in ihrer Wirkung auf das Gleichgewicht gleichzeitig betrachten.

5.4.1 Geschlossene Volkswirtschaft ohne Staat

Wir gehen von der in (5.17) formulierten Gleichgewichtsbedingung $S_H(Y^s) = I^n(i)$ aus. Mit steigendem Volkseinkommen nimmt cet. par. die Ersparnisbildung zu. Dann bedingt ein neues Gütermarktgleichgewicht eine entsprechende Zunahme der Investitionen. Diese erfolgt aber cet. par. nur, wenn der Zins fällt. Ausgehend von einer Gleichgewichtssituation muss sich also bei steigendem Volkseinkommen der Zins in einer ganz bestimmten Weise verringern, um wieder zu einem Gleichgewicht zu gelangen.

Verdeutlichen wir den Zusammenhang anhand einer Grafik, wobei wir auf die obigen Zahlen zurückgreifen:

$$(1)\ C_H = 300 + 0,7 \cdot Y^s$$

$$(2)\ I^n = 85 + \frac{25}{i}$$

Die Gleichgewichtsbedingung ist also erfüllt, wenn gilt:

$$-300 + 0,3 \cdot Y = 85 + \frac{25}{i} \Rightarrow Y = \frac{1}{0,3}\left(385 + \frac{25}{i}\right)$$

Bei einem Volkseinkommen von 2950 GE beträgt das geplante Sparen S_H = 585 GE. In einem Gleichgewichtszustand muss dieses Sparen mit den geplanten Investitionen übereinstimmen. Genau bei einem Zins von i = 0,05 (5%) betragen aber die geplanten Investitionen 585 GE. Also stellt die Kombination (Y,i) = (2950 GE, 5%) ein güterwirtschaftliches Gleichgewicht dar. Ebenso überlegt man, dass zu einem Volkseinkommen von 2.325 GE ein Gleichgewichtszins von i = 0,08 (8%) gehört.

Die zuvor angegebene Gleichung beschreibt alle Einkommens-Zins-Kombinationen, die ein güterwirtschaftliches Gleichgewicht darstellen. Man nennt ihre grafische Darstellung **IS-Kurve**.

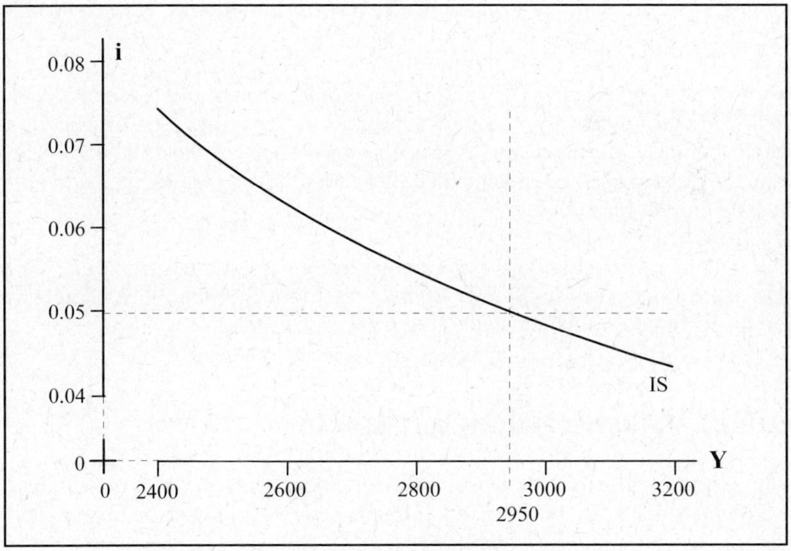

Abb. 5.14: IS-Kurve

Die IS-Kurve ist die Ortslinie aller Einkommen-Zins-Kombinationen, bei denen ein Gleichgewicht auf dem Gütermarkt vorliegt.

Man beachte: Es handelt sich hier *nicht* um einen funktionalen Zusammenhang zwischen Y und i, sondern um die Beschreibung von *Gleichgewichtszuständen*. Bei einem Zins von beispielsweise 5% (i = 0,05) beträgt das zugehörige *gleichgewichtige* Volkseinkommen 2950 GE. Dieses Einkommen *muss* sich aber nicht zwangsläufig einstellen, ein Gütermarkt kann sich auch in einem *Ungleichgewicht* befinden.

Nehmen wir an, bei einem Marktzins von 5% sei das Volkseinkommen nur 2500 GE. Angesichts der angenommenen Verhaltenshypothesen erreichen bei 5% Zins die Investitionen eine Höhe von 585 GE. Da das Volkseinkommen aber *unter* dem Gleichgewichtseinkommen liegt, ist offensichtlich das Sparen zu gering (450 GE), der Konsum also zu hoch (2050 GE). Die Gesamtnachfrage übersteigt mit einem Wert von 2635 GE das güterwirtschaftliche Angebot von 2500 GE. Es liegt eine inflatorische Lücke vor. Allgemein kann man sagen, dass ***links*** von (oder unterhalb) der IS-Kurve ***inflatorische Lücken*** vorliegen. Zu jedem gegebenen Zins ist das Volkseinkommen dort, gemessen am Gleichgewichtseinkommen, zu niedrig oder, was das gleiche bedeutet, zu jedem gegebenen Volkseinkommen ist der Zins, gemessen am Gleichgewichtszins zu gering.

Rechts von der IS-Kurve hat man es entsprechend mit ***deflatorischen Lücken*** zu tun. Bei gegebenem Zins ist das Volkseinkommen und damit das Sparen zu hoch, der Konsum also zu niedrig. Das Angebot auf dem Gütermarkt übersteigt offenbar die Nachfrage.

Wie wirken sich hier Änderungen der autonomen Größen oder Parameteränderungen auf die Lage der IS-Kurve aus? Ein Anstieg der autonomen Investitionen bewirkt, dass zu jedem gegebenen Zins mehr investiert wird. Das Sparen ist nun zu gering und das bisherige Gleichgewicht wird zu einer inflatorischen Lücke. Ein neues Gleichgewicht liegt jetzt bei einem *höheren* Volkseinkommen. Die IS-Kurve verschiebt sich also nach rechts! Eine durch niedrigere Zinsen *induzierte* Zunahme der Investitionen führt zu einer Bewegung *auf* der IS-Kurve nach unten, während eine Zunahme der *autonomen* Investitionen zu einer Rechtsverschiebung der IS-Kurve führt!

Nehmen wir an, die Grenzneigung zum Sparen s nimmt ab, d.h. bei jedem gegeben Einkommen ist nun das Sparen geringer als zuvor. Die Investitionen sind jetzt offensichtlich für ein Gleichgewicht zu hoch. Geringere Investitionen liegen aber bei einem höheren Zins vor, die IS-Kurve muss sich also nach oben verschieben. Mit ähnlichen Überlegungen kann man jeden anderen denkbaren Fall behandeln.

Um es noch einmal zu betonen: Wir beschreiben nur die Bedingungen an ein neues Gleichgewicht. Ob sich in der wirtschaftlichen Realität nach der Störung eines Gleichgewichts ein neues Gleichgewicht tatsächlich einstellt, ist ein anderes Problem.

5.4.2 Offene Volkswirtschaft mit Staat

Untersuchen wir nun, ob es auch in diesem Modell eine IS-Kurve gibt und wie diese ggf. aussieht. Die gesamtwirtschaftliche Ersparnisbildung setzt sich aus dem Sparen der Sektoren zusammen:

$$\mathbf{S} = S_H + S_U + S_{St} + S_A \tag{5.22}$$

Die Spargrößen sind entweder autonom oder hängen vom Volkseinkommen ab, können also wie folgt dargestellt werden:

$$\mathbf{S} = \mathbf{S}(Y^s)$$

Die Nettoinvestitionen, die sich aus den Investitionen der Unternehmen und den öffentlichen Investitionen zusammensetzen, sind zinsabhängig:

$$\mathbf{I}^n = \mathbf{I}^n(i)$$

Nehmen wir nun an, der Gütermarkt befinde sich im Gleichgewicht, es gelte also $Y^d = Y^s$, dann können wir für das Volkseinkommen schreiben:

$$Y^s = Y^v + S_U + T^{dir} - Z_H$$

Für die Nachfrage gilt:

$$Y^d = C_H + C_{St} + I^n + (Ex\text{-}Im)$$

Im Gleichgewicht muss dann also gelten:

$$Y^v + S_U + T^{dir} - Z_H = C_H + C_{St} + I^n + (Ex\text{-}Im)$$

Berücksichtigen wir, dass die Haushalte ihr verfügbares Einkommen auf Konsum und Sparen aufteilen, so folgt:

$$C_H + S_H + S_U + T^{dir} - Z_H = C_H + C_{St} + I^n + (Ex\text{-}Im)$$

Also gilt:

$$S_H + S_U + (T^{dir} - Z_H - C_{St}) + (Im - Ex) = I^n$$

Somit ergibt sich nach Zusammenfassung:[35]

$$\mathbf{S}(Y) = \mathbf{I}^n(i) \tag{5.23}$$

Die Gleichgewichtsbedingung lautet also hier:

Der Gütermarkt befindet sich genau dann im Gleichgewicht, wenn das geplante einkommensabhängige Sparen gleich den geplanten zinsabhängigen Nettoinvestitionen ist.

Damit haben wir auch im Modell der offenen Volkswirtschaft mit Staat zwei äquivalente Gleichgewichtsbedingungen:

Ein gesamtwirtschaftlicher Gütermarkt befindet sich genau dann im Gleichgewicht, wenn
(1) die geplante Güternachfrage gleich dem geplanten Güterangebot ist
oder
(2) das geplante Sparen gleich den geplanten Nettoinvestitionen ist.

Es sei darauf hingewiesen, dass ein Gleichgewicht auf dem Gütermarkt nicht notwendigerweise mit einem ausgeglichenen Staatshaushalt oder einem Außenhandelsgleichgewicht einhergehen muss. In unserem Beispiel erhalten wir:

Staatseinnahmen: $T^{dir} = T^{aut} + t \cdot Y^s = 200 + 0{,}2 \cdot Y^s = 200 + 0{,}2 \cdot 2800 = 760$ GE
Staatsausgaben: $C_{St} + Z_H = 200 + 500 = 700$ GE

Der Staat schließt also mit einem Überschuss ab. Für den Außenbeitrag erhalten wir:

$$Ex - Im = Ex - (Im^{aut} + m \cdot Y^s) = 600 - (103 + 0{,}2 \cdot 2800) = -63$$

---

35 Vgl. Abschnitt 2.2.

Die Volkswirtschaft verzeichnet also im güterwirtschaftlichen Gleichgewicht einen Importüberhang. Auch solche Dinge gilt es, bei wirtschaftspolitischen Untersuchungen zu berücksichtigen. Häufig ist es neben der Erreichung eines allgemeinen Gleichgewichtszustandes auch ein wirtschaftspolitisches Ziel, etwa ein "außenwirtschaftliches Gleichgewicht"[36] zu erreichen. Angesichts einer chronisch defizitären Übertragungsbilanz bedeutet dies für die Bundesrepublik Deutschland die Notwendigkeit, Exportüberschüsse zu erzielen.[37]

Die IS-Kurve unterscheidet sich prinzipiell nicht von der des geschlossenen Modells ohne Staat. Entscheidend ist der fallende Verlauf. Wir benutzen zur grafischen Darstellung das oben eingeführte Zahlenbeispiel.

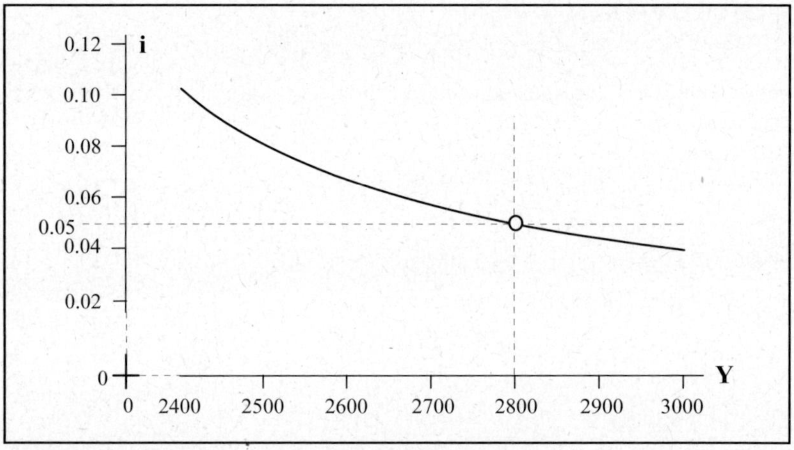

Abb. 5.15: IS-Kurve im Modell der offenen Volkswirtschaft mit Staat

Im folgenden werden wir, wenn wir nicht gerade unser Zahlenbeispiel benutzen, der Einfachheit halber die IS-Kurve nur als von links oben nach rechts unten verlaufende Gerade angeben. Ihre Krümmung ist für ökonomische Überlegungen relativ bedeutungslos.

36 Diese Formulierung findet sich in §1 des Gesetzes zur Förderung der Stabilität und des Wachstums der Wirtschaft von 1967. Vgl. Kapitel 1.

37 Zu den Begriffen vgl. Abschnitt 2.3.

5.5 Grundzüge der Geldtheorie

Der zweite große Baustein des keynesianischen Modells ist der Geldmarkt. Bevor wir uns mit den Besonderheiten des Geldmarktes in diesem Modell beschäftigen, werden wir zuerst die Frage klären, was Geld überhaupt ist und was seine ökonomische Bedeutung ausmacht.

5.5.1 Gelddefinitionen

Kaum ein ökonomisches Aggregat stiftet soviel Verwirrung wie das Geld. Der größte wirtschaftliche Irrtum, dem - nicht nur - Laien häufig unterliegen, ist die Verwechslung von Geld mit Einkommen! Geld ist eine Bestandsgröße und es stellt ein **Vermögensaktivum** dar. Einkommen dagegen ist eine Stromgröße und stellt den während einer Periode entstandenen Anspruch auf einen Anteil am Volkseinkommen dar. Die Verwirrung liegt natürlich darin begründet, dass Einkommen im allgemeinen in der besonderen Form der Übertragung des Vermögenstitels Geld entgolten wird.

Versuchen wir nun zu klären, was Geld eigentlich ist. Man kann den Begriff Geld von der funktionalen, der juristischen und der operationalen Seite her abgrenzen. Nach der *funktionalen* Abgrenzung ist **Geld** alles, was die folgenden Funktionen erfüllt:

- **Recheneinheitsfunktion:** Geld ist ein universeller Wertmaßstab. Anstatt den Wert eines Scheffels Korn in Unzen Rindfleisch[38] auszudrücken, kann man alle Güter relativ zu einem einzigen Vergleichsgut bewerten. Hat man in einer Wirtschaft etwa n Güter, so gibt es $\binom{n}{2} = \frac{n(n-1)}{2}$ direkte, paarweise Vergleichsmöglichkeiten (der Leser möge sich dies für 1 Million Güter - was nicht viel ist - selber ausrechnen). Man sieht also wie bequem die Einführung *einer* Recheneinheit ist. Die Funktion als Recheneinheit könnte übrigens von einem Geld erfüllt werden, das es nur abstrakt und nicht real gibt. Man nennt diese Funktion deshalb auch die **nichtdingliche** Geldfunktion.

- **Tauschmittelfunktion:** Die Funktion des Geldes als Tauschmittel setzt die reale Existenz als Geld voraus,[39] man spricht deshalb auch von der ersten **dinglichen** Geldfunktion. Durch die Einführung des Geldes erfolgt nicht mehr der Tausch Ware gegen Ware sondern Ware gegen Geld (oder Geld gegen Ware). Dies erleichtert den Tausch insofern, als der Tauschwillige nicht mehr genau über das Gut in der Menge verfügen muss, das sein potentieller Tauschpartner bereit ist anzunehmen. Erst durch die Einführung des Geldes wurden moderne, arbeitsteilige Volkswirtschaften möglich.

- **Wertaufbewahrungsfunktion:** Man erhält Geld durch Tausch, etwa den Tausch von Arbeitsleistung gegen Geld. Geld hat den großen Vorteil nicht verderblich zu sein,[40] vorausgesetzt, eine gute Geldpolitik sorgt für Stabilität des Geldwertes. Man muss also Geld nicht sofort wieder in Güter umsetzen, sondern kann es sparen, d.h. man bildet - aus welchem Grund auch immer - Vermögen. Der durch das Geld repräsentierte Wert ist lagerfä-

[38] Natürlich wählen wir nicht zufällig diese mittelalterlich anmutenden Maßeinheiten.

[39] Die Tatsache, dass Geld heutzutage teilweise nur noch als elektronisches Giralgeld existiert, tut nichts zur Sache.

[40] Dies war durchaus nicht immer in der Geschichte so; es gab Gesellschaften, in denen verderbliche Güter als Geld dienten. Solche Geldsysteme stellten sich aber sehr schnell als nicht zweckdienlich heraus, weshalb insbesondere die Edelmetalle diese Rolle übernahmen. Sie sind knapp und dauerhaft.

hig und kann zu einem späteren Zeitpunkt aktiviert werden. Die Wertaufbewahrungsfunktion des Geldes ist die zweite dingliche Geldfunktion.

Grundsätzlich kann jedes Gut, welches diese drei Funktionen erfüllt, als Geld fungieren. Robinson Crusoe hätte auf seiner einsamen Insel alles als Geld definieren können, was immer ihm in den Sinn gekommen wäre. Allerdings brauchte er kein Geld. Will eine arbeitsteilige Gesellschaft aber den Tausch erleichtern, so muss sie einen Konsens bezüglich des Geldes finden. In den real existierenden Staaten legt der Gesetzgeber, sei es ein antiker Potentat, sei es das Parlament einer demokratisch organisierten Gesellschaft, das **gesetzliche Zahlungsmittel** (engl.: *legal tender*) fest. Diese Festlegung ist die *juristische* Gelddefinition. Unbeschadet der gesetzlichen Festlegung können Wirtschaftssubjekte ihre Transaktionen auf freiwilliger Basis in anderen als den gesetzlichen Zahlungsmitteln abwickeln.

Wesentlich für das Funktionieren eines Geldsystems ist die **Akzeptanz** des Geldes durch die Wirtschaftssubjekte. Hierzu genügt es nicht, dass der Gesetzgeber ein legales Zahlungsmittel definiert und seine Akzeptanz verordnet. Das Geldsystem bricht zusammen, wenn die wirtschaftlichen Akteure **Vertrauen** in das Geld verlieren. Dieses Phänomen war in Deutschland nach dem zweiten Weltkrieg zu beobachten. Zwar war die Reichsmark noch offizielles Zahlungsmittel, das Vertrauen in diese Währung war aber verloren gegangen. Die Menschen im Nachkriegsdeutschland schufen sich ihre eigene Ersatzwährungen. Berühmt wurde die „Zigarettenwährung", die Nutzung von Zigaretten als Tauschmittel. Eine Kernaufgabe der Geldpolitik ist es somit, das Vertrauen in das Funktionieren des Geldwesens zu schaffen und zu verteidigen.

In der Europäischen Gemeinschaft[41] ist die EZB die einzige Institution, die legal Banknoten ausgeben darf. In Art. 105a EG-Vertrag heißt es:

(1) Die EZB hat das ausschließliche Recht, die Ausgabe von Banknoten innerhalb der Gemeinschaft zu genehmigen. Die EZB und die nationalen Zentralbanken sind zur Ausgabe von Banknoten berechtigt. Die von der EZB und den nationalen Zentralbanken ausgegebenen Banknoten sind die einzigen Banknoten, die in der Gemeinschaft als gesetzliche Zahlungsmittel gelten.
(2) Die Mitgliedstaaten haben das Recht zur Ausgabe von Münzen, wobei der Umfang dieser Ausgabe der Genehmigung durch die EZB bedarf....

Also, schließt der aufmerksame Leser, Banknoten und Münzen sind Geld. Was aber ist mit Schecks oder Überweisungsformularen? Viele Zahlungen werden in Deutschland und weltweit heute mit Kreditkarten vorgenommen. Was ist mit den Guthaben auf einem Sparbuch? Es ist unstrittig, dass Banknoten und Münzen, die zusammen das sog. **Bargeld** bilden, Geld sind. Umgekehrt stellt Bargeld aber nur einen Teil des Geldumlaufs dar. Und hier sind wir mitten in den Schwierigkeiten. Man braucht eine *operationale* Definitionen dessen, was Geld sein soll. *Die* allgemein verbindliche Definition des Geldes gibt es nicht! Es ist weitgehend eine Frage der Praktikabilität, was als Geld angesehen werden soll und was nicht. Das Problem liegt im wesentlichen darin begründet, dass es Vermögensaktiva gibt, die sehr leicht zum Nennwert in gesetzliches Zahlungsmittel umgewandelt werden können.

Wir werden uns im folgenden an die operationalen Abgrenzungen der EZB halten, weisen aber darauf hin, dass andere Länder teilweise abweichende Definitionen benutzen. Um die Gelddefinitionen verstehen zu können, müssen wir zunächst eine Einteilung der Wirtschaftssubjekte aus geldpolitischer Sicht betrachten. Man unterscheidet den Bankensektor und den

[41] Zumindest in den am Euro-System teilnehmenden Ländern.

Nichtbankensektor. Zum Banksektor zählen die Zentralbank, die Geschäftsbanken und sonstige monetäre Finanzinstitute. Zur letzten Gruppe gehören vor allem die Geldmarktfonds. Alle anderen Wirtschaftssubjekte gehören dem Nichtbankensektor an. Die EZB fasst den Bankensektor als MFIs (*Monetary Financial Institutions*) zusammen. Diese Gruppe umfasst im Euro-Währungsgebiet etwa 8000 Institute.[42]

Abb. 5.16: Banken- und Nichtbankensektor

Geschäftsbanken (synonym: Kreditinstitute) sind Unternehmen, die Bankgeschäfte betreiben und gesonderten gesetzlichen Anforderungen genügen müssen.[43] Die wichtigsten Bankgeschäfte sind auf der Aktivseite die Kreditvergabe und auf der Passivseite die Hereinnahme von Geldern.[44] Ferner zählen bestimmte im Zusammenhang mit dem Geld- und Kapitalverkehr auftretende Dienstleistungen zum typischen Bankgeschäft. Geldmarktfonds sind Fonds, die ausschließlich in kurzfristigen Geldmarkttiteln investiert sind (s. weiter unten).

Die EZB definiert ihre drei Geldaggregate im wesentlichen durch bestimmte auf Euro lautende Passiva der gebietsansässigen[45] MFIs gegenüber gebietsansässigen Nichtbanken:

- **Geldmenge M1**: Bargeld und täglich fällige Einlagen.
- **Geldmenge M2**: M1 zuzüglich Einlagen mit vereinbarter Laufzeit bis zu zwei Jahren und Einlagen mit vereinbarter Kündigungsfrist bis zu drei Monaten.
- **Geldmenge M3**: M2 zuzüglich Repogeschäfte, Geldmarktfondsanteile, Geldmarktpapiere sowie ausgegebene Schuldverschreibungen bis zu zwei Jahren.

In den Definitionen der Geldmengenaggregate sind einige Begriffe aufgetaucht, die kurz erläutert werden sollen.

Täglich fällige Einlagen bei Banken (Sichteinlagen), sind z.B. Giro-Konten, über die der Einleger per Scheck oder Überweisung in voller Höhe jederzeit verfügen kann. Verstehen wir unter **Liquidität** die Fähigkeit, Zahlungsverpflichtungen erfüllen zu können und unter dem **Grad der Liquidität**, die Geschwindigkeit, mit der man über seine Aktiva zur Erfüllung von

[42] Nach einer Pressemitteilung der EZB gab es im gesamten EURO-Währungsgebiet Anfang des Jahres 2009 8350 MFIs. Von diesen entfielen 2061 auf Deutschland.
[43] In Deutschland finden sich die gesetzlichen Regelungen im KWG (Gesetz über das Kreditwesen).
[44] Vgl. Abschnitt 5.5.3.
[45] Gebietsansässig bezieht sich auf das Euro-Währungsgebiet.

Zahlungsverpflichtungen verfügen kann, so handelt es sich bei den in der Geldmenge M1 zusammengefassten Geldaggregaten um die mit dem höchsten Liquiditätsgrad.

Bei den *Einlagen mit vereinbarter Laufzeit* (Termineinlagen) handelt es sich um festverzinsliche Anlagen, die gegenüber Sichteinlagen einen deutlich niedrigeren Liquiditätsgrad aufweisen. Zu den *Einlagen mit vereinbarter Kündigungsfrist* (Spareinlagen) gehören beispielsweise die Sparbücher.

Im Rahmen von *Repogeschäften* (Pensionsgeschäften) stellen Nichtbanken den Geschäftsbanken Liquidität durch den Ankauf von Wertpapieren zur Verfügung. Der Kauf eines Wertpapiers ist mit einer gleichzeitigen Rückkaufvereinbarung (*repurchase agreement*) zu einem festgelegten Termin verbunden. Im Gegensatz zum Pfandkredit findet hier eine zeitlich begrenzte Vermögensübertragung statt.

Geldmarktfondsanteile sind Anteile an Fonds, die sich ausschließlich aus Geldmarktpapieren zusammensetzen. *Geldmarktpapiere* sind verbriefte Vermögenstitel, die mit dem Ziel der Liquiditätsversorgung am Geldmarkt im wesentlichen zwischen den Kreditinstituten[46] gehandelt werden. Begeben werden solche Papiere von Staaten oder Großunternehmen.

Schuldverschreibungen sind verbriefte Schuldtitel mit i.allg. fester Verzinsung und unterschiedlichsten Laufzeiten.

Alle finanziellen Forderungen von Nichtbanken gegenüber den Geschäftsbanken, die in den obigen Geldmengenaggregaten nicht erwähnt werden (also z.B. Termineinlagen mit mehr als zweijähriger Laufzeit oder Spareinlagen mit längerer als dreimonatiger Kündigungsfrist), gehören zum **Geldkapital**. Die Abgrenzung ist selbstverständlich *willkürlich* und wie bereits erwähnt, an operativen Erfordernissen der Geldpolitik orientiert.[47]

Ein weiterer, aus geldtheoretischer Sicht wichtiger Geldbegriff ist der des **Zentralbankgeldes**, welches das alleine durch eine Zentralbank zu schaffende Geld darstellt. Einen einheitlichen Begriff des Zentralbankgeldes (ZBG) gibt es nicht. Wir wollen für unsere Zwecke unter Zentralbankgeld das umlaufenden Bargeld – einschließlich der Kassenbestände der Kreditinstitute – sowie die bei der Zentralbank gehaltenen Sichteinlagen verstehen.

Unter der **Geldbasis** (GB) verstehen wir schließlich die Kassenbestände der Kreditinstitute sowie die von den Kreditinstituten bei der Zentralbank gehaltenen Sichteinlage. Die Geldbasis ist also – nach unseren Definitionen - ein Teil der Zentralbankgeldmenge.

5.5.2 Geldmarkt und Geldmarktgleichgewicht

Wie für andere ökonomische Güter gibt es auch für Geld einen Markt. Geld wird angeboten und es wird nachgefragt. Im vorhergehenden Abschnitt haben wir eine Volkswirtschaft aus geldtheoretischer Sicht in das Bankensystem und den Nichtbankensektor eingeteilt. Das Bankensystem bietet Geld an, die Nichtbanken fragen Geld nach.[48] Wenden wir uns zunächst der Nachfrageseite zu.

---

[46] Auch sog. *institutionelle Anleger*, etwa Versicherungen, sind in diesem Markt engagiert.

[47] So kennt man auch in den USA die Aggregate M1, M2 und M3, sie sind dort aber, den anderen institutionellen Gegebenheiten entsprechend, etwas anders abgegrenzt als in Europa.

[48] Definiert man Geld eng nur als Zentralbankgeld, so ist nur die Zentralbank Anbieter von Geld und die Geschäftsbanken reihen sich unter die Geldnachfrager ein.

Die geldtheoretische Fundamentalbeziehung ist die bereits seit dem ausgehenden Mittelalter bekannte **Quantitätsgleichung** des Geldes. In der modernen, auf den Amerikaner IRVING FISHER (1911) zurückgehenden Version besagt sie, dass in einer Geldwirtschaft der Geldumlauf in einer Periode mit den Umsätzen übereinstimmen muss:

$$M \cdot V = P \cdot H \tag{5.24}$$

Dabei ist M die Geldmenge, V die Umlaufgeschwindigkeit des Geldes,[49] H das reale Handelsvolumen einer Periode und P das Preisniveau. Die Gleichung kann als eine implizite Definition der Umlaufgeschwindigkeit des Geldes interpretiert werden.

Betrachten wir ein einfaches Beispiel: Das reale Handelsvolumen in einer Periode sei H = 10.000 Einheiten,[50] das Preisniveau sei P = 1[51] und die umlaufende Geldmenge M = 2.000 Geldeinheiten. In der Periode sollen Umsätze von $P \cdot H = 1 \cdot 10.000 = 10.000$ getätigt werden. Wie oft muss dann jede Geldeinheit in einer Periode umlaufen, um den gewünschten Umsatz tätigen zu können? Die Antwort lautet:

$$V = \frac{P \cdot H}{M} = \frac{10.000}{2.000} = 5$$

Aus praktischen Erwägungen pflegt man die Verkehrsgleichung nicht mittels des Handelsvolumens, sondern mittels der realen Wertschöpfung (z.B. BIP) Y auszudrücken. Der wesentliche Grund hierfür ist die Tatsache, dass das reale Handelsvolumen im allgemeinen nicht gemessen werden kann. Aus (5.24) wird dann

$$M \cdot V = P \cdot Y\,. \tag{5.25}$$

Wie wir gesehen haben gibt es *die* Geldmenge nicht, so dass die Umlaufgeschwindigkeit von der Geldmengendefinition abhängt. Jedes Geldmengenaggregat M1, M2, M3 hat seine eigene Umlaufgeschwindigkeit. Diese wird im allgemeinen als eine relativ feste institutionelle Größe betrachtet. Sie hängt insbesondere von Zahlungsgewohnheiten ab. So wurden früher Löhne im allgemeinen täglich, noch in den fünfziger Jahren wurden sie weitgehend wöchentlich bezahlt, heute ist die monatliche Zahlung üblich. Dies bestimmt wesentlich die Umlaufgeschwindigkeit des Geldes. Aber auch die Verbreitung der Kreditkarten oder zunehmende Internetzahlungen beeinflussen die Umlaufgeschwindigkeit des Geldes.

Stellen wir uns zur Verdeutlichung eine einfache geschlossene Volkswirtschaft ohne Staat vor. Die Auszahlung der Löhne erfolge einmal jährlich zu Jahresbeginn. Mit dem ausgezahlten Lohn kaufen die Haushalte die im Unternehmenssektor erzeugten Güter. Wir unterstellen, dass das Geld nur zu **Transaktionszwecken** benutzt wird, d.h. Geld wird als Tauschmittel gehalten. Die Geldhaltung nennt man auch **Kassenhaltung**. Die Kasse, die ausschließlich zu Transaktionszwecken gehalten wird, nennen wir dementsprechend **Transaktionskasse**.[52] Die Transaktionskassenhaltung war die einzige in der Klassik als sinnvoll erachtete Kassenhaltung. Warum sollte jemand Geld aus einem Vermögensmotiv (Wertaufbewahrungsfunktion des Geldes!) heraus halten, wenn doch Opportunitätskosten für die Liquidität in der Höhe entgangener Zinseinnahmen entstehen? Der Bedarf an Transaktionskasse ist also dann nichts anderes als die gesamtwirtschaftliche **Geldnachfrage**. Nehmen wir an, die umlaufende Geld-

---

[49] Sehr anschaulich ist auch der von Alfred Stobbe benutzte Begriff der *Transaktionshäufigkeit des Geldes*.

[50] Wir vernachlässigen die Messprobleme, die mit dem Konzept des realen Handelsvolumens auftauchen, nämlich einfach ausgedrückt, die Addition von Äpfeln und Birnen.

[51] Wir messen das Preisniveau also als einen auf 1 normierten Index. Es könnte auch wie in der Klassik als Durchschnittspreis der Güter interpretiert werden. Vergleiche hierzu Abschnitt 5.1.1.

[52] Man beachte, dass sich je nach Gelddefinition die Kassenhaltung mindestens aus Bar- und Giralgeldhaltung zusammensetzt.

menge sei M = 12.000 Geldeinheiten. Die Abbildung 5.17 zeigt dann die Veränderung der Kassenhaltung.

Zu Jahresanfang steht den Haushalten eine Kasse M von 12.000 GE zur Verfügung. Im Verlauf des Jahres wird die Kasse auf null abgebaut. Wie hoch ist also die *durchschnittliche* Kassenhaltung der Haushalte? Man überlegt sich leicht, dass sie 6.000 GE sein muss. Wo bleiben die andern 6.000 GE. Sie sind selbstverständlich die Kassenhaltung der Unternehmen, die das Gegenstück zu der der Haushalte darstellt. Die Unternehmen beginnen also mit einer Kasse von null und bauen im Jahresverlauf Kasse auf, bis schließlich am Jahresende der gesamte Geldbestand bei den Unternehmen liegt. Die Umlaufgeschwindigkeit beträgt in diesem Modell Eins. Jede Geldeinheit muss einmal im Jahr umgesetzt werden, um mit dem vorhandenen Geldbestand den Umsatz tätigen zu können.

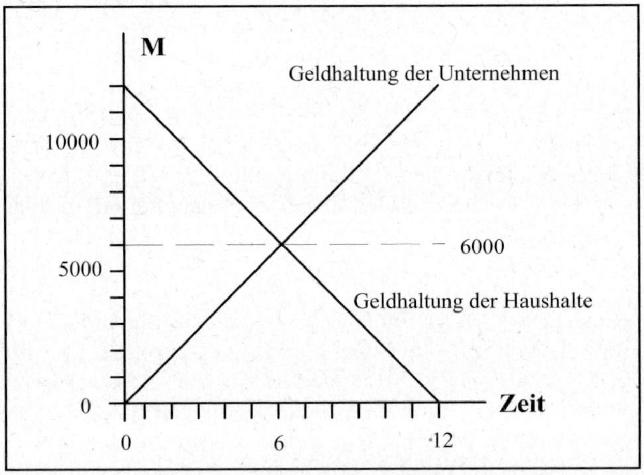

Abb. 5.17: Kassenhaltung I

Nehmen wir nun an, die Zahlungsgewohnheiten änderten sich. Die Entlohnung erfolge nicht mehr einmal jährlich, sondern vierteljährlich. Der entsprechende Quartalsumsatz beträgt 3.000 GE, so dass nun eine Geldmenge von 3.000 ausreicht, um den Umsatz zu tätigen. Die durchschnittliche Kassenhaltung sinkt auf 1500. Das Bild ändert sich wie folgt (Abbildung 5.18, in der wir aus Vereinfachungsgründen auf die Einbeziehung der Geldhaltung der Unternehmen verzichten).

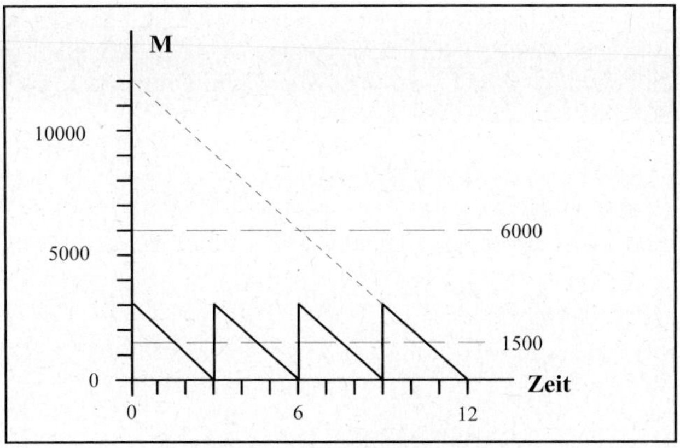

Abb. 5.18: Kassenhaltung II

Wir sehen, dass Geldmenge und Kassenhaltung, wenn man die gesamte Volkswirtschaft betrachtet, identisch sind. Dies gilt *ex post*. Eine völlig andere Frage ist, ob die gewünschte oder **geplante Kassenhaltung** mit der vorhandenen Geldmenge übereinstimmt! Hier haben wir wieder das Problem der ex post und ex ante Betrachtung.

Als Motiv für die Kassenhaltung haben wir das **Transaktionsmotiv** unterstellt, d.h. Kasse wird gehalten, um Transaktionen begleichen zu können. Die *gewünschte Kassenhaltung*, sie soll im folgenden mit L bezeichnet werden, ist also eine Funktion der Umsätze und der Umlaufgeschwindigkeit:

$$L = k \cdot Y^n \qquad (5.26)$$

Dabei ist k der **Kassenhaltungskoeffizient**, der den Anteil an der nominellen Wertschöpfung Y^n, den die Wirtschaftssubjekte im Durchschnitt als Kasse zu halten wünschen, angibt. Wie man sich leicht überlegt, ist der Kassenhaltungskoeffizient bei Übereinstimmung von L und M nichts anderes als der Kehrwert der Umlaufgeschwindigkeit des Geldes. In der Abbildung 5.17 ist $k = 1$. Die Wirtschaftssubjekte wollen (müssen) für Transaktionszwecke einen Geldbestand halten, der dem Jahresumsatz entspricht. In Abbildung 5.18 dagegen sinkt der Kassenhaltungsbedarf auf $k = {}^1/_4$, da das Geld nun viermal so schnell umläuft.

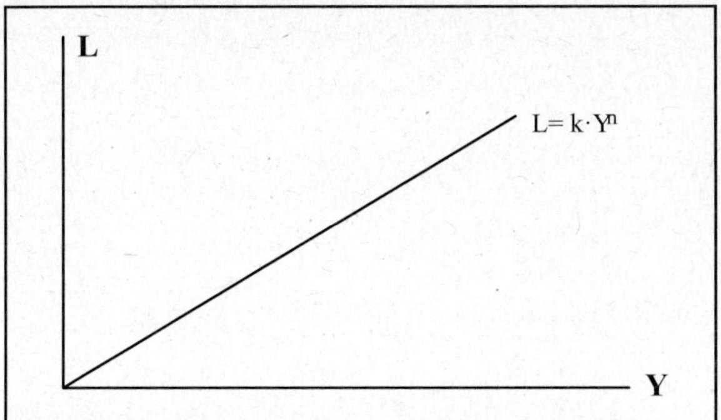

Abb. 5.19: Nominale Transaktionskassenhaltung

Die Abbildung 5.19 zeigt die gewünschte Kassenhaltung als Funktion des Nominaleinkommens Y^n. Steigt k, so erhöht sich cet. par. der Bedarf an Transaktionskasse und die Gerade dreht sich im Ursprung nach links.

Die oben beschriebene Nachfrage nach Geld ist die Nachfrage nach der *nominalen*, also in Währungseinheiten ausgedrückte Geldmenge. Denken wir dagegen nicht in Währungs- sondern in Kaufkrafteinheiten, so erhält man die **reale Geldnachfrage L^r** als *Quotient aus der nominalen Geldnachfrage und dem Preisniveau*:

$$L^r = \frac{k \cdot Y^n}{P} = k \cdot Y^r \tag{5.27}$$

Y^r bezeichnet die reale, also die in Gütereinheiten gemessene Wertschöpfung.

*Während sich die nominale Geldnachfrage am nominalen Volkseinkommen orientiert, misst man die reale Geldnachfrage, auch **Realkasse** genannt, am realen Volkseinkommen.*

Die Abbildung 5.20 zeigt die Zusammenhänge.

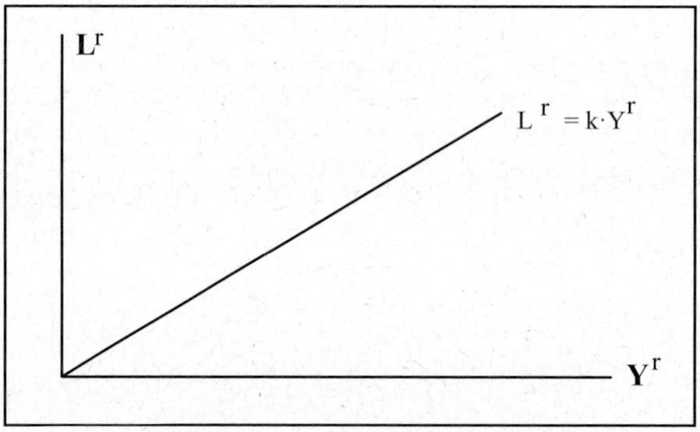

Abb. 5.20: Reale Transaktionskassenhaltung

Die Gerade L^r zeigt die Abhängigkeit der Nachfrage nach Realkasse vom realen Volkseinkommen bei gegebenem Kassenhaltungskoeffizienten.

Das vom Bankensystem bereitgestellte **Geldangebot** soll mit dem oben bereits benutzten Symbol M bezeichnet werden. Unter M^r verstehen wir das reale Geldangebot, d.h. das Güteräquivalent der von der Zentralbank angebotenen Geldmenge. Nehmen wir dieses Geldangebot in die Abbildung auf, wobei wir es der Einfachheit halber als eine bezüglich des Volkseinkommens autonome (exogene) Größe auffassen.

*Unter einem **Gleichgewicht** auf dem Geldmarkt verstehen wir eine Situation, in der die von den Wirtschaftssubjekten gewünschte Kassenhaltung mit der von der Zentralbank angebotenen Geldmenge übereinstimmt.*

Ein solches Gleichgewicht kann sowohl für nominale als auch für reale Größen gelten.

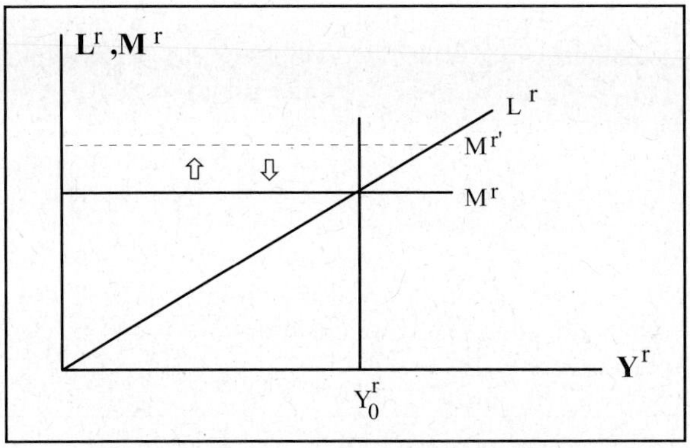

Abb. 5.21: Realer klassischer Geldmarkt

In der Abbildung 5.21 ist ein Gleichgewicht auf dem Geldmarkt eingezeichnet, d.h. eine Situation in der das reale Geldangebot der Zentralbank mit der beim Vollbeschäftigungseinkommen Y_0 angestrebten realen Kassenhaltung übereinstimmt. Was passiert, wenn cet. par. die Zentralbank das *nominale* Geldangebot erhöht? Bei gegebenem Preisniveau (Durchschnittspreis der Güter) steigt das Güteräquivalent dieser Geldmenge und die Gerade M^r verschiebt sich auf $M^{r'}$. Die jetzt existierende Überschussmenge an Geld löst am Gütermarkt Nachfrage aus, die real nicht befriedigt werden kann (Y_0 ist das Vollbeschäftigungseinkommen!). Es kommt also zu Preissteigerungen, wodurch der Realwert der Geldmenge wieder schrumpft. Diese Steigerungen halten so lange an, bis das alte Gleichgewicht wiederhergestellt ist. Man beachte, dass die Gerade L^r unverändert bleibt, da sowohl das reale (in Gütereinheiten gemessene) Volkseinkommen als auch die ebenfalls in Gütereinheiten gemessene Geldnachfrage von der Preisniveauänderung *nicht* berührt werden. Die Geldmenge bestimmt also das Preisniveau. Die Klassiker haben hieraus den Schluss gezogen, dass jedes reale Volkseinkommen mit jeder Geldmenge finanziert werden kann. Das Preisniveau wird sich immer entsprechend einstellen.

5.5.3 Geldschöpfungsprozess

Nachdem wir die elementaren Bestimmungsgründe der Geldnachfrage aufgezeigt haben, fragen wir, wie das Geldangebot zustande kommt? Um diese Frage zu beantworten muss zwischen Zentralbankgeld und den Geldaggregaten M1, M2 und M3 unterschieden werden. Betrachten wir eine vereinfachte Zentralbankbilanz, um das Entstehen der *Zentralbankgeldmenge* zu verstehen. Wir unterstellen der Einfachheit halber, dass die Zentralbank keine Geschäfte mit privaten Nichtbanken betreibt.[53]

Aktiva	**Passiva**
Gold und Devisen (netto)	Bargeld
Forderungen an Finanzinstitute	Einlagen des Finanzsektors
Forderungen an öffentl. Haushalte	Einlagen Sonstiger
Wertpapiere	Sonstige Passiva
Sonstige Aktiva	

Abb. 5.22: Bilanz einer Zentralbank

[53] In der Tat sind solche Geschäfte vom Volumen her im Allgemeinen zu vernachlässigen.

Die Sonstigen Aktiva bestehen im wesentlichen aus Immobilien und sonstigen Sachanlagen, die Sonstigen Passiva enthalten als wesentliche Größen das Eigenkapital, Ausgleichsposten und die Rücklagen. Die Einlagen Sonstiger sind die Einlagen der öffentlichen Haushalte sowie sonstiger Nichtbanken. Die Summe aus Bargeld und den Einlagen der Geschäftsbanken bildet die **Zentralbankgeldmenge**. Die Zentralbank schafft Zentralbankgeld durch bilanzverlängernde *Aktivgeschäfte*, also durch den Erwerb von Gold oder Devisen, die Vergabe von Krediten[54] oder den Ankauf von Wertpapieren.

Werfen wir als nächstes einen Blick auf die konsolidierte Bilanz des Geschäftsbankensystems, um zu erklären, wie die Geldmenge M1 zustande kommt. Wir gehen wieder von den Verhältnissen im Euro-Währungsgebiet aus.

Aktiva	**Passiva**
Kassenbestände	Sichteinlagen
Sichteinlagen bei der Zentralbank	Termineinlagen mit Laufzeiten bis zu zwei Jahren
Wertpapiere	Spareinlagen mit bis zu dreimonatiger Kündigungsfrist
Kredite an Nichtbanken	Sonstige Einlagen
Nettoforderungen gegen Ausländer	Sonstige Passiva
Sonstige Aktiva	

Abb. 5.23: Konsolidierte Bilanz der Geschäftsbanken

Auf der rechten Seite der konsolidierten Bilanz findet man die Geldmengenaggregate M1, M2 und M3 ohne Bargeld. Unter den sonstigen Einlagen verbergen sich die die Geldmenge M2 übersteigenden Teilaggregate von M3.

Geschäftsbanken können durch Aktivgeschäfte Geld im Sinne der vorstehend genannten Aggregate schaffen. Diesen Vorgang nennt man **Geldschöpfungsprozess**. Betrachtet man ihn bezogen auf die Geldmenge M1, so spricht man von **Giralgeldschöpfung**. Das Verständnis dieses Prozesses ist wichtig zur Beurteilung der geldpolitischen Instrumente einer Zentralbank.

Als Voraussetzung dafür, dass eine Geschäftsbank Giralgeld schöpfen kann, muss sie über Zentralbankgeld verfügen. Zentralbankgeld kann sie sich verschaffen indem sie

- einen Kredit bei der Zentralbank aufnimmt, wodurch sie entweder ihre Kassenbestände oder ihre Sichtguthaben bei der Zentralbank erhöht,
- ein Aktivum von einer Nichtbank erwirbt, also z.B. Devisen und diese bei der Zentralbank in Zentralbankgeld umtauscht,
- Wertpapiere an die Zentralbank verkauft,
- eine Bareinlage einer Nichtbank akquiriert oder
- sich Zentralbankgeld bei einer anderen Bank besorgt.[55]

[54] Nach dem Vertrag von Maastricht (Art. 104 EGV sowie Art. 21 Protokolle zum EGV) darf in den EU-Staaten die EZB an keinen am Euro-System teilnehmenden Staat einen Kredit vergeben. Die Staaten können sich nach dieser Regelung also nicht unmittelbar durch die Schaffung von Zentralbankgeld verschulden. Hiermit ist eine wichtige Inflationsursache beseitigt.

[55] Da an dieser Art von Geschäft die Zentralbank keinen Anteil hat, bleibt die Zentralbankgeldmenge hier ebenso unverändert, wie bei der vorherigen Aktion.

Nehmen wir an, eine Bank, nennen wir sie Bank A, verkauft Wertpapiere im Wert von 100 Geldeinheiten an die Zentralbank (Aktivtausch; Abb. 5.24a). Mit dem ihr zufließenden Zentralbankgeld ist sie nun in der Lage ihr ureigenes Geschäft zu betreiben, nämlich einen Kredit zu vergeben. Der Kreditbetrag wird dem Schuldner, nennen wir ihn X, auf seinem Girokonto gutgeschrieben (Abb. 5.24b), es kommt bei Bank A zu einer Bilanzverlängerung.

Änderung der Forderungen		Änderung der Verbindlichkeiten	
Forderungen an ZB	+ 100		
Wertpapiere	- 100		

Abb. 5.24a: Veränderung in der Bilanz der Bank A

Änderung der Forderungen		Änderung der Verbindlichkeiten	
Kredite	+ 100	Sichteinlagen	+ 100

Abb. 5.24b: Veränderung in der Bilanz der Bank A

Der Schuldner X begleicht nun mit dem Kreditbetrag per Überweisung eine Forderung seines Geschäftspartners Y, der ein Konto bei der Bank B unterhält. Der Überweisungsbetrag fließt bei Bank A ab (Bilanzverkürzung) und führt bei Bank B zu einer Bilanzverlängerung. Der Zentralbankgeldbestand von Bank B ist nämlich nun ebenso gestiegen wie die Sichteinlagen (Abb. 5.24c und 5.24d).

Änderung der Forderungen		Änderung der Verbindlichkeiten	
Forderungen an ZB	- 100	Sichteinlagen	- 100

Abb. 5.24c: Veränderung in der Bilanz der Bank A

Änderung der Forderungen		Änderung der Verbindlichkeiten	
Forderungen an ZB	+ 100	Sichteinlagen	+ 100

Abb. 5.24d: Veränderung in der Bilanz der Bank B

Auch Bank B kann nun einen Kredit vergeben, allerdings nicht in voller Höhe des ihr zugeflossenen Zentralbankgeldbetrags. Sie muss damit rechnen, dass Kunden einen Teil ihrer Sichtguthaben bar abheben wollen. Banken wissen aus Erfahrung, welchen Anteil an den Sichtguthaben, die sog. **Barabzugsquote,** sie als Kassenbestand vorhalten müssen. Ferner unterliegen die Passiva der Bank ggf. der **Mindestreservepflicht**.[56] Nach Abzug der Reserve bleibt also der freie Betrag an Zentralbankgeldmenge übrig, den die Bank nun als Kredit vergeben kann. Nehmen wir an, die Barabzugsquote sein $b = 0{,}3$ und die Mindestreservequote sei $mrq = 0{,}1$, dann kann Bank B einen Kredit in Höhe von 60 vergeben (Abb. 5.24e).

Änderung der Forderungen		Änderung der Verbindlichkeiten	
Kredite	+ 60	Sichteinlagen	+ 60

Abb. 5.24e: Veränderung in der Bilanz der Bank B

[56] Dieser Begriff wird weiter unten bei den geldpolitischen Instrumenten erläutert.

Der beschriebene Prozess kann ggf. weiter gehen. Welcher Giralgeldbetrag kann auf diese Art maximal geschöpft werden? Sei ΔZ der Zentralbankgeldbetrag, der der Bank A ursprünglich zufließt, dann kann sie also einen Kredit in Höhe von ΔZ vergeben. Dieser Betrag gelangt als Zentralbankgeld zu Bank B, die nun ihrerseits einen Kredit in Höhe von ΔZ(1-b-mrq) vergeben kann usw. Die gesamte so geschaffene Giralgeldmenge $\Delta M1$ beläuft sich auf:[57]

$$\Delta M1 = \Delta Z + (1-b-mrq)\Delta Z + (1-b-mrq)^2 \Delta Z + (1-b-mrq)^3 \Delta Z + ... = \frac{1}{b+mrq}\Delta Z \qquad (5.28)$$

Den Faktor $\frac{1}{b+mrq}$ nennt man **Geldschöpfungsmultiplikator**. Je größer b oder mrq sind, um so kleiner wird der Multiplikator sein und umgekehrt. Beträgt wie im obigen Beispiel die Barabzugsquote 30% und die Mindestreservequote 10%, so kann theoretisch Giralgeld in Höhe von $2{,}5 \cdot \Delta Z$ geschaffen werden. Natürlich ist dieser Prozess in der Realität wesentlich komplexer als hier in dem einfachen Modell dargestellt und der theoretische Höchstbetrag wird auch nie erreicht werden. Erstens bricht der Prozess in einer Periode nach endlich vielen Schritten ab und zum anderen steht einer Geldschöpfung in gewissem Umfang immer auch Geldvernichtung gegenüber (z.B. durch Geldkapitalbildung). Trotzdem leuchtet es wegen der Bedeutung der Geldmenge für die Inflationsentwicklung unmittelbar ein, dass eine Zentralbank versuchen wird, auf diesen Prozess steuernd Einfluss zu nehmen.

Wir haben oben die Möglichkeit erwähnt, dass eine Bank sich Zentralbankgeld bei einer anderen Bank besorgt. Hier treffen sich die Banken auf einem Markt, auf dem sie unter sich sind, dem **Interbankengeldmarkt** oder dem Geldmarkt im engeren Sinne. Auf diesem Markt handeln Banken gegen frei auszuhandelnde Zinsen Zentralbankgeld mit im allgemeinen sehr kurzen Laufzeiten. Man beachte aber, dass auf dem Interbankengeldmarkt nur ein gegebener Bestand an Zentralbankgeld transferiert wird und kein neues Zentralbankgeld geschaffen wird!

5.6 Grundzüge der Geldpolitik

Die Geldpolitik[58] ist der Teil der Wirtschaftspolitik, der sich mit der Steuerung des Geldangebots befasst. Nachdem wir geklärt haben, wer der ***Träger der Geldpolitik*** ist, werden wir kurz die Frage nach der ***Zielsetzung*** und den ***Instrumenten*** der Geldpolitik beantworten. Aus naheliegenden Gründen werden wir uns dabei auf das Währungsgebiet des Euro konzentrieren.

5.6.1 Träger der Geldpolitik

Träger der Geldpolitik sind im allgemeinen staatliche Institutionen, häufig Zentralbanken, auch Notenbanken genannt. In der EU nimmt diese Aufgabe die Europäische Zentralbank (EZB) wahr. In Art. 3a (2) des EGV[59] wird die Einführung einer einheitlichen Währung mit

[57] Es ist eine Frage der Interpretation, ob man die Barabzugsquote b und die Mindestreservequote m additiv oder multiplikativ verknüpft. Auf das Wesen des Prozesses hat das keinen Einfluss.

[58] Dem Leser sei dringend empfohlen, begleitend zu diesem Abschnitt, Monatsberichte der EZB zu lesen. Besonderes Augenmerk sollte auf die Beiträge zur monetären Entwicklung sowie auf die Statistiken im Zahlenanhang gelegt werden.

[59] Vertrag zur Gründung der Europäischen Gemeinschaft (Maastrichter Fassung vom 7. Februar 1992) vom 25. März 1957.

einheitlicher Geld- und Währungspolitik bestimmt. In Art 4a wird die Gründung eines **Europäischen Systems der Zentralbanken** (ESZB) sowie die Schaffung einer **Europäischen Zentralbank** (EZB) festgelegt. Detaillierte Vorschriften hierzu finden sich dann im Kapitel 2 des EGV, in den Artikeln 105 bis 109, sowie im 3. Protokoll zum EGV.[60]

Die EZB, die ihren Sitz in Frankfurt/Main hat, bildet zusammen mit den am Euro-System beteiligten nationalen Zentralbanken (NZB) das Europäische System der Zentralbanken (ESZB). Sie besitzt Rechtspersönlichkeit nach jeweils nationalem Recht.

Die EZB wird von einem **Direktorium**, bestehend aus einem Präsidenten, einem Vize-Präsidenten und vier weiteren Direktoren, geleitet. Die Amtszeit der Direktoren beträgt acht Jahre,[61] ihre Wiederernennung ist unzulässig. Die Direktoren, die anerkannte Währungs- oder Bankfachleute sein sollen, werden von den Staats- bzw. Regierungschefs der Mitgliedsstaaten einvernehmlich ernannt. Das Direktorium führt die laufenden Geschäfte der EZB.

Der **EZB-Rat**, bestehend aus dem Direktorium und den Präsidenten der NZB, legt die Grundsätze der Geldpolitik der Gemeinschaft fest.

Der **erweiterte EZB-Rat** setzt sich aus dem Präsidenten und dem Vize-Präsidenten der EZB sowie den Präsidenten *aller* NZB der Gemeinschaft zusammen, also auch der EU-Länder, die nicht am Euro-System teilnehmen. Seine Aufgaben beziehen sich auf Information und Koordination (Statistik, Berichtswesen, Beschäftigungsverhältnisse usw.).

Die NZB sind alleinige Zeichner des EZB-Kapitals.[62] Die Kapitalanteile werden nach einem Schlüssel verteilt, in dem je zur Hälfte die Bevölkerungsanteile und die Anteile am Bruttoinlandsprodukt der Gemeinschaft einfließen. Die auszuschüttenden Nettogewinne (oder -verluste) werden gemäß der Kapitalbeteiligung auf die NZB verteilt.

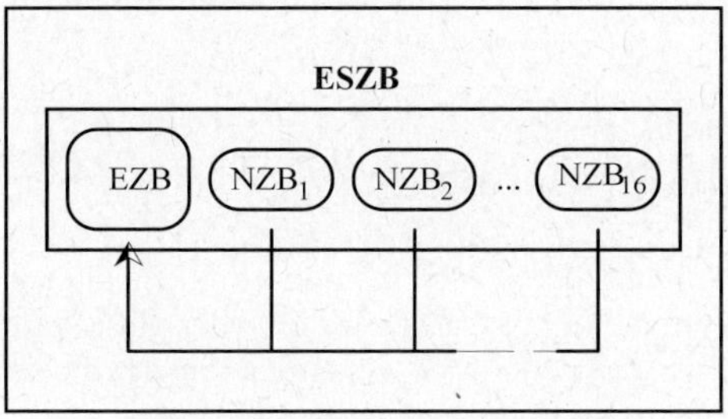

Abb. 5.25: Struktur des ESZB

5.6.2 Geldpolitische Ziele

Das **Hauptziel** der Geldpolitik, nicht nur im Euro-Währungsgebiet, ist die Wahrung der Stabilität des Geldwertes. In Art. 105 (1) des EGV heißt es: "*Das vorrangige Ziel des ESZB ist es, die Preisstabilität zu gewährleisten. Soweit dies ohne Beeinträchtigung des Zieles der Preis-*

[60] Protokoll über die Satzung des Europäischen Systems der Zentralbanken und der Europäischen Zentralbank.

[61] Lediglich die Dienstzeit des ersten Direktoriums wies teilweise abweichende Dauer auf. Hierdurch sollte vermieden werden, dass das gesamte Direktorium auf einmal neu ernannt werden muss, so dass Kontinuität gewahrt bleibt.

[62] Die Deutsche Bundesbank hält etwa 20% des gezeichneten Kapitals. Die Anteil wird spätestens alle 5 Jahre und immer, wenn ein neues Mitglied der Euro-Zone beitritt, überprüft.

stabilität möglich ist, unterstützt die ESZB die allgemeine Wirtschaftspolitik in der Gemeinschaft, ...". Weitere Aufgaben sind Devisengeschäfte durchzuführen, die offiziellen Währungsreserven der Mitgliedsstaaten zu halten und das reibungslose Funktionieren des Zahlungsverkehrs innerhalb der Gemeinschaft zu fördern. Darüber hinaus hat die EZB in Geldfragen eine beratende Funktion.

Warum hat die EZB, ähnlich wie vormals die Deutsche Bundesbank, das Hauptziel, die Preisstabilität zu gewährleisten und was bedeutet Preisstabilität überhaupt? Von **Preisstabilität** spricht man, wenn das Verhältnis der Geldeinheiten im Verhältnis zu Gütern, ausgedrückt durch die monetären Preise der Güter, konstant bleibt. Wie wir gelernt haben, sind Preise in einer Marktwirtschaft Knappheitssignale. Da Knappheiten sich ständig ändern werden, müssen sich natürlich auch die Preise ändern. Dies bezieht sich aber auf die *relativen* Preise der Güter. Im Durchschnitt sollen die monetären Preise aber konstant bleiben. In der Praxis misst man Veränderungen der durchschnittlichen monetären Preise durch Preisindizes.[63] Die EZB bedient sich hierbei eines "Harmonisierten Verbraucherpreisindex" (HVPI), der vom Statistischen Amt der EU, Eurostat, bereitgestellt wird.

Steigen die Durchschnittspreise, gemessen an einem geeigneten Index, an, so spricht man von **Inflation**. Der Wert des Geldes, seine Kaufkraft, nimmt ab. Für die gleiche Menge Geldes kann man weniger Güter erwerben. Den umgekehrten Prozess, ein Steigen des Geldwertes nennt man **Deflation**.[64]

Die Strategie der EZB zur Erreichung des Stabilitätszieles besteht aus drei Kernpunkten:[65]

- Quantitative Festlegung eines Inflationszieles.
- Herausragende Rolle der Geldmenge, die in der Ankündigung eines Geldmengenziels zum Ausdruck kommt.
- Eine breit fundierte Beurteilung der Preisentwicklung und möglicher Inflationsgefahren.

5.6.3 Geldpolitische Instrumente

Welche **Instrumente** stehen einer Zentralbank angesichts des oben beschriebenen Geldschöpfungsprozesses zur Verfügung, um das gesetzte Ziel der Preisstabilität zu erreichen? Auch wenn Inflation häufig realwirtschaftliche Ursachen hat (mangelnder Wettbewerb, Verteilungskampf, exogene Schocks wie die Ölpreiskrise von 1973), so ist langfristig Inflation immer ein monetäres Phänomen. Dies erklärt sich aus der Quantitätsgleichung (5.25). Wir schreiben die Quantitätsgleichung hier in Form ihrer Veränderungsraten:

$$w_M + w_V = w_Y + w_p \qquad (5.29)$$

w_M	Veränderungsrate der Geldmenge
w_Y	Veränderungsrate des realen Produktionspotentials[66]
w_P	Veränderungsrate des Preisniveaus (Inflations- oder Deflationsrate)
w_V	Veränderungsrate der Umlaufgeschwindigkeit

[63] Wem Preisindizes nicht (mehr) geläufig sind, sollte das entsprechende Kapitel der Statistik wiederholen.
[64] Gründe für die volkswirtschaftliche Schädlichkeit einer Inflation wurden bereits in Kapitel 1 genannt.
[65] EZB: Monatsbericht Januar 1999, S. 50.
[66] Unter dem Produktionspotential versteht man das mit den gegebenen Produktionsfaktoren in einer Volkswirtschaft in einer Periode (in der Regel ein Jahr) maximal zu erzeugende Inlandprodukt.

Zuwächse des Volkseinkommens sind in den hochentwickelten Industrieländern vergleichsweise moderat. Auch die Veränderungsrate der Umlaufgeschwindigkeit ist erfahrungsgemäß sehr gering, so dass eine Zunahme der Geldmenge, welche die Zunahme des Volkseinkommens wesentlich übersteigt, unweigerlich zu Inflation führt.[67] Es gilt nämlich nach (5.29):

$$w_p = w_M + w_V - w_Y \tag{5.30}$$

Zentralbanken werden also letztlich zur dauerhaften Erreichung des Stabilitätszieles die Ausweitung der Geldmenge kontrollieren müssen. Nach der Gleichung 5.28 ist dazu eine Steuerung der Zentralbankgeldmenge und Einflussnahme auf die Parameter mrq und b nötig. Weniger formal ausgedrückt, muss die Zentralbank versuchen, den Geldschöpfungsprozess und damit vor allem das Kreditverhalten der Geschäftsbanken zu beeinflussen. Sie bemüht sich hierzu, die Liquidität der Banken zu steuern. Dies wiederum strebt sie über den Hebel der Renditebeeinflussung an. Sie nutzt die Möglichkeit, die *Menge* an Zentralbankgeld, die sie den Geschäftsbanken zukommen lässt, oder den *Preis* für das Zentralbankgeld zu steuern. Häufig besteht die Geldpolitik in einer *Mischung aus Mengen- und Preispolitik*. Im Hinblick auf die weiter unten erfolgende Präzisierung der keynesianische Theorie sprechen wir von expansiver Geldpolitik bei allen die Geldmenge erhöhenden Maßnahmen, das Gegenteil heißt kontraktive Geldpolitik.

Bei der Beschreibung der Möglichkeiten, die einer Zentralbank zur Verfügung stehen, um expansive oder kontraktive Geldpolitik zu betreiben, beschränken wir uns auf die von der EZB eingesetzten Instrumente. Ähnliche Instrumente werden, neben anderen hier nicht behandelten, auch von anderen Zentralbanken, etwa der US-amerikanischen FED benutzt.

Es sind drei wesentliche Kategorien von Instrumenten, welche die EZB zur Liquiditätssteuerung einsetzt:

- Offenmarktgeschäfte
- Ständige Fazilitäten[68]
- Mindestreserven

Die ersten beiden Kategorien werden im Rahmen der **Refinanzierungspolitik** eingesetzt. Hierunter versteht man alle Maßnahmen, mit denen die Zentralbank die Beschaffung von Zentralbankgeld durch die Kreditinstitute steuert.

- **Offenmarktpolitik:**
  Unter Offenmarktpolitik versteht man den An- und Verkauf von Wertpapieren durch die Zentralbank auf eigene Rechnung. Im Rahmen dieser Politik unterscheidet die EZB die folgenden Geschäftskategorien:

  - **Hauptrefinanzierungsinstrument:**

    Dies sind befristete Geschäfte mit wöchentlicher Ausschreibung und einwöchiger Laufzeit. Sie werden in der Form von Standardtendergeschäften[69] (Erfüllung binnen 24 Stunden) durchgeführt. Der hierfür erhobene Zins ist der *Hauptrefinanzierungssatz*.

[67] So einfach diese Aussage ist, so kompliziert ist der Transmissionsprozess, der von einer Geldmengenexpansion zu Inflation führt.
[68] Eine Fazilität ist ein Kreditrahmen, den man bei Bedarf in Anspruch nehmen kann.
[69] Zu den Tendergeschäften siehe Anhang 2 zu diesem Kapitel.

- **Längerfristige Refinanzierungsgeschäfte:**
  Diese werden monatlich mit dreimonatiger Laufzeit ebenfalls in der Form von Standardtendergeschäften durchgeführt. Der hierfür erhobene Zins ist der *längerfristige Refinanzierungssatz.*
- **Feinsteuerungsinstrumente:**
  Dies sind fallweise Anwendungen offenmarktpolitischer Instrumente, wobei die Hauptrefinanzierungsgeschäfte oder die längerfristigen Refinanzierungsgeschäfte ggf. als sog. bilaterale Geschäfte mit ausgewählten Geschäftspartnern durchgeführt werden.
- **Strukturelle Operationen:**
  Dies sind ebenfalls fallweise Operationen mit dem Ziel, strukturelle Liquiditätspositionen des Finanzsektors gegenüber dem Zentralbankensystem anzupassen.

Innerhalb der Geschäftskategorien kommen die folgenden Instrumente zur Anwendung:

- *Wertpapierpensionsgeschäfte* (engl.: *repurchase agreements*): Die Zentralbank kauft von den Geschäftsbanken Wertpapiere, wobei gleichzeitig mit dem Kauf eine Rückkaufvereinbarung getroffen wird. Für die Liquiditätsbereitstellung verlangt die Zentralbank einen Zins, dessen Höhe durch den sog. Pensionssatz oder Repo-Satz angegeben wird. Sämtliche Zinsen, die im Rahmen der EZB-Geldpolitik genannt werden sind grundsätzlich Jahreszinsen.
- *Pfandkredite*: Im Gegensatz zum Wertpapierpensionsgeschäft findet hier keine Eigentumsübertragung sondern nur eine Beleihung statt.
- Definitive *Käufe und Verkäufe*: Im Gegensatz zu den Wertpapierpensionsgeschäften oder den Pfandkrediten, die befristeten Charakter haben, finden hier endgültige Käufe oder Verkäufe von Wertpapieren statt.
- *Emission von Schuldverschreibungen*: Die EZB emittiert als Schuldner verbriefte festverzinsliche Schuldpapiere. Erwerben Kreditinstitute diese Papiere, wird Zentralbankgeld aus dem Markt genommen.
- *Devisenswapgeschäfte*: Hierbei handelt es sich um eine Kombination aus einem Devisenkassa- und einem Devisentermingeschäft.[70]
- Hereinnahme *von Termineinlagen*: Geschäftsbanken können bei der EZB Termineinlagen tätigen. Damit wird ebenfalls Zentralbankgeld aus dem Markt genommen.

Die Ausgestaltung der Offenmarktgeschäfte in Form der Tendergeschäfte wird im Anhang 2 zu diesem Kapitel beschrieben.

- **Ständige Fazilitäten:**
  Bei den Ständige Fazilitäten handelt es sich um sehr kurzfristige und damit flexible Möglichkeiten der Liquiditätssteuerung. Im Rahmen der
  - **Spitzenrefinanzierungsfazilität** wird Übernachtliquidität ohne Limit gegen refinanzierungsfähige Sicherheiten bereitgestellt und bei der
  - **Einlagefazilität** können die Geschäftspartner unbegrenzt Liquidität über Nacht zu einem bestimmten Zins beim ESZB anlegen.

Der Zinssatz für die Spitzenrefinanzierungsfazilität bildet im allgemeinen die Obergrenze des **Tagesgeldsatzes**. Ebenso bildet der Zinssatz für die Einlagefazilität die Untergrenze. Unter dem **Tagesgeldmarkt** versteht man den Markt, auf dem die Banken untereinander

---

[70] Siehe Kapitel 6.1.

Zentralbankgeld für die Dauer eines Werktages ausleihen.[71] Sollte der Tagesgeldsatz unter den Satz der Einlagefazilität sinken, wird kein Institut mit Überschussliquidität bereit sein, sein Geld dort anzulegen, wenn es bei der EZB einen höheren Zinssatz erhält. Umgekehrt wird keine Bank bereit sein, für Übernachtliquidität einen höheren Zins als den für die Spitzenrefinanzierungsfazilität zu zahlen. Wichtig für die Funktion dieser beiden Zinsen als Leitzinsen ist die Bereitschaft der EZB, die ständigen Fazilitäten in unbegrenzter Höhe zu handeln. Wegen dieser eingrenzenden Funktion dieser beiden Zinssätze nennt man sie auch **Leitzinssätze**.

- **Mindestreserve:**

  Unter einer Mindestreserve versteht man eine Zwangsreserve, die Geschäftsbanken in Höhe eines bestimmten Prozentsatzes gewisser Passiva[72] halten müssen. Im Gegensatz zur früheren Praxis der Bundesbank verzinst die EZB die Mindestreserve und zwar zum Satz der Hauptrefinanzierungsgeschäfte. Zur Bedeutung der Mindestreserve in Bezug auf die Geldschöpfung wird auf den vorhergehenden Abschnitt verwiesen.

5.6.4 Geldmarkt im keynesianischen Modell

Wir betrachten hier den Markt, auf dem das Bankensystem als Anbieter von Geld auftritt und die Nichtbanken Geld nachfragen.[73] Das ***Geldangebot*** ist in diesem Modell eine ***exogene*** Größe, also bezüglich aller Modellvariablen als autonom anzusehen.

Die Geldnachfrage beinhaltet nach Keynes neben der klassischen Komponente, der **Transaktionskasse** eine zweite, die **Spekulationskasse**.[74] Hier lernen wir eine weitere deutliche Unterscheidung der Keynesschen Hypothesen von den klassischen kennen. Keynes zufolge kann das **Horten**, also das Halten von Geld aus dem Wertaufbewahrungsmotiv, durchaus rational sein. Nehmen wir der Einfachheit halber an, es gäbe nur die Alternative Geld zu halten oder festverzinsliche Wertpapiere als Finanzvermögensaktiva zu erwerben. Bekanntlich besteht zwischen dem Kurs und der effektiven Verzinsung eines festverzinslichen Wertpapiers ein inverser Zusammenhang. Dies soll durch ein einfaches Beispiel erläutert werden.[75]

Ein Wertpapier mit einem Nominalwert von 100,- € habe ein Zinsversprechen (**Nominalzins**) von 5% p.a. Der Ausgabekurs sei 105,- €. Wie hoch ist dann bei einer Laufzeit von genau einem Jahr die **effektive Verzinsung** (synonym: **Rendite**)? Die Rendite ergibt sich als Quotient aus der Zinszahlung und dem Kurs des Wertpapiers, also $^{5}/_{105} \cdot 100 = 4{,}76$. Die Effektivverzinsung beträgt also 4,76%. Entsprechend steigt die Effektivverzinsung über den Nominalzinssatz, wenn der Kurs weniger als 100 beträgt.

Sollte nun ein niedriger Kapitalmarktzins vorliegen, so sind erstens die Opportunitätskosten des Hortens gering und zweitens die Kurse der Wertpapiere hoch. Je niedriger der Zins ist, je höher also die Kurse sind, um so mehr werden die Anleger fallende Wertpapierkurse erwarten und vom Erwerb von Wertpapieren absehen. Sie ziehen die liquide Geldhaltung vor. Diese

---

71 Genaugenommen handelt es sich um täglich fälliges Geld. Die Ausleihperiode kann also länger als einen Tag sein.

72 Es gibt auch das Instrument der Aktivmindestreserve, es findet in Europa aber keine Anwendung.

73 Es sei nochmals darauf hingewiesen, dass dieser Geldmarkt nichts mit dem weiter oben beschriebenen Interbankengeldmarkt zu tun hat.

74 Keynes teilt die Motive für die Haltung von Transaktionskasse in das Einkommensmotiv, das Geschäftsmotiv und das Vorsichtsmotiv ein. Diese Einteilung ist für unsere Zwecke irrelevant.

75 Zur Vertiefung sei dem Leser die einschlägige Literatur der Finanzmathematik empfohlen.

Geldhaltung, die nichts mit der Geldhaltung aus dem Transaktionsmotiv zu tun hat, nennt man **Spekulationskasse** und das Motiv diese Kasse zu halten, das **Spekulationsmotiv**. Dieser Teil der Kassenhaltung ist offensichtlich zinsabhängig. Damit stellt sich die gesamte Geldhaltung (Keynes spricht von der **Liquiditätspräferenz**) wie folgt dar:

$$L(Y,i) = L_T(Y) + L_S(i) \qquad (5.31)$$

Hierbei ist $L_T(Y) = k \cdot P \cdot Y$.

Gilt etwa $k = 0{,}075$, $P = 1{,}0$ und $Y = 2800$, dann ist:

$$L_T(2800) = k \cdot P \cdot Y = 0{,}075 \cdot 1{,}0 \cdot 2800 = 210$$

Ferner sei die Nachfrage nach Geld aus dem Spekulationsmotiv durch folgende Funktion beschrieben:

$$L_S(i) = -\frac{15}{\ln(3)} \cdot \ln\left(\frac{i}{0{,}15}\right) \qquad (i \leq 0{,}15)$$

Wir nehmen in diesem Zahlenbeispiel an, dass bei einem Zins von $i = 15\%$ keine Spekulationskasse mehr nachgefragt wird ($L_S = 0$), d.h. die gesamte Geldnachfrage dann nur noch aus Transaktionskasse besteht.

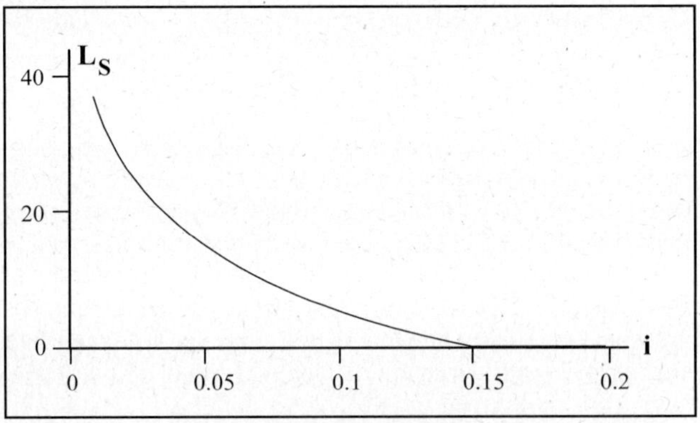

Abb. 5.26: Spekulationskasse

Der Geldmarkt ist nach Definition im Gleichgewicht, wenn das Geldangebot mit der gewünschten Kassenhaltung (Geldnachfrage) übereinstimmt. Die Gleichgewichtsbedingung lautet also:

$$M = L_T + L_S = k \cdot P \cdot Y + L_S(i)$$

Setzen wir unsere expliziten Funktionen ein und nehmen an, das Geldangebot sei $M = 225$, dann folgt:

$$225 = 0{,}075 \cdot 1 \cdot 2.800 - \frac{15}{\ln(3)} \cdot \ln\left(\frac{i}{0{,}15}\right) \Rightarrow i = 0{,}05$$

Es resultiert somit ein Gleichgewichtszins von 5%. Die gesamte Geldnachfrage setzt sich aus $L_T(2800) = 210$ und $L_S(0{,}05) = 15$ zusammen und entspricht genau dem Geldangebot. Zu jedem niedrigeren Zins ist die Geldnachfrage, zu jedem höheren Zins das Geldangebot zu hoch.

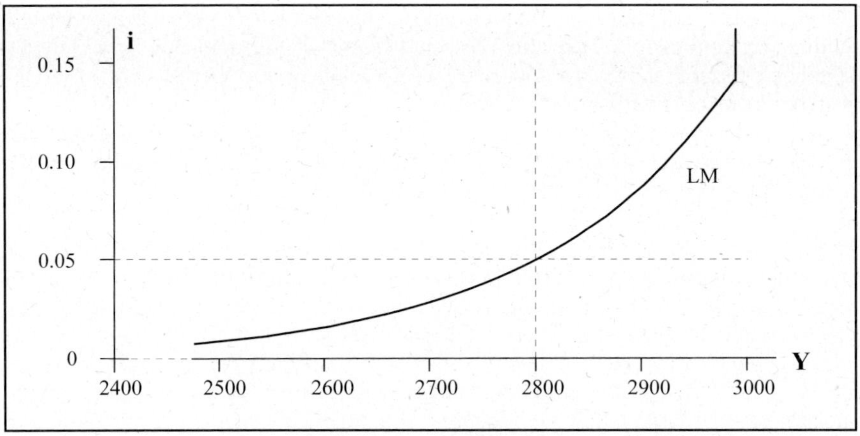

Abb. 5.27: LM-Kurve

Wenden wir uns nun dem Problem zu, Gleichgewichtszustände in Abhängigkeit vom Volkseinkommen Y und vom Zins i zu finden. Das Geldangebot M sei gegeben. Ist das Volkseinkommen hoch, wird auch die Liquiditätshaltung aus dem Transaktionsmotiv hoch sein. Die Spekulationskasse muss dementsprechend klein, d.h. der Zins hoch sein. Umgekehrt überlegt man, dass bei einem geringen Volkseinkommen der zugehörige Gleichgewichtszins auf dem Geldmarkt niedrig ist. Die Abbildung 5.27 zeigt den Zusammenhang anhand des oben eingeführten Zahlenbeispiels. Diese Gleichgewichtskurve bezeichnet man als **LM-Kurve**.

Die LM-Kurve ist die Ortslinie aller Einkommen-Zins-Kombinationen, bei denen der Geldmarkt im Gleichgewicht ist

Bei einem Einkommen von Y = 2.800 beträgt der Gleichgewichtszins i = 0,05. Sinkt das Einkommen auf Y = 2.600, so nimmt die Transaktionskasse um $\Delta L_T = 15$ ab. Die Spekulationskasse muss dann um $\Delta L_S = 15$ zunehmen, um den entstehenden Geldangebotsüberhang zu kompensieren und ein neues Gleichgewicht zu erzeugen. Diese Zunahme tritt bei einer Zinssenkung auf 1,67% ein.

Beim Zins von 15% verschwindet die Spekulationskasse und die Geldnachfrage wird völlig zinsunelastisch. Es gibt nur noch ein einziges Einkommen (Y = 3000), das über die Transaktionskasse das gesamte Geldangebot absorbieren kann und mit jedem Zins von mindestens 15% ein geldwirtschaftliches Gleichgewicht darstellt. Ab der Zins-Einkommens-Kombination (15%,3000) verläuft die Gleichgewichtskurve senkrecht nach oben.

Auch hier gilt, was bereits für die IS-Kurve gesagt wurde: Die LM-Kurve bildet keine funktionale Beziehung zwischen Zins und Einkommen ab, sondern gibt lediglich Gleichgewichtskombinationen an. Ob sich diese tatsächlich einstellen ist eine andere Frage.

Wie sind Zins-Einkommens-Kombinationen zu interpretieren, die nicht auf der LM-Kurve liegen? Rechts von der LM-Kurve ist bei gegebenem Zins das Volkseinkommen Y größer als das Gleichgewichtseinkommen. Damit ist die Nachfrage nach Transaktionskasse bei gegebener Spekulationskasse zu groß, es herrscht Übernachfrage auf dem Geldmarkt. Ähnlich überlegt man sich, dass links von der LM-Kurve ein Angebotsüberschuss auf dem Geldmarkt herrscht.

Welche Reaktion ist zu erwarten, wenn auf dem Geldmarkt eine Übernachfrage besteht? Um an Liquidität zu kommen, werden die Wirtschaftssubjekte Wertpapiere verkaufen. Das cet. par. steigende Wertpapierangebot löst einen Preisrückgang für Wertpapiere aus. Der Preis eines festverzinslichen Wertpapiers drückt sich in seinem Kurs aus. Es kommt also zu einer Kurssenkung und somit zu einem Anstieg der Effektivzinsen. Dieser Anstieg hält so lange an, bis die Spekulationskasse so weit abgeschmolzen ist, dass der Transaktionskassenbedarf gedeckt werden kann.

Wie wirken sich nun Parameteränderungen auf die LM-Kurve aus? Ein Anstieg des Kassenhaltungskoeffizienten k bewirkt eine Drehung der L_T-Geraden um den Ordinatenabschnitt nach oben. Bei jedem Volkseinkommen steigt dann cet. par. der Transaktionskassenbedarf, d.h. bei gegebenem Geldangebot muss die Nachfrage nach Spekulationskasse zurückgehen, wenn ein Gleichgewicht erhalten bleiben soll. Die Nachfrage nach Spekulationskasse sinkt, wenn der Zins steigt. Die LM-Kurve muss sich also nach oben verlagern.[76] Eine Senkung des Kassenhaltungskoeffizienten bewirkt entsprechend eine Verschiebung der LM-Kurve nach unten. Ähnlich wirkt eine Änderung des Preisniveaus. Bei einem Anstieg verschiebt sich die LM-Kurve nach oben, bei einem Rückgang des Preisniveaus verschiebt sie sich nach unten. Sollte es zu einem autonomen Anstieg der Nachfrage nach Spekulationskasse kommen, so muss die Transaktionskasse abnehmen, um ein Gleichgewicht zu wahren. Zu jedem Zins gehört dann ein geringeres Volkseinkommen, die LM-Kurve verschiebt sich nach links.

Wie wirkt sich eine Veränderung des Geldangebotes aus? Steigt die Geldmenge, so muss bei gegebener Nachfrage nach Transaktionskasse, d.h. bei gegebenem Volkseinkommen, die Nachfrage nach Spekulationskasse zunehmen, d.h. der Zins muss sinken. Oder bei gegebenem Zins und damit gegebener Nachfrage nach Spekulationskasse muss die Transaktionskasse steigen. Dazu bedarf es eines höheren Gleichgewichtseinkommen. Ein Anstieg der Geldmenge bewirkt also eine Verschiebung der LM-Kurve nach rechts. Analog würde eine Geldmengenkontraktion die LM-Kurve nach links verschieben.

Man kann die LM-Kurve schematisch in drei Teile zerlegen.[77]

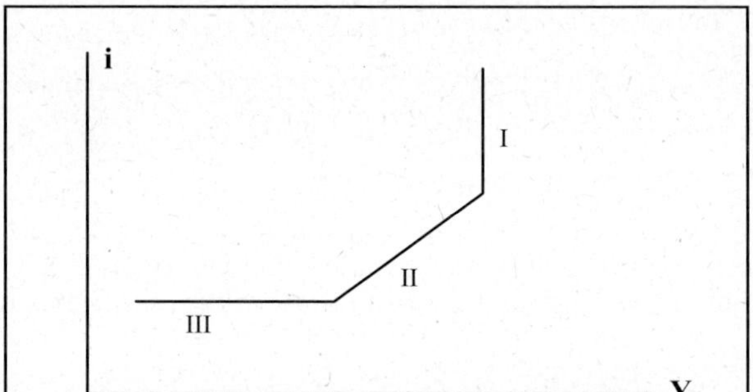

Abb. 5.28: Bereiche der LM-Kurve

Der erste Bereich ist der **klassische Bereich** der LM-Kurve. In diesem Bereich ist der Zins so hoch, dass es keine Spekulationskasse mehr gibt. Das Geldangebot wird nur noch durch die

[76] Um es noch einmal zu betonen: Das bedeutet nur eine Verschiebung der Gleichgewichtskurve. Ob sich tatsächlich ein neues geldwirtschaftliches Gleichgewicht einstellt, ist eine andere Frage.

[77] Natürlich wird eine LM-Kurve niemals diese Gestalt annehmen; es geht nur um die klare Herausarbeitung der drei Bereiche.

Transaktionskasse absorbiert, es liegt also genau das klassische Erklärungsmuster vor. Bei gegebenem Kassenhaltungskoeffizient k und Preisniveau P gibt es dann unabhängig vom Zins nur ein einziges Gleichgewichtseinkommen.

Der Bereich II ist der **mittlere Bereich** oder **Normalbereich**, der oben behandelt wurde.

Der Bereich III ist ein Bereich, in dem der Zins so niedrig ist, die Wertpapierkurse also so hoch sind, dass alle Wirtschaftssubjekte nur noch fallende Wertpapierkurse erwarten. In diesem Bereich wird jede über den Transaktionskassenbedarf hinausgehende Liquidität in der Spekulationskasse gehortet Auch zusätzlich zufließende Liquidität wird in diesem Fall nur in die Spekulationskasse fließen, also ebenfalls gehortet werden und nicht in den Wirtschaftskreislauf gelangen. Keynes nennt diesen Fall, für den er allerdings kein historisches Beispiel kennt, dessen Eintreten er aber andererseits für die Zukunft nicht ausschließen möchte, **Liquiditätsfalle**. Der Bereich wird heute im allgemeinen als **Keynes-Bereich** der LM-Kurve bezeichnet.

5.7 Gesamtwirtschaftliches Gleichgewicht

Als nächstes werden wir nun die Modellbausteine Güter- und Geldmarkt zusammenführen. Sowohl die LM-Kurve als auch die IS-Kurve waren als Gleichgewichtskombinationen von Zins und Einkommen beschrieben worden. Es liegt also nahe, beide Kurven in einer Grafik (Abbildung 5.29) zusammenzubringen und zu überlegen, welcher Zusammenhang zwischen einem güter- und geldwirtschaftlichen Gleichgewicht besteht.

Wir greifen zur Erläuterung des gesamtwirtschaftlichen Gleichgewichts auch auf die Zahlenbeispiele aus den Abschnitten 5.4 und 5.5 zurück.

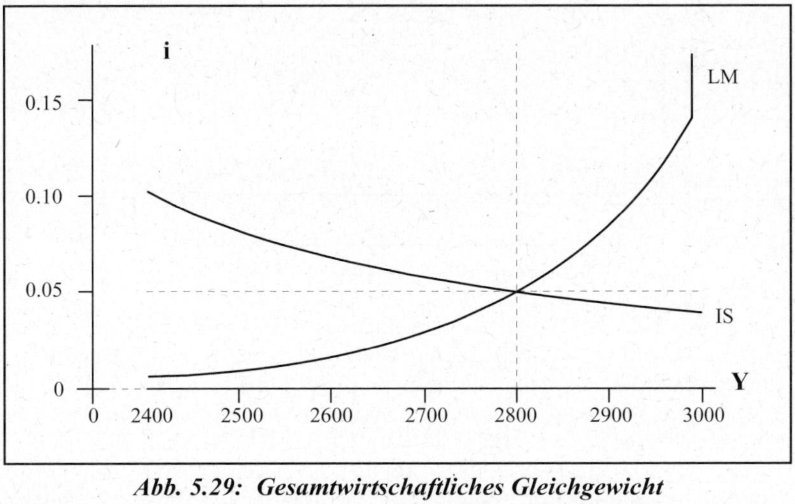

Abb. 5.29: Gesamtwirtschaftliches Gleichgewicht

*Ein **gesamtwirtschaftliches Gleichgewicht** besteht in der Einkommen-Zins-Kombination, bei der ein Gleichgewicht sowohl am Güter- als auch am Geldmarkt vorliegt.*

Aus der Definition des gesamtwirtschaftlichen Gleichgewichts folgt sofort, dass dieses im Schnittpunkt der IS- mit der LM-Kurve liegt. Jede andere Zins-Einkommens-Kombination stellt gesamtwirtschaftlich ein Ungleichgewicht dar, selbst wenn es sich partiell um ein Gleichgewicht auf dem Güter- oder dem Geldmarkt handeln sollte.

Dieses **IS-LM-Modell**, dessen formale Darstellung auf HICKS zurückgeht, ist das Kernstück des keynesianischen Modells. Es unterscheidet sich vom klassischen Modell vor allem dadurch, dass es über Zins und Einkommen Wechselwirkungen zwischen dem Güter- und dem Geldmarkt zulässt, die klassische Dichotomie somit überwunden wird. Das klassische Modell ist in der Tat ein Spezialfall von Keynes' Allgemeinem Modell, wenn nämlich der Schnittpunkt der IS- und der LM-Kurve im klassischen Bereich der LM-Kurve liegt.

Wir benutzen das Modell, um erstens den Konjunkturablauf einer Rezession zu beschreiben (man darf nicht vergessen, dass Keynes ein Modell des Depression liefern wollte!) und zweitens, um konjunkturpolitische Maßnahmen zu analysieren.

5.7.1 Konjunkturzyklus im keynesianischen Modell

Unter einem Konjunkturzyklus versteht man die Schwankung des Bruttoinlandsproduktes um einen langfristig schwankungsfreien Trend. Die Abbildung 5.30 beschreibt schematisch einen solchen Konjunkturzyklus.

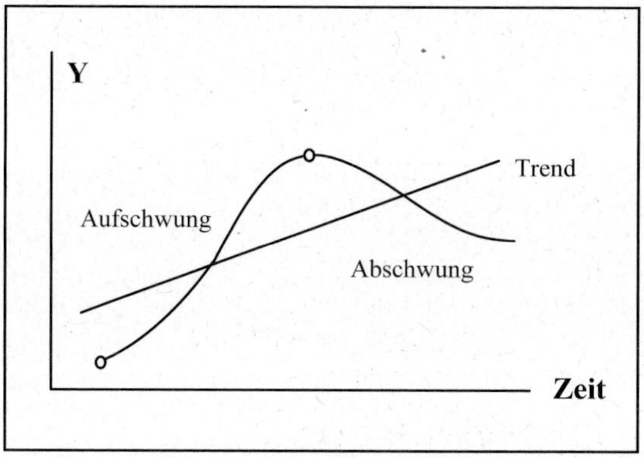

Abb. 5.30: Konjunkturzyklus

Im Aufschwung wächst das BIP relativ zum langfristigen Trend schnell. Der Aufschwung flacht irgendwann ab und nach Durchlaufen eines Höhepunktes sinkt das BIP relativ zum Trend. Diese Phase bezeichnet man als Abschwung oder Rezession. Ist eine Rezession besonders schwer und lange anhaltend, so nennt man sie Depression. Eine solche Depression durchliefen alle Industrieländer in den Jahren der Weltwirtschaftskrise nach 1929 (Vgl. Abschnitt 5.1.3). Die Bewegung von einem Tiefpunkt zum nächsten (oder einem Hochpunkt zum nächsten) nennt man einen **Konjunkturzyklus**. In der Realität sind Zyklen sehr unterschiedlich, was die Dauer und das Ablaufmuster anbelangt. Die Darstellung in Abbildung 5.30 hat ausschließlich didaktischen Wert.

Spätestens seit der Mitte des 19. Jahrhunderts, als mit der zunehmenden Industrialisierung Europas und der USA sich deutliche Konjunkturzyklen zeigten, wurde versucht, Konjunkturbewegungen wissenschaftlich zu ergründen.[78] Im folgenden wollen wir den Konjunkturansatz von Keynes kennen lernen und mit Hilfe des IS-LM-Modells interpretieren.

Beim Einkommen Y_0 möge zum Zins i_0 ein gesamtwirtschaftliches Gleichgewicht bei Vollbeschäftigung vorliegen (Abbildung 5.31). Nehmen wir nun an, aus irgend einem Grund (politische Ungewissheit, weltwirtschaftliche Krisen, Naturkatastrophen oder endogene Ursachen) verlieren die Investoren das Vertrauen in die Zukunft und schränken bei gegebenem Zins ihr Investitionstätigkeit ein. Bei gegebenem Volkseinkommen Y_0 wird sich nun eine deflatorische Lücke ergeben, weil die geplanten Investitionen jetzt nämlich geringer sind als das beim Volkseinkommen Y_0 geplante Sparen. Dieser Rückgang der Investitionen (um ΔI) löst eine multiplikative Schrumpfung des Volkseinkommens aus:

$$\Delta Y = \frac{1}{1-c(1-t)+m}\Delta I \qquad (\Delta I < 0) \qquad (5.32)$$

Die Verstärkung erfolgt hier über den **Investitionsmultiplikator** (vgl. Abschnitt 5.3). Um genau diesen Wert ΔY verschiebt sich die IS-Kurve nach links auf IS*. Gäbe es keinen Geldmarkt, wäre unsere Analyse fertig. Die Linksverschiebung der IS-Kurve repräsentiert beim nach wie vor gültigen Zins i_0 ein Ungleichgewicht auf dem Geldmarkt. Der Bedarf an Transaktionskasse schrumpft nämlich mit dem Volkseinkommen, so dass bei unverändertem Angebotsverhalten der Zentralbank, ein Liquiditätsüberhang (Überschusskasse) entsteht. Diesen bauen die Wirtschaftssubjekte – zunächst die Banken – durch die Nachfrage nach festverzinslichen Wertpapieren ab. Nun kann ein einzelnes Wirtschaftssubjekt Überschusskasse abbauen, aber nicht die Volkswirtschaft als ganzes. Jedem Kauf eines Wertpapiers (Wertpapier gegen Kasse) steht nämlich ein Verkauf (Kasse gegen Wertpapier) gegenüber. Aber: die zusätzliche Nachfrage nach festverzinslichen Wertpapieren erhöht deren Preis, also ihren Kurs. Steigende Kurse bedeuten aber ein Sinken der Effektivzinsen. Die Zinssenkung führt aber, wie wir wissen, zur vermehrten Nachfrage nach Spekulationskasse (⇩ in Abbildung 5.31). Und nun löst sich der Knoten: *die sinkende Nachfrage nach Transaktionskasse* (L_T) *wird bei konstantem Geldangebot* M *durch erhöhte Nachfrage nach Spekulationskasse* (L_S) *kompensiert*. Gleichzeitig bewirken die sinkende Zinsen eine Zunahme der zinsinduzierten Investitionen auf dem Gütermarkt. Dieser Prozess hält an, bis ein neues gesamtwirtschaftliches Gleichgewicht bei (i_1, Y_1) erreicht ist.

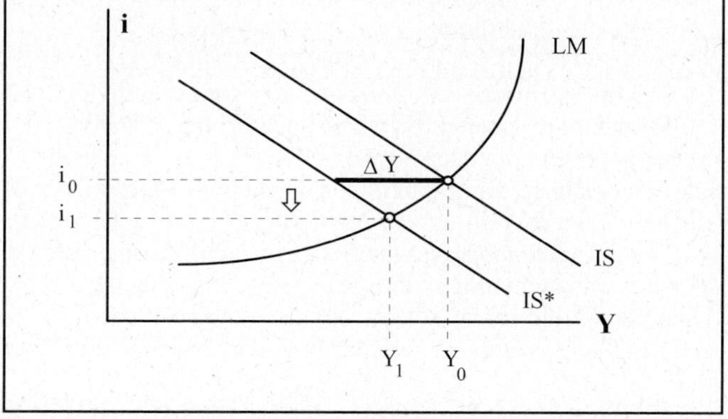

Abb. 5.31: Änderung des gesamtwirtschaftlichen Gleichgewichts

[78] Die Wissenschaft von den Konjunkturbewegungen, die **Konjunkturtheorie**, ist heute ein wichtiges Teilgebiet der Volkswirtschaftslehre.

Zwei wichtige Ergebnisse gilt es festzuhalten:

- Der Geldmarkt übt eine *dämpfende Wirkung* auf den multiplikativen Rückgang des Volkseinkommens aus. Allerdings nur, soweit die Investitionen zinselastisch reagieren. Die Wechselwirkung zwischen dem Geld- und dem Gütermarkt bezeichnet man als **Transmission**. Der oben beschriebene Prozess, der diese Wechselwirkung zu erklären versucht, heißt **Keynesianischer Transmissionsmechanismus**.[79]

- Es stellt sich ein neues gesamtwirtschaftliches Gleichgewicht bei einem geschrumpften Volkseinkommen ein. Diese Verringerung des Güterangebotes – nichts anderes bedeutet nämlich der Rückgang des Volkseinkommens – führt zu einer Freisetzung von Arbeitskräften. Deren Ursache ist also nicht etwa ein überhöhtes Reallohnniveau, sondern der Rückgang der effektiven Nachfrage am Gütermarkt. Es entsteht keynesianische Arbeitslosigkeit!

Genau dies wollte Keynes zeigen:

Es kann sich ein stabiles gesamtwirtschaftliches Gleichgewicht bei Unterbeschäftigung einstellen. Damit ist Saysche Theorem und der damit verbundene Glaube an die Selbstheilungskräfte der Märkte unter den keynesianischen Modellannahmen falsch!

Keynesianische Arbeitslosigkeit ist eine Folge mangelnder Nachfrage am Gütermarkt.

Wie kann man den Rückgang der Investitionen erklären, ohne auf exogene Schocks zurückgreifen zu müssen?

Nehmen wir an, wir befinden uns in der Spätphase eines Aufschwungs, die durch hohe Nachfrage und steigende Zinsen geprägt ist. Solange die Unternehmen an eine Fortdauer des Aufschwungs glauben, werden sie die Grenzleistungsfähigkeit des Kapitals so hoch einschätzen, dass sie weiter investieren und ihre Kapazitäten erhöhen. Auf einzelnen Konsumgütermärkten werden sich früher oder später Sättigungserscheinungen zeigen, so dass die Unternehmen die zusätzlich erzeugten Güter nicht mehr absetzen können. Um hohe Lagerkosten zu vermeiden, werden sie die Konsumgüterpreise senken. Aufgrund der anhaltend hohen Investitionsgüternachfrage sind die Preise für Investitionsgüter aber gestiegen. Es kommt somit zum Verfall der Grenzleistungsfähigkeit des Kapitals (vgl. Abschnitt 5.2.3). Die Unternehmen stellen ihre Investitionstätigkeit ein, es beginnt der oben beschriebene Prozess.[80]

Ließe sich dieser Schrumpfungsprozess vermeiden? Selbstverständlich! Die Haushalte müssten bereit sein, den Konsum auf Kosten des Sparens zu erhöhen. Die Lücke könnte dann geschlossen werden, bei gegebenem Volkseinkommen käme es nur zu einer Umstrukturierung der Nachfrage und die Gleichheit von Sparen und Investieren wäre wieder gewährleistet. Allerdings ist diese Möglichkeit extrem unwahrscheinlich und würde einen emotionslosen, gesamtwirtschaftlich orientierten *homo oeconomicus* verlangen. Zeichnet sich nämlich eine Rezession ab, ist es eher wahrscheinlich, dass die Haushalte aus Angst vor Einkommenseinbußen mehr sparen (Angstsparen) und so das Ungleichgewicht verschärfen. Die individuelle Tugend des Sparens kann so zum Nachteil der Volkswirtschaft gereichen.

---

[79] Das Attribut keynesianisch ist wichtig, da wir später noch einen anderen Transmissionsmechanismus kennen lernen werden (Abschnitt 5.8).

[80] Keynes ist kein Anhänger einer allgemeinen Überinvestitionstheorie, wie man sie etwa bei Karl Marx findet. Für ihn ist das Problem eher in der Investitionsstruktur im Aufschwung zu finden. Es kommt partiell zu Fehleinschätzungen und Fehlallokation. Sowohl die hierdurch mit ausgelöste Zinsanhebung als auch der anschließende Schock der Investitionsverweigerung trifft aber die gesamte Wirtschaft.

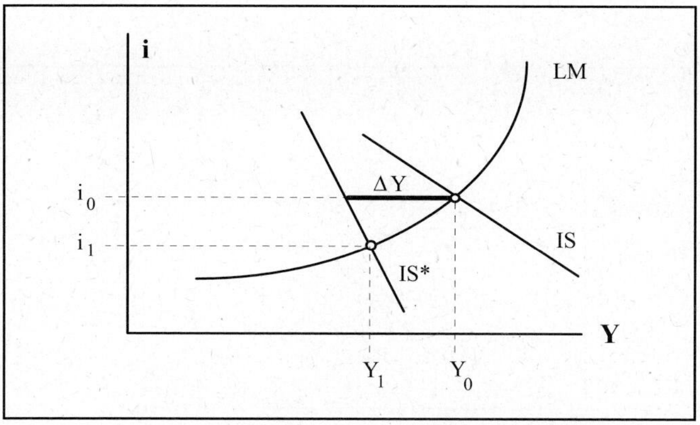

Abb. 5.32: Rezession im IS-LM-Modell

Das Problem kann sich verschärfen, wenn zusätzlich zum autonomen Rückgang der Investitionen deren Zinsreagibilität abnimmt. Dann verläuft die IS-Kurve steil (vgl. Abbildung 5.32), was den konjunkturpolitischen Spielraum, wie wir weiter unten sehen werden, einschränkt. Ein solches Verhalten ist aber durchaus plausibel. Warum sollten Unternehmen angesichts nicht ausgelasteter Kapazitäten mit entsprechenden Leerkosten Erweiterungsinvestitionen vornehmen, nur weil die Zinsen niedrig sind?

5.7.2 Konjunkturpolitik im IS-LM-Modell

Grundsätzlich stehen zwei Politikbereiche zur Verfügung, mittels derer man versuchen kann, eine keynesianische Arbeitslosigkeit zu überwinden, erstens die **Geld-**, zweitens die **Fiskalpolitik**. Unter Fiskalpolitik verstehen wir hierbei alle Maßnahmen, die versuchen über die öffentlichen Haushalte, Höhe oder Struktur des Volkseinkommens zu beeinflussen.

Um die Wirksamkeit dieser Politikmaßnahmen beurteilen zu können, muss man verschiedene Ausgangslagen betrachten. Das gesamtwirtschaftliche Gleichgewicht kann im

- klassischen Bereich
- Normalbereich
- Keynes-Bereich

der LM-Kurve liegen. Ferner spielt, wie bereits angemerkt, die Zinsreagibilität der Investitionen eine entscheidende Rolle. Wir werden im folgenden die Konsequenzen expansiver Geld- bzw. Fiskalpolitik unter den gerade getroffenen Voraussetzungen betrachten.

Überlegen wir zuerst, welche Rolle die **Geldpolitik** spielen kann. Expansive Geldpolitik mit dem Ziel der Konjunkturstimulierung – da die keynesianische Theorie eine Theorie der Rezession ist, betrachten wir nur diese - würde grundsätzlich die LM-Kurve nach rechts verschieben.[81]

[81] Siehe hierzu die entsprechenden Überlegungen zur LM-Kurve in Abschnitt 5.6.4.

1. Fall: Gesamtwirtschaftliches Gleichgewicht im Normalbereich der LM-Kurve

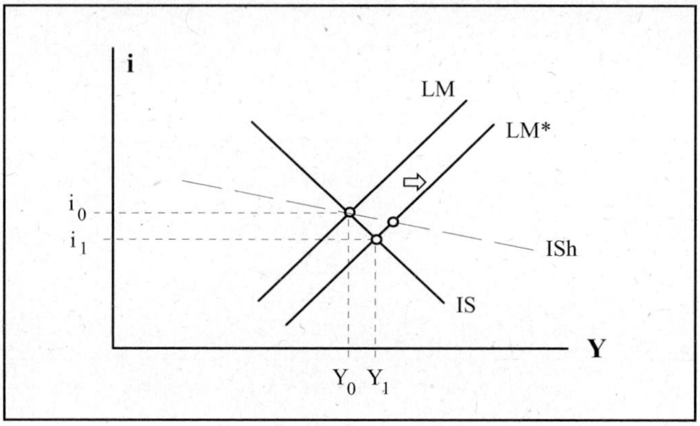

Abb. 5.33a: Expansive Geldpolitik I

Die expansive Geldpolitik bewirkt cet. par. das Entstehen einer Überschusskasse, welche die Wirtschaftssubjekte durch den Erwerb festverzinslicher Wertpapiere abzubauen versuchen. Die vermehrte Nachfrage nach diesen Papieren führt zu steigenden Kursen und sinkenden Effektivzinsen. Die Zinssenkung hat zwei Wirkungen:

Zum einen nehmen zinsinduzierte Nettoinvestitionen zu, zum anderen wird Spekulationskasse aufgebaut. Die Zunahme der Nettoinvestitionen bewirkt eine Erhöhung des Volkseinkommens mit entsprechend höherem Bedarf an Transaktionskasse. So wird schließlich die Überschusskasse durch die Zunahme der Nachfrage nach Geld aus dem Transaktions- und dem Spekulationsmotiv absorbiert. Es entsteht ein neues gesamtwirtschaftliches Gleichgewicht bei niedrigeren Zinsen und einem höheren Einkommen. Man beachte, dass zwar der einzelne sich über den Wertpapierverkauf Liquidität beschaffen kann, nicht aber die Volkswirtschaft als ganzes. Erst die oben beschriebenen Zinseffekte führen zu einem neuen Gleichgewicht.

Da ein Teil des zusätzlichen Geldes in die Spekulationskasse fließt, wird nicht die gesamte Zunahme der Geldmenge real wirksam. Ferner ist bei nur schwach ausgeprägter Zinsreagibilität der Investitionen expansive Geldpolitik kaum wirksam, während ihre Wirksamkeit bei hoher Zinsreagibilität der Investitionen steigt (Vgl. ISh in Abbildung 5.33a).

2. Fall: Gesamtwirtschaftliches Gleichgewicht im klassischen Bereich der LM-Kurve

Die Argumentation ist zunächst die gleiche wie im ersten Fall. Da es im klassischen Bereich der LM-Kurve aber keine dämpfende Spekulationskasse gibt, hält die Zinssenkung so lange an, bis der Bedarf an Transaktionskasse die gesamte Überschusskasse absorbiert hat. In diesem Bereich ist Geldpolitik sehr wirksam, vor allem, wenn die Zinsreagibilität der Investitionen hoch ist.

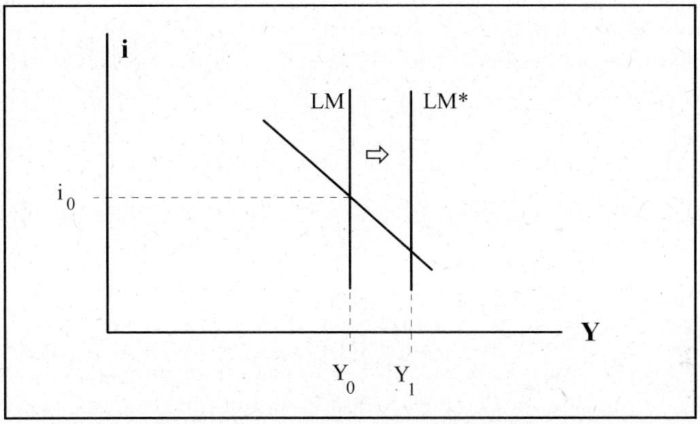

Abb. 5.33b: Expansive Geldpolitik II

3. Fall: Gesamtwirtschaftliches Gleichgewicht im Keynes-Bereich der LM-Kurve

Der Keynes-Bereich stellt die sog. Liquiditätsfalle dar. Die Geldnachfrage aus dem Spekulationsmotiv ist unendlich elastisch, so dass zusätzlich angebotenes Geld sofort in die Spekulationskasse fließt und erst gar nicht konjunkturwirksam wird. Unabhängig von der Bereitschaft Sachinvestitionen zu tätigen, versagt Geldpolitik hier völlig.

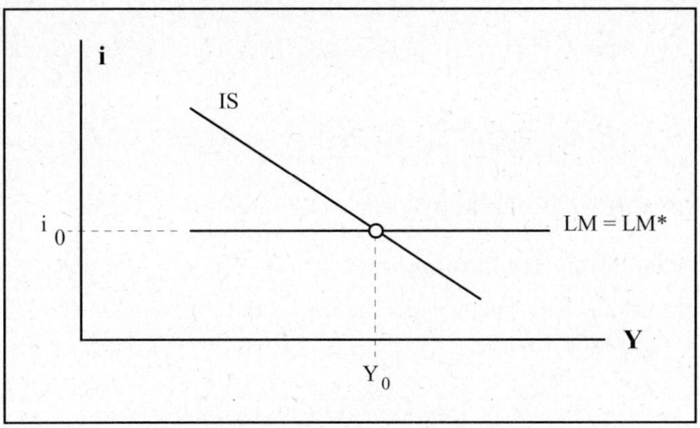

Abb. 5.33c: Expansive Geldpolitik III

Betrachten wir nun die Wirkung **expansiver Fiskalpolitik.** Der Staat erhöht seine Nachfrage um private Nachfrageausfälle zu kompensieren. Man spricht deshalb auch von **kompensatorischer Fiskalpolitik**. Auf dem keynesianischen Ansatz beruhende Wirtschaftspolitik nennt man auch **Fiskalismus**. Um die Überlegung nachzuvollziehen, greifen wir auf das Multiplikatormodell (5.21) zurück:

$$Y = \frac{1}{1 - c(1 - t) + m}\left[C^{aut} + C_{St} + I^n + Ex + c \cdot Z_H - c \cdot T^{aut} - Im^{aut}\right]$$

Der Staat sollte also seine Nachfrage C_{St} erhöhen. Entscheidend für die Wirksamkeit dieser Maßnahme ist allerdings die Art der Finanzierung. Wir analysieren drei Möglichkeiten:

- **Budgetausgleich durch Erhöhung der einkommensunabhängigen Steuern:**

  Auf der ersten Stufe muss nur ein Teil der zusätzlichen Staatsausgaben durch eine Anhebung einkommensunabhängiger Steuern finanziert werden. Die nachfolgende Erhöhung des Volkseinkommens lässt dem Staat zusätzliche einkommensabhängige Steuern zufließen, die die verbleibende Finanzierungslücke schließen. Wir fordern Budgetausgleich, also:

  $$\Delta S_{St} = t \cdot \Delta Y + \Delta T^{aut} - \Delta C_{St} = 0$$

  Wie im Anhang zu diesem Kapitel gezeigt wird, führt dies auf den **Staatsausgabenmultiplikator:**

  $$\Delta Y = \frac{1 - c}{1 - c + m} \cdot \Delta C_{St} \tag{5.33}$$

  In unserem Zahlenbeispiel aus Abschnitt 5.3.2 erhalten wir hier, bei einer Ausweitung des Staatsverbrauchs um $\Delta C_{St} = 50$, einen Multiplikator von 0,6 und damit trotz ausgeglichenen Staatshaushalts eine Zunahme des Volkseinkommens um $\Delta Y = 30$.

  In Abhängigkeit von der Finanzierung der Mehrausgaben kann der Staatsausgabenmultiplikator verschiedene Gestalt annehmen.

- **Budgetausgleich durch eine Erhöhung der einkommensabhängigen Steuern:**

  Bei diesem Ansatz muss der Grenzabgabenparameter t so angehoben werden, dass die zusätzlichen Staatsausgaben ΔC_{St} voll finanziert werden. Es muss also gelten:

  $$\Delta C_{St} = (t^* - t)Y^s + t^* \Delta Y^s$$

  Dabei ist t* der neue Grenzabgabenparameter. Das neue Gleichgewichtseinkommen ist dann:[82]

  $$\Delta Y = \frac{1 - c}{1 - c + m} \cdot \Delta C_{St} \tag{5.34}$$

  Man erhält also den gleichen Multiplikator wie im oben.

- **Budgetausgleich durch Kreditaufnahme:**

  Hier steht der zusätzlichen Nachfrage keine Abschöpfung gegenüber, es kommt zu voller Multiplikatorwirkung:[83]

  $$\Delta Y = \frac{1}{1 - c(1 - t) + m} \cdot \Delta C_{St} \tag{5.35}$$

Im Zahlenbeispiel erhalten wir als Multiplikator 1,5625 und damit $\Delta Y = 78,1$.

---

[82] Siehe Anhang 3 zu diesem Kapitel.

[83] Saldenmechanisch bedeutet die staatliche Kreditaufnahme eine Verringerung des staatlichen Sparens, die die zusätzliche Ersparnisbildung im privaten Bereich (steigendes Volkseinkommen!) absorbiert; in unserem Modell ist ja unterstellt, dass die Nettoinvestitionen unverändert bleiben.

In dem hier behandelten Fall soll einmal der Blick auf das neue Gleichgewicht geworfen werden. Bekanntlich gilt im Gleichgewicht:

$$I^n = S_H + S_U + S_{St} + S_A$$

Erhöht der Staat nun über einen Kredit finanziert seine Ausgaben, so verringert sich das Sparen des Staates um eben diesen Kreditbetrag, also: $\Delta C_{ST} = \Delta S_{St}$

Die nach (5.35) hieraus resultierende Einkommenserhöhung vergrößert das verfügbare Einkommen der Haushalte und damit ihren Konsum aber auch das Sparen der Haushalte S_H. Ferner nehmen die Importe Im zu, wodurch der Außenbeitrag Ex – Im sinkt. Aus der Kreislaufanalyse wissen wir, dass ein Sinken des Leistungsbilanzsaldos (LBS) aber einen Zuwachs des Sparens des Auslands darstellt, also nimmt S_A ebenfalls zu. Insgesamt wird also das staatliche Defizit bei unveränderten Investitionen und sonst gleichen Bedingungen durch höheres Sparen der Haushalte und des Auslands finanziert.

Unter Einbeziehung des Geldmarktes wird es nun aber zu einem Zinsanstieg kommen – es sei denn das gesamtwirtschaftliche Gleichgewicht liegt im Keynes-Bereich der LM-Kurve – was zu einem Rückgang zinsinduzierter Investitionen führt, es kommt zu *crowding out*.[84]

Wir sind also nun mit Hilfe der keynesianischen Theorie in der Lage, sowohl ein Zwillingsdefizit[85] als auch *crowding out* zu begründen (vgl. Kapitel 2).

Die Lösung, die den stärksten Wachstumsimpuls (und damit den stärksten Beschäftigungseffekt) auslöst, ist also die kreditfinanzierte Anhebung der staatlichen Ausgaben. Diese besondere Art der expansiven Fiskalpolitik nennt sich im englischen ***deficit spending***.

Untersuchen wir nun die Politik des *deficit spending* unter den schon bei der expansiven Geldpolitik getroffenen Voraussetzungen.

1. Fall: Gesamtwirtschaftliches Gleichgewicht im Normalbereich der LM-Kurve

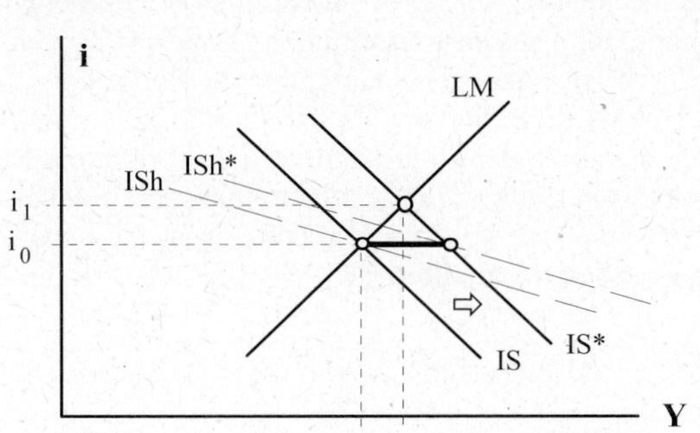

Abb. 5.34a: Expansive Fiskalpolitik I

Die IS-Kurve verschiebt sich um die multiplikative Zunahme des Volkseinkommens (fett ausgezeichnete Linie auf der i_0-Linie) nach rechts (Abbildung 5.34a). Mit steigendem Volkseinkommen nimmt der Bedarf an Transaktionskasse zu. Diesen Zusatzbedarf decken die Wirt-

84 Im amerikanischen Englisch bedeutet *to crowd out* hinausdrängen; vgl. auch Abschnitt 5.8.1.

85 Die Begründung des Zwillingsdefizits ist erst die halbe Wahrheit. Unter Einbeziehung der Kapitalverkehrsbilanz und der Wechselkurse kann die Erklärung ausgedehnt werden. Vgl. hierzu Kapitel 6.

schaftssubjekte bei unverändertem Geldangebot durch den Verkauf von Wertpapieren. Deren Kurse sinken, die Effektivzinsen steigen. Steigende Zinsen dämpfen aber die Nachfrage nach Investitionsgütern, sorgen aber auch für eine Auflösung von Spekulationskasse. Der Prozess hält so lange an, bis der Zusatzbedarf an Transaktionskasse aus Abbau von Spekulationskasse befriedigt wird, es kommt also zu einer Umschichtung zwischen den Kassen. Fiskalpolitik ist hier eingeschränkt wirksam.

Auch in diesem Fall ist die Zinsreagibilität der Investitionen von entscheidender Bedeutung. Ist sie hoch (ISh in Abbildung 5.34a), so bewirkt die gleiche multiplikative Zunahme des Volkseinkommens aufgrund der Dämpfung durch den Geldmarkt nur eine geringe Zunahme des Volkseinkommens. Umgekehrt überlegt man, dass eine geringe Zinsreagibilität der Investitionen zu einer deutlichen Wirkung der expansiven Fiskalpolitik führt.

2. Fall: Gesamtwirtschaftliches Gleichgewicht im klassischen Bereich der LM-Kurve

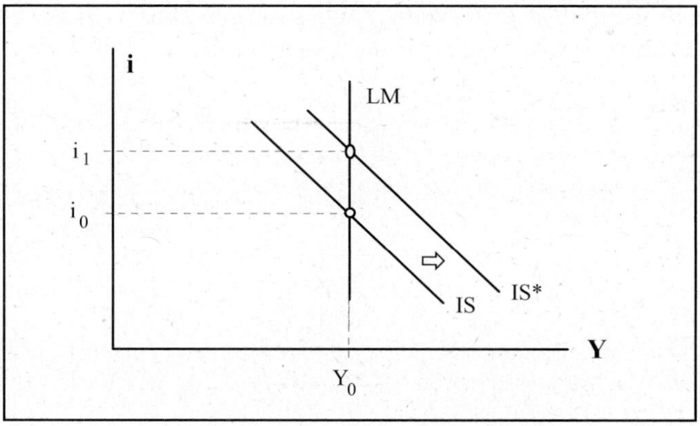

Abb. 5.34b: Expansive Fiskalpolitik II

In diesem Fall gibt es keine Spekulationskasse, die aufgelöst werden könnte. Der Zinsanstieg hält so lange an, bis die zinsinduzierten Investitionen so weit gesunken sind, dass der Bedarf an Transaktionskasse durch das gegebene Geldangebot befriedigt werden kann, d.h. das Volkseinkommen kann sich nicht verändern. Es hat sich lediglich die Struktur des Volkseinkommens verändert. Der Zunahme der Staatsnachfrage entspricht ein Rückgang der Investitionsgüternachfrage. Es ist der Fall des *crowding out* eingetreten. Bedenkt man, dass die Investitionen von heute die Arbeitsplätze von morgen sind, so ist die expansive Fiskalpolitik hier nicht nur wirkungslos, sie ist sogar schädlich.

3. Fall: Gesamtwirtschaftliches Gleichgewicht im Keynes-Bereich der LM-Kurve

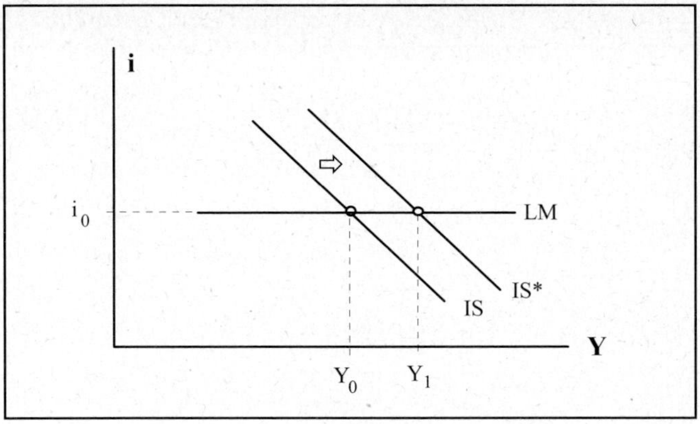

Abb. 5.34c: Expansive Fiskalpolitik III

Hier wird der notwendige Bedarf an Transaktionskasse in vollem Umfang durch Auflösung von Spekulationskasse befriedigt. Ohne Störung vom Geldmarkt kann sich die volle Multiplikatorwirkung der expansiven Fiskalpolitik entfalten.

Betrachtet man den Güter- und den Geldmarkt im Zusammenhang der jeweils erstgenannten Fälle, so wird deutlich, dass eine Doppelstrategie von fiskal- und geldpolitischen Mitteln, der sog. ***policy mix*** die größte Aussicht auf Erfolg verspricht. Die Dämpfung, die expansive Fiskalpolitik durch den Geldmarkt erfährt, wird durch die Bereitstellung zusätzlichen Geldes überwunden.

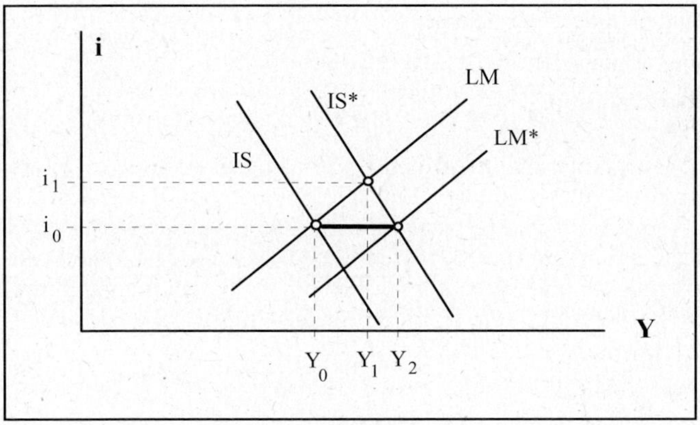

Abb. 5.35: Policy mix

Die Abbildung 5.35 verdeutlicht dies in Anknüpfung an die Abbildung 5.33a uns 5.34a. Ausgehend von der Rezessionssituation Y_0, erhöht der Staat kreditfinanziert seine Ausgaben und bewirkt eine multiplikative Zunahme des Volkseinkommens (Rechtsverschiebung der IS-Kurve IS auf IS*).

Die folgende Tabelle fasst die Ergebnisse zusammen:

Tabelle 5.3: Wirkung expansiver Fiskal- und Geldpolitik

Gesamtwirtschaftliches Gleichgewicht	**Expansive**	
	Geldpolitik	**Fiskalpolitik**
Normalbereich bzw. mittlerer Bereich	wirkungsvoll bei hoher Zinsreagibilität der Investitionen	wirkungsvoll bei geringer Zinsreagibilität der Investitionen
	policy mix bei mittlerer Zinsreagibilität	
Klassischer Bereich	wirkungsvoll	wirkungslos
Keynes-Bereich	wirkungslos	wirkungsvoll

Wir sind nun in der Lage einen Blick auf die Wirtschaftspolitik der Regierung BRÜNING[86] im Gefolge der Weltwirtschaftskrise zu werfen und diese zu werten. Die wesentlichen Maßnahmen waren:

- Lohn- und Gehaltskürzungen im öffentlichen Dienst und im privaten Bereich,
- Preissenkungsverordnungen,
- Einkommensteuerzuschläge für Besserverdienende,
- Anhebung der Beiträge zur Arbeitslosenversicherung,
- Steuererhebungen auf Gemeindeebene,
- Erhebung einer allgemeinen Krisensteuer sowie
- Kürzung der Sozialleistungen.

Wie sind diese Maßnahmen aus Sicht des keynesianischen Ansatzes zu werten? Alle oben genannten Maßnahmen führen zu einer Linksverschiebung der IS-Kurve, d.h. die konjunkturellen Probleme wurden verschärft, anstatt gelöst. Die keynesianische Arbeitslosigkeit nahm zu. Aus Sicht der klassischen Theorie waren die Ansätze durchaus rational. Entsteht die Arbeitslosigkeit aufgrund zu hoher Reallöhne, so kann Vollbeschäftigung durch Lohnsenkungen wiedergewonnen werden. Nur war die Analyse falsch, die Arbeitslosigkeit war eben nicht klassisch, sondern keynesianisch.

[86] HEINRICH BRÜNING (1885 - 1970) war von 1930 bis 1932 deutscher Reichskanzler.

5.8 Neoliberale Ansätze

5.8.1 Kritik an Keynes

Man könnte nun der Meinung sein, mit den keynesianischen Rezepten die Lösung aller Konjunkturprobleme gefunden zu haben. In der Tat wurde die keynesianische Theorie nach dem Zweiten Weltkrieg in einer geradezu euphorischen Weise von Wirtschaftspolitikern der Westlichen Welt aufgenommen und im wirtschaftspolitische Alltagsgeschäft umgesetzt. In Deutschland fand dies seinen Niederschlag im *Gesetz zur Förderung der Stabilität und des Wachstums der Wirtschaft* von 1967, kurz Stabilitätsgesetz genannt. KARL SCHILLER,[87] der wesentlich am Zustandekommen dieses Gesetzes beteiligt war, sprach vom modernsten Werkzeugkasten konjunkturpolitischer Steuerungsmöglichkeiten.

In den achtziger Jahren schlug die Euphorie in Enttäuschung und sogar Ablehnung um. Der Traum von der perfekten Globalsteuerung der Wirtschaft hatte sich nicht erfüllt. Mit Inflation, wachsender Arbeitslosigkeit und massiven außenwirtschaftlichen Ungleichgewichten stellten sich in jenem Jahrzehnt überwunden geglaubte ökonomische Schwierigkeiten ein. Die Schar der Kritiker des Keynesianismus wurde zusehends größer.

Der auf den ersten Blick durchaus vorhandene Charme des *deficit spending* birgt große Gefahren. Welche Auswirkungen hat die in dem kurzfristig angelegten Konjunkturmodell empfohlene Verschuldung längerfristig auf das Wachstum einer Volkswirtschaft? Welche Gefahren gehen von einer zunehmenden Staatsverschuldung aus? Inwieweit beeinflusst die staatliche Kreditaufnahme die Verhaltensweise im privaten Sektor, die im Modell als konstant angenommen wird?

In den 70er Jahren glaubten maßgebliche politische Kreise, mit einer „keynesianisch" angelegten Politik des permanenten *deficit spending,* ökonomische Feinsteuerung vornehmen und Konjunkturkrisen meistern[88] bzw. die von einigen Nationalökonomen für die Industrieländer vorhergesagte Abnahme der Grenzneigung zum Konsum[89] und die damit latent verbundene Gefahr permanenter Überproduktion abwehren zu können. Heute wissen wir, dass diese Rezepte nicht aufgegangen sind.

Auf der theoretischen Ebene gab es nach dem zweiten Weltkrieg neben einem Ausbau der keynesianischen Theorie etwa in Form einer darauf aufbauenden Wachstumstheorie und den Versuchen, Synthesen aus dem keynesianischen und neoklassichen Modellen zu konstruieren, auch früh Kritik und alternative Theorieansätze. Wir wollen auf zwei dieser Ansätze, die auch wirtschaftspolitisch bedeutsam wurden, kurz eingehen. Gemeinsam ist ihnen, dass sie am angelsächsichen Liberalismus, den wir in seinen Grundzügen mit der Klassik gleichsetzen,[90] anknüpfen und deshalb auch unter dem Begriff Neoliberalismus zusammengefasst werden. Sie unterscheiden sich von der Klassik in der Forderung nach aktiver staatlicher Wettbewerbspolitik, die aus der Einsicht geboren ist, dass Wettbewerb sich in einer völlig freien Wirtschaft selber zerstört. Die Konzepte des Neoliberalismus sind ebenso eine klare Absage an den Manchester-Kapitalismus des 19. Jahrhunderts wie an jedweden Sozialismus. Besonders scharf wurde die Kritik an Keynes durch den österreichisch-englischen Philosophen und Ökonomen FRIEDRICH AUGUST VON HAYEK (1899 – 1992) bereits 1945 formuliert: *„Liberale*

[87] KARL SCHILLER (1911 - 1995) war von 1967 bis 1972 Bundesminister für Wirtschaft. In den Jahren 1971 und 1972 bekleidete er zusätzlich das Amt des Bundesfinanzministers.
[88] Das oben zitierte Stabilitätsgesetz ist Ausdruck dieses Glaubens.
[89] Diese Idee findet sich auch bei Keynes.
[90] Vgl. Abschnitt 7.5

oder individualistische Politik muss im wesentlichen eine Politik auf lange Sicht sein; die heute übliche Art, das Augenmerk auf die kurzfristige Wirkung zu richten und diese damit zu rechtfertigen, dass wir „auf lange Sicht alle tot sind“[91], führt unvermeidlich dazu, dass man Anordnungen vertraut, die den jeweiligen besonderen Umständen angepasst sind, anstatt Gesetzen, die für Situationstypen abgefasst sind.“

5.8.2 Angebotsorientierte Politik

Unter diesem Schlagwort fasst man eine Reihe von Kritikansätzen an Keynes zusammen, die die ***Überbetonung der Nachfrageseite*** im Keynesschen Modell ablehnen und die verstärkte Betrachtung der Angebotsseite fordern. Im Gegensatz zur kurzfristigen konjunkturell ausgerichteten Wirtschaftspolitik soll eine langfristig auf die Verstärkung der Wachstumsfaktoren der Wirtschaft ausgerichtete Politik in den Vordergrund treten.

Seit Ende der 50er Jahre konnte man in den westlichen Industrieländern das Phänomen beobachten, dass wirtschaftliche Stagnation über längere Perioden mit hoher Inflation einherging. Dieser Erscheinung gab man den Namen **Stagflation**. Nach der keynesianischen Theorie ist Inflation eine Folge eines Nachfrageüberhangs am Gütermarkt, also ein reales Phänomen. Die keynesianische Theorie versagte damit als Erklärungsansatz der Stagflation. Statt dessen gab es andere, nicht-keynesianische Erklärungen:

- Die Verteilungskämpfe der gesellschaftlichen Gruppen treiben über die Lohn-Preis-Spirale die Inflation ungeachtet der konjunkturellen Situation in die Höhe.
- Auf konzentrierten Märkten (Märkte mit geringem Wettbewerbsgrad) sind Unternehmer nicht mehr bereit, Preissenkungen durchzuführen; Preise sind nur noch nach oben flexibel.
- Die staatliche Sozial- und Subventionspolitik führt zur mangelnden Mobilität der Produktionsfaktoren im Strukturwandel.
- Expansive Geld- und Fiskalpolitik (Keynesianismus) begünstigt die Fehlentwicklungen, indem sie die volkswirtschaftlichen Kosten des Sozialstaates verschleiert.

Der entscheidende Punkt ist also nach Meinung der angebotsorientierten Kritiker, dass der Staat über seine Sozial- und Subventionspolitik natürliche ökonomische Sanktionsmechanismen außer Kraft gesetzt hat und den nötigen Strukturwandel verhindert oder verzögert. Anstelle einer im Grunde versagenden makroökonomischen Konjunktursteuerung sollte wieder eine mikroökonomisch ausgerichtete Politik treten, deren Kernpunkte

- Steuersenkungen,
- Senkung der Staatsausgaben, insbesondere der Sozialausgaben und der Subventionen,
- Verpflichtung der Regierung zum Budgetausgleich, um *crowding out* zu verhindern,
- staatliche Deregulierung und
- Stärkung des Wettbewerbs

sind. Unter **crowding out** versteht man die Verdrängung privater Investoren durch staatliche Kreditaufnahme. Da der Staat die Rückzahlung seiner Schulden aus Zwangsabgaben finanziert und kein privatwirtschaftliches Renditekalkül anstellen muss, gilt der Staat als **zinsrobust**, d.h. er wird immer bereit sein, höhere Zinsen als Private zu bezahlen, und diese damit aus dem Kreditmarkt herausdrängen. Die Forderung nach Budgetausgleich geht nicht so weit

[91] Ein Kalauer, den Keynes benutzte, als er auf die Kurzfristigkeit seines Modells angesprochen wurde.

wie in der Klassik, wo grundsätzlich in jeder Periode ein ausgeglichener Haushalt gefordert wurde. Es genügt, den Staatshaushalt über einen Konjunkturzyklus auszugleichen. Der Staat soll also durchaus in einer Rezession kompensatorische, kreditfinanzierte Ausgabenpolitik betreiben, im nächsten Boom müssen die Kredite dann aber getilgt werden.

Politisch fanden die Ideen der angebotsorientierten Politik in den achtziger Jahren ihren Niederschlag in den USA (”*Reaganomics*”[92]) und in England (”*Thatcherismus*”[93]). Dieses Umdenken im politischen Bereich rührte vor allem aus der Erkenntnis, dass die Arbeitslosigkeit in den Industrieländern nicht mehr konjunktureller sondern struktureller Natur[94] war und eine kurzfristig angelegte keynesianische Konjunkturpolitik zur Lösung des Arbeitslosenproblems keine entscheidende Hilfe mehr bieten konnte.

Das von der keynesianischen Theorie und vor allem von keynesianisch orientierten Wirtschaftspolitikern unterstellte Marktversagen ist in Wirklichkeit auf staatliche Überreglementierung zurückzuführen. Der Staat lässt Märkte sich nicht mehr frei entfalten. Der These des **Marktversagens** wird die These des **Staatsversagens** entgegengestellt.

5.8.3 Monetarismus

Die bedeutendste Gegenbewegung zum Keynesianismus ist sicherlich die Renaissance der Klassik in Form des **Monetarismus.**[95] Seine ideologische Grundlage ist

- die starke Betonung der individuellen Freiheit und
- die Überzeugung, dass ein funktionsfähiger Markt zu besseren wirtschaftlichen Ergebnissen führt als ein durch Staatseingriffe verzerrter Markt.

Die Kritik an Keynes setzt bei der Multiplikatoranalyse und bei der Liquiditätspräferenz an. Der kurzfristige Charakter des Keynes-Modells ist unrealistisch und übersieht die durch Staatseingriffe verursachten Probleme. Nicht vorhersagbare Wirkungsverzögerungen werden ignoriert. Kreditfinanzierte Fiskalpolitik läuft immer auf *crowding out* hinaus. Ferner entsprechen die Vermögensalternativen bei Keynes (Geldhaltung und festverzinsliche Wertpapiere) nicht der Realität. Die Idee der konjunkturellen Feinsteuerung wird als undurchführbar zurückgewiesen.

Die Geldnachfrage wird als weitgehend zinsunempfindlich angesehen, womit das Konzept der Spekulationskasse in Frage gestellt wird. Der keynesianische Transmissionsmechanismus wird durch den **Vermögenstransmissionsmechanismus** ersetzt. Da das Vermögen als wirtschaftliche Entscheidungsdeterminante in den Mittelpunkt rückt, sehen die Monetaristen die Notwendigkeit, das kurzfristige keynesianische Modell durch ein langfristig angelegtes Modell zu ersetzen, in dem die Preisstabilität zur entscheidenden Zielgröße wird.

---

[92] Eine Zusammenfassung von Reagan economics; RONALD REAGAN (*1911 - 2004) war der 40. US-Präsident (1980-1988).

[93] Benannt nach der englischen Premierministerin (1979-1990) MARGARET THATCHER (*1925).

[94] Darunter versteht man eine Arbeitslosigkeit, die aufgrund sich ändernder Wirtschaftsstrukturen eintritt. Schrumpfende Sektoren (z.B. Stahlindustrie) setzen Arbeitskräfte schneller frei, als wachsende Sektoren (z.B. Telekommunikation) sie absorbieren können. Die Qualifikationsstruktur des Arbeitsangebots paßt nicht mehr mit der Qualifikationsstruktur der Arbeitsnachfrage zusammen.

[95] Begründer dieser Theorie ist der amerikanische Ökonom MILTON FRIEDMAN (1912 - 2006; Nobelpreis 1976), der an der Universität von Chicago lehrte.

Die monetaristische Vermögenstheorie betrachtet als Vermögen jedes Aktivum, das Quelle von Einkommen sein kann. Im einzelnen sind dies:

- Geld
- Festverzinsliche Wertpapiere
- Anteilsrechte (z.B. Aktien)
- Sachgüter
- Humankapital

Nach dieser Definition gehört auch das Humankapital, also das durch Schul- und Berufsausbildung sowie das durch natürliche Veranlagung gegebene Einkommenspotential, zum Vermögen. Der Einkommensbegriff wird bei dieser Definition insofern sehr weit gefasst als nicht nur pekuniäres Einkommen, sondern auch der individuelle Nutzen betrachtet wird. Somit wird auch die Geldhaltung als Quelle von Einkommen betrachtet, da sie Nutzen stiften kann. In diesem Punkt steht Friedman Keynes also näher als der Klassik.

Bezüglich des Vermögens werden folgende Annahmen unterstellt:

– Die Wirtschaftssubjekte haben eine genaue Vorstellung über die Höhe und Zusammensetzung ihres Realvermögens.
– Die optimale Vermögensallokation ist gegeben, wenn die Grenzeinkommen aller Aktiva gleich sind.
– Die Aktiva eines Vermögensportfolios sind gegeneinander austauschbar (substituierbar).

Wichtigste Determinante des Vermögens ist das Lebenseinkommen und nicht das Periodeneinkommen. Das laufende Einkommen spaltet Friedman gedanklich in eine permanente und eine transitorische Komponente auf. Die Wirtschaftssubjekte orientieren sich an der langfristigen, permanenten Komponente. Die transitorische Komponente hat keinen Einfluss auf die Konsumnachfrage der Haushalte. Als Konsequenz hieraus wird die keynesianische Multiplikatoranalyse abgelehnt.

Die Friedmansche Vermögenstheorie hat auch Auswirkung auf die Geldnachfragefunktion. Formal übernimmt Friedman die klassische Geldnachfrage in Form der Transaktionskassenhaltung:

$$L = k \cdot P \cdot Y$$

Der Kassenhaltungskoeffizient k wird nicht, wie in der Klassik, als *konstant* betrachtet, er ist vielmehr eine *stabile Funktion* des angestrebten Realvermögens. Friedman nimmt also eine Position zwischen der Klassik und Keynes ein. Die Geldhaltung aus dem Vermögensmotiv schlägt sich nicht in der Existenz einer Spekulationskasse nieder, sie ist vielmehr mit Bestimmungsgröße des Kassenhaltungskoeffizienten! Dies führt zu einer Neuinterpretation der Quantitätsgleichung:

$$V \cdot M = Y^n$$

Da die Umlaufgeschwindigkeit des Geldes V die Inverse des Kassenhaltungskoeffizienten ist, ist auch V eine ***langfristig*** stabile Funktion des angestrebten Realvermögens. Der Einfluss der Geldmenge kann ***kurzfristig*** nur auf das Nominaleinkommen Y^n prognostiziert werden. Ein getrennter Einfluss auf das Preisniveau oder das Realeinkommen ist nach Friedman nicht nachweisbar. Es wird aber durchaus die *Möglichkeit* eingeräumt, dass die Geldmenge zumindest kurzfristig auf des reale Volkseinkommen wirken *kann* (”*money matters*”). Auch hier entfernt sich Friedman von der Klassik und übernimmt einen Keynesschen Gedanken. Der Transmissionsmechanismus funktioniert allerdings anders als bei Keynes.

Erinnern wir uns, wie der *Keynessche Transmissionsmechanismus* funktioniert. Eine Zunahme der Geldmenge führt zu steigender Nachfrage nach Wertpapieren. Daraufhin steigen die Wertpapierkurse und die Effektivzinsen sinken. Die sinkenden Marktzinsen lösen einen Anstieg der zinsreagiblen Investitionen und damit der gesamtwirtschaftlichen Güternachfrage aus. Der Bedarf an Transaktionskasse steigt und absorbiert die Überschusskasse ebenso wie die durch sinkende Zinsen ausgelöste erhöhte Nachfrage nach Spekulationskasse.

Setzen wir nun den *Friedmanschen Vermögenstransmissionsmechanismus* dagegen. Um diesen zu verstehen, muss man sich zunächst die monetaristische Definition der Arbeitslosigkeit ansehen. Vollbeschäftigung definiert Friedman als einen Zustand, bei dem jeder, der bereit ist, zum herrschenden Reallohn zu arbeiten, auch Arbeit finden kann. Arbeitslosigkeit ist im wesentlichen nur Sucharbeitslosigkeit, d.h. es sind nur diejenigen Arbeitskräfte (freiwillig) beschäftigungslos, die auf der Suche nach einer angenehmeren oder besser bezahlten Arbeit sind. Darüber hinaus kann Arbeitslosigkeit durch Marktunvollkommenheiten, etwa unzureichende Informationen, gegeben sein. Diese im Sinne der Klassik "natürliche" Arbeitslosigkeit[96] kann strukturpolitisch aber nicht, wie Friedman nachzuweisen versucht, mit den Mittel der Geldpolitik verringert werden.

Ausgehend von einem Vollbeschäftigungsgleichgewicht möge es zu einem erhöhten Geldangebot kommen. Dieses stört das Portfoliogleichgewicht der Wirtschaftssubjekte, da aufgrund der resultierenden Zinssenkung das Grenzeinkommen der liquiden Vermögensaktiva sinkt. Als Folge steigt die Nachfrage nach nichtmonetären Aktiva.

Die cet. par. eingetretene Nachfrageerhöhung setzt die Unternehmen in die Lage, höhere Preise durchzusetzen. Die dadurch sinkenden Reallöhne erhöhen die Nachfrage nach dem Faktor Arbeit. Die Arbeitslosigkeit kann unter ihre natürliche Rate sinken und das reale Güterangebot ausgedehnt werden. Da die Wirtschaftssubjekte nicht unter *Geldillusion* leiden, registrieren sie, dass der Realwert ihrer Entlohnung gesunken ist. In den nächsten Lohnverhandlungen (nach Ablauf der Tarifverträge) antizipieren sie die jetzt erreichte Preissteigerungsrate und machen sie zum Bestandteil ihrer Lohnforderung. Die Reallöhne steigen wieder auf den alten Wert (oder sogar darüber), was die Unternehmen veranlasst, die Beschäftigung auf das vormalige Niveau (natürliche Arbeitslosigkeit) zurück zu nehmen. Im Endeffekt bleibt ein Anstieg des nominalen Volkseinkommens, der längerfristig nur durch Preissteigerung bei Konstanz der realen Komponente verursacht wird.

*Die langfristige Analyse stimmt also mit der klassischen überein. Die langfristige Wirkung einer diskretionären Geldmengenexpansion ist nur ein Preisanstieg. Inflation ist somit nach Überzeugung der Monetaristen ein **monetäres** und nicht wie bei Keynes ein **reales** Phänomen.*

Den Unterschied zwischen Monetaristen und Keynesianern kann man sich anhand der unterschiedlichen Interpretation der ***Phillips-Kurve***[97] verdeutlichen. PHILLIPS untersuchte 1958 den Zusammenhang zwischen der Arbeitslosenquote und dem Nominallohnsatz und er gelangte zu

[96] Vgl. Abschnitt 7.5

[97] Benannt nach dem britischen Ökonometriker ALBAN PHILLIPS (1914 – 1975).

einem inversen Zusammenhang *(trade-off)*. Später ersetzte SAMUELSON[98] in einer ähnlichen Untersuchung die Nominallohnänderung durch die Inflationsrate.

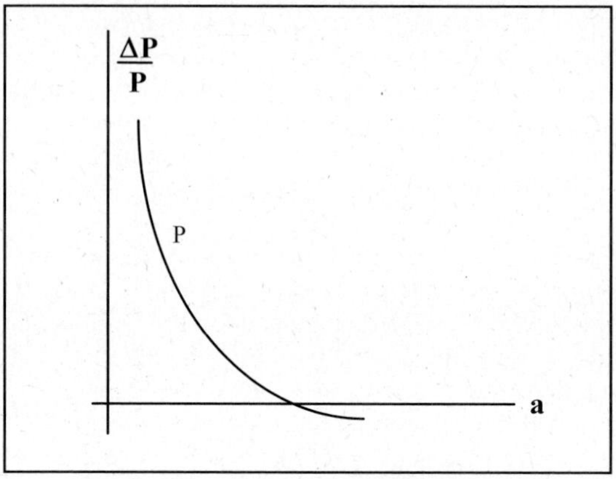

Abb. 5.36: Kurzfristige Phillips-Kurve

In der Abbildung 5.36 bezeichnet a die Arbeitslosenquote und $\frac{\Delta P}{P}$ die Inflationsrate (geschrieben als relative Änderung des Preisniveaus). Aus der IS-LM-Analyse ist bekannt, dass im Keynes-Modell expansive Geldpolitik, vom Fall der Liquiditätsfalle abgesehen, geeignet sein kann, eine expansive Konjunkturpolitik zu betreiben und die Arbeitslosenrate zu senken. Keynesianer setzen hierbei auf *langfristige Verträge*, so dass durch die Erhöhung der Inflation sowohl der *Realzins* als auch der *Reallohn* gesenkt werden. Beides bewirkt einen Anstieg der Unternehmensgewinne, was die Unternehmen veranlasst, die Produktion zu erhöhen und verstärkt Arbeit nachzufragen..

Nach monetaristischen Meinung kann der positive Beschäftigungseffekt allerdings nur kurzfristig eintreten. Sie werfen den Anhängern des Phillips-Theorems vor, *Geldillusion* bei den Wirtschaftssubjekten zu unterstellen. Die Wirtschaftssubjekte werden aber die inflationäre Politik durchschauen und ihre eigenen Erwartungen und Forderungen an die höhere Inflation anpassen.

Gemäß dem oben beschriebenen Friedmanschen Transmissionsmechanismus kann Inflation kurzfristig in der Tat zu einem Abbau der Arbeitslosigkeit führen. Die expansive Geldpolitik wird, wie vom Kenyesianismus behauptet, zu einer Verringerung der Reallöhne und Realzinsen und den entsprechenden expansiven Wirkungen führen. Der Effekt tritt ein, da die *nominale Nachfrage* schneller steigt als das *reale Angebot* und die *Güterpreise* schneller steigen als die *Faktorpreise*.

[98] Der amerikanische Ökonom PAUL SAMUELSON (*1915) erhielt 1970 den Nobelpreis für Wirtschaftswissenschaften.

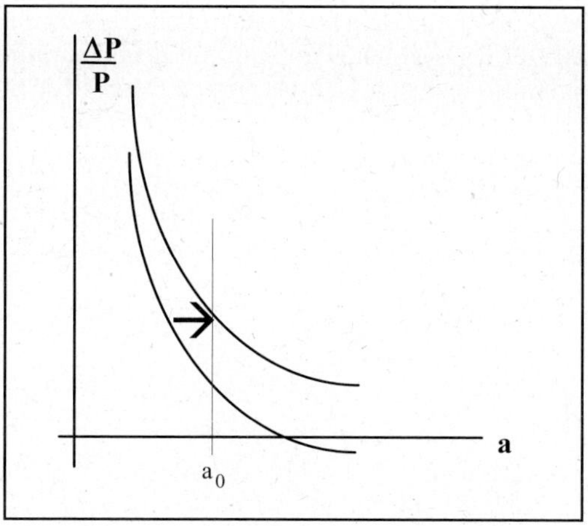

Abb. 5.37: Langfristige Phillips-Kurve

Die Arbeitnehmer beobachten also *ex post* ein Absinken des Reallohns, obwohl sie *ex ante* einen Zuwachs erwartet haben. Da sie nicht unter Geldillusion leiden, werden sie in Zukunft Inflation erwarten und ihre Lohnforderungen anpassen. Als Konsequenz werden die Reallöhne wieder zunehmen und die Arbeitslosenquote auf ihren ursprünglichen Wert (a_0 in der Abbildung 5.37) sinken. Da so der oben genannte Gewinnanstieg nur vorübergehend ist, senken die Unternehmer nämlich ihre Nachfrage nach Arbeit wieder auf das alte Niveau.

Wenn aber die *Inflationserwartungen* an die tatsächlich beobachtete Inflation angepasst werden, muss die Inflation verstärkt werden, soll die expansive Geldpolitik die gewünschte Wirkung zeigen. Die Phillips-Kurve ist nicht stabil, sie bewegt sich entlang der Linie a_0 (Vollbeschäftigungsarbeitslosigkeit) senkrecht nach oben. Inflation wirkt wie eine Droge, die in immer größeren Dosen eingenommen werden muss, um auf Dauer wirksam zu sein.

Die Währungsbehörde ist nur in der Lage, nominale aber keine realen Größen zu beeinflussen. Da zudem kein Mensch weiß, wie hoch die natürliche Arbeitslosenquote eigentlich ist, leiten die Monetaristen aus ihrer Analyse eine Forderung an die Geldangebotspolitik ab. Diskretionäre expansive Geldpolitik als Beschäftigungspolitik ist wirkungslos, ja wegen ihrer Inflationswirkung sogar schädlich. Eine kontraktiv angelegte Geldpolitik kann umgekehrt eine mindestens ebenso schädliche Deflation auslösen. Die Konsequenz hieraus muss eine ***langfristig verlässliche Ausweitung der Geldmenge***[99] sein. Die Zentralbanken sollen klare Vorgaben für das Geldmengenwachstum machen und ihre geldpolitischen Instrumente so einsetzen, dass sie die Geldmengenentwicklung möglichst effizient kontrollieren können. Die Wirtschaftssubjekte werden sich in ihren Erwartungen dieser Politik anpassen und die natürliche Arbeitslosigkeit – wie hoch sie auch sei mag – wird sich von selbst einstellen. Die Idee des festen Geldmengenwachstums ist als **Geldmengenregel** bekannt geworden.

Friedman misstraut unabhängigen Zentralbanken aus der Erfahrung der Krise von 1929. Die FED versagte damals in ihrer Rolle als *lender of last resort*. In den Jahren bis 1931 sank die Geldmenge in den vereinigten Staaten wegen der zu restriktiven Geldpolitik um ein Drittel. Richtig wäre es nach Meinung Friedmans gewesen, Bankenzusammenbrüche durch Liquiditätsspritzen, also eine expansive Geldpolitik abzufangen. Aus diesem Misstrauen heraus fordert er eine starke Regelbindung der Geldpolitik. Private Geldschöpfung sollte durch

[99] Die genaue Abgrenzung des Geldmengenaggregates ist dabei nicht so wichtig, es sollte aber ein enger Zusammenhang mit dem Preisniveau bestehen.

100%ige Mindestreserveverpflichtung ausgeschlossen werden. Mit dieser Maßnahme könnte man die traditionellen Mittel der Refinanzierungs- und Offenmarktpolitik abschaffen. Auch diese Forderung leitet sich aus der Erfahrung der großen Depression ab. Erst die lockere Kreditvergabe der Banken ermöglichte die Überbewertung der Aktien mit der Folge der späteren Korrektur und ihrer katastrophalen Auswirkung.[100] Unterstützt werden sollte dies durch konsequente Freigabe der Wechselkurse.

Warum diese stringenten Forderungen? Betrachten wir noch einmal die Geldschöpfungsgleichung (5.28):

$$\Delta M_1 = \frac{1}{b + mrq} \Delta Z$$

Nehmen wir an, die Zentralbank könne ΔZ exakt kontrollieren. Kann man daraus bereits eine vollständige Kontrolle der Geldmenge M1 ableiten? Dazu muss geprüft werden, ob die Zentralbank die Parameter mrq und b kontrollieren kann. Ist mrq ein einheitlicher Reservesatz, so ist die Kontrolle von mrq kein Problem. In den meisten Industrieländern sind die Reservesätze allerdings so gering, dass sie für eine wirkungsvolle Kontrolle der Geldmenge nicht geeignet sind. Der Parameter b stellt eine freiwillige Reservehaltung der Banken dar, die im wesentlichen vom Verhalten der Nichtbanken abhängt, und entzieht sich damit praktisch der Kontrolle durch die Zentralbank.

Aber selbst die vollständige Kontrolle von ΔZ ist nicht gewährleistet. Reicht eine Bank Devisen einer konvertierbaren Währung ein, so ist die Zentralbank zur Annahme verpflichtet. In einem Festkurssystem kommt erschwerend die Interventionsverpflichtung hinzu, die eine autonome Kontrolle der Geldmenge praktisch unmöglich macht.[101] Aus dem Abschnitt über Geldpolitik wissen wir, dass lediglich die Mindestreserve ein Zwangsinstrument darstellt. Alle anderen geldpolitischen Werkzeuge bedingen die freiwillige Mitarbeit durch die Geschäftsbanken.

Kommen wir abschließend noch einmal auf den Unterschied zwischen Fiskalisten und Monetaristen zu sprechen, ein Unterschied der auch heute noch weitgehend wirtschafts- und gesellschaftspolitische Auseinandersetzungen nicht nur in den westlichen Industrieländern sondern auch den Reformstaaten des früheren Ostblocks bestimmt. Man kann den wesentlichen Unterschied zwischen Fiskalisten und Monetaristen knapp zusammenfassen.

Fiskalisten streben kurzfristig Vollbeschäftigung über Nachfragesteigerungen an. Sie sind bereit, dafür Inflation in Kauf zu nehmen. Monetaristen streben aufgrund ihrer langfristigen Orientierung vorrangig die Stabilität des Geldwertes an und sind bereit, dafür eine unvermeidliche Arbeitslosigkeit zu akzeptieren.

[100] Vgl. Abschnitt 5.1.3.
[101] Zu den außenhandelstheoretischen Begriffen vgl. Kapitel 6.

Anhang zum 5. Kapitel

A1: Herleitung des Einkommensmultiplikators

Es wird gezeigt, dass sich das neue Gleichgewichtseinkommen nach Störung eines bestehenden Gleichgewichts als Grenzwert einer unendlichen geometrischen Reihe darstellen lässt.

Es gilt, wenn wir mit t die einzelnen Phasen durchnumerieren:

$Y^s(t) = Y^d(t-1)$ $\qquad t = 1,2,....$

$Y^d(t) = C^{aut} + cY^s(t) + I^n$ $\qquad t = 0,1,2,....$

Dann folgt:

$$Y^d(t+1) - Y^d(t) = C^{aut} + cY^s(t+1) + I^n - C^{aut} - cY^s(t) - I^n = c(Y^s(t+1) - Y^s(t)) = c(Y^d(t) - Y^d(t-1))$$

Also gilt:

$$Y^d(t+1) = (1+c)Y^d(t) - cY^d(t-1)$$

Für t = 1 folgt somit

$$Y^d(2) = (1+c)Y^d(1) - cY^d(0)$$

Mit $Y^d(1) = Y^d(0) + \Delta I$ folgt weiter:

$$Y^d(2) = (1 + c)[Y^d(0)+\Delta I] - cY^d(0) = Y^d(0) + (1 + c)\Delta I$$

Entsprechend kann gezeigt werden, dass gilt:

$$Y^d(3) = Y^d(0) + (1 + c + c^2)\Delta I$$

Allgemein gilt dann:

$$Y^d(t) = Y^d(0) + (1 + c + c^2 + ... + c^{t-1})\Delta I$$

Wegen $\lim\limits_{n\to\infty} \sum_{i=0}^{t-1} c^i = \frac{1}{1-c}$ folgt weiter

$$Y^d(\infty) = Y^d(0) + \frac{1}{1-c}\Delta I$$

also $\Delta Y = Y^d(\infty) - Y^d(0) = \frac{1}{1-c}\Delta I.$

A2: Ausgestaltung von Offenmarktgeschäften

Die Offenmarktgeschäfte der EZB werden als **Tendergeschäfte** (engl. *tender* Angebot) durchgeführt. Ein Tendergeschäft ist eine Ausschreibung, die sich an alle Banken im Währungsgebiet richtet. Die EZB bietet den Banken an, sich gegen die Hinterlegung refinanzierungsfähiger Sicherheiten Zentralbankgeld zu beschaffen. Die Zentralbank hat eine feste Vorstellung von dem Volumen an Zentralbankgeld, welches sie zuzuteilen bereit ist. Im allgemeinen werden die Gebote der Baken über der Zuteilungsmenge liegen. Die Zentralbank repartiert dann die Mengen, d.h. die Banken erhalten nur einen Bruchteil der gewünschten Zentralbankgeldmenge. Man unterscheidet zwei Formen der Tendergeschäfte, nämlich den Mengen- und den Zinstender.

Beim **Mengentender** gibt die EZB den Zins vor, zu dem sie Zentralbankgeld bereitzustellen gewillt ist. Die Repartierung erfolgt einheitlich nach dem Anteil der gesamten Zuteilung am gesamten Bestellvolumen. Betrachten wir ein fiktives Beispiel.[102]

Bank	Gebot	Zuteilung
A	15	6,0
B	22	8,8
C	18	7,2
Gesamt	55	22,0

Die Gebote der Banken A, B und C summieren sich auf 55 Mio. €, die EZB ist aber nur bereit, 22 Mio. € zuzuteilen. Die Repartierung liegt dann bei einheitlich 40%, d.h. Bank A erhält 6 Mio € usw.

Beim **Zinstender** müssen die Banken Zinsgebote abgeben. Dabei unterscheidet man wiederum das amerikanische und das holländische Verfahren. Beim **amerikanischen** Verfahren, welches als das marktnähere Verfahren gilt, müssen die Banken den gebotenen Zins tatsächlich bezahlen. Beim **holländischen** Verfahren wird das gesamte Geschäft zum niedrigsten gebotenen, noch zur Zuteilung kommenden Zins (sog. *marginaler Zins*) abgewickelt. Betrachten wir auch hierzu ein fiktives Beispiel.

Zins (%)	A	B	C	Summe
4,10	0	10	10	20
4,08	15	10	20	45
4,06	20	20	30	70
4,04	15	20	30	65
4,02	15	10	10	35

Die Zentralbank plant eine Zuteilung von 100 Mio. Euro. *Alle* Gebote zu einem Zinssatz von 4,10 oder 4,08 werden berücksichtigt. Die Gebote zu 4,06 können allerdings nur zu 50% berücksichtigt werden, da damit die Gesamtzuteilung erreicht ist (20 + 45 + 35 = 100). Bank A erhält also 25 (0 + 15 + 10), Bank B 30 (10 + 10 + 10) und Bank C 45 (10 + 20 + 15) zugeteilt. Beim amerikanischen Verfahren müsste Bank A dann 4,08% für 15 Mio. € und 4,06% für 10. Mio. € bezahlen (natürlich nur für den tatsächlich in Anspruch genommenen Zeitraum, also beim Hauptrefinanzierungsgeschäft für zwei Wochen). Beim holländischen Verfahren ist der geringste noch zur Zuteilung kommende Zinssatz 4,06%. Alle Banken müssten dann einheitlich diesen Zinssatz bezahlen.

[102] Die tatsächlichen Gebote und Zuteilungen können dem Monatsbericht der EZB, Tabelle 1.3 entnommen werden.

Die von den Banken bereitzustellenden **Sicherheiten** teilt die EZB in zwei Kategorien ein.

Kategorie I Sicherheiten

sind marktfähige Schuldtitel, die im gesamten Euro-Währungsgebiet geltende Kriterien erfüllen.

Kategorie II Sicherheiten

Sind marktfähige und nicht marktfähige Schuldtitel, die für nationale Finanzmärkte und nationale Bankensysteme von Bedeutung sind.

Die Kategorien haben also nichts mit der Bonität zu tun. Die EZB wird grundsätzlich nur Schuldtitel als Sicherheit zulassen, die von erstklassigen Schuldnern emittiert sind (Staaten, Großunternehmen, Banken).

A3: Herleitungen der Bedingungen (5.33) und (5.34)

1. Herleitung der Bedingung (5.33):

$$\Delta Y = \frac{1}{1 - c \cdot (1 - t) + m}\left[\Delta C_{St} - c\Delta T^{aut}\right]$$

aus $t \cdot \Delta Y + \Delta T^{aut} - \Delta C_{St} = 0$ folgt durch Multiplikation mit c und Umstellung $c\Delta T^{aut} = c\Delta C_{St} - ct\Delta Y$.

Dies oben eingesetzt liefert:

$$\Delta Y = \frac{1}{1 - c \cdot (1 - t) + m}\left[\Delta C_{St} - c\Delta C_{St} + ct\Delta Y\right]$$

$$\Rightarrow (1 - c(1 - t) + m)\Delta Y - ct\Delta Y = (1 - c)\Delta C_{St}$$

$$\Rightarrow (1 - c + m)\Delta Y = (1 - c)\Delta C_{St}$$

Also gilt:

$$\Delta Y = \frac{1 - c}{1 - c + m}\Delta C_{St}$$

2. Herleitung der Bedingung (5.34):

Der Einfachheit halber wird im folgenden Y anstelle von Y^s geschrieben.

Die alte einkommensabhängige Steuer ist $t \cdot Y$. Die neue Steuer ist $t^*(Y+\Delta Y)$, wobei t^* der neue Grenzabgabenparameter ist. Damit gilt:

$$\Delta T = t^*(Y + \Delta Y) - t \cdot Y = (t^*-t)Y + t^* \cdot \Delta Y$$

Da $\Delta T = \Delta C_{St}$ gelten muss, folgt:

$$\Delta C_{St} = (t^*-t)Y + t^* \cdot \Delta Y$$

Hieraus folgt durch Auflösen nach Y:

$$Y = \frac{1}{t^*-t}\left[\Delta C_{St} - t^* \cdot \Delta Y\right] \qquad (*)$$

Ist $Y + \Delta Y$ das neue Gleichgewichtseinkommen , so muss gelten:

$$Y + \Delta Y = \frac{1}{1-c(1-t^*)+m}\left[C_{aut} + c(Z_H - T^{aut}) + C_{St} + \Delta C_{St} + I^n + Ex - Im^{aut}\right]$$

Setzen wir $K = C^{aut} + c(Z_H - T^{aut}) + C_{St} + I^n + Ex - Im^{aut}$, so gilt:

$$Y + \Delta Y = \frac{1}{1-c(1-t^*)+m} K + \frac{1}{1-c(1-t^*)+m}\Delta C_{St}$$

Damit ist unter Berücksichtigung von

$$Y = \frac{1}{1-c(1-t)+m} \cdot K$$

$$\Delta Y = \left[\frac{1-c(1-t)+m}{1-c(1-t^*)+m} - 1\right] \cdot Y + \frac{1}{1-c(1-t^*)+m}\Delta C_{St} =$$

$$\frac{c(t-t^*)}{1-c(1-t^*)+m} Y + \frac{1}{1-c(1-t^*)+m}\Delta C_{St}$$

(*) in diese Gleichung eingesetzt, liefert:

$$\Delta Y = \frac{c(t-t^*)}{1-c(1-t^*)+m} \cdot \frac{1}{t^*-t} \cdot \left[\Delta C_{St} - t^* \Delta Y\right] + \frac{1}{1-c(1-t^*)+m}\Delta C_{St}$$

Zusammenfassung der Terme mit ΔC_{St} und ΔY ergibt:

$$\left[1 - \frac{ct^*}{1-c(1-t^*)+m}\right] \cdot \Delta Y = \frac{1-c}{1-c(1-t^*)+m}\Delta C_{St}$$

Damit folgt:

$$\Delta Y = \frac{1-c}{1-c+m}\Delta C_{St}$$

Kontrollfragen zum 5. Kapitel

1. Wie äußert sich in der Investitionsfunktion

$$I(i) = 200 + \frac{5}{i}$$

eine als dauerhaft angesehene Erhöhung der erwarteten Einzahlungsüberschüsse?

2. Überlegen Sie anhand der Abbildungen 5.10 und 5.13, dass eine bestimme Erhöhung einer autonomen Nachfragekomponente zu einer stärkeren Zunahme des Gleichgewichtseinkommens führt!

3. Wie kann in einer geschlossenen Volkswirtschaft ohne Staat ausgehend von einem güterwirtschaftlichen Gleichgewicht ein Ungleichgewicht entstehen?

4. Besorgen Sie sich einen aktuellen Monatsbericht der EZB (www.ecb.int) und bringen Sie den aktuellen Stand der Geldmengen M1, M2 und M3 in Erfahrung!

5. Erklären Sie anhand der Bilanz einer Zentralbank (Abb. 5.22), wieso eine Kreditvergabe der Zentralbank an den Staat zu einer inflationären Ausweitung der Geldmenge führen kann.

6. Warum kann eine Deflation schädlich für eine Volkswirtschaft sein?

7. Wie hoch sind die aktuellen Leitzinssätze der EZB (Hinweis: Monatsbericht der EZB, Handelsblatt oder Wirtschaftsteil einer seriösen Tageszeitung).

8. In Abschnitt 5.5.3 waren fünf Fälle aufgeführt, wie sich eine Geschäftsbank Zentralbankgeld besorgen kann. Überlegen Sie, in welchen Fällen die Zentralbankgeldmenge bzw. die Geldmenge M1 sich verändert!

9. Was versteht man unter Fiskalismus?

10. Wie weit müsste in Abbildung 5.32a die IS-Kurve multiplikativ verschoben werden, um das alte Volkseinkommen ohne Unterstützung durch die Geldpolitik wieder zu erreichen?

11. Stellen Sie sich vor, das Unterbeschäftigungsgleichgewicht (Y_1,i_1) befände sich
a) im Keynes-Bereich oder
b) im klassischen Bereich der LM-Kurve.
In welchem Bereich ist die Unterstützung durch die Geldpolitik wirkungsvoller?

12. Eine weitere Möglichkeit expansiver Fiskalpolitik ist die Anhebung der öffentlichen Transferzahlungen an die Haushalte. Vergleichen Sie diese Maßnahme mit der direkten Erhöhung der Staatsausgaben. Nehmen Sie in beiden Fällen an, die Finanzierung erfolge über Kredite.

13. Wieso ist die Inflation bei Keynes ein reales Phänomen?

6. Außenwirtschaft

Die Außenwirtschaftslehre befasst sich mit den wirtschaftlichen Beziehungen zwischen In- und Ausland. Traditionell gliedert sie sich in drei Teile. Gegenstand der *monetären Theorie* sind die Zahlungsbilanz und die Wechselkurse. Die *reale Theorie* beschäftigt sich mit den Ursachen des Außenhandels und der Erklärung von Höhe und Richtung realer Außenhandelsströme. In der *Zolltheorie* schließlich wird der Einfluss von Zöllen und sonstigen Handelshemmnissen auf die internationalen Handelsbeziehungen erklärt. Die Ausführungen zum Aufbau der Zahlungsbilanz haben wir aus naheliegenden Gründen in das Kapitel über die Volkswirtschaftlichen Gesamtrechnungen gelegt.

6.1 Devisenmarkt

6.1.1 Grundlegende Begriffe

Im allgemeinen unterscheidet man zwischen einem weiten und einem engen Devisenbegriff. Nach der weiten Abgrenzung zählen zu **Devisen** alle auf fremde Währung lautende kurzfristige Forderungen, also z.B. auch entsprechende Geldmarktanlagen. Im engeren Sinne sind Devisen *auf fremde Währung lautendes, an ausländischen Plätzen zahlbares Buchgeld* (also im wesentlichen Sichtguthaben, Schecks und Wechsel). Ausländisches Bargeld zählt nach dieser Abgrenzung *nicht* zu den Devisen; im deutschen Sprachraum spricht man hier von **Sorten**. Von Inländern bei inländischen Kreditinstituten unterhaltene, auf fremde Währung lautende Konten (Buchgeld) stellen demnach auch keine Devisen dar, sondern es handelt sich um sog. **Fremdwährungskonten**. Im Sprachgebrauch der Börse nennt man eine ausländische Währung **Valuta** (Mrz.: Valuten).

Devisen werden auf **Devisenmärkten** gehandelt. Je nach Fälligkeit unterscheidet man zwischen **Devisenkassa**- und **Devisenterminmärkten**. Ferner werden **Devisenoptionen** gehandelt. Die amtlichen Devisenhandelsplätze sind die **Devisenbörsen**.

Der Vergleich ausländischer mit inländischen Währungseinheiten erfolgt über den **Devisen**- oder **Wechselkurs**. Die Begriffe müssen sauber auseinander gehalten werden. Der *Wechselkurs* gibt die **Preisnotierung** an, d.h. den Wert einer ausländischen Währungseinheit ausgedrückt in inländischer Währung. Ein Wechselkurs von wk = 100 ¥/$ besagt also, dass man für einen US-Dollar 100 japanische Yen bezahlen muss. Der *Devisenkurs* dagegen ist eine **Mengennotierung**, bei der angegeben wird, wie viele Einheiten der ausländischen Währung man für eine inländische Währungseinheit erhält. Die EZB gibt den Wert des Euro gegenüber dem US-Dollar in der Mengennotierung an, also dk = 1,30 $/€ besagt, dass man für einen Euro 130 US-Cents erhält. Der Wechsel- und der Devisenkurs zweier Währungen stehen in einem reziproken Zusammenhang, es gilt wk = 1/dk. Aus dem obigen Devisenkurs dk = 1,30 $/€ kann man also sofort den (gerundeten) Wechselkurs wk = 0,77 €/$ herleiten. Unter dem **Briefkurs** versteht man den Kurs, zu dem Valuta *verkauft* und unter dem **Geldkurs** den Kurs, zu dem Valuta *gekauft* wird.

Nach der Fristigkeit unterscheidet man **Kassakurse**, das sind die bei sofortiger Fälligkeit[1] gültigen Wechselkurse, und **Terminkurse**, die bei späterer Fälligkeit gelten. Wenn im Fol-

---

1 Damit ist genau genommen die Fälligkeit innerhalb von 48 Stunden gemeint.

genden von Wechselkursen die Rede ist, so sind immer, wenn nicht ausdrücklich etwas anderes gesagt wird, Kassakurse gemeint.

Devisengeschäfte, die zum Kassakurs abgeschlossen werden, nennt man **Kassageschäfte**. Sinngemäß sind dann **Termingeschäfte** definiert. Die Kombination eines Devisenkassa- mit einem Termingeschäft nennt man **Devisen-Swap-Geschäft**. Solche Swap-Geschäfte gehören beispielsweise zum geldpolitischen Instrumentarium der Europäischen Zentralbank.[2]

Ist eine Währung im Prinzip frei handelbar, so spricht man von einer **frei konvertiblen (konvertierbaren) Währung**. Wenn der Handel einer Währung staatlicher Kontrolle unterliegt, bis hin zur Zuteilung von Devisen, so spricht man von **Devisenbewirtschaftung**.

In der Praxis des Devisenhandels laufen die meisten Käufe und Verkäufe von Währungen über den US-Dollar. Entscheidende Information für die Devisenhändler sind also jeweils die Dollarkurse. Alle anderen Wechselkurse/Devisenkurse ergeben sich aus den Dollarkursen als sog. **cross-rates**. Gilt beispielsweise 115 ¥/$ und 1,30 $/€, so errechnet sich daraus unmittelbar ein Kurs von 150 ¥/€.

Da Wechselkurse Preise sind, werden sie sich veränderten Marktbedingungen nach oben oder unten anpassen. Steigt der Wechselkurs (oder Devisenkurs) einer Währung, so spricht man von einer **Aufwertung** der Nennerwährung und einer **Abwertung** der Zählerwährung. Betrachten wir ein Beispiel:

Steigt der Devisenkurs des Dollars zum Euro 1,30 $/€ auf 1,40 $/€, so ist dies eine *Aufwertung* des Euro, denn man kann jetzt für einen Euro mehr Dollar eintauschen und entsprechend eine *Abwertung* des Dollars, weil man nun mehr Dollar für einen Euro bezahlen muss.

Der Prozess der Wechselkursbildung ist nichts anderes als ein Preisbildungsprozess auf einem Wettbewerbsmarkt und kann mittels der Marshall-Diagramm-Analyse erklärt werden. Wir müssen hier allerdings mit dem Wechselkurs arbeiten, da der Devisenkurs nicht unmittelbar als Preis zu interpretieren ist. Betrachten wir zunächst grundlegende Zusammenhänge am Beispiel einer Kursbildung, die frei von staatlichen Reglementierungen erfolgt.

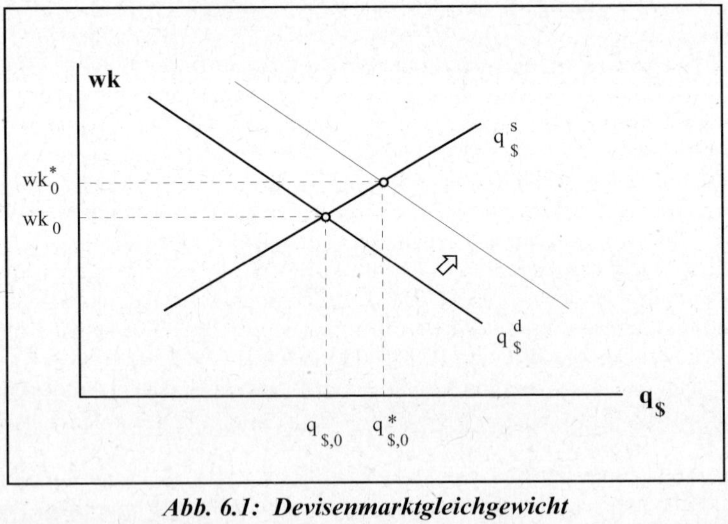

Abb. 6.1: Devisenmarktgleichgewicht

[2] Selbstverständlich pflegen auch Geschäftsbanken mit Nichtbanken solche Geschäfte durchzuführen.

Wir betrachten ein Zwei-Länder-Modell. Die heimische Währung sei Euro (€), die ausländische Dollar ($). Das Symbol wk bezeichnet den Wechselkurs €/$ und $q_\$$ die gehandelte Menge an Dollareinheiten. $q_\$^s$ ist das Angebot an und $q_\$^d$ die Nachfrage nach Dollar. Unterstellen wir normalen Verlauf der Angebots- und Nachfragekurve, so schneiden diese sich im Gleichgewichtspunkt und wk_0 ist der **Gleichgewichtskurs**. Kommt es aus irgend einem Grund bei gegebenem Wechselkurs zu einer erhöhten Dollarnachfrage (Rechtsverschiebung der $q_\$^d$-Kurve), so wird sich bei unverändertem Dollar-Angebotsverhalten ein höherer Wechselkurs einstellen, es kommt zu einer Dollar-Aufwertung. Entsprechend ist ein Angebotsrückgang oder eine nicht wechselkursinduzierte Nachfrageänderung in ihrer Auswirkung zu beurteilen.

Kann es an verschiedenen Devisenbörsen unterschiedliche Kurse geben? Für die kurze Sicht ist die Frage zu bejahen. Nehmen wir an, es mögen die folgenden Kurse vorliegen:

New York	London
0,6029 £/$	0,6011 £/$

In diesem Falle lohnt es sich, Pfund in New York zu kaufen und in London zu verkaufen, oder umgekehrt Dollar in London zu kaufen und in New York gegen Pfund zu verkaufen. Pro Dollar macht man dann einen Gewinn von 0,0018 Pfund. Die steigende Nachfrage nach Pfund in New York wird dort cet. par. zu einer Pfund-Aufwertung (Dollar-Abwertung) führen. In London tritt genau der gegenteilige Effekt ein. Es lohnt sich, den Handel so lange aufrecht zu halten, wie der Kurs in New York über dem in London liegt. Erst wenn die Kurse einander angeglichen sind, wird der Handel stoppen. Solche Geschäfte, bei denen Preisdifferenzen für ein Gut an verschiedenen Plätzen ausgenutzt wird, um durch Kauf und Verkauf Gewinne zu machen, nennt man **Arbitrage**. Die Voraussetzung für das Funktionieren der Arbitrage ist freier Kapitalverkehr, wie man ihn in der Praxis der Industrieländer antrifft.

6.1.2 Wechselkurssysteme

Es gibt verschiedene **Wechselkurssysteme** (synonym: Wechselkursregime), d.h. Modalitäten, nach denen die Höhe der Wechselkurse bestimmt wird. Im wesentlichen unterscheidet man zwischen **Festkurssystemen** und **Systemen flexibler Wechselkurse**.

Die ältesten Festkurssysteme sind solche, in denen die beteiligten Währungen an Gold oder ein anderes Edelmetall gebunden waren. Jede Währungseinheit entsprach einer bestimmten Menge Goldes eines festgelegten Feinheitsgrades, so dass sich die Wechselkurse aus dem Goldverhältnis ergaben. Hat ein A-Taler fünf Gramm Gold und ein B-Taler 10 g Gold, und stimmt der Feinheitsgrad des Goldes in beiden Währungen überein, so ist der natürliche Wechselkurs 2 A-Taler je B-Taler.

Kann der Wechselkurs zweier Goldwährungen schwanken? Nehmen wir an, die Nachfrage nach A-Talern steigt und der A-Taler wertet gegenüber dem B-Taler auf. Dies werden die Besitzer von B-Talern so lange hinnehmen, wie die Kosten der Goldverschickung höher sind, als der Abwertungsverlust ihrer Währung. Steigt der Kurs des A-Talers nämlich zu stark an, lohnt es sich, B-Taler einzuschmelzen, ins A-Land zu versenden und dort in A-Taler einzuwechseln.[3] In einem reinen Goldwährungssystem sind Auf- und Abwertungen also tatsächlich mög-

3 Hierbei wird natürlich freier Goldversand unterstellt. Ist freier Goldhandel vom Staat untersagt und schließen wir Schmuggel aus, so können sich auch größere Wechselkursbewegungen ergeben.

lich, allerdings nur in einem eng gesteckten Rahmen. Den oben beschriebenen Mechanismus bezeichnet man als **Goldarbitrage**.

Als insbesondere im 20. Jahrhundert Gold weitgehend demonetarisiert wurde, d.h. Währungen nicht mehr oder nur noch eingeschränkt durch Gold gedeckt waren, wurden in Festkurssystemen die Wechselkurse, also die relativen Preise der Währungen, durch politische Vereinbarungen auf der Basis wirtschaftlicher Verhältnisse festgelegt. Ein solches System war das Währungssystem von Bretton Woods.[4] Der US-Dollar war die einzige Währung, die unmittelbar an Gold gebunden war, indem sich das US-Schatzamt verpflichtete, für jeden Dollar $^1/_{35}$ Feinunze[5,6] des Edelmetalls zu tauschen. Alle anderen Währungen waren mit festen Wechselkursen, sog. **Paritäten**, an die **Leitwährung** US-Dollar gebunden. Wechselkurse konnten nur mit Zustimmung des IWF verändert werden. Um das System flexibel zu gestalten, waren in engen Grenzen Schwankungen um die Parität (±1%) zugelassen.

In Abbildung 6.2 sei der Kurs wk_0 die vereinbarte Parität, wk^o und wk^u sind der obere und der untere Interventionspunkt, innerhalb derer der Kurs schwanken kann. Sobald der Wechselkurs dieses Band aber verlässt, muss mindestens eine der beteiligten Zentralbanken eingreifen. Man spricht dann von **Intervention**. Das System war insofern asymmetrisch, als die USA verpflichtet waren, Dollar in Gold einzutauschen, alle anderen Länder aber ihre Paritäten gegenüber dem Dollar verteidigen mussten.

Verdeutlichen wir den Prozess der Intervention an einer Dollaraufwertung. Es möge zu einem Anstieg der Dollarnachfrage, also einer Rechtsverschiebung der $q_\$^d$-Kurve in Abbildung 6.2 kommen (⇨). Bei gegebenem Dollarangebot $q_\$^s$ steigt der Wechselkurs über den oberen Interventionspunkt wk. Um den Wechselkurs wieder in den zulässigen Korridor zurückzubringen, muss also das Angebot an Dollar etwa auf $q_\$^{s*}$ erhöht werden (➔).

---

4 Bretton Woods ist ein Erholungsort im US-Bundesstaat New Hampshire, in dem 1944 eine neue Weltwährungsordnung definiert wurde. Auf dieser Konferenz erfolgte auch die Gründung der Weltbank und des Weltwährungsfonds (IWF). Das Abkommen trat 1946 in Kraft; die Bundesrepublik wurde 1952 Mitglied im IWF. Der Vertreter Englands auf dieser Konferenz war kein geringerer als JOHN M. KEYNES, der sich allerdings mit seinen Ideen gegen den amerikanischen Finanzstaatssekretär H.D. WHITE nur teilweise durchsetzen konnte. Insbesondere propagierte Keynes die Idee einer Weltwährung.

5 Eine Unze entspricht etwa 28,3 Gramm.

6 Diesen Preis hatten die USA offiziell 1934 festgelegt.

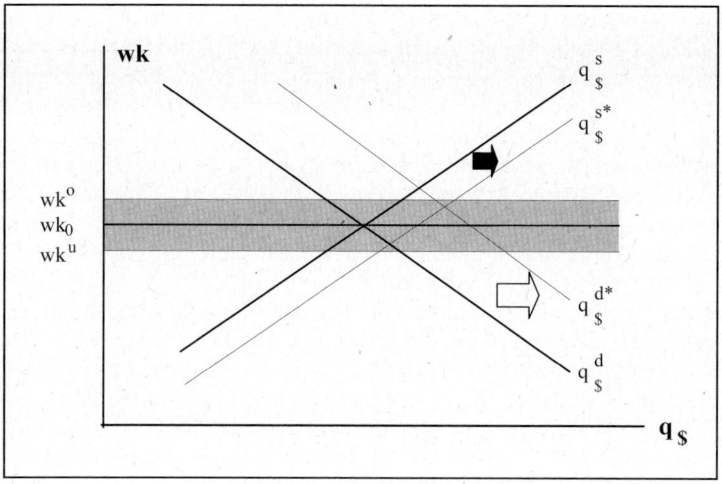

Abb. 6.2: Festkurssystem

Wenn beispielsweise die deutsche Bundesbank bei einer Dollar-Abwertung verpflichtet war, die Dollar-Nachfrage zu erhöhen, so waren ihr dabei im Prinzip keine Grenzen gesetzt, konnte sie doch als Zentralbank ihre eigene Währung produzieren und beliebig anbieten. Da sie bei der Intervention aber ein *bilanzverlängerndes Aktivgeschäft* tätigte und so heimisches Geld schuf, bestand die Gefahr, dass sie die Kontrolle über die Geldmengenentwicklung verlor. Eine zu starke Geldmengenausweitung birgt, wie wir wissen, Inflationspotential in sich (Quantitätsgleichung). Hier liegt ein großes Risiko von Festkurssystemen.

War umgekehrt die deutsche Bundesbank zur Stützung der eigenen Währung verpflichtet, so musste sie aus ihren Beständen Dollar abgeben und heimische Währung kaufen. Dies konnte sie natürlich nur, wenn sie über Dollar-Reserven verfügte oder andere Zentralbanken bereit waren, ihr die nötigen Dollar-Beträge zu leihen. Auch hier leuchtet unmittelbar ein, dass dieser Prozess nicht beliebig fortgeführt werden kann.

Sollte sich also die Schwäche oder Stärke einer Währung als nachhaltig erweisen, so dass kurzfristige Interventionen keinen Erfolg haben und die Ab- bzw. Aufwertungstendenz anhält, so bleibt nicht anderes übrig, als die Parität der Währung neu festzulegen, d.h. die betroffene Währung je nach Bedarf dauerhaft ab- oder aufzuwerten.

Das System von Bretton Woods brach 1973 zusammen, worauf die Freigabe der Wechselkurse erfolgte.[7] Freie Wechselkurse werden auf Märkten durch das Zusammenspiel von Angebot und Nachfrage ermittelt, die Kurse **floaten**. Bleibt die Festlegung der Kurse vom Staat unbeeinflusst den Devisenmärkten vorbehalten, spricht man von **sauberem Floaten**. Greift dagegen der Staat aktiv in die Kursbildung ein, z.B. um sich durch Abwertung Wettbewerbsvorteile zu verschaffen, liegt **schmutziges Floaten** vor. In der Praxis ist die Grenze zwischen beiden nur schwer festzumachen.

---

[7] Auf die historischen Gründe, die zum Zusammenbruch führten, wollen wir hier nicht eingehen. Der interessierte Leser möge die einschlägige Literatur zur Wirtschafts- oder Währungsgeschichte zu Rate ziehen.

Für die Notenbanken hatte die Wechselkursfreigabe den großen Vorteil, von der Interventionsverpflichtung befreit zu sein und damit autonome Geldpolitik betreiben zu können.[8] Die Nachteile flexibler Wechselkurse liegen aber auch auf der Hand. Für außenhandelsorientierte Unternehmen nimmt die Unsicherheit aufgrund der Wechselkursschwankungen zu. Es entstehen zusätzliche Kosten für die **Kurssicherung**. Außerdem muss durch internationale Abmachungen und Kontrollen versucht werden, schmutziges Floaten zu unterbinden. Ferner fördern freie Wechselkurse die Währungsspekulation, da an den ständigen Kursausschlägen mehr als im Festkurssystem Geld durch Spekulation verdient werden kann. Damit besteht die Gefahr, dass sich die Wechselkurse von ihren realwirtschaftlichen Determinanten lösen.[9]

Um die oben angesprochenen Probleme zumindest im europäischen Raum zu vermeiden, wurde 1979 das **Europäische Währungssystem** (EWS) ins Leben gerufen. Währungsanker des Systems war ein **Korbwährung**, der **ECU** (*European Currency Unit*), in dem die Währungen der beteiligten Länder je nach Wirtschaftskraft repräsentiert sind. Im ursprünglichen System waren für alle Währungen feste Paritäten mit grundsätzlich zulässigen Schwankungen von ±2,25% festgelegt. Kam eine beteiligte Währung permanent unter Abwertungsdruck, so war das betroffene Land verpflichtet, Abhilfe zu schaffen. Stellten sich Währungsprobleme als nachhaltig heraus, so konnte ein **Realignment**, eine Neufestsetzung der Paritäten vereinbart werden.

In einer Ergänzung zum EU-Vertrag wurde 1992 in Maastricht beschlossen, in der EU eine gemeinsame Währung, den Euro, einzuführen. Die unwiderrufliche Fixierung der Währungen der am Euro-System beteiligten Staaten erfolgte 1999. Da für die meisten EU-Länder dem europäischen Binnenhandel größte Bedeutung zukommt, kann der endgültige Wegfall von Wechselkursrisiken im Euro-Raum als unbedingter Vorteil der gemeinsamen Währung angesehen werden. Gleichzeitig entfällt aber die Möglichkeit, nationale Wettbewerbsnachteile durch Abwertungen auszugleichen.

6.1.3 Wechselkurshypothesen

Im folgenden geht es im wesentlichen um die Frage, welche Einflussgrößen Wechselkurse bestimmen. Aus der Fülle theoretischer Erklärungsversuche der Wechselkursbewegungen wollen wir uns auf wenige wesentliche Ansätze beschränken. Dabei müssen wir zwischen lang- und kurzfristiger Analyse unterscheiden.

---

8 In der Tat stellte 1973 die Deutsche Bundesbank als erste Zentralbank der Welt ein Geldmengenziel auf und leitete damit eine Neuorientierung der Geldpolitik ein.

9 Nicht umsonst gibt es immer wieder Versuche von politischer Seite, Spekulationen, z.B. durch hohe Besteuerung, einzudämmen.

Einer der ältesten Ansätze zur Erklärung von Wechselkursbewegungen ist das sog. **Kaufkraftparitätentheorem,** wonach die Wechselkurse als Spiegelbild der Preisverhältnisse zweier Länder aufgefasst werden können. In seiner heute üblichen Form geht das Theorem auf den schwedischen Ökonomen GUSTAV CASSEL (1866 - 1945) zurück.

Nehmen wir der Einfachheit halber an, in einem Zwei-Länder-Modell gebe es nur ein Gut, das Angebot sei in beiden Ländern unendlich elastisch und es herrsche freier Waren- und Devisenverkehr. Transportkosten und sonstige Kosten des Güterhandels vernachlässigen wir. Die Währungen der Länder seien Euro und Dollar. Der Preis des Gutes sei 1,0 € in Europa und 0,90 $ in den USA. Der Wechselkurs muss dann selbstverständlich gleich wk = 1,11 €/$ sein, der Devisenkurs also dk = 0,90 $/€. Ist nämlich wk > 1,11 €/$, so erhalten Amerikaner für einen Dollar mehr als 1,11 Euro. Für sie lohnt es sich somit, das Gut in Europa zu kaufen, da sie es dort billiger bekommen. Die steigende Nachfrage nach Euro (höheres Dollar-Angebot) führt dann zu einer Euro-Aufwertung, die bei einem Kurs von wk = 1,11 €/$ zum Ende kommt. Zu diesem Kurs haben die Amerikaner nämlich keinen Anreiz mehr, das Gut in Europa zu kaufen. Die umgekehrte Argumentation gilt, wenn der Kurs unter wk = 1,11 €/$ liegt. Dann muss es entsprechend zu einer Euro-Abwertung (Dollar-Aufwertung) kommen. Der Wechselkurs ist also das Scharnier, welches Güterpreise, in unterschiedlichen Währungen gemessen, vergleichbar macht. Man interpretiert den Wechselkurs deshalb auch gerne als den relativen Preis zweier Volkswirtschaften.

Nun kann man i. allg. keinen Durchschnittspreis als Kaufkraft messen, man kann aber sehr wohl über Preisindizes die *Veränderung* der Kaufkraft messen. Eine Erhöhung des allgemeinen Preisniveaus, also eine Verringerung der Kaufkraft einer Währung, kennen wir als Inflation, den umgekehrten Fall als Deflation. Nehmen wir nun an, in einer Periode t liegen in beiden Ländern die Preisindizes bei 100. Der Wechselkurs in dieser Periode sei wk = 1,00 €/$. In der folgenden Periode t +1 verzeichnen die USA eine Inflation von 6% und Europa eine von 3%. Welche Auswirkung hat dies auf den Wechselkurs? Bei konstantem Wechselkurs stellen die Wirtschaftssubjekte in den USA fest, dass die europäischen Güter relativ billiger werden. Es kommt zu verstärkter Nachfrage nach diesen Gütern, was die Nachfrage nach Euro (Angebot an Dollar) erhöht und zu einer Euro-Aufwertung führt.[10] Güter aus den USA werden dagegen preislich unattraktiver, so dass die Nachfrage nach ihnen in Europa (elastische Nachfrage vorausgesetzt) schrumpfen wird und die Nachfrage nach Dollar sinkt. Die Euro-Aufwertung wird gestoppt, wenn die relativen Preise der Güter wieder übereinstimmen, d.h. die Inflationsdifferenz von 3% ausgeglichen ist. Der neue Wechselkurs stellt sich also bei wk = 0,972 €/$ ein.[11] Allgemein gilt:

$$wk_{t+1} = wk_t \cdot \frac{1 + r_{€,t}}{1 + r_{\$,t}} \tag{6.1}$$

Mit wk bezeichnen wir den Wechselkurs und mit $r_€$ bzw. $r_\$$ die jeweiligen Inflationsraten.

Nach dem Kaufkraftparitätentheorem sind Wechselkursänderungen cet. par. eine Folge von Inflationsdifferenzen. Die preisstabilere Währung wertet um den Prozentsatz der Inflationsdifferenz auf.

---

[10] Mögliche Auswirkungen auf das Preisniveau in Europa aufgrund der höheren Güternachfrage sollen in dieser Analyse unberücksichtigt bleiben.

[11] Argumentiert man mittels der Devisenkurse, so müssen jeweils die Kehrwerte betrachtet werden.

Das Kaufkraftparitätentheorem kann, wenn überhaupt, nur langfristige Entwicklungen hinreichend gut erklären. Zur Erklärung kurzfristiger Wechselkursschwankungen ist das Theorem nicht geeignet. Einschränkende Voraussetzungen sind etwa freier Güter- und Devisenhandel sowie elastische Reaktion der Güternachfrage.

Weitere Einschränkungen ergeben sich aus der Messung der Inflationsrate, in die i. allg. nur Konsumgüter eingehen. Gehandelt werden aber auch Investitionsgüter, deren Preisentwicklung anders verlaufen kann. Ferner werden in der Ermittlung der Inflationsrate Güter berücksichtigt, die nicht gehandelt werden, z.B. Mieten und bestimmte nicht handelbare Dienstleistungen. Exportpreise werden, da sie häufig mit Abgaben belastet sind, nicht mit den jeweiligen inflationsrelevanten Inlandspreisen übereinstimmen. Steigt in einem Land die gesamtwirtschaftliche Wertschöpfung, so kann sich dort die Importnachfrage und damit die Devisennachfrage erhöhen, ohne dass sich an den relativen Güterpreisen zwischen beiden Ländern etwas geändert hat. Dies sind nur einige der wichtigsten Einwände gegen das Kaufkraftparitätentheorem.

Das Kaufkraftparitätentheorem zeigt deutlich eine der Hauptschwächen von Festkurssystemen auf. Wie soll man bei permanenten Inflationsdifferenzen einen stabilen Wechselkurs verteidigen? Die Zentralbank des Landes mit der stabileren Währung muss ständig mit Stützungskäufen der schwachen Währung intervenieren, also Devisen kaufen und so über Aktivgeschäfte den Geldumlauf ungeplant erhöhen. Die Folge könnte schließlich eine Inflation im bislang stabileren Land sein. Man spricht bei diesem Phänomen von **importierter Inflation**.

Bevor wir uns kurzfristigen Erklärungsversuchen zuwenden, wollen wir das Kaufkraftparitätentheorem einem empirischen Test unterziehen. In der Abbildung 6.3 vergleichen wir die effektive Wechselkursentwicklung des Dollars gegenüber der DM mit der theoretischen Wechselkursentwicklung, die sich aufgrund des Kaufkraftparitätentheorems hätte ergeben müssen. Als Startjahr wählen wir 1973, das Jahr der Wechselkursfreigabe. Dabei wurde die DM entsprechend dem offiziellen Kurs in Euro umgestellt.

In der Tat wird der langfristige Trend der Bewegung des US-Dollars zur DM durch das Theorem durchaus gut beschrieben. Allerdings gibt es offensichtlich mehrjährige Phasen, während derer andere Einflussgrößen die Bedeutung der relativen Inflationsraten überdeckt haben. Insbesondere die Jahre 1981 bis 1986 zeigen eine, gemessen an der Kaufkraftparität, deutliche Überbewertung des Dollars. Ebenso zeichnet sich seit 1997, der Phase der Euro-Einführung eine an der Kaufkraft gemessene Überbewertung des US-Dollar ab.

Man muss also über das Kaufkraftparitätentheorem hinaus weitere Erklärungen für Wechselkursbewegungen finden. Das Theorem hängt offensichtlich stark mit der Bedeutung des Güterhandels als Wechselkursdeterminante zusammen. Insbesondere seit der Freigabe der Wechselkurse und der daraufhin in der industrialisierten Welt ebenfalls erfolgten Liberalisierung des Kapitalverkehrs hat der reale Güterhandel aber mehr und mehr an Bedeutung für den Devisenhandel verloren. 2007 lagen die Weltexporte von Gütern und Dienstleistungen nach Angaben der WTO[12] bei einer Größenordnung von 17 Bill. US$. Im gleichen Jahr wurden nach Angaben der *Bank für internationalen Zahlungsausgleich* (BIZ)[13] börsentäglich im Rahmen traditioneller Wechselkursgeschäfte durchschnittlich 3,2 Bill. US$ grenzüberschreitend gehandelt (davon der größte Teil in US-Dollar). Die Gegenüberstellung dieser Zahlen zeigt, dass sich der internationale Devisenverkehr längst vom Güterhandel abgekoppelt hat und vorran-

[12] World Trade Organisation

[13] Diese 1929 in der Rechtsform einer AG mit Sitz in Basel gegründete Bank ist eine Dachorganisation nationaler Zentralbanken. Sie führt alle drei Jahre eine Untersuchung über internationale Wechselkursgeschäfte durch.

gig vom Kapitalverkehr bestimmt wird. Grundlage für Finanzinvestitionsentscheidungen sind häufig Zinsdifferenzen.

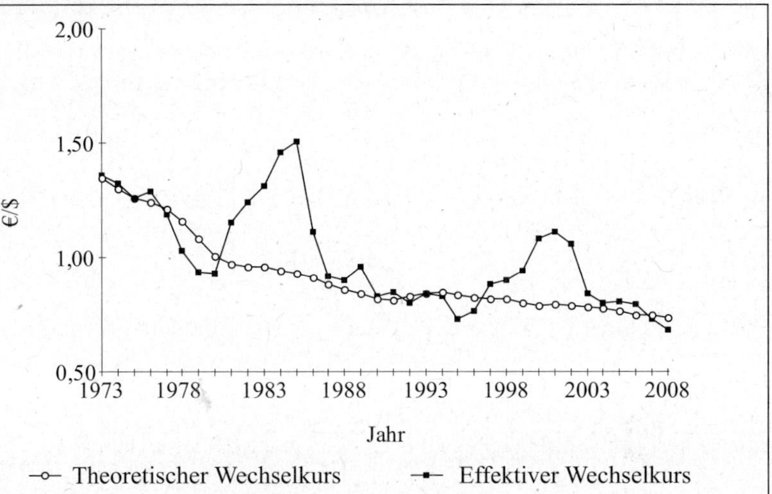

Quelle: SVR, Deutsche Bundesbank, OECD, eigene Berechnung
Die Wechselkurse sind Jahresdurchschnittswerte
Umrechnung von DM in Euro: 1,95583 DM/€

Abb. 6.3: Kaufkraftparitätentheorem

Aus dieser Erkenntnis hat sich die **Finanzmarkttheorie** der Wechselkurse entwickelt. Ein im Rahmen der Finanzmarkttheorie entwickelter Erklärungsansatz ist das in seinem Kern bereits auf Keynes zurückgehende **Zinsparitätentheorem**. Es unterstellt freien internationalen Kapitalverkehr, perfekte Substitution zwischen In- und Auslandsanlagen, Konstanz der Volkseinkommen und der Vermögensbestände. Insbesondere die letzten Voraussetzungen zeigen den kurzfristigen Charakter keynesianischer Analysen.

Bezeichnen wir mit wk den Kassakurs und mit wk_e den erwarteten Wechselkurs, mit $i_€$ den Inlandszins und mit $i_\$$ den Auslandszins, so liegt ein Finanzmarktgleichgewicht vor, wenn gilt:

$$wk = wk_e \frac{1+i_\$}{1+i_€} \tag{6.2}$$

Hinter der Gleichung (6.2) verbirgt sich die Überlegung, wonach für ein in Euro gegebenes Kapital K nach einer Zinsperiode im Inland folgender Wert K_e zu erwarten ist:

$$K_e = K \cdot (1+i_€) \tag{6.3}$$

Wird das Kapital aber in den USA angelegt, so muss es zunächst zum Kassakurs wk in Dollar umgetauscht werden, es wird zum Zinssatz $i_\$$ verzinst und anschließend zum erwarteten Wechselkurs wk_e wieder in Euro umgetauscht:

$$K_e^* = \frac{K}{wk} \cdot \left(1+i_\$\right) \cdot wk_e = K \cdot \frac{wk_e}{wk} \cdot \left(1+i_\$\right) \tag{6.4}$$

Ein Finanzmarktgleichgewicht liegt vor, wenn beide Anlagen das gleiche Ergebnis bringen, also gilt:

$$K_e = K_e^*$$

Setzt man nun die rechten Seiten von (6.3) und (6.4) ein und löst nach wk auf, so folgt hieraus (6.2). Entscheidend ist, dass hier der *erwartete* Wechselkurs wk_e in die Überlegung eingeht. In der Praxis wird insbesondere bei Wechselkurssicherung der erwartete Wechselkurs durch den Terminkurs der Anlagefrist ersetzt.

Wie sind Ungleichgewichte in (6.2) zu interpretieren? Es sei:

$$wk < wk_e \frac{1+i_\$}{1+i_€} \tag{6.5}$$

Die Multiplikation der Gleichung mit $1+i_€$ und die Division durch wk zeigt nach (6.4) sofort, dass in diesem Fall die Dollar-Anlage der Euro-Anlage vorzuziehen ist, da sie höher rentiert. Es wird also Kapital aus Euro-Land in die USA umgeschichtet. In Folge kommt es wegen der steigenden Nachfrage nach Dollar unter sonst gleichen Bedingungen zu einer Aufwertung desselben. Diese Aufwertung hält an, bis ein Gleichgewicht erreicht ist.

Analog dem oben ausgeführten ist der umgekehrte Fall zu interpretieren:

$$wk > wk_e \frac{1+i_\$}{1+i_€} \tag{6.6}$$

Es kommt jetzt zu Umschichtungen von Dollar- in Euro-Anlagen mit der Folge einer Euro-Aufwertung.

Neben den oben gegebenen ökonomischen Erklärungsansätzen gibt es aber offensichtlich auch nicht-ökonomische Motive, Devisen anzubieten und nachzufragen. Häufig spielen beispielsweise politische Überlegungen eine große Rolle. Die Bedeutung der USA als *safe haven* hat immer wieder Anleger veranlasst, bei politischen Störungen außerhalb der amerikanischen Hemisphäre ihre Finanzanlagen zumindest teilweise in Dollaranlagen umzuschichten, auch wenn rein ökonomische Gründe nicht dafür gesprochen haben. So kann beispielsweise die Stärke des US-Dollars anfangs der achtziger Jahre als Einfluss der Präsidentschaft Reagans gewertet werden. Von dem neuen Präsidenten versprach man sich, nicht zuletzt aufgrund seiner Rüstungspläne, einen nachhaltigen Wirtschaftsaufschwung in den USA, so dass internationale Anleger bereit waren, sich aufgrund ihrer Erwartungen stärker im Dollar zu engagieren als es nach den vorliegenden Fundamentaldaten angeraten gewesen wäre. Der Höhenflug hielt 5 Jahre an, bis 1985 Gorbatschow sowjetischer Generalsekretär wurde und sich eine deutliche politische Entspannung zwischen den Blöcken abzeichnete (vgl. Abbildung 6.3).

6.1.4 Wechselkurssicherung im Unternehmen

Wenn Unternehmen Außenhandel betreiben, so sind sie im allgemeinen mit dem Problem konfrontiert, von einer Währung in eine andere tauschen zu müssen. In den sechziger Jahren konnte sich ein deutsches Unternehmen auf relativ stabile Wechselkurse einstellen, der Dollar war beispielsweise über viele Jahre vier DM wert. In den siebziger Jahren änderte sich die Situation dramatisch. Mit der Freigabe der Wechselkurse stiegen währungsrelevante Chancen aber vor allem auch die Risiken im Außenhandelsgeschäft. Geht man davon aus, dass ein Unternehmen außerhalb des Bankensektors i. allg. keine Spekulationsgeschäfte betreiben will, so stellt die hohe Volatilität der Wechselkurse eher ein Risiko dar, das man ausschalten möchte. Welche Möglichkeiten der **Wechselkurssicherung** bieten sich?

Eine einfache aber schlechte Lösung, Währungsrisiken zu vermeiden, ist die, auf Außenhandel zu verzichten. Auch die Option, die zukünftige Wechselkursentwicklung einfach abzuwarten und sich überraschen zu lassen, wollen wir als die Einstellung des Hasardeurs nicht weiter berücksichtigen. Vernünftig erscheint diese Taktik nur, wenn Ausgaben in einer Währung entsprechende Einnahmen von ungefähr gleicher Höhe und ähnlicher Fristigkeit gegenüberstehen. Auch das Kompensationsgeschäft, also der direkte Warentausch, gilt nicht gerade als moderne Form des Außenhandels.

Die beste Lösung ist, Außenhandelsgeschäfte grundsätzlich in heimischer Währung abzurechnen. Diese Methode setzt aber eine starke Marktposition voraus und kann nicht immer angewandt werden. Eine Alternative besteht darin, Direktinvestitionen im Zielland zu tätigen und im Fremdwährungsraum zu produzieren.

Häufig werden Unternehmen Fremdwährungen bei der Fakturierung ihrer Ex- oder Importe akzeptieren müssen. Wie kann sich ein Unternehmen in diesen Fällen gegen Wechselkursschwankungen schützen. Solche Maßnahmen, die Risiken aus Kursschwankungen zu verringern oder vermeiden, bezeichnet man als ***Hedging*** (engl. *to hedge* = [mit einer Hecke] umgeben, schützen).

Betrachten wir als Beispiel ein europäisches Exportunternehmen, das für eine Warenlieferung in drei Monaten einen Betrag von 100.000,- US$ zu erhalten hat. Der heutige Kurs, der der Angebotskalkulation zugrunde liegt, sei 1,30 $/€. Es besteht nun das Risiko einer zwischenzeitlichen Euro-Aufwertung, z.B. auf 1,40 $/€ oder noch weiter, so dass der Unternehmer gegenüber seiner heutigen Kalkulation auf jeden Dollar zehn Cent verlöre. Gegen ein solches Risiko kann man sich absichern. Grundsätzlich muss aber festgehalten werden, dass Kurssicherung immer auch mit Kosten verbunden ist.

- *Fremdwährungskredit*:
  Die Kurssicherung besteht darin, einen Kredit über 100.000 $ für drei Monate aufzunehmen, den Betrag zum Kassakurs in Euro umzutauschen, und bei Eingang der Zahlung in drei Monaten den Kredit abzulösen. Den Zinskosten des Kredit steht die Zinsersparnis der sofort verfügbare Liquidität gegenüber.

- *Devisentermingeschäft*:
  Da das Unternehmen in drei Monaten einen Zahlungseingang von 100.000 $ erwartet, verkauft es diese Summe auf diesen Termin. Ein Wechselkursrisiko wird hier ausgeschlossen, da der Terminkurs bei Vertragsabschluss feststeht. Anstelle des Kassakurses muss der Terminkurs zur Grundlage der Kalkulation gemacht werden. Termingeschäfte haben den Vorteil, preiswert zu sein.

- *Devisenoptionsgeschäft*:
  Unter einer Option versteht man das *Recht*, eine Ware zu kaufen (Kaufoption, *call option*) oder zu verkaufen (Verkaufsoption, *put option*). Da unser Musterunternehmen in drei Monaten einen Zahlungseingang über 100.000 US$ erwartet, wird es eine Verkaufsoption erwerben. Das Unternehmen erwirbt eine Option, 100.000 US$ an einen Partner, den sog. *Stillhalter*, zu einem festgesetzten Wechselkurs (*Basispreis*) zu verkaufen. Dafür muss eine *Optionsprämie* (Optionspreis) entrichtet werden. Sollte bei Fälligkeit in drei Monaten der Kassakurs über dem Basispreis liegen, so kann das Unternehmen die Option ggf. ver-

fallen lassen und zum günstigeren Kassakurs tauschen. Im anderen Fall wird es die Option wahrnehmen. Der Nachteil dieser Art der Kurssicherung liegt in den gegenüber dem Termingeschäft im allgemeinen höheren Kosten. Die Optionsprämie kann in einer Größenordnung von 8% des Basispreises liegen. Der Vorteil der Optionsgeschäfte liegt in einer größeren Flexibilität, sollte statt der erwarteten Euro-Aufwertung im Gegenteil eine Abwertung eintreten, kann das Unternehmen unter Verzicht auf die Ausübung der Option sogar noch verdienen. Ein weiterer Vorteil des Optionsgeschäfts besteht in der Risikominimierung bzgl. des Zahlungsausfallrisikos. Sollte es nämlich wirklich zu einem Zahlungsausfall kommen, braucht die Option ja nicht eingelöst zu werden.

- *Forfaitierung*:

  Der Begriff Forfaitierung leitet sich ab aus dem französischen *a forfait* und bedeutet „in Bausch und Bogen". Es handelt sich hier um den Verkauf einer Forderung an einen Dritten, den sog. Forfaiteur, der das volle Risiko der Forderung übernimmt. In erster Linie werden solche Forderungsverkäufe getätigt, um sich gegen die schon angesprochenen drohenden Zahlungsausfallrisiken abzusichern. Ein Nebeneffekt kann aber auch die Ausschaltung jeglichen Wechselkursrisikos sein.

Bei einem Importgeschäft kehren sich die Verhältnisse entsprechend um. Statt einen Fremdwährungskredit aufzunehmen tätigt man eine *Fremdwährungsanlage*. Man wechselt den in Zukunft zu zahlenden Devisenbetrag bereits heute zum bekannten Kassakurs ein und legt den Betrag an. Bei Fälligkeit wird die Anlage aufgelöst und die Zahlung geleistet. Die Kosten bestehen in dem Verzicht auf Liquidität, denen allerdings die Zinseinkünfte gegenüber stehen.

Das *Devisentermingeschäft* besteht bei einer Importverpflichtung nicht im Terminverkauf sondern im Kauf von Devisen zum bekannten Terminkurs.

Das *Devisenoptionsgeschäft* ändert sich insoweit als man keine *put option* sondern eine *call option* erwirbt, also das Recht, Devisen zum Basispreis zu kaufen. Sollte zwischenzeitlich eine unerwartete Euro-Aufwertung eintreten so kann man die Option verfallen lassen und die benötigten Devisen zum günstigeren Kassakurs erwerben.

6.2 Außenwirtschaftliches Gleichgewicht

Nachdem im zweiten Abschnitt dieses Buches die Zahlungsbilanz definiert wurde und wir uns im vorhergehenden Abschnitt mit Devisenmärkten beschäftigt haben, kann nun das Problem des Zahlungsbilanzausgleichs genauer angegangen werden. Es geht dabei um die Beantwortung der Frage, ob es bei Störung eines Zahlungsbilanzgleichgewichts eine Tendenz hin zu einem neuen Gleichgewicht gibt. Wir beschränken uns auf die Analyse einer vom Gütermarkt ausgehenden Störung, also eines plötzlichen Leitungsbilanzüberschusses oder -defizits.

6.2.1 Zahlungsbilanzausgleich

Bei der Analyse von Zahlungsbilanzungleichgewichten i. allg. und Leistungsbilanzungleichgewichten im besonderen muss man unterscheiden, ob ein Festkurssystem vorliegt, oder ob die Kurse frei schwanken können.

Da Festkurssysteme in der heutigen Wirklichkeit keine Bedeutung mehr haben, sei nur kurz angemerkt, dass es bei einer Störung eines Zahlungsbilanzgleichgewichts in einem Festkurssystem Mechanismen gibt, die unter bestimmten Voraussetzungen zu einem neuen Gleichgewicht führen.

Betrachten wir ein System flexibler Wechselkurse, wie es heute zwischen den wichtigsten Währungen der Welt, dem US-Dollar, dem japanischen Yen und dem Euro existiert. Der Zahlungsbilanzausgleich kommt hier durch eine wechselkursinduzierte Anpassung der relativen Preise zwischen Ländern zustande. In einem Zwei-Länder-Modell wird unterstellt, dass Preisänderungen entsprechende Nachfrageänderungen nach sich ziehen.

Defizitland		***Überschussland***
Devisenabfluss		*Devisenzufluss*
	↓	
Abwertung		*Aufwertung*
	↓	
Relative Verbilligung inländischer Güter		*Relative Verteuerung inländischer Güter*
	↓	
Aktivierung der Zahlungsbilanz		*Passivierung der Zahlungsbilanz*

6.2.2 Terms of Trade

Als **Terms of Trade** (tot) bezeichnet man das Verhältnis von Export- zu Importpreisen, das man in der Praxis durch entsprechende Indizes mit gleichem Basisjahr misst:

$$\mathrm{tot}(t) = \frac{P_{Ex}(t)}{P_{Im}(t)} \cdot 100 \qquad (6.7)$$

Dabei bezeichnet P_{Ex} den Exportpreisindex und P_{Im} den Importpreisindex, beide auf Basis der heimischen Währung. Es wird unterstellt, dass die Indizes in Zähler und Nenner sich auf die gleiche Basisperiode beziehen. Dann werden die Terms of Trade ebenfalls als Index mit eben dieser Basisperiode dargestellt.

Eine Verschlechterung der Terms of Trade bedeutet, dass die Importpreise in heimischer Währung gemessen schneller als die Exportpreise steigen. Um die gleiche Menge Importgüter beschaffen zu können, muss die Volkswirtschaft nun mehr Exportgüter bereitstellen. Das *reale Austauschverhältnis*, dies die deutsche Übersetzung für Terms of Trade, hat sich also für das Land mit den verringerten Terms of Trade verschlechtert.

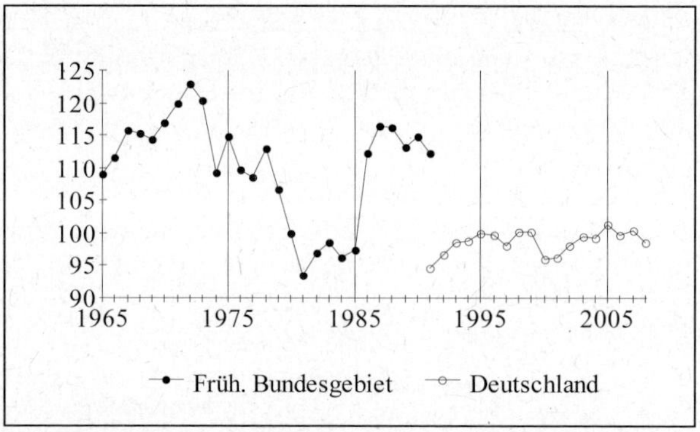

Quelle: Deutsche Bundesbank

Abb. 6.4: Entwicklung der Terms of Trade für Deutschland

In der Bundesrepublik war im Zeitraum 1973 bis 1981 im Trend ein Rückgang der tot zu verzeichnen (Abbildung 6.4). Ursache hierfür waren im wesentlichen die beiden Ölpreiskrisen von 1973 und 1979. Von Beginn bis Ende der achtziger Jahre hat sich das reale Austauschverhältnis für die Bundesrepublik dagegen im Trend ständig verbessert und zeigt seitdem geringe Schwankungen.[14] [15]

Welche Bedeutung haben die Terms of Trade letztlich für eine Volkswirtschaft? Eine Erhöhung der Terms of Trade bedeutet unter sonst gleichen Bedingungen, dass für eine bestimmte Menge an Ausfuhrgütern eine größere Menge an Einfuhrgütern erworben werden kann. Bei gegebenem Faktorbestand steigt also quasi das reale Inlandsprodukt. Damit wirkt eine Erhöhung der Terms of Trade wie eine Erhöhung der Produktivität und vergrößert somit den Verteilungsspielraum. Die umgekehrte Argumentation gilt für ihre Verschlechterung. In Tarifverhandlungen sollten deshalb auch regelmäßig die Veränderung der Terms of Trade Berücksichtigung finden.

Am Beispiel des realen Austauschverhältnisses zeigen sich wieder einmal die Fallstricke der ceteris-paribus-Klausel. Man darf nämlich nicht ohne weiteres schließen, dass eine Aufwertung über die Erhöhung der Terms of Trade grundsätzlich zu einer Wohlfahrtsverbesserung im Inland führt. Wie wir bereits überlegt haben, kann unter der Voraussetzung preiselastischen Nachfrageverhaltens die Aufwertung zu einem Leistungsbilanzrückgang, also zu einem geringeren Außenbeitrag und somit zu einem geringeren Nationaleinkommen führen.

6.2.3 Abwertungsstrategie

Besondere Bedeutung kommt dem preiselastischen Verhalten der Nachfrager in beiden Ländern unserer Zwei-Länder-Welt zu. Wirkt in einem Festkurssystem der Anpassungsmechanismus nicht in gewünschter Weise (überhaupt nicht oder nicht ausreichend) so galt lange Zeit - in einem Festkurssystem - eine Abwertung als Allheilmittel. Die Abwertung wird im Rahmen der *Wechselkurspolitik* zu einem Instrument der *Zahlungsbilanzpolitik*.

[14] Der Sprung in den Reihen ist nicht nur durch die Gebietsstandsänderung, sondern vorrangig durch einen Basiswechsel verursacht.

[15] Im Zeitraum 1965 bis 1990 betrug die Standardabweichung 7,9 Indexpunkte, seit 1991 liegt sie bei 1,7.

Das Instrument der Abwertung ist aber nicht immer erfolgreich. Das auf den englischen Ökonomen ALFRED MARSHALL und seinen amerikanischen Kollegen ABBA LERNER zurückgehende **Marshall-Lerner-Theorem** besagt, dass ein Leistungsbilanzausgleich aufgrund von wechselkursbedingten Preisänderungen nur eintritt, wenn die folgende Bedingung gilt:

$$|\eta_A| + \frac{Ex}{Im} \cdot |\eta_I| > 1 \tag{6.8}$$

gilt. Dabei sind η_A und η_I die Nachfrageelastizitäten im In- und Ausland. Ex und Im bezeichnen die in heimischer Währung bewerteten Exporte und Importe vor der Abwertung.

Betrachten wir hierzu ein Beispiel: Ein Land, Inland genannt, mit der Währungseinheit WE habe seine Währung einseitig an den Dollar gebunden. Im Inland sei die Preiselastizität der Importnachfrage η_I = -0,25, im Ausland betrage sie η_A = -0,5. Das Inland weise folgende Leistungsbilanz auf:

Exporte	500 WE
Importe	600 WE
Saldo	-100 WE

Der Wechselkurs sei wk = 2 WE/$. Die Währung wird in der Hoffnung, die Leistungsbilanz zu verbessern, um 10% auf 2,20 WE/$ abgewertet. Unter sonst unveränderten Bedingungen resultiert hieraus aus Sicht des Inlands eine 10%ige Verteuerung ausländischer Güter und aus Sicht des Auslands eine 10% Verbilligung von Importgütern. Auf die 10%ige Verbilligung der inländischen Produkte reagiert das Ausland mit einer 5%igen Nachfragesteigerung. Die Exporte steigen also auf 525 WE an (Man beachte, dass die inländischen Preise unverändert bleiben, so dass sich aus Sicht des Inlands nur die Mengenkomponente ändert!). Die Inländer reagieren auf die 10%ige Verteuerung der Auslandswaren mit einem 2,5%igen Nachfragerückgang nach diesen Gütern. Die Importe steigen also um 7,25% auf 643,5 WE an (10%iger Preisanstieg und 2,5%iger Mengenrückgang). Der Leistungsbilanzsaldo nach der Abwertung ist gleich -118,5 WW, also größer als zuvor. Die Ursache liegt natürlich in der unelastischen Nachfragereaktion. Die Auslandsnachfrage steigt zu schwach und die Inlandsnachfrage nimmt nicht stark genug ab, um den Preiseffekt aus der Abwertung zu kompensieren. Die Abwertung der heimischen Währung ist hier also ein ungeeignetes Mittel.

Aber selbst wenn die Marshall-Lerner-Bedingung[16] erfüllt sein und eine Abwertung die Leistungsbilanz verbessern sollte, ist diese Maßnahme kein unproblematisches Mittel. Eine Abwertung verschlechtert cet. par. die Terms of Trade. Das abwertende Land muss also nun mehr Güter für den Export bereitstellen, um die gleiche Gütermenge wie vorher zu importieren.

Der aus der Abwertung resultierende Anstieg der Importpreise kann mehr oder weniger schnell auf das Preisniveau der Konsumgüter, das i. allg. als Gradmesser für die Inflation dient, durchschlagen. Eine Abwertung kann also eine Inflation auslösen oder eine bereits bestehende Inflation verstärken. Dieser Effekt kann durch die Mengenwirkung der Abwertung verstärkt werden. Führt die Abwertung nämlich tatsächlich, wie erhofft oder erwartet, zu einer Zunahme der Exporte und einer Verringerung der Importe, so verschlechtert sich die heimische Marktversorgung mit Gütern, was ebenfalls, bei gegebener Nachfrage, tendenziell einen Preisanstieg auslösen kann.

[16] Die Marshall-Lerner-Bedingung unterstellt unendlich elastisches Angebotsverhalten. Eine theoretische überzeugendere Lösung unter Berücksichtigung endlicher Angebotselastizitäten im In- und Ausland hat die englische Ökonomin JOAN ROBINSON (1903 - 1983) angegeben.

Die bisherige Analyse war komparativ statischer Natur. Auch unter einem dynamischen Aspekt ist die Abwertung nicht unproblematisch. Es ist durchaus plausibel, anzunehmen, dass die Preiselastizität der Nachfrage auch von der betrachteten Frist abhängt. Kurzfristig wird ein eher unelastisches Verhalten der Importnachfrage zu erwarten sein. Verträge sind geschlossen und werden i. allg. selbst bei einer wechselkursbedingten Preisänderung erfüllt werden. Erst mit einer gewissen Zeitverzögerung wird man dann auf veränderte Preisrelationen reagieren und der Leistungsbilanzsaldo (LBS) sich aktivieren. Dieses Phänomen ist - im Fall der Abwertung - als **J-Kurven-Effekt** bekannt.

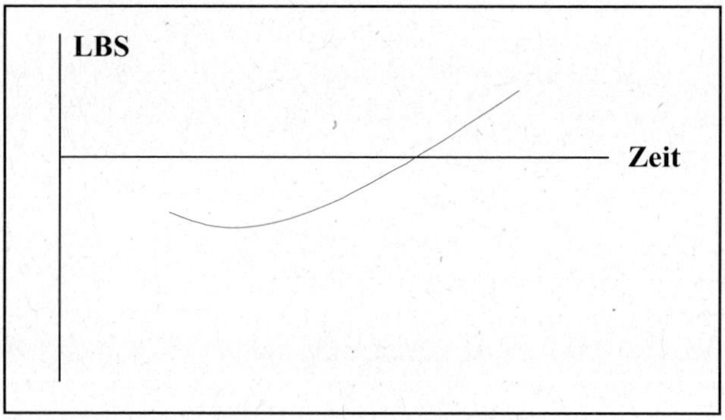

Abb. 6.5: J-Kurven-Effekt

Bei kurzfristig unelastischem Nachfrageverhalten kann zunächst (vgl. Abbildung 6.5) eine Verschlechterung der Leistungsbilanz eintreten und erst mit einer gewissen Zeitverzögerung, nach Zunahme der Nachfrageelastizitäten für Importgüter im In- und Ausland, ergibt sich eine allmähliche Verbesserung der Leistungsbilanz.

Abgesehen von falschem Nationalstolz - eine Abwertung wird häufig als ‚nationale Schande' empfunden - liegt in den vorstehend geschilderten Wirkungen der Abwertung der Grund, warum Staaten häufig versuchen, die Abwertung als Instrument zur Sanierung der Leistungsbilanz zu umgehen und andere außenhandelspolitische Lösungen, z.B. Importdrosselung durch protektionistische Maßnahmen,[17] Austeritätspolitik[18] oder Exportförderung, suchen.

6.3 Einflussgrößen der Außenhandelsströme

Erklärungsansätze für internationale Handelsströme kann man in ökonomische und außerökonomische unterteilen. Der wichtigste ökonomische Grund dürfte im Preisvorteil eines Gutes liegen. Hier ist insbesondere auch der Fall zu subsumieren, dass ein Gut im Inland gar nicht verfügbar ist, da die notwendigen Produktionsfaktoren, insbesondere des Faktors Boden, fehlen. Südfrüchte, die ein bestimmtes Klima benötigen, können in Mittel- oder Nordeuropa im allgemeinen nicht oder nur zu hohen Kosten in Treibhäusern erzeugt werden. Vorkommen von Bodenschätzen sind regional ungleich verteilt. Ein Land, welches keine Ölvorkommen hat, kann auch kein Rohöl fördern.

[17] Hierzu mehr in Abschnitt 6.4.

[18] Unter Austeritätspolitik versteht man eine bewusste Senkung des Volkseinkommens, z.B. mit dem Ziel die Importe zu drosseln. Salopp ausgedrückt ist dies eine Politik des " Gürtel-enger-Schnallens!"

Ein an Rohstoffen armes Land, wie etwa Japan, muss diese importieren. Da Importe entweder mit anderen Gütern oder mit konvertierbarer Währung zu bezahlen sind, setzt der Wunsch zu importieren die Fähigkeit zum Export voraus.[19] Ein Land wie Japan (das gleiche Argument gilt weitgehend für Deutschland) muss also Güter bereitstellen, die das Ausland aus welchen Gründen auch immer bereit ist abzunehmen.

Konkurriert man mit seinen Produkten gegen andere Güter, so muss man versuchen, billiger zu produzieren, um im Preiswettbewerb zu bestehen. Japan, um bei diesem Beispiel zu bleiben, importiert Rohstoffe, veredelt die Rohstoffe im inländischen Produktionsprozess zu neuen Gütern und exportiert einen Teil dieser Güter zu Preisen, die unter den Preisen der Konkurrenten liegen.

Häufig ist es aber nicht nur der Preis, der Warenströme erklärt. Warum kauft ein Deutscher einen italienischen Sportwagen und ein Italiener einen deutschen? Warum kauft ein Pfälzer französischen Wein und ein Schotte deutschen Kornbrand? Die Konsumenten betreiben allgemein Produktdifferenzierung, in die auch ausländische Produkte einbezogen sind, bei der der Preis nicht mehr das allein bestimmende Merkmal ist.[20] Image, Serviceleistungen, Zuverlässigkeit, Qualität und andere Merkmale sind weitere wichtige Entscheidungskriterien für den Erwerb eines Produkts.

Beim Warenaustausch, bei dem unterschiedliche Güter getauscht werden (z.B. Import von Rohstoffen und Export von Fertigerzeugnissen), spricht man von **interindustriellem Handel**. Im sog. **intraindustriellen Handel** werden dagegen ähnlich Güter mit hohem Substitutionsgrad gehandelt. Der interindustrielle Handel dominiert vor allem zwischen Ländern unterschiedlicher Entwicklungsstufen (Industrie- und Entwicklungsländer), während der Handel der Industrieländer untereinander, aber auch ihr Handel mit den Schwellenländern, eher intraindustrieller Natur ist.

6.3.1 Theorie der komparativen Kosten

Einen wichtigen Beitrag zur Erklärung von Handelsströmen lieferte der englische Ökonom David Ricardo (1772 - 1823)[21] mit seiner **Theorie der komparativen Kosten**. Es ging seinerzeit um die Frage, ob es sich aus englischer Sicht lohne, dass Portugal und England Tuch und Wein handelten, obwohl Portugal beide Güter billiger herstellen konnte. Ricardo beantwortete die Frage, indem er in einem Zwei-Länder-Zwei-Güter-Modell nachwies, dass nicht absolute sondern relative Kostenunterschiede für die Vorteilhaftigkeit von Handel entscheidend seien.[22]

Ricardo vergleicht auf der Basis seiner Arbeitswertlehre[23] den Wert der Produkte (Tuch und Wein) in England und in Portugal. Sowohl für den Produktionsfaktor Arbeit als auch für die

[19] Natürlich könnte man internationale Kredite aufnehmen. Diese werden aber nur gewährt, wenn Aussicht auf Rückzahlung besteht, d.h. das betreffende Land muss in der Lage sein Devisen zu verdienen, also letztlich zu exportieren.

[20] Hiermit zu vergleichen ist das Phänomen, dass ein Pfälzer Frankenwein trinkt oder ein Kölner bayerisches Bier bevorzugt.

[21] David Ricardo zählt zu den herausragenden Vertretern des angelsächsischen Liberalismus; vgl. Kapitel 7.

[22] Letztlich war es dann aber doch nicht die brillante Analyse Ricardos, die zur entsprechenden Aufnahme von Handel zwischen beiden Ländern führte, sondern die Tatsache, dass England aufgrund des von Napoleon verhängten Embargos (Kontinentalsperre) von seinen traditionellen Weinlieferanten in Frankreich abgeschnitten war.

[23] Siehe hierzu Abschnitt 7.5.

beiden Güter sei Homogenität unterstellt, so dass volle Vergleichbarkeit gegeben ist. Die Tabelle 6.1 zeigt dann die Anzahl der Arbeitseinheiten, die in beiden Ländern zur Herstellung jeweils einer Einheit der Güter notwendig ist.

Tabelle 6.1: Kosten der Wein- und Tuchherstellung in England und Portugal

	Wein	Tuch
England	120	100
Portugal	80	90

England benötigt beispielsweise zur Erzeugung einer Mengeneinheit Wein (ME_W) 120 Arbeitseinheiten, während Portugal nur 80 Einheiten benötigt (wie auch immer die Einheiten gemessen werden, sie müssen vor allem vergleichbar sein). Aus diesen Angaben lassen sich die Opportunitätskosten der Weinherstellung in Mengeneinheiten Tuch (ME_T) ausgedrückt für beide Länder errechnen. Will England eine zusätzliche Einheit Wein herstellen, so muss es, Vollbeschäftigung vorausgesetzt, 120 Arbeitseinheiten aus der Tuchherstellung abziehen und reduziert damit seine Tuchproduktion um 1,2 Einheiten. Der Preis der Weinherstellung beträgt somit 1,2 Einheiten Tuch, also:

$$P_W^E = 1{,}2\ [ME_T/ME_W]$$

Will Portugal eine Einheit Wein zusätzlich herstellen, muss es 80 Arbeitseinheiten aus der Tuchproduktion abziehen und damit auf die Erzeugung von 8/9 = 0,89 Einheiten Tuch verzichten, also gilt:

$$P_W^P = 0{,}89\ [ME_T/ME_W]$$

Die Opportunitätskosten der Weinherstellung sind damit in Portugal niedriger als in England. Portugal hat die niedrigeren *komparativen Kosten* in der Weinherstellung im Vergleich zu England. Dies impliziert natürlich sofort, dass in England die Tucherstellung *relativ* günstiger ist. Man braucht dann ja nur die entsprechenden Kehrwerte zu betrachten.

Noch leichter vergegenwärtigt man sich die relativen Kostenunterschiede, wenn man die direkten Quotienten der absoluten Kosten bildet. Eine Einheit Wein herzustellen ist in England 50% teurer als in Portugal, während die Produktion einer Einheit Tuch nur 11% mehr kostet. Hieraus folgt ebenfalls sofort, dass England den komparativen Kostenvorteil in der Tuchherstellung hat.

Beide Länder können einen Vorteil aus dem Handel ziehen, wenn jedes Land sich auf die Erzeugung des Gutes spezialisiert,[24] für das es einen komparativen Kostenvorteil aufweist. Man überlegt leicht, dass das internationale Tauschverhältnis (relativer Preis) zwischen den Opportunitätskosten beider Länder liegen muss. Der Tauschpreis sei:

$$P_W = 1\ [ME_T/ME_W]$$

Portugal erhielte dann für eine Einheit Wein eine Einheit Tuch. Bei Eigenproduktion könnte es aber unter Verzicht auf eine Einheit Wein nur 8/9 Einheiten Tuch produzieren. Der Tausch lohnt sich für Portugal, wenn der Tauschpreis mindestens gleich den eigenen Opportunitäts-

[24] Es wird eine konstante Grenzrate der Transformation unterstellt (vgl. Abschnitt 3.4); diese Voraussetzung ist aber, wie der englische Ökonom JAMES MEADE (1907 – 1995; Nobelpreis 1977) zeigen konnte, nicht wesentlich für das Modell. Auch unter Ricardianischen Prämissen muss die Spezialisierung nicht vollständig sein.

kosten ist. Umgekehrt lohnt sich der Tausch für England, wenn der Preis unter den heimischen Opportunitätskosten liegt. Bei einem Preis von $P_W = 1$ muss England nur eine Einheit Tuch geben, um eine Einheit Wein zu erlangen. Bei Eigenproduktion müsste England dagegen auf 1,2 Einheiten Tuch verzichten. Sobald der Preis den Bereich zwischen $^8/_9$ und 1,2 Einheiten Tuch pro Einheit Wein verlässt, lohnt sich der Handel für eines der beteiligten Länder nicht mehr. Bei einem Preis von $P_W = 1{,}5$ [ME_T/ME_W] bekäme Portugal für eine Einheit Wein 1,5 Einheiten Tuch. Ein lohnendes Geschäft! Für England würde sich der Tausch allerdings nun nicht mehr lohnen. Entsprechend kehren sich die Verhältnisse um, wenn das Tauschverhältnis unter 0,89 Einheiten Tuch je Einheit Wein sinkt.

Welcher Preis sich letztlich einstellen wird, lässt sich aus der eben dargestellten Analyse nicht herleiten. Um diesen festzustellen, müsste man die Nachfrageverhältnisse in beiden Ländern in die Betrachtung aufnehmen. Dies sprengt aber den Rahmen eines einführenden Lehrbuches. Statt dessen soll der oben beschriebene Handelsvorteil vereinfacht grafisch für ein Land - etwa England - dargestellt werden (Abbildung 6.9). Nehmen wir an, England verfüge über 24.000 Arbeitseinheiten, dann kann England maximal 200 Einheiten Wein oder 240 Einheiten Tuch herstellen, oder England teilt seine Arbeitsressourcen zur Erzeugung beider Güter auf. Damit erhalten wir für England die Transformationskurve:[25]

$$24.000 = 120 \cdot ME_W + 100 \cdot ME_T$$

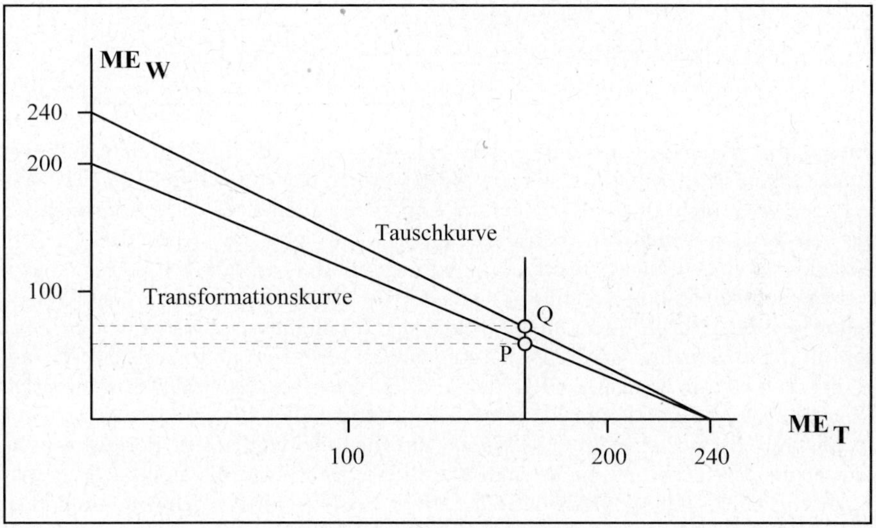

Abb. 6.6: Handelsvorteile

Wir unterstellen, dass England zur Eigenversorgung 168 Einheiten Tuch herstellen muss. Mit den verbleibenden Arbeitseinheiten können dann 60 Einheiten Wein erzeugt werden. Nehmen wir nun an, England und Portugal entschließen sich, Handel zu treiben und der Weltmarktpreis möge, wie im obigen Beispiel, $P_W = 1$ sein. Bei voller Spezialisierung erzeugt England dann 240 Einheiten Tuch. 168 Einheiten bleiben für die heimische Versorgung im Land, die restlichen 72 Einheiten können nun gegen 72 Einheiten Wein getauscht werden. Anstelle der Güterkombination P kann jetzt der Punkt Q realisiert werden, der für die englischen Verbrau-

[25] Vgl. Abschnitt 3.4.

cher ein höheres Nutzenniveau repräsentiert.[26] Ähnliche Überlegungen könnte man für Portugal anstellen.

Nun ist gegen die Theorie eingewandt worden, sie sei ungültig, wenn ein Land beide Güter, in Geldeinheiten gleicher Währung bewertet, billiger anbieten kann. Nehmen wir an, Portugal könne beide Güter, Tuch und Wein, zu niedrigeren Geldpreisen, z.B. auf englische Pfund umgerechnet, anbieten. Selbstverständlich werden Engländer dann *beide* Güter in Portugal kaufen wollen. Unterstellt man nun, dass die Güterpreise oder der Wechselkurs flexibel sind, so werden die Geldpreise in Portugal aufgrund der stärkeren Nachfrage steigen und in England, wegen der sich abschwächenden Nachfrage fallen. Andererseits steigt die Nachfrage nach portugiesischer Währung, so dass der Escudo gegenüber dem britischen Pfund aufwertet. Es wird also immer zu einem Ausgleich der Geldpreise in gleicher Währung kommen, bis der absolute Preisvorteil bei einem Gut verloren geht. Betrachten wir hierzu ein Beispiel. Es seien die in Tabelle 6.2 dargestellten Güterpreise gegeben. Wir unterstellen einen Wechselkurs von 4 £/1000 Esc.

Tabelle 6.2: Geldpreise für Tuch und Wein vor Aufnahme von Handel

Preise	Wein	Tuch
England (£)	1,2	1
Portugal (Esc)	160	180
Portugal (£)	0,64	0,72

Portugal hat also gegenüber England bei beiden Gütern einen *absoluten* Preisvorteil, weshalb die Engländer beide Güter in Portugal nachfragen werden. Nehmen wir der Einfachheit halber an, die Preise seien nicht flexibel, so dass die Anpassung alleine aus dem Wechselkurs resultiert. Es kommt also wegen der englischen Importe und der damit verbundenen Nachfrage nach Escudos zu einer Pfund-Abwertung. Sobald das Pfund auf 5,56 £/1000 Esc abgewertet hat, erlischt der absolute Preisvorteil Portugals bei Tuch, denn bei diesem Wechselkurs kostet die Einheit portugiesischen Tuchs nun 1 Pfund und es bleibt nur der Preisvorteil bei Wein bestehen. In dieser Situation wird von den Engländern nur noch portugiesischer Wein nachgefragt, da Tuch jetzt in beiden Ländern den gleichen Preis hat. Es wird also weiterhin zu einem Überangebot an Pfund kommen, so dass das Pfund weiter abwertet. Im Endeffekt übersteigt schließlich der portugiesische *Geldpreis* für Tuch den englischen. Portugiesen werden also jetzt englisches Tuch und damit englische Pfund nachfragen. Es stellt sich cet. par. ein Gleichgewichtswechselkurs - vielleicht 6,5 £/1000 Esc[27] - ein, bei dem die Geldpreise die realen Austauschverhältnisse widerspiegeln (Tabelle 6.3).

Tabelle 6.3: Geldpreise für Tuch und Wein nach Aufnahme von Handel

Preise	Wein	Tuch
England (£)	1,2	1
Portugal (Esc)	160	180
Portugal (£)	1,04	1,17

[26] Dabei unterstellen wir, dass der Grenznutzen der zusätzlich konsumierbaren Weinmenge positiv ist.
[27] Auf jeden Fall wird der Kurs weniger als 7,5 £/1000 Esc betragen.

6.3.2 Faktorproportionentheorem

Ricardos Theorem leidet an der unrealistischen Voraussetzung **konstanter Grenzraten der Transformation**. Angenommen, Portugal spezialisiert sich auf Wein, dann werden zunehmend schlechtere Böden bebaut werden müssen, die einen immer geringeren Hektarertrag abwerfen. Dies bedeutet, dass sich die Opportunitätskosten mit zunehmendem Weinanbau erhöhen, die **Transformationskurve** somit konkav zum Ursprung ist (vom Ursprung weg gewölbt).

Die Bodenrente (der Gewinn) der Besitzer der Altböden – in Tucheinheiten ausgedrückt – steigt, was einen **Anstieg** der ***Terms of Trade*** in Portugal bedeutet.

Außerdem werden im Ricardo-Theorem unterschiedliche Opportunitätskosten der Güterherstellung vorausgesetzt ohne zu fragen, wie sie zustande kommen. Die Antwort auf diese Frage gaben zwei schwedische Ökonomen, ELI HECKSCHER (1879 - 1952) und BERTIL OHLIN (1899 - 1979) in einer Hypothese, welche unter dem Namen **Faktorproportionentheorem** (oder *Heckscher-Ohlin-Theorem*) bekannt ist. Es besagt im wesentlichen, dass die relative Ausstattung mit den Produktionsfaktoren Arbeit und Kapital für unterschiedliche Opportunitätskosten verantwortlich ist. Auch HECKSCHER und OHLIN unterstellen das Modell einer Zwei-Länder-Zwei-Güter-Welt.

- Seien L und K die Produktionsfaktoren Arbeit und Kapital. Die beiden Länder seien A (Ausland) und I (Inland) und die Güter mögen mit G_k und G_a bezeichnet werden. Gut G_k soll im Gegensatz zu Gut G_a kapitalintensiv hergestellt werden, d.h. zur Erzeugung von G_k benötigt man relativ viel Kapital und für G_a relativ viel Arbeit. In den folgenden nGrafiken bezeichnen q_a und q_k die entsprechenden Gütermengen. Beide Güter werden in beiden Ländern mit *jeweils der gleichen Technologie* erzeugt. Ferner sei A relativ[28] reichlich mit Kapital, I dagegen mit Arbeit ausgestattet, d.h. es gelte:

  $$\frac{K_A}{L_A} > \frac{K_I}{L_I}$$

  Die Kapitalausstattung pro Arbeitseinheit (Personen oder Mannjahre) ist in A also höher als in I.
- Die Faktoren seien *innerhalb* der Länder *mobil*, *zwischen* den Ländern aber *immobil.*
- Der Güterhandel zwischen den Ländern sei frei.
- Die Konsumgewohnheiten in beiden Ländern sollen sich nicht sehr voneinander unterscheiden.
- Auf allen Märkten herrsche vollständige Konkurrenz.

Unter diesen Voraussetzungen besagt das Theorem, dass das kapitalreiche Land vorrangig das kapitalintensive und das arbeitsreiche Land vorrangig das arbeitsintensive Gut erzeugen und exportieren wird. In einem kapitalreichen Land wird Kapital im Vergleich zur Arbeit nämlich ein preiswerter Faktor sein, so dass ein kapitalreiches Land einen komparativen Kostenvorteil in der Herstellung des kapitalintensiven Gutes hat.

Das Heckscher-Ohlin-Theorem kann mit Hilfe von Transformationskurven verdeutlicht werden (Abbildung 6.7). Dabei unterstellen wir jetzt nicht mehr wie im Ricardo-Modell konstante

---

[28] Nicht die absolute, sondern die relative Faktorausstattung ist entscheidend!

sondern zunehmende Opportunitätskosten, die in dem zum Ursprung konkaven Verlauf der Transformationskurven zum Ausdruck kommen.

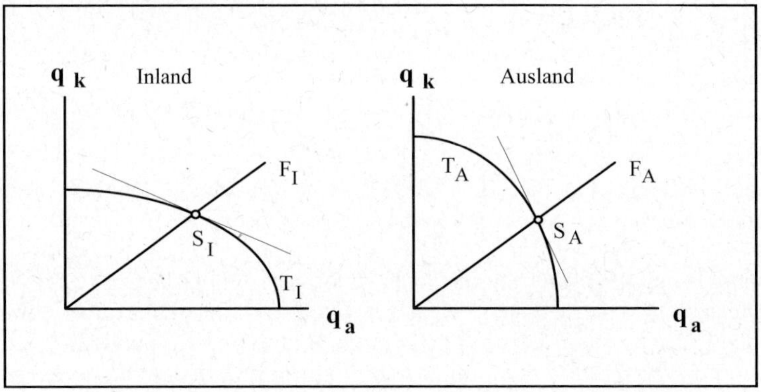

Abb. 6.7: Transformationskurven im In- und Ausland

Die unterschiedliche relative Faktorausstattung zeigt sich an den entsprechenden Achsenabschnitten der Transformationskurven des In- und Auslands. Unterstellen wir nun, die Konsumgewohnheiten beider Länder unterscheiden sich nicht sehr und nehmen an, dass das Verhältnis, in dem die Konsumenten beider Länder die Güter zu konsumieren wünschen, durch die Ursprungsgeraden F_I bzw. F_A beschrieben wird, so ergibt sich in Autarkie (vor Aufnahme von Außenhandel) für beide Länder der jeweilige Produktionspunkt (der auch Konsumpunkt ist!) S_I bzw. S_A. An den Tangentensteigungen in diesen Punkten kann man ablesen, dass die Opportunitätskosten der Herstellung von G_a im Inland niedriger als im Ausland sind (die entsprechende Tangente verläuft flacher).

Betrachten wir mit Hilfe einer Abbildung die Konsequenz aus der Aufnahme von Außenhandel (Abbildung 6.8). Der einheitliche Tauschpreis, der sich nach der Aufnahme von Außenhandel ergibt, muss zwischen den nationalen Opportunitätskosten liegen. Beide Länder passen ihre Produktion so an, dass die nationalen Opportunitätskosten dem einheitlichen Tauschpreis entsprechen. Folglich muss der inländische Produktionspunkt S'_I auf der Transformationskurve T_I rechts und der ausländische entsprechend links vom ursprünglichen liegen und zwar so weit, dass die jeweils erzeugten Überschussmengen exportiert und vom jeweils anderen Land als Importe absorbiert werden: $Ex_a = Im_a$ und $Ex_k = Im_k$.

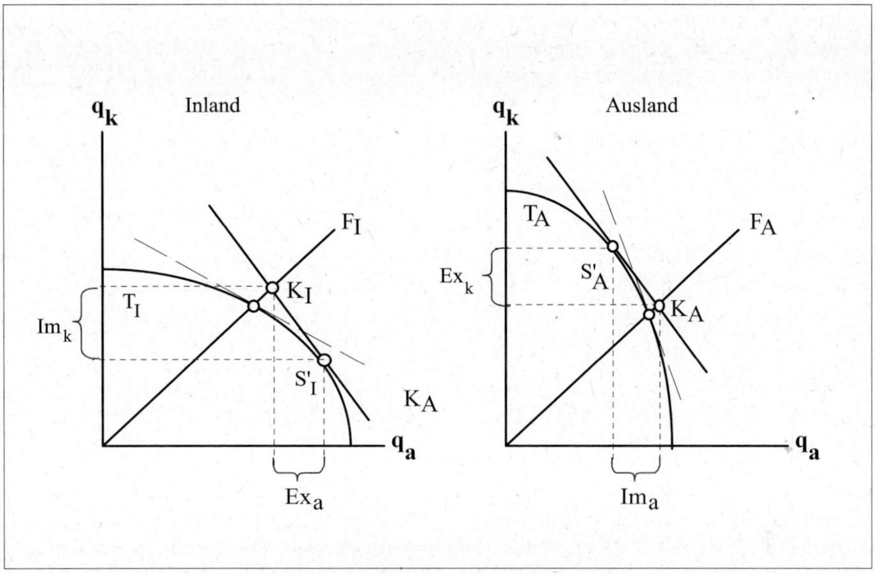

Abb. 6.8: Wirkung des Außenhandels

Die neuen Konsumpunkte K_I und K_A ergeben sich im Schnittpunkt der jeweiligen Ursprungsgeraden F mit den neuen Tangenten. Es können nun Konsumpunkte jenseits der Transformationskurven realisiert werden. Es zeigt sich wieder der Vorteil freien Außenhandels.

Das Heckscher-Ohlin-Theorem bietet einen Ansatz, den Handel zwischen Industrie- und Entwicklungsländern zu verstehen. Industrieländer sind im Vergleich zu den Entwicklungsländern reichlich mit Kapital ausgestattet. Die Entwicklungsländer erzeugen und exportieren dann vorrangig arbeitsintensive Güter, während die Industrieländer sich auf die Produktion kapitalintensiver Güter spezialisieren.

Als Konsequenz aus dem Heckscher-Ohlin-Theorem ergibt sich bei freiem Außenhandel, selbst bei völlig immobilen Produktionsfaktoren, eine Tendenz zum Faktorpreisausgleich, d.h. einer internationalen Anpassung von Realzinsen und Reallohn. Dieser als **Faktorpreisausgleichstheorem** bezeichnete Zusammenhang, der 1948 durch den amerikanischen Ökonomen PAUL SAMUELSON (* 1915) aufgestellt wurde, resultiert aus der sich verschiebenden Faktornachfrage. Wenn ein kapitalreiches Land gemäß dem Faktorproportionentheorem sich auf die Herstellung kapitalintensiver Güter spezialisiert, so steigt die Nachfrage nach Kapital und der Realzins nimmt im Verhältnis zum Reallohn zu. Umgekehrt verhält es sich in einem arbeitsreichen Land; dort wird der Reallohn in Relation zum Realzins steigen. Die Stärke der Anpassung hängt entscheidend vom Wettbewerbsgrad auf den Faktormärkten ab.

Das Faktorpreisausgleichtheorem wirft die Frage auf, warum in den Industrieländern dann trotz Zunahme des Welthandels in den vergangenen Jahrzehnten die Reallöhne wesentlich über denen der Entwicklungsländer liegen. Die Antwort liegt im raschen technischen Fortschritt der Industrieländer, der in Verbindung mit einer hohen Qualifikation des Faktors Arbeit zu einer deutlichen Zunahme der Arbeitsproduktivität geführt hat. Gleichzeitig bietet es einen Ansatz, die relativ hohe Arbeitslosigkeit der *unqualifizierten* Arbeit zu erklären. Diese steht in unmittelbarem Wettbewerb mit den weniger entwickelten Ländern und fällt als erste der Substitution heimischer Produkte durch wettbewerbsfähige Importprodukte zum Opfer.

Einen weiteren Kritikpunkt an der Wirksamkeit neoklassischer Modelle, nach der alle am Handel beteiligten davon profitieren müssten, lieferten der argentinischen Ökonomen RAÙL PREBISCH (1901 - 1985) und der englischen Ökonomen SIR HANS SINGER (1910 - 2006) mit einer im Jahre 1950 aufgestellten Hypothese, nach der sich die ***Terms of Trade*** der **Entwicklungsländer** zusehends verschlechtern. Diese Hypothese ist als **Prebisch-Singer-These** bekannt geworden:

- Die Entwicklungsländer haben vor allem **Rohstoffe** anzubieten (Agrarrohstoffe). Die **Einkommenselastizität** der Nachfrage nach diesen Gütern ist gering. Die Entwicklungsländer importieren **Fertigprodukte** aus den Industrieländern (Investitionsgüter), deren Einkommenselastizität aber hoch ist. Somit verschiebt sich die Nachfrage zugunsten der Industrieländer, deren ***Terms of Trade*** sich verbessern.
- Die Entwicklungsländer bieten relativ **homogene** Güter an, insofern ist der Wettbewerb hier härter als bei den heterogenen Produkten der Industrieländer.
- Der **Wettbewerbsgrad auf den Arbeitsmärkten** der Entwicklungsländer ist wegen fehlender Gewerkschaften und geringer Qualifikationsdifferenzen höher als auf denen der Industrieländer. Produktivitätsfortschritte in den Entwicklungsländern werden in Form von Preissenkungen an die Industrieländer weitergegeben, während sie in den Industrieländern zu Lohnsteigerungen führen. In einer **Rezession** sinken die Löhne in den Entwicklungsländern, in den Industrieländern stagnieren sie allenfalls.

Aus dieser **Armutsfalle** kommen die Entwicklungsländer nur heraus, wenn sie in Richtung Industrialisierung diversifizieren.

Auch in den traditionellen Industrieländern Europas scheinen ganze Branchen der Globalisierung zum Opfer zu fallen. Betrachtet man die Ergebnisse des Heckscher-Ohlin-Modells einmal genau, so wird klar, dass die Aufnahme von Außenhandel und, in einer sich dynamisch entwickelnden Welt, die Aufrechterhaltung des Handels, immer *Strukturwandel* erzwingt. Kurzfristig kann es in der Tat aufgrund dieses Strukturwandels zu Verlusten kommen und die Vorteile aus dem Handel stellen sich erst langfristig ein. Auf jeden Fall muss sich ein Land, will es langfristig vom Außenhandel profitieren, dem Strukturwandel stellen und ihn offensiv fördern, anstatt ihn zu beklagen und alte Strukturen verteidigen zu wollen.

6.4 Grundlagen der Außenwirtschaftspolitik

Die Außenwirtschaftspolitik ist der Bereich der Wirtschaftspolitik, der auf die Beeinflussung zahlungsbilanzwirksamer Transaktionen gerichtet ist. Außenwirtschaftspolitische Maßnahmen können handelshemmend oder handelsfördernd sein. Zu den Handelshemmnissen zählen insbesondere die Zölle und Kontingente. Handelsfördernde Maßnahmen können darauf gerichtet sein, den Export der eigenen Landes zu stützen, sie können aber auch darauf zielen, den Welthandel insgesamt auszuweiten.

6.4.1 Zölle

Ein **Zoll** ist eine öffentliche Abgabe auf den grenzüberschreitenden Warenverkehr. Man unterscheidet - die Begriffe erklären sich von selbst - **Ausfuhrzölle**, **Einfuhrzölle** und **Durchfuhr-** bzw. **Transitzölle**.

Ähnlich wie bei einer Steuer, kann man die Menge oder den Wert einer Ware mit Zoll belegen. Neben diesen **Mengen**- und **Wertzöllen** gibt es auch Kombinationen aus beiden. Mengenzölle finden insbesondere Anwendung bei homogenen Massengütern (Rohöl, Kohle, Erz usw.). Heterogene Güter (Maschinen, Anlagen) werden dagegen im allgemeinen mit Wertzöllen belegt. Das Hauptproblem der Wertzölle liegt in der Feststellung der Bemessungsgrundlage, die im allgemeinen weniger objektiv als die Mengenermittlung ist.

Steht das Einnahmemotiv bei der Zollerhebung im Vordergrund, so spricht man von einem **Fiskalzoll**. Ein **Schutzzoll** soll dagegen heimische Anbieter vor unerwünschter Auslandskonkurrenz schützen. Dieser Zoll kann theoretisch bis zum **Prohibitivzoll** angehoben werden, d.h. er wird so hoch angesetzt, dass die Einfuhr des Konkurrenzproduktes völlig unterbunden wird. Eine besondere Spielart des Schutzzolles ist der **Erziehungszoll**, ein zeitlich befristeter Schutzzoll, der in der Anlaufphase eines neu aufzubauenden Wirtschaftszweiges erhoben wird. Ziel ist es, die am Anfang der Produktion vorliegenden komparativen Kostennachteile auszugleichen. Wenn im Laufe der Zeit dann durch Lerneffekte und *economies of scale*[29] die komparativen Kostennachteile verschwinden und sich ggf. in Vorteile verwandeln, wird der Zoll abgebaut. Insbesondere Entwicklungsländer greifen immer wieder gerne auf dieses Instrument zurück. Die Idee des Erziehungszolls ist nicht unumstritten, da der gleiche Effekt auch mit zeitlich begrenzten Subventionen in dem betroffenen Wirtschaftszweig erreicht werden könnte.

Selbstverständlich kann der Zoll als handelspolitisches Instrument auch erhoben werden, um die Zahlungsbilanz eines Landes zu verbessern. Neben die *Wechselkurspolitik*, die in Abschnitt 6.2 angesprochen wurde, tritt die *Zollpolitik* hier als zweites Instrument der *Zahlungsbilanzpolitik*.

Was sind nun die wichtigsten Folgen, die mit der Erhebung eines Zolls verbunden sind? Wir werden uns im folgenden ausschließlich mit der Wirkung von Importzöllen beschäftigen. Wir betrachten ein einfaches Zwei-Länder-Modell und nehmen an, in der Ausgangslage werde ein Gut zwischen diesen Ländern frei gehandelt, bevor der Staat des Einfuhrlandes einen Zoll erhebt. Der Einfachheit halber unterstellen wir, dass beide Länder einem Festkurssystem angehören.

Um die Wirkung eines Zolls darzustellen, überlegen wir zuerst, wie sich der Handel mit einem Gut auf die relevanten Märkte im Export- und im Importland auswirkt.

---

[29] Unter *economies of scale* versteht man den Vorteil der Massenproduktion. Durch Ausdehnung der Betriebsgröße kann ein Unternehmen (eine Branche) eine Senkung der Stückkosten erreichen.

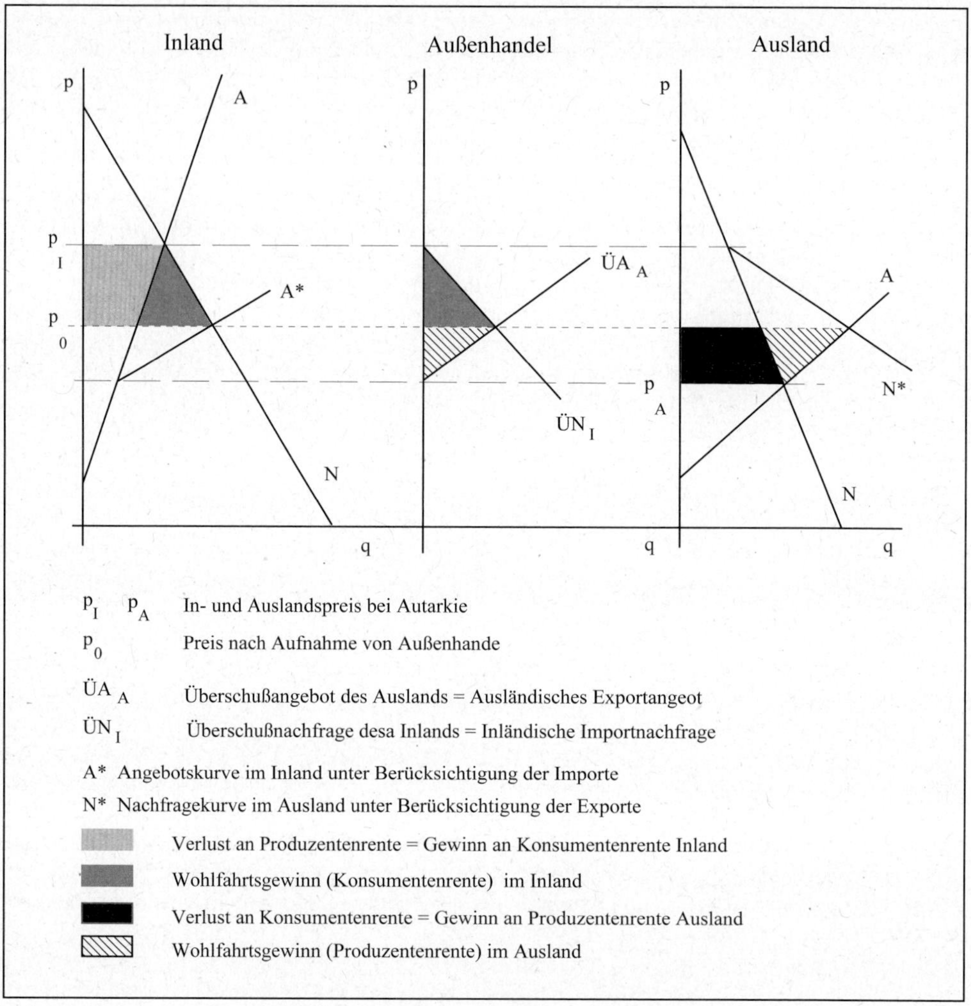

Abb. 6.9: Die Aufnahme von Außenhandel

Liegt, wie in Abbildung 6.9 angenommen, der Inlandspreis in gleicher Währung gemessen über dem Auslandspreis, so wird das Inland zum Importland und das Ausland zum Exportland. Es stellt sich, wenn von Abgaben und Transaktionskosten abgesehen wird, der einheitliche Weltmarktpreis p_0 ein. Im Inland kommt es zu einem Zugewinn an Konsumentenrente, der zum Teil aus der Produzentenrente abgeschöpft wird, zum Teil aber einen Wohlfahrtsgewinn darstellt. Die Preisanhebung im Ausland führt zu einem Gewinn an Produzentenrente auf Kosten der Konsumenten, ebenfalls verbunden mit einem Wohlfahrtsgewinn. Dieser Wohlfahrtsgewinn, der im mittleren Teil der Graphik dem durch die Export- und Import-Geraden begrenzten Dreieck entspricht, zeigt wieder den Vorteil des freien Außenhandels.

Nehmen wir nun an, das Importland erhebt einen Importzoll als Mengenzoll in Höhe von t pro Gütereinheit. Die folgende Abbildung zeigt die Wirkung.

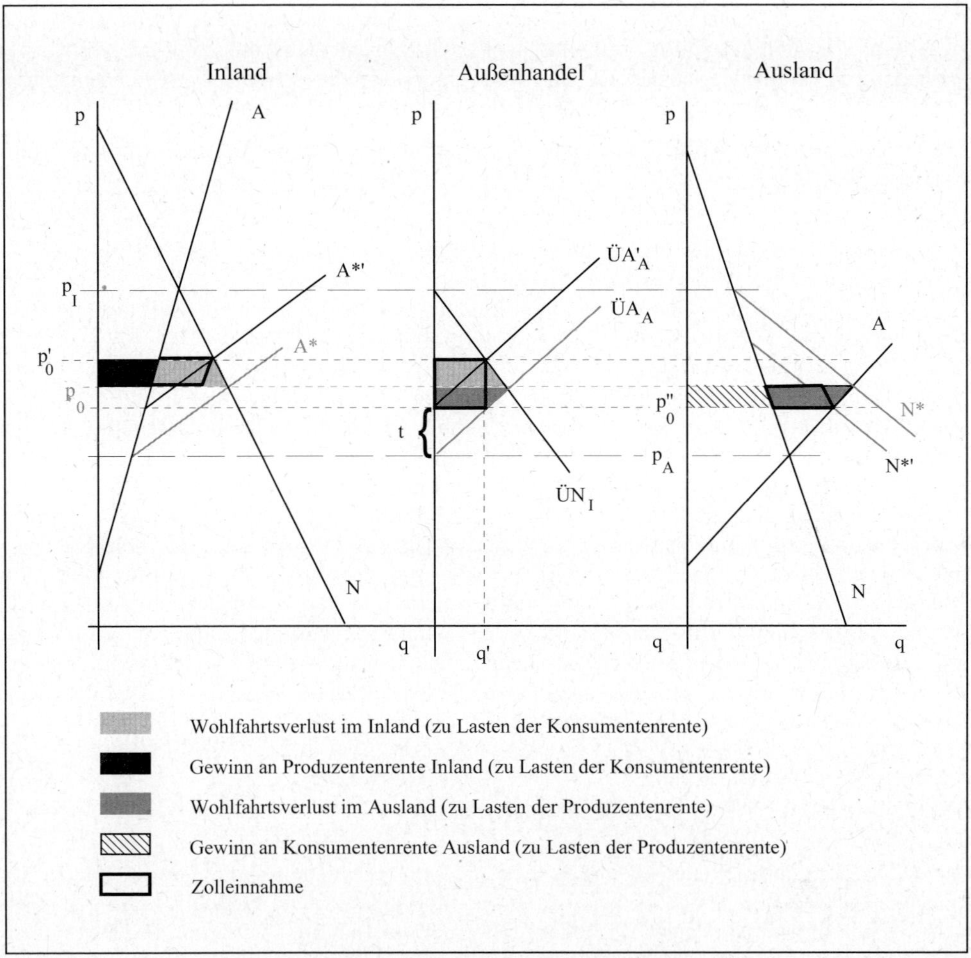

Abb. 6.10: Wirkung eines Importzolls

Die ausländischen Exporteure werden den Zoll t auf den Preis aufzuschlagen versuchen, d.h. die Überschussangebotskurve $ÜA_A$ verschiebt sich um t nach oben.[30] Abhängig von der Höhe des Zolls wird sich ein neuer Gleichgewichtspreis p_0' oberhalb von p_0 bilden. Sollte der Zoll also auf mindestens $t = p_I - p_A$ angehoben werden, so stellt er einen *Prohibitivzoll* dar.

Der Zoll, wie in Abbildung 6.10 dargestellt, hat folgende Wirkungen:

- Der Inlandspreis steigt auf p_0' an. Bei elastischer Reaktion wird dieser neue Preis um weniger als t über dem alten Gleichgewichtspreis p_0 liegen.
- Die Exporteure realisieren nur noch einen Stückerlös von $p_0'' = p_0' - t$. Zu jedem höheren Preis würden die ausländischen Produzenten nämlich Überschussmengen erzeugen. Die ausländischen Nachfrager profitieren also von der Zollerhebung ebenso wie die inländischen Anbieter (Vgl. die Renten in der Abbildung 6.13).

[30] Vgl. die Wirkung einer Verbrauchsteuer, die im Kapitel 4 analysiert wurde.

- Der Staat erzielt Einnahmen in Höhe von T = q' × t. Die Belastung verteilt sich auf In- und Ausland. Der hell ausgefüllte Teil wird aus der inländischen Konsumentenrente, der dunkel ausgefüllte Teil aus der ausländischen Produzentenrente abgeschöpft. Die Produzentenrente im Inland nimmt zu. Hier zeigt sich die Schutzfunktion des Zolls.
- Die über die Zolleinnahme hinausgehenden Rentenverluste stellen einen echten Wohlfahrtsverlust dar.

Fazit:
- Durch die Erhebung des Importzolls gewinnen die Produzenten des Importlandes und die Konsumenten des Exportlandes
- Verlierer sind die Konsumenten des Importlandes und die Produzenten des Exportlandes
- Gegenüber der Freihandelssituation tritt ein Wohlfahrtsverlust ein.

So gesehen müssten Zölle doch die ideale Lösung zur Überwindung inländischer Arbeitslosigkeit und Absatzprobleme sein. Genau dies hat man während der Weltwirtschaftskrise von 1929 weltweit angenommen und geradezu in einem Wettlauf die Zölle immer weiter angehoben. Genau hier liegt das Problem. Solange nur *ein* Land Zölle erhebt, kann es seine Probleme tatsächlich auf die anderen Länder abwälzen. Diese Politik nennt man ***beggar my neighbour policy***. Auf deutsch könnte man sagen, es wird versucht, den 'Schwarzen Peter' dem Nachbarland zuzuschieben. Das Nachbarland wird sich aber ggf. zur Wehr setzen und seinerseits nun Zölle, sog. **Retorsionszölle** (Vergeltungszölle), erheben. In einem solchen Zollwettlauf, wie Anfang der 30er Jahre zu beobachten, kann es letztlich nur Verlierer geben, der Welthandel bricht zusammen. Aus dieser Erkenntnis heraus, hat man nach dem Zweiten Weltkrieg versucht, den Welthandel durch Organisationen wie die Weltbank, den Internationalen Währungsfonds oder das GATT[31] auf eine vertragliche Basis zu stellen.

6.4.2 Nichttarifäre Handelshemmnisse

In der Zeit nach dem Zweiten Weltkrieg wurden Zölle als Handelshemmnisse im Handel der Industriestaaten weitgehend abgeschafft oder deutlich gesenkt. Die EU stellt heute beispielsweise einen Binnenmarkt ohne Zölle dar, es werden nur noch einheitliche, im Allgemeinen geringe Zölle gegenüber Dritten erhoben.

Einmal davon abgesehen, dass es bei allen Vorteilen der internationalen Arbeitsteilung, die wir in diesem Kapitel herausgestellt haben, für ein Land tatsächlich zumindest kurzfristige Nachteile aus dem internationalen Handel geben kann, haben außenhandelspolitische Maßnahmen zum Schutz der heimischen Wirtschaft schon immer einen gewissen Charme auf Politiker gehabt. Der damit verbundene angebliche Schutz von Arbeitsplätzen lässt sich politisch gut vermarkten.

Die den Außenhandel hemmenden Maßnahmen fasst man unter dem Begriff **Protektionismus**[32] zusammen. Protektionismus in der einen oder anderen Form gibt es, solange Staaten Handel miteinander treiben. Ein eindrucksvolles historisches Beispiel ist die Verabschiedung der Navigationsakte durch das englische Parlament im Jahre 1651. Inhalt dieses Gesetzes war die Forderung, dass insbesondere der Transport überseeischer Waren nach England nur auf englischen Schiffen erfolgen sollte. Ziel war es vorrangig, die unliebsame holländische Kon-

---

[31] General Agreement on Tariffs and Trade. Das Gatt ist in die Nachfolgeorganisation WTO (World Trade Organisation) übergegangen.

[32] Lat. *protegere* schützen.

kurrenz auszuschalten. Das Gesetz wurde erst 1849 aufgehoben, hatte also zwei Jahrhunderte Bestand.

Da Zölle als handelshemmende Maßnahmen, wie bereits angemerkt, heute durch internationale Abmachungen weitgehend abgebaut wurden, haben sich Staaten eine ganze Reihe, teilweise sehr subtiler Methoden ausgedacht, Handel zu behindern.

Die vielleicht wichtigste, allerdings eher plumpe Maßnahme, ist die Verhängung von Einfuhrkontingenten.[33] Unter einem **Einfuhrkontingent** versteht man die mengen- oder wertmäßige Begrenzung der Einfuhr. Im Gegensatz zu Zöllen, die zwar die Preisbildung beeinflussen, den Marktmechanismus aber im Prinzip unberührt lassen, ist die Kontingentierung ein marktwirtschaftlich systemwidriger Eingriff, da er zumindest teilweise die Anbieter- und Konsumentensouveränität beeinträchtigt. Lediglich bei preisunelastischer Nachfrage, wenn ein Zoll als Instrument der Einfuhrbeschränkung versagen würde, erscheint die Kontingentierung ggf. gerechtfertigt.

Werfen wir einen Blick auf die Wirkung einer Kontingentierung der Einfuhr (Abbildung 6.11), wobei wir uns auf den Fall der Mengenkontingentierung beschränken. Wir greifen wieder auf den Ansatz in Abbildung 6.9 zurück und gehen von der Freihandelssituation aus. Es würde sich also das Importgleichgewicht (p_0,q_0) bilden. Legt der Staat nun ein Einfuhrkontingent q_K fest, so dürfen die ausländischen Exporteure ihr Angebot nur bis q_K ausdehnen, die Angebotskurve ist somit durch $Im_{A'}$ gegeben. Ab q_K wird die Angebotsmenge völlig unelastisch, der Preis kann keinen Einfluss mehr auf die Angebotsmenge haben. Der Inlandspreis steigt auf p_0' über den Preis p_0 der Freihandelslösung. Nutznießer der Kontingentierung sind in erster Linie die inländischen Anbieter, die eine höhere Menge zu einem höheren Preis anbieten können. Die ausländischen Anbieter können zwar einen höheren Preis realisieren, allerdings bei eingeschränkter Angebotsmenge. Je elastischer die Inlandsnachfrage reagiert, um so schlechter schneiden sie gegenüber der Freihandelssituation ab. Sie können einen Teil der Konsumentenrente abschöpfen, dem steht aber ein erheblicher Verlust an Produzentenrente gegenüber. Im Ausland müssen sie nämlich ihren Preis auf p_0'' senken, da sie nur noch die Überschussmenge q_K im Export absetzen können. Ähnlich wie ein Zoll führt also auch ein Kontingent dazu, dass Inlands- und Auslandspreis des Gutes auseinander klaffen.

33 Ausfuhrkontingente, die es selbstverständlich auch gibt, sollen hier unberücksichtigt bleiben. Eine besondere Form der Ausfuhrkontingentierung ist das **Embargo**, eine totale Ausfuhrsperre für bestimmte oder alle Güter, meistens aus einer politischen Motivation heraus verhängt. Ein berühmtes historisches Beispiel ist die Kontinentalsperre Napoleons gegen England.

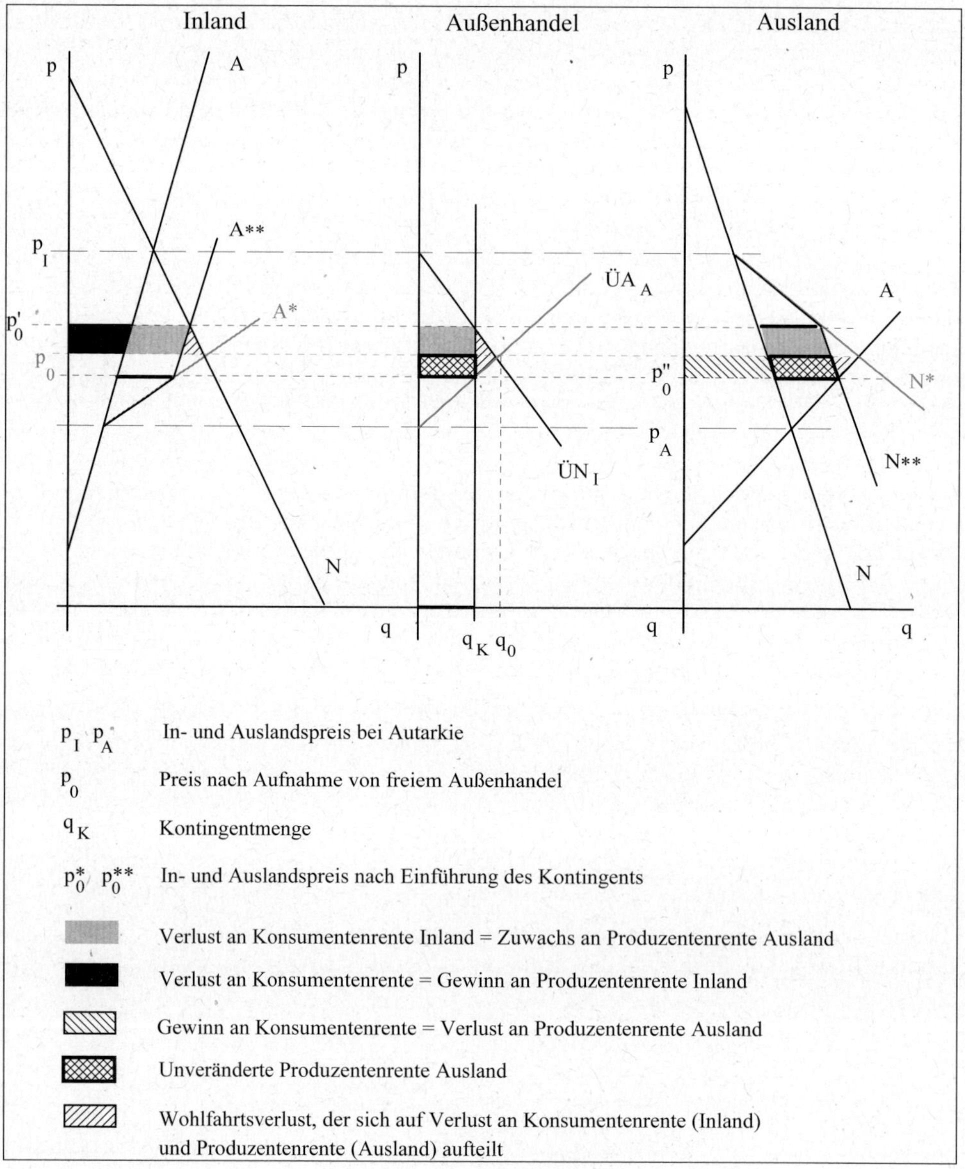

Abb. 6.11: Einfuhrkontingent

Fazit:

- Durch die Festlegung des Einfuhrkontingents gewinnen die Produzenten des Importlandes und die Konsumenten des Exportlandes
- Verlierer sind die Konsumenten des Importlandes
- Die Wirkung auf die Produzenten des Exportlandes ist ungewiss.
- Es tritt ein Wohlfahrtsverlust ein.

Im Außenhandel der Industriestaaten untereinander haben Kontingente nur noch eingeschränkte Bedeutung. Statt dessen spielen heute bürokratische Hemmnisse, Gesundheitsnachweise, Unbedenklichkeitserklärungen, Verwaltungsengpässe, technische Normen oder

Prüfungen und anderes mehr eine große Rolle als Handelsbarrieren. Hier könnte man auch die *local content* Vorschriften einordnen, die in vielen Ländern vor allem der dritten Welt vorschreiben, dass jeder Import mit einer nationalen Wertschöpfung verbunden sein muss. So dürfen beispielsweise keine kompletten Automobile eingeführt werden, sondern nur sog. ckd-Sätze,[34] die dann im Inland zusammengesetzt werden.

Besonders beliebt, und in ihrer Wirkung einem Einfuhrkontingent vergleichbar, sind die **freiwilligen Selbstbeschränkungen**. Hierbei verpflichtet sich ein ausländischer Anbieter, seine Angebotsmenge "freiwillig" auf eine Höchstmenge oder Höchstwert zu begrenzen. Der Unterschied zum Einfuhrkontingent besteht darin, dass formal nicht das importierende, sondern das exportierende Land das Kontingent festsetzt. Die Freiwilligkeit wird in der Praxis durch mehr oder weniger starken politischen Druck des betroffenen Importlandes erpresst.

Ebenso wirkungsvoll wie die Selbstbeschränkungen zeigen sich mehr und mehr die Anti-Dumping-Maßnahmen. Dabei geht man meistens von der Vermutung aus, dass jeder ausländische Anbieter, der sein Produkt günstiger als der günstigste inländische Anbieter bereitstellen kann, Dumping betreibt. Dumping ist nach den WTO-Regeln verboten und die Mitgliedsländer des WTO dürfen sich dagegen zur Wehr setzen. Die Beweislast, kein Dumping zu betreiben, wird grundsätzlich dem ausländischen Exporteur aufgebürdet. Ergänzend muss angemerkt werden, dass es manchmal ökonomisch gute Gründe gibt, im In- und Ausland verschiedene Preise zu verlangen, etwa wenn unterschiedliche Nachfrageelastizitäten vorliegen oder die Belastung mit indirekten Steuern sich von Land zu Land unterscheidet. Eine solche „Preisdifferenzierung" hat nichts mit Dumping zu tun.

Schließlich versucht man häufig auch an das nationale Gewissen zu appellieren: *„Buy british"*, *„Achetez français"*, *„Aus deutschen Landen"* usw. sind beredte Schlagworte dieser Strategie, die nicht nur durch die Politik, sondern auch durch Interessensverbände propagiert wird.

6.4.3 Integration und Globalisierung

Wie wir gesehen haben, wird ein Land i. allg. durch Freihandel in eine im Vergleich zu Autarkie günstigere Position gesetzt. Freihandel führt häufig zu Wohlfahrtssteigerungen. Aus diesem Grund zeigen sich teilweise Integrationsbemühungen, d.h. Staaten unternehmen den Versuch, ihre Wirtschaften enger miteinander zu verzahnen. Dabei unterscheidet die Theorie zwischen zwei wichtigen **Integrationsstufen**.

Eine **Freihandelszone** ist der Zusammenschluss mehrerer Staaten mit dem Ziel, Zölle abzubauen und ggf. ganz abzuschaffen. Gegenüber Drittstaaten verfolgt weiterhin jedes an der Freihandelszone beteiligte Land seine eigene Zoll- und Außenwirtschaftspolitik. Die an einer Freihandelszone beteiligten Länder müssen also irgendwie Sorge dafür tragen, dass Waren aus Drittstaaten nicht über das an der Freihandelszone beteiligte Land mit dem geringsten Drittlandzoll eingeführt werden. Der grenzüberschreitende Warenverkehr unterliegt hier also immer noch strengen Kontrollen. Ein Beispiel für eine Freihandelszone ist die EFTA (European Free Trade Association).

[34] completely knocked down.

In einer **Zollunion** dagegen bauen die beteiligten Länder nicht nur die Zölle im Warenverkehr untereinander ab, sie führen gleichzeitig eine gemeinsame Zollpolitik gegenüber Drittländern ein. Ein Beispiel hierfür ist die EU (Europäische Union). Die Zollunion kann schließlich, wie im Beispiel der EU, in einen **Binnenmarkt** überführt werden, in dem Waren, Personen und Kapital völlig ungehindert Grenzen überschreiten können.[35]

Ein wesentliches Element von Handelsabkommen ist i. allg. das **Prinzip der Meistbegünstigung**. Dieses schreibt vor, dass ein Land kein anderes am Handelsabkommen beteiligtes Land schlechter stellen darf als *irgend* ein Drittland. Nehmen wir an, die Länder A und B gehören einem Handelsblock mit Meistbegünstigungsprinzip an. Land A räumt nun dem Land C, welches *nicht* zum Handelsabkommen gehört, besonders günstige Handelbedingungen ein. Dann *muss* Land A diese Bedingungen ebenfalls dem Land B einräumen. Dies gilt natürlich erst recht, falls C ebenfalls dem Handelsblock angehört.

Ein Phänomen, das die außenwirtschaftliche Diskussion der letzten Jahre wesentlich bestimmt, ist die **Globalisierung.** Hierunter versteht man die zunehmende Internationalisierung betriebswirtschaftlicher Aktivitäten. Während die sog. *multinationalen Unternehmen* auf vielen einzelnen Märkten im allgemeinen durch Tochtergesellschaften präsent waren, zeigt sich seit etwa 30 Jahren eine immer stärkere Tendenz, Beschaffung, Produktion und unternehmerische Dienstleistungen in einer Globalisierungsstrategie weltweit zu verteilen, d.h. Märkte global zu vernetzen. Wertschöpfungsketten und Verwaltungshierarchien werden aufgebrochen. Die Welt wird als *ein* Beschaffungs- und Absatzmarkt betrachtet. Durch optimale, weltweite Standortauswahl versucht man, Wettbewerbsvorteile und durch globale Produktstandardisierung Vorteile der Massenproduktion zu realisieren. Diese Entwicklung bleibt nicht mehr auf Großunternehmen beschränkt. Dank moderner, immer billiger werdender Kommunikations- und Verkehrstechnik sowie Informationsverarbeitung beteiligen sich auch mehr und mehr Mittelständler an dieser Strategie. Eine weitere Voraussetzung der Globalisierung war die in den letzten Jahrzehnten zunehmend herbeigeführte handelspolitische Freiheit bezüglich des Waren-, Dienstleistungs- und Kapitalverkehrs.

Einen deutlichen Schub erhielt die Internationalisierung überdies mit dem Zusammenbruch der kommunistischen Welt und der danach eintretenden Entideologisierung. Selbst die Volksrepublik China ist im Kern wirtschaftlich längst nicht mehr kommunistisch, sondern marktwirtschaftlich und global orientiert. Man sucht internationale Investoren und strebt selber auf die Weltmärkte. Das theoretische Endergebnis einer zunehmenden Globalisierung wäre ein völlig integrierter Weltmarkt mit vollständiger Güter- und Faktormobilität. Zu den dominierenden Marktformen werden heterogene Oligopole und monopolistische Konkurrenz.

Eine Begleiterscheinung der Globalisierung sind die weltweit zunehmenden Direktinvestitionen. In Abschnitt 2.3 haben wir Direktinvestitionen als den Erwerb von oder die Beteiligung an Unternehmen im Ausland definiert, wobei im Unterschied zu einer reinen Portfolioinvestition die unternehmerische Einflussnahme und Gestaltung wesentliches Element des Engagements ist. Volumen und Richtung von Direktinvestitionen sind ein wesentliches Beurteilungskriterium in der sog. *Standortdebatte* geworden.

[35] In der EU-Statistik wird als Außenhandel nur noch der die Außengrenzen der EU überschreitende Warenverkehr erfasst. Der gesamte Handel zwischen den Mitgliedsländern der EU wird als Binnenhandel definiert. Da es keine Zollgrenzen mehr gibt wird dieser Binnenhandel für nationale statistische Zwecke vor allem über Umsatzsteuerstatistiken erfasst.

Die *Motive*, Direktinvestitionen zu tätigen, kann man in vier Gruppen aufteilen:

- Sicherung der Beschaffungsmärkte
- Sicherung von Absatzmärkten
- Vermeidung von Handelsbarrieren oder Wechselkursrisiken
- Kostensenkungsmaßnahmen

Auf der **Beschaffungsseite** kann man versuchen, unsichere Rohstoffmärkte oder Märkte für Vorprodukte abzusichern. Man kann durch die Beteiligung oder den Erwerb von Vorlieferanten politische Handelsrisiken der Beschaffung umgehen. Allerdings ist gerade in Ländern der Dritten Welt aber auch den ehemaligen kommunistischen Ländern noch weitgehende Rechtsunsicherheit gegeben. Steuer-, Arbeits- oder Haftungsrecht können raschem Wandel unterliegen und die Investoren sind nicht selten einer gewissen Behördenwillkür ausgeliefert.

Auf **Absatzmärkten** ist es häufig günstiger als heimischer Anbieter aufzutreten, anstatt Importgüter anzubieten. Es gibt Länder mit sehr spezifischen Absatzkanälen, in die ein Außenstehender kaum eindringen kann. Hier können Gemeinschaftsunternehmen helfen, Türen zu öffnen. Handelsbarrieren, wie Einfuhrzölle, Kontingente, „Freiwillige Selbstbeschränkungen" und ähnliches können durch Direktinvestitionen unterlaufen werden.

Wertet die **Währung** eines Landes ständig ab, so kann dies die Exporte dieses Landes begünstigen und für andere Länder Ausfuhren in das besagte Land erschweren. Direktinvestitionen im abwertenden Land werden dann allerdings attraktiv, vor allem wenn man sich anschließend aufgrund der Abwertung gute Exportchancen erhoffen kann.

Schließlich möchte man **Kostenunterschiede** (Arbeitskosten, Kapitalkosten, Steuern) zum eigenen Vorteil nutzen. Hier ist es allerdings sehr wichtig, die Produktivität zu berücksichtigen. Es nutzt nichts, wenn man die Arbeitskosten halbieren kann, die Arbeitsproduktivität im Zielland der Direktinvestition aber nur 40% der heimischen beträgt. Entscheidend muss eine Senkung der Lohnstückkosten sein.

Da viele Länder den Erwerb von oder die Beteiligung an Unternehmen für Ausländer erschweren, führen Direktinvestitionen oft zu *Joint Ventures*. Diese Gemeinschaftsunternehmen sind häufig so konstruiert, dass Inländer – häufig Behörden – die letzte Entscheidungsgewalt im Unternehmen haben. Insbesondere wachen viele Länder mit Argusaugen über rüstungssensitive Unternehmen (Stahl, Energie, Elektroindustrie) und lassen hier ggf. überhaupt keine Auslandsbeteiligung zu.

Im Zusammenhang mit den Direktinvestitionen stellt sich vor allem die Frage, welche Effekte sie im Ziel- und im Herkunftsland haben. So wird etwa intensiv die Frage diskutiert, ob Direktinvestitionen Exportsubstitute sind oder ob sie neue Exporte induzieren.

Das *Empfängerland* profitiert auf verschiedene Weise. Die Kapitalzufuhr steigt, die Arbeitsproduktivität nimmt ebenso zu wie das gesamtwirtschaftliche Wachstum. Die Zahlungsbilanz wird entlastet. Es findet ein Technologie- und Know-How-Transfer statt. Diese Argumente treffen allerdings im wesentlichen nur zu, wenn die Auslandsinvestitionen zu Neugründungen oder Erweiterungen bestehender Unternehmen führen. Handelt es sich nur um einen Vermögenstransfer im Zielland, so fallen diese positiven Argumente im allgemeinen fort.

Nachteile erleidet das *Zielland* möglicherweise durch verschärften Verdrängungswettbewerb, dem angestammte heimische Unternehmen zum Opfer fallen. Es kann zu Wohlfahrtsverlusten kommen, wenn Ausländer mit hohen Steuervorteilen oder umfangreichen Infrastrukturinvestitionen ins Land gelockt werden. Dies besonders, wenn Gewinne aus solchen Unternehmen nicht reinvestiert, sondern ins Herkunftsland transferiert werden.

Durch den Kapitalabfluss könnte ein Nachteil im *Herkunftsland* entstehen. Unter sonst gleichen Bedingungen verringern sich die Nettoinvestitionen und damit die Zahl der geschaffenen Arbeitsplätze. Ferner können, wenn die These stimmt, dass Direktinvestitionen Exporte substituieren, Arbeitsplätze in der Exportgüterindustrie vernichtet werden. Darüber hinaus kommt es neben dem negativen Arbeitsmarkteffekt auch noch zu einer Passivierung der Zahlungsbilanz. Ist das Auslandsengagement allerdings profitabel und werden Gewinne repatriiert – sofern dies unbeschränkt erlaubt ist -, so hat dies langfristig wiederum positive Zahlungsbilanzeffekte.

Eine andere These besagt, dass Direktinvestitionen häufig Exporte nach sich ziehen und insofern per Saldo positive Effekte sowohl für die Zahlungsbilanz als auch den Arbeitsmarkt des Herkunftslandes haben. Die Auslandsinvestition ersetzt nur Exporte, die man sowieso nicht tätigen könnte oder langfristig verlieren würde.

Nach dem von der UNCTAD erstellten Weltinvestitionsbericht 2008[36] betrugen die weltweiten Direktinvestitionen (Nettozuflüsse) im Jahre 2007 1.833 Mrd. $. Nach einem scharfen Rückgang der weltweiten Direktinvestitionen in den Jahren 2001 bis 2003 - auf unter 600 Mrd. $ -, sind die weltweiten Direktinvestitionsflüsse seitdem kräftig gestiegen.. Hauptnutznießer des Aufschwungs waren die entwickelten Länder. Als Einzelland sind nach wie vor die USA wichtigstes Ziel ausländischer Direktinvestitionen (233 Mrd. $), gefolgt vom Vereinigten Königreich (223 Mrd. $). Die EU konnte als Gruppe 800 Mrd. $ als Direktinvestition auf sich ziehen.

[36] United Nations Conference on Trade and Development: World Investment Report 2008.

Kontrollfragen zum 6. Kapitel

1. Was versteht man unter dem Zahlungsbilanzgleichgewicht?
2. Grenzen Sie Devisen gegen Fremdwährungskonten ab!
3. Erklären Sie die Begriffe Devisenkassa- und Devisenterminmarkt!
4. Erklären Sie den Begriff "Parität"!
5. Was ist ein Realignment?
6. Was ist der Inhalt des Kaufkraftparitätentheorems?
7. Erläutern Sie das Zinsparitätentheorem!
8. Beurteilen Sie die Abwertung der heimischen Währung als außenwirtschaftspolitisches Instrument, um eine defizitäre Zahlungsbilanz auszugleichen.
9. Erklären Sie den J - Kurven - Effekt!
10. Zeigen Sie ähnlich wie für England den Handelsvorteil für Portugal!
11. Weshalb ist die Annahme einer linearen Transformationskurve fraglich?
12. Welcher Zusammenhang besteht zwischen dem Faktorproportionentheorem und dem Theorem der komparativen Kosten?
13. Geben Sie Beispiele für nichttarifäre Handelshemmnisse an!
14. Was versteht man unter einem Schutzzoll?
15. Wie wirkt ein Einfuhrkontingent?
16. Was ist der wesentliche Unterschied zwischen einer Freihandelszone und einer Zollunion?
17. Was versteht man unter dem Meistbegünstigungsprinzip?
18. Welche Motive gibt es, Direktinvestitionen zu tätigen?
19. Erläutern Sie den Begriff Globalisierung!

7. Grundzüge der Dogmengeschichte

> *"It is no exaggeration to say that it is impossible to understand the evolution of the meaning of Western liberal civilization without some understanding of Classical Political Economy"*
>
> **Lord Robbins**
>
> *"A study of the history of opinion is a necessary prelininary to the emancipation of the mind."*
>
> **Lord Keynes**

Die Dogmen- oder Methodengeschichte der Volkswirtschaftslehre ist die Geschichte volkswirtschaftlichen Denkens. Im Zentrum der Betrachtung steht also nicht die *Wirtschaftsgeschichte*, d.h. die Beschäftigung mit der historischen Abfolge ökonomischer Ereignisse, sondern das Denken über solche Ereignisse. Mit welchen Hypothesen, hat man im Laufe der Geschichte wirtschaftliches Verhalten zu erklären versucht? Es zeigt sich, dass ökonomisches Denken parallel zu politischem und allgemein philosophischem Denken gesehen werden muss. So stellt sich die Dogmengeschichte als ein Stück Kulturgeschichte dar, in der auch die Wurzeln heutigen Denkens liegen. Da es in diesem Kapitel lediglich darum geht, Grundzüge dieser Geschichte kennen zu lernen, werden wir uns nur mit den wichtigsten Epochen und den wichtigsten Vertretern ökonomischer Theorien beschäftigen und uns auf die Betrachtung des abendländischen Kulturkreises beschränken.

Die Beschäftigung mit ökonomischen Fragen war bis ins 18. Jahrhundert nicht Gegenstand wissenschaftlicher Betrachtung im modernen Sinne, sondern metaphysisch oder pragmatisch orientiert. Zu erfahren "*was die Welt im Innersten zusammenhält*" wie Goethes Faust es ausdrückt, war zumindest auf dem Gebiet der Ökonomie von untergeordnetem Interesse. Obwohl beispielsweise die Griechen in Geisteswissenschaften zu Höchstleistungen gelangten (Philosophie, Geometrie), war die Zeit für breit angelegte empirisch orientierte Wissenschaften noch lange nicht reif.

7.1 Antike

Die Wurzeln europäischen Denkens sind im wesentlichen in der klassischen Antike, insbesondere in den griechischen Stadtstaaten zu finden. Geometrie[1], Philosophie, Religion oder Politik, um nur einige Beispiele zu nennen, nahmen weitgehend hier ihren Ausgang. Auch die "Philosophie der Wirtschaft" hat ihren Ursprung im klassischen Griechenland. Es gibt zumindest zwei griechische Philosophen, mit denen man sich aus methodengeschichtlicher Sicht beschäftigen sollte.

---

[1] Die Grundlagen der Algebra wurden überwiegend im antiken Indien und später im arabischen Kulturraum entwickelt.

Der erste ist der Feldherr, Historiker und Philosoph XENOPHON VON ATHEN (ca. 430 bis 345 v.Ch.), ein Schüler des SOKRATES. Er gab in einem seiner vielen Werke, *Oikonomikos*, Anleitungen zur Verwaltung der Land- und Viehwirtschaft. In dem Begriff Oikonomikos steckt das griechische Wort *Οἴκος* ([oikos] gr. Haus). *Οἰκονομϊα* [2] [oikonomia] bedeutet die "Lehre von der Hausverwaltung". Noch im 19. Jahrhundert verband man mit dem Begriff Ökonom eher einen Großgrundbesitzer als einen sich mit wirtschaftstheoretischen Fragen beschäftigenden Wissenschaftler. XENOPHON beschreibt die herausragende Rolle der Landwirtschaft für das Gemeinwesen, geht aber auch auf Handwerk und Handel ein und skizziert insbesondere deren Abhängigkeit von der Landwirtschaft. Das besagte Werk von XENOPHON, in dem u.a. der Vorzug der Arbeitsteilung beschrieben wird, war bis tief ins Mittelalter die Richtschnur zur Bewirtschaftung der römischen und mittelalterlichen Latifundien.

Kaum einer hat abendländisches Denken so geprägt wie ARISTOTELES (384 bis 322 v.Ch.). Er teilt die Wissenschaften in zwei Gruppen ein. Die *theoretischen Wissenschaften*, die der Suche nach Wahrheit (Physik, Mathematik, Metaphysik) dienen und die *praktischen Wissenschaften*, welche eine Anleitung zum Handeln (Ethik, Politik) geben. In die letzte Kategorie gehört auch die Ökonomik. Im Gegensatz zu seinem Lehrer PLATON, der einen strikten Ständestaat befürwortete, vertrat ARISTOTELES ein eher liberales Gesellschaftsmodell, in dem das Streben des Einzelnen nach Glück als Naturrecht postuliert wurde. Ein Gedanke, der sich in der Naturrechtphilosophie der Renaissance wiederfindet.[3]

Die Wirtschaftslehre des ARISTOTELES teilt sich ebenfalls in zwei Bereiche. Der erste, die *Ökonomie*, behandelt die Frage, wie ein Haushalt (landwirtschaftliches Gut) erfolgreich arbeiten kann. In erster Linie kommt der Wohlstand aus dem Vermögen des Haushalts, z.B. Vieh- und Landbesitz. Güter, die der Haushalt benötigt, werden weitgehend aus eigenen Quellen durch Mehrung des Vermögens produziert. Da nicht alles selbst erzeugt werden kann, muss auch mit Dritten getauscht werden. Ein wichtiges Instrument des Tausches ist das Geld. Überschüsse sollen verkauft und das so erworbene Geld zur Beschaffung wichtiger, nicht selbst bereitzustellender Waren verwendet werden.

Die *Chrematistik*[4] beschäftigt sich hingegen mit den Bedingungen des Tausches, der in der Absicht, Geld um seiner selbst willen zu erzielen, erfolgt. Dieses Gelderwerbsstreben, insbesondere das Verleihen von Geld gegen Zins[5] hält ARISTOTELES für unmoralisch. Er schreibt: "*Da es aber eine doppelte Erwerbskunst gibt, wie wir gesagt haben, die des Kaufmanns und die des Hausverwalters, und diese notwendig und lobenswert ist, die Tauschkunst dagegen mit Recht getadelt wird..., so ist erst recht der Wucher hassenswert, der aus dem Gelde selbst den Erwerb zieht und nicht aus dem, wofür das Geld da ist. Denn das Geld ist um des Tausches willen erfunden worden, durch den Zins vermehrt es sich aber durch sich selbst...Diese Art des Gelderwerbs ist also am meisten gegen die Natur.*"[6]

Nach ARISTOTELES' Überzeugung kann nur die Natur sich vermehren (Vieh, Pflanzen). Das Geld ist dagegen ein Produkt der menschlichen Rechtsordnung und als solches unfähig, sich zu

---

2 Mehrere Denker der griechischen Antike gaben Werken diesen oder einen ähnlich klingenden Titel; auch bei SOKRATES, dem Lehrer des XENOPHON taucht der Begriff bereits auf.

3 Vgl. Abschnitt 7.3.1.

4 gr. *χρηματιζω* (chrematizo)- ein Geschäft betreiben

5 Das Wort Zins leitet sich ab vom lateinischen *census,* das mit Zählung, Schätzung, Steuerliste, Vermögen oder Besitz übersetzt werden kann. Der griechische Begriff für Zins *(τοκος* - tokos) bedeutet gleichzeitig Nachkommenschaft, Junge (von Tieren).

6 ARISTOTELES: Die zwei Arten der Erwerbskunst, zitiert nach W. WEIMER: Geschichte des Geldes; Frankfurt/Main 1992.

vermehren. Der Zins ist unmoralisch und wider die Natur! Dieses Zinsverbot hielt sich im christlichen Abendland bis in die Neuzeit.[7] Im islamischen Recht gilt das Zinsverbot bis heute.[8]

Die Qualifizierung des Zinses als unmoralisch muss vor dem Hintergrund der damaligen Produktionsbedingungen gesehen werden. Im Wesentlichen war es die Arbeitskraft der Sklaven, die - in heutiger Terminologie - als Produktionsfaktor ("lebendige Werkzeuge") den größten Anteil an der Produktion hatten. Sachkapital in unserem Sinne war praktisch unbekannt. Kredite wurden nicht wie in der kapitalintensiven modernen Produktionsgesellschaft vorwiegend für Investitionszwecke, sondern für Konsumzwecke gegeben. Mit einem Kredit wurde entweder Luxuskonsum finanziert, etwas höchst verwerfliches, oder ein Kredit wurde aus der Not heraus aufgenommen. In diesem Fall wurde das Erheben von Zinsen natürlich als Ausbeutung betrachtet und war damit ebenfalls unmoralisch. Diese Aussage gilt für alle antiken und mittelalterlichen Gesellschaften bis in die Neuzeit.

7.2 Hochmittelalter

Mit dem Zerfall des Römischen Reichs zwischen dem dritten und fünften nachchristlichen Jahrhundert ging auch die römisch-mediterrane Handelsordnung unter. An die Stelle eines umfassenden Handelssystems trat in Westeuropa isolierte Einzelbewirtschaftung, verbunden mit der weitgehenden Rückkehr zur Naturaltauschwirtschaft.

Das Denken des Mittelalters war durch das Christentum geprägt. Höchste Autorität in allen Dingen war die Bibel. Das Leben der Menschen war, bestimmt von der christlichen Heilslehre, auf das Jenseits ausgerichtet. Um die Erklärung der Vorgänge in der diesseitigen Welt machte man sich nicht allzu viele Gedanken, lieferte die biblische Schöpfungsgeschichte doch ausreichende Erklärungen. Die Empirie als wissenschaftliche Methode war diesem Denken fremd und stellte die seltene Ausnahme dar. Menschliche Verhaltensweisen interessierten einzig und allein unter christlich-ethischen Gesichtspunkten.

Die abendländische Philosophie des 9. bis 15 Jahrhunderts war die **Scholastik**. Ein wichtiger Wesenszug dieser Lehre war die Neuinterpretation griechischer Philosophen aus christlicher Sicht. Insbesondere in der Hochscholastik des 13. Jahrhunderts waren es ALBERTUS MAGNUS (1193 - 1289) und sein Schüler THOMAS VON AQUIN (1225 - 1274), die die Philosophie des Aristoteles in die christliche Lehre einbanden. Nach dem Zusammenbruch des weströmischen Reiches war mit der römischen Zivilisation und Kultur auch die Erinnerung an die griechischen Philosophen verloren gegangen. Über die Berührung mit der islamischen Welt im Gefolge der Kreuzzüge stieß man auf arabische Übersetzungen der Schriften des Aristoteles und übersetzte diese nun ins Lateinische. So kommt es nicht von ungefähr, dass die Wirtschaftsethik der Scholastik weitgehend durch die Lehren des Aristoteles geprägt war.

Moralische Tätigkeiten sind die Landwirtschaft und das Handwerk. Kein Christ sollte als Händler oder Geldverleiher tätig sein; eine Auffassung, die sogar noch von LUTHER vertreten wurde, sich in der Realität aber nie vollkommen durchsetzte. Die Beschäftigung mit Handel und Geldverleih blieb weitgehend den Juden als ökonomische Nische vorbehalten, da ihnen der Weg in die christlich geprägten Gilden und Zünfte verschlossen war. Allerdings wird bei

---

7 Vgl. hierzu auch den Abschnitt über die Scholastik.
8 Vgl. Koran: 2te Sure, Vers 275.

den Scholastikern nicht der Handel schlechthin, sondern nur der Handel, der der Bereicherung dient und Dritte ausbeutet, verurteilt, was Interpretationsspielraum zulässt.

In der Spätscholastik gab es Ansätze, Gewinn und Zins als Einkommensarten moralisch zu rechtfertigen. Konsequent fand sich diese Einstellung aber erst bei dem Reformator JOHANNES CALVIN (1509 - 1564). Materieller Reichtum wurde nun als sichtbares Zeichen der Gnade Gottes aufgefasst.

Die scholastische Preislehre ist die **Lehre vom gerechten Preis** (*iustum pretium*). Die Preisbildung wird also ethisch fundiert[9] und nicht in Form der heutigen Ursachen-Wirkungs-Analyse untersucht. Der Preis soll den Anbieter für den ihm entstandenen Aufwand entschädigen aber auch den Käufer in die Lage versetzen, ein standesgemäßes Leben führen zu können. In der Praxis waren Preise häufig durch die Obrigkeit oder die Zünfte und Gilden festgesetzt, so dass Preiswettbewerb nicht stattfinden konnte.

Wie bei ARISTOTELES wird Geld von den Scholastikern in erster Linie als Tauschmittel angesehen. Zinsen auf entliehenes Geld zu nehmen, wird als unmoralisch und gegen das göttliche Gesetz gerichtet betrachtet. Im allgemeinen wurde nicht zwischen Zins und Wucher unterschieden. Die Scholastiker begründeten das Zinsverbot wie folgt:

- der Zins ist unnatürlich, da Geld steril ist (ARISTOTELES);
- der Zins verstößt gegen römisches Recht, in dem auf Gebrauchslehen kein Entgelt genommen werden darf;
- der Zins verstößt gegen die Heilige Schrift (vgl. z.B. 3. Buch Mose 25'36f; Ezechiel 18,13);
- der Zins wird für eine zeitliche Frist erhoben; die Zeit ist aber von Gott gegeben und es steht dem Menschen nicht zu einen Preis für etwas von Gott gegebenes zu verlangen.

Bei THOMAS VON AQUIN finden sich aber bereits Ausnahmen vom Zinsverbot. So solle insbesondere ein säumiger Schuldner mit einem Zins belastet werden dürfen. Auch entstehender Verlust oder entgangener Gewinn soll durch einen Zins ausgeglichen werden dürfen. Nicht zuletzt sollte die Beteiligung an einem kaufmännischen Unternehmen durch einen Zins belohnt werden. THOMAS erkannte hier schon klar die Bedeutung einer produktiven Verwendung von Geld. Da weltliche und kirchliche Fürsten unter permanentem Geldmangel litten, um Kriege oder Luxuskonsum zu finanzieren, war allerdings das Erheben bzw. Bezahlen eines Zinses auch für nichtproduktive Verwendung des Geldes in der Praxis durchaus üblich. Nicht zuletzt unter dem Druck der realen Verhältnisse fanden sich in der Spätscholastik mehr und mehr Ausnahmeregelungen und Begründungen gegen das Zinsverbot.

[9] Diese Ansicht ist uns auch heute nicht fremd, denkt man etwa an die Floskel "recht und billig"!

7.3 Merkantilismus

7.3.1 Vom Mittelalter zur Neuzeit

Die Renaissance, eine Epoche die etwa von 1350 bis 1600 zu datieren ist, gilt als Übergang vom Mittelalter zur Neuzeit. Im philosophischen Denken zeigte sich der Wechsel in der Ablösung der Scholastik durch den *Nominalismus*, der in seiner ausgeprägtesten Form behauptet, dass ausschließlich von den individuellen Dingen gesagt werden kann, dass sie existieren. Universelle Begriffe sind lediglich Namen, die den individuellen Dingen anhaften. Kurz gesagt, die Renaissance entdeckte das Individuum wieder. Der Holländer HUIG DE GROOT (1583 - 1645), der sich latinisiert HUGO GROTIUS nannte, begründete die moderne *Naturrechtphilosophie*, indem er das Naturrecht des Menschen aus dem religiösen Zusammenhang der scholastischen Naturrechtphilosophie herauslöste. Alle Menschen unterliegen einem natürlichen Recht, zu dem das vom Menschen geschaffene *positive Recht* häufig im Widerspruch steht. Quelle des Naturrechts ist nicht wie in der Scholastik Gott, sondern die Vernunft.

Kunst, Musik und Literatur erlebten eine neue Blüte und die Menschen begannen, sich für die dingliche Welt zu interessieren. Man stellte Fragen nach dem Woher, Wie und Warum. Die Geburtsstunde der modernen Naturwissenschaften hatte geschlagen. Logik, Determinismus und Empirie lösten die Mystik des Mittelalters ab und wurden die neuen Prinzipen zur Entdeckung der Welt. Den deutlichsten Ausdruck fand dieses neue Denken sicherlich im heliozentrischem Weltbild des NIKOLAUS KOPERNIKUS (gest. 1543).

Auch im Bereich der Wirtschaft und des wirtschaftlichen Denkens vollzogen sich tiefgehende Wandlungen. Mittelpunkt der Überlegungen waren nicht länger ethische Grundsätze, sondern das Streben nach materiellem Wohlstand, das seine ethische Fundierung im Calvinismus erhielt. Mit der Entdeckung Amerikas 1492 und der nachfolgenden Eroberung weiter Teile der Welt durch Europäer flossen Ströme von Edelmetallen nach Europa. Der Handel, vormals als eine dem Christenmenschen unwürdige Beschäftigung diskreditiert, wurde zur wichtigsten Quelle von Wohlstand. So kann es nicht verwundern, dass in diese Zeit die Erfindung der *doppelten Buchführung* fällt, die dem italienischen Franziskaner-Mönch LUCA PACIOLI (1445 - 1514) zugeschrieben wird. Die Erfindung des Buchdrucks um das Jahr 1450 durch den Mainzer JOHANNES GUTENBERG (ca. 1395 - 1468) revolutionierte die Informationsverbreitung. Schriftlich festgehaltenes Wissen, das bislang einen eher esoterischen Charakter hatte, konnte nun breiten Schichten vermittelt werden.

Auch wenn die Kirche sich vehement gegen ihren Machtverlust zur Wehr setzte (Inquisition), ließ er sich letztendlich nicht mehr aufhalten. Um 1500 herum legte NICOLO MACHIAVELLI (1469 - 1527) in seinem Buch "*Il Principe*" das geistige Fundament des Absolutismus, der die mittelalterliche Feudalherrschaft ablösen und die Auflösung der mittelalterlichen Einheit von Staat und Kirche bedeuten sollte. Die ökonomische Philosophie des Absolutismus war der *Merkantilismus*, der in Europa in verschiedenen nationalen Ausprägungen entstand. Das gemeinsames Merkmal dieses staatswirtschaftlichen Ansatzes war das Bestreben, Reichtum anzuhäufen. Der Zins trat nun gleichberechtigt als eigenständiges Einkommen neben Lohn und Bodenrente. Wenn auch der Merkantilismus[10] überwiegend pragmatisch ausgerichtet war, so wurde doch in dieser Epoche teilweise die Grundlagen einer wissenschaftlichen Betrachtung der Ökonomie gelegt. So begründete beispielsweise JEAN BODIN (ca. 1530 - 1596) im 16. Jahrhundert die Quantitätstheorie des Gelds.

[10] lat. mercatus der Handel

7.3.2 Bullionismus

In England fand der Merkantilismus seine Ausprägung im sog. *Bullionismus.*[11] Für die Bullionisten bestand Wohlstand vor allem im Besitz von Edelmetallen. Da England über keine nennenswerten Edelmetallvorkommen verfügte, blieb nur der Außenhandel, um Edelmetalle zu erwerben. Nach einer naiven Form des Bullionismus, in dessen Sicht der Welthandel ein Nullsummenspiel bedeutete, sollte jedes englische Außenhandelsgeschäft mit einem Überschuss, d.h. mit einem Nettozustrom von Gold oder Silber abschließen, um so den Wohlstand Englands zu mehren. Der Handel wurde als ein Wirtschaftskrieg aufgefasst. Rohstoff- und Edelmetallausfuhren sollten verboten, englische Exporte dagegen gefördert werden.

Diese naive Sicht blieb nicht unwidersprochen. THOMAS MUN (1571 - 1641), Direktor der Ostindischen Kompanie, wies nach, dass auch Passivgeschäfte den Wohlstand mehren könnten, wenn sie zu einer insgesamt aktiven Handelsbilanz führten. So sollte England Rohstoffe importieren und durchaus mit einigen Ländern eine passive Handelsbilanz in Kauf nehmen. Die Rohstoffe sollten dann in England veredelt und die Fertigprodukte mit Gewinn wieder exportiert werden.

Die Lehren des Merkantilismus schlugen sich in einer handelsprotektionistischen Politik nieder. Eines der berühmtesten Beispiele hierfür war die *Navigationsakte* von 1651. Nach der Zerschlagung der spanischen Armada 1588 waren die Holländer zu den schärfsten Konkurrenten Englands als Seemacht geworden. So richtete sich dieses Gesetz, das im wesentlichen die Bevorzugung englischer Schiffe im Außenhandelsverkehr mit England vorsah, in erster Linie gegen diesen Wettbewerber.

Ein ausgesprochener Gegner der protektionistischen Politik und überzeugter Freihändler war Sir DUDLEY NORTH (1641 - 1691), Direktor der Levante&Africa Company. Er übernahm die Argumentation Thomas MUN'S und sah in staatlichen Eingriffen die Gefahr, Chancen im Außenhandel ungenutzt zu lassen.

Ein weiterer Kritiker des naiven Bullionismus war Sir WILLIAM PETTY (1623 - 1687), der in einer unkontrollierten Geldmengenentwicklung große Gefahren sah. Auf PETTY geht der Begriff der *politischen Arithmetik* zurück, dem Anfang der modernen Wirtschaftsstatistik. Bereits 1679 versuchte PETTY eine Volkswirtschaftliche Gesamtrechnung für England aufzustellen. Er wurde später von KARL MARX als der erste wissenschaftliche Ökonom gewürdigt.

7.3.3 Colbertismus

Nach den Hugenottenkriegen in Frankreich zeichnete sich Graf DE SULLY (1560 - 1641) als Finanzminister unter HEINRICH IV. durch den Wiederaufbau Frankreichs aus. Er beseitigte die Exportzölle auf landwirtschaftliche Produkte und wirkte so der weiteren Verarmung der französischen Landbevölkerung entgegen. Andererseits erhob er zur Finanzierung des Staatshaushaltes Steuern auf Luxuskonsum, da er von dieser Maßnahme keine negativen wirtschaftlichen Auswirkungen erwartete.

---

[11] *Bullion* ist das englische Wort für Münzgold.

Eine andere Politik verfolgte JEAN BAPTISTE COLBERT (1619 - 1683), der als Finanzminister unter LUDWIG XIV gänzlich dem Absolutismus diente. Die Landwirtschaft wurde wieder mit Exportverbot belegt, um die Agrarpreise niedrig zu halten. Niedrige Agrarpreise waren die Voraussetzung für niedrige Löhne in den staatlichen Manufakturen, in denen nicht zuletzt militärische Güter hergestellt wurden. Es gab staatliche Preis- und Produktionsvorschriften. Es wurde aktive Bevölkerungspolitik betrieben, um das Arbeitskräfteangebot zu mehren und Druck auf die Löhne ausüben zu können. Kinderreiche Familien wurden unterstützt, ausländische Arbeitskräfte angeworben und die Vertreibung der Juden und Hugenotten eingeschränkt.

Unter COLBERT wurden die Binnenzölle in Frankreich abgeschafft. Frankreich wurde zum einheitlichen Wirtschaftsraum und vollzog den Wandel vom reinen Agrarstaat zum Industriestaat, wenn man den modernen Begriff in diesem Zusammenhang verwenden möchte. Die Erinnerung an diese Leistungen Colberts erklärt noch heute weitgehend französische Wirtschaftspolitik, die mehr als in jedem anderen europäischen Land auf staatlich gelenkte Industriepolitik setzt.

7.3.4 Kameralismus

Die Ausgangslage in Deutschland war Mitte des 17. Jahrhunderts völlig anders als die in England oder Frankreich. Deutschland existierte als Nationalstaat nur der Form nach und zerfiel in eine Vielzahl kleiner und kleinster Fürstentümer, die alle Autonomie anstrebten. Die Bevölkerung im deutschen Reichsgebiet war während des Dreißigjährigen Krieges von 17 auf 5 Millionen Menschen reduziert worden. Da der Wohlstand eines Landes nach damaliger Ansicht von der Höhe der Bevölkerung und des Staatsschatzes abhing, wurden Bemühungen unternommen, beide zu vermehren. Die Schatzkammer des Fürsten, die *camara principis*, gab der deutschen Variante des Merkantilismus, dem *Kameralismus*, seinen Namen. Der Kameralismus war eine Sammlung finanzwirtschaftlicher und verwaltungstechnischer Methoden und Vorschriften.

Als Begründer des deutschen Kameralismus gilt KASPAR KLOCK (1583 - 1655), sein wohl bekanntester Vertreter war JOHANN JOACHIM BECHER (1625 - 1682), der eine Reihe dirigistischer Instrumente vorschlug, um das gewünschte Ziel, die Mehrung des staatlichen Wohlstands zu erreichen und zu sichern

7.4 Physiokratie

Die Physiokratische[12] Lehre war eine Wirtschaftsphilosophie, die in Frankreich etwa zur Mitte des 18. Jahrhunderts entstand und auf Frankreich beschränkt blieb. Wenn man sich trotzdem mit ihr beschäftigt, dann vor allem deshalb, weil sie einen der ersten wissenschaftlichen Ansätze, wirtschaftliche Vorgänge zu analysieren und zu erklären, darstellte.

Die physiokratische Lehre entstand aus einer Kritik am Merkantilismus. Sie richtete sich vor allem gegen den Colbertismus, der zum Niedergang der französischen Landwirtschaft geführt hatte. Im Gegensatz zu den Merkantilisten setzten die Physiokraten vor die Forderung nach einer bestimmten Wirtschaftspolitik die *Analyse* wirtschaftlichen Geschehens. Man war, in

[12] φυσισ ([physis] Natur); κρατοσ ([kratos] Herrschaft); Physiokratie = Herrschaft der Natur.

Anlehnung an die Vertreter der Naturrechtphilosophie, der Überzeugung, dass es ähnlich den Naturgesetzen eine natürliche Ordnung menschlichen Zusammenlebens gäbe, die die Merkantilisten nicht beachtet hätten. Die natürliche Ordnung beruht darauf, dass sich der Vorteil eines einzelnen niemals vom Vorteil aller anderen trennen lässt. Die Gesellschaft funktioniert, weil Individuen ihre Eigeninteressen zu verfolgen suchen und damit dem Wohl aller dienen. Die vom Menschen geschaffene positive Ordnung sollte sich an der natürlichen anlehnen, nur so könne eine Gesellschaft in Harmonie leben. Diese Forderung, die natürliche Ordnung zu berücksichtigen, gipfelte in dem Satz: "*laissez faire, laissez passer, le monde va de lui même*".[13]

Begründer und gleichzeitig wichtigster Apologet der physiokratischen Lehre war FRANÇOIS QUESNAY (1694 - 1774), Leibarzt LUDWIG XV und ein überzeugter Anhänger der Naturrechtphilosophie. 1758 veröffentlichte er sein Hauptwerk: "*Maximes générales du gouvernement économique d'un royaume*". Nicht der Handel, wie die Merkantilisten fälschlicherweise angenommen hätten, sondern die Landwirtschaft sei die Quelle des Wohlstands einer Nation. Der Ernteertrag ist höher als der Saateinsatz und der Viehbestand wächst durch Geburt und Aufzucht der Jungen. Nicht der Mensch schafft neue Werte, sondern die Natur.

Ähnlich wie PETTY versuchte QUESNAY eine Volkswirtschaftliche Gesamtrechnung aufzustellen, die als *tableau économique* in mehreren Versionen bekannt wurde. Er teilte die Wirtschaft in drei Sektoren ein, den produktiven Sektor (*la classe productive*), nämlich die Landwirtschaft, den besitzenden Sektor (*la classe des proprietaires*), also im wesentlichen Adel und Kirche, sowie die sterile Klasse (*la classe stérile*), die bürgerlichen Handwerker und Händler. Zwischen den Klassen fließen Einkommensströme, die QUESNAY darzustellen versuchte.

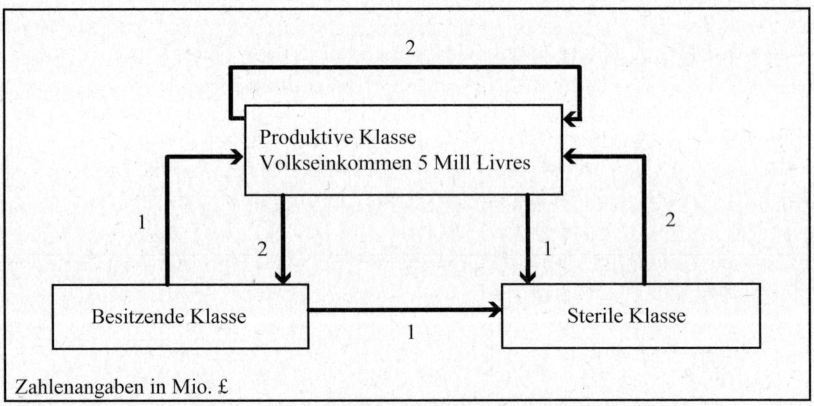

Abb. 7.1: Das Tableau Économique (1766)

Die Ströme zwischen den Sektoren wurden in Millionen Livres gemessen. Die Produktive Klasse erzeugt eine Wertschöpfung in Höhe von 5 Millionen Livres. Davon werden 2 Millionen an die Besitzende Klasse als Pacht abgeführt, 1 Million wird für Güterkäufe im Sektor Sterile Klasse verwendet und weitere 2 Millionen sind Eigenverbrauch und Reinvestitionen.

[13] Die meisten Quellen geben als Autor dieses Ausspruchs VINCENT DE GOURNAY (1712 – 1759) an. Der Ausspruch könnte auch älteren Datums sein und auf einen französischen Kaufmann LEGENDRE zurückgehen, der auf die Frage Colberts, was er als Minister am besten für den französischen Handel tun könne, geantwortet haben soll: „*Laissez nous faire, Monsieur*!". Eine gesichterte schriftliche Quelle geht auf den MARQUIS D'ARGENSON, einen Zeitgenossen COLBERTS zurück: „*Laissez faire, morbleu, laissez faire*!". Auf wen auch immer der Ausspruch zurückgeht, mit "*laissez faire*" war ursprünglich sicher nicht die später häufig falsch in diesen Satz hineininterpretierte moralische Rechtfertigung des „Manchester-Kapitalismus" gemeint.

Für 1 Million Livres tätigt die Besitzende Klasse Käufe bei der Produktiven Klasse. Die Sterile Klasse tätigt entsprechende Güterkäufe in Höhe von 2 Millionen Livres. Insgesamt fließen also 5 Millionen Livres aus dem Sektor der Produzierenden Klasse heraus und 5 Millionen fließen wieder hinein.

Entsprechendes gilt für die Besitzende Klasse. In ihr wird das Gleichgewicht durch Käufe in Höhe von 1 Million Livres bei der Sterilen Klasse erreicht. Damit ist auch das Kreislaufaxiom[14] für die Sterile Klasse erfüllt.

Die politische Konsequenz aus dem Tableau war nach Meinung der Physiokraten, die Hauptsteuerlast den Bodenbesitzern aufzuerlegen, dergestalt, dass nur der den Bodenbesitzern zustehende Reinertrag der produktiven Klasse besteuert werden sollte. Indirekte Besteuerung von Produkten dagegen hielten die Physiokraten für schädlich, da sie den Absatz der Erzeugnisse erschwerten. Staatsverschuldung wurde grundsätzlich abgelehnt. Die notwendigen Zinszahlungen belasteten nur den produktiven Sektor und begünstigten die Bezieher arbeitsloser Einkommen.

In ihrer *Theorie der Preisbildung* unterschieden die Physiokraten zwischen *Gebrauchswert* und *Tauschwert* von Gütern. Auch sie konnten das seit der Antike bekannte Wertparadoxon nicht lösen, wonach es Güter gibt, die einen hohen Gebrauchs- aber niedrigen Tauschwert haben (z.B. Wasser) und andere Güter mit einem hohen Tausch- aber niedrigen Gebrauchswert (z.B. Diamanten). Ähnlich wie die klassischen Ökonomen forschten die Physiokraten nach einem absoluten den Gütern inhärenten Wert. Dieser Wert, der *natürliche Preis* sei durch die Herstellungskosten gegeben, so die Meinung der Physiokraten. Vom natürlichen Preis abweichen kann der laufende Preis (= Marktpreis). Dies ist der Preis der durch Angebot und Nachfrage gesetzt wird und um den natürlichen Preis schwanken kann.

Die physiokratische *Lohntheorie* basierte auf der Überzeugung, dass Menschen nichts neues hervorbringen könnten. Sie wandelten Stoffe nur um, was ein steriler Vorgang sei. Deshalb könne die Entlohnung der Arbeiter niemals über dem *Subsistenzlohn*[15] liegen, d.h. dem Lohn der gerade ausreicht, dass der Faktor Arbeit sich reproduzieren und damit bestehen bleiben kann. Auch in der *Zinstheorie* geht man von der Annahme aus, dass Kapital ebenso wenig wie Arbeit etwas neues hervorbringen kann. Der Zins wird allenfalls als Kostenersatz oder Risikoprämie angesehen.

Ein Anhänger und gleichzeitig Kritiker der physiokratischen Lehre war ANNE ROBERT JAQUES TURGOT (1727 - 1781). Er formulierte als erster das Ertragsgesetz und lieferte eine plausible Zinstheorie. Seine *Fruktifikationstheorie* besagt, dass ein Kapital in Grund und Boden angelegt werden könne. Aus dem Bodenertrag würde man dann als Faktoreinkommen eine Bodenrente beziehen. Wird das Kapital anderweitig angelegt, so entstehen in Höhe der entgangenen Bodenrente Opportunitätskosten. Diese sind die ökonomische Rechtfertigung für den Zins als Faktoreinkommen des Kapitals. Der Zins als natürlicher Preis für die Überlassung von Geldkapital ist also durch die Bodenrente bestimmt. Der Marktzins kann von diesem allerdings abweichen. Diese Idee findet sich bereits bei Calvin, der das Zinsverbot nur auf die Ausbeutung der Armen beschränkt sehen wollte.

---

[14] Zur Erinnerung: Dieses Axiom besagt, dass alles was in einen Sektor hinein fließt, den Sektor auch verlassen muss; Einnahmen und Ausgaben eines Sektors müssen übereinstimmen.

[15] Lat. *subsistare* stillstehen, zurückbleiben, verharren.

7.5 Klassik

7.5.1 Aufklärung

Die veränderten wirtschaftlichen Bedingungen in Europa hatten zu einem aufstrebenden und wohlhabenden Bürgertum geführt. Obwohl der Adel weitgehend seine Privilegien behielt, geriet er wirtschaftlich mehr und mehr in Abhängigkeit von den bürgerlichen Kaufleuten. Das 17. Jahrhundert, Gipfel der absolutistischen Herrschaft, war gleichzeitig das Jahrhundert, in dem die ersten philosophischen Wurzeln der *Aufklärung* gepflanzt wurden. Der englische Dichter JOHN MILTON (1608 - 1674), ein Anhänger OLIVER CROMWELLS, vertrat die These, dass die Souveränität des Volkes gottgegeben sei, das Volk mithin das Recht habe, tyrannische Fürsten zu stürzen. Der Absolutismus des 17. Jahrhunderts wurde im 18. Jahrhundert durch den aufgeklärten Absolutismus verdrängt. Die Aufklärung ist in ihrer Bedeutung mindestens der Renaissance gleichzusetzen. Erst mit der Aufklärung streifte man endgültig religiöse Fesseln ab. Die Vernunft wurde zum Maß aller Dinge, der Rationalismus zur neuen philosophischen Grundrichtung. Die Ideen der Freiheit und Gleichheit aller Menschen auf der Basis des Naturrechts traten im europäischen Kulturraum ihren Siegeszug an. Hume, Locke, Montesquieu und Rousseau waren die herausragenden Vertreter des neuen Denkens.

Die von JOHN LOCKE (1632 - 1704) entwickelte Grundidee der neuen Gesellschaftstheorie war, dass die Menschen sich in einem freiwilligen Vertrag zum Staat zusammenschließen. Die Hauptaufgabe des Staates ist es, ein positives Recht zu schaffen, das die natürlichen Rechte der Menschen gewährleisten soll. Der Staat soll dem Schutz des Individuums dienen. Diese Idee war eine klare Absage an jedweden Absolutismus. Der Ruf nach Freiheit und Gleichheit der Menschen mündete schließlich in der amerikanischen Revolution, die 1776 zur Abspaltung der 13 amerikanischen Kolonien von England führte sowie in der Französischen Revolution von 1789.

Die philosophischen Wurzeln der Epoche, die man *Klassik* oder auch *angelsächsischen Liberalismus* nennt, deren herausragender Vertreter DAVID HUME (1711 - 1776) war, sind die gleichen wie die der Physiokraten. Ihre Schlussfolgerungen sind allerdings gänzlich andere. Vor allem waren die englischen[16] klassischen Ökonomen auch Befürworter der konsequenten Anwendung des Naturrechts im politischen Bereich. Politische und wirtschaftliche Freiheit sind für sie untrennbar miteinander verbunden.

Die geistige Umwälzung des 18. Jahrhunderts wurde durch bahnbrechende technische Erfindungen begleitet, die die Gesellschaft völlig verändern sollten. Eine der wichtigsten war sicherlich die Erfindung der Dampfmaschine durch den Engländer JAMES WATT (1736 - 1819) im Jahre 1765. Erstmals stand dem Menschen in größerem Umfang technisch erzeugte Energie zur Verfügung. Die Industrialisierung der Welt begann.

[16] Das Adjektiv englisch bezieht sich auf das englische Königreich des 18. Jahrhunderts, das Schottland, Wales und Irland einschließt.

7.5.2 Adam Smith

In dieser bewegten Zeit war es einem schottischen Moralphilosophen vorbehalten, zum eigentlichen Begründer der Volkswirtschaftslehre als Wissenschaft zu werden: **ADAM SMITH**.

ADAM SMITH wurde am 5. Juni 1723 im schottischen Kirkcaldy als Sohn eines Zollbeamten geboren. Bereits als Schüler zeigte er großes Interesse an den Wissenschaften und vor allem gute Kenntnisse der Mathematik. Er erhielt ein Stipendium und studierte in Glasgow 1737[17] antike Sprachen, Mathematik und Moralphilosophie, ohne das Studium dort zu beenden. Schließlich wechselte er 1740 nach Oxford und widmete sich den lateinischen und griechischen Klassikern. SMITH stieß auf ein Buch von DAVID HUME über den Rationalismus (*Treatise of Human Nature*), das sein Interesse weckte. Diese Lektüre brachte ihm allerdings einen offiziellen Tadel ein, da dieses Buch in Oxford als zu modern galt. Vermutlich 1744 erhielt er den akademischen Grad eines *Bachelor of Arts*. 1746 verlies er Oxford und verbrachte die nächsten zwei Jahre im heimischen Kirkcaldy.

1748 wurde SMITH Dozent für englische Literatur an der Universität von Edinburgh, wo er Philosophie lehrte und sich mit Astronomie beschäftigte. 1750/51 hielt er erstmals Vorlesungen über Nationalökonomie, insbesondere über den Freihandel. Zu dieser Zeit lernte er DAVID HUME kennen, mit dem ihn zeitlebens eine tiefe Freundschaft verband. 1751 lehrte SMITH in Glasgow und wurde dort 1752 auf den vakant gewordenen Lehrstuhl für Moralphilosophie berufen. 1759 veröffentlichte er die *Theory of Moral Sentiments*, ein Werk das ihm großen Ruhm einbrachte.

1763 erhielt SMITH, unter anderem auf Betreiben DAVID HUMES das Angebot, gegen ein im Vergleich zu seinem Professorengehalt fürstliches Salär, den jungen HERZOG VON BUCCLEUCH auf eine über zwei Jahre währende Bildungsreise nach Frankreich zu begleiten. In Paris lernte er QUESNAY, MIRABEAU und TURGOT kennen, von deren intellektueller Leistung er beeindruckt war. Allerdings konnte er der physiokratischen Lehre, die Klasse der Handwerker und Kaufleute als unproduktiv darzustellen, nichts abgewinnen.
Da ihm der Herzog eine lebenslange Rente ausgesetzt hatte, war Smith nun finanziell unabhängig und kehrte nach der Reise in seine Heimatstadt Kirkcaldy zurück. Dort schrieb er zehn Jahre an seinem Hauptwerk, das im Jahre 1776 veröffentlicht wurde: *„An Inquiry into the Nature and Causes of the Wealth of Nations“*.[18] Das Buch wurde wissenschaftlich und finanziell ein voller Erfolg. 1778 übernahm SMITH, der mittlerweile eine Berühmtheit war und dessen ökonomischer Rat gerne eingeholt wurde, die ihm vom Schatzkanzler LORD NORTH angetragene Stelle des Zollkontrolleurs von Schottland, damals eine Spitzenposition. Er zog nach Edinburgh, wo er am 17. Juli 1790 starb.

SMITH war nicht der erste Ökonom, der im modernen Sinne wissenschaftlich dachte, das taten sowohl Vorläufer in England als auch die französischen Physiokraten vor ihm. Aber er war der erste, der ein *umfassendes* Werk über Volkswirtschaftslehre vorlegte, das den gesamten Wissensstand seiner Zeit, von ihm kommentiert und erweitert, darstellte.

Merkantilismus und Physiokratie forderten ihn zum Widerspruch heraus und er entwickelte seine eigene Wohlstandstheorie, übernahm allerdings gleichzeitig manche Idee von den Physiokraten. Bereits der erste Satz seines Buches 'Der Wohlstand der Nationen'[19] macht seine eigenständige Position deutlich: "*Die jährliche Arbeit eines Volkes ist die Quelle, aus der es ursprünglich mit allen notwendigen und angenehmen Dingen des Lebens versorgt wird, die es im Jahr über verbraucht. Sie bestehen stets entweder aus dem Ertrag der Arbeit oder aus*

[17] Im jugendlichen Alter von 14 Jahren ein Studium aufzunehmen war in der damaligen Zeit nichts Ungewöhnliches.

[18] Die deutsche Übersetzung (die erste in eine Fremdsprache überhaupt) erfolgte in den Jahren 1776 bis 1778 (zweibändig) durch Johann Friedrich Schiller, einem Neffen des großen Dichters.

[19] In dieser kürzeren Form wird Smith's Werk "An Inquiry into the Nature and Causes of the Wealth of Nations" im allgemeinen zitiert.

dem, was damit von anderen Ländern gekauft wird."[20] Nicht die Natur, wie die Physiokraten es behaupten, sondern menschliche Arbeit ist die wahre Quelle von Wohlstand.

Das wichtigste Prinzip, durch dessen Anwendung menschliche Arbeit effizient wird, ist die *Arbeitsteilung.* Den Vorteilen der Arbeitsteilung widmet Smith das erste Kapitel seines Buches. In seinem berühmten Stecknadelbeispiel legt SMITH dar, dass ein ungelernter Arbeiter, der mit den Maschinen nicht vertraut ist, am Tag wohl kaum eine Stecknadel produzieren könne. Zehn spezialisierte Arbeiter dagegen, die sich die 18 Arbeitsgänge, die zur Herstellung einer Stecknadel nötig sind, teilen, können am Tag 48.000 Nadeln herstellen.[21] Einen hohen Stellenwert bekommt in diesem Zusammenhang die Ausstattung mit Sachkapital: Wirtschaftlicher Fortschritt ist eine Funktion der Kapitalakkumulation. "*Es leuchtet ohne weiteres ein, wie sehr der Einsatz geeigneter Maschinen die Arbeit erleichtert und verkürzt,...*".[22]

Im zweiten Kapitel erklärt SMITH die Grundlage der Arbeitsteilung. Die Menschen teilen sich die Arbeit, weil sie sich einen persönlichen Vorteil daraus versprechen: "*Nicht vom Wohlwollen des Metzgers, Brauers und Bäckers erwarten wir das, was wir zum Essen brauchen, sondern davon, dass sie ihre eigenen Interessen wahrnehmen. Wir wenden uns nicht an ihre Menschen- sondern an ihre Eigenliebe,...*"[23] Aus dieser Verfolgung des Eigeninteresses resultiert die Bereitschaft zur Spezialisierung und zum Tausch. War es in seinem Buch "***Theory of Moral Sentiments***" noch das Prinzip der '*sympathy*', was das gesellschaftliche Zusammenleben bestimmt, so näherte sich Smith im 'Wohlstand der Nationen' der Position vieler Zeitgenossen an, dass es vorrangig der Eigennutz der Menschen sei, der das wirtschaftliche Zusammenspiel mit *unsichtbare Hand* [24] steuert. Dabei steht SMITH dem sozialen Ergebnis der Arbeitsteilung durchaus nicht unkritisch gegenüber: "*Jemand der tagtäglich nur einige einfach Handgriffe ausführt, die zudem immer das gleiche oder ein ähnliches Ergebnis haben, hat keinerlei Gelegenheit, seinen Verstand zu üben. ... So ist es ganz natürlich, dass er verlernt, seinen Verstand zu gebrauchen, und so stumpfsinnig und einfältig wird, wie ein menschliches Wesen eben nur werden kann.*"[25] Als Konsequenz fordert er öffentlich geförderte Bildung.

Wenn SMITH vom Eigeninteresse redet, so bezieht er sich auf das ökonomische Eigeninteresse eines Staatsbürgers, der familiär und politisch in eine Gesellschaft eingebunden ist, die einen Rechtsstaat mit ethisch verpflichteten Regeln darstellt. Einen Sozialdarwinismus, wie häufig unterstellt, hat er nie im Sinn gehabt: "*Jeder Mensch hat, solange er nicht die Gesetze der Gerechtigkeit verletzt, vollkommene Freiheit, sein eigenes Interesse auf seine eigene Weise zu verfolgen, und sowohl seinen Gewerbefleiß wie sein Kapital mit dem Gewerbefleiß und den Kapitalien anderer Menschen oder anderer Klassen von Menschen in Konkurrenz zu bringen.*"[26]

Von den vielen Themen, mit denen SMITH sich beschäftigt, wollen wir die Wertlehre und die Lohntheorie herausgreifen, da diese teilweise auch Basis der marxistischen Theorie wurden.

Wie seine Zeitgenossen war er auf der Suche nach einer *objektiven Wertlehre*, mit der er das Problem zu lösen suchte, wie man den objektiven, einer Ware inhärenten Wert bestimmen

---

[20] ADAM SMITH: Der Wohlstand der Nationen; herausgegeben von Horst Claus Recktenwald, 5. Auflage München 1990, S. 3.
[21] Adam Smith: a.a.O. S. 9.
[22] ebenda, S. 13.
[23] ebenda, S. 17.
[24] ebenda, S. 371.
[25] ebenda, S. 662.
[26] A. Smith zitiert nach I.S.Ross: Adam Smith, Düsseldorf 1998, S. 581.

könne. Dabei unterscheidet Smith, wie andere Ökonomen seiner Zeit auch, zwischen Tausch- und Gebrauchswert einer Ware, konnte aber das Wertparadoxon ebenso wenig lösen, wie seine Vorgänger.

Beim Tauschwert unterscheidet SMITH zwischen einem *natürlichen Preis* und dem *Marktpreis*. Er greift hier auf physiokratische Ansätze zurück. Der natürliche Preis entspricht dem Faktoraufwand bewertet zu durchschnittlichen (natürlichen) Faktorpreisen. Der Marktpreis wird durch die Nachfrage mitbestimmt und kann unter Konkurrenzbedingungen vom natürlichen Preis kurzfristig abweichen, hat aber eine Tendenz zum natürlichen Preis. In einem Monopol dagegen, kann der Marktpreis auch längere Zeit über dem natürliche Preis liegen. Aus dem gleichen Grund steht Smith den Zünften kritisch gegenüber, da auch sie den Marktpreis, durch Ausschaltung von Wettbewerb, dauerhaft über dem natürlichen Preis halten können. Der Marktpreis kann allerdings nie lange unter dem natürlichen Preis liegen. Dies würde nämlich rasch zu einem verknappten Angebot führen, mit der Folge wieder steigender Preise.

Das Problem, den Tauschwert einer Ware zu bestimmen, reduziert sich dann darauf, die natürlichen Faktorpreise zu ermitteln. Zunächst steht für SMITH der Aufwand an Arbeit, der zur Herstellung einer Ware nötig ist, im Mittelpunkt des Interesses: "*Arbeit war der erste Preis oder das ursprüngliche Kaufgeld, womit alles andere bezahlt wurde*"[27] und "*Arbeit ist demnach ganz offensichtlich das einzige allgemein gültige exakte Wertmaß oder der alleinige Maßstab, nach dem man die Werte der verschiedenen Waren immer und überall miteinander vergleichen kann.*"[28] Als in der Folge zivilisatorischer Evolution die Kapitalbildung als weiterer Produktionsfaktor neben menschliche Arbeitskraft trat und Land privatisiert wurde, musste der Preis einer Ware nicht mehr nur den Arbeitsaufwand sondern auch den Gewinn (Profit) und die Bodenrente beinhalten: "*Ganz gleich, ob man nun das fertige Erzeugnis gegen Geld, Arbeit oder andere Güter tauscht, es muss einen Erlös erbringen, der über den Materialkosten und den Arbeitslöhnen liegt und der ausreicht, um den Gewinn des Unternehmers, der sein Kapital mit diesem Einsatz aufs Spiel setzt, abzudecken.*"[29] Der Profit wird also im wesentlichen als Risikoprämie definiert. Eine Unterteilung in Zins, Unternehmerlohn und Gewinn nimmt SMITH noch nicht vor. Vom Zins spricht er nur im Zusammenhang mit der Ausleihung von Kapital. Eine Theorie der Bodenrente liefert Adam Smith in Ansätzen. Für ihn ist die Bodenrente eine Folge der Privatisierung des Bodens: "*Sobald in einem Land aller Boden in Privateigentum ist, möchten auch die Grundbesitzer, wie alle Menschen, dort ernten, wo sie nicht gesät haben. Sie fordern selbst für den natürlichen Ertrag des Bodens eine Rente.*"[30]

Trotzdem bleibt letztlich die menschliche Arbeitskraft der Wertmaßstab schlechthin: "*Der wirkliche Wert aller Bestandteile des Preises, das sollte man beachten, wird mit Hilfe der Arbeitsmenge gemessen, welche man mit jedem einzelnen Teil* [gemeint sind die Faktorkostenbestandteile des Warenwerts; Die Verfasser] *kaufen oder beanspruchen und einsetzen kann.*"[31]

SMITH übernahm von den Physiokraten die Subsistenzlohntheorie. "*Der Mensch ist darauf angewiesen, von seiner Arbeit zu leben, und sein Lohn muss mindestens so hoch sein, dass er davon existieren kann. Meistens muss er sogar noch höher sein, da es dem Arbeitnehmer sonst nicht möglich wäre, eine Familie zu gründen; seine Schicht würde dann mit der ersten Generation aussterben*".[32] Da nun die Unternehmer nach Smith' Meinung möglichst wenig

---

[27] A. SMITH a.a.O., S. 28.
[28] ebenda, S. 35.
[29] ebenda, S. 43.
[30] ebenda, S. 44.
[31] ebenda, S. 44.
[32] ebenda, S. 59.

bezahlen wollen und gegenüber den Arbeitern in der stärkeren Position sind, drücken sie die Löhne auf das oben beschriebene Existenzminimum, nämlich den Subsitenzlohn, der gerade zur Reproduktion des Faktors Arbeit ausreicht.

SMITH sieht dieses als Tatsache an, die er allerdings nicht begrüßt. Er steht der Armut der Arbeiter und der hohen Kindersterblichkeit alles andere als gleichgültig gegenüber. Mehrmals plädiert er in seinem Buch für wirtschaftliches, den Wohlstand förderndes Wachstum sowie für Bildung. Gerade was das Wachstum anbelangt, ist SMITH sehr optimistisch. Er verweist auf das Beispiel der amerikanischen Kolonien, wo die Löhne der Arbeiter wesentlich über denen in England lägen. Als Begründung führt er an, dass sich die junge amerikanische Wirtschaft wesentlich schneller und dynamischer entwickle als die englische.

Vom Zins redet SMITH, wie bereits gesagt, nur im Zusammenhang mit der Ausleihung von Geldmitteln. Er definiert den Zins als den Preis für die Überlassung von Kaufkraft. Im Gegensatz zur Antike und zum Mittelalter wird Finanzkapital nicht für Konsum- sondern vorrangig für Investitionszwecke verliehen. Insofern ist es für SMITH und seine Zeitgenossen kein Problem, den Zins zu rechtfertigen. Wucher wird allerdings nach wie vor (wie übrigens auch heute noch!) als unmoralisch abgelehnt. SMITH spricht sich sogar ausdrücklich gegen ein Zinsverbot aus, da ein solches negative Auswirkungen auf das Wirtschaftswachstum haben müsse. Von einer modernen Zinstheorie, wie sie etwa EUGEN BÖHM-BAWERK gegen Ende des 19. Jahrhunderts geliefert hat, ist SMITH allerdings noch weit entfernt.

Als Hauptaufgaben des Staates sieht SMITH die Landesverteidigung, Justiz, Öffentliche Anlagen und Einrichtungen,[33] Bildung und Repräsentation des Fürsten an. Die Wahrnehmung dieser Aufgaben durch den Staat, muss allerdings seiner Meinung nach nicht notwendigerweise bedeuten, dass der Staat auch die Finanzierung uneingeschränkt übernimmt. An dieser kann man den Verursacher oder Begünstigten einer Leistung durch Abgaben oder Gebühren beteiligen. So befürwortet er z.B. Straßen- und Brückenmauten oder Schulgeld. Lediglich die Landesverteidigung und die staatliche Repräsentanz sollten uneingeschränkt aus Steuermitteln finanziert werden. Wir finden hier erstmals einen Hinweis auf die Existenz von Kollektivgütern und öffentlichen Gütern[34].

Bei der Würdigung der Arbeit von SMITH - und diese schließt Kritik an seinen Fehlern genauso ein wie Bewunderung seiner geistigen Größe - darf nicht übersehen werden, dass zu seiner Zeit England noch ein Agrarland war und "Industrie" allenfalls in der Form der Manufakturen existierte, so dass SMITH seine Anschauung und seine Beispiele überwiegend aus der Agrargesellschaft schöpfte.

7.5.3 David Ricardo

DAVID RICARDO wurde 1772 in London als Sohn jüdischer Emigranten aus Holland geboren.[35] Sein Vater, ein erfolgreicher Börsianer, führte den Sohn bereits als 14jährigen an der Börse ein. Wegen seiner Heirat mit einer Quäkerin überwarf sich RICARDO mit seinen Eltern und brach sogar mit dem jüdischen Glauben. Ob seines guten Rufs an der Londoner Börse, lieh man ihm Startkapital und er wurde durch Börsengeschäfte schnell zum vermögenden Mann. Außer für seinen Beruf interessierte er sich sehr für Mathematik und Naturwissenschaften, bis er 1799 zufällig das Buch von ADAM SMITH zu lesen bekam. Sein Interesse an der

---

33 Wir würden heute von Infrastruktur sprechen.

34 Vgl. Kapitel 2.

35 Die Ricardos stammten von einer jener jüdischen spanischen Familie ab, die sich der zwangsweisen Christianisierung widersetzten und während der spanischen Inquisition nach Holland auswanderten.

wissenschaftlichen Beschäftigung mit Ökonomie war geweckt. In den Jahren 1809 und 1810 erfolgten erste Veröffentlichungen zur Golddeckung des Pfundes (*The Price of Gold* und *The High Price of Bullion*). In dieser Zeit lernte RICARDO auch ROBERT THOMAS MALTHUS kennen, mit dem ihn bis zu seinem frühen Tod eine enge Freundschaft verband.

1815 zog er sich aus dem Börsengeschäft zurück, verkaufte nach und nach seine Wertpapiere und legte sein Geld in Boden an, unter anderem einem Landsitz in Gloucestershire, in dem er seine letzten Jahre verbrachte. Er widmete sich nur noch ökonomischen Studien. 1817 veröffentlichte er sein Hauptwerk: *„On the Priciples of Political Economy and Taxation“*. JAMES MILL, ein anderer großer zeitgenössischer Ökonom, der großen Einfluss auf RICARDO hatte, drängte diesen, sich einen Parlamentssitz zu kaufen[36] und 1819 zog RICARDO als Abgeordneter in das britische Unterhaus ein. Er galt als Spezialist für geld- und finanzpolitische Themen, setzte sich aber auch für liberale gesellschafts- und rechtspolitische Reformen ein. Er starb 1823 an den Folgen einer Mittelohrentzündung.

Die Beschäftigung mit RICARDO ist zumindest aus zwei Gründen in dem hier vorgegebenen Rahmen wichtig. Zum einen baute er die Ideen von SMITH aus oder bezog Gegenpositionen, zum anderen waren seine Arbeiten ein wichtiges theoretisches Fundament, auf das KARL MARX sein Theoriegebäude platzierte.

Im Zentrum ricardianischer Überlegungen stand die Verteilung des Wohlstands und nicht wie bei Smith seine Entstehung. Er übernahm von SMITH die Aufteilung des Produktionswertes auf die Bestandteile Lohn, Bodenrente und Profit. Es mussten also nun Theorien gefunden werden, die einzelnen Bestandteile zu ermitteln. RICARDO lieferte eine Lohntheorie und eine Theorie der Bodenrente. Der Profit ergab sich dann als Residualeinkommen.

Die Lohntheorie RICARDOS orientiert sich an der auch von anderen Klassikern vertretenen *Lohnfondstheorie*. Zum Beginn einer Produktionsperiode steht den Unternehmern ein bestimmter *Lohnfonds* L zur Verfügung. Ricardo nennt diesen Lohnfonds *„cirkulierendes Kapital“*. Dieses wird auf die eingesetzte Arbeitsmenge A aufgeteilt, so dass sich ein durchschnittlicher Lohnsatz von $w = L/A$ ergibt. Anders ausgedrückt ist die Arbeitsnachfrage durch $A^d = L/w$ gegeben. Das Arbeitsangebot A^s kann als kurzfristig unelastisch angesehen werden, da den abhängigen Erwerbstätigen nichts anderes übrig bleibt, als ihre Arbeitskraft zu jedem Lohn anzubieten.

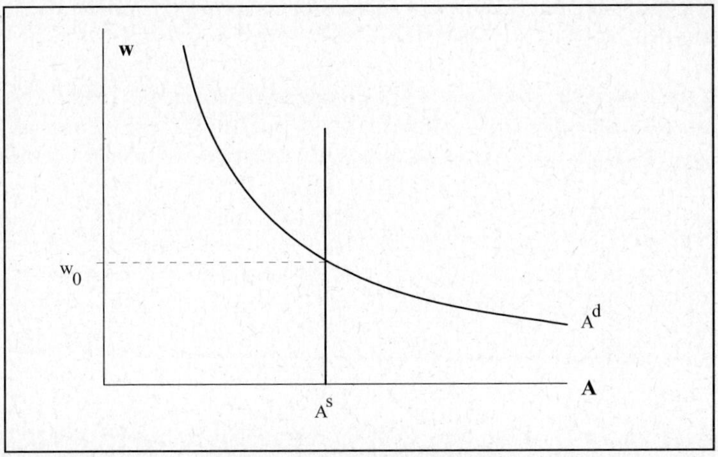

Abb. 7.2: Lohnfondstheorie

[36] Eine damals gängige Praxis. Ricardo hat den Wahlkreis den er vertrat, das irische Portarlington, niemals kennen gelernt.

Bei l_0 liegt der Gleichgewichtslohn,[37] zu dem Vollbeschäftigung herrscht und die gesamte zu diesem Lohn sich ergebende Arbeitsnachfrage befriedigt wird. Zu jedem höheren Lohn liegt Unterbeschäftigung vor, zu jedem niedrigeren Lohn herrscht dagegen Übernachfrage auf dem Arbeitsmarkt. Der langfristige Gleichgewichtslohn, muss nach Ricardo gleich dem Subsistenzlohn sein: "*Der natürliche Preis der Arbeit ist jener, der notwendig ist, um den Arbeitern, einem wie dem anderen, zu ermöglichen, sich zu erhalten und die Existenz ihres Standes ohne Vermehrung oder Verminderung weiterzuführen*".[38] RICARDO betont, dass es einen einzigen Subsistenzlohn nicht gibt, er wird von Land zu Land verschieden sein.

Erhöht sich der Lohnfonds (allgemeiner: das Kapital), so sind die Unternehmer in der Lage höhere Löhne zu bezahlen. Da sie die Produktion ausdehnen wollen, werden sie dies auch tun, d.h. die A^d - Kurve verschiebt sich nach rechts. Beim gegebenen Lohn kommt es zu einer Übernachfrage nach Arbeit. Bei gegebenem Arbeitsangebot treibt der Wettbewerb der Arbeitgeber den Gleichgewichtslohn in die Höhe. Die Folge ist eine bessere Versorgung der Bevölkerung, die Kindersterblichkeit nimmt ab und nach einigen Jahren (Kinderarbeit!) steigt das Arbeitsangebot, die A^s-Kurve verschiebt sich nach rechts. Die Folge ist, dass der Gleichgewichtslohn wieder auf das alte Niveau sinkt.

Verringert sich der Lohnfonds, verschiebt sich also die A^d-Kurve nach links, so kommt es beim Lohn l_0 zunächst zu einem Überangebot am Arbeitsmarkt. Die Konkurrenz der Arbeiter treibt den Lohn nach unten, der Gleichgewichtslohn sinkt. Die daraus resultierende Verschlechterung der Versorgung erhöht die Kindersterblichkeit, das Arbeitsangebot geht zurück, die A^s-Gerade verschiebt sich nach links. Da die Arbeitgeber um das knapper gewordene Arbeitsangebot konkurrieren, steigt der Lohn wieder auf das alte Niveau. Letztendlich wird sich also langfristig immer der Subsistenzlohn einstellen. Der deutsche Sozialist FERDINAND LASSALLE nannte dies später das "eherne, grausame Lohngesetz".

Die Bodenrente erklärt RICARDO als Differentialrente,[39] einen Ansatz, den man als Idee bereits bei ADAM SMITH findet. Mit zunehmender Bevölkerung müssen immer schlechtere oder immer weiter entlegene Böden urbar gemacht und ausgebeutet werden, oder Böden gleicher Qualität müssen intensiver bewirtschaftet werden. Es ergibt sich dann eine Rente, die RICARDO Qualitäts-, Lage- oder Intensitätsrente nennt. Betrachten wir das Beispiel einer Qualitätsrente.

Auf einem Acker guter Qualität werde Sommerweizen angebaut. Bei einem bestimmten Faktoraufwand sei der Ertrag 35 dz/ha. Nehmen wir an, der Preis sei 10 Taler/dz. Nach einem Anstieg der Nachfrage nach Weizen wird nun Boden geringerer Qualität bearbeitet. Bei gleichem Aufwand sei der Ertrag nunmehr 30 dz/ha. Als Folge des geringeren Ertrags muss der Preis um 17% auf 11,70 Taler/dz steigen. Bei vollständiger Konkurrenz wird es selbstverständlich nur einen Preis für Sommerweizen geben. Der Besitzer des qualitativ höherwertigen Boden erhält also vom Pächter des Bodens eine (zusätzliche) Rente von 1,70 Taler/dz oder insgesamt 59,5 Taler/ha (= 35 dz/ha × 1,70 Taler/dz).

Damit kann nun die Verteilungstheorie Ricardos begründet werden. Es gilt:

$$Y = L + B + P \tag{7.1}$$

[37] Den Begriff des Gleichgewichts kannten die Klassiker noch nicht; er wurde erst in der Neoklassik in die Theorie eingebracht.

[38] D. RICARDO: Über die Grundsätze der politischen Ökonomie, 3. Auflage, Kapitel V, London 1821; in deutscher Übersetzung herausgegeben von H. Kurz, Marburg 1994.

[39] Die Bodenrente darf keinesfalls mit dem Profit verwechselt werden!

Dabei ist Y die Wertschöpfung, L der Lohnfonds, B die Bodenrente und P der Profit. Wie bereits angemerkt wurde, ergibt sich der Profit als Residualeinkommen, also P=Y-L-B.

Um die Verteilungswirkung bei wachsender Bevölkerung zu verdeutlichen, gehen wir vom obigen Zahlenbeispiel aus. Der Weizenertrag sei 35 dz/ha zu einem Preis von 10 T/dz. Die Aufteilung des Produktionserlöses sei gemäß der obigen Ausgangssituation:

4 Taler für den Faktor Arbeit
0 Taler Rente für den Bodenbesitzer
6 Taler Profit für den Farmer

Nehmen wir an, die Arbeiter müssen die Hälfte ihres Lohnes für Weizen und die andere Hälfte für sonstige Güter ausgeben.[40] Aus den weiter oben genannten Gründen möge es nun zu einer Verringerung der Weizenproduktion auf den Grenzböden kommen, was zu einer Erhöhung des Weizenpreises auf 11,70 T/dz führt. Um die gleiche Menge Weizen wie vorher zu konsumieren, müssen die Arbeiter ihre Aufwendungen für Weizen um 17% steigern. Der Subsistenzlohn muss also auf 4,34 Taler steigen. Insgesamt ergibt sich damit die folgende Verteilung des Einkommens:[41]

4,34 Taler für den Faktor Arbeit (2 + 2×1,17)
1,70 Taler Rente
5,66 Taler Profit (11,7 – 4,34 – 1,70)

Der nach Abzug der Bodenrente auf den Lohn und den Profit verbleibende Teil des Erlöses verändert also seine Struktur zugunsten des Lohnes. Der Profit nimmt ab. Da der feste Kapitalstock des Farmers zum großen Teil aus Weizen besteht (Saatgut) wird sich auch dessen Tauschwert erhöhen. Damit sinkt die ***Profitrate***, definiert als der Quotient aus Profit und Kapitalstock noch schneller als der Profit selber. Diese Entwicklung hält an, bis die Verwendung von Kapital in der Landwirtschaft im Vergleich zu anderen Verwendungen nicht mehr rentiert. Ein Wachsen der Bevölkerung ist dann nicht mehr möglich, die Wirtschaft hat ihren Höchststand erreicht.[42]

Ricardo weist allerdings darauf hin, dass der Prozess durch technischen Fortschritt oder den Import von Nahrungsmitteln gestoppt oder sogar umgekehrt werden kann.[43]

RICARDO war, ebenfalls wie SMITH und andere Ökonomen seiner Epoche, auf der Suche nach einer objektiven Werttheorie, mit dem Ziel, eine exakte Theorie der relativen Preise liefern zu können. Bereits SMITH hatte im wesentlichen die Arbeit als Wertmaßstab postuliert. RICARDO verfolgte diesen Gedanken wesentlich konsequenter als SMITH. Das alleinige Maß für den Wert von Gütern ist die in ihnen enthaltene Arbeit.[44] Damit ist nicht nur die direkt in einem Gut enthaltene Arbeit gemeint sondern auch die indirekt enthaltene Arbeit. Auch Kapitalgüter sind letztlich Produkt menschlicher Arbeit, also kann auch die vom Kapital im Produktionsprozess abgegebene Leistung auf menschliche Arbeitsleitung zurückgeführt werden. Diese

[40] Da die Arbeiter ihren Subsistenzlohn erhalten können sie nicht sparen.

[41] Man beachte, dass nur die Geldlöhne steigen, während die in Weizeneinheiten ausgedrückten Reallöhne konstant bleiben.

[42] RICARDO war von seiner Theorie so überzeugt, dass er seine Wertpapiere verkaufte und den Erlös in Ländereien anlegte. Entgegen seinem eigenen Interesse trat er aber für eine Liberalisierung der englischen Nahrungsmitteleinfuhren ein.

[43] D. Ricardo: a.a.O., S. 103 und 113.

[44] RICARDO räumt ein, dass auch die Knappheit (Seltenheit) einer Ware Quelle ihres Wertes sein kann, misst diesen Gütern aber keine große Bedeutung bei und verfolgt den Gedanken nicht weiter.

Theorie wird als *Arbeitswertlehre* bezeichnet. Auch sie wurde von KARL MARX übernommen und zur Ausbeutungstheorie weiterentwickelt. MARX bezeichnete Kapital als "geronnene Arbeit". Das Problem unterschiedlicher Arbeitsqualitäten versucht RICARDO durch die Annahme zu lösen, dass alle Arbeit auf einer Verhältnisskala messbar sei und damit in Standardarbeitseinheiten umgerechnet werden könne. RICARDO gesteht aber letztlich das Scheitern der Arbeitswertlehre ein, indem er aus ihr resultierende Widersprüche aufzeigt.

Manche Idee RICARDOS hat sich als Sackgasse herausgestellt, insbesondere seine Arbeitswertlehre. Andere seiner Leistungen haben bis heute Bestand, zum Beispiel seine Theorie der komparativen Kosten, die wir bereits in Kapitel 6 behandelt haben.

7.5.4 Jean Baptiste Say

JEAN BAPTISTE SAY (1767 - 1832) war derjenige, der die Lehren von SMITH auf den europäischen Kontinent brachte. Er übernahm den Kern der Smithschen Ideen, lieferte aber auch wesentliche eigene Beiträge zur Nationalökonomie. 1803 veröffentlichte er sein Hauptwerk: *„Traité d'économie politique"*.

Berühmt wurde SAY wegen des nach ihm benannten Theorems. Dieses *Saysche Theorem* besagt, dass jedes Güterangebot sich seine eigene Nachfrage schafft. Güter werden produziert und angeboten, weil man selber investieren oder konsumieren möchte. Das Angebot richtet sich also immer nach der Güternachfrage. Güter werden letztlich nämlich immer mit anderen Gütern bezahlt. Geld dient nur als Schmiermittel der Wirtschaft. Es stellt einen Schleier dar, hinter dem sich die reale Wirtschaft verbirgt. Geld erleichtert zwar das Wirtschaftsleben ist aber letztlich neutral. Das Verhältnis von umlaufender Geldmenge zu produzierter Gütermenge bestimmt nur das Preisniveau. Es hat keinen Einfluss auf die relativen Güterpreise, die nämlich nicht vom Geld, sondern von dem zur Erzeugung der Güter notwendigen realen Faktoraufwand abhängen. Diese Theorie kennt man heute als *klassische Dichotomie*.[45] Das Saysche Theorem wurde von fast allen Klassikern akzeptiert und galt, bis zu seiner Widerlegung durch Keynes, als das zentrale Theorem der Nationalökonomie.

Zwar kann es nach dieser Theorie partiell zu Störungen kommen - SAY spricht hier von verstopften Absatzwegen -, diese werden unter dem Wettbewerbsdruck aber rasch beseitigt. Lang anhaltende Wirtschaftskrisen, im Sinne eines andauernden Überangebots, sind danach aber nicht möglich.

Von SMITH – und erst recht von RICARDO - unterschied sich SAY vor allem dadurch, dass bei ihm die drei Produktionsfaktoren Arbeit, Boden und Kapital gleichberechtigt nebeneinander stehen, während Smith noch klar das Schwergewicht auf den Faktor Arbeit gelegt hatte. Unterschiedliche Ansichten gab es zwischen SAY und RICARDO, die miteinander in lebhaftem Gedankenaustausch standen, bezüglich des Warenwertes. Während bei Ricardo der Wert der Güter auf die eingesetzte Arbeit zurückgeht, führt SAY bereits die Nützlichkeit als wertbestimmendes Moment ein.

[45] Dichotomie bedeutet Zweiteilung; *διχοτομεω* (dichotomeo) - in zwei Teile spalten.

7.5.5 John Stuart Mill

JOHN STUART MILL (1806 - 1873), Sohn des mit ADAM SMITH befreundeten Ökonomen JAMES MILL (1772 - 1836), gilt - bereits an der Schwelle zur Neoklassik - als der letzte bedeutende Vertreter der klassischen Ökonomie. Auf ihn gehen, ähnlich wie auf DAVID RICARDO, wesentliche methodische Neuerungen zurück. So war es wohl MILL, der das *ceteris-paribus*-Prinzip in die Ökonomie eingeführt hat. In einem 1836 veröffentlichten Aufsatz, „Einige ungelösten Probleme der Politischen Ökonomie", schreibt MILL: *„Wenn eine Wirkung von der gleichzeitigen Wirksamkeit mehrerer Ursachen abhängt, so müssen diese Ursachen einzeln nacheinander untersucht und ihre Gesetze voneinander getrennt analysiert werden,...* „. Genau dies ist die Denkweise der ceteris-paribus-Methode. Man analysiert die Wirkung genau einer Ursache unter Konstanthaltung aller übrigen auf eine Zielvariable. Wohl wissend, dass die individuelle Nachfrage nach einem Gut von sehr vielen Faktoren , quantifizierbaren und nicht quantifizierbaren, abhängen kann, untersucht man isoliert die Wirkung des Preises auf die Nachfrage und hält gedanklich alle anderen Einflussfaktoren konstant.

Die zweite Bedeutende Arbeitsmethode, die auf MILL zurückgeht, ist die Begründung des *homo oeconomicus*.[46] Dieses Konstrukt, häufig fälschlich ADAM SMITH zugeschrieben, hat wie kaum ein anderer Begriff der Ökonomie zu sehr vielen, tiefgehenden Missverständnissen geführt. Kritiker der liberalen Ökonomie haben immer wieder unterstellt, der *homo oeconomicus* sei als alleine auf seinen Vorteil bedachtes Individuum das normative Leitbild der „bürgerlichen Ökonomie". Nichts ist so falsch, wie diese Annahme! Im Sinne MILLS war der homo oeconomicus niemals als **normatives** Leitbild gedacht, sondern als ein **Idealtypus** im Sinne MAX WEBERS.

Schauen wir uns dazu Zitate von MILL an. In einem Aufsatz „Über die Definition der Politischen Ökonomie und die ihr angemessene Forschungsmethode" von 1836 schreibt er: *„Sie [die Politische Ökonomie, U.G.] behandelt nicht die Gesamtheit der menschlichen Natur .... Sie beschäftigt sich mit dem Menschen lediglich in seiner Eigenschaft als ein Wesen, das Reichtum besitzen möchte und das die relative Effizienz der Mittel zum Erreichen dieses Ziels beurteilen kann. ... Sie abstrahiert völlig von allen anderen Leidenschaften oder Motiven des Menschen mit Ausnahme solcher, die als dem Streben nach Reichtum entgegengesetzte Grundsätze angesehen werden können, nämlich Abneigung gegen Arbeit und dem Wunsch nach der sofortigen Befriedigung kostspieliger Bedürfnisse. ... Die Politische Ökonomie begreift den Menschen als einzig und allein mit dem Erwerb und Konsum von Reichtum beschäftigt. ...*". Hier zeigt sich bei MILL die gleiche Arbeitsweise, die auch bei der *ceteris paribus*-Annahme gewählt wird. An anderer Stelle schreibt MILL: *„Nicht, dass jemals ein politischer Ökonom so töricht gewesen wäre, anzunehmen, die Menschheit sei wirklich so beschaffen, sondern vielmehr, weil dies die Art und Weise ist, wie eine Wissenschaft zwangsläufig vorgehen muss. Wenn eine Wirkung von der gleichzeitigen Wirksamkeit mehrerer Ursachen abhängt, so müssen diese Ursachen einzeln nacheinander untersucht und ihre Gesetze voneinander getrennt analysiert werden,...* „ Gerade dieses Zitat zeigt, dass MILL niemals den *homo oeconomicus* als ein normatives Leitbild angesehen hat. Ein solches Menschenbild hätte auch seiner Grundüberzeugungen widersprochen, die in dem folgenden Zitat deutlich wird: *„Es schafft nur geringe Befriedigung, eine Welt zu betrachten, in der nichts mehr der spontanen Aktivität der Natur überlassen bleibt; wo jeder Flecken Erde kultiviert wird ..., jede nichtnutzbare Pflanze oder natürliche Wiese untergepflügt wird, sämtliche Vierbeiner oder Vögel, die nicht für menschliche Zwecke domestiziert werden können, als Nahrungsmittelrivalen ausge-*

[46] Der Begriff *homo oeconomicus* geht auf EDUARD SPRANGER (1882 – 1963) zurück, der ihn erstmals 1914 in einem Buch benutzte.

rottet werden... Wenn die Erde so viel von ihrer Lieblichkeit verlieren muss ..., dann hoffe ich ernsthaft, dass man mit einem stationären Zustand zufrieden sein wird, lange bevor die Notwendigkeit dazu zwingt."

7.5.6 Einfluss der Klassik

Abgesehen davon, dass die Klassiker, lässt man die Physiokraten einmal unberücksichtigt, erstmals Ökonomie als Wissenschaft im heutigen Sinne betrieben, haben ihre Hypothesen und Theorien bis heute Einfluss auf die Volkswirtschaftslehre. Wenn auch die Antworten aus heutiger Sicht nicht immer befriedigen, so kommt den Klassikern das große Verdienst zu, die richtigen Fragen gestellt zu haben. Probleme der Allokation und Distribution sind heute noch ebenso interessant wie vor 150 oder 200 Jahren.

Auf dem Weg über die Neoklassik haben klassische Lehren Einzug in die Moderne gehalten und sich zu den herrschenden Paradigmen entwickelt. Im Monetarismus und im Neoliberalismus hat die Klassik eine unmittelbare Renaissance erlebt. Unsere Vorstellungen einer liberalen Wirtschaftsordnung, wie sie etwa der Ordoliberalismus der Freiburger Schule formuliert hat und wie sie in der Wirtschaftsverfassung Deutschlands und der meisten westlichen Staaten verwirklicht sind, basieren auf den Vorstellungen von ADAM SMITH und der ihm geistig nahestehenden Ökonomen und Philosophen.

Interessanterweise fußt aber auch der Gegenpart der liberalen, kapitalistischen Wirtschaftsordnung, der Sozialismus, auf den Ideen der Klassik. KARL MARX stand voll in der klassischen Tradition, insbesondere in der RICARDOS, und entwickelte dessen Lehre mit eigenen Interpretationen und eigenen Schlüssen weiter.

7.6 Sozialismus

Betrachtet man die Industriegesellschaft zur Mitte des 18. Jahrhunderts, so scheint SMITH' Optimismus gründlich widerlegt zu sein. Verelendung, Kinderarbeit, Abhängigkeit der Arbeiter vom Kapitalisten, Not und Ungerechtigkeit prägen das Bild der industriellen Städte. Aus dem laissez-faire-Prinzip war das Prinzip der Ausbeutung, das Prinzip eines Sozialdarwinismus geworden. Mit der Harmonielehre eines ADAM SMITH hatte diese Welt nichts mehr gemein. Die englische Wirtschaft entwickelte sich in der ersten Hälfte des 18. Jahrhundert nicht wie von SMITH erwartet kontinuierlich aufwärts, sondern wurde von schweren Konjunkturkrisen erschüttert mit entsprechenden Auswirkungen auf die Arbeitermassen.

Als Kritik an diesen Zuständen entstand auf der Basis der Freiheitsbewegungen der Jahrhundertwende der Sozialismus in seinen verschiedenen Ausprägungen. Das Wort Sozialismus[47] bezeichnet als Sammelbegriff verschiedene Schulen, die alle Solidarität und Gleichheit der Entrechteten zum Ziel setzen. So gesehen können bereits die Befreiungskriege der Bauern 1524/25 oder die französische Revolution von 1789 als Vorläufer der sozialistische Bewegungen betrachtet werden. Selbst der letzte große Vertreter der Klassik, JOHN STUART MILL (1806 - 1873) stand dem Sozialismus, womit er vor allen das Genossenschaftswesen verband, sympathisierend gegenüber.

[47] lat.: *socius* Genosse, Kamerad; davon abgeleitet ist lat.: *socialis* kameradschaftlich.

7.6.1 Utopischer Sozialismus

Unter den utopischen Sozialisten fasst man Kritiker der bestehenden Wirtschaftsordnung zusammen, die sich zwar in ihrer Kritik nicht aber in ihren Zielen einig waren. Von *utopischen Sozialisten* spricht man, weil die so bezeichnete Gruppe eines gemeinsam hatte, nämlich die Vorstellung einer gerechten, postkapitalistischen Gesellschaft. Man malte sich genau aus, wie diese Gesellschaft auszusehen hätte. Das Spektrum reichte von Anarchisten über Kommunisten bis zu Anhängern eines totalen Egalitarismus. Die entworfenen Gesellschaftsmodelle waren größtenteils mehr Ausfluss schwärmerischer Verklärung, als dass sie realitätsnahe Erklärungen aufzeigten.

Insbesondere zwei Wesenszüge des Kapitalismus wurden als Ursachen des Elends der arbeitenden Massen angeprangert: das *Privateigentum* und die *Konkurrenz*.

Auf PIERRE J. PROUDHON (1809 - 1865) geht der berühmte Ausspruch zurück: „Eigentum ist Diebstahl". Gemeint ist damit die Nutzung von Eigentum zur Ausbeutung der wirtschaftlichen Abhängigkeit Dritter. Bereits früh hatte CLAUDE HENRI DE ROUVROY, COMTE DE SAINT SIMON (1760 - 1825), selber Adelsspross, die Abschaffung des Erbrechts gefordert. Er propagierte die Errichtung einer klassenlosen aber durchaus noch hierarchisch geordneten Gesellschaft und forderte die Entlohnung nach der individuellen Leistung. Der Anspruch auf Eigentum sollte nur noch auf persönlicher Arbeit beruhen. Das Wettbewerbsprinzip soll durch staatliche Wirtschaftslenkung abgelöst werden. Die Produktionsgenossenschaften sollen nicht konkurrieren, sondern kooperieren.

7.6.2 Karl Marx und Friedrich Engels

> *„Die Philosophen haben die Welt nur immer unterschiedlich interpretiert; es kommt darauf an, sie zu verändern"*
>
> **Karl Marx**

MARX distanzierte sich von den utopische Sozialisten und sah sich selber als *wissenschaftlichen Sozialisten*. Er sah seine Aufgabe nicht darin, Gesellschaftsmodelle der Zukunft zu entwerfen, sondern die bestehenden Verhältnisse zu analysieren und den Nachweis zu erbringen, dass der Kapitalismus schließlich an seinen eigenen Bedingung zugrunde gehen werde. Er war ein Gegner gesellschaftlicher Zukunftsmodelle, hielt sie sogar für schädlich. Es sei naiv zu glauben, die herrschenden Klassen würden durch Reformen ihre eigene Macht abschaffen.

MARX und ENGELS waren aber durchaus von den utopischen Sozialisten beeinflusst. Sie übernahmen die Theorie der Gesellschaftsordnung und die Klassentheorie. Die philosophische Basis ihres Werks war die Hegelsche Dialektik. Ihr ökonomisches Fundament bildeten die Lehren der Klassiker.

KARL HEINRICH MARX wurde am 5. Mai 1818 als Sohn einer Rabbinerfamilie in Trier geboren. 1824 wurde er gemeinsam mit seinen Geschwistern christlich getauft. Ein Jura- und Philosophiestudium schloss MARX 1841 mit der Promotion in Jena ab. Danach wurde er Redakteur und später Chefredakteur der „Rheinischen Zeitung" in Köln. Nach dem Verbot der Zeitung durch die preußische Regierung emigrierte er nach

Paris, wo er sich mit politischer Ökonomie beschäftigte und mit den französischen Sozialisten in Berührung kam. 1843 heiratete er seine langjährige Verlobte JENNY VON WESTPHALEN. In Paris lernte MARX 1844 den Wuppertaler Fabrikantensohn FRIEDRICH ENGELS (1820 - 1895) kennen. Zwischen den beiden Männern begann eine lebenslange Freundschaft. Der Fabrikant ENGELS unterstützte später die Familie MARX im Londoner Exil.[48] 1848 schrieben MARX und ENGELS gemeinsam das „Kommunistische Manifest", das Programm der kommunistischen Partei. Nach den Wirren der Revolution von 1848 emigrierte MARX nach einer Odyssee durch halb Europa im Folgejahr nach London. Dort arbeitete er teilweise als freier Journalist und schrieb sein Hauptwerk „Das Kapital", dessen erster Band 1876 erschien. Er verstarb in London am 14. März 1883. Die beiden letzten Bände des Kapitals wurden posthum von ENGELS in den Jahren 1885 und 1894 veröffentlicht.

„Ein Gespenst geht um in Europa - das Gespenst des Kommunismus." Mit diesem berühmt gewordenen Satz beginnen MARX und ENGELS das Kommunistische Manifest. Hier entwickeln sie ihre als *historischer Materialismus* bekannt gewordene, Entwicklungstheorie der menschlichen Gesellschaft. Sozialistischen Vorbildern Frankreichs folgend, erklären sie die Geschichte als eine Abfolge dialektischer[49] Widersprüche, die durch Interessengegensätze der herrschenden und der beherrschten Klasse(n) hervorgerufen sind. Die erste menschliche Gesellschaft war die Urgesellschaft, in der jeder die Früchte seiner Arbeit selbst erntete. Auf die Urgesellschaft folgte die Sklaverei, die durch das Feudalsystem abgelöst wurde und dieses wiederum durch den Kapitalismus. Jedes System zerbrach durch die ihm immanenten Klassengegensätze.[50] Das Endziel der Geschichte ist eine klassenlose Gesellschaft, nämlich der Sozialismus, in dem es keine Klassengegensätze gibt, also keine Notwendigkeit zur Weiterentwicklung mehr besteht.

MARX und ENGELS räumen der Bourgeoisie, also der kapitalistischen Unternehmerklasse, eine revolutionäre Rolle ein. Sie war es nämlich, die den Feudalismus besiegt und die Macht des Adels gebrochen hatte. Aber die Bourgeoisie wird an ihrem eigenen Erfolg zugrunde gehen. Als Widerpart des Kapitalisten hat sie nämlich den modernen Industriearbeiter, den Proletarier, erzeugt. Diese Proletarier werden eines Tages die Bourgeoisie hinwegfegen, wenn die Klassengegensätze und die dadurch ausgelösten Spannungen sich revolutionär entladen.

Die philosophische Grundlage des Marx'schen Werkes ist der *dialektische Materialismus*. Danach ruht jede Gesellschaft auf einer *Basis*, den materiellen Lebensgrundlagen. Auf dieser Basis fußt der *Überbau*, Kultur, Philosophie, Religion, Moral usw.[51] Die materiellen Lebensgrundlagen bestimmen also das Denken einer Gesellschaft. Der dialektische Materialismus liefert die Erklärung für den historischen Materialismus. Während die materielle Basis sich durch technischen Fortschritt rasch ändern kann, weist sich der ideologische Überbau starkes Beharrungsvermögen aus. Dieser Widerspruch erzeugt Spannungen, die in revolutionäre Änderungen der Gesellschaft münden.

Die Basis wird durch drei Aspekte bestimmt:

– Den *Produktionsbedingungen,* unter denen MARX die natürlichen Grundlagen der Produktion, also die Ausstattung mit dem Faktor Boden versteht.

---

48 Auch ENGELS musste 1849 aus Deutschland emigrieren und übernahm das englische Zweigwerk der väterlichen Tuchfabrik in Manchester.

49 Unter Dialektik versteht man ein philosophisches Prinzip, das aus These und Antithese eine Synthese herleitet. Die dialektische Philosophie geht auf HEGEL zurück.

50 Die Urgesellschaft zerbrach an der 'Erfindung' des Privateigentums, ein Gedanke, der bereits bei ADAM SMITH zu finden ist.

51 BERT BRECHT hat dies satirisch ausgedrückt in dem Satz: „Erst kommt das Fressen, dann die Moral".

– Den *Produktionskräften,* zu denen die Ausstattung mit den Faktoren Arbeit und Kapital, einschließlich Ausbildung, technisches Wissen usw. zählen.
– Den *Produktionsverhältnissen,* womit sich Marx auf die Besitz- und damit die Machtverhältnisse in einer Gesellschaft bezieht.

Moral ist, so MARX, letztlich eine Frage der Machtverhältnisse. Dies ist eine klare Absage an die Naturrechtphilosophie. Die klassische Idee der ´unsichtbaren Hand´, das laissez-faire-Prinzip, wird von MARX und ENGELS abgelehnt. Das Wettbewerbsprinzip muss durch planvolles Handeln ersetzt werden!

Der Zusammenbruch des Kapitalismus erfolgt nach MARX und ENGELS in vier Stufen:

- Akkumulation,
- Konzentration,
- Verelendung,
- Krise und Zusammenbruch.

Ein bedeutender Punkt in der Zusammenbruchstheorie ist die Arbeitswertlehre, die MARX im wesentlichen von RICARDO übernimmt aber kritisiert: Der Wert einer Ware entspricht tatsächlich dem zu ihrer Herstellung nötigen Arbeitsaufwand. Offensichtlich gibt es aber auch Gewinne! Die Arbeiter bekommen nämlich nur den Subsistenzlohn ausbezahlt, d.h. das Faktorentgelt liegt unter der Faktorleistung. Den Differenzwert, den MARX als *Mehrwert* bezeichnet, eignet sich der Kapitalist an. Dieses Phänomen nennt er *Ausbeutung.*

Die klassische ökonomische Analyse, im besonderen durc*h das Saysche Theorem* beschrieben, beschreibt nur die einfache Warenzirkulation: Ware wird gegen Geld verkauft um mit diesem Geld wiederum Waren zu kaufen. Die kapitalistische Warenzirkulation ist eine völlig andere. Geld wird als Kapital verwendet, um Güter zu erzeugen, die in der Absicht verkauft werden, aus dem Verkauf **mehr** Geld, also einen **Mehrwert** zu erzielen. Geld ist nicht mehr wie in der Klassik ein Schmiermittel, es wird zur eigenständigen Ware. Nicht mehr der Verbrauchswert der Güter ist entscheidend für ihre Herstellung und ihren Verkauf, sondern der Nutzen des Mehrwerts. Ziel des Kapitalisten ist es, **Profit** zu machen.

Klassischen Vorläufern entsprechend unterscheidet MARX zwischen konstantem und variablem Kapital. Das konstante Kapital teilt er weiter ein in fixes (Anlagegüter, die im Produktionsprozeß einen Leistungsstrom abgeben und – modern gesprochen – abgeschrieben werden) und zirkulierendes, das seine Form verändert (modern: Betriebsstoffe) oder in das Erzeugnis einfließt (modern: Roh- und Hilfsstoffe). Betrachten wir die für die weitere Überlegung wichtige Unterscheidung in konstantes und variables Kapital:

> „*Der Teil des Kapitals also, der sich in Produktionsmittel, d.h. in Rohmaterial, Hilfsstoffe und Arbeitsmaterial* [Werkzeuge und Maschinen; Die Verfasser] *umsetzt, verändert seine Wertgröße nicht im Produktionsprozess. Ich nenne ihn daher konstanten Kapitalanteil, oder kürzer: konstantes Kapital.*
>
> *Der in Arbeitskraft umgesetzte Teil des Kapitals* [Lohnausgaben; Die Verfasser] *verändert dagegen seinen Wert im Produktionsprozess. Er reproduziert sein eigenes Äquivalent* [Subsistenzlohn; Die Verfasser] *und einen Überschuss darüber, Mehrwert, der selbst wechseln, größer oder kleiner sein kann. Aus einer konstanten Größe verwandelt sich die-*

ser Teil des Kapitals fortwährend in einen variablen. Ich nenne ihn daher variablen Kapitalanteil, oder kürzer: variables Kapital".[52]

Die Produktionsaufwendungen, das vom Kapitalisten vorgeschossene Kapital, sind also c+v, das Produktionsergebnis aber y = c + v + m. Hierbei bezeichnet y den Produktionswert, m den Mehrwert, v das variable und c das konstante Kapital. Das Verhältnis des Mehrwerts zum variablen Kapital, m/v, nennt MARX den *Exploitationsgrad* (*Ausbeutungsrate*). Der Quotient m/(v+c), also das Verhältnis von Mehrwert und Kapital ist die *Profitrate* und das Verhältnis von fixem zu zirkulierendem Kapital, c/v ist die *organische Zusammensetzung des Kapitals*.

Die erste Stufe auf dem Weg zum Zusammenbruch des Kapitalismus ist die *Akkumulation*. Das privatwirtschaftliche Eigentum an Produktionsmitteln zwingt den einzelnen Unternehmer, da er im Wettbewerb zu anderen Unternehmern steht, die Produktion auszudehnen und neue Investitionen zu tätigen. Diese Investitionen sind im allgemeinen *arbeitssparend*. Der überwiegende Teil des Mehrwerts wird nicht etwa vom Unternehmer für Luxuskonsum ausgegeben, sondern er muss ständig akkumuliert, also in fixes Kapital umgewandelt werden.

Wegen des mit den Investitionen realisierten arbeitssparenden technischen Fortschritts, wächst das konstante Kapital schneller als das variable Kapital. Die organische Zusammensetzung des Kapitals steigt. Da MARX eine konstante Ausbeutungsrate unterstellt, ist die Konsequenz ein Fall der Profitrate.[53]

Der Fall der Profitrate ist nur eine trendmäßige Erscheinung. Der Trend wird von Konjunkturzyklen überlagert. Da die Kapitalisten den Mehrwert investieren müssen, bleiben zu wenig Mittel für den Konsum. Auch die Investitionen erreichen eine Sättigung und die Investitionsgüternachfrage bricht ab. Nach Auffassung von MARX kommt es zu Phasen der *Unterkonsumption* bzw. *Überproduktion* oder *Überinvestition*. Dieses *Realisierungsproblem* (K. MARX) ist eine klare Absage an das Saysche Theorem. Die Hauptursache für diese Phänomen und damit letztlich für die Konjunkturzyklen sieht MARX in der dezentralen Planung. Alle Unternehmer neigen dazu, in die gleiche Richtung falsch zu planen.

Da im Zuge des technischen Fortschritts die Maschinen Arbeiter ersetzen und die Arbeiter bei Verlust des Arbeitsplatzes keine Kompensation für den Lohnausfall erhalten, verstärkt sich die Unterkonsumption.

Die Konjunkturzyklen bleiben nicht ohne Auswirkungen. In der Depression kommt es zu Unternehmenszusammenbrüchen. Die restlichen Unternehmer verhindern, dass neue Wettbewerber sich im Markt etablieren können, es kommt zu zunehmender Konzentration (Oligopol- und Monopolbildung). Ehemalige Unternehmer reihen sich in die Schar der Proletarier ein. Der Beschäftigungsstand liegt wegen des arbeitssparenden technischen Fortschritts in jedem Konjunkturzyklus unter dem vorherigen. Die *industrielle Reservearmee* wächst (*Verelendungstheorie*).

Die wenigen Unternehmen, die schließlich überbleiben, werden unter dem Druck der arbeitslosen Massen in einem revolutionären Akt vom Staat übernommen (sozialisiert). Um mit

52 S. KARL MARX: Das Kapital, Bd.I, Kap. 6.

53 Formelmäßig dargestellt:

$$\frac{m}{v+c} = \frac{m}{v} \cdot \frac{v}{v+c} = \frac{m}{v} \cdot \frac{1}{1+\frac{c}{v}}$$

KARL MARX zu sprechen: die Expropriateure werden expropriiert. Die Gesellschaft mutiert zum klassenlosen Endzustand.

MARX hat sich als Ökonom durchaus Verdienste erworben. Er hat die Zustände seiner Zeit analytisch aufgearbeitet und er hat eine brauchbare Konjunkturtheorie entwickelt, die wirklichkeitsnäher war, als der Wachstumsoptimismus von ADAM SMITH. Wo liegt sein Versagen?

MARX konnte gewisse Entwicklungen nicht vorhersehen. Die Bildung von Gewerkschaften und die Orientierung der Löhne an der Produktivität anstelle der Reproduktion ist ein entscheidender Punkt. Aktive staatliche Wettbewerbspolitik (seit Ende des 19. Jahrhunderts) hat dem von MARX durchaus richtig erkannten Hang zur Konzentration entgegengewirkt. Die Dämpfung der Konjunkturzyklen (Keynesianische Theorie) durch staatliche Konjunkturpolitik ist hier ebenfalls zu nennen. Sein Unternehmerbild ist einseitig verzerrt. In Deutschland etwa waren Unternehmer wie ABBE, SCHOTT, ZEISS oder DUISBERG durchaus nicht ohne soziales Bewusstsein und haben lange vor der Einführung staatlicher Sozialprogramme versucht, das Los ihrer Arbeiter zu verbessern. Es gab also durchaus Unternehmer, die sich reformfreudig zeigten.

Die Ausschaltung des Wettbewerbs und des Preismechanismus hat entgegen der sozialistischen Erwartung nicht zu höherer Produktivität und Produktion sondern zum Gegenteil geführt. Die dezentrale hat sich der zentralen Planung weit überlegen gezeigt. Das sozialistische Menschenbild war ein Irrtum. Trittbrettfahrer und Faulenzer kamen nicht im Weltbild, wohl aber in der Realität des Sozialismus vor.

Die marxistische Zinstheorie bedeutet einen Rückschritt, auch wenn MARX dies genau gegenteilig sieht und argumentiert, die Zinstheorie der Klassiker sei ein Rückschritt: *„Der in kapitalistischen Vorstellungen befangene Leser vermisst hier natürlich den ‚Zins'* [bei dem von einer Maschine abgegebenen Wert; Die Verfasser], *den die Maschine pro rata* [anteilsmäßig; Die Verfasser] *ihres Kapitalwerts, dem Produkt zusetzt. Es ist jedoch leicht einzusehen, dass die Maschine, da sie sowenig als irgendein andrer Bestandteil des konstanten Kapitals Neuwert erzeugt, keinen solchen unter dem Namen 'Zins' zusetzen kann."*[54] Hier nimmt MARX wieder die physiokratische Position ein, was er an anderer Stelle indirekt bestätigt.[55] Die Vernachlässigung des Zinses führte im realen Sozialismus zu zerstörerischer Kapitalverschwendung.

Die Arbeitswertlehre ist eine Sackgasse. MARX macht den gleichen Fehler wie RICARDO und scheidet Knappheitsgüter, d.h. Güter, deren Preis alleine in ihrer Knappheit begründet ist (z.B. Boden), in der Wertbetrachtung aus. Durch Arbeit erzeugte Güter stellen aber nur einen Teil aller Güter dar. Zum anderen bleibt das schon von RICARDO nur unzureichend gelöste Problem, unterschiedliche Arbeitsqualitäten zu vergleichen.

Hat MARX selbst gehofft, die klassenlose Gesellschaft verwirklicht zu sehen? Anlässlich eines bei einer Gesellschaft ausgebrochenen Streitgesprächs, wer denn die niederen Arbeiten in der klassenlosen Gesellschaft verrichten solle, sprach die Dame des Hauses ihn an: *„Ich kann mir sie auch nicht in einer nivellierenden Zeit denken, da sie durchaus aristokratische Neigungen und Gewohnheiten haben."* – *„Ich auch nicht"*, antwortete MARX *„Diese Zeiten werden kommen, aber dann müssen wir fort sein."*[56]

[54] K. MARX: Das Kapital, 1. Buch, 4. Abschnitt, 13. Kapitel, Fußnote 110.
[55] ebenda, 22. Kapitel, Fußnote 32.
[56] F.J. RADDATZ: Karl Marx, Hamburg 1975.

7.7 Neoklassik

Mit der Neoklassischen Theorie beenden wir unseren Streifzug durch die Dogmengeschichte. Die Neoklassik legte das Fundament der heute in den Lehrbüchern verbreiteten Mikroökonomischen Theorie. So wie ADAM SMITH seine Lehre als Überwindung der falschen Ansicht der Physiokraten und des Merkantilismus ansah, so verstanden sich viele Neoklassiker als Wegbereiter einer neuen Theorie, die mit ricardianischen Irrlehren aufräumte.[57] Die Arbeitswertlehre RICARDOS lieferte ihrer Meinung nach keine brauchbare Werttheorie. Erstens konnte mit ihr der Preis reiner Knappheitsgüter nicht erklärt werden und zweitens lieferte der objektivistische Wertansatz nur eine halbe Erklärung, nämlich die Preisbildung auf der Angebotsseite. Erst die Formulierung der subjektivistischen Nutzentheorie, und damit die Einbeziehung der Nachfrageseite in die Analyse, konnte die Basis einer brauchbaren Wert- bzw. Preistheorie liefern. Auch an der Neoklassik zeigt sich, dass neue Theorien i. allg. geboren werden aus der Kritik an bestehenden, als unzureichend erachteten Theorien.

Bereits vor Begründung der neoklassischen Schule in den 70er Jahren des 19. Jahrhunderts durch den Engländer WILLIAM STANLEY JEVONS (1835 - 1882), den Österreicher CARL MENGER (1840 - 1921) und den Franzosen LÉON WALRAS (1834 - 1910) hatten Ökonomen das subjektive Nutzenprinzip entdeckt, waren aber zu ihrer Zeit mit diesem Konzept noch nicht durchgedrungen. Als wichtigster Vorläufer ist hier der deutsche Mathematiker und Ökonom HERMANN HEINRICH GOSSEN (1810 - 1858) zu erwähnen, nach dem zwei wichtige Gesetze der Grenznutzentheorie benannt sind. Gossen scheiterte vor allem an dem Versuch, den Nutzen kardinal messbar zu machen. JEVONS entdeckte schließlich, dass GOSSEN die entscheidenden Ideen bereits 20 Jahre vor ihm gehabt hatte und verhalf ihm posthum zum verdienten Ruhm. Ähnlich wie GOSSEN verfolgten auch JEVONS, MENGER und WALRAS ein kardinales Nutzenkonzept. Erst VILFREDO PARETO (1848 - 1923) zeigte, dass ein ordinal messbares Nutzenkonzept ausreichend zur Darstellung der subjektivistischen Werttheorie ist.

Kern der subjektivistischen Lehre ist die Aussage, dass der Wert eines Gutes von seiner Knappheit und seiner Nützlichkeit abhängt. Der von der jeweils letzten konsumierten Einheit eines Gutes zusätzlich vermittelte Nutzen nimmt mit wachsendem Konsum ab. Dies ist die Aussage des ersten Gossenschen Gesetzes, des *Gesetzes vom abnehmenden Grenznutzen*. Mit diesem Konzept war man nun in der Lage, das alte Wertparadoxon aufzulösen. Gold vermittelt nur einen geringen Nutzen, aufgrund seiner Knappheit wird aber sein Grenznutzen im allgemeinen hoch eingeschätzt. Wasser dagegen vermittelt einen sehr hohen Gesamtnutzen - unser Überleben hängt von ausreichender Wasserversorgung ab - es ist aber, zumindest in den meisten europäischen Regionen, in ausreichender Menge vorhanden. Der Grenznutzen des Wassers wird deshalb gering eingestuft. Der Grenznutzen des Goldes ist somit sehr hoch im Vergleich zum Grenznutzen des Wassers. Dies erklärt, warum der Preis von Gold wesentlich höher ist als der von Wasser.

Der besondere Vorteil der Grenznutzentheorie liegt in ihrer Allgemeinheit. Sie ist auf reine Knappheitsgüter ebenso anzuwenden, wie auf Güter zu deren Herstellung Produktionsfaktoren benötigt werden. Sie geht also weit über die Arbeitswertlehre hinaus.

Der englische Ökonom ALFRED MARSHALL (1842 - 1924) vollzog die Synthese der angebotsorientierten objektivistischen mit der nachfrageorientierten subjektivistischen Wertlehre zur modernen Preistheorie. Er führte den Begriff des Marktgleichgewichts ein.

---

57 Während Jevons als äußerst scharfer Kritiker Ricardos auftrat, interpretierte Alfred Marshall Ricardo wohlwollender und räumte durchaus brauchbare Ansätze bei Ricardo ein.

In engem Zusammenhang mit der neoklassischen Wertlehre steht auch die Entwicklung der Grenzproduktivitätstheorie durch den Amerikaner JOHN BATES CLARK (1874 - 1938). Sie ist die Grundlage der modernen funktionalen Verteilungstheorie.

Wie erklärt sich der Siegeszug der neoklassischen Theorie,[58] die von KARL MARX als Fortführung der bürgerlichen Vulgärökonomie mit mathematischen Methoden verspottet wurde? Im Gegensatz zur Klassik und insbesondere zum Marxismus ist ihr das Denken in Gesellschaftsklassen fremd. Wirtschaftssubjekte werden einzig und allein in ihrer ökonomischen Funktion betrachtet. In Verbindung mit neueren wissenschaftstheoretischen Ansätzen (kritischer Rationalismus) wurde ein undogmatisches, flexibles System geschaffen, das offen für Kritik und Weiterentwicklung konzipiert ist. Bemängeln muss man allerdings, dass die neoklassische Theorie sich ausschließlich mikroökonomischen Fragestellungen zuwandte und die makroökonomischen Thesen im wesentlichen unkritisch aus der Klassik übernahm, so z.B. das Saysche Theorem. So war die Neoklassik nicht geeignet, die Probleme der Weltwirtschaftskrise zu erkennen und Lösungsvorschläge zu entwickeln. Erst im Zuge dieser Krise trat die makroökonomische Betrachtung wieder ins Zentrum wirtschaftstheoretischer Überlegungen. Mit JOHN MAYNARD KEYNES (1883 - 1946) wurde die moderne makroökonomische Theorie begründet.

[58] Es handelte sich allerdings nicht von Anbeginn an um eine einheitliche Theorie. Diese wurde aus den unterschiedlichen Ansätzen der neoklassischen Theoretikern erst in den Dreißiger Jahren des 20. Jahrhunderts im Rahmen der neo-neoklassischen Theorie fundiert.

Kontrollfragen zum 7. Kapitel

1. Was versteht man unter der Dogmengeschichte der VWL?

2. Was bedeutet das Wort Ökonomie im griechischen Wortursprung?

3. Welche Meinung vertrat Aristoteles bzgl. des Zinses?

4. Erklären Sie, wieso im Mittelalter in Europa die großen jüdischen Geldhäuser entstanden?

5. Was ist das gemeinsame Grundprinzip aller Ausprägungen des Merkantilismus?

6. Was ist nach physiokratischer Lehre Quelle von Wohlstand?

7. Was ist nach Adam Smith Quelle des Wohlstands?

8. Erklären Sie die klassische Lohnfondstheorie!

9 Was besagt das Saysche Theorem?

10. Was versteht man unter dem historischen Materialismus?

11. Was versteht Marx unter dem Realisierungsproblem?

12. Erklären Sie am Beispiel Gold und Wasser, wie die Neoklassik das Wertparadoxon löste!

Übungsteil

Aufgaben

1. Kapitel
Grundlagen

1. Erklären Sie an einem selbst gewählten Beispiel den Begriff der Opportunitätskosten!

2. Nennen Sie Beispiele wirtschaftlicher Güter! Unterscheiden Sie dabei zwischen Sachgütern und Dienstleistungen!

3. Ein Unternehmer versucht, eine bestimmte Menge eines Gutes mit möglichst geringen Kosten herzustellen. Welches Prinzip liegt dieser Überlegung zugrunde?

4. Ist die Aussage: „Alle Wege führen nach Rom", eine wissenschaftliche Hypothese?

5. Um was für eine Aussage handelt es sich bei dem Satz: „Unser VWL-Prof ist klasse"?

6. Versuchen Sie über die in Abschnitt 1.2 angegebenen hinaus, eigene Beispiele für die Bedeutung der Volkswirtschaftslehre in der betrieblichen Praxis zu finden!

7. Jede Volkswirtschaft muss sich über die Strukturen verständigen, die für einen Ausgleich der Konsumenten- und Produzentenwünsche sorgen.

a) Zeigen Sie grafisch und erläutern Sie verbal, wie im Modell der „reinen Marktwirtschaft" der Marktpreismechanismus die unterschiedlichen Vorstellungen von Anbietern und Nachfragern in Übereinstimmung bringt! Gehen Sie dabei davon aus, dass ein Marktgleichgewicht gestört wird, weil die Präferenz der Nachfrager für das relevante Gut steigt.

b) Grenzen Sie "Öffentliche Güter" von öffentlich bereitgestellten Gütern ab!

c) Zeigen Sie am Beispiel des Umweltschutzes auf, warum bei Vorhandensein externer Kosten eine reine Marktkoordination zu einem unbefriedigenden Marktergebnis führt!

d) Begründen Sie, warum der Konsum "Meritorischer Güter" vom Staat gefördert wird!

8. In § 1 des Gesetzes zur Förderung der Stabilität und des Wachstums (StWG) sind die wirtschaftspolitischen Hauptziele für die Bundesrepublik Deutschland festgelegt.

a) Nennen Sie die Ziele und ihre Zielvariablen!

b) In der Öffentlichkeit wird häufig die Aufnahme weiterer Ziele befürwortet. Nennen Sie zwei solcher Erweiterungen und begründen Sie, warum ihre Aufnahme in den Zielkatalog noch nicht erfolgt ist!

2. Kapitel
Kreislaufanalyse und gesamtwirtschaftliches Rechnungswesen

1. Aus den Volkswirtschaftlichen Gesamtrechnungen des Jahres 2007 ergeben sich für die Bundesrepublik Deutschland folgende Zahlen in Mrd. Euro:

– Nettoinlandsprodukt (NIP)	2.064,15
– Abschreibungen (D)	358,75
– Privater Konsum (C_H)	1.373,72
– Staatskonsum (C_{St})	435,64
– Außenbeitrag (Ex-Im)	170,97
– Arbeitnehmerentgelte	1.183,55
– Unternehms- und Vermögenseinkommen	643,52

Bestimmen Sie das Bruttoinlandsprodukt, die Brutto- und Nettoinvestitionen, das Volkseinkommen und die gesamtwirtschaftliche Lohnquote.

2. In einer geschlossenen Volkswirtschaft seien die folgenden Konten gegeben:

Unternehmen

Y_H^U	1000	C_H	800
T_U^{dir}	150	G	300
T_U^{ind}	150	I^n	200
		Z_U	50

Haushalte

T_H	400	Y_H^U	1000
C_H	800	Y_H^{St}	200
		Z_H	200

Staat

Vermögensbildung

Bedeutung der Symbole

	Indizes:
C Konsum	dir direkt
G Güterkäufe des Staates	H Haushalte
I Investitionen	ind indirekt
S Ersparnis	St Staat
T Zwangsabgaben	U Unternehmen
Y Faktoreinkommen	
Z Transfereinkommen	

a) Vervollständigen Sie die Konten!

b) Wie hoch ist das NIP_M?

c) Wie hoch ist das Volkseinkommen?

3. Geben Sie für die folgenden Vorgänge die Buchungssätze im einfachen Kontensystem der VGR an (Abbildung 2.7):

(1) Ein Weingut liefert Wein an einen Haushalt aus.

(2) Ein Produktionsunternehmen kauft einem Maschine bei einem Maschinenbauer.

(3) Um die Investition zu finanzieren, nimmt das Unternehmen einen Kredit auf.

(4) Die Bundeswehr kauft Waffen bei einem US-Rüstungsunternehmen.

(5) Die BfA zahlt Rente an Rentnerhaushalte aus.

Anmerkung: Wenn nicht anders vermerkt, handelt es sich um inländische Wirtschaftssubjekte. Alle Buchungen sollen nach dem Muster

Kontenklasse Sektor an Kontenklasse Sektor

erfolgen.

4. Was versteht man unter einem Zahlungsbilanzgleichgewicht?

5. Verbuchen Sie die folgenden zahlungsbilanzwirksamen Vorgänge:

(6) Ein deutscher Unternehmer liefert eine Maschine im Wert von 100.000 € in die USA. Die Bezahlung erfolgt zur Hälfte in Euro durch Scheck auf ein Euro-Konto bei einer US-Bank, 20.000 € werden in US-Dollar (Scheck auf eine US-Bank) gezahlt und die restlichen 30.000 € werden auf drei Monate kreditiert.

(2) Ein Entwicklungsland hat langfristige Schulden bei der Bundesrepublik Deutschland in Höhe von 10 Mio €. Bei Umschuldungsverhandlungen wird 1 Mio € der Schuld gestrichen, der Rest auf eine längere Laufzeit verteilt.

(3) Ein deutsches Unternehmen liefert eine Anlage im Wert von 50 Mio € nach Rußland und erhält im Gegenzug Erdgas im gleichen Wert.

(4) Herr Müller erwirbt von einem US-Amerikaner ein Grundstück in Florida im Wert von 3 Mio US$ (1 US$ = 0,90 €) und leistet die Zahlung mit festverzinslichen US-Wertpapieren aus seinem Besitz.

(5) Eine deutsche Geschäftsbank reicht einen auf japanische Yen lautenden Scheck im Wert von 35.000 € zur Gutschrift bei der Bundesbank ein.

(6) Ein italienischer Gastarbeiter überweist 1.000 € aus seinem Einkommen an seine Familie in Sizilien.

(7) Onkel Albert aus New York schickt seinem Neffen Heinz in Bonn einen Brief mit einer 100$-Note. Wo wird dieser Vorgang in der deutschen Zahlungsbilanz verbucht?

3. Kapitel
Neoklassische Unternehmens- und Haushaltstheorie

1. Zeigen Sie, dass die Produktionsfunktion

$$q = f(x,y) = (x \cdot y)^2 - \frac{1}{100}(x \cdot y)^3$$

vom ertragsgesetzlichen Typ ist!

2. Gegeben sei die Cobb-Douglas-Produktionsfunktion

$$q = 10\sqrt{xy},$$

wobei q die Produktionsmenge und x,y die Faktoreinsatzmengen sind.

a) Zeichnen Sie die Isoquante für $q = 120$!

b) Berechnen Sie für die Isoquante aus Teil a) die GRS bei $x = 8$ und erläutern Sie deren Bedeutung!

c) Wie hoch sind im Punkt $x = 8$ auf der Isoquante aus Teil a)
- die Durchschnittserträge beider Faktoren und
- die Grenzerträge beider Faktoren?

3. Welcher Art sind die Skalenerträge bei der Produktionsfunktion $q = 5x^{0,3}y^{0,7}$?

4. Ein Unternehmen produziere ein Gut mit Hilfe zweier Produktionsfaktoren X und Y. Es gelte die folgende Produktionsfunktion:

$$q = f(x,y) = \sqrt{3x+4y} \quad (x,y \geq 0)$$

a) Wie lautet die Isoquantengleichung für $q = 50$?

b) Sind die Faktoren zueinander komplementär oder substitutiv?

c) Charakterisieren Sie die obige Produktionsfunktion durch die GRS!

d) Es gelten die Faktorpreise $\pi_x = 4$ und $\pi_y = 6$. Welche Faktorkombination realisiert der Unternehmer, wenn er als Gewinnmaximierer die Menge $q = 50$ herstellen möchte? Wie hoch ist sein Kostenbudget?

5. Nehmen Sie Stellung zu folgender Aussage: „Die gesamten Grenzkosten sind immer höher als die variablen Grenzkosten"!

6. a) Gegeben sei die Produktionsfunktion $q = 10\sqrt{xy}$. Der Unternehmer, der auf allen Märkten im vollständigen Wettbewerb steht, möchte 120 Mengeneinheiten des Produkts erzeugen. Die Faktorpreise seinen $\pi_x = 1$ und $\pi_y = 4$. Berechnen Sie die Minimalkostenkombination!

b) Der Faktorpreis π_x steige cet. par. von 1 auf 2. Welche Auswirkungen hat dies, wenn man unterstellt, dass der Unternehmer die Produktionsmenge konstant halten möchte?

c) Zeigen Sie, dass sich in der Lösung zum Teil b) die Grenzerträge der Faktoren zueinander wie die Faktorentgelte verhalten!

7. Ein Mann kann zwei Tätigkeiten verrichten:

- einen Graben ausheben oder
- einen Wall aufwerfen.

Er kann maximal 10 Stunden arbeiten. Sein Werkzeug ist gegeben; die Zeit ist sein einziger variabler Produktionsfaktor. Bei beiden Tätigkeiten nehmen seine Grenzerträge mit zunehmender Arbeitszeit ab. Bezeichnet t die Zeit ($t \in [0,10]$) so seien sie in beiden Tätigkeiten durch folgende Funktionen gegeben:

$$GE_G(t) = 20 - 0{,}5t$$

$$GE_W(t) = 10 - 0{,}2t$$

a) Stellen Sie für beide Güter (Tätigkeiten) die Ertragsfunktion auf!

b) Leiten Sie die Transformationskurve und die Grenzrate der Transformation (GRT) her!

c) Welche Menge beider Güter kann er erzeugen, wenn er sein Zeitbudget von 10h gleichmäßig auf die Herstellung beider Güter aufteilt? Wie hoch ist in diesem Punkt die GRT?

☛ *Hinweis:* Die Lösung dieser Aufgabe verlangt gute Mathematik-Kenntnisse!

8. Die Produktionstechnologie eines Unternehmens sei durch die folgende Leontief-Produktionsfunktion beschrieben:

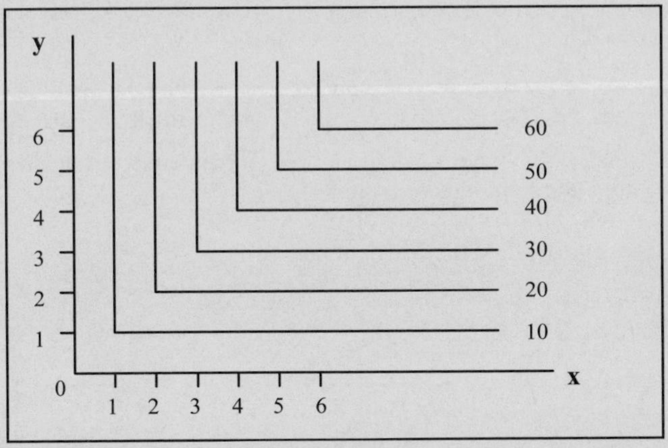

a) Zeichnen Sie die Ertragsfunktion $q = E(x)$ für $y_0 = 5$ (Nehmen Sie der Einfachheit halber an, das Gut und die Faktormengen seien beliebig teilbar)!

b) Das Unternehmen möchte die Gütermenge $q = 50$ herstellen. Die Faktorpreise seien $\pi_X = 5$ und $\pi_Y = 8$ Geldeinheiten (GE). Mit welcher Faktorkombination und zu welchem Kostenbudget wird die gewünschte Gütermenge dann produziert?

c) Der Preis π_Y steigt auf 10 GE. Wie ändern sich die gewinnmaximale Faktorkombination und das Kostenbudget?

d) Betrachten Sie die Faktorkombination $(x,y) = (3,3)$. Wie hoch sind in diesem Punkt die Grenzerträge der beiden Faktoren?

e) Wie hoch ist der Skalenertrag der obigen Leontief-Funktion?

9. In einem Zweiproduktunternehmen mögen die durch die folgende Verbrauchsmatrix beschriebenen Produktionsbedingungen vorliegen:

	Gut A	**Gut B**	**Verfügbark.**
Faktor X	3	7	63
Faktor Y	5	5	60

Um eine Einheit von Gut A zu produzieren, sind 3 Einheiten des Faktors X nötig usw. Vom Faktor X sind 63 und vom Faktor Y 60 Einheiten vorhanden. Bestimmen Sie die Transformationskurve des Unternehmens, wobei Sie beliebige Teilbarkeit der Güter und Faktoren unterstellen können!

10. Für einen Haushalt gelte für ein beliebiges Gut die Nachfragefunktion:

$$q(p) = 100\, e^{-2p} \quad (p \geq 0)$$

a) Berechnen Sie die Preiselastizität der Nachfrage!

b) Geben Sie den Preisbereich an, in dem die Nachfrage elastisch reagiert!

11. Die Konsumfunktion eines Haushalts sei gegeben durch:

$$C(Y) = \frac{c_0 \cdot Y}{c_0 + Y} \qquad (Y, c_0 > 0)$$

Berechnen Sie

a) die marginale Konsumquote,

b) die durchschnittliche Konsumquote und

c) die Einkommenselastizität des Konsums!

d) Zeigen Sie, dass c_0 als Sättigungskonsum interpretiert werden kann!

12. Ein Haushalt kann die beiden Güter A und B konsumieren, wobei q_A und q_B die Konsummengen darstellen. Weiter könne der Haushalt seine Präferenzen hinsichtlich der beiden Güter mit der Nutzenfunktion $N(q_A, q_B) = q_A^2 q_B$ beschreiben. Die Güterpreise seien $p_A = 5$ und $p_B = 8$ Geldeinheiten (GE).

a) Welche Güterkombination konsumiert der Haushalt bei einem Budget von $Y = 100$, wenn er Nutzenmaximierer ist?

b) Wie ändert sich der Konsum, wenn das Budget sich auf $Y = 150$ erhöht?

c) Ist eines der Güter inferior?

d) Gegenüber der Ausgangssituation erhöhe sich jetzt der Preis des Gutes A cet. par. auf $p_A = 6$ GE. Wie ändert sich der Konsum? Beschreiben Sie die Effekte der Preiserhöhung!

4. Kapitel
Preis- und Wettbewerbstheorie

1. Begründen Sie, warum das bilaterale Monopol nur als vollkommener Markt existieren kann!

2. Welchen Einfluss haben die Fixkosten beim Polypolisten auf die gewinnmaximale Menge bzw. auf die Höhe des Gewinns?

3. Zeigen Sie, wie sich Produzenten- und Konsumentenrente im Falle einer staatlichen Mindestpreissetzung gegenüber der freien Marktsituation verändern!

4. Zeigen Sie, dass im Falle einer normal elastischen Nachfragekurve und einer völlig unelastischen Angebotskurve die Anbieter im Falle einer Verbrauchssteuererhebung die gesamte Steuerlast tragen müssen!

5. Auf dem Markt für ein Gut sei das folgende Gleichgewicht realisiert:

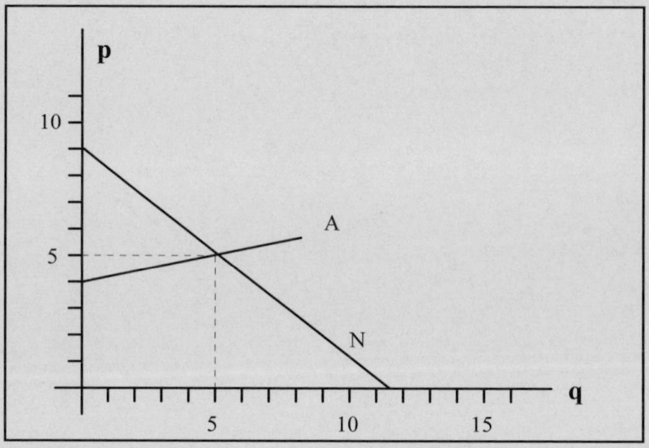

a) Der Staat unterstütze die *Nachfrage* nach dem Gut durch eine Subvention von zwei Geldeinheiten pro Mengeneinheit des Gutes Zeigen Sie in der Grafik, welches neue Gleichgewicht sich einstellt!

b) Geben Sie in der Grafik den in Teil a) entstehenden Subventionsbedarf an!

c) Erklären Sie, wie sich die Lösung ändert, wenn statt der *Nachfrage* das *Angebot* subventioniert wird!

6. Auf einem monopolistischen Markt sei die folgende Nachfragefunktion gegeben:

$$p(q) = 400 - \tfrac{1}{2}q$$

Die Kostenfunktion des Monopolisten sei:

$$K(q) = 40.000 + 80q.$$

a) Bestimmen Sie den Cournotschen Punkt und berechnen Sie die Höhe des Gewinns!

b) Der Staat erhebe nun eine Mengen-Verbrauchsteuer in Höhe von 20 Geldeinheiten je Mengeneinheit des Gutes. Wie ändern sich Cournotscher Punkt und Gewinn? Diskutieren Sie anhand dieses Beispiels die Aussage: „Ein Monopolist kann eine Kostenerhöhung immer voll auf die Nachfrager abwälzen"!

7. Auf dem Markt für ein Gut liegen folgende Nachfrage und Angebotsfunktionen vor:

$$q^N(p) = 200 - \tfrac{1}{2}p$$

$$q^A(p) = -100 + p$$

a) Bestimmen sie das Marktgleichgewicht (grafisch und rechnerisch)!

b) Der Staat setzt einen Höchstpreis von $p_{max} = 150$ GE fest. Beschreiben Sie die Folge dieser Maßnahme!

c) Schlagen Sie statt der Höchstpreissetzung marktkonforme Lösungen vor, die den gleichen Effekt erzielen (Preissenkung auf 150 GE bei Markträumung)!

8. Seien auf einem Markt folgende Nachfrage- und Angebotsfunktionen gegeben:

$$q^N(p) = 3.000 - 3p$$
$$q^A(p) = -500 + 2p$$

a) Der Staat möchte unter dem fiskalischen Ziel maximaler Steuereinnahmen eine Mengensteuer auf dem Markt einführen. Wie hoch muss er den Steuersatz pro Mengeneinheit s_{max} festsetzen?

b) Welchen Anteil der Konsumenten- bzw. Produzentenrente schöpft der Staat dann gegenüber der Gleichgewichtssituation vor Steuererhebung ab?

9. Es sei die durch die folgende Auszahlungsmatrix beschriebene Ausgangslage einer strategischen Entscheidungssituation gegeben:

		B	
		links	rechts
A	oben	1, 2	4, -2
	unten	2, 0	1, 2

a) Erklären Sie den Begriff des Nash-Gleichgewichts und prüfen Sie, ob in der oben gegebenen Situation ein solches vorliegt!

b) Beschreiben Sie in Grundzügen ein Kartell als strategisches Spiel. Welche Risiken gibt es und wie kann man sie vermeiden?

c) Warum kann man mit Hilfe der Spieltheorie oligopolistische aber keine polypolistischen Marktsituationen beschreiben?

10. Gegeben sei die folgende Entscheidungssituation in einem strategischen Spiel:

		B	
		links	rechts
A	oben	3, 1	4, 3
	unten	2, 3	3, 2

a) Existiert ein Nash-Gleichgewicht?

b) Es sei unterstellt, dass B die Auszahlung für A nicht kennt. Für welche Strategie wird er sich dann entscheiden? Begründen Sie ihre Aussage!

c) Es sei unterstellt, dass A die Auszahlung für B nicht kennt. Für welche Strategie wird er sich dann entscheiden? Begründen Sie ihre Aussage!

11. Auf einem Markt möge die Nachfrage durch die folgende Tabelle beschrieben sein:

Preis (€)	Menge (Stück)
8.000,-	5.000
7.000,-	6.000
6.000,-	7.000
5.000,-	8.000
4.000,-	9.000
3.000,-	10.000
2.000,-	11.000
1.000,-	12.000

Die Grenzkosten der Produktion seien mit GK = 1.000,- € gegeben.

a) Welcher Preis und welche Menge würden sich bei sehr vielen Anbietern einstellen?

b) Wie wären Marktpreis und Menge bei nur einem Anbieter und welchen Deckungsbeitrag würde er erzielen?

c) Wie wäre das Marktergebnis, wenn Dyopolisten A und B ein Kartell bildeten? Wie hoch wären Produktion und Deckungsbeitrag der beiden bei gleichmäßiger Marktaufteilung?

d) Wie verändert sich der Gewinn des Dyopolisten A, wenn er seine Produktion, die gleich dem Absatz unterstellt wird, um 1.000 Einheiten erhöht, B jedoch die Kartellabsprache einhält?

12. Auf einem Markt gilt die Nachfragefunktion:

$$q = 3.000 - 2p$$

Der Markt wird von einem monopolistischen Anbieter versorgt, dessen Kostenfunktion wie folgt lautet:

$$K(q) = 320.000 + 500 \cdot q$$

a) Bestimmen Sie den gewinnmaximalen Preis und den Gewinn unter der Annahme, dass der Monopolist Gewinnmaximierer ist (rechnerisch und grafisch mit Durchschnittskosten)!

b) Ein zweiter Wettbewerber, der die gleiche Kostenfunktion aufweist, versucht in den Markt einzutreten. Während der erste Wettbewerber eine Unabhängigkeitsposition einnimmt, fühlt sich der Neueinsteiger zu schwach und verfolgt eine autonome Mengenstrategie. Beschreiben Sie die Konsequenz des Markteintritts (Preis, Mengen, Gewinne)!

c) Um welche Marktform handelt es sich bei diesem Markt?

Lösungshinweis: Auf einem dyoplistischen Markt, der dem von Stackelbergschen Asymmetriemodell entspricht, gilt die folgende Lösung:

$$q_1 = \frac{1}{2} q_S \left(1 - \frac{k}{p_{max}}\right) \qquad q_2 = \frac{1}{4} q_S \left(1 - \frac{k}{p_{max}}\right)$$

Dabei sind q_1 bzw. q_2 die Angebotsmenge der beiden Anbieter. Die einheitlichen Grenzkosten sind mit k bezeichnet.

5. Kapitel
Makroökonomische Erklärungsansätze

1. Zeichnen Sie für folgende Werte die Keynesianische Konsumfunktion sowie die zugehörige Sparfunktion:

$$c = 0{,}8 \text{ und } C^{aut} = 200 \text{ GE}$$

2. Im Modell der geschlossenen Volkswirtschaft ohne Staat seien die folgenden Werte gegeben:

$$c = 0{,}8 \text{ und } C^{aut} = 200 \text{ GE.}$$

Ferner sei: $I^n = 450$ GE

a) Berechnen Sie das Gleichgewichtseinkommen!

b) Die Investitionen sinken um 50 GE. Wie verändert sich nun das Gleichgewichtseinkommen (grafische und rechnerische Lösung)?

3. Die IS-Kurve einer Volkswirtschaft sei:

$$Y = \frac{1}{0{,}3}\left(385 + \frac{25}{i}\right)$$

a) Die Volkswirtschaft befinde sich im Zustand i = 0,05 und Y = 3.540. Interpretieren Sie diese Situation!

b) Bei welcher marginalen Konsum- bzw. Sparquote würde diese Kombination ein güterwirtschaftliches Gleichgewicht darstellen?

c) Könnte bei gegebener marginaler Sparquote (s = 0,3) und bei gegebenen Verhaltensweisen ohne Einkommenseinbuße ein Gleichgewicht erreicht werden?

4. In einer Volkswirtschaft sei die Nachfrage nach Transaktions- und Spekulationskasse durch folgende Funktionen gegeben:

$$L_T(Y) = 0{,}1 \cdot Y$$

$$L_S(i) = -\,100 \cdot \ln(10 \cdot i)$$

a) Das Volkseinkommen betrage Y = 1.500 Geldeinheiten, der Zins sei i = 0,075 (7,5%). Wie hoch muss das Geldangebot M sein, damit ein Gleichgewicht auf dem Geldmarkt vorliegt?

b) Leiten Sie aus den Funktionen und den Werten in a) die LM-Kurve her!

5. Eine Volkswirtschaft befinde sich im Zustand eines gesamtwirtschaftlichen Gleichgewichts.

a) Der Schnittpunkt mit der IS-Kurve möge im mittleren Bereich der LM-Kurve liegen. Es komme nun cet. par. zu einer Zunahme der Exporte. Wie wirkt sich dies auf das Gleichgewicht aus? Erklären Sie den Prozess, der zu einem neuen Gleichgewicht führt! Gehen Sie dabei davon aus, dass die Wirtschaft noch über freie Produktionskapazitäten verfüge.

b) Was verändert sich gegenüber a), wenn man annimmt, der Schnittpunkt mit der IS-Kurve liege im klassischen Bereich der LM-Kurve ?

c) Was verändert sich gegenüber a), wenn man annimmt, der Schnittpunkt mit der IS-Kurve liege im Keynes-Bereich der LM-Kurve ?

6. Beschreiben Sie die Wirkung einer expansiven Geldpolitik, wenn sich der Schnittpunkt mit der IS-Kurve im Keynes-Bereich der LM-Kurve befindet!

7. Überlegen Sie, wie eine „klassische" IS-Kurve und eine „klassische" LM-Kurve aussehen würden!

8. Von welcher Variablen hängt im Modell von Keynes die Investitionstätigkeit im wesentlichen ab? Wie begründet Keynes das Verhalten der Investoren?

9. Nennen Sie drei fundamentale Annahmeänderungen der Keynesianischen gegenüber der klassischen Theorie!

10. Erklären Sie die Begriffe klassische und keynesianische Arbeitslosigkeit!

11. Es gibt verschiedene Ansätze Geld zu definieren. Diese haben Auswirkungen auf weitergehende geldtheoretische Überlegungen.

a) Welche Funktionen erfüllt Geld?

b) Nennen Sie die operationalen Definitionen des Geldes!

c) Wie entsteht Zentralbankgeld?

d) Wie wird Geld in der Abgrenzung M1 geschaffen?

e) Eine Geschäftsbank nimmt die Bareinzahlung eines Kunden über 1.000,00 € entgegen und schreibt den Betrag auf einer Sichteinlage gut. Die Barabzugsquote in der Volkswirtschaft betrage 20 %, der Mindestreservesatz sei 5 %. Beschreiben Sie den Prozess der multiplikativen Geldschöpfung! Welchen Geldbetrag $\Delta M1$ kann das Bankensystem maximal schöpfen?

12. Worin besteht der Hauptunterschied zwischen dem keynesianischen und dem monetaristischen Transmissionsmechanismus?

13. Erläutern Sie die keynesianische und die monetaristische Sicht der Phillips-Kurve!

14. Immer wieder forderten Kritiker der EZB eine expansive Geldpolitik zur Konjunkturstützung. Im allgemeinen weist die EZB die Forderung zurück. Erklären Sie beide Positionen!

15. Interpretieren Sie die Aussage Milton Friedmans: „We are all Keynesians now."

6. Kapitel
Außenwirtschaft

1. Zu einem bestimmten Termin galten folgende Wechselkurse:
1,3025 \$/€ und 100,05 ¥/\$. Ermitteln Sie den Yen-Kurs des Euro als *cross-rate*!

2. In Tokio sei ein Kurs von 130,- ¥/€ notiert. Gleichzeitig sei der entsprechende Kurs in Frankfurt 131,- ¥/€. Erklären Sie an diesem Beispiel ein Devisen-Arbitragegeschäft!

3. Der Zinssatz für Dreimonatsgeld sei in Europa $i_€ = 4\%$ und in den USA $i_\$ = 6\%$. Der aktuelle Devisenkurs sei dk = 1,3 \$/€. Die Wirtschaftssubjekte in Europa wollen den amerikanischen Zinsvorteil ausnutzen. Unterstellen Sie, dass alle Dreimonatsdollaranlagen durch ein entsprechendes Termingeschäft kursgesichert werden.

4. Die USA und die Euro-Länder beschließen, eine Festkurszone einzurichten. Der Leitkurs wird mit $wk_0 = 0{,}8$ €/\$ festgelegt. Der Wechselkurs darf innerhalb einer Bandbreite von ± 2% schwanken. Verlässt der Kurs diesen Korridor, muss die Zentralbank der aufwertenden Währung intervenieren und die schwächere Währung stützen.

a) Berechnen Sie den Schwankungskorridor auf drei Nachkommastellen!

b) Auf dem Devisenmarkt mögen an einem Handelstag die folgenden Funktionen das Angebots- und Nachfrageverhalten beschreiben (in Mrd. US-Dollar):

$$q_\$^s = -1.000 + 2.000 \cdot wk$$

$$q_\$^d = 100 + \frac{400}{wk}$$

i) Interpretieren Sie den Parameter 2.000 in der Angebotsfunktion ökonomisch!

ii) Stellen Sie den Markt einschl. Wechselkurskorridor in einer Grafik in einem Bereich zwischen wk = 0,5 und wk = 1 dar!

iii) Berechnen Sie den Gleichgewichtswechselkurs und die zugehörige Dollar-Menge.

iv) Wie hoch ist der Interventionsbedarf der US-Zentralbank?

v) Berechnen und interpretieren Sie im Gleichgewicht die Angebots- und Nachfrageelastizitäten!

c) Am nächsten Handelstag nimmt das Dollar-Angebot stark zu:

$$q_\$^s = -900 + 2.000 \cdot wk$$

Welchen Dollar-Betrag muss die EZB mindestens nachfragen, um den Wechselkurs wieder in den Korridor zu führen?

d) Angenommen, das Dollar-Angebot bleibt permanent hoch. Welche Lösung schlagen Sie den Politikern vor?

5. Beschreiben Sie das Kaufkraftparitätentheorem an einem selbst gewählten Beispiel!

6. Für zwei Länder 1 und 2, die zwei Güter A und B herstellen, mögen folgende reale Produktionskosten je Gütereinheit gelten:

	Gut A	Gut B
Land 1	30	50
Land 2	60	80

Lohnt sich die Aufnahme von Außenhandel und wenn ja, innerhalb welcher Grenzen wird sich der Preis von Gut B ausgedrückt in Einheiten von Gut A einstellen? Begründen Sie Ihre Aussage!

7. Gegeben seien zwei Länder, In- und Ausland, die Inlandswährung sei Euro, die des Auslands Dollar. In den beiden Ländern mögen folgende Nachfrage- und Angebotsfunktion für irgendein handelbares Gut vorliegen.

$$q_I^d(p_€) = 4.100 - 60p_€ \qquad q_A^d(p_\$) = 2.300 - 36p_\$$$

$$q_I^s(p_€) = -1.000 + 40p_€ \qquad q_A^s(p_\$) = -400 + 44p_\$$$

Bei einem Wechselkurs von wk = 0,8 $\left[€/\$\right]$ soll das Gut nun gehandelt werden.

a) Bestimmen Sie die Gleichgewichte im In- und Ausland in der Autarkiesituation und das Gleichgewicht nach Aufnahme von Außenhandel unter sonst gleichen Bedingungen! Geben Sie die Angebots- und Nachfragemengen im In- und Ausland nach Aufnahme des Handels an!

b) Nachdem sich die Gleichgewichtssituation in der Teilaufgabe a) eingestellt hat, erhebt das Inland einen Import-Mengenzoll in Höhe von 5,- € je Mengeneinheit. Zeigen Sie die Auswirkung dieses Zolls auf das Aus- und Inland auf und berechnen Sie die Zolleinnahme des Inlands!

Übungsteil

Lösungen

1. Kapitel
Grundlagen

1. In einer seiner Propagandareden stellte bereits 1936 Rudolf Heß die Parole auf: „Butter statt Kanonen". Die Opportunitätskosten der Beschaffung von Kanonen, also der Ausbau der Rüstungsindustrie, bestand im Verzicht auf Butter oder allgemeiner auf die Erzeugung von Konsumgütern.

2. Beispiele für Sachgüter sind Auto, PC oder Coca Cola; typische Dienstleistungen sind z.B. Briefbeförderung durch die Post, ein Haarschnitt oder die Leistung eines Fensterputzers.

3. Das ökonomische Prinzip (hier: Minimierungsprinzip).

4. Ohne genaue Spezifizierung ist dies keine Hypothese. Welche Wege sind gemeint? Wählt man einen Weg in Australien, so ist die Aussage sofort widerlegt.

5. Dies ist eine normative Aussage.

6. Will ein Unternehmen seine Aktivitäten auf eine bestehenden Markt, in dem es bislang nicht tätig war, ausdehnen, so ist es für die Marketingstrategie durchaus wichtig die Marktform und damit das Wettbewerbsverhalten zu kennen. Gute Kenntnisse der Preis- und Wettbewerbstheorie sind hier hilfreich.

7. a) Die Steigerung der Präferenz für dieses Gut kann durch die Rechtsverschiebung der Nachfragekurve von N_0 auf N_1 dargestellt werden. Die Nachfrager sind nun bereit, für die gleiche Menge einen höheren Preis zu zahlen. Die grafische Darstellung erfolgt über das Cobweb-Modell:

– das Güterangebot reagiert, z.B. wegen der notwendigen Produktionsumstellungen, nicht sofort sondern zeitverzögert (time lag) auf Änderungen der Marktdaten, hier des Preises für das Gut. Es gilt:

$$q^A_{A,t} = f(p_{A,t-1}) \text{ mit } \frac{df}{dp_{A,t-1}} > 0$$

$q^A_{A,t}$ Angebot des Gutes A in der Periode t

$p_{A,t-1}$ Preis des Gutes A in der Periode t-1 (Vorperiode)

– Nachfrager reagieren sofort, d.h. noch in derselben Periode auf den sich einstellenden Preis, es gilt:

$$q^N_{A,t} = f(p_{A,t}) \text{ mit } \frac{df}{dp_{A,t}} < 0$$

$q^N_{A,t}$ Nachfrage nach Gut A in der Periode t

$p_{A,t}$ Preis des Gutes A in der Periode t

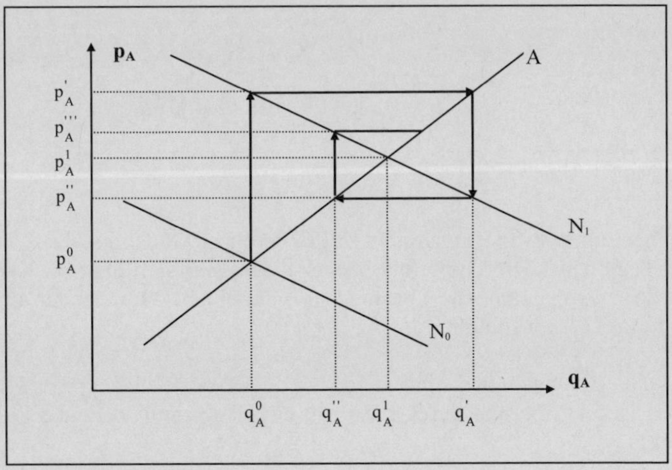

Der Anpassungsprozess kann wie folgt veranschaulicht werden:

→ bei zunächst unveränderter Angebotsmenge (q^0_A) sind die Nachfrager bereit, den Preis p'_A zu zahlen;

→ da auf dem Markt der Preis p'_A zu erzielen ist, erhöhen die Anbieter ihre Produktionsmenge auf q'_A ;

→ diese Angebotsmenge sind die Nachfrager aber nur bereit zum Preis p''_A abzunehmen;

→ beim Preis p''_A wiederum werden die Anbieter ihre Produktionsmenge auf q''_A einschränken;

→ usw.

Diese Anpassungsprozesse setzen sich über mehrere Perioden fort, bis der neue Gleichgewichtspreis p^1_A gefunden ist, bei dem die Pläne der Anbieter und Nachfrager wieder übereinstimmen.

b) „Öffentliche Güter" nennen wir die Güter, bei denen im Konsum keine Rivalität besteht, d.h. die Grenzkosten der Nutzung dieser Güter gehen gegen Null. Öffentlich bereitgestellt, m.a.W. vom Staat angeboten werden, können grundsätzlich alle Arten von Gütern, auch private Güter.

c) Ein Unternehmen wägt im Regelfall nur die ihm zufallenden, internen Kosten bei wirtschaftlichen Entscheidungen ab. Bei der Herstellung und Bereitstellung von Gütern entstehen aber oft „Beiprodukte", die in der einzelwirtschaftlichen Rentabilitätsrechnung nicht berücksichtigt werden, z.B. Luftverschmutzung oder Lärmbeeinträchtigungen. Manches Mal haben die Betroffenen die Möglichkeit, sich für diese externen Kosten entschädigen zu lassen, beispielsweise durch Erstattung von Lärmschutzmaßnahmen. Oft ist aber eine solche „Internalisierung" der externen Kosten nicht möglich, weil die Verursacher nicht einwandfrei feststellbar sind oder sie nicht zu Ausgleichszahlungen veranlasst werden können oder deren Höhe nicht einvernehmlich festgelegt werden kann. In der Folge werden Güter mit hohen externen Kosten in zu großem Umfang bereitgestellt werden, weil ein Teil ihrer Kosten, nämlich die externen Kosten im Unternehmenskalkül keine Rolle spielen. Was diese Güter angeht, fallen dann einzelwirtschaftliches und gesamtwirtschaftliches Produktionsoptimum auseinander. Eine reine marktwirtschaftliche Koordination könnte hierauf nicht reagieren.

d) Meritorische Güter sind Güter, die von den wirtschaftspolitischen Entscheidungsträgern in besonderer Weise gefördert werden, weil ihre marktwirtschaftliche Bereitstellung zu einem nach ihren Vorstellungen zu niedrigem Konsum führt. Der Staat handelt aus einem Fürsorgemotiv heraus im Sinne eines Patriarchen.

8.

Ziele	**Zielvariable**
Stabilität des Preisniveaus	Harmonisierter Verbraucherpreisindex (HVPI)
Hoher Beschäftigungsstand	Arbeitslosenquote
Außenwirtschaftliches Gleichgewicht	Anteil des Handelsbilanzüberschusses am Bruttoinlandsprodukt*)
Stetiges und angemessenes Wirtschaftswachstum	Veränderungsrate des realen Bruttoinlandsprodukts

*) Die Handelsbilanz muss einen Überschuss aufweisen, um andere Teilbilanzen der Zahlungsbilanz, die traditionell defizitär sind, auszugleichen.

b) Als Erweiterung des sog. „magischen Vierecks" werden insbesondere die Zielvorstellung einer gerechten Einkommens- und Vermögensverteilung sowie der Erhaltung bzw. Wiederherstellung der natürlichen Lebensgrundlagen genannt. Während die Ziele des „magischen Vierecks" sowohl qualitativ als auch quantitativ verhältnismäßig eindeutig bestimmbar sind, gilt dies für die genannten Erweiterungen nicht.

2. Kapitel
Kreislaufanalyse und gesamtwirtschaftliches Rechnungswesen

1. BIP = NIP + D

$= 2.064,15 + 358,75 = 2.422,90$

Das Bruttoinlandsprodukt beträgt 2.422,90 Mrd. €.

Es gilt:

$BIP = C_H + C_{St} + I^b + (Ex\text{-}Im)$

$\Rightarrow I^b = BIP - C_H - C_{St} - (Ex\text{-}Im)$

$= 2.422,90 - 1.373,72 - 435,64 - 170,97 = 442,57$

Die Bruttoinvestitionen betragen 442,57 Mrd. €.

$I^n = I^b - D$

$= 442,57 - 358,75 = 83,82$

Die Nettoinvestitionen ergeben sich aus der Subtraktion der Abschreibungen von den Bruttoinvestitionen und belaufen sich auf 83,82 Mrd. €.

Volkseinkommen = Arbeitnehmerentgelte + Unternehmens- und Vermögenseinkommen.

$Y = 1.183,55 + 643,52 = 1.827,07$

Das Volkseinkommen beträgt 1.827,07 Mrd. €.

Als gesamtwirtschaftliche Lohnquote bezeichnet man den Anteil des Arbeitnehmerentgelts am Volkseinkommen in Prozent.

$$\text{gesamtwirtschaftliche Lohnquote} = \frac{1.183,55 \cdot 100}{1.827,07} = 64,8$$

2. a) Die fehlenden Buchungen können durch Saldenbildung oder Gegenbuchungen ermittelt werden (fett).

Unternehmen

Y_H^U	1000	C_H	800
T_U^{dir}	150	G	300
T_U^{ind}	150	I^n	200
$\mathbf{S_U}$	**50**	Z_U	50
	1350		1350

Haushalte

T_H	400	Y_H^U	1000
C_H	800	Y_H^{St}	200
$\mathbf{S_H}$	**200**	Z_H	200
	1400		1400

Staat

$\mathbf{Y_H^{St}}$	**200**	$\mathbf{T_H}$	**400**
G	**300**	$\mathbf{T_U^{dir}}$	**150**
$\mathbf{Z_U}$	**50**	$\mathbf{T_U^{ind}}$	**150**
$\mathbf{Z_H}$	**200**		
$\mathbf{S_{St}}$	**-50**		
	700		700

Vermögensbildung

I^n	200	$\mathbf{S_U}$	**50**
		$\mathbf{S_H}$	**200**
		$\mathbf{S_{St}}$	**-50**
	200		200

b) Das NIP_M kann von der Verwendungsseite definiert werden. In unserem Fall ergibt sich ohne Auslandsbeziehungen:

$$NIP_M = C_H + C_{St} + I^n = 800 + (200 + 300) + 200 = 1.500$$

c) Das Volkseinkommen ist das Nettonationaleinkommen zu Faktorkosten. Es gilt:

$$NIP_F = NIP_M - (T^{ind} - Z_U) = 1500 - 150 + 50 = 1.400$$

Da es kein Ausland gibt, ist das NIP_F gleich dem Nettonationaleinkommen.

3. (1) Einkommenskonto Haushalte an Produktionskonto Unternehmen.
(2) Vermögensbildung Unternehmen an Produktionskonto Unternehmen.
(3) Finanzierung Unternehmen an Finanzierung Unternehmen.
(4) Ausland an Einkommenskonto Staat.
(5) Einkommenskonto Staat an Einkommenskonto Haushalte.

3. Ein Zahlungsbilanzgleichgewicht liegt vor, wenn ein Saldo der Leistungsbilanz durch einen entsprechenden Gegensaldo der Kapitalbilanzen ausgeglichen wird, d.h. die Summe der Salden der Leistungsbilanz und der Kapitalverkehrsbilanzen muss gleich null sein. In diesem Fall ist der Saldo der Gold- und Devisenbilanz ebenfalls gleich null.

4. Die Buchungssätze lauten:

(1) 100.000 € Handelsbilanz (Export) an

50.000 € Kapitalverkehrsbilanz (Abnahme einer Verbindlichkeit)
20.000 € Kapitalverkehrsbilanz (Zunahme einer Devisenforderung)
30.000 € Kapitalverkehrsbilanz (Zunahme einer Kreditforderung)

(2) 1 Mio € Kapitalverkehrsbilanz (Abnahme eines langfristigen Kredits) an Vermögensübertragungen. Die Laufzeitänderung ist *nicht* zahlungsbilanzrelevant.

(3) 50 Mio € Handelsbilanz an Handelsbilanz (dem Warenexport steht ein Warenimport gegenüber).

(4) 2,7 Mio € Kapitalverkehrsbilanz (Abnahme einer Forderung) an Kapitalverkehrsbilanz (Direktinvestition).

(5) 35.000 € Kapitalverkehrsbilanz (Abnahme einer Devisenforderung) an Gold- und Devisenbilanz (Zunahme einer Devisenforderung).

Das Interessante an diesem Beispiel ist, dass an einem zahlungsbilanzrelevanten Vorgang nicht immer In- und Ausländer unmittelbar beteiligt sein müssen.

(6) 1.000 € Kapitalverkehrsbilanz (Zunahme einer Auslandsverbindlichkeit) an Transferbilanz (unentgeltliche Übertragung ins Ausland).

Man könnte auch an Vermögensübertragen buchen, wenn solche Zahlungen nicht regelmäßig erfolgen und aus Sicht des ausländischen Haushalts eine Vermögensübertragung darstellen würde.

(7) Überhaupt nicht, da der Vorgang in keiner offiziellen Statistik erfasst wird. Erst wenn Heinz die 100$ bei seiner Bank in Euro umtauscht, wird der Vorgang erfasst. Der Buchungssatz lautet dann Vermögensübertragung an Kapitalverkehrsbilanz.

3. Kapitel
Neoklassische Unternehmens- und Haushaltstheorie

1. Man greift einen beliebigen, positiven Wert $y = y_0$ heraus und zeigt, dass die Ertragskurve, die sich nun bei partieller Faktorvariation von X ergibt, ertragsgesetzlichen Verlauf aufweist.

Es ist:

$$E(x|y_0) = (x \cdot y_0)^2 - \frac{1}{100}(x \cdot y_0)^3 .$$

Die ersten drei Ableitungen nach x sind:

$$E'(x|y_0) = 2xy_0^2 - \frac{3}{100}x^2y_0^3$$

$$E''(x|y_0) = 2y_0^2 - \frac{3}{50}xy_0^3$$

$$E'''(x|y_0) = -\frac{3}{50}y_0^3$$

Nullsetzen der ersten Ableitung liefert die kritischen Stellen (mögliche Extrempunkte):

$$x_{E,1} = 0 \quad \text{und} \quad x_{E,2} = \frac{200}{3y_0}$$

Wegen $E''(x_{E,1}) = 2y_0^2 > 0$ liegt in $x_{E,1}$ ein relatives Minimum.

Wegen $E''(x_{E,2}) = -2y_0^2 < 0$ liegt in $x_{E,2}$ ein relatives Maximum.

Nullsetzen der zweiten Ableitung liefert einen kritischen Punkt (möglicher Wendepunkt) an der Stelle:

$$x_W = \frac{100}{3y_0}$$

Da die dritte Ableitung nicht Null ist, liegt an besagter Stelle ein Wendepunkt. Dieser liegt zwischen $x = 0$ und $x = x_{E,2}$, also ist die Produktionsfunktion in der Tat vom ertragsgesetzlichen Typ.

2. a) Die Isoquantenfunktion leitet sich wie folgt her: $12=\sqrt{xy} \Rightarrow 144 = xy \Rightarrow y=\dfrac{144}{x}$

Diese Hyperbel hat folgendes Aussehen:

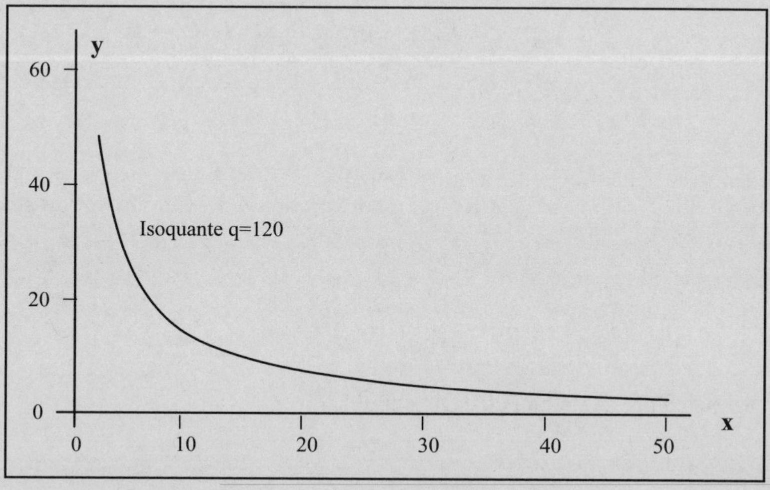

b) Die GRS ist die erste Ableitung der Isoquantenfunktion, also y'(x). Im obigen Beispiel erhält man:

$$y'(x) = -\frac{144}{x^2}\,;\; x = 8 \Rightarrow y'(8) = -\frac{144}{64} = -\frac{9}{4} = -2{,}25$$

Will man an der Stelle x = 8 und y = 18 (=144/8) unter Konstanthaltung der Produktionsmenge (q = 120) den Faktor X um eine Einheit reduzieren, so müssen 2,25 Einheiten des anderen Faktors zusätzlich eingesetzt werden.

c) Der Durchschnittsertrag ist der Quotient aus Produktmenge und eingesetzter Faktormenge. Die Durchschnittsertrag von X (Y) ist dann für (x,y) = (8,18) also 120/8 = 15 (120/18 = 6,67) Gütereinheiten je Faktoreinheit.
Der Grenzertrag ergibt sich als partielle Ableitung aus der Produktionsfunktion:

$$GE_X = \frac{\partial q}{\partial x} = 10\frac{y}{2\sqrt{xy}} = 5\sqrt{\frac{y}{x}}$$

$$GE_Y = \frac{\partial q}{\partial y} = 5\sqrt{\frac{x}{y}}$$

Für x = 8 und y = 18 sind die Grenzerträge somit 7,5 für x und 3,33 für y. Bei Einsatz einer zusätzlichen Einheit des Faktors X bzw. Y können also 7,5 bzw. 3,3 zusätzliche Gütereinheiten erzeugt werden.

3. Es liegen konstante Skalenerträge vor:

$$f(\lambda x, \lambda y)=5(\lambda x)^{0,3}(\lambda y)^{0,7}=5\lambda^{0,3+0,7}x^{0,3}y^{0,7}=\lambda f(xy)=\lambda q$$

4. a) Die Isoquantengleichung für q = 50 lautet:

$$50=\sqrt{3x+4y} \Rightarrow 2.500 = 3x + 4y \Rightarrow y = -\frac{3}{4}x+625$$

b) Die Faktoren sind vollständig substituierbar.

c) Die GRS ist konstant gleich - ¾ (folgt aus a); unabhängig vom Ertrag erhält man überall die gleiche Steigung für die Isoquante. Alternativ kann man zeigen:

$$GRS = -\frac{\frac{\partial f(x,y)}{\partial x}}{\frac{\partial f(x,y)}{\partial y}} = -\frac{\frac{3}{2}\sqrt{3x+4y}}{\frac{4}{2}\sqrt{3x+4y}} = -\frac{3}{4}$$

d) Bei den gegebenen Werten lautet seine Iso-Kostengerade:

$$K(x,y) = \pi_x \cdot x + \pi_y \cdot y = 4x + 6y \quad \Rightarrow \quad y = -\frac{2}{3}x+\frac{K}{6}$$

In die Grafik werden die Isoquante für q = 50 und die willkürlich gewählte Iso-Kostenlinie für K = 3.000 eingezeichnet:

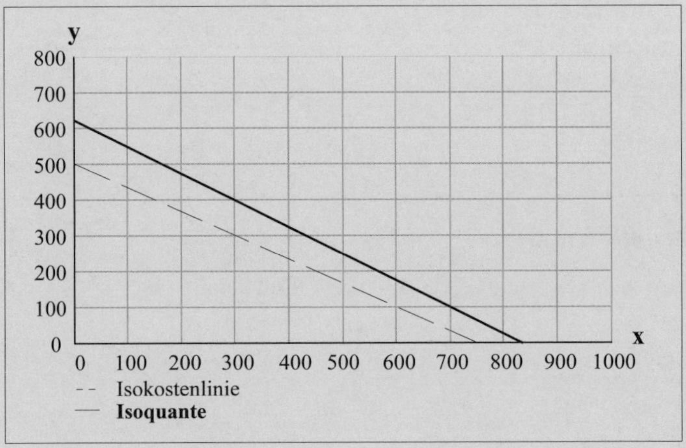

Das Kostenbudget von K = 3.000 ist noch zu gering, um die gewünschte Isoquante zu erreichen. Die Iso-Kostenlinie muss also, um die Minimalkostenkombination zu realisieren, so weit nach rechts verschoben, bis sie die Isoquante in einem Punkt berührt. Dies kann aufgrund der gegebenen Steigungen nur der Schnittpunkt auf der x-Achse sein, aslo $x_0 = 833,33$. Hieraus ergibt sich ein notwendiges Kostenbudget in Höhe von K = 3.333.

5. Die Gesamtkosten setzten sich zusammen aus den variablen und den fixen Kosten: $K(q) = K_v(q) + K_f$

Die Grenzkosten ergeben sich als Ableitung hieraus: GK(q) = K'(q). Also gibt es keinen Unterschied zwischen den gesamten und den variablen Grenzkosten, da fixe Grenzkosten nicht existieren bzw. immer Null sind.

6. a) Die Aufgabe lautet allgemein: Minimiere K(x,y) unter $q_0 = f(x,y)$!

Für die Kosten gilt:

$$K(x,y) = p_x \cdot x + p_y \cdot y = x + 4y$$

Die Nebenbedingung kann wie folgt formuliert werden:

$$120 = 10\sqrt{xy} \Rightarrow y = \frac{144}{x}$$

Unter Berücksichtigung dieser Nebenbedingung gilt:

$$K^*(x) = x + 4 \cdot \frac{144}{x}$$

Die Minimierung dieser Funktion liefert die Werte x = 24 und y = 6. Die Kosten betragen dann 48 Geldeinheiten.

Grafische Lösung:

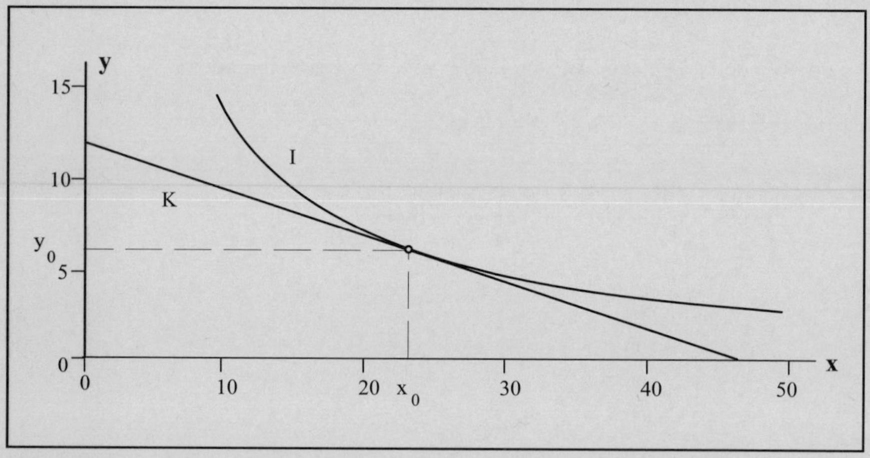

Alternative Lösung:

Es muss die Bedingung $GRS = -\frac{\pi_x}{\pi_y}$ erfüllt sein.

Es gilt: $y'(x) = -\frac{144}{x^2} = -\frac{1}{4}$

Auflösen nach x liefert $x_0 = 24$ und durch Einsetzen in die Isoquantengleichung $y_0 = 6$.

b) Es treten zwei Effekte ein:
- Kosteneffekt
- Substitutionseffekt

Es gilt, die neue Minimalkostenkombination zu ermitteln. Die Lösung erfolgt grundsätzlich so wie in Teil a). Die Kostenfunktion ändert sich in:

$$K(x,y) = 2x + 4y$$

Unter Berücksichtigung der Nebenbedingung, die sich gegenüber a) nicht verändert, folgt:

$$K^*(x) = 2x + 4 \cdot \frac{144}{x}$$

Die Lösung lautet dann $x_0 = \sqrt{2} \cdot 12$ und $y_0 = \frac{144}{x_0} = \frac{144}{\sqrt{2} \cdot 12} = \frac{12}{\sqrt{2}} = \sqrt{2} \cdot 6$.

Damit steigen die Kosten auf $48 \cdot \sqrt{2}$; es tritt also der Kosteneffekt ein. Ferner ist der Einsatz von X reduziert und der von Y erhöht worden, mit anderen Worten: X ist teilweise durch Y substituiert worden.

c) Für das Faktorpreisverhältnis gilt: $\frac{\pi_x}{\pi_y} = \frac{2}{4} = \frac{1}{2}$

Für die Grenzerträge und ihr Verhältnis erhalten wir:

$$f(x,y) = 10\sqrt{xy} \Rightarrow f_X(x,y) = 5\sqrt{\frac{y}{x}} \quad \text{und} \quad f_y(x,y) = 5\sqrt{\frac{x}{y}} \Rightarrow \frac{f_X(x,y)}{f_y(x,y)} = \frac{y}{x}$$

Mit $x = 12\sqrt{2}$ und $y = 6\sqrt{2}$ folgt $\frac{f_x(x,y)}{f_y(x,y)} = \frac{1}{2}$, was zu zeigen war.

7. a) Die Ertragsfunktion ermittelt man einfach durch Integration über die Zeit.

$$q_G(t) = \int_0^t GE_G(\tau)\,d\tau = \int_0^t (20 - 0{,}5\tau)\,d\tau = 20\tau - 0{,}25\tau^2\Big|_0^t = 20t - 0{,}25t^2$$

$$q_W(t) = \int_0^t GE_W(\tau)\,d\tau = \int_0^t (10 - 0{,}2\tau)\,d\tau = 10\tau - 0{,}1\tau^2\Big|_0^t = 10t - 0{,}1t^2$$

Die Ertragsfunktionen sind also Polynome zweiten Grades in der Variablen t. Die Grafik zeigt die Grenzertrags- und die Ertragsfunktion für die Tätigkeit „Graben ausheben“.

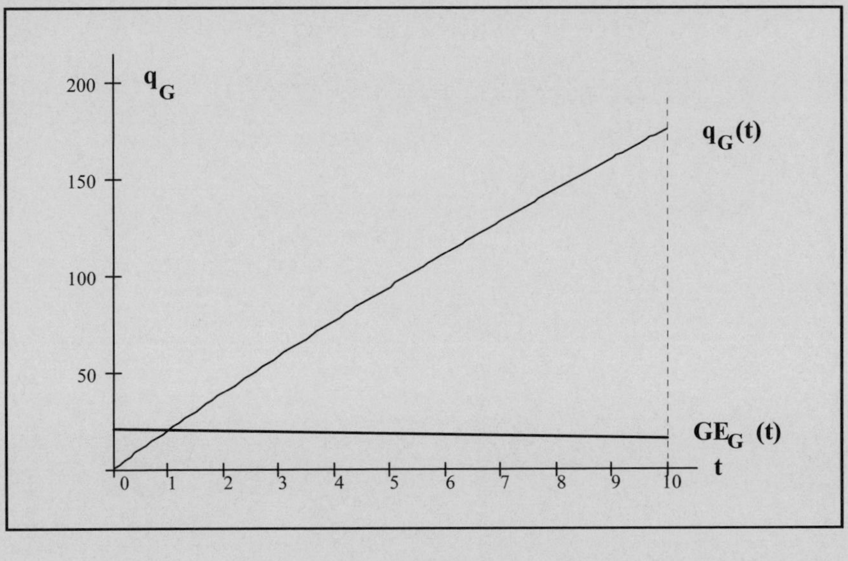

b) Bei der Herleitung der Transformationskurve (TK) muss man berücksichtigen, dass das Zeitbudget von 10 Stunden auf die Erzeugung der beiden Güter Graben und Wall aufgeteilt werden muss. Bringt man die Zeit t zum Ausheben eines Grabens auf, so bleibt 10 - t zum Aufschütten eines Walls. Jeder Punkt auf der TK ist also gegeben durch:

$$(q_G(t), q_W(10\text{-}t))$$

Wird die gesamte Zeit zum Ausheben des Grabens verwendet, so gilt:

$$q_G(10) = 175 \text{ und } q_W(0) = 0$$

Wird die gesamte Zeit zum Anschütten eines Walls verwendet, gilt:

$$q_W(10) = 90 \text{ und } q_G(0) = 0$$

Kann man den Parameter Zeit eliminieren und q_W direkt als Funktion von q_G angeben? Dies geht in der Tat!

Die Gleichung $q_G(t)$ lösen wir nach t auf:

$$q_G(t) = 20t - \frac{1}{4}t^2 \Rightarrow t^2 - 80t + 4q_G = 0 \Rightarrow t_{1,2} = 40 \pm \sqrt{1600 - 4q_G}$$

Da $t \in [0,10]$ gelten muss, kommt nur die folgende Lösung in Frage:

$$t = 40 - \sqrt{1600 - 4q_G} = 40 - 2\sqrt{400 - q_G}$$

Die Funktion $q_W(t)$ lautet (t bezeichnet die für q_G verwendete Zeit, also bleibt für q_W die Zeit 10-t):

$$q_W(t) = 10\cdot(10-t) - 0{,}1\cdot(10-t)^2 = 90 - 8\cdot t - 0{,}1\cdot t^2$$

Die obige Funktion $t(q_G)$ wird eingesetzt und man erhält:

$$q_W = 90 - 320 + 16\sqrt{400 - q_G} - 0{,}1\left(40 - 2\sqrt{400 - q_G}\right)^2$$

Ausrechnen der rechten Seite liefert:

$$q_W = -550 + 0{,}4q_G + 32\sqrt{400 - q_G} \quad \text{oder} \quad q_W = -550 + 0{,}4 \cdot q_G + 32\sqrt{400 - q_G}$$

Machen Sie die Probe mit $q_G = 0$ und $q_G = 175$!

Die Grafik zeigt die Transformationskurve:

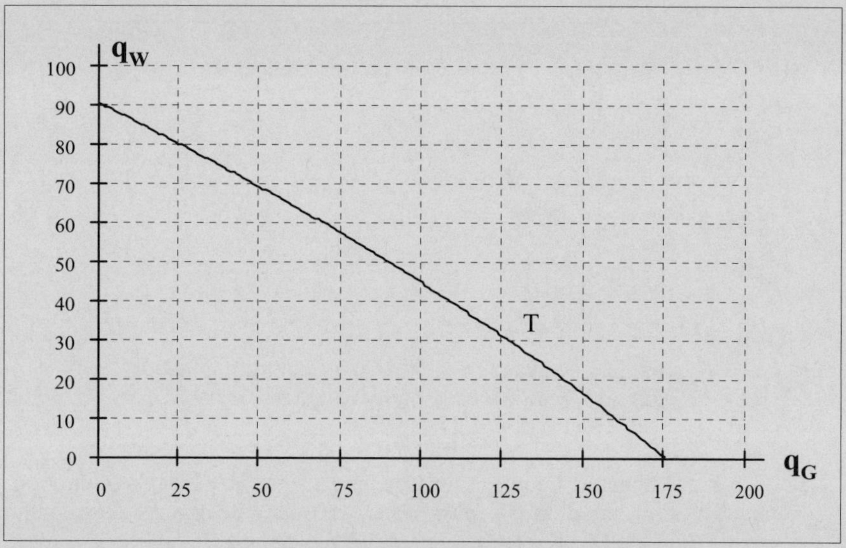

Für die Grenzrate der Transformation (GRT) gilt:

$$GRT = q_W^{'}(q_G) = 0,4 - \frac{16}{\sqrt{400 - q_G}}$$

c) Für beide Tätigkeiten werden je t = 5 Stunden aufgewendet, also:

$$q_G(5) = 20 \cdot 5 - 0,25 \cdot 5^2 = 93,75$$
$$q_W(5) = 10 \cdot 5 - 0,1 \cdot 5^2 = 47,5$$

Zur Berechnung der GRT wird einfach $q_G = 93,75$ in $q_W^{'}$ eingesetzt:

$$q_W^{'}(5) = 0,4 - \frac{16}{\sqrt{400 - 93,75}} = -0,514$$

Soll also eine zusätzliche Einheit von G (Ausheben des Grabens) produziert werden, so muss auf 0,54 Einheiten von W (Aufschütten des Walls) verzichtet werden. Die GRT kann auch als negativer Quotient der Grenzerträge berechnet werden:

$$\frac{dq_W}{dq_G} = -\frac{\frac{dq_W}{dt}}{\frac{dq_G}{dt}} = -\frac{10 - 0,2t}{20 - 0,5t} \underset{t=5}{=} -\frac{9}{17,5} = -0,514$$

8. a) Die Ertragsfunktion $E(x|y=5)$ hat folgende Gestalt:

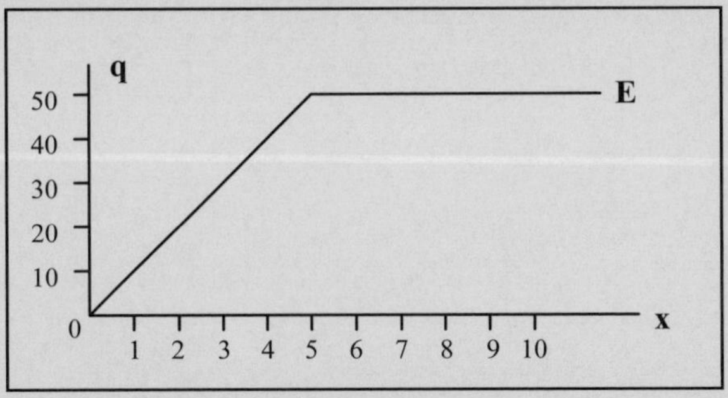

b) Um 50 Gütereinheiten herzustellen ist die Faktorkombination $(x,y)=(5,5)$ die einzig sinnvolle. Das notwendige Kostenbudget beträgt:

$$K = 5 \cdot 5 + 5 \cdot 8 = 65.$$

c) Da bei der Leontief-Funktion im Gegensatz zur Cobb-Douglas-Funktion keine Faktorsubstitution möglich ist, muss weiter mit der bisherigen Faktorkombination produziert werden. Das Kostenbudget erhöht sich dann auf 75 GE.

d) Die Grenzerträge der Faktoren sind nicht eindeutig zu bestimmen. *Verringert* man in der Kombination (3,3) den Einsatz von x um eine Einheit auf die Kombination (2,3), so sinkt der Ertrag auf 20, der Grenzertrag ist also 10. *Erhöht* man den Einsatz dagegen um eine Einheit auf die Kombination (4,3), so bleibt der Ertrag unverändert, der Grenzertrag ist gleich null. Das Problem ist, dass die Leontief-Funktion nicht partiell differenzierbar ist.

e) Eine proportionale Faktorvariation um den Faktor r verändert den Ertrag in genau der gleichen Relation. Der Skalenertrag ist 1.

9. Für beide Faktoren wird die Transformationskurve (TK) gezeichnet. Die gesamte TK ergibt sich dann aus den Engpässen.

Für den Verbrauch von X bzw. Y gilt:

$$x = 3q_A + 7q_B \quad \text{daraus folgt mit } x \leq 63 \text{ und } q_A, q_B \geq 0\text{: } q_B = 9 - \frac{3}{7}q_A$$

$$y = 5q_A + 5q_B \text{ daraus folgt mit } y \leq 60 \text{ und } q_A, q_B \geq 0\text{: } q_B = 12 - q_A$$

Die TK ist dann:

$$q_B = \min\{9-\frac{3}{7}\, q_A\, ,\, 12- q_A\}$$

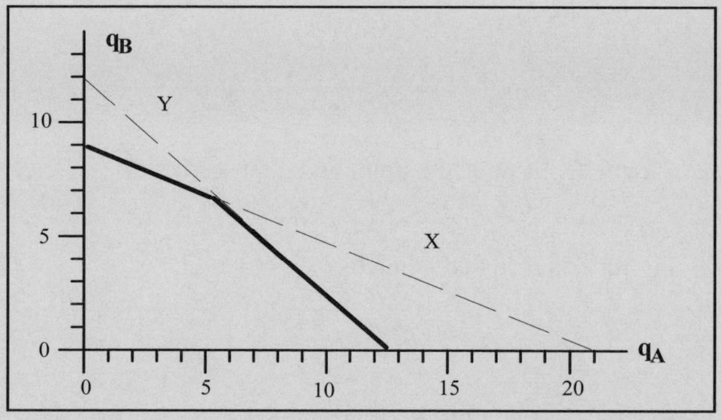

Als zusätzlichen Hinweis geben wir die Produktionsfunktionen an:

$$q_A = \min\left\{\frac{1}{3}x\ ,\ \frac{1}{5}y\right\} \qquad q_B = \min\left\{\frac{1}{7}x\ ,\ \frac{1}{5}y\right\}$$

10. a) Die Elastizitätsfunktion ist gegeben durch:

$$\eta_q(p) = \frac{q'(p)\cdot p}{q(p)} \qquad \Rightarrow \qquad \eta_q(p) = \frac{-200e^{-2p}\cdot p}{100e^{-2p}} = -2p$$

b) Die Nachfrage reagiert elastisch, wenn $\eta_q(p) < -1$ gilt, also:

$$-2p < -1 \qquad \Rightarrow \qquad p > \frac{1}{2}$$

Für Preise $p > \frac{1}{2}$ reagiert die Nachfrage elastisch.

11. a) Die marginale Konsumquote lautet:

$$\frac{dC}{dY} = \frac{c_0^2}{(c_0 + Y)^2}$$

Mit wachsendem Einkommen strebt die marginale Konsumquote gegen 0.

b) Die durchschnittliche Konsumquote ist:

$$\frac{C}{Y} = \frac{c_0}{c_0 + Y}$$

c) Die Elastizität ist gegeben durch den Quotient der marginalen und der durchschnittlichen Konsumquote:

$$\eta_C(Y) = \frac{\frac{dC}{dY}}{\frac{C}{Y}} = \frac{\frac{c_0^2}{(c_0+Y)^2}}{\frac{c_0}{c_0+Y}} = \frac{c_0^2\cdot(c_0+Y)}{c_0\cdot(c_0+Y)^2} = \frac{c_0}{c_0+Y}$$

Die Elastizität ist also gleich der durchschnittlichen Konsumquote (vgl. Teil b).

d) Es gilt:

$$\lim_{Y\to\infty} C(Y) = \lim_{Y\to\infty} \frac{c_0 \cdot Y}{c_0 + Y} = \lim_{Y\to\infty} \frac{c_0}{\frac{c_0}{Y}+1} = c_0$$

Die Größe c_0 kann somit wie behauptet gedeutet werden.

12. a) Die Bedingung für das Haushaltsgleichgewicht lautet:

$$GRS = -\frac{p_A}{p_B} = -\frac{5}{8}$$

Für die Grenzrate der Substitution gilt allgemein:

$$GRS = \frac{dq_B}{dq_A}$$

Der Zusammenhang zwischen den Gütermengen erhalten wir aus der nach q_B aufgelösten Nutzenfunktion:

$$q_B = \frac{N}{q_A^2} \Rightarrow GRS = -\frac{2N}{q_A^3} = -\frac{2q_A^2 q_B}{q_A^3} = -2\frac{q_B}{q_A}$$

Daraus folgt für das Haushaltsgleichgewicht:

$$2\frac{q_B}{q_A} = \frac{5}{8} \Rightarrow q_B = \frac{5}{16}q_A \qquad (*)$$

Dies eingesetzt in die Bugdetgerade $(Y = p_A \cdot q_A + p_B \cdot q_B)$ ergibt:

$$q_B = -\frac{p_A}{p_B} \cdot q_A + \frac{100}{p_B} \qquad (**)$$

Setzt man in (**) die Beziehung (*) sowie die Güterpreise ein, so erhält man:

$$\frac{5}{16}q_A = -\frac{5}{8}q_A + \frac{25}{2} \Rightarrow \mathbf{q_A = \frac{40}{3}}$$

Dies in (*) eingesetzt liefert die Lösung für q_B:

$$\mathbf{q_B = \frac{25}{6}}$$

b) Es ändert sich nur die Budgetgerade auf:

$$q_B = -\frac{p_A}{p_B} \cdot q_A + \frac{150}{p_B}$$

Damit ergibt sich die neue Gleichgewichtslösung:

$$\mathbf{q_A = 20} \text{ und } \mathbf{q_B = \frac{25}{4}}$$

c) Vor und nach der Budgeterhöhung werden die Güter B und A im Verhältnis 5:16 konsumiert. Also ist keines der Güter inferior.

d) Die Erhöhung des Preises von A bedeutet eine Drehung der Budgetlinie. Die Optimalbedingung lautet nun:

$$GRS = -\frac{3}{4}$$

Es folgt also (Herleitung wie in a)):

$$2\frac{q_B}{q_A} = \frac{3}{4} \quad \Rightarrow \quad q_B = \frac{3}{8} q_A$$

Dies eingesetzt in die Budgetgleichung liefert: $\mathbf{q_A = \frac{100}{9}}$ und $\mathbf{q_B = \frac{25}{6}}$

Bedingt durch die Preiserhöhung des Gutes A hat dessen Konsum bei gleicher Menge des Gutes B abgenommen (Substitutionseffekt). Der Nutzen hat von N = 740,7 auf N = 514,4 abgenommen (Nutzeneffekt).

4. Kapitel
Preis- und Wettbewerbstheorie

1. Da es nur einen Anbieter gibt, ist die Homogenität des Gutes gewährleistet.

Bei einem Anbieter und einem Nachfrager kann es keine persönlichen Präferenzen geben.

Aus dem gleichen Grund muss ein räumlicher und zeitlicher Punktmarkt vorliegen.

Allenfalls könnte die Markttransparenz fehlen. Diese wird sich allerdings im Laufe der bilateralen Preisverhandlungen einstellen.

2. Die Fixkosten haben keinen Einfluss auf die gewinnmaximale Menge, da sie die Grenzkosten nicht beeinflussen. Sie bestimmen aber die Höhe des Erfolgs mit.

3. Die folgende Grafik veranschaulicht den Sachverhalt:

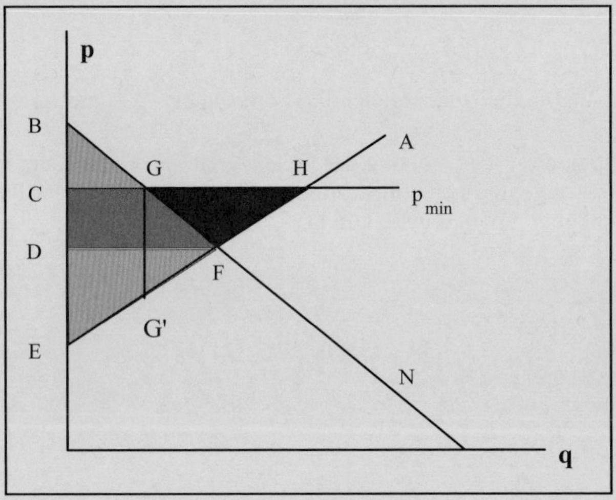

Vor dem Staatseingriff ist die Produzentenrente DEF: Sie verändert sich nach Setzung des Mindestpreises und staatlicher Abnahmegarantie der Überschussmenge auf die Trapezfläche CGG'E. Ob sie sich verringert oder ob sie zunimmt, kann nicht generell gesagt werden. Die Konsumentenrente nimmt dagegen auf jeden Fall von BDF auf BCG ab.

4. Unter den getroffenen Voraussetzungen ergibt sich folgendes Bild:

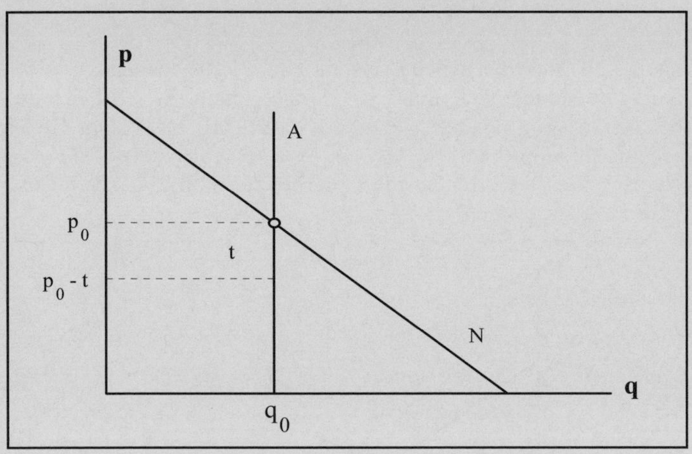

Ausgehend von der Gleichgewichtssituation (p_0, q_0) erhebt der Staat eine Mengensteuer in Höhe von t Geldeinheiten je Gütereinheit.

Da das Angebot völlig unelastisch reagiert, haben die Anbieter keine Möglichkeit, den Preis zu erhöhen. Jede Preisanhebung würde zu einem Überangebot führen. Der Marktpreis bleibt bei p_0, der Stückerlös nach Steuer sinkt aber auf $p_0 - t$.

Der Staat schöpft somit seine gesamte Steuereinnahme $t \cdot q_0$ aus der Produzentenrente ab.

5. Da der Staat die Nachfrage unterstützt, verbilligt sich das Gut aus Sicht der Nachfrager um 2 Geldeinheiten (GE). Die Nachfrager sind dann bereit, ihre Nachfrage entsprechend auszudehnen, so dass sich die Nachfragekurve N um zwei Einheiten nach oben auf N* verschiebt.

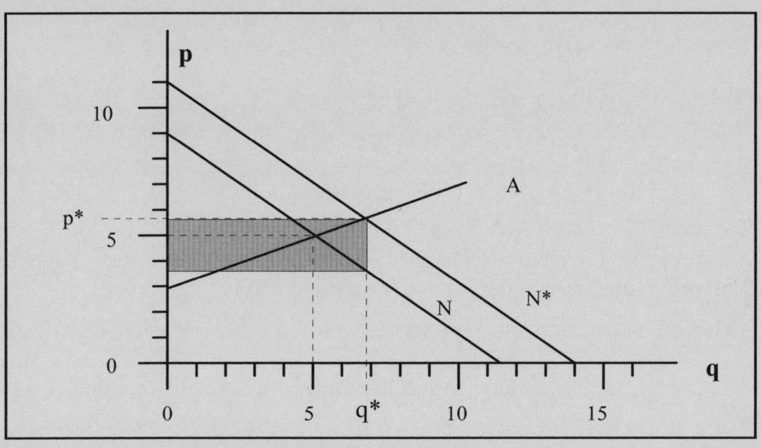

a) Da das Angebot elastisch reagiert, steigt der Gleichgewichtspreis um weniger als 2 Geldeinheiten auf etwa 5,7.

b) Der Staat muss die neue Menge q* mit je zwei GE subventionieren, so dass sich das graue Rechteck als gesamter Subventionsaufwand ergibt.

c) Im Prinzip stellt sich die gleiche Lösung ein. Die Nachfragekurve N bleibt, die Angebotskurve verschiebt sich um zwei GE nach unten. Es stellt sich ein neuer Gleichgewichtspreis p* ein, der um weniger als zwei GE unter dem Gleichgewichtspreis der Ausgangssituation liegt, bei etwa 3,7 GE. Die abgesetzte Menge beträgt q*. Für jedes abgesetzte Stück erhalten die Unternehmer nun 2 GE Subvention, so dass sie ca. 5,7 GE je Stück erlösen.

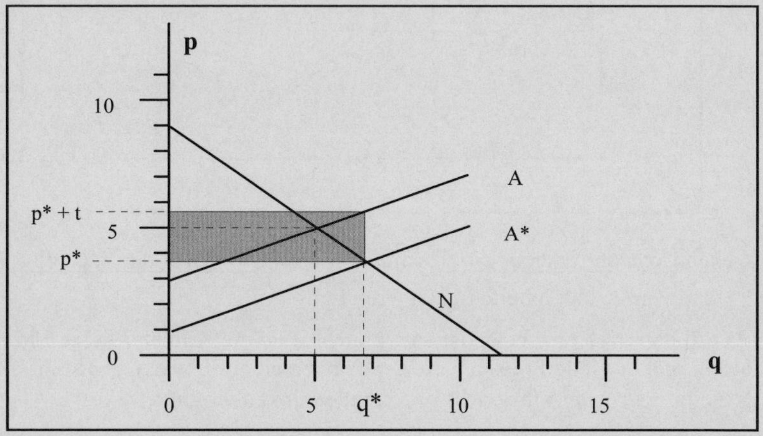

Der einzige Unterschied, der sich ergibt, ist der Marktpreis. Die Unternehmenserlöse und die Haushaltsaufwendungen bleiben ebenso wie der staatliche Subventionsbedarf gleich.

6. Die Gewinnmaximierungsbedingung lautet GK = GEL; Der Erlös ergibt sich als Produkt aus Preis und abgesetzter Menge, also:

$$EL(q) = p(q) \cdot q = 400q - \tfrac{1}{2}\, q^2$$

a) Es gilt:

$$GEL(q) = 400 - q$$

$$GK(q) = 80$$

Die Lösung der Gleichung GK(q) = GEL(q) ist $q_0 = 320$ mit dem zugehörigen Preis (Einsetzen in die Nachfragefunktion): $p_0 = 240$.

Der Gewinn ergibt sich aus der Differenz von Erlös und Kosten: G(320) = 11.200.

b) Für den Anbieter, der die Steuer abführen muss, ändert sich nun die Kostenfunktion auf:

$$K(q) = 40.000 + 100q$$

Die Grenzkosten sind nun also GK(q) = 100.

Um den neuen Cournotschen Punkt zu bestimmen, muss wieder GK = GEL gesetzt werden. Man erhält als Lösung $q_1 = 300$ und $p_1 = 250$. Der Gewinn verringert sich auf 5.000.

Von der Steuer t = 20 kann der Monopolist nur die Hälfte über eine Preiserhöhung ($\Delta p = 10$) an die Nachfrager überwälzen. Die Aussage, der Monopolist könne eine Kostenerhöhung voll überwälzen, ist falsch.

7. a) Um das Marktgleichgewicht zu bestimmen, müssen Angebots- und Nachfragefunktion gleich gesetzt werden:

$$200-\frac{1}{2}p=-100+p \;\Rightarrow\; 300=\frac{3}{2}p \;\Rightarrow\; p_0=200$$

Einsetzen in eine der Gleichungen liefert die Gleichgewichtsmenge $q_0 = 100$.

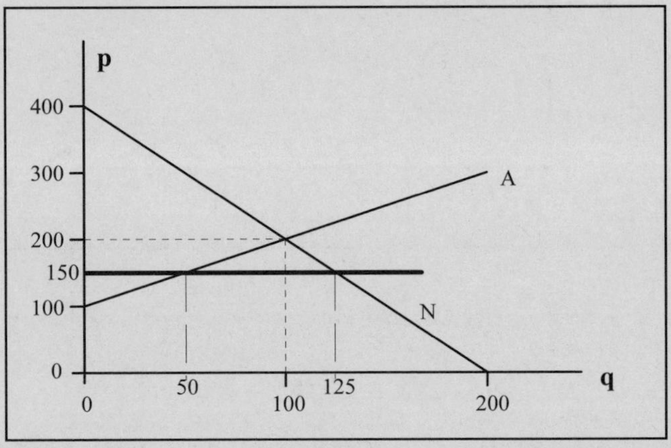

b) Bei einem Preis von p = 150 sinkt das Angebot auf $q^A(150) = 50$ und die Nachfrage steigt auf $q^N(150) = 125$, d.h. es kommt zu einem Nachfrageüberhang in Höhe von 75 Gütereinheiten. Die Verteilung der Güter muss jetzt entweder nach dem Windhundverfahren oder über ein staatlich gelenktes Rationierungsverfahren erfolgen.

c) Der Staat erreicht die Senkung des Marktpreises auf p = 150 durch eine Anbietersubvention in Höhe von s = 75 (Verschiebung der Angebotskurve nach unten).

Es ist zu überlegen, zu welchem Preis die Anbieter bereit sind, eine Menge von q = 125 anzubieten. Es muss also gelten:

$$q^A(p) = -100 + p = 125 \quad\Rightarrow\quad p_1 = 225$$

Die Differenz zum Marktpreis in Höhe von $\Delta p = 225 - 150 = 75$ muss also subventioniert werden.

Alternativ kommt auch eine Subvention der Nachfrager in Betracht. Dieser Fall kann durch eine Verschiebung der Nachfragekurve nach rechts oben veranschaulicht werden. Der Marktpreis steigt auf 225 GE, die Nachfrager bekommen aber 75 GE erstattet.

8. Die Einzelschritte können mit Hilfe der folgenden Grafik nachvollzogen werden:

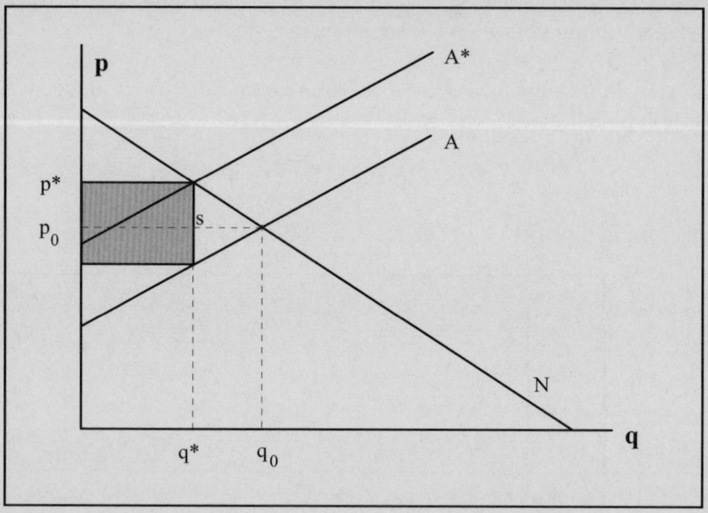

a) Die Einführung einer Mengensteuer in Höhe von s bewirkt im Marshall-Diagramm eine Verschiebung der Angebotskurve um s Einheiten nach oben. Die Angebotsfunktion lautet dann:

$$q^{A^*}(p) = -500 + 2(p - s) = -(500 + 2s) + 2p$$

Das neue Gleichgewicht errechnet man durch Gleichsetzen der (unveränderten) Nachfragefunktion und der neuen Angebotsfunktion, also:

$$-(500 + 2s) + 2p = 3.000 - 3p$$

Das neue Gleichgewicht ist dann gegeben durch:

$$p^* = 700 + \frac{2}{5}s \text{ und } q^* = 900 - \frac{6}{5}s$$

Die Steuereinnahme des Staates beträgt also:

$$S(s) = s \cdot q^* = 900s - \frac{6}{5}s^2$$

Die Steuereinnahme ist eine Funktion des Steuersatzes s, also muss diese nach s abgeleitet und gleich Null gesetzt werden. Dies liefert den Maximalwert:

$$s_{max} = 375$$

b) Das Gleichgewicht in der Ausgangslage lautet:

$$p_0 = 700 \quad \text{und} \quad q_0 = 900.$$

Dieses Gleichgewicht kann sofort aus a) errechnet werden, wenn wir dort s = 0 setzen.

Bei der gegebenen Nachfragefunktion liegt der Prohibitivpreis bei $p_{max} = 1.000$. Der Mindestpreis, zu dem überhaupt ein Angebot erfolgt, liegt bei $p_{min} = 250$. Die Renten sind dann gegeben mit:

$$R_K = \tfrac{1}{2} \cdot q_0 \left(p_{max} - p_0\right) = 135.000 \quad \text{(Konsumentenrente)}$$

$$R_P = \tfrac{1}{2} \cdot q_0 \left(p_0 - p_{min}\right) = 202.500 \quad \text{(Produzentenrente)}$$

Die Abschöpfung der Konsumentenrente beträgt:

$$q^* (p^* - p_0) = q^* (p_0 + \tfrac{2}{5} \cdot s_{max} - p_0) = \tfrac{2}{5} \cdot 450 \cdot 375 = 67.500$$

Das entspricht 50% der Konsumentenrente. Analog zeigt man, dass ebenfalls 50% der Produzentenrente abgeschöpft werden. Insgesamt werden 40% der Steuer aus der Konsumenten- und 60% aus der Produzentenrente abgeschöpft.

9. a) Ein *Nash*-Gleichgewicht liegt vor, wenn bei *gegebener* Strategie des Gegner kein Spieler ein Interesse daran hat, seine eigene Strategie zu ändern.

Wählt B die Strategie **links**, so ist es für A von Vorteil von **oben** auf **unten** zu wechseln. Für B ist dann die Strategie **rechts** günstiger. Wählt B die Strategie **rechts**, so ist für A die Entscheidung für **oben** günstiger. In diesem Fall entscheidet sich B aber für **links** usw. Es gibt somit kein Nash-Gleichgewicht.

b) Ein Kartell kann als strategisches Spiel mit Kooperation und Wiederholung aufgefasst werden. Das Problem liegt darin, das Einhalten der Absprachen durchzusetzen. Ein Spieler könnte auf Kosten des anderen einen verdeckten Strategiewechsel vornehmen, um seine eigene Auszahlung zu Lasten des anderen zu erhöhen. Dies kann durch die Installation von Sanktionsmechanismen verhindert werden. So könnte man etwa mit den Abnehmern des Kartellproduktes die Vereinbarung treffen, das Produkt zum niedrigsten Preis zu liefern, den irgend ein anderer Anbieter verlangt.

c) Die Spieltheorie ist die Theorie der strategischen Spiele. Polypolisten auf einem vollkommenen Markt haben aber keinen strategischen Spielraum.

10. a) Ja! Die Kombination (oben, rechts) stellt das einzige Nash-Gleichgewicht dar.

b) Ohne weitere Kenntnis der Situation von B muss A für seinen Konkurrenten subjektive Entscheidungswahrscheinlichkeiten unterstellen. Sei p die Wahrscheinlichkeit, mit der A sich für oben entscheidet. Mit Hilfe dieser Wahrscheinlichkeitsannahmen kann B nun seine eigene Gewinnererwartung berechnen:

$$G(\text{links}, p) = 1 \cdot p + 3 \cdot (1-p) = 3 - 2p$$

$$G(\text{rechts. } p) = 3 \cdot p + 2 \cdot (1-p) = 2 + p$$

Im einfachsten Fall unterstellt B, dass sich A mit einer Wahrscheinlichkeit von jeweils 0,5 für die Strategien oben und unten entscheidet. In diesem Fall gilt:

$$G(\text{links}, 0.5) = 3 - 1 = 2$$

$$G(\text{rechts}, 0.5) = 2 + 0{,}5 = 2{,}5$$

B wird sich somit für rechts als die Strategie mit der höheren Gewinnerwartung entscheiden.

Erst wenn oben mit einer Wahrscheinlichkeit von weniger als 1/3 angenommen wird, lohnt sich die Strategie links:

$$G(\text{links}, p) > G(\text{rechts}, p) \Leftrightarrow 3 - 2p > 2 - p \Leftrightarrow 1 > 3p \Leftrightarrow \tfrac{1}{3} > p$$

c) Er wird sich für oben entscheiden, da dies seine dominante Strategie ist.

11. a) Alle Polypolisten dehnen das Angebot aus, bis der Preis gleich den Grenzkosten ist. Das Marktgleichgewicht liegt im Schnittpunkt der Nachfrage- mit der Angebotskurve, also p_0 = 1.000,- € und q_0 = 12.000.

b) Die Gewinnmaximierungsbedingung des Monopolisten lautet: GK = GEL.

Die GEL-Kurve startet auf der Ordinate im gleichen Punkt wie die PAF und fällt mit deren doppelten Steigung. Die PAF läßt sich mit Hilfe der der Zwei-Punkte-Formel herleiten, also etwa:

$$\frac{q-5.000}{p-8.000}=\frac{12.000-5.000}{1.000-8.000}=\frac{7.000}{-7.000}=-1 \Rightarrow p-5.000=8.000-q \Rightarrow p=13.000-q$$

Somit gilt: $GEL = 13.000 - 2\,q$

Die Gewinnmaximierungsbedingung liefert:

$1.000 = 13.000 - 2q \Rightarrow p_C = 7.000$,- € und $q_C = 6.000$

Der Deckungsbeitrag ist dann:

$p_C \cdot q_C - 1.000 \cdot q_C = (p_C - 1.000) \cdot q_C = 36.000.000$,- €.

c) Sie würden gemeinsam wie ein Monopolist auftreten. Jeder würde den halben Deckungsbeitrag erwirtschaften.

d) A erhöht seinen Absatz um 1.000 Gütereinheiten, wenn er den Preis um 1.000,- € senkt. Er verkauft dann 4.000 Einheiten des Gutes zu je 6.000,- €, d.h. seinem Erlös von 24.000,- € stehen variable Kosten von 4.000,- € gegenüber. Sein Deckungsbeitrag steigt von 18.000.000,- € auf 20.000.000,- €.

12. a) Es ist der Cournotsche Punkt aus der Gleichheit von Grenzkosten und Grenzerlös zu bestimmen. Um den Grenzerlös zu bestimmen, muss die Nachfragefunktion zuerst nach p aufgelöst werden:

$$p(q) = 1.500 - \frac{1}{2}q \Rightarrow GEL = 1500 - q$$

Dann gilt:

$$GEL = GK \Rightarrow 1.500 - q = 500 \Rightarrow q_C = 1.000 \Rightarrow p_C = 1.000$$

und

$$G(1.000) = 1.000 \cdot 1.000 - 320.000 - 500 \cdot 10.00 = 180.000.$$

Grafische Lösung:

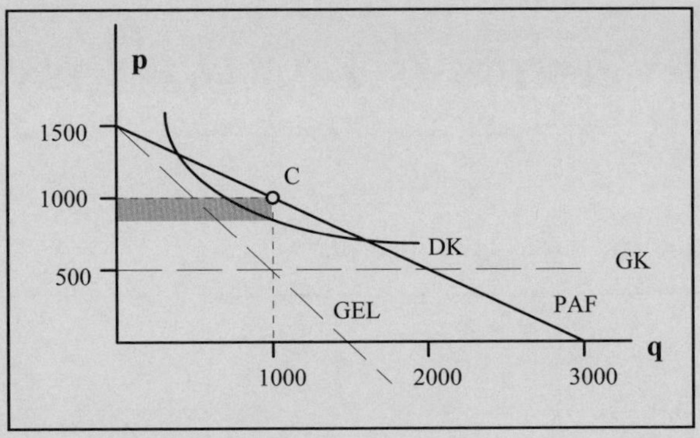

Das graue Rechteck gibt den Gewinn an.

b) Es gilt:

$$q_1 = \frac{1}{2} q_S \left(1 - \frac{k}{p_{max}}\right) = \frac{1}{2} \cdot 3.000 \cdot \left(1 - \frac{500}{1.500}\right) = 1.500 \cdot \frac{2}{3} = 1.000$$

$$q_2 = \frac{1}{4} q_S \left(1 - \frac{k}{p_{max}}\right) = \frac{1}{4} \cdot 3.000 \cdot \left(1 - \frac{500}{1.500}\right) = 750 \cdot \frac{2}{3} = 500$$

Die angebotene Gesamtmenge ist also $q_0 = 1.500$. Der einheitliche Marktpreis ergibt sich durch Einsetzen in die Preis-Absatz-Funktion: $p_0 = 750$.

Für die Gewinne erhält man:

$$G_1(1.000) = 750 \cdot 1.000 - 320.000 - 500 \cdot 1.000 = -70.000.$$

$$G_2(500) = 750 \cdot 500 - 320.000 - 500 \cdot 500 = -195.000.$$

Beide machen nun einen Verlust, wobei der Verlust des neuen Anbieters wesentlich höher ist als der des Alteingesessenen.

c) Es handelt sich um ein natürliches Monopol.

5. Kapitel
Makroökonomische Erklärungsansätze

1. Die Konsumfunktion sieht wie folgt aus:

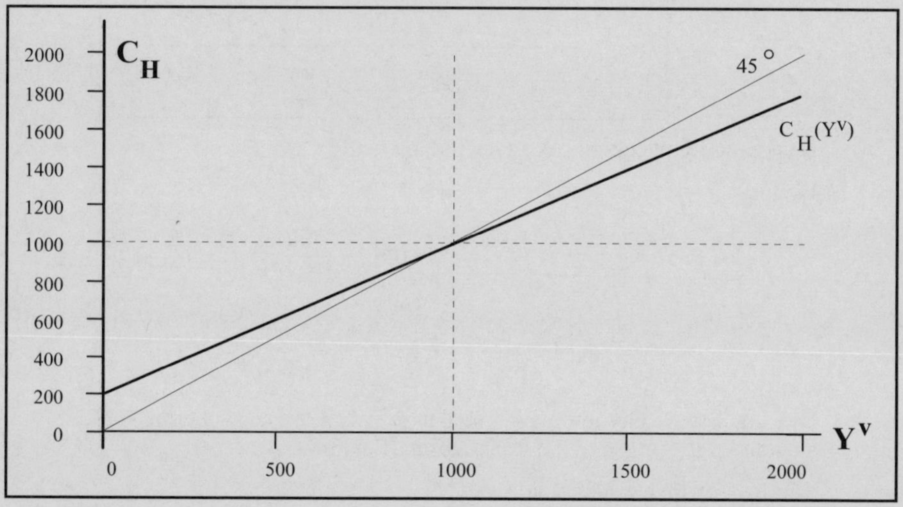

Die zugehörige Sparfunktion ist:

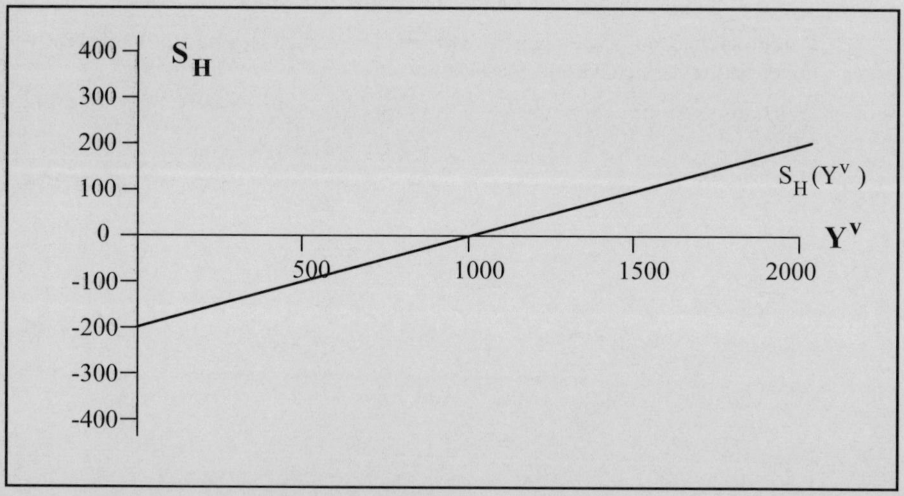

2. a) Die Konsumfunktion lautet:

$$C = 200 + 0{,}8 \cdot Y$$

Daraus resultiert die Sparfunktion:

$$S = -200 + 0{,}2 \cdot Y$$

Aus der Gleichgewichtsbedingung $I = S$ folgt:

$$-200 + 0{,}2 \cdot Y = 450$$

Das führt auf die Lösung: $Y_0 = 3.250$

b) Bei einer Grenzneigung zum Sparen von $s = 0{,}2$ ist der Einkommensmultiplikator $\frac{1}{s} = 5$.

Das gleichgewichtige Volkseinkommen schrumpft somit um $\Delta Y = 250$ GE.

3. a) Es gilt:

$$Y = \frac{1}{0{,}3}\left(385 + \frac{25}{0{,}05}\right) = 2.950$$

Da bei gegebenem Zins das Volkseinkommen über dem Gleichgewichtseinkommen liegt, stellt der beschriebene Zustand eine deflatorische Lücke dar.

b) Im Gleichgewicht muss gelten:

$$3.540 = \frac{1}{s} \cdot 885 \Rightarrow s = 0{,}25$$

Die marginale Sparquote müsste von 30% auf 25% fallen.

c) Unter den getroffenen Voraussetzungen muss im Gleichgewicht gelten:

$$3.540 = \frac{1}{0{,}3}\left(385 + \frac{25}{i}\right)$$

Auflösen nach i liefert $i = 0{,}0369$. Der Zins müsste also unter sonst gleichen Bedingungen auf 3,69% fallen.

4. a) Die Gleichgewichtsbedingung lautet:

$$M = L_T(Y) + L_s(i) = 0{,}1 \cdot 1.500 - 100 \cdot \ln(10 \cdot 0{,}075) = 150 + 28{,}8 = 178{,}8.$$

b) Sei M das exogene Geldangebot, dann lautet die Gleichgewichtsbedingung:

$$M = L_T(Y) + L_s(i) = 0{,}1 \cdot Y - 100 \cdot \ln(10 \cdot i)$$

Diese Gleichung wird nach Y aufgelöst:

$$Y = 10 \cdot M + 1.000 \cdot \ln(10 \cdot i)$$

Alternativ kann die Gleichung nach dem Zins i aufgelöst werden:

$$i = 0{,}1 \cdot \exp\left(\frac{Y - 10 \cdot M}{1.000}\right)$$

5. a) Die Zunahme der Exporte bedeutet eine Zunahme der gesamtwirtschaftlichen Nachfrage Y^d. Bei gegebenem Volkseinkommen Y^s, entsteht also eine *inflatorische Lücke* ($Y^d > Y^s$). Die IS-Kurve verlagert sich nach rechts (bei dem existierenden Volkseinkommen ist das Sparen geringer als die Investitionen). Die Unternehmen reagieren auf die höhere Nachfrage durch Ausdehnung des Angebots. Es kommt bei isolierter Betrachtung des Gütermarktes zu *einem multiplikativen Anstieg des Volkseinkommens* Y^s. Das steigende Volkseinkommen löst *einen erhöhten Bedarf an Transaktionskasse* L_T aus. Bei gegebenem Geldangebot herrscht nun Überschussnachfrage auf dem Geldmarkt. Wirtschaftssubjekte, die zusätzliche Liquidität benötigen, bieten *Wertpapiere* zum Verkauf an. Der *Kurs der Wertpapiere* sinkt, der *Effektivzins* steigt. Diese Zinssteigerung zieht einen *Abbau der Spekulationskasse* L_S nach sich, Spekulationskasse wandert in die Transaktionskasse (der gesamte Geldbestand bleibt ja unverändert!). Der Zinsanstieg dämpft die Investitionsbereitschaft der Unternehmen, weshalb die Wirkung des Einkommensmultiplikators am Gütermarkt teilweise kompensiert wird. Es wird ein neues Gleichgewicht bei einem höheren Zins und einem gestiegenen Volkseinkommen erreicht.

b) In diesem Fall gibt es keine Spekulationskasse, die aufgelöst werden könnte. Der Zinsanstieg wird sich also so lange fortsetzen, bis die zinsinduzierte Dämpfung der Investitionen die autonome Zunahme der Nachfrage durch die Exportsteigerungen völlig kompensiert hat. Das reale Volkseinkommen ändert sich nicht, es gibt keinen Multiplikatoreffekt. Bei gestiegenem Zins kommt es lediglich zu einer Umstrukturierung der Nachfrageseite.

c) In diesem Fall kann der gestiegene Bedarf an Transaktionskasse aus einer im Grenzfall unendlich zinselastischen Spekulationskasse befriedigt werden. Es besteht keine Notwendigkeit, Wertpapiere zu verkaufen, der konjunkturelle Aufschwung kann (zunächst) ohne Zinsanstieg erfolgen. Der Multiplikator kann voll wirken.

6. Eine Geldmengenausweitung führt zu einer Rechtsverschiebung der LM-Kurve. Da die Zinsen so niedrig und damit die Wertpapierkurse so hoch sind, dass jedermann fallende Kurse bzw. steigende Zinsen *erwartet*, wird die zusätzliche Liquidität wegen der unendlich elastischen Geldnachfrage aus dem Spekulationsmotiv vollständig durch die Spekulationskasse absorbiert (Keynessche Liquiditätsfalle). Zusätzliche Liquidität gelangt nicht in den Wirtschaftskreislauf und kann somit keine realwirtschaftlichen Auswirkungen haben. Weder Zins noch Volkseinkommen ändern sich.

7. Bei gegebenem Volkseinkommen sind Geldmarktgleichgewichte völlig unabhängig vom Zins. Die LM-Kurve verläuft also im i×Y-System als senkrechte Gerade. Dies kennen wir bereits als den klassischen Teil der LM-Kurve.

Das klassische Gütermarktgleichgewicht ist durch die Bedingung S(i) = I(i) gegeben. Das Volkseinkommen hat keinen Einfluß auf die Höhe des Sparens! Die Bildung des Gleichgewichtzinses ist somit völlig unabhängig vom Einkommen. Die IS-Kurve müsste also waagrecht verlaufen.

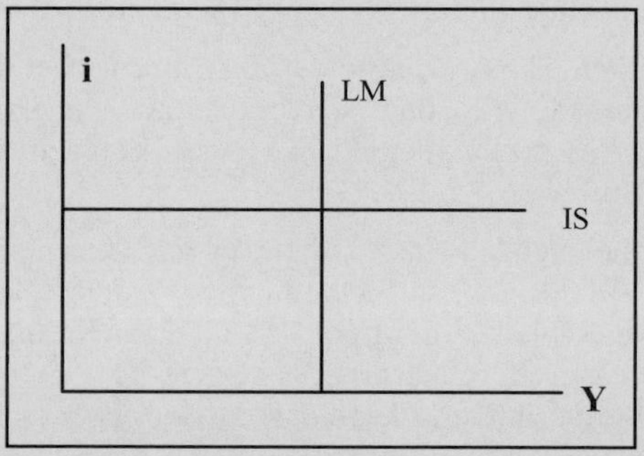

An diesen Kurven ist deutlich die klassische Dichotomie zu erkennen. Änderungen eines Marktes haben keinen Einfluss auf den jeweils anderen. Insbesondere können Änderungen auf dem Geldmarkt das Vollbeschäftigungsgleichgewicht nicht stören.

8. Die wesentliche Einflussvariable bei Keynes ist der Zins.

Unternehmen haben bestimmte Erwartungen bezüglich der aus einer Investition resultierenden Einnahmeüberschüsse. In Verbindung mit der erwarteten/geplanten Laufzeit der Investition berechnet sich hieraus der interne Zins. Dieser wird dann - ggf. erhöht um einen Risikoaufschlag - mit dem Marktzins verglichen. Liegt der interne Zins über dem Marktzins, so wird die Investition durchgeführt.

Sinkt der Marktzins, so werden cet. par. zuvor unrentable Projekte vorteilhaft. Umgekehrtes gilt bei steigendem Marktzins.

9. Drei wesentliche Änderungen sind:

- Das Sparen ist bei Keynes vom laufenden Einkommen abhängig, in der Klassik dagegen zinsabhängig.
- Die Geldnachfrage erfolgt neben dem aus der klassischen Geldtheorie bekannten Transaktionsmotiv auch aus einem Spekulationsmotiv heraus. Geldhaltung kann eine rationale Alternative zur Erwerb von Wertpapieren sein.
- Die Märkte sind bei Keynes keine Wettbewerbsmärkte mehr. Sie sind durch Preisstarrheit (vor allem nach unten) gekennzeichnet.

10. Klassische Arbeitslosigkeit ist eine Folge zu hoher Reallöhne. Keynesianische Arbeitslosigkeit hat mangelnde Nachfrage am Gütermarkt als Ursache.

11. a) Geld dient als Tauschmittel, Recheneinheit und Wertaufbewahrungsmittel.

b) - Zentralbankgeldmenge: Bargeld und Sichteinlagen bei der Zentralbank
- M1: Bargeld und täglich fällige Einlagen
- M2: M1 zuzüglich Einlagen mit vereinbarter Laufzeit bis zu zwei Jahren und Einlagen mit vereinbarter Kündigungsfrist bis zu drei Monaten
- M3: M2 zuzüglich Repogeschäfte, Geldmarktfondsanteile, Geldmarktpapiere sowie ausgegebene Schuldverschreibungen bis zu zwei Jahren

c) Zentralbankgeld entsteht durch bilanzverlängernde Aktivgeschäfte der Zentralbank.

d) M1 entsteht durch Aktivgeschäfte der Zentralbank, bei denen neues Zentralbankgeld in Umlauf gebracht wird oder durch bilanzverlängernde Aktivgeschäfte von Geschäftsbanken, bei denen Bargeld in Umlauf gebracht wird oder Sichteinlagen geschaffen werden.

e) Bei der hereinnehmenden Bank kommt es zu einer Bilanzverlängerung (Aktiv: Zentralbankgeld +1.000; Passiv: Sichteinlagen +1.000). Nach Abzug der Bar- und der Mindestreserve verbleiben der Bank 750,00 € zur Kreditvergabe. Es wird der im Text beschriebene Geldschöpfungsprozess angestoßen. Gemäß der Gleichung für den Geldschöpfungsmultiplikator kann das Bankensystem insgesamt maximal 4.000,00 € schöpfen:

$$\Delta M1 = \frac{1}{b + mrq} \Delta ZBG = \frac{1}{0,25} \cdot 1.000 = 4.000$$

12. Der keynesianische Transmissionsmechanismus ist einkommensorientiert, der monetaristische dagegen vermögensorientiert.

13. Während Keynesianer von einer stabilen Phillips-Kurve ausgehen, also annehmen, dass es einen inversen Zusammenhang zwischen Inflation und Arbeitslosenquote gibt, wird dies von den Monetaristen bestritten. Sie sehen die Phillips-Kurve als instabil an. Aufgrund der Erwartungsbildung der Wirtschaftssubjekte wird sich die Phillips-Kurve bei inflationärer Geldpolitik nach oben verschieben. Als Konsequenz kann Arbeitslosigkeit durch Inflation nicht dauerhaft beseitigt werden.

14. Die EZB ist nach dem EU-Vertrag verpflichtet, den stabilen Geldwert des EURO zu wahren. Sie soll allenfalls die Politik der Gemeinschaft unterstützen, wenn ihre Hauptaufgabe dadurch nicht gefährdet wird. Die Wahrung der Geldwertstabilität entspricht im Kern einer monetaristischen Position.

Die Kritiker der EZB argumentieren dagegen (vermeintlich) keynesianisch. Sie glauben, mit kurzfristig monetär gestützten Konjunkturprogrammen die Beschäftigung nachhaltig erhöhen zu können.

15. FRIEDMAN bringt damit zum Ausdruck, dass KEYNES das makroökonomische Denken nach 1936 nachhaltig geprägt hat. Auch wenn der Monetarismus sich grundsätzlich klassischen Positionen wieder annähert, so werden doch entscheidende Kritikpunkte des Keynesianismus angenommen. So wird die Umlaufgeschwindigkeit des Geldes nicht mehr wie in der Klassik als eine Konstante angesehen, sondern als eine Funktion bestimmter ökonomischer Variablen. Damit nähert man sich einer keynesianischen Position an. Gleiches gilt für die Hypothese, dass Geldpolitik Einfluss auf das Volkseinkommen und damit die Beschäftigung haben kann. Monetaristen räumen diese Möglichkeit in der kurzen Frist durchaus ein und nehmen auch damit eine keynesianische Position ein. Langfristig allerdings, so behaupten sie, ist die klassische Theorie richtig. Eine Anhebung der Geldmenge führt unter sonst gleichen Bedingungen langfristig nur zu Inflation.

6. Kapitel
Außenwirtschaft

1. Für den japanischen Yen galt der folgende Devisenkurs:

$$1{,}3025\left[\frac{\$}{€}\right]\cdot 100{,}05\left[\frac{¥}{\$}\right]=130{,}3151\left[\frac{¥}{€}\right]$$

2. Devisenhändler kaufen in Frankfurt Yen gegen Euro ein und verkaufen diese sofort in Tokio gegen Euro. In Frankfurt bekommen sie für einen Euro 131 Yen. In Tokio erlösen sie für 131 Yen 1,0077 Euro. Sie erzielen einen Gewinn von 0,77%. Während es nun in Frankfurt zu einer Yen-Aufwertung kommt, wird in Tokio das Gegenteil eintreten. Unter sonst gleichen Bedingungen stellt sich schließlich an beiden Börsenplätzen der gleiche Kurs ein.

3. Werden alle Dreimonatsanlagen durch Terminverkäufe gesichert, so kommt es in entsprechendem Umfang zu einer Termin-Abwertung des Dollars. Die Abwertung setzt sich fort, bis der Zinsgewinn durch die Abwertung ausgeglichen wird.

Sei K der Anlagebetrag in Euro, dk_K der Kassa- und dk_{3M} der Termin-Dollarkurs (als Devisenkurs). Aus der Euro-Anlage erwirtschaftet man dann in drei Monaten den Kapitalendwert:

$$K_{3M}^{€}=K\cdot\left(1+\frac{i_{€}}{4}\right)$$

Aus der US-Anlage erhält man:

$$K_{3M}^{\$}=\frac{K\cdot dk_K\cdot\left(1+\frac{i_{\$}}{4}\right)}{dk_{3M}}$$

Die Anlage in US-Dollar ist lohnend, so lange gilt:

$$K_{3M}^{\$}\geq K_{3M}^{€},\quad \text{also}\quad \frac{K\cdot dk_K\cdot\left(1+\frac{i_{\$}}{4}\right)}{dk_{3M}}\geq K\cdot\left(1+\frac{i_{€}}{4}\right)$$

Daraus folgt mit den obigen Zahlen:

$$dk_{3M}\leq dk\frac{1+\frac{i_{\$}}{4}}{1+\frac{i_{€}}{4}}=1{,}3\cdot\frac{1{,}015}{1{,}01}=1{,}3064$$

Der Terminkurs wird also unter den getroffenen Annahmen auf 1,3064 \$/€ steigen. Es kommt zu einer etwa 0,5-prozentigen Dollarabwertung.

4. a) Untergrenze des Korridors: $wk^u = 0{,}8 \cdot 0{,}98 = 0{,}784 \left[\text{€}/\text{\$}\right]$

Obergrenze des Korridors: $wk^o = 0{,}8 \cdot 1{,}02 = 0{,}816 \left[\text{€}/\text{\$}\right]$

b) i) Steigt der Wechselkurs um einen (Euro-)Cent, so werden 20 Mrd. Dollar zusätzlich angeboten.

ii) Grafik:

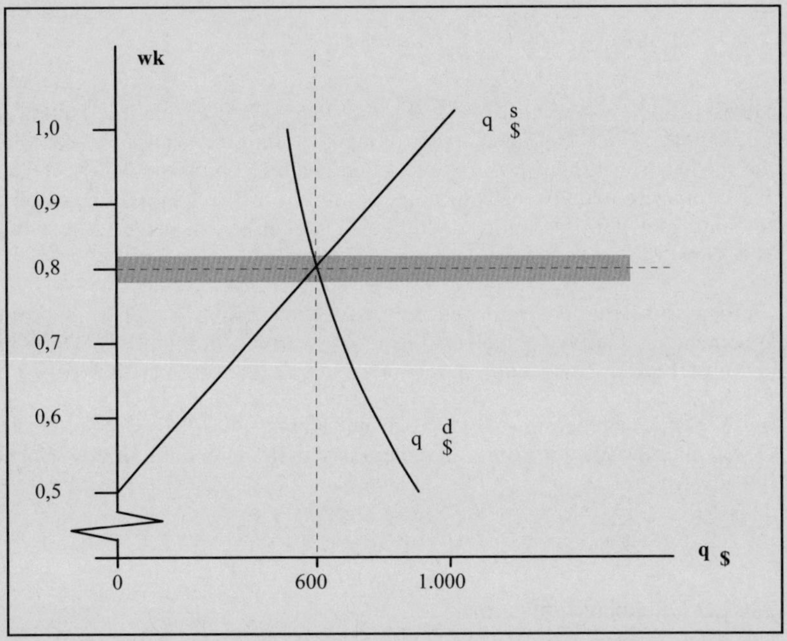

iii) Im Gleichgewicht gilt $q^s_\$ = q^d_\$$, also:

$$-1.000 + 2.000 \cdot wk = 100 + \frac{400}{wk}$$

$$-1.000 \cdot wk + 2.000 \cdot wk^2 = 100 \cdot wk + 400$$

$$wk^2 - \frac{11}{20} wk - \frac{1}{5} = 0 \Rightarrow wk = 0{,}8 \text{ oder } wk = -0{,}2$$

Die zweite Lösung ist ökonomisch sinnlos, also entspricht der Gleichgewichtskurs dem Leitkurs. Die gehandelte Menge erhält man durch Einsetzen des Gleichgewichtskurses in eine der Gleichungen, also:

$$q^s_\$ = -1.000 + 2.000 \cdot 0{,}8 = 600$$

Es werden 600 Mrd. Dollar gehandelt.

iv) Es gibt keinen Interventionsbedarf, da der Wechselkurs innerhalb der vereinbarten Bandbreiten liegt.

v) Allgemein ist die Elastizitätsfunktion einer differenzierbaren Funktion y = f(x) gegeben durch:

$$\varepsilon_y(x) = \frac{y' \cdot x}{y}$$

Damit ist:

$$\varepsilon(wk) = \frac{2.000\,wk}{-1.000 + 2.000\,wk} \Rightarrow \varepsilon(0,8) = \frac{1.600}{600} = 2,67$$

und

$$\eta(wk) = -\frac{400}{wk^2} \cdot \frac{wk}{100 + \frac{400}{wk}} = -0,83$$

Das Angebot reagiert elastisch und die Nachfrage unelastisch. Steigt der Wechselkurs um 1% (Euro-Abwertung), so steigt das Dollar-Angebot um 2,7% und die Nachfrage nach Dollar fällt um etwa 0,8%.

c) Das neue Gleichgewicht ist gegeben durch:

$$-900 + 2.000 \cdot wk = 100 + \frac{400}{wk}$$

Die Auflösung liefert $wk_0 = 0,7623 \left[€/\$ \right]$. Der Gleichgewichtskurs liegt nicht mehr im Korridor, die EZB muss intervenieren. Sie muss so viele Dollar nachfragen, dass der Kurs auf mindestens $wk = 0,784 \left[€/\$ \right]$ steigt. Sei N_{EZB} die Dollar-Nachfrage der EZB. Es gilt:

$$-900 + 2.000 \cdot 0,784 = 100 + N_{EZB} + \frac{400}{0,784} \Rightarrow N_{EZB} = 57,8$$

Die EZB muss also wenigsten 57,8 Mrd. Dollar nachfragen.

d) Der Leitkurs des Dollars müsste durch eine Dollar-Abwertung (= Euro-Aufwertung) neu festgesetzt werden.

5. Zwischen zwei Ländern (A-Land und B-Land) sei der Wechselkurs 1 A-Taler/B-Taler. Die Inflationsrate in einem Jahr sei in A 5% und in B10%. Als Folge muss der B-Taler gegenüber dem A-Taler um etwa 5% abwerten, der neue Kurs stellt sich also bei 0,95 A-Taler/B-Taler ein.

6. Sei P der Preis von Gut B ausgedrückt in Einheiten von Gut A (Opportunitätskosten der Herstellung von B). Die Indizes $_1$ und $_2$ stehen entsprechend für die Länder. Dann gilt

$$P_1 = \frac{5}{3}\left[\frac{q_A}{q_B}\right] \text{und } P_2 = \frac{4}{3}\left[\frac{q_A}{q_B}\right]$$

Um eine Einheit von B zu erzeugen muss Land 1 (Land 2) auf $^5/_3$ ($^4/_3$) Einheiten von Gut A verzichten. Land 2 hat die geringeren Opportunitätskosten bei der Herstellung von B, so dass sich die Aufnahme von Außenhandel für beide Länder in den Grenzen $^4/_3 < P < {}^5/_3$ lohnt.

Zu einem Preis $^4/_3 < P$ kann Land 2 im Tausch für eine Einheit von Gut B mehr als $^4/_3$ Einheiten von Gut A erhalten (dies wäre die interne Tauschrelation). Umgekehrt muss Land 1 um eine Einheit B zu erhalten auf weniger als $^5/_3$ Einheiten von A verzichten. Außerhalb dieses Bereichs lohnt sich der Handel für eines der beteiligten Länder nicht mehr. Sei etwa P = 2. Land 2 würde nun ein gutes Geschäft machen, würde es doch für jede Einheit von B zwei Einheiten von A erhalten. Diese zwei Einheiten müsste Land 1 natürlich bezahlen und sich damit wesentlich schlechter stellen, als wenn es Gut B selbst produziert. Eine entsprechende Überlegung kann man anstellen, wenn $P < {}^4/_3$ ist.

7. a) Die Gleichgewichte in der Autarkiesituation lauten:

Inland: $q_I^d(p_€) = q_I^s(p_€) \Rightarrow p_€ = 51,-$ und $q_{I,0} = 1.040$

Ausland: $q_A^d(p_\$) = q_A^s(p_\$) \Rightarrow p_\$ = 33{,}75$ und $q_{A,0} = 1.085$

Umrechnung in €: $p_{A,€} = wk \cdot p_\$ = 0{,}8 \cdot 33{,}75 = 27,-$ [€]

Ausgedrückt in Europreisen lauten die ausländischen Angebots- und Nachfragefunktionen:

$$q_A^d(p_€) = 2.300 - 45p_€ \quad \text{und} \quad A_A(p_€) = -400 + 55p_€$$

Begründung: $\Delta p_\$ = 1 \Rightarrow \Delta q_A^d = -36$

$$\Delta p_€ = 1 \Rightarrow \Delta p_\$ = 1{,}25 \Rightarrow \Delta q_A^d = \frac{-36}{0{,}8} = -45$$

Da das Gut unter sonst gleichen Bedingungen im Ausland billiger ist als im Inland, wird es aus dem Ausland in das Inland exportiert.

Das Exportangebot entspricht dem Überschussangebot im Ausland (Preis in Euro):

$$Ex = q_A^s - q_A^d = -400 + 55p - 2.300 + 45p = -2.700 + 100p \qquad \text{für } p \geq 27$$

Die Importnachfrage entspricht der Überschussnachfrage im Inland:

$$Im = q_I^d = q_I^s = 4.100 - 60p + 1.000 - 40p = 5.100 - 100p \qquad \text{für } p \leq 51$$

Durch Gleichsetzen von Ex und Im erhält man das Außenhandelsgleichgewicht:

$$p_0 = 39,- \text{ [€]} \quad \text{und} \quad q_0 = 1.200$$

Zum einheitlichen Weltmarktpreis von 39,- € erhält man das folgende Mengengerüst:

	Inland	Ausland
Produktion (Angebot)	560	1745
Export	-	1200
Import	1200	-
Marktversorgung	1760	545

b) Rechnerische Lösung:

Die Erhebung des Importzolls bewirkt eine Verschiebung der Exportkurve um 5 Einheiten nach oben auf Ex*. Die neue Exportkurve lautet:

$$Ex^*(p) = -2.700 + 100(p - 5) = -3.200 + 100p$$

Gleichsetzen von Ex* und Im liefert das neue Außenhandelsgewicht:

$$Ex^*(p) = Im(p) \Rightarrow p_0^* = 41{,}5\,[€] \text{ und } q_0^* = 950$$

Die Zolleinnahme des Staates ist dann:

$$ZE = 950 \cdot 5 = 4.750\ [€]$$

Welche Auswirkungen ergeben sich nun auf Inlands- und Auslandspreise bzw. -mengen?

Es gibt keinen einheitlichen Weltmarktpreis mehr. Der Preis im Ausland fällt auf 36,5 € (entspricht 45,63 $) und der Inlandspreis steigt auf 41,5 €. Die entsprechenden Mengen lauten:

$$q_I^s\ (41{,}5) = -1.000 + 40 \cdot 41{,}5 = 660$$
$$q_I^d(41{,}5) = 4.100 - 60 \cdot 41{,}5 = 1.610$$
$$q_A^s(36{,}5) = -400 + 55 \cdot 36{,}5 = 1.607{,}5$$
$$q_A^d\ (36{,}5) = 2.300 - 45 \cdot 36{,}5 = 657{,}5$$

Das Mengengerüst ändert sich wie folgt:

	Inland	Ausland
Produktion	660	1.607,5
Export	-	950,-
Import	950	-
Marktversorgung	1.610	657,5

Die inländischen Anbieter und die ausländischen Nachfrager profitieren von dem Zoll, während die inländischen Nachfrager und die ausländischen Anbieter - zumindest was die unmittelbare Wirkung angeht - die Verlierer der Zollerhebung sind. Der Zoll wird also aus der ausländischen Produzentenrente und der inländischen Konsumentenrente abgeschöpft. Dies soll abschließend noch berechnet werden:

Die Abschöpfung aus der Konsumentenrente beträgt:

$$950 \times (41{,}5 - 39{,}0) = 2.375\ €$$

Die Abschöpfung aus der Produzentenrente beträgt:

$$950 \times (39 - 36{,}5) = 2.375\ €$$

Bei einem Wechselkurs von 0,8 $\left[€/\$ \right]$ entsprechen diese 2.375 Euro 2.968,75 Dollar.

Der Übersichtlichkeit halber wird die grafische Lösung nur für den Außenhandel angegeben:

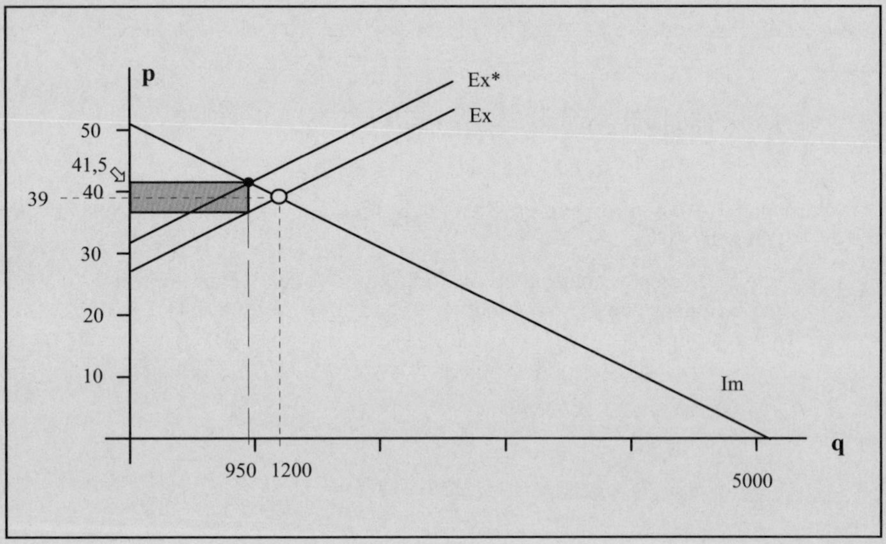

Literaturverzeichnis

Literaturverzeichnis

H.H. von Arnim: Staatslehre der Bundesrepublik Deutschland, München 1984

Braakmann, A. et al: Revision der Volkswirtschaftlichen Gesamtrechnungen 2005 für den Zeitraum 1991 bis 2004. In: Wirtschaft und Statistik, 5/2005, S.425-463

A.F. Chalmers: Wege der Wissenschaft – Einführung in die Wissenschaftstheorie; 5. Auflage, Berlin/Heidelberg/New York/Tokio 2001

U. Charpa: Aristoteles, Frankfurt a.M. 1991

H. Demmler: Einführung in die Volkswirtschaftslehre – Elementare Preistheorie; 7. Auflage, München 2001

P. Engelhard, H. Geue: Angewandte Mikroökonomik, München 1998.

B. Felderer und S. Homburg: Makroökonomik und neue Makroökonomik, 7. Auflage, Berlin, Heidelberg, New York 1999

E.-F. Kahn (Hrsg.): Vertrag über die Europäische Union, 4. Auflage, München 1998.

K.H. Hansmeyer: Lehr- und Methodengeschichte; in 'Kompendium der VWL', Band 1, 4. Auflage, Göttingen 1973.

H.D. Hardes, G.J. Krol, F. Rahmeyer und A. Schmid: Volkswirtschaftslehre – problemorientiert, 20. Auflage, Tübingen 1999.

J. Hicks: „Mr. Keynes und die Klassiker: Ein Interpretationsvorschlag“, in: Ingo Barens; Volker Caspari: Das IS-LM-Modell – Entstehung und Wandel“, Marburg 1994.

H. Ihrig und P. Pflaumer: Finanzmathematik, 8. Auflage, München 2001; insb. Abschnitt E

O. Issing (Hrsg.): Geschichte der Nationalökonomie, 4. Auflage, München 2002

J. M. Keynes: Allgemeine Theorie der Beschäftigung, des Zinses und des Geldes, 7. Auflage, Berlin 1994

E. Koch: Internationale Wirtschaftsbeziehungen Band I und II, München 1997

A. Kruse: Geschichte der volkswirtschaftlichen Theorien, 5. Auflage, Berlin 1991

G. Kubon-Gilke: Alles optimal?!, Marburg 1995

W. Maennig, B. Wilfling: Außenwirtschaft, München 1998

N.G. Mankiw: Grundzüge der Volkswirtschaftslehre, 3. Auflage, Stuttgart 2004

N.G. Mankiw: Makroökonomik, 5. Auflage, Stuttgart 2003

K. Marx: Das Kapital, Berlin (Ost) 1974

A. Maußner: Das IS-LM-Modell: Original und Adaption, in: Das Wirtschaftsstudium (WiSU), S. 1997, S. 483 ff.

F. Raddatz: Karl Marx, Hamburg 1975

H. Raffee, B. Abel: Wissenschaftstheoretische Grundfragen der Wirtschaftswissenschaften; München 1979

D. D. Raphael: Adam Smith, Frankfurt a.M. 1991

W. Reiß: Mikroökonomische Theorie, 5. Auflage, München 1998

D. Ricardo: Über die Grundsätze der Politischen Ökonomie und der Besteuerung, Hrsg. H.D. Kurz, Marburg 1994

W. Röpke: Ethik und Wirtschaftsleben. In: Grundtexte zur Sozialen Marktwirtschaft, hrsg. von W. Stützel, Stuttgart, New York 1981, S.439-450

K. Rose: Theorie der Außenwirtschaft, 13. Auflage, München 1999

I. S. Ross: Adam Smith, Düsseldorf 1998

J. Schumann: Grundzüge der mikroökonomischen Theorie, 7. Auflage, Heidelberg 1999

H. Siebert: Weltwirtschaft, Stuttgart 1997.

A. Smith: Der Wohlstand der Nationen; Hrsg. C. Recktenwald, 5. Auflage, München 1974

F. Söllner: Öffentliche Güter, in: WISU, Jg. 1997, S. 35-38

J. Starbatty: Die englischen Klassiker der Nationalökonomie, Darmstadt 1985

Statistisches Bundesamt: Volkswirtschaftliche Gesamtrechnungen. Inlandsprodukt nach ESVG 1995 – Methoden und Grundlagen, Wiesbaden 2002

M.E. Streit: Theorie der Wirtschaftspolitik, 6. Auflage, Düsseldorf 2005.

J. Tietze: Einführung in die angewandte Wirtschaftsmathematik, 10. Auflage, Braunschweig/ Wiesbaden 2002

U. van Suntum: Die unsichtbare Hand, 2. Auflage, Berlin, Heidelberg, New York 2001.

H.R. Varian: Grundzüge der Mikroökonomik, 6. Auflage, München 2004

W. Weimer: Geschichte des Geldes, Frankfurt a.M. 1994

Nachschlagewerke

Gablers Wirtschaftslexikon, 15. Auflage, Wiesbaden 2001.

Kompendium der Volkswirtschaftslehre, 4. Auflage 1973.

Stichwortverzeichnis

Stichwortverzeichnis

A

B

C

D

E

F

G

H

I

J

K

L

M

N

S

T

U

V

W

X

Z